SCHRIFTEN
ZUR GESCHICHTE UND KULTUR 28
DER ANTIKE

AKADEMIE
DER WISSENSCHAFTEN
DER DDR
ZENTRALINSTITUT
FÜR ALTE GESCHICHTE
UND ARCHÄOLOGIE

WOLFGANG KIRSCH

DIE LATEINISCHE VERSEPIK DES 4. JAHRHUNDERTS

AKADEMIE-VERLAG BERLIN
1989

Redaktion: Dietlind Schieferdecker

ISBN 3-05-000698-6
ISSN 0138-595 X

Erschienen im Akademie-Verlag Berlin, Leipziger Str. 3—4, Berlin, DDR - 1086
© Akademie-Verlag Berlin 1989
Lizenznummer: 202 · 100/74/89
Printed in the German Democratic Republic
Gesamtherstellung: VEB Druckerei „G. W. Leibniz", 4450 Gräfenhainichen · 7060
LSV 0885
Bestellnummer: 754 932 4 (2143/28)

05400

Inhaltsverzeichnis

Vorwort 7

1.	Vorfragen	11
1.1.	Das Epische und das Epos	11
1.1.1.	Antike Bestimmungen des Epos	11
1.1.2.	Die Grundstruktur des Epischen	14
1.1.3.	Das lateinische Epos	21
1.1.4.	Zum Mechanismus der Gattungsentwicklung	22
1.2.	Periodisierungsfragen	27
1.2.1.	Grundsätze	27
1.2.2.	Periodisierungsvorschlag	39
1.3.	Wertungsfragen	47
1.3.1.	Das Problem des Literaturfortschritts	49
1.3.1.1.	Gerichtetheit der Entwicklung	50
1.3.1.2.	Umfang des literarischen Publikums	50
1.3.1.3.	Umfang des literarischen Corpus	51
1.3.2.	Weitere Kriterien der Wertung des Einzelwerkes	51
1.3.2.1.	Gesellschaftliche Relevanz	51
1.3.2.2.	Funktionale Angemessenheit	53
1.3.2.3.	Innovationsgrad	54
2.	Neubeginn: Das Epos im Dienste christlicher Verkündigung	55
2.1.	Das 2. und 3. Jahrhundert	55
2.2.	Voraussetzungen des spätantiken christlichen Epos . .	56
2.2.1.	Christentum und profane Kultur	58
2.2.2.	Laktanz: De ave Phoenice	72
2.2.3.	Laudes Domini	79
2.3.	Juvencus: Evangeliorum libri IV	84
2.3.1.	Prooemium und Epilogus: Reflexion über Dichtung und christliches Dichtertum	85
2.3.2.	Struktur	92
2.3.2.1.	Grundstruktur und Komposition	92
2.3.2.2.	Tradition und Neuerertum bei der Behandlung der Strukturelemente . .	101
2.3.2.2.1.	Thema und Motive	101
2.3.2.2.2.	Sprache und Gestus	105
2.3.2.3.	Menschen- und Weltbild	112
2.3.3.	Leistung	116
2.4.	Der Cento Probae	117
2.4.1.	Proba Petronia	117

2.4.2.	Die Centonenpoesie: Collage und hermeneutische Technik	119
2.4.3.	Vergilcento als christliches Epos	123
2.4.4.	Aufriß	126
2.4.5.	Szenenaufbau	130
2.4.6.	Ideologische (theologische) Fragwürdigkeit des Unternehmens	135
2.5.	Ergebnis	137
2.6.	Reaktion: Quid facit cum evangeliis Maro?	140
3.	Das Epos im Dienste der Politik	151
3.1.	Claudian und seine Zeit	151
3.2.	Struktur und Funktion der Epideiktik Claudians	154
3.2.1.	Epideiktik zwischen topischer und narrativer Strukturierung	154
3.2.2.	Claudians Technik der Disposition	156
3.2.3.	Spezielle Möglichkeiten der Versepideiktik	161
3.2.4.	Situative Einbettung und kommunikative Funktion der politischen Dichtungen Claudians	163
3.2.4.1.	Die Adressaten der politischen Dichtungen Claudians	163
3.2.4.2.	Funktionale Strukturierung	165
3.3.	Die historischen Epen	174
3.3.1.	De bello Gildonico	174
3.3.1.1.	Die Tradition des lateinischen zeithistorischen Epos	174
3.3.1.2.	Der historische Hintergrund des Bellum Gildonicum	175
3.3.1.3.	Komposition, Funktion, Erzähltechnik	176
3.3.2.	De bello Getico	181
3.3.2.1.	Der historische Hintergrund des Bellum Geticum	181
3.3.2.2.	Komposition, Erzähltechnik, Funktion	183
3.3.3.	Zum Welt- und Menschenbild	188
3.4.	Historisches Epos und Epideiktik	190
4.	Dichtung im Dienste des Märtyrerkults. Vorformen des hagiographischen Epos	193
4.1.	Die Inschriften des Papstes Damasus I. für Märtyrergräber	194
4.2.	Die Märtyrerhymnen des Ambrosius	197
4.3.	Die Heiligendichtungen des Paulinus von Nola	201
4.4.	Die Märtyrergedichte des Prudentius: Peristephanon liber	213
5.	Noch einmal: Mythos als Vergewisserung der Gegenwart	221
5.1.	Claudians lateinische Gigantomachie	221
5.2.	Claudians De raptu Proserpinae	225
5.2.1.	Das Prooemium und das Werk – Tendenz, Ankündigung und Ausführung	226
5.2.2.	Komposition und Erzähltechnik	230
5.3.	Leistung	235
6.	Frühe Errungenschaft: Das polysemantische orthodox-christliche Epos	238
6.1.	Aurelius Prudentius Clemens – Leben, Werk, Poetologie	238
6.2.	Die Psychomachia	244
6.2.1.	Komposition und Erzähltechnik	244
6.2.2.	Literarische und ideengeschichtliche Voraussetzungen der Psychomachia	248

6.2.3.	Bedeutungsebenen	252
6.2.4.	Leistung	258
7.	Schluß	260
	Abkürzungsverzeichnis	263
	Literaturverzeichnis	264
	Register	275
	1. Namen	275
	2. Ausgewählte Sachbegriffe	278

Vorwort

Geschichtswissenschaftler, Kultur-, Kunst- und Literaturhistoriker haben in den letzten Jahrzehnten ihr Interesse verstärkt der Spätantike zugewandt. Die Literatur dieser Zeit wird nicht mehr in erster Linie wie im Frankreich und Italien des vergangenen Jahrhunderts als Vorspiel der nationalen Literaturgeschichte untersucht oder wie zur gleichen Zeit in Deutschland und Österreich als Quelle historisch, speziell kirchen- und dogmengeschichtlich relevanter Kenntnisse ausgebeutet, sondern in der bürgerlichen Forschung vor allem wegen der Amalgamierung von „Antike und Christentum" als Fundament abendländischer Kultur verstanden.[1] In der marxistischen Historiographie findet die Spätantike Beachtung, weil sie als Etappe der Krise der antiken Sklavereigesellschaft und des römischen Staates sowie als Beginn der Epoche des Überganges von der antiken Sklavereigesellschaft zum Feudalismus, als einer der Gelenkpunkte der historischen Entwicklung nicht nur von speziellem, sondern auch von allgemein-theoretischem, ja aktuellem Interesse ist. Dagegen wurde der spätantiken Literatur seitens der marxistischen Altphilologie nur bescheidene Aufmerksamkeit gewidmet, was sich daraus erklärt, daß es zunächst galt, die klassischen Perioden der griechischen und der römischen Literatur zu bewältigen, da deren Werke in besonderem Maße auf die klassische bürgerliche und die sozialistische Literaturentwicklung gewirkt haben. Doch ist inzwischen deutlich geworden, daß der historische Prozeß nur unzureichend beschrieben werden kann, wenn die Widerspiegelung des Wandels von Produktion, Austausch und Eigentumsverhältnissen allein in der Politik, dem Rechtswesen und der Gesellschaftstheorie, nicht aber in der Kunst und Literatur erforscht wird. Die Literatur der Spätantike bezeichnet einen für das Mittelalter wesentlichen Neuansatz; an ihr läßt sich exemplarisch beobachten, wie im gesellschaftlichen Wandel, bei der Durchsetzung einer neuen Ideologie und den Versuchen der Bewahrung alter kultureller Traditionen auch die Literatur eine neue Funktion erhält und sich deshalb nicht allein ihre Inhalte, sondern die literarischen Strukturen in ihrer Gesamtheit verschieben, ohne daß damit ein radikaler Traditionsbruch verbunden wäre.

Die vorliegende Arbeit betrachtet die lateinische Literatur der Spätantike als Einheit, die sich gerade in ihren Widersprüchen manifestiert. Die Differenz zwischen christlichen und „paganen" (d. h. nichtchristlichen oder besser „nicht spezifisch christlich interessierten"[2]) Werken ist zwar in ideologischer Hinsicht beträchtlich, doch sind die sozialökonomische Basis, auf deren Grundlage sie sich gemeinsam entwickeln,

---

[1] Vgl. E. A. Judge, ‚Antike und Christentum' — towards a definition of the field. A bibliographical survey, in: Aufstieg und Niedergang der römischen Welt 2, 23, 1, 3–58, Berlin/New York 1979; zum Problem danach besonders J. Fontaine 1982.

[2] H. Jordan 1911, 12.

und die Interessen der Klassen, die sie tragen, die letztlich entscheidenden Faktoren und führen zu ähnlichen, mindestens aber vergleichbaren Ergebnissen. Dieser Tatsache wird die Vorstellung von einer „letteratura latina senza aggettivi"[3] eher gerecht als die Dividierung der spät- und mittellateinischen Literatur in „christian" und „secular".[4] Vom fünften Jahrhundert an ist diese Einteilung in zunehmendem Maße nicht als inhaltliche (christliche versus pagane Literatur), sondern als funktionale (liturgische bzw. kirchliche versus nichtliturgische bzw. außerkirchliche) greifbar. Betrachtet man die Entwicklung innerliterarisch-genetisch, so wird deutlich, daß sich zum einen christliche wie nichtchristliche Autoren in die gleichen Traditionslinien einordnen, daß sie zum anderen einander antworten, d. h. sich als Glieder einer Reihe empfinden.[5] Zudem eint sie ein charakteristischer Epochenstil, der durch Versuche, ihn zu überwinden (Commodian), nur noch deutlicher erkennbar wird.

Gattungsgeschichtliche Arbeiten bedürfen keiner ausführlichen Rechtfertigung. Strebt die Literaturgeschichtsschreibung danach, mehr zu geben als monographische Einzelanalysen autarker Dichtwerke, mehr auch als Ideen- und Ideologiegeschichte, die das Kunstwerk lediglich als eine historische Quelle unter anderen, ohne weitere Spezifik betrachtet (was zugleich die Bestimmung ihres Quellenwertes verstellt), so wird sie zunächst auf die Gattungsgeschichte verwiesen als relativ praktikablen Weg, den literarhistorischen Prozeß zu verfolgen, ohne das Kunstwerk selbst aus dem Auge zu verlieren.

Angesichts der umfangreichen und widerspruchsvollen Überlieferung ist die Geschichte des spät- und mittellateinischen Epos noch nicht geschrieben worden, wiewohl zum einen gerade dieses Genos in der Antike fast durchgehends als das vornehmste galt, zum anderen das Epos schon von seinem Umfang, von der Fülle der in ihm gestalteten materiellen oder geistigen Wirklichkeit her geeignet ist, die Welt wenn nicht in ihrer Totalität,[6] so doch in ihrer Vielfalt zu erfassen.

Auf der Suche nach Belehrung wird man zunächst auf die Geschichten der römischen Literatur verwiesen sowie auf die der christlichen Literatur und Dichtung. Ihnen gemeinsam ist fast ausnahmslos die monographische Behandlung einzelner Autoren, jedenfalls liegt die Darstellung des gattungs- und damit zugleich des literarhistorischen Zusammenhanges in der Regel außerhalb der Absicht der Gelehrten. Ausnahmen sind die römische bzw. christliche Literaturgeschichte Bickels und Jordans, doch ordnen beide das Material zwar nach Gattungen, machen aber die innere Entwicklung nicht sichtbar. Bickel gliedert den Stoff chronologisch innerhalb merkwürdiger typologischer Untergruppen,[7] und die christliche Dichtung interessiert ihn

---

[3] A. G. Amatucci 1955, 123.

[4] F. J. E. Raby 1966 (erste Auflage 1927), F. J. E. Raby 1967 (erste Auflage 1934). – S. Dill 1899, 31: „The upper class were for generations far more united by the old social and literary tradition than they were divided by religious belief."

[5] Vgl. auch Christianisme et formes littéraires 232 (Diskussionsbemerkung von R. Herzog).

[6] Totalität ist einer der zentralen Begriffe der Hegelschen Ästhetik und spielt besonders bei der Behandlung des Epos eine entscheidende Rolle, s. G. W. F. Hegel 1965, Bd. 2, 406ff. Die klassizistische Ausrichtung der Hegelschen Ästhetik erhellt übrigens gerade aus der Behandlung der „eigentlichen Epopöe": Homer wird ausgespielt gegen Vergil (434), den Cid und die Göttliche Komödie (427), Miltons Paradise Lost, Klopstocks Messias und Voltaires Henriade (435) sowie das ma. Epos (462).

[7] So gehört bei E. Bickel 1961 Lukans Bellum civile zu den Nationalepen, nicht zu den ge-

überhaupt nicht. Jordan hatte (im Anschluß an F. Overbeck[8]) betont, eine Literaturgeschichte sei nicht in erster Linie eine Geschichte der Inhalte, Stoffe, Ideen oder Verfasser, sondern „eine Geschichte der Formen".[9] Dementsprechend werden im Abschnitt „Die Poesie" auch „Christliche Dichtungen bei den Lateinern" behandelt, darunter auch das Epos, dessen Darstellung jedoch nicht im Zusammenhang erfolgt, sondern durch die Behandlung anderer poetischer Formen mehrfach unterbrochen wird; Jordan realisiert also gerade nicht F. Overbecks Forderung, im „literarischen Zusammenhange stehende Reihen von literarischen Gebilden vorzuführen".[10]

So ist denn Thraedes RAC-Artikel „Epos"[11] der erste Versuch, den Bestand des spätantiken Epos geschlossen darzubieten und in den Zusammenhang der Geschichte der antiken Gattung zu stellen. Die Arbeit ist wertvoll durch zahlreiche Einzelbeobachtungen und die Erörterung der Frage nach den Entstehungsbedingungen christlicher Versepik; durch sie erhält der typologisch interessierte Artikel (Typologie als Auffächerung eines historisch konkreten Systems von Subgattungen verstanden) einen stark historischen Ansatz. Dieser geht jedoch im Laufe der Darstellung verloren.[12] Zudem werden die nicht dezidiert christlichen Epen der Spätantike – die mythologischen Dichtungen des Dracontius, das historische Epos des Coripp – mit Ausnahme Claudians aus der Behandlung ausgeklammert.

D. Kartschoke[13] behandelt die Bibelepik im Zusammenhang der „Bibeldichtung". Dieser Begriff faßt bei ihm Texte zusammen, die biblische Stoffe in Versform darstellen; auf diese Weise wird eine Textklasse gebildet (wie sich auch „alle Texte des Ambrosius", „alle lateinischen Texte des 4. Jh." zusammenfassen ließen), aber keine Gattung, der vergleichbare Strukturen und Funktionen gemein seien müßten. Das stoffliche Interesse tritt in den Vordergrund, d. h. ein Element unterhalb der Gattungsschwelle wird als gattungskonstitutiv mißverstanden.

---

schichtlichen Epen, Claudian in die Gruppe „Geschichtliche Epik in der Form des Panegyrikus", zu der aber das (verlorene) Bellum Germanicum des Statius nicht geschlagen wird; Ovids Metamorphosen und die Argonautica des Valerius Flaccus firmieren als mythologische Erzählkunst, nicht aber Vergils Aeneis. Nicht nur die christliche, sondern die gesamte Epik der Spätantike ist mit Ausnahme des Ausonius (?!) und des Claudian der Erwähnung nicht wert.

[8] F. Overbeck 1882, 423.   [9] H. Jordan 1911, 10.
[10] F. Overbeck 1882, 435.   [11] K. Thraede 1962.
[12] Da sich beim Epos eine kommunikativ-funktionale Typologie nicht durchführen läßt (es sei denn, daß man – wie Thraede – das Lehrgedicht als zum Epos gehörig ansieht und daher als eigenen Typus ausscheidet, wobei auch dieses typologisch zu differenzieren wäre, s. B. Effe 1977 und meine Rezension DLZ 99 [1978] 844–847), folgt Thraede mit Recht einem stofflichen Kriterium. Jedoch spaltet er unbegründet das Bibelepos auf in neutestamentliche und alttestamentliche Paraphrase (literarisch-rhetorisch begründete Differenzierung bei M. Roberts 1985, 219–226) und gliedert die letztere nach mir nicht erkennbaren Gesichtspunkten in historisch-grammatische, rhetorisch-didaktische, elegisch-hymnische und dramatisch-lyrische Paraphrasen bzw. Umdichtungen auf, wodurch der historische Zusammenhang verlorengeht. – Nicht vertretbar ist die Subsumierung des hagiographischen Epos des Paulinus von Périgueux und der autobiographischen Dichtung des Paulinus von Pella unter einer Rubrik (biographische und autobiographische Paraphrase) – übrigens wird hier der Vita Martini des Venantius Fortunatus nicht gedacht.
[13] D. Kartschoke 1975.

Der gewichtigste Beitrag für die Ausarbeitung der Theorie und Geschichte einer spätantiken epischen Untergattung ist R. Herzogs „Bibelepik".[14] In zwei ihm wesentlichen Punkten vermag ich Herzog freilich nicht zu folgen: 1. Er führt den Begriff der „exegetischen Poesie"[15] ein; die christlichen Dichtungen stehen für ihn hauptsächlich in der Tradition der christlichen Bibelexegese. Die daraus ablesbare Unterschätzung der Rolle der antiken (religiös neutralen) Gattungen für die Entwicklung der christlichen scheint mir unzutreffend — deren Elemente sind in entscheidendem Maße konstitutiv für die spätantiken Gattungen, und die (fraglos wichtigen) Verfahren der exegetischen Literatur werden in sie eingeschmolzen, nicht aber stehen die antiken Gattungskonstituenten in einem akzessorischen oder gar akzidentiellen, lediglich differenzierenden Verhältnis zur exegetischen Form. 2. Geschichte und Logik treten bei Herzog in Gegensatz zueinander[16]: Er projiziert die wirkliche historische Entwicklung auf eine idealtypische Fläche;[17] die Formen werden nicht in der Folge dargestellt, in der sie entstanden sind, sondern in der sie gewissermaßen hätten entstehen sollen, d. h. Proba wird vor Juvencus behandelt, Juvencus mit der Heptateuchdichtung zusammen.

Die Darstellung der lateinischen Versepik von E. Burck[18] klammert in traditioneller Weise die christliche Epik aus der Betrachtung aus.

Aus dieser Forschungssituation[19] ergibt sich die Berechtigung und die Notwendigkeit, das spätantike Epos in seinem Gesamtbestand historisch darzustellen.

Der Arbeit ist ein relativ ausführliches Einleitungskapitel mit umfangreichen Literaturnachweisen vorangeschickt. Ein Blick in Literaturgeschichten lehrt, daß der Mangel an Reflexion der eigenen Methode und Urteile (bzw. die Überzeugung, die „Fakten" sprächen für sich selbst) zu Inkonsequenzen, Widersprüchen, Ungereimtheiten, zur unkritischen Übernahme gewissermaßen selbstverständlicher überkommener Maßstäbe führt. Die lateinische Philologie hat von der sprach- und literaturwissenschaftlichen Diskussion der letzten 80 Jahre nur sporadisch Kenntnis genommen (wie umgekehrt die Sprach- und Literaturwissenschaft ihr Material im wesentlichen aus den neueren Literaturen bezogen hat), so daß es berechtigt schien, auf die wichtigsten der für unser Thema relevanten Probleme einzugehen und Lösungsansätze, die mir fruchtbar scheinen, zu dokumentieren.

Den Herren Prof. Dr. Joachim Herrmann und Prof. Dr. Reimar Müller danke ich für die Aufnahme der Arbeit in die „Schriften zur Geschichte und Kultur der Antike". Ohne die verständnisvolle Unterstützung meiner Frau wäre sie nicht entstanden.

---

[14] R. Herzog 1975. [15] Weiter ausgeführt in R. Herzog 1976.
[16] Zum Problem K. Marx, MEW 23, 27; F. Engels, MEW 13,475; E. Engelberg 1972.
[17] Merkwürdigerweise unter Berufung auf die bibelwissenschaftliche Formgeschichte.
[18] E. Burck — M. v. Albrecht 1981.
[19] Von der Seite der mittelalterlichen Philologien wird zwar die sprachliche Abhängigkeit der mittellateinischen Epiker von den Schulautoren (Vergil, Ovid, Statius, Lukan, dazu die christlichen Dichter der Spätantike) beobachtet, jedoch ihre strukturelle Verwandtschaft mit ihren spätantiken Vorläufern kaum, s. A. Ebenbauer 1978, dazu meine Rezension DLZ 101 (1980) 461—464. — K. H. Halbach 1954 stellt nur die deutsche Epik des Mittelalters dar und sieht ihre Voraussetzungen einzig in der frühgermanischen Dichtung — die spätantike Dichtung wird gar nicht, die mittellateinische karolingische nur ganz kurz in dürftiger Auswahl behandelt.

1. Vorfragen

1.1. Das Epische und das Epos[1]

1.1.1. Antike Bestimmungen des Epos

Literaturkritik und Literaturtheorie versuchen nicht nur die Erfahrungen, die bei der literarischen Produktion und Rezeption gesammelt wurden, zu systematisieren und auf Begriffe zu bringen, sie wirken mit ihren Theoremen (zumal wenn sie Gemeingut geworden sind) in gewissem Maße selbst auf die Produktion und Rezeption von Dichtwerken ein.[2] Ist auch dieser Einfluß geringer zu veranschlagen als der häufig unmerkliche der gesellschaftlichen Entwicklung und als der den Dichtern oft quälend bewußte der künstlerischen Tradition, so ist es doch nützlich, sich einleitend die wichtigsten Erkenntnisse und Fehlurteile der antiken Epostheoretiker zu vergegenwärtigen.

Wir haben hier nicht den Gang der antiken Diskussion über Ursprung und Wesen der Dichtung überhaupt[3] und des Epos im besonderen[4] darzustellen, wie er sich seit Homer verfolgen läßt, sondern fassen nur die Ergebnisse zusammen, die (in der Regel von hellenistischen Autoren erarbeitet) sich als wenig reflektierte communis opinio bei den Römern wiederfinden, wobei die spätantiken Grammatiker meist ältere Ansichten mehr oder weniger unkritisch referieren.

Grundsätzlich kann man intuitive, deskriptive und normative Bestimmungen der Gattung unterscheiden.

Bereits in der zweiten Hälfte des 5. Jahrhunderts v. u. Z. klagte ein Epiker, Choirilos von Samos, er stehe am Ende einer Entwicklung, die zur scharfen Abgrenzung der Gattungen geführt habe.[5] Man hatte also recht klare Vorstellungen davon, was

---

[1] Vgl. hierzu W. Kirsch 1982.
[2] Auf das (richtige oder falsche) Gattungsbewußtsein als Forschungsgegenstand verweist M. Głowinski, Literarische Gattung und Probleme der historischen Poetik, in: Positionen polnischer Literaturwissenschaft der Gegenwart. Methodenfragen der Literaturgeschichtsschreibung, hrsg. von E. Dieckmann und M. Janion, Berlin 1976, 175—201. — S. S. Averincev, Grečeskaja „literatura" i bliznevostočnaja „slovesnost'" (Protivostojanie i vstreča dvuch tvorčeskich principov), in: Tipologija i vzaimosvajazi literatur drevnego mira, Moskva 1974, sieht einen wesentlichen Unterschied zwischen orientalischer und griechischer Literatur darin, daß diese sich als eigengesetzliche menschliche Tätigkeit ihrer selbst bewußt geworden ist — Ausdruck dessen sei die Entstehung einer Literaturtheorie. Eine Literatur, die die Reflexion ihrer Resultate gestattet, sei prinzipiell anderer Art als eine solche, der dies nicht möglich ist, weil sie sich als Verkündung versteht oder Bestandteil des Kults ist.
[3] Dazu einleitend I. Behrens 1940, 9—32; M. Fuhrmann 1973 (anhand der Poetologien von Aristoteles und Horaz sowie des Autors Peri hypsous); vgl. auch E. R. Curtius 1967, 435—461 zur spätantiken, altchristlichen und mittelalterlichen Literaturwissenschaft sowie Očerki istorii rimskoj literaturnoj kritiki, Moskva 1963.
[4] Hierzu S. Koster 1970.
[5] Choeril. fr. 2 (Poetarum Epicorum Graecorum testimon. et fragmenta ed. Bernabé 1,191 f.).

ein Epos ist. Diese intuitive Klarheit über das der Gattung Gemäße ist aus der epischen Produktion selbst ablesbar — aus der Verwendung wiederkehrender Struktur- (Prooemium) oder Handlungselemente (Unterweltszenen, episches Unwetter), einer spezifischen langue. Der intuitive Begriff wird mit Händen greifbar, wenn Lukan durch den Verzicht auf einen Götterapparat das Gattungsvorverständnis verletzt und damit Verwirrung stiftet.[6]

Schwerer fiel die Beschreibung dieser Vorstellung. Unscharf war schon das Wort, das die Sache bezeichnete: Die Lateiner zogen dem Fremdwort *epos* das lateinische *carmen* vor, also einen Begriff, der jegliche Art nicht nur metrischer, sondern auch rhythmisierter oder formelhafter Gesangs- und Sprechtexte bezeichnet.[7] Vor allem aber wurden einzelne Konstituenten der Gattung zwar richtig erkannt, jedoch zugleich fälschlich als gattungskonstitutiv verabsolutiert: der Hexameter als Epenvers, die Stoffbereiche des Mythos und der Geschichte, der Gestus des Erhabenen, der große Umfang der Dichtung sowie ihr Vortrag durch einen Erzähler.

Gorgias hatte das Wesen der Dichtung in ihrer Versgestalt gesehen.[8] Dieser Gesichtspunkt war so augenfällig, daß er trotz des frühen Protestes von Aristoteles bis in die Spätzeit gültig blieb[9]: Die Gattungen wurden nach dem Metrum differenziert. Epenvers war der Hexameter.[10] Da er jedoch auch sonst verwendet wurde, gerieten etwa Versepik, Lehrdichtung und Bukolik in eine „Gattung".[11] Das lief wiederum dem intuitiven Gattungsverständnis derart zuwider, daß man auch in der lateinischen Dichtung z. B. heroische und bukolische Hexameter zu unterscheiden begann oder unterscheiden zu können glaubte.[12]

Als epengerechte Stoffbereiche werden teils die Taten der Götter, Heroen und Menschen,[13] teils in thematisch genauerer Bestimmung menschlicher Gegenstände *res gestae regumque ducumque et tristia bella*[14] angesehen.

Diese bedeutenden, großen Stoffe und Themen bedingen als weiteres Gattungskriterium den Gestus des Erhabenen — die Themen sind *grandia* oder *tumida*,[15] der Epenvers *gravis*,[16] der Stil durch Wahl der Wörter, Tropen und Figuren sowie durch

---

[6] Vgl. die Lukan-Diskussion bei Petron 118—124 (hier ohne Namensnennung) und Quint. 10,1,90; Serv. Aen. 1,382; Isid. etym. 8,7,10; Commenta Bernensia (Scholia in Lucani bellum civile Usener) 1,9. Das Verdikt wird noch bis ins 19. Jahrh. nachgesprochen, s. W. Krauss 1968, 20,23; G. W. F. Hegel 1965, 421f.

[7] Dies bemerkten schon Sueton und in seiner Nachfolge Diomedes, GL 1,484. Vgl. auch die Belege zu *epos* ThLL 5,697f., zu *carmen* im Sinne von *epos* ThLL 3,466,43—57; s. auch J. Quasten, RAC II 901—910 s. v. carmen.

[8] S. Koster 1970, 23.

[9] Diomed. GL 1,473: *Poetica* (d. h. Dichtung) *est fictae veraeve narrationis congruenti rhythmo ac pede composita metrica structura* ...

[10] Hor. ars 73f.; Ov. am 1,1,2f.; Diomed. GL 1,483f.; Mar. Victorin. GL 6,210; Isid. etym. 1,39,9f.

[11] So bei Manil. 2,1—48; 3,1—26; Quint. 10,1,4—56.85—92; Mar. Victorin. GL 6,210.

[12] Referiert bei Diomed. GL 1,494, Mar. Victorin. GL 6,210 und 215. Schon vorher hatte Quint. 10,1,93—95 die Satire von der Hexameter-Dichtung getrennt.

[13] Suet. fr. ed. Reifferscheid S. 17; Diomed. GL 1,483f.; als Urheber vermutet S. Koster 1970, 87 und 89 Theophrast.

[14] Hor. ars 73; ähnlich Quint. 10,1,62. Unentschieden zwischen beiden Bestimmungen schwankend Isid. etym. 1,39,9.

[15] Hor. c. 1,6,9; Prop. 3,9,4.35.   [16] Ov. am. 1,1,1.

die Satzfügung *grandiloquus*,[17] das epische Gedicht *sublimis*[18] oder *arduus*[19]: Zum gattungsdifferenzierenden Charakteristikum wurde der Gestus bei Diomedes,[20] der (unter Absehung von anderen strukturellen Merkmalen) sechs *qualitates carminum* unterschied, darunter die *qualitas heroica, tragica* und *comica*, weshalb dann späterhin epische Dichtungen als *tragoedia* (Dracontius: Orestis tragoedia) oder als *comoedia* (Dante) bezeichnet werden konnten.[21]

Im großen Umfang wurde ein weiteres wesentliches Element des Epos erkannt. Freilich wertete man den großen Rederaum selten als Vorzug,[22] vielmehr wurde seit Kallimachos die Länge als charakteristischer Mangel des Epos empfunden, ein Gedanke, der sich schließlich im Topos der recusatio des Großepos[23] mehr und mehr verselbständigte.

Ansatzweise, wenn auch unscharf, wurde die Erzählperspektive als gattungsdifferenzierend begriffen, und zwar in der Einteilung der Gattungen nach der redenden Person. Danach gibt es drei *genera* (Diomedes) oder *characteres* (Isidor) der Dichtung, je nachdem nur der Dichter, nur die handelnden Personen oder bald der Dichter, bald die handelnden Personen reden. Das Epos gehört danach zum dritten *genus*, dem *genus mixtum*, das Lehrgedicht wird von ihm ganz richtig geschieden, es gehört zum ersten − die Eklogen Vergils aber sind teils zum zweiten, teils zum dritten zu schlagen.[24]

Neben intuitiven und in gewissem Sinne induktiven Bestimmungen des Epos finden sich zumal bei Aristoteles und Horaz von Homer abgeleitete Normative[25]: Das rechte Epos habe eine einzige, in sich geschlossene, stimmige Fabel, die nicht

---

[17] Serv. Aen. ed. Thilo−Hagen 1, 4 sowie 3, 1 f.; vgl. dagegen 1, 459 über den 'komischen' Stil des 4. Aeneisbuches.

[18] Quint. 1,8,5; 10,1,46.

[19] Sidon. ep. 4,1,2.

[20] Diomed. GL 1,502.

[21] Schon Platon bezeichnet Homer als Tragödiendichter, und Aristoteles spricht von Homers Dramatik, s. I. Behrens 1940, 12; gestische Scheidung der Gattungen sodann bei Hor. ars 86 *(operum colores)*, s. a. I. Behrens 1940, 21 Anm. 64, und schließlich bei Isid. etym. 8,7,6 und 7, wo Plautus, Accius, Terenz die Alte, Horaz, Persius, Juvenal die Neue Komödie vertreten. Vgl. auch H. R. Jauss 1970, 92 f.

[22] Arist. poet. c. 24.

[23] Zum Topos 'recusatio des (mythologischen und historischen) Großepos' R. Häußler 1976, 211−238 mit Bibliographie. Er findet sich bei den Römern seit Lucilius: Lucil. fr. 1064−1067 Krenkel = 1008, 1084−1087 Marx (dazu C. Cichorius, Untersuchungen zu Lucilius 1908, 183−185). 'Aufschub' als dichterische Gestaltung der recusatio (K. Thraede 1965, 36) z. B. Nemes. cyn. 63−78. − Zur recusatio als Form des Topos 'andere-ich' (andere Dichtformen − ich) K. Thraede 1965, 31, Anm. 38. Lucilius (fr. 376−385 Krenkel = 338−347 Marx), Diomedes (GL 1,473) und Isidor (etym. 1,39,21) stellen gegenüber *poesis* = umfangreiches Werk und *poema* = kurzes Werk oder Teil eines größeren Werkes; als Beispiele der poesis nennt Diomedes Ilias, Odyssee, Aeneis.

[24] Diomed. GL 1,482 f.; Isid. etym. 8,7,11. Das Klassifikationsprinzip der redenden Person geht auf Platon res publ. 392−394 zurück (s. S. Koster 1970, 41) und wurde von Aristoteles (poet. c. 3) aufgegriffen (M. Fuhrmann 1973, 8), doch waren sich Platon und Aristoteles bewußt, daß der Epiker bald selbst erzählt, bald in anderer Person redet (M. Fuhrmann 1973, 8; S. Koster 1970, 50).

[25] Arist. poet. c. 23 (s. a. 8); Hor. ars 23.148−152.

dem ab-ovo-Prinzip, sondern dem in-medias-res-Prinzip folge und planvoll auf das Ende hin komponiert sei. Wie alle normativen Poetologen gerieten auch der Stagirit und der Venusiner damit in Widerspruch zur wirklichen Dichtung — Aristoteles lehnte die Herakles- und Theseusepen ab, weil ihre Einheit durch den einen Helden, nicht durch eine Fabel gestiftet wird, und erst recht hätte das *carmen perpetuum* des Ovid unter die schlechten Epen gerechnet werden müssen, weil in ihm eine Fülle in sich geschlossener Fabeln gereiht wird und allein das Thema der Metamorphose die Einheit des Werkes schafft.

Wie dem auch sei: Einerseits vermochten die antiken Theoretiker trotz eines richtigen intuitiven Begriffs und treffender wesentlicher Teilbeobachtungen keinen gültigen theoretischen Begriff der Gattung, genauer: des Epos zu entwickeln.[26] Andererseits wurde im lateinischen Raum Vergils Aeneis in den Rang eines Muster-Epos erhoben[27] und prägt in Stoff, Thematik, Struktur und Sprache für Jahrhunderte das Gattungsverständnis der Dichter wie der Grammatiker, ja — weil es Schulbuch wurde — des Publikums überhaupt. Eine epische Produktion war ohne ein wie immer geartetes Verhältnis zu dieser Dichtung nicht mehr möglich. Gleichwohl blieben durch die Verabsolutierung einzelner Strukturelemente die Grenzen zwischen einzelnen Gattungen mindestens in der Theorie offen, öffnete der versus heroicus das Epos für Einflüsse aus anderen hexametrischen Genera.

1.1.2. Die Grundstruktur des Epischen

Die Überbetonung einzelner Strukturelemente verführte die antike Literaturwissenschaft einerseits zur gattungsmäßigen Trennung des Zusammengehörigen (der Bukolik in dialogische und monologische Eklogen), andererseits zur Kumulierung des Verschiedenen (Epos, Lehrdichtung, Bukolik) in einer Pseudo-Gattung.

Während der selbständige Gattungscharakter der Bukolik seit langem erkannt und anerkannt ist, wird noch heute in der klassisch-philologischen Literatur vielfach das Lehrgedicht unter das Epos subsumiert.[28] Bedingt ist diese Betrachtungsweise weniger durch das Vorbild der antiken Theoretiker als durch die strukturellen Gemeinsamkeiten beider Kunstformen: Es handelt sich in beiden Fällen um Großformen[29] der Dichtung: der Hexameter ist der Vers der Epik wie der Lehrdichtung;

---

[26] Die Linguistik (B. Havránek, Zum Problem der Norm in der heutigen Sprachwissenschaft und Sprachkultur, in: Prager Linguistik 1,143) und die Literaturwissenschaft (H. R. Jauss 1970, 90) unterscheiden zwischen Sprachnorm und besserer oder schlechterer Kodifikation der Norm bzw. literarischer Produktion, immanenter Poetik und expliziter Poetologie.

[27] Zur Vorbildlichkeit Vergils etwa Quint. 1,8,5; 10,1,85 ff.; Homer und Vergil als Paradigmata der *poetae epici* Mar. Victorin. GL 6,210; Diomed. GL 1,473.482; Hieron. in Am. 1,2 (PL 25,1041 C).

[28] P. F. Hovingh 1957, 80 betrachtet alle Poesie, in der die belehrende Absicht des Dichters erkennbar ist, als didaktische. Damit wird alle christliche Poesie Lehrdichtung und ist nun in drei didaktische Genera zu scheiden: das episch-paraphrastische, das hymnische und das allein unterrichtende, so daß in diesem Zusammenhang 84 ff. das gesamte Œuvre des Prudentius abgehandelt werden kann. Damit überbetont Hovingh eine Funktion des grundsätzlich polyfunktionalen Kunstwerks.

[29] Zur Bedeutung des „Rederaums", der Größe der Konstruktion, für das Gattungsverständnis J. Tynjanow 1975, 219.250; s. a. E. Lämmert 1955, 32; T. A. van Dijk, J. Ihwe, J. S. Petöfi, H. Rieser 1972, 19.

infolgedessen sind viele Elemente der epischen langue auch in der Lehrdichtung zu finden; in beiden Gattungen begegnen wir ähnlichen Struktur- und Bekörperungselementen; schließlich vermag in der Epik (zumal in ihrer christlichen Ausprägung) die didaktische Funktion einen hohen Stellenwert zu erlangen, während sie andererseits im Lehrgedicht zugunsten des Gestaltwertes weitestgehend aufgegeben werden kann.

Diese Situation veranlaßt uns zu der Frage nach der Grundstruktur des Epischen. Antworten darauf bieten die moderne Sprach- und Literaturwissenschaft an.

Die kommunikativ orientierte Textlinguistik richtet ihr Augenmerk nicht auf abstrakte sprachliche Einheiten wie Phonem, Lexem, Wort und Satz, sondern auf die eigentliche Seinsweise der Sprache, den Text.[30] Für uns belangvoll ist dabei jene Richtung, die Sprache nicht als System rein für sich, sondern in ihrer kognitiven und kommunikativen Funktion betrachtet. Diese beiden, dialektisch aufeinander bezogenen Funktionen beruhen auf dem gesellschaftlichen Wesen des Menschen und seiner tätigen Aneignung der ihn umgebenden Welt. Diese gemeinsamen Funktionen aller Sprachen haben die Existenz unterschiedlicher Universalien zur notwendigen Folge, d. h. solcher Erscheinungen, die bei allen natürlichen Sprachen in all ihren Entwicklungsstadien zu beobachten sind[31] und garantieren, daß die Sprache der Aufgabe gerecht wird, die Realität widerzuspiegeln und das Widergespiegelte möglichst adäquat mitzuteilen.[32]

Ein wesentlicher Zusammenhang zwischen den Erscheinungen der Realität ist neben dem räumlichen und logischen der zeitliche, d. h. der Prozeßcharakter des Seins. Ein temporaler Ausschnitt aus der realen oder imaginierten Welt wird freilich nur dann als Ablauf, als Vorgang begriffen (d. h. nicht als undifferenziertes Nacheinander erfaßt), wenn außer der temporalen Sukzession auch ein tatsächlicher oder präsumtiver kausaler Zusammenhang[33] zwischen seinen Elementen adäquat oder inadäquat erkannt und sprachlich dargestellt wird. Den so entstehenden Texttyp nennen wir Narration. Weil jedoch nicht nur Handlungen von Menschen, sondern auch Naturvorgänge – die Entstehung der Erde und des Menschen, der Ablauf des Jahres, der Vegetationsperioden usw. – allein in der Zeit denkbar und also in Zeitsequenzen darstellbar sind, ist für unsere Zwecke die Differenzierung der Narration

---

[30] Wie für die Textlinguistik der Text „das originäre sprachliche Zeichen" ist (vgl. P. Hartmann, Texte als linguistisches Objekt, in: Beiträge zur Textlinguistik [Internationale Bibliothek für allgemeine Linguistik 1], München 1971, 10), so ist auch für den Theologen K. Koch 1968, 83 der Satz eine logische Abstraktion, Formgeschichte dagegen „im Grunde eine höhere Grammatik".

[31] Die Textproduktion folgt nicht mehr einzelsprachlich-grammatischen Regeln; linguistische Texttypologien versuchen alle Texte natürlicher Sprachen zu erfassen, s. P. Hartmann a. O. 19 sowie H. Isenberg, Probleme der Texttypologie. Variation und Determination von Texttypen, WZ Leipzig 27, 1978, 577.

[32] Hierzu D. Viehweger, Semantische Merkmale und Textstruktur, in: Probleme der Textgrammatik (Studia grammatica 11), Berlin 1976, 197; H. Isenberg, Einige Grundbegriffe für eine linguistische Texttheorie, a. O. 49 hält die Unterscheidung dreier Aspekte für notwendig: des Aspekts der Widerspiegelung, der Mitteilungsintention und der Abbildung einer spezifischen Kommunikationssituation.

[33] Die kausale Verbindung der Ereignisse als Bedingung einer Ereignissequenz betonen T. A. van Dijk, J. Ihwe, J. S. Petöfi, H. Rieser 1972, 16.

in die Darstellung objektreferentieller Vorgänge und personalreferentieller Handlungen notwendig. Die Grundstruktur des Epischen ist demnach die personalreferentielle Narration.³⁴

Anmerkung: Noch ungeklärt ist die Frage, wie ein narrativer Text als solcher gekennzeichnet bzw. erkannt (kodiert und dekodiert) wird.

Angesichts der Bedeutung der Repetition für die Textproduktion (Vertextung) und der auffällig obstinaten Repetition der Tempora in jedem Satz glaubte Weinrich nachweisen zu können, daß die Funktion der Tempora nicht darin besteht, Zeitbestimmungen mitzuteilen, sondern mittels zweier streng geschiedener Tempusgruppen typische Sprechsituationen sprachlich zu realisieren: die Texte in besprechende und erzählende zu scheiden.³⁵ Abgesehen davon, daß seine Auffassung auch von Neuphilologen angegriffen worden ist,³⁶ bietet das Modell für lateinische Texte (Weinrich behandelt sie nur am Rande³⁷), in denen neben dem Perfekt auch das Imperfekt, das Präsens und der Infinitiv in unterschiedlichen Schattierungen narrativ verwendet werden können,³⁸ keinen praktikablen Ansatz: allein vom Tempusgebrauch her läßt sich ein lateinischer Text nicht als narrativer bestimmen.

Fraglos aber sind die Verben, sei es nach ihrer grammatischen Form oder nach der Semantik ihrer Lexeme oder ihrer komplexen aktuellen Bedeutung, ihrer Distribution im Text und ihrem Zusammenwirken mit anderen kotextuellen Einheiten für die Kodierung und Dekodierung einer Aussage als narrativer von höchster Bedeutung. Fruchtbar scheint mir der Ansatz Kanyós,³⁹ strukturbestimmend für narrative Texte sei die Verteilung der Quantoren der Zeitargumente in den Subtexten (Absätzen eines Textes), wobei die existentiellen, beschränkt universalen und universalen Zeitquantoren Passagen der Deskription oder aber der zeitlichen Raffung charakterisieren, während die 'eigentlich' narra-

---

[34] In keiner Weise förderlich ist die Scheidung von Erzähl- und Gedichttexten danach, ob sie in „ungebundener" oder „gebundener" Rede verfaßt sind (so D. B. Leistner, Autor — Erzähltext — Leser [Erlanger Studien 5], Erlangen 1975, 81: „Ein Dichtungstext soll dann Erzähltext heißen, wenn er in ungebundener 'Rede' verfaßt ist ..."). Epen sind danach (so explizit Anm. 7 a auf S. 432—436) keine Erzähltexte — mit der Begründung, sie seien ursprünglich mündlich vorgetragen und erst später schriftlich fixiert worden; die Schaffung von gedruckten Epen im 20. (sic!) Jahrh. sei dagegen kein Einwand.

[35] H. Weinrich 1964, 47—51 sowie 8.11.70.

[36] Vgl. die Rezension von W. Pollak, Zs. für romanische Philol. 84, 1968, 380—480 sowie D. Wunderlich, Tempus und Zeitreferenz im Deutschen (Linguistische Reihe 5), München 1970, 121, der betont, erst der Kontext schränke die Mehrdeutigkeit des isoliert gebrauchten Tempusmorphems ein. Wunderlich erkennt übrigens 95 an, das Präteritalmorphem in der stereotypen Einleitung von Märchenerzählungen signalisiere nicht Vergangenheit, sondern den exemplarischen oder fiktiven Charakter (die Nicht-Aktualität) des Ausgesagten.

[37] H. Weinrich 1964, 295—302. Danach hat das Perfekt aktiver Verben erzählende, das des Passivs und der Deponentien besprechende Funktion.

[38] J.-P. Chausserie-Laprée 1969, 369—410. Kurz charakterisiert er die Tempora 373 als parfait objectif, présent animé, imparfait dramatique, infinitif de narration intense. — J. J. Schlicher 1931 behandelt nur die Differenz zwischen historischem Präsens und historischem Perfekt. — Eine moderne Darstellung der Tempora und Zeitausdrücke des Lateinischen liegt m. W. nicht vor.

[39] Z. Kanyó, Überlegungen zur Texttheorie an Hand von Strittmatters Kalendergeschichte „Der Spuk". Vervielfältigtes Typoskript eines Vortrags Dresden 1975.

tiven, eine temporale Sukzession als einmalige darstellenden Passagen beherrscht werden von referentiell bestimmten Zeitbezügen in geordneten Zeitsequenzen bei gleichbleibenden (auf welche Weise immer repetierten und so als Konnektoren dienenden) Objektreferenzen.

Man sollte auch einem Ansatz Stempels nachgehen, wieweit der Gebrauch von Verben gleicher oder unterschiedlicher Aktionsart in der Sequenz vom Leser/Hörer sofort als Darstellung gleichzeitiger oder aufeinanderfolgender Handlungen dekodiert wird.[40]

Wenn auch die Rolle der grammatischen Tempusformen und der komplexen Semantik des Verbs für die Narration noch nicht hinlänglich erforscht ist, gilt jedenfalls, daß nicht jede Abfolge von Verbalprädikaten einen Ablauf impliziert. Zur Sicherung des Verständnisses einer Aussage als temporal-sukzessiv strukturierte müssen (mindestens in bestimmten Fällen) außerdem andere lexikalische und syntaktische Mittel dienen: Bieten sich innerhalb eines Satzes die abhängigen Tempora zur Bezeichnung der Vor-, Gleich- und Nachzeitigkeit an, so treten sowohl im Satz selbst wie zur Verknüpfung von Sätzen zur Sequenz hinzu vor allem Adverbien *(tum)*, Konjunktionen *(cum)*, Präpositionen *(post)*, Präpositionalphrasen *(inter quae)*, der Ablativ der Zeit *(eo tempore)*, der ablativus absolutus *(paucis diebus interpositis)*, das participium coniunctum *(Caesar reversus)* und der seltene Akkusativ der Dauer *(biduum)*.[41] Dagegen ist interessanterweise eine performative Einleitung narrativer Texte (Ich erzähle...) nicht nur unnötig, sondern sie verbietet sich sogar.[42]

Weiterhin besteht ein Text nicht aus einer ungegliederten Menge gleichförmig aufeinanderfolgender Sätze, sondern diese ordnen sich in ihm zu Subsequenzen, die durch ihren Bezug auf das Thema bzw. auf (hierarchisch gleich- oder untergeordnete) Subthemen des Textes verbunden sind, so daß sich bei der Rezeption allmählich der Sinn des Textganzen aufbaut.[43] Diese von Agricola anhand im wesentlichen nichtfiktionaler (u. a. auch narrativer) Texte erarbeiteten Feststellungen gelten auch für fiktionale narrative Texte,[44] wie besonders Stempel gezeigt hat.

Neben diesen Gegebenheiten der innertextuellen Oberflächen- und Tiefenstruktur spielen außertextuelle Bezugspunkte eine Rolle, ein sprachlicher wie ein außersprachlicher. Der Einzeltext wird wahrgenommen erstens vor dem Hintergrund als gesellschaftlich üblich interiorisierter Darbietungsweisen oder Textbildungsnormen,[45] zweitens in Vertrautheit mit der außersprachlichen Realität, in unserem Fall: ihrer zeitlichen Kontinuität.[46]

Das Bemühen der Textlinguistik um die Isolierung der Konstituenten narrativer, d. h. Zeitsequenzen darstellender Texte findet seine Entsprechung in dem der typo-

---

[40] W.-D. Stempel, Möglichkeiten einer Darstellung der Diachronie in narrativen Texten, in: Beiträge zur Textlinguistik (Internationale Bibliothek für allgemeine Linguistik 1), München 1971, 59 f.

[41] J.-P. Chausserie-Laprée 1969.

[42] H. Isenberg (wie Anm. 32) 132.

[43] E. Agricola, Textstruktur — Textanalyse — Informationskern, Leipzig 1979, 7, s. a. 59 f., 64—66.

[44] W.-D. Stempel (wie Anm. 40) 76.

[45] H. Isenberg (wie Anm. 32) 70; G. Lerchner, Bezugsforderungen von linguistischen auf literaturwissenschaftliche Kategorien bei der Vermittlung literarischer Texte, in: Deutsch als Fremdsprache 15, 1978, 198; vgl. auch K. Koch 1968, 5; K. Bartoszyński 1973, 203 f.; K. W. Hempfer 1973, 125 sowie K. Vernier, Affirmative Funktionsweise und Funktionsveränderung in der Literatur, in: Ideologie — Literatur — Kritik. Französische Beiträge zur marxistischen Literaturtheorie, Berlin 1977, 308, die darauf hinweist, daß diese Regeln erlernt sind, aber so „selbstverständlich" scheinen, daß sie als „evident" aufgefaßt werden.

[46] Vgl. besonders E. Coseriu, Thesen zum Thema „Sprache und Dichtung", in: Beiträge

logisch[47] orientierten allgemeinen Literaturwissenschaft um die Aufdeckung der Grundstruktur poetischen (nicht notwendig fiktionalen) Erzählens. Diese hat E. Lämmert in die Worte „Es ward ... und dann" gefaßt als übergreifende, für die Literaturen aller Zeiten gültige Grundformel dichterischen Erzählens.[48] In dieser Formel haben das Tempusmorphem wie die temporalen Substitutionsausdrücke, auch die Sequenz der Zeitausdrücke ihren angemessenen Platz gefunden; nicht erfaßt ist dagegen die Personalreferenz.

Lämmert hat zugleich gezeigt, daß die temporale Sukzession lediglich die Grundstruktur des Erzählens ist. Zum einen sind mannigfache Variationen des Zeitverlaufs (Dehnungen, Raffungen) möglich, auch die Darstellung paralleler Vorgänge im Nacheinander sowie Umstellungen der Chronologie in Gestalt von Vor- und Rückgriffen, wie sie uns aus dem 2. und 3. Buch der Aeneis wohlvertraut und überhaupt für den in-medias-res-Typ des Epos (im Gegensatz zum ab-ovo-Typ)[49] erforderlich sind. Zum anderen kann das narrative Gerüst mit nicht-narrativen Bauelementen „bekörpert"[50] werden, die an Umfang die narrativen sogar übertreffen können, ihnen gleichwohl hierarchisch (attributiv) untergeordnet sind.[51]

Auf diesen Umstand muß mit Nachdruck verwiesen werden. Wie in erzählende Texte beschreibende, erläuternde, betrachtende, belehrende Sequenzen (Subtexte) eingeschlossen sein können, so in nichtepische Texte auch narrativ strukturierte Passagen (etwa erzählende Exkurse in Lehrdichtungen,[52] wie des Lukrez berühmte Darstellung der Pest in Athen [6,1138–1286]), doch sagt das nichts über die Grundstruktur der Werke aus.[53]

zur Textlinguistik (Internationale Bibliothek für allgemeine Linguistik 1), München 1971, 183f.

[47] Es ist nicht zu vermeiden, daß in der vorliegenden Arbeit die Begriffe Typus, typologisch, Typologie in vier unterschiedlichen in der Wissenschaft eingeführten Bedeutungen gebraucht werden: 1. bezeichnet die allgemeine Literaturwissenschaft die überall, zu jeder Zeit und unabhängig voneinander existierenden oder möglichen analogen Grundstrukturen von Texten als Typen (E. Lämmert 1955, 15f.); 2. untersucht die vergleichende Literaturwissenschaft außer strukturell-typologischen auch weitere analoge, aber nicht genetisch verwandte Erscheinungen der Literatur und des Literaturprozesses, die sich vor allem aus analogen gesellschaftlichen, aber auch psychologischen und innerliterarischen Entwicklungen erklären, und spricht hier von typologischer Verwandtschaft (D. Ďurišin, Vergleichende Literaturforschung [Sammlung Akademie-Verlag 18], Berlin 1972, 93; M. B. Chraptschenko, Die typologische Erforschung der Literatur, in: ders., Schriftsteller, Weltanschauung, Kunstfortschritt, Berlin 1975, 254); 3. bezeichnet die Literaturwissenschaft Subgattungen (Untergruppen historischer Gattungen) als Typen (P. L. Schmidt, Zur Typologie und Literarisierung des frühchristlichen lateinischen Dialogs, in: Christianisme et formes littéraires 1976, 107); 4. ebenso die Theologie Ereignisse, Personen, Objekte des AT, die sich im NT oder in der christlichen Kirche „enthüllen" oder „erfüllen" (L. Goppelt 1939).

[48] E. Lämmert 1955, 21.   [49] R. Delasanta 1967, 29f.

[50] Der Terminus E. Lämmert 1955, 34.

[51] Die Möglichkeit läßt auch die linguistische Texttypologie zu, vgl. H. Isenberg (wie Anm. 31) 565–575.

[52] E. Pöhlmann 1973, 878.881.

[53] Hiervon zu unterscheiden sind „sekundäre Schreibweisen" (durch K. W. Hempfer 1973, 27, 104, 205 abgehoben von den „primären Schreibweisen", zu denen das Narrative zählt), d. h. die „emotionale, stimmungsmäßige Färbung" von Texten (R. Ingarden

Entscheidend für die Differenzierung der strukturell verschiedenen Texttypen ist das, was der Alttestamentler Hermann Gunkel einst den Sitz einer Gattung im Leben nannte,[54] modern gesprochen: die Kommunikationssituation. Diese hat im wesentlichen drei Aspekte: einen typologischen (sei dieser nun auf Grund des gesellschaftlichen Wesens des Menschen anthropologisch allzeitig zu fassen – wie das Gespräch – oder doch für typologisch verwandte gesellschaftliche Strukturen gültig – wie der Vortrag des Aöden oder des Lehrers), einen historischen (die gesellschaftlich bestimmten Bedingungen, unter denen die Kommunikation stattfindet) und einen konkret-soziologischen (die konkrete Stellung der kommunizierenden Personen zueinander). Diese Aspekte bestimmen den kommunikativen Inhalt und die kommunikative Funktion, die kommunikative Absicht und die Kommunikationsstrategie des Textproduzenten. All diese Faktoren gehen in den Text ein.

Da die Kommunikationssituationen bei aller konkreten Mannigfaltigkeit in ihren Grundzügen wiederkehren, bilden sich Kommunikationsverfahren heraus, die sozialen Gruppen der Situation angemessen scheinen, die wiederholt, gefestigt, sanktioniert und schließlich interiorisiert werden in einem Maße, daß sie „selbstverständlich", ja „angeboren" erscheinen. Sie prägen die Textstrukturen. Wenn sie eine gewisse Komplexität erreichen und ihre Funktion außerhalb der durchschnittlichen Alltagskommunikation liegt, bezeichnen wir sie mit einem poetologischen Begriff als (literarische oder nichtliterarische, poetische oder nichtpoetische) Gattungen. Anders als die Texttypen sind die Kommunikationsverfahren keine sprachlichen Universalien, sondern von Einzelsprache zu Einzelsprache verschieden, wenn sie auch gemäß den Gesetzen der Rezeption kultureller Errungenschaften in andere Sprachen übernommen werden können.[55]

1960, 213f.), die metaphorisch als episch, lyrisch, dramatisch, satirisch bezeichnet wird. Es handelt sich hier nicht um Grundstrukturen von Texten, sondern um Strukturelemente von Gattungen oder auch nur von Einzelwerken. – Im Unterschied dazu versteht F. Cairns, Generic Composition in Greek and Roman Poetry, Edinburgh 1972 unter genera „classifications in terms of content, for example propempticon... and komos..." (6, s. a. 83). Hierfür wäre mit H. Kuhn, Gattungsprobleme der mittelhochdeutschen Literatur (Sitzungsberichte der Bayerischen Akademie der Wissenschaften, phil.-hist. Klasse 1956, H. 4), München 1956, 13 besser der Begriff „strukturelle Gebrauchstypen" zu setzen: Diese konstituieren sich teilweise zur Reihe, d. h. zur Gattung in unserem Sinn (z. B. der Panegyrikus), dienen aber auch unterschiedslos zur Strukturierung von Poesie und Prosa, von selbständigen Texten und Subtexten (Cairns 138), von specimina unterschiedlicher Gattungen.

[54] H. Gunkel, Die Grundprobleme der israelitischen Literaturgeschichte, in: ders., Reden und Aufsätze, Göttingen 1913, 33: „Jede alte literarische Gattung hat ursprünglich ihren Sitz im Volksleben Israels an ganz bestimmter Stelle.... so singen die Mädchen das Siegeslied dem einziehenden Heere entgegen; das Leichenlied stimmt das Klageweib an der Bahre des Toten an; ... am Weisheitsspruch erfreuen sich die Alten am Tore usw. Wer die Gattung verstehen will, muß sich jedesmal die ganze Situation deutlich machen und fragen: Wer ist es, der redet? wer sind die Zuhörer? welche Stimmung beherrscht die Situation? welche Wirkung wird erstrebt?"

[55] Genetisch nicht verwandte Gattungen, die unabhängig voneinander in vergleichbaren Kommunikationsabsichten mittels vergleichbarer Kommunikationsstrategien für vergleichbare Kommunikationssituationen entstanden sind, nennt R. Barthes zum Unterschied von den historischen Gattungen theoretische Gattungen (K. W. Hempfer 1973, 103).

Zumal wenn sie literarisch geworden sind, können sich die Gattungen aus ihrem ursprünglichen „Sitz im Leben" lösen — sie können die Kommunikationssituation, aus der sie erwachsen sind, überleben[56] (wie das Epos und das Märchen), können sie fingieren (wie das Lehrgedicht) oder mit ihr spielen (wie die Eposparodie). Gleichwohl bleibt ihre Struktur von der ursprünglichen Kommunikationssituation wesentlich geprägt, wenn sie auch durch die neue Situation, die neuen Absichten verändert wird.

Wir kommen damit auf den Ausgangspunkt zurück, zur Scheidung von Epos und Lehrgedicht. Trotz der augenfälligen, beiden Gattungen gemeinsamen Strukturelemente[57] werden die Unterschiede deutlich. Das Lehrgedicht unterscheidet sich vom Epos zunächst in der Grundstruktur — es ist nicht temporal-sukzessiv, sondern sachlogisch strukturiert. Freilich kann (etwa bei der Darstellung der Entstehung der Welt aus dem Chaos) die Exposition die Form der Narration annehmen, doch bestimmt hier nicht die Personal-, sondern die Objektreferenz die Struktur.[58] Dort, wo die Personalreferenz vorherrscht (etwa bei der Darstellung der Tätigkeit des Bauern oder des Jägers), sind die Zeitbezüge nicht überwiegend referentiell bestimmt (wie in der Narration), sondern überwiegend existentiell, beschränkt universal oder universal. Denn auch funktional unterscheiden sich Epos und Lehrgedicht grundsätzlich. Zwar bietet das Epos — wie alle Dichtung — Welterkenntnis, doch ist diese nicht auf eine Lehre zu reduzieren; die Grundfunktion des Lehrgedichts hingegen ist die didaktische, es soll im Prinzip sowohl eine gültige Wahrheit als auch reproduzierbares Wissen über immer wiederkehrende Vorgänge oder allzeitige Zusammenhänge vermitteln.[59] Deshalb ist die kommunikative Grundsituation, von der das Lehrgedicht ausgeht,

---

Die Frage nach jenen Elementen, die uns vom indischen, babylonischen, altrussischen, germanischen Epos sprechen lassen (ein besonderes Problem stellt sich durch das keltisch-irische Prosa-Epos), führt über unser Thema hinaus.

[56] R. Jakobson — P. Bogatyrev, Die Folklore als besondere Form des Schaffens, in: R. Jakobson, Selected Writings IV, The Hague/Paris 1966, 3f.; s. a. P. A. Grincer 1971b, 140.

[57] In der allgemeinen Literaturwissenschaft ist anerkannt, daß einzelne Strukturelemente (Gestaltungsmittel, Merkmale) unterschiedlichen Gattungen gemein sein können, jedoch gattungskonstitutiv die Gesamtheit der Strukturelemente, ihre Hierarchie und Wechselwirkung sind; so schon V. Propp (vgl. K. W. Hempfer 1973, 138), M. Dibelius 1965, 56; J. Mukařovský 1974, 97.

[58] Das wird in den Themenangaben deutlich gesagt (Stat. Achill. 1, 1–3 *Magnanimum Aeacidem ... diva, refer*) oder mehr oder weniger umschrieben (Verg. Aen. 1,1 *Arma virumque cano...*; Stat. Theb. 1,1–3 *Fraternas acies ... sontesque evolvere Thebas Pierius menti calor incidit*); vgl. dagegen die Themenangaben der Lehrdichter (Aetna 1–4 *Aetna ... mihi ... carmen erit*; Lucr. 1,49 *rerum primordia pandam*; Verg. georg. 1, 1–5 *Quid faciat laetas segetes ... canere incipiam*; Gratt. cyneg. 1 *Dona cano divom, laetas venantibus artes*). Ovid hebt in den Metamorphosen an wie ein Lehrdichter (1,1f.), doch wird das Gedicht von personal-referentiellen Passagen bestimmt.

[59] Darauf, wie ernst der Autor diese Funktion nimmt, baut B. Effe 1977 seine Typologie des Lehrgedichts auf: Das Gedicht des Lukrez repräsentiert den „sachbezogenen Typ", dem es um die Vermittlung der dargestellten Lehre geht; das Werk des Arat ist vom „transparenten Typ", in dem hinter dem vordergründig vorgetragenen Stoff ein anderer, höherer Sinn hervorleuchtet; Nikander steht für den „formalen Typ" — die Lehre ist dem Dichter nur Vorwand für die Demonstration seiner Herrschaft über die poetischen Mittel.

nicht (wie beim Epos) der Vortrag des Erzählers vor Zuhörern, sondern der des Lehrers vor Schülern.[60]

Aus alldem erhellt zugleich, daß nicht die narrative Grundstruktur allein das Epos ausmacht – sie gilt ja auch etwa für die Historiographie. Selbst die Grundsituation Erzähler – Hörer (Leser) hat es mit anderen erzählenden Gattungen gemein, etwa dem Roman, der zudem wie das Epos eine Großform mit fiktionalem Stoff ist. Entscheidend für die Gattungsspezifik des Epos ist das Zusammenwirken dieser Dominanten mit einer dritten: der kommunikativen Grundfunktion, die Hörer gemeinsam zu erheben, sie zu solidarisieren. Dies geschieht durch die Wahl solcher Stoffe und Themen, die groß sind oder (wie meist in den historischen Epen) als groß dargestellt werden sollen, die ebenso über das tagespolitisch Aktuelle hinausgehoben sind oder hinausgehoben werden sollen wie über das Private, die die Gemeinschaft berühren oder berühren sollen, was um so besser gelingt, je erheblicher ihre gesellschaftliche Relevanz ist, je zentralere Motive der Ideologie dargestellt werden.[61]

Diese Funktion und der öffentliche Vortrag vor einer größeren Anzahl von Hörern verbieten zugleich den intimen Ton des Märchens, das einer kleinen Gruppe erzählt wird, oder des Buches, das auf die isolierte Aufnahme durch einen einzelnen abgestimmt ist. Sie ermöglichen in Gemeinschaft mit der Objektivität des Sujets, das zum einen nicht brennend aktuell, sondern in der Vergangenheit angesiedelt ist, zum anderen nicht unmittelbar persönlich betrifft, einen öffentlichen Stil,[62] den Gestus des Erhabenen.[63]

1.1.3. Das lateinische Epos

Die kommunikative Grundsituation des Epos, seine Grundfunktion und sein Gestus bedingen gemeinsam eine Reihe von Strukturelementen des lateinischen, oder allgemeiner: des antiken Epos.

Die geglaubte oder vorgegebene[64] Initiierung durch die Musen ist die Quelle oder doch Rechtfertigung der auktorialen Erzählperspektive, der „Allwissenheit" des Erzählers, der von Geschehnissen berichten kann, die er nicht selbst erlebt hat, sogar von solchen in der Sphäre der Götter, der auch in die Herzen der Menschen schaut. Mündlichkeit und Gestus realisieren sich zudem in einer Sprache, die aus der alltäglichen heraustritt durch ihre Formelhaftigkeit,[65] die Bevorzugung gewisser Tempora[66]

---

[60] E. Pöhlmann 1977 dient als Typologisierungsbasis für die Subgattungen des römischen Lehrgedichts die Frage, wie ernst der Autor diese Grundsituation nimmt. – Die theologische Formgeschichte sieht in der Vielfalt der Gattungen einen „Ausdruck der Vielfalt des menschlichen Lebensbezugs", d. h., gattungsprägend sind die Lebenslage des Autors und das private oder institutionelle Verhältnis von Autor und Adressat, K. Koch 1968, 34.

[61] R. Petsch 1942, 483: „Worin das Epos sich ... ewig treu bleibt, das sind die mitschwingenden Werte einer 'hohen Welt' oder einer 'großen Zeit', die mindestens so stark zum Gesamteindruck beitragen wie die eigentliche Handlung."

[62] W. Flemming 1955, 12.

[63] R. Delasanta 1967, 18; O. Immisch 1904, 18.

[64] R. Delasanta 1967, 14; O. Immisch 1904, 6, 28 Anm. 11.

[65] Für P. A. Grincer 1971b, 134f. ist nicht das Wort, sondern die Formel (als Junktur, Satz, Versgruppe) die Grundeinheit der epischen Sprache. Die formelhaften Erzähleingänge bei J.-P. Chausserie-Laprée 1969, 703, vgl. auch 500, 515, 522, 565.

[66] J. J. Schlicher 1931, 46 und 51.

und syntaktischer Strukturen,[67] die wiederum die Sprache in die Sphäre des Feierlichen heben. Auch die Versgestalt hat nicht nur eine mnemotechnische Funktion: Der Rhythmus verlangsamt die Aufnahme des Textes und verleiht so den Wörtern eine hohe emotionale Energie.[68]

Die ursprüngliche Mündlichkeit des Epos erklärt die Wiederkehr bestimmter Szenentypen (wobei diese Szenen – etwa Kampfszenen – einem bestimmten Bauschema folgen) und anderer Beköperungselemente: Träume, Unterweltszenen, Wettkämpfe, Seestürme, Götterberatungen, Gastmähler, Feste, Ankunft und Abreise von Helden, Entsendung eines Götterboten, Sonnenaufgänge, Reden, Beschreibungen, Kataloge, Themenangabe, Musenanruf.[69]

Andere Strukturelemente stehen dem Autor zur Auswahl: Er kann zwischen dem Mehr-Helden-Epos (Ilias) und dem Ein-Helden-Epos (Odyssee, Aeneis) wählen, zwischen dem in-medias-res- und dem ab-ovo-Prinzip.[70]

1.1.4. Zum Mechanismus der Gattungsentwicklung

Die Struktur des antiken Epos wie ihre Elemente (einschließlich der nicht-dominanten) bewiesen eine erstaunliche Festigkeit. Wiewohl Lukan nur in einem Punkte, durch den Verzicht auf einen Götterapparat, vom Herkommen abwich, gefährdete er das Gattungsverständnis, hielten die Kritiker dafür, daß sein Bellum civile eher in die Reihe der Historiographie als in die des Epos gehöre.[71]

Der Vorgang erhellt, daß die Konvention der Textgestaltung (und das heißt hier: der Gattungsstruktur) tendenziell abrupte Veränderungen vermeiden muß. Dieser Konservatismus, der der Sprache überhaupt eignet, sichert die Verstehbarkeit des Textes.[72] Damit aber die Sprache dem Ausdruck der sich verändernden Lebenstatsachen nominativ wie funktional gerecht werden kann, ist sie zugleich variabel – sie besitzt eine „elastische Stabilität".[73]

Abgesehen davon, daß heute, wiewohl die Gattungsdiskussion noch nicht abgeschlossen ist, Einigkeit darüber besteht, daß es Gattungen gibt,[74] ist auch darüber

---

[67] Insbesondere epische Anapher, Spitzenstellung des Verbs, rhythmische Gestaltung des Satzes, s. J.-P. Chausserie-Laprée 1969, 703, vgl. auch 521 Anm. 2, 347–363, 459.

[68] R. Kirsch, Das Wort und seine Strahlung, Berlin/Weimar 1976, 20–23.

[69] Vgl. W. Kroll 1924, 161–166; P. A. Grincer 1971 b.

[70] S. Anm. 49.

[71] S. oben Anm. 6 sowie E. M. Sanford, Lucan and his Roman critics, Class. Philol. 26, 1931, 246–287 und insbesondere R. Häußler 1978, 104–147 (zu Petron), 231–238 (zu Quint.).

[72] B. Havránek, in: Prager Linguistik 1,107; Allgemeine Sprachwissenschaft, hrsg. von B. A. Serébrennikow I, Berlin 1975, 212 und 247f. – Zur Gattung als Ensemble von Ausdruckskonventionen M. Głowinski (wie Anm. 2) 185.

[73] V. Mathesius, in: Prager Linguistik 1,89. Ähnlich zur Evolution des künstlerischen Inhalts M. Kagan 1975, 543.

[74] Ihre Existenz wurde in Frage gestellt von B. Croce, Ästhetik als Wissenschaft vom Ausdruck und allgemeine Sprachwissenschaft – Theorie und Geschichte (ders., Gesammelte philosophische Schriften in deutscher Übertragung R. 1, Bd. 1), Tübingen 1930 angesichts des Scheiterns der normativen Gattungsbestimmungen (40) und infolge der Betrachtung des Kunstwerks als Produkt der individuellen Intuition des Dichters und deren Expression. Die Traditionsgebundenheit des Kunstwerks sieht der

Konsens erzielt worden, daß trotz der hohen Stabilität der literarischen Normen wie des literarischen Kanons in der Antike auch die antiken Gattungen nicht normativ definierbar, weder räumlich noch zeitlich universal, sondern (wie alle sozio-kulturellen Konventionen und Normative) ständigem Wandel unterworfen sind.[75]

Wie aber wandeln sich die Gattungen? Zunächst einige Einzelbeispiele.

Als Variable unter den Strukturelementen des Epos hatten wir die Kompositionsmöglichkeiten ab ovo und in medias res erkannt sowie das Ein- bzw. Mehr-Helden-Epos.

Denken wir an das 480 Verse lange Theseus-Epyllion des Catull (c. 64) und die nicht viel umfangreicheren Epen Claudians, so zeigt sich, wie relativ der Begriff „Großform" zu sehen ist: Catulls Gedicht ist als Kleinform erkennbar vor dem Hintergrund der gleichzeitigen, von ihm verachteten Annalen-Dichtungen in der Nachfolge des Ennius, während vor der Folie der Dichtung des 4. Jahrhunderts die Werke Claudians umfangreich scheinen.

Einige Abweichungen vom Herkommen erwiesen sich als okkasionell: Dem Versuch des Livius Andronicus, den Saturnier zum Epenvers zu machen, schloß sich nur Naevius an, dann wurde er nach dem Vorgang des *alter Homerus* Ennius auf Dauer aufgegeben. Sollte es sich bei den „Excellentes" des Alfius Avitus wirklich um ein historisches Epos gehandelt haben, so hat sich jedenfalls der jambische Dimeter nicht als Epenvers etablieren können[76] (im 12./13. Jahrh. sollte sich das elegische Distichon als dem Hexameter mindestens gleichberechtigte metrische Form des Epos durchsetzen, nachdem es Beda hist. eccl. 1,10; 5,8 als *versus heroicus* etikettiert hatte und erste praktische Versuche mit ihm in der historischen Epik des 9. und 10. Jahrh. von Ermoldus Nigellus und im 5. Buch des Bellum Saxonicum angestellt worden waren). — Dracontius hat in seinen Laudes Dei die narrative Grundstruktur zugunsten der hymnischen aufgegeben, doch Eugenius von Toledo machte diese Abweichung von der epischen Norm rückgängig und schnitt das Werk auf die narrative Wiederholung der Schöpfungsgeschichte zurück.

Andere Neuerungen wirkten traditionsbildend. Die Einbeziehung neuer Stoffbereiche — im 5. Jahrhundert v. u. Z. des Historischen, in der Spätantike der Bibel und der Heiligenviten — begründete neue Subgattungen des Epos, hinzu kamen das allegorische und im Mittelalter das Tierepos.

Ebenso hatte der Verzicht auf den großen Gegenstand unter Beibehaltung des traditionellen Gestus des Rühmens die Entstehung eines weiteren Epentypus zur Folge: des komischen Epos. Auf den Gestus des Rühmens verzichtete weithin Ovid in den Metamorphosen, ohne daß er unmittelbare Nachfolger gefunden hätte; späterhin wurde der pathetische Ton im Tierepos endgültig aufgegeben.[77]

Wieder andere Strukturelemente — die auktoriale Erzählperspektive, die Beköperungs-Topoi, die langue des Epos — wurden im wesentlichen nicht angetastet, sind rekurrent.

  Postcroceaner M. Fubini, Entstehung und Geschichte der literarischen Gattungen, Tübingen 1971, 10; zu Croces Gattungsverständnis 74f.
[75] J. Tynjanow 1975, 217; E. Coseriu (wie Anm. 46) 186f., 285. Daß Gattungen nicht „definiert" werden können, hat schon Voltaire in seinem Essai sur la poésie épique gesehen, vgl. M. Fubini 43.
[76] Zu Alfius Avitus H. Bardon, La littérature latine inconnue II, Paris 1956, 240.
[77] Vgl. auch Kroll 1924, 215f.

Die Beispiele zeigen, daß das bei klassischen Philologen beliebte Modell der Formenmischung oder Gattungskreuzung[78] den Vorgang nicht erfaßt.[79] Zum einen sieht es von dem historischen Wesen der ständigem Wandel unterworfenen Gattungen ab und setzt die Existenz idealtypischer Ausprägungen der Gattung voraus; vor allem aber überbetont es die Bedeutung eines Strukturelements, betrachtet es als gattungskonstitutiv[80] und übersieht die Tatsache, daß stets einzelne Elemente (Vers, Stoffbereich, Gestus, narrative Struktur) einer Gesamtstruktur in Frage gestellt werden, die im übrigen erhalten bleibt und damit den Traditionszusammenhang wahrt.

Diesen Tatsachen trägt das Modell der Gattungsentwicklung Rechnung, das die russischen Formalisten und, an sie anknüpfend, die Prager Strukturalisten entwickelt haben. Sie betrachten das Kunstwerk als System von Strukturelementen („Kunstgriffen"[81]). Im Laufe der Entwicklung einer Gattung („Reihe" – der Terminus schon bei F. Overbeck) werden diese Elemente ausgetauscht oder wechseln ihren Ort innerhalb der gattungsspezifischen Hierarchie. Die Strukturelemente, die erhalten bleiben, sichern die Wiedererkennbarkeit der Gattung, die neuen frischen die Gattung auf, sie fallen dem Rezipienten vor dem Hintergrund der bisherigen Praxis auf. So „verschieben" sich die Gattungen ständig bzw. entstehen neue Subgattun-

---

[78] Lehrreich dargestellt in dem Kapitel „Kreuzung der Gattungen" bei W. Kroll 1924, 202–224. Nur schlagwortartig taucht der Begriff auf bei K. Thraede 1962, 992, D. Kartschoke 1975, 339. E. R. Curtius 1967 führt an 161 das Prosimetrum als „Kreuzung" von Vers und Prosa, die Reimprosa als solche von Reim und Prosa; P. L. Schmidt (wie Anm. 47) 124 versteht des Boethius Consolatio philosophiae als Experiment der Gattungsmischung von Prosimetrum und senecaischer Tragödie. – Für J. Fontaine ist die „mélange des genres" oder „mélange des genres et des tons" ein Charakteristikum der spätantiken Ästhetik, J. Fontaine 1980, 1–130.

[79] Am ehesten ließe sich der Begriff Gattungsmischung auf die biblischen Bücher anwenden, in denen specimina ursprünglich selbständiger „Gliedgattungen" in umfangreiche Texte, die „Rahmengattungen" zugehören, aufgenommen werden, s. K. Koch 1968, 29–31. Ähnlich gehören im Mittelalter Einzelteile eines Gesamtwerkes (Gattungsensembles) verschiedenen Gattungen an (s. D. S. Lichatschow, Russische Literatur und europäische Kultur des 10.–17. Jahrhunderts, Berlin 1977), werden ursprünglich selbständige Texte unabhängig von ihrer Gattungszugehörigkeit in größere aufgenommen (s. Johannes von Hauvilla, Architrenius, hrsg. von P. G. Schmidt, München 1974, 17) oder zu neuen Werken verschmolzen (die Vita Sti Martini und die Dialogi des Sulpicius Severus im Martin-Epos des Paulinus von Périgueux). In der antiken Literatur sind derlei Fälle selten, einer ist der Alexanderroman: In die dominante Struktur eines historiographischen Werkes werden Briefwechsel, fingierte Dokumente, Wundergeschichten usw. aufgenommen, s. R. Merkelbach, Die Quellen des griechischen Alexanderromans (Zetemata 9), München 1954.

[80] Beispielsweise die Bedeutung des „ton" (etwa den sekundären Schreibweisen – s. o. Anm. 53 – entsprechend); er wird bei J. Fontaine 1976, 439 gattungskonstitutiv: Die ambrosianischen Hymnen und die Mosella des Ausonius (nach Fontaine ein Hymnus auf die Mosel!) werden durch den ihnen gemeinsamen Gestus des Rühmens zusammengeführt.

[81] R. Jakobson, Die Arbeit der sogenannten Prager Schule, in: Selected Writings IV, The Hague/Paris 1966, 549; ähnlich L. S. Wygotski, Psychologie der Kunst (Fundus-Bücher 44/45), Dresden 1976, 256.

gen, erweitern oder wandeln sich und, da der Kunstgegenstand ein kunstsinniges Publikum schafft,[82] auch die Gattungsvorstellungen.[83]

Welche Ursachen sind für diese Vorgänge verantwortlich? Das literarische Schaffen besitzt den Charakter eines dynamischen Systems, dessen Komponenten in Wechselwirkung zueinander stehen.[84] Die Tatsache, daß einzelne Elemente unterschiedlichen Strukturen gemein sein können[85] (etwa dem Epos und dem Lehrgedicht), erleichtert die Übernahme anderer Elemente aus der einen in die andere Struktur. Das kann so weit gehen, daß die Evolution zweier Gattungen zu ihrer wechselseitigen Annäherung führt, dazu, daß sie einander ähnlich werden.

Die panegyrische Ausrichtung des historischen Epos einerseits und andererseits die Umstrukturierung des Panegyrikus von einem sachlogischen zu einem narrativen Aufbau sowie der Übergang vom Prosa- zum hexametrischen Panegyrikus verwischten die strukturellen Unterschiede von Panegyrikus und Epos, aber auch ihre funktionalen, so daß zwischen den Gedichten kaum noch Unterschiede feststellbar sind; die hexametrische Formung von Heiligenviten gliederte auch sie in den Bereich der Epik ein. Wo die Gattungsgrenzen liegen zwischen dem Epos, dem Lehrgedicht, dem Verspanegyrikus (einschließlich des natalicum), der Biographie oder Autobiographie, zwischen langen erzählenden und kurzen erzählenden Gedichten, zwischen langen erzählenden und langen hymnischen Werken (wie den Laudes Domini des Dracontius) oder ob diese Grenzen durch die Entwicklung der Gattungen verschwunden sind, wird immer neu festzustellen sein.

In der Spätantike, als Epen zunehmend auf der Grundlage von Prosatexten geschaffen wurden, die anderen Gattungen angehören (der Evangelien, der Bücher des Alten Testaments, der Heiligenviten, ja hagiographischer Dialoge), wirkt die Struktur dieser Quellengattungen wesentlich auf die Epen ein.

Ferner prägt der Personalstil des einzelnen Autors seine gesamte Produktion, die specimina unterschiedlichster Gattungen.[86]

In gewissem Maße bestimmen die expliziten Gattungsbegriffe die Gattungsvorstellungen auch der Textproduzenten – das bekannteste Beispiel ist der Einfluß des spätantiken Tragödien- und Komödienbegriffs auf die Charakterisierung von Epen als Tragödien (Dracontius: Orestis tragoedia) und Komödien (Dante).

Schließlich können gesellschaftlich relevante Lektüreweisen das Gattungsverständnis bereits vorhandener Werke beeinflussen. So sah das frühe Mittelalter in Ovids ars amatoria eine allegorische Dichtung, weil die Allegorese sein Welt- und Literaturverständnis weitgehend bestimmte. Der Alexanderroman wurde bald als fiktional, bald als nichtfiktional interpretiert, als historisches oder geographisches Werk, als Fürstenspiegel oder moralisch-theologische Erbauungsschrift, und diese Lektüreweise

---

[82] K. Marx, Grundrisse 14; dazu Gesellschaft – Literatur – Lesen 1976, 18–24, 87.
[83] J. Mukařovský 1974, 97 f.; J. Tynjanow 1975, 219, 227.
[84] J. Tynjanow 1975, 245.
[85] S. o. S. 14 f. Zum folgenden H. Hofmann 1988, 133–143.
[86] J. Fontaine 1976a bezeichnet mit Gattungsmischung die Existenz eines einheitlichen, der Prosa und Hymnendichtung gemeinsamen Personalstils (s. bes. 129) des Ambrosius: die *suavitas* (Fontaine: musicalité) *sacrae dulcedinis*, die im Grunde ein Funktionalstil (144) ist: Die Liturgie ist (direkt oder indirekt) der gemeinsame „Sitz im Leben" (268) aller schriftlichen Äußerungen des Kirchenvaters, er nutzt sie zur Psychagogie der Zuhörer.

wurde dem Leser durch die Anlage der Sammelhandschriften oder die Eingliederung in ein Ensemblewerk nahegelegt.

Diese literarischen Entwicklungen sind gewissermaßen spontan. Die russischen Formalisten hatten eine weitere, eine bewußt innerliterarische Entwicklung als entscheidend betrachet: den Bruch des Künstlers mit der Tradition, von der er sich „abstößt", weil sich die bisherige Kunstübung „automatisiert" hat, das alte „Konstruktionsprinzip" vom Rezipienten „automatisch" aufgenommen wird und deshalb nicht mehr die beabsichtigte Wirkung erzielt.[87]

Kallimachos formuliert ausdrücklich den Überdruß an der Großform und stellt dem Epos die kleine Form entgegen; im Topos „recusatio des Großepos" begegnet uns der Gedanke immer wieder.[88]

Die Automatisierung des erhabenen Stils führt einerseits zur Eposparodie,[89] in der ein nicht-erhabener Stoff im preisenden Gestus vorgetragen wird, andererseits zum Verzicht auf den Gestus des Rühmens in der neoterischen Kleinepik und Ovids Metamorphosen.

Die Erweiterung des Stoffbereichs[90] erfolgt in der Geschichte des Epos zweimal in ausdrücklichem Gegensatz zur bisherigen Kunstübung: Choirilos von Samos wählt angesichts der „abgemähten Wiese des Mythos" einen neuen, historischen Stoff für das Epos im homerischen Stil. Seine Klage über bis zum Überdruß behandelte Stoffe wird ebenfalls zum Topos.[91] Juvencus grenzt sich gegen die (als Abweichung von der Wahrheit verstandene) Fiktionalität der bisherigen epischen Dichtung ab – im Gegensatz zu den „Lügen der Dichter" will er „Wahrheit" geben und greift zur geoffenbarten Bibel als Stoffquelle.[92] Zugleich wird hier Lukans gescheiterter Versuch aufgenommen und durchgesetzt, im Epos auf eine Götterhandlung zu verzichten.

Es ist das Verdienst Tynjanows und der Prager, insbesondere Mukařovskýs, die Bedeutung der „sozialen Reihe" für die Entwicklung der literarischen erkannt und damit die strukturalistische Methode weiterentwickelt zu haben.[93] Was die Geschichte des Epos anlangt, so werden wir sehen, daß die Strukturierung der Panegyrik Claudians wesentlich von ihrer politischen (d. h. einer „außerliterarischen") Zielsetzung bestimmt ist. Für Entstehung und Entwicklung des Bibelepos sind soziale und ideologische Bedingungen entscheidend. Zugleich lehrt gerade dieses Beispiel, daß außerliterarische Faktoren nur im Rahmen der Möglichkeiten der bisherigen Literaturentwicklung wirken können[94] (die gesellschaftliche Entwicklung bestimmt Tempo und Richtung der literarischen) und nicht nur Stoff und Thema, sondern die Gesamtstruktur beeinflussen.[95]

---

[87] So auch Th. Mann, Doktor Faustus, Berlin/Weimar 1965 (Gesammelte Werke Bd. 6), 184, 206, 246f., 325. Vgl. auch Ästhetik heute 1978, 273.

[88] S. o. Anm. 23; zum Problem J. Tynjanow 1975, 229.

[89] J. Mukařovský 1974, 97.   [90] J. Tynjanow 1975, 236.

[91] Zu Pindar W. Wimmel 1960, 72; zu Choirilos ders. 94,110 und insbesondere R. Häußler 1976, 70–78; Klage über abgegriffene Stoffe Verg. georg. 3,1–8 (W. Wimmel 1960, 177f.); Manil. 2,49f.; Juv. 1,1ff.   [92] S. u. S. 88f.

[93] J. Tynjanow 1975, 242,253; J. Mukařovský 1974, 14f., 212–215; s. bereits Thesen des Prager Linguistenkreises von 1929, in: Prager Linguistik 1, 53f. – Die Bibelwissenschaft hat die Bedeutung des „Sitzes einer Gattung im Leben" schon früher als die Literaturwissenschaft gesehen, s. K. Koch 1968, 47.   [94] J. Mukařovský 1974, 9.

[95] Beispiele bei K. Traede 1961, 108, Anm. 7; 109 Anm. 7a (s. auch 113, 116).

1.2. Periodisierungsfragen [96]

Die Diskussion der Gattungsbegriffe und der Mechanismen der Gattungsentwicklung vollzieht sich, wie zu sehen war, in der Regel in linguistischen und literaturwissenschaftlichen Arbeiten. Die literarhistorischen Darstellungen werden weitgehend von unpräzisen Vorstellungen beherrscht.

Erst recht die Periodisierungsprinzipien sind von Konvention und Subjektivismus bestimmt. Während Croce ziemlich allein steht mit seiner Auffassung, Gattungsbegriffe seien Einteilungshilfen zu dem Zweck, den Überblick über das literarische Erbe zu behalten, dient die Periodisierung in der Regel der mechanischen Bändigung der Stoffülle.[97]

Periodisierung aber ist mehr als willkürliches Setzen von Zäsuren. In ihr drückt sich die Interpretation des Inhalts des Geschichtsprozesses aus, wird der historische Ort des jeweiligen Abschnitts in diesem Prozeß bestimmt.[98]

1.2.1. Grundsätze

Ausgangspunkt unserer Überlegungen ist die Erkenntnis von Marx und Engels, daß Produktion und Austausch, also die jeweilige ökonomische Entwicklungsstufe Grundlage aller gesellschaftlichen Verhältnisse ist: der staatlichen Ordnung, der religiösen Vorstellungen, der Rechtsanschauungen, der Kunst und Literatur.

Es ist ja auch unschwer einzusehen, daß so entscheidende Bedingungen der literarischen Produktion wie die Zahl derjenigen, die eine Schule besuchen oder sich gar ihr Leben lang ausschließlich geistigen Interessen widmen können, daß Vervielfältigungsmöglichkeiten literarischer Werke und ihr Austausch zwischen sozialen

---

[96] Zur Periodisierung der Geschichte: I. S. Kon, Die Geschichtsphilosophie des 20. Jahrhunderts, Berlin 1964, II, 231—244, 283—285; E. Engelberg, Zu methodologischen Problemen der Periodisierung, in: Probleme der Geschichtsmethodologie, hrsg. von E. Engelberg, Berlin 1972, 121—154. Zur Periodisierung von allgemeiner und Literaturgeschichte E. Engelberg, W. Bahner, W. Dietze, R. Weimann, Genese und Gültigkeit von Epochenbegriffen (Sitzungsberichte des Plenums und der Klassen der Akademie der Wissenschaften der DDR 1973/1), Berlin 1974; D. Ďurišin (wie Anm. 47); 120—128; I. G. Neupokoeva, Istorija vsemirnoj literatury. Problemy sistemnogo i sravitel'nogo analiza, Moskva 1976, bes. 266—349. Auch für uns interessant G. Knepler, Geschichte als Weg zum Musikverständnis. Zur Theorie, Methode und Geschichte der Musikgeschichtsschreibung (Reclams Universalbibliothek 725), Leipzig 1976, 327—363.

[97] Beispielsweise begründet die neueste Geschichte der lateinischen Literatur des Mittelalters den Einsatz Mitte des 6. Jahrh. damit, daß damals „für ihre Zeit repräsentative oder (!) charakteristische Autoren auf irgendeine (!) Weise zu erkennen geben, daß sie die Antike und (!) die patristische Zeit als eine vergangene Epoche ansehen und sich selbst als einer neuen Zeit zugehörig betrachten" (F. Brunhölzl 1975, 3). Damit verwischt der Autor die Differenz zwischen Objekt und Subjekt der Periodisierung, projiziert Unterscheidungen späterer Jahrhunderte (Antike und Spätantike gelten noch der Renaissance als Einheit) in das Bewußtsein der Literaten des 6. Jahrh., um schließlich die so gewonnene (Objektivität prätendierende) subjektivistische Vagheit dadurch abzufangen, daß im Untertitel („von Cassiodor bis zum Ausklang der karolingischen Erneuerung") die gute alte Periodisierung nach „großen Namen" halbherzig aufgegriffen wird.

[98] So E. Engelberg (wie Anm. 96) 121.

Gruppen bzw. den Regionen unmittelbar vom Entwicklungsstand der Produktivkräfte und des Austausches abhängen.

So beobachten wir in der Spätantike – verglichen mit der frühen Kaiserzeit – eine widerspruchsvolle Bewegung von Erweiterung und Einengung: Zum einen hat sich der in die Literaturentwicklung einbezogene geographische Raum verdoppelt, hatte die römische Kolonialisierungspolitik in den Provinzen ein eigenes literarisches Leben entstehen lassen. Die Schriftsteller brauchen nicht mehr – wie einst die Spanier Seneca, Lukan, Quintilian, Martial – nach Rom zu gehen, um eine Rolle im literarischen Leben zu spielen. Die okzidentale Literatur der Spätantike ist eine lateinische, doch keine römische. Andererseits wurde der lebendige Kontakt mit der Literatur des griechischen Ostens zunehmend dürftiger, die Kenntnis der griechischen Autoren war nur noch einem immer kleiner werdenden Kreis vorbehalten, der bald nicht einmal mehr die führenden Geister umfaßte.

Wenn die materielle Produktion die geistige gestaltet, formt sich folglich diese mit jener um. Insofern hat sie „keine Geschichte", hat „keine Entwicklung, sondern die ihre materielle Produktion und ihren materiellen Verkehr entwickelnden Menschen ändern mit dieser Wirklichkeit auch ihr Denken und die Produkte ihres Denkens".[99]

Wir könnten uns mit diesen Feststellungen begnügen – das Problem der Periodisierung der Literaturgeschichte wäre gelöst, und diese fiele mit der der allgemeinen Geschichte zusammen.[100]

Tatsächlich hat die Analyse der Struktur des gesellschaftlichen Bewußtseins Charakteristika von Typen des gesellschaftlichen[101] bzw. speziell des künstlerischen[102] Bewußtseins in Umrissen sichtbar gemacht, die unterschiedlichen nicht genetisch verwandten Gesellschaften auf gleicher oder doch einer vergleichbaren Stufe gesellschaftlicher Entwicklung eignen. Die typologisch-vergleichende Literaturgeschichtsschreibung hat denn auch auffällige Gemeinsamkeiten von Literaturen aufdecken können, die sich einzig aus der Ähnlichkeit der Funktion der Literatur in vergleichbaren gesellschaftlichen Verhältnissen erklären lassen.[103]

Allen vorkapitalistischen Literaturen – den orientalischen, antiken und mittelalterlichen – sind eine weite Fassung des Literaturbegriffs und ein starker Traditionalismus eigen, der sich auf einen strengen Kanon gründet, klischeehaftes Denken fördert und zur immer neuen Bearbeitung bestimmter Sujets führt.

Den sozialökonomischen Ähnlichkeiten der frühen Klassengesellschaften und des

---

[99] So K. Marx, F. Engels, Deutsche Ideologie (MEW 3), 27. Die klassische Formulierung des historischen Materialismus K. Marx, Zur Kritik der politischen Ökonomie – Vorwort, MEW 13, 8f. Wesentlich ist die Feststellung der Kausalität (nicht der Parallelität) dieser Verhältnisse. Man vgl. auch M. Lifschitz, Karl Marx und die Ästhetik (Fundus-Bücher 3); Dresden 1960; G. Lukács, Einführung in die ästhetischen Schriften von Marx und Engels, in: ders., Beiträge zur Geschichte der Ästhetik, Berlin 1954, 191–216; H. Koch, Marxismus und Ästhetik, Berlin 1961; G. Fridlender, K. Marks i F. Engel's i voprosy literatury, Moskva 1962.

[100] So sah auch E. Engelberg (s. Anm. 96, 129) die Verhältnisse ursprünglich.

[101] A. K. Uledow, Die Struktur des gesellschaftlichen Bewußtseins, 2. Aufl., Berlin 1973, 196–204.

[102] M. Kagan 1975, 568f.; M. B. Chraptschenko, Die typologische Erforschung der Literatur, in: ders., Schriftsteller, Weltanschauung, Kunstfortschritt, Berlin 1975, 248–285.

[103] Vgl. auch W. Krauss 1968, 12.

Feudalismus entsprechen augenfällige typologische Ähnlichkeiten zwischen altorientalischen und mittelalterlichen Literaturen, die sie von den antiken unterscheiden: ihre Entwicklung in andauernder enger Verbindung mit Kult und Religion und die entscheidende Rolle der instrumentalen (nicht der Gestalt-) Funktion in den zentralen Gattungen. Andere Charakteristika altorientalischer Literaturen sind im lateinischen Mittelalter unter dem nachhaltigen Einfluß der Antike abgeschwächt: ihre weitgehende Anonymität und das Fehlen einer selbständigen ästhetischen Theorie.[104]

Auffällig und offensichtlich an einen bestimmten Gesellschaftszustand gebunden (weil von Europa bis Indien, China und Japan nachweisbar) sind weitere Züge mittelalterlicher Literaturen: Mittlersprachen spielen eine entscheidende Rolle, die Volksliteraturen stehen an der Peripherie des literarischen Systems, wiewohl sich neue Literaturen entwickeln können.

Bereits in der Spätantike, als Elemente des Feudalismus entstehen, bilden sich Charakteristika mittelalterlicher Literaturen heraus: neben der engen Bindung dieser Literatur an die Religion, der hervorragenden Bedeutung operativer Gattungen die Differenz zwischen gesprochener Sprache und Literatursprache sowie spezifische literarische Gattungen (Bibelepos, allegorisches Epos, Heiligenlegende, hagiographisches Epos, Weltchronik, Hymnus usw.) und Ausdrucksformen (Cento und andere literarische Spielformen). Zu Beginn der Neuzeit werden sie untergehen.[105]

Diese Beobachtungen bestätigen die enge Bindung der literarischen an die sozialökonomische Entwicklung.

Wesentlich ist andererseits, daß die Literatur die Wirklichkeit nicht unmittelbar widerspiegelt, sondern das Verhältnis des Menschen zur Realität; insofern kann man Literatur mit E. N. Kuprejanova als Widerspiegelung der Widerspiegelung bezeichnen.[106] Es versteht sich, daß die Beziehungen der Produzenten literarischer Texte zur Wirklichkeit und damit die Art und Weise, wie sie diese Wirklichkeit erleben, vielfach differenziert sind, und zwar nicht nur temperamentsweise gefärbt, sondern nach ihren ökonomischen Interessen, ihrer Nähe oder Ferne zur gesellschaftlichen Praxis, ihrer konkreten Tätigkeit in der staatlichen, kirchlichen oder militärischen Hierarchie, ihrer sozialen und territorial-ethnischen Herkunft, ihrem Rechtsstand, ihrer Religionszugehörigkeit unterschieden.[107]

Hier ist zunächst festzustellen, daß die Masse der Bevölkerung[108] auf die praktisch-gegenständliche Tätigkeit beschränkt war. Die an der materiellen Produktion Beteiligten verfügten selbst nicht über die Zeit, um sich aktiv an der praktisch-geistigen oder theoretisch-geistigen Tätigkeit beteiligen zu können, und waren von

---

[104] Zu den allgemeinen Zügen altorientalischer Literaturen P. A. Grincer, Dve épochy literaturnych svjazej, in: Tipologija 1971, 17—45.

[105] B. L. Riftin 1974, 10—49 und 108f.

[106] E. N. Kuprejanova, Istoriko-literaturnyj proces kak naučnoje ponjatie, in: Istoriko-literaturnyj proces – problemy i metody izučenija, Leningrad 1974, 27.

[107] Zu den ökonomischen, sozialen und ideologischen Verhältnissen der Spätantike vgl. besonders E. M. Schtaerman 1964; E. M. Štaerman 1975; W. Held 1974.

[108] Zu ihrer Rolle J. Herrmann, I. Sellnow, Die Rolle der Volksmassen in der Geschichte der vorkapitalistischen Gesellschaftsformationen (Veröffentlichungen des Zentralinstituts für Alte Geschichte und Archäologie der Akademie der Wissenschaften der DDR 7), Berlin 1975.

der Bildung weitgehend ausgeschlossen. Von ihrer literarischen Produktion ist uns kaum etwas erhalten.[109] Wie sich aber die Bewegungen der Volksmassen nicht danach bemessen lassen, ob sie ihre Ziele erreicht haben, sondern danach, wieweit sie letzten Endes zur gesellschaftlichen Veränderung beigetragen haben,[110] was sich an den Konsequenzen ablesen läßt, die die Herrschenden zogen, um ähnliche Auseinandersetzungen für die Zukunft zu verhindern, so lassen sich die ideologischen Haltungen und ästhetischen Bedürfnisse der werktätigen Schichten nicht nur aus den Texten ablesen, die sie selbst produziert haben, sondern auch aus denen, die geschaffen wurden, um möglichst weite Kreise zu erreichen.[111] Denn die Verschärfung der Klassenauseinandersetzungen in der Spätantike führte nicht einzig zu Zwangsmaßnahmen des Staates und der Grundeigentümer, sondern zugleich zum verstärkten Bemühen um Einflußnahme auf die Massen.

Dieses Ziel konnte u. a. erreicht werden durch die Hereinnahme neuen Materials in den Bereich des anerkannt Künstlerischen – des Wortschatzes der Unterschichten,[112] einer schlichten Ausdrucksweise,[113] unkomplizierter Metra,[114] neuer, volkstümlicher Stoffe, wie sie die Heiligenviten darboten, und neuer Themen, zumal des Erlösungsgedankens.[115]

Vor allem galt es, das neue Material funktionsgerecht zu organisieren. Dies leisteten die schlichten frühchristlichen Autoren in den Übersetzungen der liturgischen und Bibeltexte noch selbstverständlich. Die traditionell gebildeten Christen hatten damit ihre Schwierigkeiten: Für die trinitarischen Hymnen wählte Marius Victorinus die unter Christen populäre Form des Psalms, ließ seine Gedichte jedoch zu lang werden; die Hymnen des Hilarius waren zu lang, zu dunkel und metrisch zu kompliziert (vor

---

[109] Am ehesten in den Inschriften.

[110] J. Herrmann (in: J. Herrmann, I. Sellnow, wie Anm. 108) 10–21.

[111] Das Problem der sog. volkstümlichen Literatur ist in diesen Zusammenhang zu stellen; hierzu rechnet die Kulturgeschichte Rom 1978 die Vespa, die Dicta Catonis (457) und Commodian (462). Zum Aufleben der Volkssprachen in der Spätantike R. Günther 1977, 243f.

[112] Über die Bereicherung des lateinischen Wortschatzes durch die wenig gebildeten Christen M. L. W. Laistner 1967, 27.

[113] Zur simplicité (Cypr.: sinceritas) als Grundwert der christlichen Ästhetik J. Fontaine 1976a, 161. – Chr. Mohrmann 1961 III 7,395–402 stellt in der Analyse der augustinischen Predigten fest, daß der Bischof von Hippo (wie übrigens auch sein Lehrer Ambrosius in seinen Hymnen) vom theologischen Inhalt her keine Konzessionen machte, sich aber eines Stils befleißigte, der die Predigt breiten Schichten zugänglich machte (Parataxe, Parallelismus, sprichwörtliche Wendungen, Wortspiele; E. Auerbach 1958, 47 ergänzt: Vulgarismen, Realismen, Satirisches, das menschlich Unmittelbare). – E. Auerbach 1958, 29f. zeigt, daß bei Augustin (de doctr. christ. 4 12ff.) Ciceros Lehre von den Höhenlagen des Stils zu einer pragmatischen umgewandelt wird: In einer Predigt können alle drei – je nach dem Zweck (nicht nach dem Gegenstand) vorkommen. Vgl. auch E. Auerbach 1958, 25–53 über den sermo humilis: Er ist für eine beliebige und unausgewählte Hörerschaft bestimmt (43). – Augustin unterscheidet drei Gruppen von Gläubigen, mit denen der Prediger zu rechnen hat: Ungebildete, Leute mit normaler Schulbildung und hoch Kultivierte.

[114] Zum Erfolg der ambrosianischen und zum Mißerfolg der hilarianischen Hymnen Chr. Mohrmann 1961 I 9, 160–168.

[115] Vgl. F. Winkelmann, Die östlichen Kirchen in der Epoche der christologischen Auseinandersetzungen (Kirchengeschichte in Einzeldarstellungen I 6), Berlin 1980, 10,28.

allem zu vielgestaltig) – daß er ihren Mißerfolg auf die mangelnde Musikalität der Gallier zurückführte (Hieron. in Gal. II init.), zeugt von seiner Hilflosigkeit; erst Ambrosius erkannte, was die Aufgabe vom Dichter verlangte: ein immer wiederkehrendes schlichtes Metrum sowie Knappheit und Klarheit im Ausdruck. Paulinus von Nola wandte sich an eine Bevölkerungsgruppe, die Martin von Tours für die Mission entdeckt hatte: die Bauern. Er nutzte die Breitenwirksamkeit der Heiligen-, insbesondere der Wundergeschichten, wählte aber – Schüler des Ausonius, der er waren – die hexametrische Form, weil sie ihm der Würde des Stoffes angemessen schien, und erreichte auf diese Weise die intendierte Zuhörerschaft mit Sicherheit nicht.[116] Überhaupt hören wir zwar von der Seelsorge auf dem flachen Lande,[117] sind aber über deren sprachliche Form nicht unterrichtet.

Die Großgrundbesitzeraristokratie, der Kern des Senatsadels,[118] hatte Bildung seit republikanischer Zeit als wesentliches Standesattribut betrachtet, wenn sie auch ihre literarische Produktion aufs Politische konzentrierte: Reden und Geschichtsschreibung (noch Flavian widmete verlorene Annalen Theodosius I.). In der Spätantike waren das Verhältnis dieser Klasse zur gesellschaftlichen Praxis und entsprechend auch ihre schriftstellerische Produktion heterogen. Symmachus lebte in Rom, ebenso weit entfernt von Mailand, dem politischen Zentrum des Westens, wie von seinen Gütern in Mauretanien; seine Schriften dienen im wesentlichen dem privaten Kontakt, die offiziellen sind erfüllt von der Hochschätzung einer hehren Tradition, um die sich freilich in der politischen Wirklichkeit niemand scherte.[119] Ambrosius hatte eine staatliche Laufbahn eingeschlagen und errang kirchenpolitische Bedeutung im Zentrum kaiserlicher Macht,[120] auch als Schriftsteller bemüht, allen Pflichten des Amtes gerecht zu werden: der Seelsorge, der Verbreitung und Reinhaltung der kirchlichen Lehre, der Sicherung der Stellung der Kirche gegenüber dem Staat. Paulinus von Nola stammte aus Gallien und war deshalb von den Auswirkungen der Krise wohl direkter, wenn auch kaum materiell berührt – er verzichtete auf seine Karriere als Beamter, verließ (ähnlich wie sein Freund Sulpicius Severus) seine Güter (*ex opulentissimo divite voluntate pauperrimus*, Augustin. civ. dei 1,10), um dem konventionellen Leben seines Standes und seiner Klasse zu entsagen,[121] und konzentrierte sich auf sein persönliches Heil und das Wohl der Diözese Nola. Andere wiederum lebten in den Städten (und seit dem 5. Jahrh. zunehmend auf ihren Gütern in der Provinz) und nahmen an den geistigen Auseinandersetzungen der Zeit keinen Anteil.[122] Zudem waren

---

[116] Vgl. W. Kirsch 1983.

[117] Zu den saltus Afrikas M. Overbeck 1973, 51.

[118] Über diesen allgemein A. H. M. Jones 1964, II 523–562; Gallien: K. F. Stroheker 1948; K. F. Stroheker 1965b; Spanien: K. F. Stroheker 1965a; Afrika: M. Overbeck 1973.

[119] Symmachus wird – anders als Praetextatus – schon seit langem nicht mehr als geistiges Haupt der Senatsopposition gesehen: Abgewertet wurde er bereits 1915 durch D. N. Robinson, s. H. Bloch 1964. – A. Cameron 1976 erkennt den vielberufenen Symmachuskreis als Artefakt der Altphilologie.

[120] Nach A. H. M. Jones 1964b, 29 kann man hier auch sozial differenzieren: In der Titularhauptstadt Rom herrschen die alten Familien vor, im jeweiligen Aufenthaltsort des Kaisers sind weniger alte als neue zu finden.

[121] Über den tiefen Eindruck, den seine Umkehr machte, vgl. Ambros. ep. 30,58; Hieron. ep. 118,5; Sulpic. Sever. ep. 1,2; Vita Sti Martini 25; dial. 3,17,3.

[122] Kaum glücklich gewählt als Beispiele für *mures rustici* sind Ausonius, Paulinus von Nola

unter ihnen nicht nur die literarisch Produktiven in der Minderheit, sondern auch die literarisch umfassend Interessierten – soviel können wir Ammians satirischer Darstellung der geistigen Interessen selbst des stadtrömischen Adels wohl doch entnehmen.[123] Zumal seit unter Konstantin der Senat beträchtlich erweitert wurde und Kuriale wie hohe Militärs sich erfolgreich um die Aufnahme in ihn bemühten,[124] ist in den Quellen die Standeszugehörigkeit leichter zu erfassen als die Besitzverhältnisse: Senator ist nicht mehr in jedem Fall ein Synonym für Großgrundbesitzer.[125] So ist seit dieser Zeit die Klassenzugehörigkeit der Autoren nicht immer klar ersichtlich: Priscillian war mit Sicherheit Großgrundbesitzer, bei Prudentius möchte man Aufstieg aus den munizipalen Oberschichten vermuten, Ausonius kommt wohl aus recht kleinen munizipalen Verhältnissen.[126]

Die munizipalen Grundbesitzer – ebensowenig homogen wie die Großgrundbesitzer – waren seit jeher die eigentlichen Träger der antiken Kultur gewesen, und sie bildeten immer noch die Masse des literarischen Publikums. Sie besuchten die nunmehr staatlich geförderten Schulen. Der Niedergang der antiken Stadt trifft sie am heftigsten; der bitteren Realität des Lebens sind sie so nahe, daß uns noch die Preisreden ihrer Sprecher auf die Kaiser eine Ahnung davon vermitteln. Dennoch ist die Klasse in ihrer politischen Haltung wie ihrem literarischen Geschmack nicht weniger konservativ als die Senatsaristokratie, in die ihre Angehörigen selbst aufzusteigen versuchen (in der Regel – wie Prudentius – über die staatliche Beamtenlaufbahn, aber auch – wie Ausonius – als Professoren; für beide Karrieren bilden die Munizipalen das Hauptreservoir[127]), wenn sie nicht in Kirchenämter ausweichen.

Prägender als die Herkunft aus der Senats- oder Munizipalaristokratie ist für die Literaten und ihre Produktion wohl die Rolle, die die Schriftstellerei in ihrem Leben spielt.[128] Leuten wie Optatianus Porfyrius, Juvencus, Proba, Flavianus, Symmachus, Paulinus, Prudentius, Rutilius Namatianus, Sidonius Apollinaris, Paulinus von Pella, Boethius war die literarische Tätigkeit eine neben anderen, die sie kontinuierlicher oder sporadischer betrieben. Sie gaben ihrem otium schriftstellernd Sinn. Anderen bedeutete literarisches Schaffen eine Pflicht, die ihr Kirchenamt mit sich brachte, und

und Prudentius, die J. Fontaine 1972 den Städtern Ambrosius, Hieronymus und Augustin gegenüberstellt. Der vielversprechende Titel von J. Fontaine 1972 führt in die Irre: Dem Verf. geht es im Grunde um das Verhältnis von antiker (traditionell topisch geprägter) rusticatio und christlich-asketischem Lebensideal. So entscheidende Fragen wie die soziale oder politische Haltung der Großgrundbesitzer (etwa zu den Bauern, zur Zentralmacht) werden nicht berührt. Zudem war Ausonius im Unterschied zu Paulinus von Nola und wohl auch Prudentius kein Großgrundbesitzer (über seinen Grundbesitz M. K. Hopkins 1961, 240; R. Etienne 1986, 26–37).

123 W. Kirsch 1980, 267 Anm. 9.
124 Schöne Beispiele M. K. Hopkins 1961.
125 A. H. M. Jones 1964b, 27–29.
126 M. K. Hopkins 1961.
127 Zum Problem D. Nellen, Viri litterati. Gebildetes Beamtentum und spätrömisches Reich im Westen zwischen 284 und 395 nach Christus (Bochumer historische Studien, Alte Geschichte Nr. 2), 2. Aufl. Bochum 1981.
128 Mit Bezug auf Oskar Walzels Programm der „wechselseitigen Erhellung der Künste" bemerkt G. Knepler (wie Anm. 96) 351f., man müsse „nicht verschiedene künstlerische Tätigkeiten, sondern verschiedene Tätigkeitsbereiche, in denen künstlerisch aktive Menschen wirken, einander erklären lassen."

von diesen praktischen Anforderungen ist es geprägt – bei Cyprian, Ambrosius, Priscillian, Augustin. Die eigentliche Intelligenz des Reiches – Leute, die entweder als Professoren tätig waren oder in ihrer literarischen Produktion aufgingen – entstammte wohl ausnahmslos der Klasse der Munizipalen.[129] Teils wurden sie (wie Ausonius, Donat und Servius) staatlich besoldet, teils lebten sie von ihrem Griffel (wie Claudian, ein Repräsentant jener offenbar nur noch im Ostteil des Reiches recht blühenden[130] species von Dichtern, die ihre Dienste an Städte oder reiche Herren verkauften). Wie Claudian zu Stilicho stand im Grunde auch Hieronymus zu den in Afrika begüterten[131] Paula und Eustochium in einem Klientelverhältnis, nur verstand er es, dieses moralisch umzukehren. Hier erleben wir erstmals den neuen, selbstbewußten christlichen Intellektuellen, der seine Förderung seinen Brotgebern als sicheren Weg zu ihrem Heil darzustellen weiß.

In der Ideologie und Kunst ist jedoch auch kein soziologischer Determinismus der Klasse, des Standes oder der weltanschaulichen Gruppe wirksam. Die Aristokraten Symmachus und Paulinus verhalten sich politisch durchaus verschieden – als konservativer Senator der eine, als rigoristisch-asketischer Christ der andere. Die christlichen Senatoren Paulinus von Nola und Apollinaris Sidonius ziehen aus ihrer gemeinsamen weltanschaulichen Position keineswegs identische oder wenigstens ähnliche Konsequenzen für ihre künstlerische Methode. Während der Schüler des Ausonius eine christlich engagierte Dichtung schafft, bewegt sich der Bischof von Clermont hundert Jahre später in den Geleisen einer religiös neutralen traditionalistischen Kunst.

Die sozialen, ideologischen und künstlerischen Differenzen und Widersprüche stehen in dialektischer Spannung zum gesellschaftlich Allgemeinen. Die in ihrer Intensität, Vielfalt und Qualität unterschiedliche Teilhabe aller Glieder der Gesellschaft an den vorgefundenen Bedingungen und ihre (freilich differenzierte) Mitwirkung an deren Gestaltung stiften die Einheit einer Epoche. Sie findet ihren Ausdruck im Massenbewußtsein,[132] dem zwar diffusen, aber sehr realen Bewußtsein großer Gruppen, das alle Glieder der Gesellschaft mehr oder weniger prägt, sich in sozialen Normen, Regeln, Gewohnheiten, Traditionen und Bräuchen, in politischen, rechtlichen, sittlichen, religiösen, ästhetischen und künstlerischen Vorstellungen und Überzeugungen äußert, einem sozialen Gefühl, das die Wahrnehmung der Wirklichkeit prägt und sich beispielsweise in der Kunstproduktion niederschlägt. Denn in ihm werden sozialökonomische Zwänge der Gesellschaft zu Triebkräften, die das Verhalten großer Massen,

---

[129] S. bes. E. M. Schtaerman 1964, 259, auch W. Held 1974, 72. – Man wird A. Momigliano 1964a, 9 nicht darin zustimmen können, daß es gerade die Großgrundbesitzeraristokratie ist, die Rhetorik und Dichtung pflegt.

[130] A. Cameron 1965.   [131] M. Overbeck 1973, 41.

[132] In der gesellschaftlichen Psyche oder Psychologie sah A. Labriola das entscheidende Zwischenglied zwischen sozialökonomischer Entwicklung und gesellschaftlichem Bewußtsein; Verbreitung fand der Begriff durch G. W. Plechanow (vgl. B. Köpeczi, Idee, Geschichte, Literatur, Berlin/Weimar 1979, 44; A. K. Uledow [wie Anm. 101] 149f.; L. S. Wygotski, Psychologie der Kunst [Fundus-Bücher 44/45], Dresden 1976). Seit Plechanows Bedeutung trotz all seiner vulgär-soziologischen Einseitigkeiten wieder gerechter beurteilt wird, wird auch der Faktor der gesellschaftlichen Psychologie wieder in seiner Wichtigkeit erkannt, so von Köpeczi 42 und Uledow 147–165, der den Terminus Massenbewußtsein gebraucht, dieses aber als Sphäre des gesellschaftlichen Bewußtseins (neben Ideologie und Wissenschaft), nicht wie Labriola als Mittler zwischen Basis und Überbau begreift.

ganzer Völker durch lange Zeitabschnitte hindurch prägen, die Menschen zur Tätigkeit, zumal zu geistiger Tätigkeit, spornen.[133] Solche Zustände des gesellschaftlichen Bewußtseins werden entscheidend geprägt durch Grundempfindungen, die alle Klassen erfassen.

Das Massenbewußtsein der Spätantike ist entscheidend geprägt durch die **Krise der Sklavereigesellschaft** und den **Übergang zum Feudalismus**.

Als communis opinio der marxistischen Althistoriker darf die Erkenntnis gelten, daß als Ursache des Nieder- und Unterganges des römischen Imperiums und der antiken Kultur die Konzentration des exemten Grundbesitzes und der Verfall der Munizipien, des Lebenszentrums der antiken Wirtschaft und Gesellschaft, anzusehen sind.[134] Dieser Niedergang der Städte ist, wenn auch in den einzelnen Provinzen[135] und nach der Größe der Städte differenziert, seit der Mitte des 2. Jahrhunderts zu beobachten. Die Arbeitsproduktivität sank, Ländereien verödeten, Handwerk und Handel verfielen, das Mehrprodukt ging zurück. Es mußte zunehmend für die städtische Plebs, den Verwaltungs- und Militärapparat ausgegeben werden, wodurch sich die Mittel für Kunstwerke und öffentliche Bauten verringerten. Die Städte verschuldeten zunehmend. Zudem stiegen die Preise, verschlechterte sich die Münze.

Rasche Kaiserwechsel, Usurpationen, Kriege, Angriffe der Barbaren, die Unsicherheit der Verkehrswege, die Zunahme des Latroziniums, der Abfall ganzer Provinzen vom Reich waren Ausdruck der Krise.

Der Munizipaladel verarmte, zunehmend drückte er sich vor der Übernahme städtischer Ehrenämter, seine soziale Stellung sank. Was von ihm an kulturellen Aktivitäten ausging (er war, wie gesagt, das Reservoir der antiken Intelligenz), ging zurück und wurde von immer wenigeren getragen – das literarische Publikum wurde immer kleiner an Zahl.[136]

Die römische Literaturgesellschaft war stets eine herrschende Minderheit geblieben. In der Spätantike beobachten wir als Hauptsymptom der geistigen Krise einen deutlichen Zug zum Elitären. Die Literatursprache wird für immer mehr Bewohner des römischen Reiches und der Staaten, die auf seinem Boden entstehen, zur Fremdsprache. Die Dichtung des Juvencus, Claudian und Prudentius, des Ausonius und erst recht des Porfyrius dürfte nur noch einem kleinen Kreis zugänglich gewesen sein.

Für die Munizipalen brach eine Welt zusammen. Ihr Pessimismus verstärkte sich – immer wieder finden wir bei Cyprian den Topos vom Altern der Welt, das Erlebnis der Gegenwart als Niedergang.[137] So suchten die Menschen jener Zeit nach Haltungen,

---

[133] A. K. Uledow 147–165; L. S. Wygotski 295.
[134] Wie schon Gibbon, sieht wieder A. Momigliano 1964a den Untergang Roms als direkte Folge der Ausbreitung des Christentums an; zum Problem K. Marx, MEW 1,91f. Ch. N. Cochrane bezeichnete noch 1957 das Versagen des griechischen Geistes als Ursache der Krise.
[135] Vgl. T. Kotula, Zur Frage des Verfalls der römischen Ordnung in Nordafrika, Klio 60, 1978, 511–515.
[136] Das gilt allerdings nur für das 3., die erste Hälfte des 4. sowie für das 5./6. Jahrh., nicht für die 2. Hälfte des 4. Jahrh.
[137] Cypr. ad Demetr. 3; de mortalitate 25. Die Ursachen sieht anders P. Brown 1971, 60: Die Christen um 200 entstammten der lower middle class, deren Angehörige neue Möglichkeiten des Aufstiegs hatten, doch brachten diese Aufstiegsmöglichkeiten „anxieties and uncertainities" mit sich.

die sie die Lage ertragen ließen. Einige dieser Einstellungen wurden – teilweise einander durchdringend – für die Literatur wichtig:

1. Die Undurchsichtigkeit des Geschehens, das Gefühl der Unfreiheit, Machtlosigkeit und Entfremdung führten zu vielfältigen Spielarten des **Irrationalismus und Mystizismus**: zur Blüte von Magie und Astrologie, dem Interesse für Mysterienkulte, für das Wunderbare, zur Suche nach Trost und Hoffnung, und sei es auf die Seligkeit im Jenseits. Die Religion, schon bei Augustus von zentraler Bedeutung, verbreitete sich in allen Gesellschaftsschichten, wurde mehr und mehr zum Zentrum des geistigen Lebens. Wir beobachten, wie sich in der Spätantike die Munizipalen verstärkt dem Christentum zuwenden. Die Welt schien das Zentrum des Bösen zu sein, sie galt es zu fliehen, die eigene Seligkeit zu retten; das politische Leben, das Gemeinwesen wurden zunehmend uninteressant.

In Wissenschaft und bildender Kunst beobachten wir seit dem Ende des 2. Jahrhunderts einen zunehmenden Hang zum Irrationalismus. Wichtig für die Literatur wurden religiöse Inhalte, die Bibel mit ihren Wundern und die Wunder der Heiligenlegenden. Die Allegorese, die Ergründung des verborgenen Sinnes der als vordergründig betrachteten tatsächlichen Vorgänge, griff um sich. Augustin hat diese Denkweise gelegentlich prägnant formuliert: *factum audivimus, mysterium requiramus* (tract. in Ioh. 50,6).

2. Neben der Flucht in eine künftige Seligkeit war aber auch die Sehnsucht nach einer heiligen Vergangenheit, das Bestreben, sie zurückzuholen, möglich: **Traditionalismus und Konservatismus**, für die antike Gesellschaft und Kultur ohnehin charakteristisch, verstärkten sich, je mehr die Munizipalen ihre Größe als eine vergangene sehen lernten. Bemerkenswert sind der Konservatismus und die klassizistische Ausrichtung des antiken Bildungssystems; die Übernahme alter Tempel, Altäre, des römischen Kalenders durch die Christen zeugen von der gleichen Haltung. Wir beobachten klassizistische Tendenzen in der Kunst, eine Hinwendung zur Bewunderung der vergangenen Größe Roms.

So ist es kein Zufall, daß der erste spätantike Dichter, dessen Werk wir datieren können, Nemesian,[138] nicht an die neoterische Dichtung anknüpft, sondern die klassizistische Grundrichtung der spätantiken Literatur begründet, die wir bis zum Ende des 6. Jahrhunderts verfolgen können. Minucius Felix, Cyprian und vor allem Laktanz entwickeln eine klassizistische Prosatradition, in der Ambrosius, Hieronymus und Augustin stehen. Damit setzt sich für die Spätantike eine besonders konservative Literatursprache durch, die sich immer weiter von der Volkssprache entfernt. Die Wiederaufnahme des Epos ist ein Beispiel für die Orientierung am alten Gattungssystem. Dem Publikum wird nicht die Originalität eines Autors preiswürdig, sondern seine Nähe zu den Alten.[139] Freilich werden wir sehen, wie die Verbindung dieses Traditionalismus mit der Religion in dem Bestreben, Altes zu bewahren, doch Neues schuf.[140]

3. Neben der Flucht in die jenseitige Zukunft oder diesseitige Vergangenheit bot die Unterhaltungsliteratur, wie sie in dieser Zeit ins Lateinische übersetzt wird (der Alexanderroman des Julius Valerius, Dictys, Dares, der Roman um Apollonius von Tyrus), Flucht ins Private oder auch nur **Vergessen der Gegenwart**.

---

[138] Zu Nemesian W. Schetter 1975.
[139] Vgl. Auson. ep. 17; Symm. ep. 1,14; Sidon. c. 1,14; 23,452; ep. 8,11; ep. 4; 3,6–7.
[140] W. Kirsch 1978.

4. Die Krise und ihre geistig-psychischen Folgen ließen zugleich das Bedürfnis nach verstärkter ideologischer Beeinflussung wachsen, und dieses Bedürfnis führte zur Umgestaltung des literarischen, ja des künstlerischen Systems. Mit der Ausbreitung des Analphabetismus erhielten bildende Kunst und Architektur zunehmend Bedeutung, trat die Bedeutung der Literatur, verglichen mit diesen Künsten, zurück. Ins Zentrum der Literatur rückten operative Gattungen mit fester situativer Einbettung und unmittelbarer Wirkung auf das tägliche Leben, Gattungen, in denen im dialektischen Spannungsverhältnis von Instrumentalwert und Gestaltwert der erstere (und zwar als ideologischer) für entscheidend angesehen, der letztere zwar als förderlich, aber doch zunehmend als dienend oder gar akzessorisch betrachtet wird. Die freie, nicht an bestimmte öffentliche Kommunikationssituationen und -aufgaben gebundene Literatur (etwa das Epos) verliert – wenn auch nicht der Wertschätzung nach, so doch objektiv – als „Überschußgattung" an Bedeutung.

5. Mit dem Niedergang der Klein- und Mittelstädte verlagern sich die ökonomischen Zentren auf die immer größer werdenden exemten Güter, in selbstversorgende Einheiten, die unabhängig sind von der Stadt. Diese Tendenz läuft parallel zur ungleichmäßigen Entwicklung der Provinzen und der wachsenden Belastung der Munizipalen durch den Staat, an dem sie notwendig das Interesse verlieren. Angesichts dieser Auflösungstendenzen nehmen der Separatismus, Regionalismus und Provinzialismus nicht wunder, die wir in Staat und Kirche beobachten können und die die Gefahr des Zerfalls des Reiches nicht nur als Möglichkeit in sich trugen, sondern tatsächlich zu Sonderreichen, zur Spaltung des Reiches und schließlich zu seinem Zusammenbruch führten.[141]

Die Kunsthistoriker haben unterschiedliche Entwicklungen in den Provinzen festgestellt. Was die Literatur betrifft, so bemerken wir hier ebenfalls einen Zug zum Provinziellen,[142] und mit Blick auf die Struktur der Großformen möchten wir die zunehmend additive Erzählweise, wie wir sie – und das sogar im Falle von Ammian – bei den spätantiken Historikern wahrnehmen können (Laktanz, Aurelius Viktor, Eutrop), die Zerschlagung des Erzählvorgangs in Einzelszenen, wie sie uns in Epen und Heiligenviten begegnet, mit der Partikularisierung der Welt, dem Verlust ihrer Einheit in einem gewissen Zusammenhang sehen.[143]

6. Notwendig mußte diese Zersplitterung der Realität die Sehnsucht nach der Einheit der Welt wecken. Auch sie findet im Irrationalismus ihre Verwirklichung, führt allerdings in der Konsequenz zu einer Verstärkung des Partikularismus. In den christlichen Epen etwa verbindet der allem gemeinsame Bezug auf Gott das scheinbar Zusammenhangloseste, das nun wieder durch diesen Bezug in einen unmittelbaren, bisweilen irritierenden Zusammenhang gebracht werden kann.

---

[141] Anmerkungsweise soll in Erinnerung gebracht werden, daß dennoch mannigfache Verbindungswege durchs ganze Reich führen – man denke an den Briefwechsel des Paulinus von Nola, Symmachus, Ambrosius, Hieronymus, Augustin, an die bunte Gesellschaft, die sich in den Dialogen des Sulpicius Severus zusammenfindet, wie überhaupt an die als Frucht von Pilgerreisen entstandene Literatur: Itinerarien usw.

[142] E. Auerbach 1958, 65; s. auch H.-J. Diesner, Isidor von Sevilla und das westgotische Spanien (Abh. der Sächs. Akademie der Wissenschaften zu Leipzig, phil.-hist. Kl. 67,3), Leipzig 1977, 12,26,78 über den Hispanozentrismus Isidors.

[143] W. Kirsch 1979, 44; M. Roberts 1988. J. Fontaine 1976, 479 sieht in der Mosella des Ausonius eine „esthétique de fragmentation et de miniaturisation" verwirklicht.

Eine Einheit etwa im Sinne einer klassizistischen Vorstellung von der Einheit der Handlung, des Stils, des Tons wird dadurch freilich nicht erreicht; sie zu verlangen, hieße den Wirklichkeitsbezug der Literatur leugnen.

Angesichts ihrer gemeinsamen ökonomischen, sozialen und psychologischen Grundlagen halten wir es für falsch, die christliche Literatur (in unserem Fall: das christliche Epos) aus dem spätantiken Schrifttum herauszulösen und das pagane als das eigentliche zu betrachten.[144] Vielmehr sehen wir in der Wechselwirkung der konstitutiven literarischen Systeme (künstlerische Methoden, Richtungen, Genera) einen der charakteristischsten Züge literarischer Epochen, wobei es freilich unerläßlich ist, die Dominanten zu erkennen, jene Elemente, die in die Zukunft weisen.[145] In der Spätantike ist dies nun gerade die christliche Literatur.

Neben den Juristen sind es die christlichen Autoren, die im 3. Jahrhundert die literarische Produktion aufrechterhalten. Dem Wiederaufleben der traditionellantiken Philosophie, Historiographie, Epistolographie, Epik geht die Aufnahme dieser Gattungen durch die christlichen Autoren voraus – es muß dahingestellt bleiben, ob jene sogar als Reaktion auf diese zu verstehen ist.[146] Nicht strittig sein kann jedoch, daß – sieht man von den bezeichnenderweise aus dem griechischen Osten kommenden Ammian und Claudian ab – die herausragenden Intellektuellen der Zeit im christlichen Lager zu finden sind. Und schließlich werden in der spätantiken christlichen Literatur Stoffe und Themen aufgegriffen, Gattungen geschaffen oder umstrukturiert, poetische Verfahren erprobt, die für die Literatur des Mittelalters, ja der gesamten Feudalepoche gültig und bestimmend sein sollten.

Freilich sind die Unterschiede zwischen beiden Strömungen unübersehbar: Einerseits bleiben – wenn auch mehr schlecht als recht – die traditionellen Kommunikationssituationen, bleibt die mit ihnen verbundene Literatur erhalten, solange die antiken Städte und der antike Staat fortbestehen, andererseits erstarkt die Kirche als Reflex von Entwicklungen des Massenbewußtseins und damit der sozialökonomischen Ordnung und bringt neue Kommunikationsaufgaben und -situationen hervor, die das künstlerische und literarische System umgestalten, auch das Gattungssystem von Grund auf verändern.

Die Schule etwa brauchte nach wie vor Kommentare zu ihren Schriftstellern, Grammatiken und Lehrbücher verschiedener Art (man denke an Donat, Servius, Martianus Capella); im Gerichtswesen waren Rede und Urteil zu Hause, der Kaiser erließ Edikte, Reskripte usw.; der festliche Augenblick in Familie, Stadt und Staat be-

---

[144] So ausgeprägt in Istorija rimskoj literatury, t. II, Moskva 1962; E. Burck (Hrsg.), Das römische Epos, Darmstadt 1979. H. Bardon, La littérature latine inconnue, t. II, Paris 1956 macht besonders deutlich, wie verzerrt das Bild wird, wenn man den Blick allein auf die pagane Literatur richtet.

[145] Zur Bedeutung der Haupttendenz der literarischen Entwicklung allgemein I. G. Neupokoeva (wie Anm. 96) 22; über die Ablösung der vorherrschenden Strömungen bei gleichzeitigem Fortdauern ehemals dominanter Tendenzen J. Tynjanow 1975, 240.

[146] M. Fuhrmann 1967, 62 interpretiert wohl zu Recht die sog. heidnische Renaissance der 2. Hälfte des 4. Jahrh. als Reaktion auf das Christentum. – A. Momigliano 1964b, 85 dagegen erklärt z. B. die Breviarien nicht als Reaktion auf die christliche Geschichtsschreibung, sondern aus dem Bedürfnis der homines novi in der Führungsschicht, sich mit der römischen Geschichte vertraut zu machen und sich diese Kenntnisse rasch anzueignen.

durfte der Erhöhung durch das Wortkunstwerk: der Besuch, das Regierungsjubiläum des Kaisers und der Amtsantritt der Konsuln des Panegyrikus, die Hochzeit des Epithalamiums; daneben blieb die Tradition öffentlicher Dichterlesungen erhalten (berühmt ist Arators öffentliche Rezitation seines Epos De actibus apostolorum als die letzte, von der wir wissen).

In der Kirche hatte die Verfolgung die Märtyrerakten hervorgebracht, die Auseinandersetzung mit der nichtchristlichen Umwelt die apologetische Literatur und Argumentationshilfen wie Geschichts- und geschichtsphilosophische Werke; die Entwicklung des Christentums zur Staatsreligion machte Häresien zu politisch-ideologischen Abweichungen und ließ das antihäretische Schrifttum aufblühen; der Gottesdienst brauchte die moralische oder exegetische Predigt und den Kirchengesang; die Ausschmückung der Kirchen und die Heiligenverehrung machten erläuternde Tituli für die bildlichen Darstellungen bzw. Grabmäler erforderlich; Briefe waren nicht in erster Linie Mittel freundschaftlichen Kontakts, sondern Amtsschreiben des Bischofs oder Mittel ernster Belehrung und Erbauung; das aufkommende Mönchtum benötigte nicht allein Regeln für das Zusammenleben und Viten der Mönchsheiligen als Mittel der Erziehung und Traditionssicherung, sondern der lebhafte Austausch zwischen Gemeinschaften beförderte neben dem persönlichen den Briefverkehr und ließ als Ergebnis von Pilgerreisen Itinerarien entstehen.

Die Tatsache jedoch, daß auch das Epos auflebt (als Bibel-, panegyrisches, allegorisches, hagiographisches Epos), macht auf einen weiteren Umstand aufmerksam. Der literarische Prozeß ist nicht unmittelbar und einzig durch die Entwicklung der sozialökonomischen Basis, des institutionellen oder ideologischen Überbaus bedingt. Seit nämlich die Steigerung der Produktion die Teilung von körperlicher und geistiger Arbeit ermöglicht hatte und durch die Spezialisierung geistiger Tätigkeiten aus dem synkretistischen Bewußtsein verschiedene Bewußtseinsformen hervorgegangen waren als Methoden, sich die Welt geistig anzueignen, konnten sich diese Bewußtseinsformen relativ selbständig entwickeln, nämlich auf der Grundlage des jeweiligen Stoffes, „der sich selbständig aus dem Denken früherer Generationen gebildet und im Gehirn dieser aufeinanderfolgenden Generationen eine selbständige, eigene Entwicklungsreihe durchgemacht hat".[147] Die „schließliche Suprematie der ökonomischen Entwicklung ... findet statt innerhalb der durch das einzelne Gebiet selbst vorgeschriebenen Bedingungen".[148]

Zu dem Stoff, den vorgefundenen Bedingungen des Schrifttums gehören sowohl das literarische Corpus, d. h. der Bestand präsenter Literatur, als auch das Literatur-, Gattungs- und Sprachverständnis des Publikums, Formen, Bedingungen, Bahnen und Normen der literarischen Kommunikation. Dieses „Kunstmaterial" besitzt für den Künstler nicht geringeren Realitätswert als das „Lebensmaterial".[149]

Hinzu kommt, daß die Kunst nicht einfach Gegenwärtiges registriert. Wie die Traditionsgebundenheit der Literatur, die potentielle oder reale Präsenz der in früheren oder fremden Gesellschaftszuständen entstandenen Werke die Gefahr des Epigonentums, des Zurückbleibens hinter den Erfordernissen der Zeit mit sich bringt, so kann

---

[147] F. Engels in einem Brief an F. Mehring vom 14. 7. 1893, MEW 39,97; s. a. ders. am 27. 10. 1890 an C. Schmidt, MEW 37, 488—495.

[148] Brief von F. Engels an C. Schmidt vom 27. 10. 1890, MEW 37, 493.

[149] R. Schober, Zum Problem der literarischen Wertung, Weimarer Beiträge 19, 1973, H. 7, 15 f.

andererseits die innere Logik der Entwicklung der Literaturgesellschaft – der Schulen, Strömungen, Richtungen – und des künstlerischen Materials gleichzeitig zu unterschiedlichen Resultaten führen. Die enge Verbindung der Kunst mit der gesellschaftlichen Psyche, ihr Reagieren auf Veränderungen der Realität und Färbungen der Weltsicht, zudem ihre projektive (Antithesen zur Realität entwickelnde) Funktion machen der Literatur (wie auch anderen Bereichen des gesellschaftlichen Bewußtseins) Vorgriffe möglich. Sie kann auf Entwicklungen reagieren, die erst keimhaft vorhanden sind, und damit selbst Agens im historischen Prozeß werden.

Ist der Literaturprozeß demnach zwar in letzter Instanz[150] durch den sozialökonomischen bedingt, entfaltet er doch eigene Kräfte und nimmt eine relative Eigenentwicklung; er stimmt mit den grundlegenden Gesetzmäßigkeiten der historischen Entwicklung überein, ist aber nicht ihr Abklatsch. Demnach kann die allgemeinhistorische Periodisierung nicht mechanisch auf die literarische übertragen werden.[151] Der dialektische Widerspruch zwischen der Gesellschaft als Ganzem und der Kunst als Teil von ihr besteht zwischen letztendlich gesellschaftlicher Bedingtheit und relativer Selbständigkeit der Kunst.

Wir versuchen, die Schlußfolgerungen aus dem Dargelegten zu ziehen, indem wir die allgemeinhistorischen Periodisierungsvorschläge zu dem Erscheinungsbild der lateinischen Literatur in Beziehung setzen und diese im Zusammenhang mit der Entwicklung des Überbaus sehen.[152]

1.2.2. Periodisierungsvorschlag

Den äußeren Periodisierungsrahmen bilden der Beginn der Krise der Sklavereigesellschaft (Ende des 2. Jahrh.) und der Zeitpunkt, zu dem der Sieg der Feudalordnung unumkehrbar geworden ist (Ende des 6. Jahrh.). Als weiterer Fixpunkt ist die volle Ausprägung der feudalen Ordnung (10. Jahrh.) zu betrachten.

---

[150] Diese Formulierung häufig wiederkehrend, variiert bei F. Engels, etwa MEW 19, 207; 21, 27; 21, 300; 39, 206; und MEW 21, 298; 37, 493.

[151] Vor solch mechanischer Übertragung warnen etwa B. L. Riftin 1974, 9 Anm. 1; E. N. Kuprejanowa (wie Anm. 106) 21; I. G. Neupokoeva (wie Anm. 96) 287–291, G. Knepler (wie Anm. 96) 345f. E. Engelberg, der 1972 gefordert hatte, auch die literarhistorische Periodisierung habe sich nach der allgemeinhistorischen zu richten (s. Anm. 98), formulierte 1973 in einer Diskussion mit Literaturhistorikern weit vorsichtiger, daß „sich mitunter wesentliche Periodisierungseinschnitte von wissenschaftlichen Disziplinen und Kunstgattungen keineswegs mit Zäsuren (Knoten- und Wendepunkten) der allgemeinen Geschichte decken" (wie Anm. 96, 11).

[152] Die Kulturgeschichte Rom läßt die Spätantike 284 beginnen und gliedert 284–395 (Versuche der Stabilisierung des Systems) und 395–568 (Sonderentwicklung des weströmischen Gebiets). – Bei H. Dieter, R. Günther 1980 setzt die spätrömische Kaiserzeit ebenfalls 284 ein und wird wie folgt gegliedert: Die Zeit Diokletians und Konstantins I.; Von den Nachfolgern Konstantins bis zum Ende des 4. Jahrh.; Der Untergang des weströmischen Reiches; Die germanische Staatenbildung auf römischem Boden in der Völkerwanderungszeit; Das oströmische Reich bis zur Zeit Justinians. – Wegen der im Prinzip gemeinsamen ökonomischen Basis von Antike und Spätantike und der beträchtlichen Unterschiede in der kulturellen Physiognomie (Kulturträger, Ausdehnung des Kulturraumes, Stellung der Literatursprache) von Spätantike und frühem MA scheint es mir nicht möglich, mit M. Fuhrmann 1976, 61 die Spätantike entweder neben Antike

Dieser Rahmen ist auch für die lateinische Literaturgeschichte akzeptabel.[153] Er umfaßt eine literarische Epoche, in der die Religion zum Zentrum der Ideologie und damit der Literatur, die Kirche zum Träger von Bildung und Schrifttum wird, neue Völker ihren Beitrag zur lateinischen Literatur zu leisten beginnen.[154]

Im 1./2. Jahrhundert konnte die große Mehrheit der Stadtbevölkerung lesen; im 3. Jahrhundert rechnen die kirchlichen Lehrer zunehmend mit einer Anzahl von Leuten, denen das Christentum mündlich vermittelt werden muß.

In der zweiten Hälfte des 2. Jahrhunderts verliert die traditionelle römische Literatur mit Fronto, Apuleius und Gellius ihre zunächst letzten bedeutenden Repräsentanten. Freilich führt die Krise nicht zum absoluten geistigen Niedergang: Die Grundformen des höheren Unterrichts bleiben erhalten; die juristische Literatur lebt bis 239 fort. Zugleich setzt Ende des 2. Jahrhunderts die lateinischsprachige christliche Literaturproduktion ein[155]: In dem Märtyrerbericht von Scili (180) besitzen wir das älteste datierte Dokument der Kirchengeschichte in lateinischer Sprache. Noch ist freilich die christliche Literatur eine Randerscheinung, sind die vor 200 entstandenen Werke (etwa die Anfänge der lateinischen Bibelübersetzung) anonym überliefert.

Im 6. Jahrhundert geht die von Lateinern getragene Literaturproduktion zu Ende. Cassiodor stirbt um 583, Gregor von Tours 593, Venantius Fortunatus 600, Gregor d. Gr. 604. Die Novellen des Corpus iuris werden bis 543 nachgetragen, in Konstantinopel wird Latein bis in die zweite Hälfte dieses Jahrhunderts gelehrt. Mit den Epen des Avitus (gest. 518), des Arator (abgeschlossen 544) und des Venantius Fortunatus Vita Sancti Martini (zwischen 573 und 576) endet zunächst die lateinische epische Produktion.

Eine stadiale Verschiebung beobachten wir in Spanien: Einzig hier, im westgotischen Reich, hält sich die spätantike Literaturtradition[156]: Isidor von Sevilla stirbt 636.

---

und MA als Epoche gleichen Ranges zu stellen oder dem MA zuzuschlagen (61 und 63), wie mit S. S. Averincev 1976, 18 eine einheitliche kulturelle Übergangsepoche von Konstantin bis etwa 1000 anzunehmen.

[153] M. Fuhrmann 1967, 79 betont mit Recht, die beliebten Epochenjahre des 4./5. Jahrh. seien literarhistorisch ohne jede Bedeutung – die Einschnitte fielen ins 3. und 7. Jahrh. – Ein besonderes Problem für das Setzen von Zäsuren stellt sich mit der Frage, ob das erste Auftreten oder die allgemeine Durchsetzung des Neuen periodenbildend wirkt; man wird hier beide Komponenten in ihrer Wechselwirkung beachten müssen, vgl. I. G. Neupokoeva (wie Anm. 96) 323 und besonders 345, vor allem jedoch die qualitative Bedeutung der neuen Entwicklung.

[154] M. Fuhrmann 1967, 62 sieht als epochenkonstitutiv an „die zeitlichen Verhältnisse, die leitenden Ideen und die das literarische Leben tragenden Kräfte". Damit meint er die ununterbrochene literarische Produktion von der Mitte des 3. bis zur Mitte des 7. Jahrh., den Glauben als leitende Idee und die christliche Literatur als vorantreibendes Element sowie Schule und Aristokratie (nicht mehr das Kaisertum) als tragende Kräfte – im letzten Punkt vermag ich mich ihm nicht voll anzuschließen.

[155] A. H. M. Jones 1964b, 17 setzt den Beginn des lateinischen Christentums Ende des 2. Jahrh. in Karthago an; Voraussetzung ist die Datierung von Minucius Felix nach Tertullian (die wechselseitige Abhängigkeit ist umstritten; den Einfluß von Tert. auf Minuc. Felix hat B. Axelson 1941 wohl endgültig erwiesen).

[156] K. F. Stroheker 1965c, 307; auch M. Fuhrmann 1967, 61 bezeichnet die spanische

Daneben hatte im 5. Jahrhundert in Irland (Patrick) eine lateinische literarische Produktion eingesetzt von Leuten, die eine andere Sprache sprechen, aber nur Latein schreiben können. Diese mittellateinische Literatur verstärkt sich im 6. Jahrhundert (Gildas, Columban) und blüht im 7. Jahrhundert bei Iren, Briten und Angelsachsen auf. Jetzt übernimmt sie die Führung vor der spätantiken.

Auch im Bildungswesen beobachten wir im 6. Jahrhundert einen Bruch: Bestimmend werden die Episkopal- und Presbyteralschulen; die iroschottische Bildung ist eine mittelalterliche Klosterkultur.

Wir versuchen nunmehr eine möglichst sinnvolle Binnengliederung dieser Epoche.

1.   180–235

a) Sozialökonomisch – politisch

Mitte des 2. Jahrhunderts beginnt der Niedergang der Städte. Von 180 bis 235 (Commodus bis Alexander Severus) währt die erste Etappe der Krise der antiken Produktionsweise.[157]

b) Literarisch

In diese Zeit fällt die Blüte der juristischen Literatur. Mit dem Märtyrerbericht von Scili (180) und den Übersetzungen der biblischen und anderer kirchlicher Gebrauchsliteratur für die Zwecke der Gemeinde setzt eine christliche lateinische Literatur ein.

Mit Tertullian (schreibt etwa 197–220) und Minucius Felix beginnt die Tradition christlicher lateinischer Kunstprosa.

2.   235–268 (284)

a) Sozialökonomisch – politisch

235 bis 268 spitzt sich die Krise zu.[158] Die Klassengegensätze verschärfen sich. Die Herrschaft des Kaisers Gallienus (259–268) bezeichnet eine Wende: Es ist der letzte Versuch der Munizipalen, ihre Existenz zu behaupten. Seit der Mitte des 3. Jahrhunderts erlebten wir die ersten Aktionen der Provinzialaristokratie gegen die römische Zentralgewalt: Usurpationen, das gallische und britische Sonderreich.

b) Ideologisch

In dieser Periode dringt das Christentum massiv in die Oberschichten ein. Der Gegensatz zwischen Heiden und Christen wird – anders als zu Beginn des 3. Jahrhunderts – zum ideologischen Hauptgegensatz. Die ersten systematischen Christenverfolgungen setzen ein: die decische (249–251) und die valerianische (257–258).

c) Literarisch (235–270)

Die beherrschende Gestalt der lateinischen Literatur dieser Zeit ist Cyprian (Bischof ab 249, als Märtyrer gestorben 258). Etwa gleichzeitig schreibt in Rom Novatian; mit ihm beginnt die christliche Kunstprosa – bisher ein afrikanisches Gewächs – Roms. Von Nichtchristen sind uns aus dieser Periode nur ganz wenige Lehr- und Handbücher kompilatorischen Charakters erhalten. In der lateinischen Dichtung bezeichnen die Jahre 180 bis 284 eine Pause.

Literatur des 7. Jahrh. als spätantik, die in Irland und Britannien als ma. – Der qualitative Umschwung (die mlat. Literatur ist bestimmend, die spätantike hält sich nur noch in einem Reservat) läßt mir den Einschnitt mit dem Jahr 600 sinnvoller erscheinen als den von M. Fuhrmann 1967, 62 vorgeschlagenen Mitte des 7. Jahrh.

[157] E. M. Schtaerman 1964, 292–347.
[158] Ebenda 349–463.

3. 268 (284)–337
a) Sozialökonomisch – politisch

Wenn auch schwer zu bestimmen ist, wann die Entwicklung beginnt, die zum Dominat führt, neigen die marxistischen Historiker offenbar dazu, die Periode der relativen Stabilisierung nicht mit dem Regierungsantritt Diokletians (284) einsetzen zu lassen, sondern mit 268, also der Regierungszeit der illyrischen Kaiser und der Wiedergewinnung der Reichseinheit durch sie.[159] Das hätte den Vorteil, daß man nicht den Beginn einer neuen Regierungsform als Epochenjahr betrachtet, sondern eine gesellschaftspolitische Entwicklung einbezieht, in der (bedingt durch die Volksbewegungen) ein Kompromiß innerhalb der herrschenden Klasse angestrebt wird. Immerhin ist zu bedenken, daß das Jahr 284 einen deutlichen Qualitätsumschwung bedeutet.

Mit Recht betrachten die Historiker die Regierungszeit Diokletians und Konstantins (284–337) als eine Einheit – als Periode des Beginns (Diokletian) und des Ausbaus (Konstantin) des Dominats, als (wenn auch mit teilweise verschiedenen Mitteln unternommenen) Versuch, den seit Ende des 2. Jahrhunderts sich verschärfenden Gegensatz zwischen den munizipalen und den exemten Grundbesitzern mit dem Ziel der Stabilisierung der Sklavereigesellschaft teils durch Lavieren zu überbrücken, vor allem aber zunächst ökonomisch (Diokletian) und dann auch politisch durch Einbeziehung der nicht-munizipalen Grundbesitzer in den Senat zugunsten der letztlich progressiven Großgrundbesitzeraristokratie und zuungunsten der Kurialen zu entscheiden. Zwar behalten die antiken Eigentumsformen politisch-ideologisch einige Bedeutung, doch treten die Großgrundbesitzer neben die Städte, und ihre Interessen bestimmen zunehmend die Reichspolitik.[160]

b) Ideologisch

In dieser Periode werden verschiedene Versuche unternommen, eine einheitliche Ideologie durchzusetzen, zunächst gegen das Christentum, dann mit seiner Hilfe.

c) Kulturell (313 als Epochenjahr der Kulturgeschichte)

Besteht unter dem Blickwinkel der politischen und Sozialgeschichte zwischen der diokletianischen und konstantinischen Ära eine grundsätzliche Übereinstimmung, so wird man doch im Jahre 313 den Beginn einer neuen Epoche der Weltkultur ansetzen dürfen.[161] Dies gilt freilich nur, wenn man die kulturelle Entwicklung à la longue betrachtet; mindestens für die Literatur bringt die Anerkennung des Christentums zunächst eher ein langsames Wachstum denn einen Aufschwung mit sich.

d) Literarisch

d₁) 270–313

Läßt man 268 eine neue Periode beginnen,[162] so erschiene auch der erste eindeutig datierbare spätantike Dichter (Nemesians Cynegetica entstehen zwischen Sept. 283 und Sept. 284) und die mit ihm deutlich faßbare klassizistische Erneuerung der Li-

---

[159] W. Held 1974, 29–41.
[160] Übrigens fällt in diese Periode auch die Ansiedlung germanischer laeti in Gallien (297).
[161] E. M. Štaerman 1975, 1972; E. M. Štaerman 1978, 233; S. S. Averincev 1976, 17f.
[162] Für M. Fuhrmann 1967, 62 setzt die spätantike Literatur Mitte des 3. Jahrh. ein. R. Herzog 1975, 162 betrachtet die Literatur der Zeit ca. 280–370 als die einer geschlossenen Epoche, aber nicht als „Erholungsphase" (165), sondern als „Endphase poetischer Praxis..., die mit den Formspielereien der poetae novelli ... beginnt". Herzog steht mit dieser Ansicht, die auf der Überbewertung formaler Kunstgriffe und der Unterbewertung von Inhalt und Funktion der Literatur beruht, soweit ich sehe, allein.

teratur aus der Zeit erklärbar. Klassizistische Tendenzen sind gleichzeitig in den frühen Panegyrici Latini (289–311) und bei Laktanz zu beobachten.[163]

d₂) 313–370

Die Periode der relativen Stabilisierung in Ökonomie und Politik zog nicht unmittelbar eine Blüte der Wortkunst nach sich. Immerhin beobachten wir einen Aufschwung. Eine Anzahl lateinischer Autoren meldet sich zu Wort, doch stiften sie noch keine Tradition. Die nichtchristliche Literatur bewegt sich im Rahmen des Herkömmlichen: Grammatiker und Historiker legen Abrisse und Kompendien vor, Ausonius greift die 'neoterische' Dichtung auf.

Hervorragende Männer wie C. Marius Victorinus und Hilarius von Poitiers, aber auch ein Firmicus Maternus werden zu aktiven literarischen Verfechtern des Christentums. Sie führen nicht nur die in der lateinischen Literatur heimisch gewordenen Gattungen christlicher Schriftstellerei fort, sondern entwickeln erste Ansätze einer lateinischen Exegese.

In der christlichen lateinischen Dichtung werden neue Formen kirchlicher Gebrauchsliteratur erprobt: die Hymnen des Marius Victorinus und des Hilarius sowie die Epigramme des Damasus auf Märtyrergräbern. Von höchster Bedeutung ist die Entstehung einer nicht liturgisch und kirchlich gebundenen christlichen Kunstdichtung. Hier setzen sich nicht die Spielformen durch (Porfyrius, Proba), sondern eine klassizistische Richtung (Laudes Domini, Juvencus, Damasus).

4.   337–395

a) Sozialökonomisch – politisch

Im 4. Jahrhundert vertieft sich die allgemeine Krise; das findet seinen Ausdruck in der weiteren Verlagerung des ökonomischen Schwergewichts aus den Städten auf die saltus, in der Zunahme der Naturwirtschaft, in Ansätzen neuer Eigentumsverhältnisse, der Verschärfung der Klassenkämpfe (latrones, Agonistiker), der Ansiedlung von Föderaten und dem Aufstieg von Germanen in politische Führungspositionen. Die ökonomische Differenzierung führt zur endgültigen Teilung des Reiches nach dem Tode des Theodosius (die Regierung Julians war eine Episode; eine Zäsur bezeichnet sie nicht).

b) Ideologisch

Das Christentum, staatlicherseits begünstigt, wird zur herrschenden Ideologie; es wird zunehmend aggressiv, doch dürfen die traditionellen Religionen fortbestehen. Von entscheidender Bedeutung ist ein anderer Vorgang. Das Christentum – auch seine Sekten und Sonderkirchen – war ursprünglich ein integraler Bestandteil der Sklavereigesellschaft.[164] Die Kirche hatte an die Polis angeknüpft.[165] Unter Konstantin und seinen Nachfolgern setzte die Kirche sogar in modifizierter Weise den Kaiserkult fort, wurde wenigstens als ideologische Garantie der Reichseinheit betrachtet. Damit lief sie Gefahr, in den Untergang der alten Ordnung hineingerissen zu werden. Jetzt gelang es ihr, sich vom antiken Staat zu lösen und ein Faktor des gesellschaftlichen Fortschritts zu werden. Dieser Prozeß beginnt auf dem Gebiet der Religionspolitik

---

[163] Die Kulturgeschichte Rom 1978, 457 sieht in ihm einen Endpunkt, doch ist er eher als erstes Beispiel für eine produktive Rezeption der lateinischen Klassik und Nachklassik zu betrachten.

[164] R. Günther 1975b, 69.

[165] M. Weber 1924, 254. Ausdruck dessen ist wohl die Tatsache, daß als Bischofssitze die Städte gewählt wurden, ebenso die späte Christianisierung des flachen Landes.

mit der Vereitelung des Versuchs, den Arianismus zur Staatsreligion zu erheben (356), er wird im Westen sichtbar mit den Auseinandersetzungen zwischen Ambrosius und Theodosius (390).

Für die Literaturentwicklung ist belangvoll, daß die Differenz zwischen antiker Bildung und Christentum zunächst (sieht man von Lucifer von Cagliari ab) weiterhin minimalisiert wird (Marius Victorinus, Hilarius, Ambrosius). Seit den siebziger Jahren wird dieses Verhältnis den christlichen Ideologen zunehmend problematisch (Hieronymus, Paulinus von Nola, Augustinus).

In der zweiten Hälfte des 4. Jahrhunderts breitet sich auch im Westteil des Reiches das Mönchtum aus. Zu verstehen ist es nicht allein als Antwort einer maximalistischen Strömung auf die Verweltlichung der Kirche, sondern auch als Konsequenz der Verlagerung des ökonomischen Schwerpunkts von der Stadt aufs Land.

5.   395–476 (486)

a) Sozialökonomisch – politisch

395 wird das Römische Reich endgültig gespalten. 476 bzw. 486 geht der römische Staat unter. Diese Daten begrenzen die Periode des Verfalls und der schließlichen Auflösung des Reiches, die das letzte Stadium der Krise der antiken Ordnung einleitet.[166] Seit dem Ende des 4. Jahrhunderts nehmen die feudalen Elemente überhand; Anfang des 5. Jahrhunderts scheiden die munizipalen Oberschichten aus der herrschenden Klasse aus.

b) Ideologisch

Die Kirche siegt über die Paganen (381 Ende der religiösen Toleranz, 418 Verbot antichristlicher Schriften). Zugleich ringt die Mehrheitskirche die Arianer nieder. Die kirchliche Lehre wird ausgebaut.[167]

Die Lösung der Kirche vom antiken Staat wird fortgeführt und auf ideologischem Felde durch Augustin mit der Civitas Dei (413–426) abgeschlossen. Damit hat die Großkirche im Grundsatz die Rom-Idee antiker Prägung überwunden. Gleichzeitig setzt sich der Primat des römischen Bischofs durch. Daneben bilden sich weitere Grundzüge der mittelalterlich-feudalen Ideologie heraus, deren Träger die Kirche wird.

Gleichzeitig gelangen die christlichen Ideologen durch die Trennung von Inhalt und Form zu einem distanzierten, doch gleichzeitig unbefangenen Verhältnis zur antiken literarischen Tradition. In De doctrina christiana bestimmte Augustin das Verhältnis der Christen zu ihr in für das Mittelalter gültiger Weise und entwarf zugleich eine Alternative zur traditionalistischen Bildung.

Hiermit und durch die weitere Entwicklung des Mönchtums waren innere und äußere Voraussetzungen dafür geschaffen, daß – wiewohl sich das antike Unterrichtswesen in den Städten erhielt – erstmals Klöster zu Zentren der Gelehrsamkeit wurden.

c) Literarisch

c₁) 370–430

In diesem Halbjahrhundert geht die Führung endgültig von der traditionalistisch-paganen an die christliche Literatur über. Dieser Vorgang und das Schaffen der beiden überragenden Literaten der Zeit, Hieronymus (347–419/20) und Augustinus (354–430), stiften die Einheit dieser literarischen Periode, die sich übrigens deutlich in zwei Unterabschnitte gliedert.

[166] R. Günther 1975b, 70, 73, 75, 76.
[167] R. Günther 1975b, 76–78 führt an: den Abschluß der Systematisierung der christlichen Grundlehre im 4./5. Jahrh., die Überwindung der Reste des antiken Welt- und Menschenbildes innerhalb der Kirche im 4./6. Jahrh. (die Lehre von der Erbsünde,

(a) 370—405

Um 370 setzt auf literarischem Gebiet ein Aufschwung ein, den man teils als Frucht einer längeren Zeit relativer Ruhe wird betrachten können, teils als Ergebnis der Krise, die die Zentralmacht zwingt, das Schulwesen, das ihre Beamtenschaft ausbildet, zu fördern; teils als Ausdruck der mit der Vertiefung der Krise einhergehenden Klassenauseinandersetzungen und der sie begleitenden Kontroversen auch innerhalb der herrschenden Klasse um einen Ausweg aus der Krise. Die ideologischen und religionspolitischen Auseinandersetzungen spielen sich besonders auf literarischem Gebiet ab.

In ihrer Bedeutung im allgemeinen überschätzt werden die Kämpfe zwischen den engagiert paganen Autoren (Symmachus) und den christlichen (Ambrosius). Wesentlicher ist ein gewissermaßen stilles Ringen zwischen keineswegs antichristlichen Bestrebungen, den traditionellen Literaturbetrieb weiterzuführen (Ausonius, späte Panegyriker, Ammianus Marcellinus, Claudian), und dem Bemühen um eine eigenständige, aber doch umfassende christliche Literatur (Hieronymus, Rufinus, Augustinus, Sulpicius Severus, Paulinus von Nola, Prudentius). Die für die Zukunft entscheidenden Auseinandersetzungen finden im christlichen Lager statt (Ambrosius, Hieronymus, Augustinus auf der einen, Arianer, Priscillianisten, Pelagianer, Donatisten auf der anderen Seite). —

In der liturgischen Dichtung gelingt Ambrosius der Durchbruch beim Hymnengesang, in der Kunstdichtung stehen Versuche einander gegenüber, antike Gattungen zu christianisieren (Paulinus von Nola) und Bemühungen, christliche Gattungen zu literarisieren und zu poetisieren (Prudentius).

Endgültig überwunden wird die Abhängigkeit der lateinischen von der griechischen patristischen Tradition. Parallel dazu vollzieht sich die generelle Entfremdung der lateinischen Kultur von der griechischen.

(b) 405—430

Am Ende dieser Periode wird die Literatur von einer christlichen Gesellschaft getragen. Pagane Autoren wie Rutilius Namatianus (?) und Macrobius sind Außenseiter.

Die Entwicklung einer umfassenden christlichen Literatur, die sich nach 313 angebahnt und nach 370 durchgesetzt hat, wird im ersten Viertel des 5. Jahrhunderts gefestigt. Die Phase des Experimentierens ist mit Prudenz abgeschlossen; die christliche Kunstdichtung, insbesondere die Epik, wird zur Tradition (Heptateuchdichter, Marius Victorius, Sedulius). Gleichzeitig ist der Verfall der lateinischen Literatur unübersehbar: Um 405 sind so wesentliche Autoren wie Priscillian, Ammian, Ausonius, Ambrosius, Symmachus, Claudian, Prudentius tot; 410 stirbt Rufin, 419/20 Hieronymus, 430 Augustin, 431 Paulinus von Nola.

c_2) 425—480

Die Literatur wird von einer rein christlichen Gesellschaft getragen. So wird es möglich, daß die traditionalistische Literaturauffassung religiös neutral wird: Sidonius Apollinaris ist Bischof, sieht aber keinen Anlaß zu einer dezidiert christlichen Dichtung. Die christliche Literaturtradition wird fortgeführt (Salvian, Paulinus von Pella), das hagiographische Epos begründet (Paulinus von Périgueux).

der Gnade, der Prädestination, die Askese [dazu auch S. Dill 1899, 12], die Höherstellung des Glaubens gegenüber dem Wissen, die Wandlung des Barbarenbildes), die Relativierung des Staates.

6.   476 (486) – Ende des 6. Jahrhunderts
a) Sozialökonomisch – politisch
Nach der Zerschlagung des Staatsapparates, der den Feudalisierungsprozeß behinderte (476 bzw. 486), beginnt in der lateinischen Welt die Epoche der sozialen und politischen Revolution. Der Wandel der Eigentumsverhältnisse – Verwandlung des Großgrundbesitzes in Großgrundeigentum – fängt an, wobei die Interessen der alten provinzialrömischen und der neu entstehenden germanischen herrschenden Klasse weitgehend übereinstimmen. – Auf dem Territorium des Römischen Imperiums entstehen neue Staaten, die jedoch sukzessive von den Ostgoten (493 der Staat Odoakers), den Franken (506 das gallische Gebiet des Westgotenstaates, 534 Staat der Burgunder), den Westgoten (584 suebischer Staat), den Byzantinern (534 Vandalenstaat, 553/555 Ostgotenreich) und Arabern (711 Westgotenreich) vernichtet werden, so daß am Ende allein das Frankenreich und der Langobardenstaat (Eroberung Italiens seit 568) bestehen bleiben, bis schließlich das erstere auch den letzteren zerschlägt.
b) Ideologisch
Die Westkirche wird im 6. Jahrhundert zunehmend unabhängig vom Staat. Die Germanen treten nach und nach vom Arianismus zum Katholizismus über (498 die Franken, 516 die Burgunder, Mitte des Jahrhunderts die Sueben, 589 die Westgoten, 590–650 die Langobarden), soweit nicht ihre Staaten vernichtet werden (Vandalen, Ostgoten).
c) Kulturell
Die romanischen Großgrundbesitzer sind nach wie vor Träger der Bildung. Manche von ihnen treten in den Dienst der germanischen Staaten (Boethius, Cassiodor, Gregor von Tours u. a.). Vereinzelt sind auch Angehörige der germanischen Aristokratie literarisch tätig. Cassiodor und Benedikt führen Mönchtum und Bildung unmittelbar bzw. tendenziell zusammen.

Gleichzeitig geht das Mehrprodukt und damit notwendig die Bildung zurück – selbst Kaufleute können teilweise nicht mehr schreiben.[168]

Die Kultur wird ländlich – die antike Kultur wird erst mit dem Aufblühen des mittelalterlichen Städtewesens neu erstehen.
d) Literarisch
Der Charakter der Literatur wird zunehmend von kirchenpraktischen Ansprüchen (Caesarius von Arles, Gregor d. Gr.) bestimmt, von dem Verlangen, breitere Schichten zu erreichen (Gregor von Tours, Gregor d. Gr.) und dem Bedürfnis, Überkommenes zu bewahren (Boethius, Cassiodor). Deutlich zugenommen hat der Provinzialismus der Literatur (Cassiodor, Gregor von Tours, Gregor d. Gr., Isidor). Das Schrifttum wird von Angehörigen im wesentlichen des alten Provinzialadels getragen, aber für die alte romanische und die neue germanische Aristokratie produziert. Auf diese Weise kommen neue Inhalte in die Literatur, vor allem werden die Reste eines romzentrischen Welt- und Menschenbildes überwunden (Cassiodor, Gregor von Tours).
7.   7. Jahrhundert
Länger als in Italien und Gallien erstreckt sich in Spanien die literarische Tätigkeit der Angehörigen der antiken Aristokratie und Bildungsschicht bis ins 7. Jahrhundert. Martin von Bracara stirbt 580, Isidor von Sevilla, der berühmteste Autor der Zeit, lebt und schreibt bis 636, sein Schüler Braulio, Bischof von Saragossa, bis um 651,

---

[168] M. L. Laistner 1967, 9.

Eugenius, Erzbischof von Toledo, bis 657, Fructuosus, Bischof von Braga, bis 665, Julian, Erzbischof von Toledo, bis 679/80, Taio, Bischof von Saragossa, bis 683, Valerius, Abt des Klosters Bierzo in Nordwestspanien, bis 695. Die literarische Kultur wurde von den westgotischen Königen unterstützt. Ihre Träger waren Geistliche, die der hispano-romanischen Aristokratie entstammen. Die Literatur Spaniens ist vor allem durch kirchlich-seelsorgerische Bedürfnisse geprägt, zu denen die Befriedigung von Bildungsbedürfnissen sich gesellt.

642–670 wird Afrika von den Arabern erobert und scheidet damit für immer aus der lateinischen Literatur aus. 711 ist die Iberische Halbinsel fast vollständig arabisiert, und damit endet die spätantike Literatur auch in diesem Refugium. Wenn hier wieder lateinisch geschriftstellert wird, wird die Literatursprache ein fremdes Idiom, wird Mittellatein sein.

1.3. Wertungsfragen[169]

Wie die Diskussion der Gattungsproblematik und der Periodisierungsprinzipien findet auch der Diskurs über die Wertungskriterien außerhalb der Literaturgeschichtsschreibung statt. In den Handbüchern werden Urteile mit problematischer Selbstverständlichkeit in der Regel unreflektiert gesprochen. Die spätlateinische Literatur als Reflex einer Übergangsepoche wird weitgehend als Verfallsprodukt betrachtet.[170]

In den Wertungen spätantiken Schrifttums verbinden sich mehrere Fehler, die auf dasselbe Prinzip zurückzuführen sind:

(1) Geschmacksurteile[171] werden in den Rang literarhistorischer Wertungen erhoben.

Es ist kaum zu leugnen, daß die Literaturproduktion der Spätantike weithin den heutigen literarischen Erwartungshaltungen und Rezeptionsgewohnheiten nicht gerecht wird, daß sie sich dem unmittelbaren, durch historische Reflexion nicht vorbereiteten Zugriff entzieht. Seit dem Ende des 18. Jahrhunderts haben sich unsere Vorstellungen von Literatur beträchtlich gewandelt. Dichten wird nicht mehr als erlernbares Handwerk, sondern als unmittelbarer Ausdruck eines sensiblen Gemüts verstanden, nicht als Fortsetzung einer Tradition, sondern als Erschaffung eines stets Neuen. Die Prosa hat den Vers in den Hintergrund gedrängt; die literarische Technik der imitatio ist uns fremd und nur den wenigen nachvollziehbar, die über vorzügliche

---

[169] Zur literarischen Wertung vgl. besonders Ästhetik heute 1978; H. Gadamer, Wahrheit und Methode, 3. Aufl., Tübingen 1972; W. Müller-Seidel, Probleme der literarischen Wertung, Stuttgart 1965; R. Schober (wie Anm. 149); M. Wehrli, Wert und Unwert in der Dichtung, Köln/Olten 1965; P. Gebhardt 1980.

[170] Zum Problem K. Städtke, in: Funktion der Literatur 1975, 114: „Die a priori wertende Erklärung literaturgeschichtlicher Übergangsphasen als Krise und Niedergang bildet die Kehrseite der Annahme eines klassischen Literatur- und Kunstkanons als Maßstab für Wert und Unwert in der Kunst und Literatur schlechthin."

[171] Mit Ästhetik heute 1978, 275f. verstehen wir unter Geschmacksurteil „die im sinnlich-bewegten Erlebnis vorgenommene Wertung", die „den Charakter einer wesentlich intuitiven, nicht reflektierten Äußerung" auf der Grundlage verinnerlichter Normen hat. Die Prager Linguisten hatten bereits 1929 gefordert: „Der Forscher muß den Egozentrismus vermeiden, d. h. er darf die poetischen Erscheinungen der Vergangenheit oder anderer Völker nicht aus der Sicht seiner eigenen poetischen Gewohnheiten und künstlerischen Normen, die bei seiner Erziehung maßgebend gewesen sind, analysieren und bewerten" (Prager Linguistik 1,58).

Kenntnisse der älteren Literatur verfügen; die mythologischen Vergleiche wie die literarische Methode der Allegorese sind uns verschlossen, sofern wir uns nicht ausdrücklich mit ihnen beschäftigen. Die Religion ist aus dem Zentrum an den Rand des gesellschaftlichen Bewußtseins gerückt, und damit sind liturgische Dichtung und theologische Literatur von zentralen Gattungen zu Spezialformen für Spezialisten geworden; wegen des hohen Kunstwertes, den die Bibel und ihre Sprache für uns darstellen, sind uns Bibelepen entbehrlich, ja überflüssig. Die Widerspiegelung der Realität allein in Hinsicht auf ihren geistigen Gehalt, die weitgehende Ausklammerung des Alltäglichen enttäuschen uns; der unkritische Lobpreis des großen Einzelnen ist uns peinlich geworden (während wir an der negativen Herausstellung der Persönlichkeit, der Invektive, nach wie vor unsere Freude haben). So ließen sich noch weitere qualitative Unterschiede zwischen dem spätantiken (wie gesagt: bis ins 18. Jahrhundert gültigen) und dem heutigen Literaturverständnis finden.

Die Handbücher aber setzen stillschweigend voraus, ein Werk, das für den heutigen Leser keinen ästhetischen Wert darstellt, könne diesen auch für frühere Jahrhunderte nicht besessen haben, oder es könne nur auf Grund völliger Verwilderung des Geschmacks geschätzt worden sein.[172] Welche Impulse es der literarischen Entwicklung seiner Zeit und späterer Jahrhunderte vermittelt hat, spielt für die Wertung keine Rolle.

Die Hypostasierung (relativ) moderner, letztlich klassizistisch-romantischer[173] Geschmacksurteile zu ahistorischen Konstanten der Wertung negiert das Wesen des ästhetischen Verhältnisses. Dieses ist nicht objektbestimmt, sondern drückt die Beziehung des urteilenden Subjekts zum beurteilten Objekt aus.[174] Wegen der historischen Bedingtheit des Subjekts ist sein Wertmaßstab notwendig einem steten Wandel unterworfen,[175] und doch sind diese Wertungsmaßstäbe zu einem Gutteil keine subjektiven, sondern insofern objektiv, als sie jeweils überindividueller, gesellschaftlicher Natur sind.[176]

(2) Nur scheinbar von dem Fehler, heutiges Urteilen zum ewig gültigen Maßstab zu erheben, unterscheidet sich ein weiteres, häufig anzutreffendes Fehlurteil: die Einsetzung von Werken einer bestimmten Epoche (in unserem Fall: der späten Republik und der frühen Kaiserzeit) in den Rang von unverrückbaren Maßstäben. Auch diese Position leugnet die historische Bedingtheit der ästhetischen Norm.

(3) Schließlich wird häufig nach sprachlich-formalen statt nach gesellschaftlich-funktionalen Kriterien gewertet,[177] und dieses Wertungsprinzip verbindet sich mit

---

[172] Etwa W. S. Teuffel 1913, § 384, 1 über Commodian; E. R. Curtius 1967, 457 über das Bibelepos; F. Winkelmann, in: Lexikon der Antike, Leipzig 1977, s. v. Commodianus.

[173] Hierzu gehört etwa das Kriterium der Ganzheit, der Integration der Teile (W. Müller-Seidel, wie Anm. 169, 94 ff., 100), das die Masse spätantiker und besonders ma. Literatur zu künstlerischen Unwerten stempelt.

[174] Ästhetik heute 1978, 232, 317.

[175] Vgl. dazu H.-G. Gadamer (wie Anm. 169). A. Seghers, Über Kunstwerk und Wirklichkeit I (Deutsche Bibliothek 3), Berlin 1970, 177 f. (Brief an G. Lukács vom 28. 6. 1938): „Jede Generation ... liebt eine andere Antike. Die Goethe-Winckelmannsche Antike war von der antiken Periode, die etwa meine Generation liebt, so verschieden wie die Gotik oder wie die romanische Kunst von der gotischen ..."

[176] Ästhetik heute 1978, 301 f., vgl. auch 306, 309; zur Unterscheidung progressiver und reaktionärer Normen und Ideale 323.

[177] Ein Werk wird etwa danach beurteilt, ob die Hexameter „fehlerhaft" oder „fehlerlos" sind, ein Kriterium, das im Falle Commodians den Charakter des Werkes völlig ver-

der Fiktion nicht überbietbarer, ewig gültiger sprachlicher Normen. Sprache und Stil eines Autors werden als wertvoll bezeichnet, wenn sie „den besten Normen" entsprechen, in Grammatik, Lexik, Metrik so wenig wie möglich von als klassisch erachteten Werken abweichen.

Letzlich sind alle diese Fehler zurückzuführen auf die Ersetzung einer historischen durch eine statische Betrachtungsweise. Man vermengt zwei Wertungsstandpunkte, die miteinander zwar dialektisch verbunden sind, aber methodisch doch getrennt werden müssen: das literarhistorische Urteil, das den Wert eines Werkes für seine Zeit und für den Literaturfortschritt bestimmt, und das aktuell-ästhetische, das den Wert des Werkes für uns zu beschreiben sucht.

1.3.1. Das Problem des Literaturfortschritts

Ein zentraler Gedanke des dialektischen und historischen Materialismus ist der der Veränderung der Welt, ihrer Entwicklung, und zwar der Entwicklung vom Niederen zum Höheren, mithin der Begriff des Fortschritts.[178]

Das Problem des Fortschritts in der Kunst ist allerdings kompliziert: Die Frage nach seinen objektiven Kriterien ist schwerer zu beantworten als in der Ökonomie, wo die Entwicklung, die Stagnation, der Verfall der materiellen Produktivkräfte am Stand der Arbeitsproduktivität, an der Qualität der Produkte und der des Mehrprodukts ablesbar sind. Die Frage der Quantität der künstlerischen Produktion ist dagegen für die Kunstentwicklung nur in bestimmtem Maße relevant. Erschwerend kommt hinzu, daß wie in der Entwicklung der Natur, so auch in der der Kunst in der Regel ein jüngeres Produkt das ältere nicht ersetzt wie ein Produktionsinstrument das ältere, daß ein Wortkunstwerk keineswegs deshalb, weil es in einer fortgeschritteneren Geschichtsepoche entstanden ist, dem einer früheren, niederen sozialökonomischen Formation überlegen sein muß. Die Besonderheit der Literaturentwicklung besteht gerade darin, daß „ein durch eine spezifische soziale Lage erzeugter Gesichtspunkt ... seine Bedeutung" nicht verliert, „nachdem das Milieu, das ihn erzeugte, aufgehört hat zu bestehen".[179]

Als Kriterien des Wertes eines Kunstwerks für die Literaturentwicklung können gelten:

---

fehlt; vgl. dagegen das überlegte Urteil in Kulturgeschichte Rom 1978, 462, wo es u. a. heißt: „Er suchte nach neuen Formen..." — Gegen die Überschätzung literaturimmanent — technisch — sprachlich-formaler Kriterien M. Naumann bzw. K. Barck in Gesellschaft — Literatur — Lesen 1976, 7, 81, 188. Die Prager Linguisten hatten schon 1929 erkannt, daß die Maßstäbe für die Literatursprache nicht aus früheren Sprachperioden, sondern aus der zeitgenössischen Literatursprache abgeleitet werden müssen, vgl. Prager Linguistik 1, 14.

[178] Zum Problem allgemein G. Klaus, H. Schulze, Sinn, Gesetz, Fortschritt in der Geschichte, Berlin 1963, 135—182; I. S. Kon (wie Anm. 96) 263—286. Zur Frage des Fortschritts in der Sprachentwicklung Allgemeine Sprachwissenschaft (wie Anm. 72) I 249—254; zu der des Literaturfortschritts G. Fridlender (wie Anm. 99) 134—153; M. Kagan 1975, 555—565; M. B. Chraptschenko (wie Anm. 102) 286—346; G. Knepler (wie Anm. 96) 521ff.

[179] I. S. Kon (wie Anm. 96) II, 276. — Zum Problem K. Marx, Einleitung (zur Kritik der

1.3.1.1. Gerichtetheit der Entwicklung

Wir können zahlreiche Beispiele dafür anführen, daß in der Anfangs- oder Übergangsepoche einer Literatur Standpunkte erarbeitet worden sind, die in späteren, reiferen Werken ihre „klassische" Gestaltung gefunden haben, in ihnen „aufgehoben" sind. Gerade aus dieser Sicht gewinnen die Anfänge der Entwicklung der mittelalterlichen Literatur in der Spätantike für uns besonderen Wert.[180] Wir werden also, selbst wenn uns Claudians Raub der Proserpina unmittelbar anmutet, sehen müssen, daß es sich hier um ein Endprodukt handelt, wie ein Blick auf die letzte mythologisch-epische Dichtung der Antike, die Orestis tragoedia des Dracontius, am deutlichsten lehrt, in der der Mythos zur interesselos erzählten Geschichte abgesunken ist. Auch wenn uns Heutigen die Bibelepik keinen ästhetischen Genuß bringt, können wir nicht übersehen, daß sie (nicht anders als das allegorische Epos des Prudentius) eine lange poetische Tradition begründete und den Zentralpunkt der Ideologie, die Religion, in die Dichtung hineinnahm. Die Dialoge Gregors d. Gr. werden uns sichtbar nicht als Ausdruck des Niedergangs der klassischen Formen lateinischer Literatur, sondern als Ringen um eine neue Form, die nicht einem kleinen Kreis von Geschmäcklern gefallen, sondern ein breites Publikum erreichen soll. Kurz: Wir werden den Wert eines Kunstwerkes nicht erkennen können, wenn wir nicht nach der Richtung der literarischen Entwicklung fragen und nach dem Beitrag des Einzelwerkes zur Durchsetzung dieser Richtung.

1.3.1.2. Umfang des literarischen Publikums

Ein wichtiges zugleich quantitatives wie qualitatives Kriterium des Kunstfortschritts ist die Zahl derer, die an der Kunstentwicklung teilhaben: die Zahl der am kulturellen Fortschritt beteiligten Nationen, die Ausdehnung des Kulturgebiets, seine innere Erschließung mit zu- oder abnehmender Dichte der Kultur- und Bildungszentren, die

politischen Ökonomie), MEW 13, 640–642; hierzu G. Lukács (wie Anm. 99) 202ff.; G. Fridlender (wie Anm. 99) 171–173.

[180] In einem ihrer berühmten Briefe an Georg Lukács schrieb Anna Seghers: „Als die Antike zusammenbrach, in den Jahrhunderten, in denen sich die christliche Kultur des Abendlandes eben erst entwickelte, gab es unsagbar viele Versuche, der Realität habhaft zu werden. ... Vom Standpunkt der antiken Kunst aus, von der Blüte der mittelalterlichen Kunst aus war das, was nachkam, der reinste Zerfall. Im besten Fall absurd, experimentell. Es war doch aber der Anfang zu etwas Neuem." (A. Seghers, wie Anm. 175, 177). Und ähnlich äußerte sich Hanns Eisler über die Spätantike: „Ich frage mich: Wie hat sich die neue Kunst durchgesetzt vor 1500 Jahren? Das war genauso kompliziert und interessant, wie es heute ist ... Denn es ist ungeheuer wichtig zu sehen, daß eine neue Kultur, eine neue Funktion der Kultur, oft barbarisch auftritt, so daß die alten Herren, die die Künste der Venus beschreiben wollen, blaß und verstört werden. Aber vergessen wir nicht, daß der Dichter Sidonius Apollinaris 475 nach unserer Zeitrechnung getroffen hat die zukünftigen Shakespeares, Schillers, Goethes, Brechts. Er hat sie noch nicht erkannt. Sie stanken zu sehr nach schlechter Butter. ... Wir dürfen nicht zurückschauen, sondern müssen nach vorn schauen. ... Es ist die großartige Haltung, die wir als Marxisten haben, daß wir auf das Neue sehen, wie immer es ankommt" (Gespräche mit H. Bunge [Ges. Werke III 7], Leipzig 1975, 179–181). Zur Bedeutung des Weiterwirkens in die Zukunft für die Beurteilung einer Erscheinung G. Knepler (wie Anm. 96) 356; R. Schober (wie Anm. 149) 48.

Partizipation der Klassen und Schichten am Kulturleben.[181] Es versteht sich, daß von diesen Faktoren nicht allein die Zahl der Rezipienten und die der Produzenten von Kunst abhängt, sondern daß die Intendierung von elitärer oder Breitenwirkung bzw. die Präsenz beider Richtungen im Kunstleben auch die Inhalte, Formen, Sprache, kurz: alle Bereiche des künstlerischen Schaffens beeinflußt, seine Vielfalt bestimmt, daß die Kreativität, Erlebnis- und Genußfähigkeit der Gesamtgesellschaft davon abhängt.

Wir haben bereits gezeigt, daß in dieser Hinsicht die Spätantike voller Widersprüche ist. Das römische Reich hat der antiken Kultur neue Regionen erschlossen, doch verfallen ihre Lebenszentren, die Städte; neben einem elitären Manierismus, der die Bedürfnisse einer immer kleineren Zahl von traditionell Gebildeten befriedigt und auf den Ausschluß der vielen gerichtet ist, entsteht eine Literatur, die auch die Ungebildeten erreichen will, doch wird die Zahl derer, die literarisch tätig sind, immer kleiner; neben dem Niedergang des antiken Schulwesens und seiner Abkapselung von den Bedürfnissen der Lebenspraxis entwickelt sich das Christentum, dem ein Mindestmaß an Bildung als Voraussetzung für die ideologische Beeinflussung seiner Anhänger unverzichtbar ist; neben den Ideologen der alten Ordnung stehen jene, die sich dem Neuen nicht entgegenstellen, jenem Neuen, das zunächst Rückgang bedeutet, aber zu einem kulturellen Aufschwung führen wird, der in der Antike ohne Parallele ist. Diese Widersprüche illustrieren die bekannte Tatsache, daß jeder Fortschritt Rückschritte einschließt.[182]

1.3.1.3. Umfang des literarischen Corpus

Ein weiteres quantitativ-qualitatives Kriterium des literarischen Fortschritts ist der Umfang des präsenten literarischen Erbes, des literarischen Corpus. Hier wird die Dialektik der spätantiken Entwicklung am deutlichsten. Das Neue muß sich notwendig vom Alten absetzen, mit ihm brechen, um zu sich selbst zu finden. Die christlichen Rigoristen strebten in der Theorie den völligen Verzicht auf einen Traditionsbezug zur Antike an. Sie haben sich damit nicht durchsetzen können, doch haben sie die Bibel und damit die orientalische Literaturtradition ins literarische Corpus eingebracht. Die christlichen Klassizisten haben, indem sie Klassiker- neben Bibelzitate stellten, beide Literaturtraditionen gleichrangig werden lassen. Das Alte blieb nicht als solches erhalten: Jedes neue Werk wirkt auf die Wertung der vor ihm entstandenen zurück, verändert die Lektüreweisen der überlieferten Literatur. So beginnt im 4. Jahrhundert unter dem Einfluß der Bibel die christliche Lektüre Vergils, die den Dichter der 4. Ekloge zum Vorläufer des Christentums werden ließ.

1.3.2. Weitere Kriterien der Wertung des Einzelwerkes

1.3.2.1. Gesellschaftliche Relevanz

Bei der Bewertung eines Kunstwerkes wird man erstlich nach der Bedeutsamkeit seines Gegenstandes für die Gesellschaft fragen. Sie hängt entscheidend davon ab, in welchem Maße es neue Lebenstatsachen erfaßt, Einsicht in neue Bereiche, neue

---

[181] Die Ausdehnung des Kulturgebietes, die soziale Reichweite betrachtet auch G. Knepler (wie Anm. 96) 520—524 als Fortschrittskriterium.
[182] G. Klaus, H. Schulze (wie Anm. 178) 170—174; I. S. Kon (wie Anm. 96) II, 270f.

Seiten der Natur, der Gesellschaft, des geistigen und psychischen Lebens vermittelt. Es wäre also falsch, den Wert eines Kunstwerkes allein aus seinem ideologischen Gehalt ablesen zu wollen, seine gesellschaftliche Bedeutsamkeit mit seiner ideologischen gleichzusetzen. Wie die Beschränkung der Literatur auf ihre Spielfunktion und auf das Private (vereinfachend könnte man als Beispiele Ausonius und Symmachus anführen) zum Verlust an Verbindlichkeit führt, bedeutet andererseits der Verzicht auf diese Bereiche, dem wir in der dezidiert christlichen spätantiken Dichtung begegnen, ebenfalls Verarmung. Wieder zeigt sich, daß erst vor dem Hintergrund des literarischen Corpus und der literarischen Produktion einer Zeit, ihrem Literaturensemble, deutlich wird, wie weit das einzelne Werk mithilft, der Forderung nach der Polyfunktionalität der Dichtung gerecht zu werden. Was die christliche Literatur betrifft, so hat sie das Sprach- und Formensystem bereichert und zur Verwesentlichung des Inhalts geführt; doch ist nicht zu übersehen, daß sie sich nicht die Natur und selten die Gesellschaft zum Gegenstand wählt, sondern weitgehend auf die Ideologie eingeschränkt ist. Ihr Ausgangspunkt ist weniger die sinnliche Welt denn abstrakte Geistigkeit. Und bei deren Verlebendigung stößt diese Dichtung notwendig an Grenzen, da den theoretischen und religiös-begrifflichen Verallgemeinerungen nur schwer zu bildhafter Allgemeinheit verholfen werden kann.

Hier ist der Ort, auf ein Problem einzugehen, das wesentlich zur Irritation der modernen Beurteiler der spätantiken Literatur beigetragen hat: Befremdend wirkt, was I. G. Neupokoeva als den synkretistischen, nicht eigentlich künstlerischen Charakter vieler Werke bezeichnet,[183] was R. Herzog die Heteronomie der christlichen Literatur (im Unterschied zur Autonomie der antiken) nennt.[184] Es ist der hohe Rang dessen, was man als die außerästhetische Funktion[185] der Literatur zu bezeichnen sich angewöhnt hat (gegenüber dem, was als ihre ästhetische bezeichnet zu werden pflegt), wiewohl sich jeder ernst zu nehmende Literaturwissenschaftler darüber klar ist, daß das Wesen der Kunst eben in ihrer Polyfunktionalität besteht, daß sie also unter dem Aspekt ihrer kommunikativen, kognitiven, ideologischen, affirmativen, politischen, pragmatischen, didaktischen, kompensatorischen, emotiven, hedonistischen, ablenkenden, kathartischen, humanisierenden, projektiven, metaphorischen usw. Funktion betrachtet werden kann, diese Funktionen aber nicht gesondert, sondern komplex und durch die ästhetische Funktion wirken,[186] „zu einem Amalgam verschmolzen"[187] sind.

Hier haben die Autoren von „Ästhetik heute" einen entscheidenden Erkenntnis-

---

[183] I. G. Neupokoeva (wie Anm 96) 344.

[184] Der Begriff der Heteronomie bei R. Herzog 1975, Einleitung passim; P. G. van der Nat 1976, 194.

[185] Die Unterscheidung ästhetisch-außerästhetisch J. Mukařovský 1974, 18 u. 102, bes. 219; R. Schober (wie Anm. 149) 53, Anm. 52; Die nicht mehr schönen Künste. Grenzphänomene des Ästhetischen (Poetik und Hermeneutik III), München 1968, passim. — Bedenklich scheint das Begriffspaar bereits M. Wehrli 1965, 35 f.

[186] J. Mukařovský 1974, 14; Dialog und Kontroverse mit Georg Lukács 1975, 101—103, 194—197; zum Problem u. a. Funktion der Literatur, Berlin 1975, 12, 44, 50, 58, 111; Gesellschaft — Literatur — Lesen 1976, 29, 460—493; L. Wygotski (wie Anm. 132) passim; F. Vernier, Affirmative Funktionsweise und Funktionsveränderung in der Literatur, in: Ideologie — Literatur — Kritik, Berlin 1977.

[187] R. Schober (wie Anm. 149) 46.

fortschritt gebracht, indem sie als den Grundwiderspruch des Ästhetischen den dialektischen Widerspruch zwischen Gebrauchswert und Gestaltwert des Kunstwerkes bezeichneten.[188] Dieses Widerspruchspaar hilft uns nun wirklich, das Wesen der spätantiken Literatur **ästhetisch** zu begreifen: Ihre Besonderheit besteht gerade darin, daß in der dezidiert christlichen, aber auch in der panegyrischen Literatur die Nadel auf der Skala zwischen Gebrauchswert und Gestaltwert stark in die Richtung des ersteren ausschlägt, der Gebrauchswert (und zwar der ideologische) ausgestellt wird, der Gestaltwert eine nahezu akzessorische Rolle spielt (man könnte den Cento des Ausonius und die Gedichte des Porfyrius dagegenstellen mit ihrer deutlichen Ausstellung des Gestaltwertes). Auf diese Weise tritt in den genannten Dichtungsbereichen der Gestaltwert zurück; doch müssen wir erkennen, daß das Ästhetische auf diese Weise wieder möglich, nämlich gesellschaftlich relevant wird, sein Gebrauchswert erhalten bleibt.

1.3.2.2. Funktionale Angemessenheit

In diesem Zusammenhang ist eine weitere anstoßerregende Eigenart christlicher Literatur zu besprechen. Allgemein anerkannt als Wertungskriterium der Kunst ist die Multivalenz, Polyinterpretabilität, Polysemantizität oder komplexe Bedeutung des Kunstwerks.[189]

Nun strebt die christliche Dichtung der Spätantike das genaue Gegenteil an: die weitestgehende Festlegung der Textbedeutung. Sie zielt darauf, die ideologische Variabilität des Textes einzuschränken und damit seine möglichst uniforme Reproduktion durch den Leser oder Hörer zu sichern. Dies kann angesichts der zentralen Stellung des orthodoxen Christentums in der spätantiken und feudalen Ideologie nicht anders sein. In der Auseinandersetzung zwischen Orthodoxie und Häresien (weniger zwischen Orthodoxie und Heidentum) entstanden, mußte die christliche Literatur Rechtgläubigkeit (was aber nur Eindeutigkeit heißen kann) als Lebensnerv erkennen: In ihr wurde die ästhetische Wahrheit eines Textes seiner religiös-theolo-

---

[188] Ästhetik heute 1978, dort 197: „Der spezifische Widerspruch des ästhetischen Verhältnisses ist der dialektische Widerspruch zwischen Gebrauchswert und Gestaltwert." S. a. 232; 282: „Aber der Gestaltwert ist ohne Bezug auf den Gebrauchswert nicht zu begreifen ..." 278: „... innerhalb der ideellen, ideologischen gesellschaftlichen Verhältnisse kann der Kunstgegenstand ... im kommunikativen Sinn der kultisch-religiösen Funktion, aber auch der Zwecksetzungen politischer Herrschaft instrumental untergeordnet sein. Ästhetische Wertung wird dann vorwiegend vom moralischen, psychologischen, politisch orientierten Gebrauch vorgenommen und kann jenem gegenüber sehr in den Hintergrund treten." 279: Aber: „auch hier ... wirkt ... tendenziell die Zweckverschiebung in Richtung auf den Selbstzweck ..., werden also auch Wertkriterien möglich, die über die dominierend politische, moralische, religiöse, didaktische Bewertung von Kunst und künstlerischer Gestalt hinausweisen."

[189] Vgl. z. B. H. Koch (wie Anm. 99) 175: „... wird das Kunstwerk für den Betrachter ... unausschöpfbar." — M. Wehrli (wie Anm. 169) 17 verweist auf Welleks Kriterium der Multivalenz, d. h. der immer neuen Interpretierbarkeit; W. Müller-Seidel (wie Anm. 169) 23: „Schlechte Gedichte erlauben nur eine ‚reduzierte' Interpretation". — H. G. Gadamer (wie Anm. 169) 471: „Unabsehbar viel offen zu lassen scheint mir das Wesen einer fruchtbaren Fabel ..." Für ihn ist es „die produktive Vieldeutigkeit, die das Wesen eines Kunstwerks ausmacht ..." Ähnlich Ästhetik heute 1978, 301; J. Mukařovský 1974, 38.

gisch-dogmatischen gleichgesetzt. Daß dieses Charakteristikum die poetische Reproduzierbarkeit dieser Texte durch den heutigen Leser behindert oder gar unmöglich macht, ist ein anderes Problem.

Anders gesagt: In der Literatur sind mit der Weiterentwicklung der Gesellschaft neue Kommunikationsaufgaben für neue Kommunikationssituationen zu bewältigen, werden neue Kommunikationsverfahren und damit neue Textstrukturen erforderlich, um die neuen Inhalte adäquat und funktionsgerecht darzustellen. Ein Kunstwerk läßt sich deshalb nicht werten ohne Rücksicht auf seine Funktion.[190]

1.3.2.3. Innovationsgrad

Dabei wird sich herausstellen, daß Neuerertum auf inhaltlichem Gebiet nicht notwendig mit Neuerertum auf dem Gebiet der Kunstmittel und der Funktion einhergeht.[191] Gerade die Bibelepen sind ein Beispiel dafür, wie den antiken inkommensurable Stoffe und Themen mit überkommenem künstlerischem Material gestaltet werden sollen. Daß neue Kunstmittel nicht notwendig für neue Funktionen eingesetzt zu werden brauchen, demonstrieren die prudentianischen Hymnen. Am ehesten müssen offenbar Konsequenzen auf der Ebene des Materials wie des Konstruktionsprinzips gezogen werden, wenn die neue Funktion der Ausgangspunkt ist – die ambrosianischen Hymnen sind das beste Beispiel dafür.

Der Rang eines Kunstwerkes, oder genauer: sein Rang im historisch konkreten Literaturensemble wird sich daher nicht allein messen lassen an der Elle eines abstrakten Innovationsgrades, sondern unter Berücksichtigung seiner kommunikativen Funktion im Gesamtzusammenhang der Literatur. Man wird bei der Bestimmung des Ranges eines literarischen Werkes diesen Innovationsgrad berücksichtigen,[192] ihn aber nicht dem Kunstwert des Werkes gleichsetzen.

Wir fassen zusammen: Die Frage nach dem Wert eines Werkes kann nicht aus ihm selbst beantwortet werden; er enthüllt sich erst im Kontext der literarischen Produktion überhaupt.[193] Die Frage nach dem Beitrag eines Werkes zum Kunstfortschritt kann also nicht unabhängig davon beantwortet werden, was zur gegebenen Zeit überhaupt als Fortschritt zu betrachten ist.

Das Ziel literarhistorischer Forschung muß sein, statisches Urteilen durch die Historisierung der Normen zu überwinden;[194] denn „wenn die Welt in Veränderung begriffen ist, kann die Kunst nicht bleiben, was sie war".[195]

---

[190] Zum Kriterium der kommunikationsstrategischen Angemessenheit P. L. Schmidt, in: Christianisme et formes littéraires 1976, 171.

[191] G. Lukács und die Vertreter der Materialästhetik gerieten gerade deshalb aneinander, weil L. die Notwendigkeit neuen Materials angesichts der neuen Realität und der neuen Kunstfunktion bestritt, vgl. W. Mittenzwei, in: Dialog und Kontroverse mit Georg Lukács 1975, 54–56.

[192] Zum Kriterium der Neuheit und Originalität M. Wehrli (wie Anm. 169) 30; W. Müller-Seidel (wie Anm. 169) 130.

[193] Zum Problem M. Wehrli 12f., 21, 29f.; die Bedeutung des historischen und des literarhistorischen Gesamtzusammenhanges für die Beurteilung eines Einzelwerkes betonen M. Wehrli 19; W. Müller-Seidel 86.

[194] Zur Interdependenz der Fortschrittskriterien paralleler Systeme I. S. Kon (wie Anm. 96) II, 275; dazu auch G. Fridlender (wie Anm. 99) 134; s. auch G. Knepler (wie Anm. 96) 367; G. Klaus, H. Schulze (wie Anm. 178) 141, 144, 147.

[195] W. Müller-Seidel (wie Anm. 169) 117.

2. Neubeginn: Das Epos im Dienste christlicher Verkündigung

2.1. Das 2. und 3. Jahrhundert

Am Ende des 2. Jahrhunderts gerät die soziale und politische Ordnung Roms in die Krise. Ein völliger Niedergang der antiken Literatur ist damit nicht unmittelbar verbunden. Der griechische Osten bringt in Cassius Dio, Herodian, Dexippos und Plotin hervorragende Historiker und Philosophen hervor. Die lateinische juristische Literatur wird noch im ersten Drittel des 3. Jahrhunderts in Papinian, Ulpian und Paulus von respektablen Autoren repräsentiert.[1] In der christlichen Prosa gar können wir von den anonymen Übersetzern aus dem Griechischen über Tertullian, Minucius Felix, Cyprian, Novatian zu Laktanz einen unaufhaltsamen, zwar mehrfach unterbrochenen, aber doch kontinuierlichen Aufschwung beobachten. Unübersehbar ist gleichwohl eine Ausrichtung der lateinischen Literatur auf unmittelbare Wirksamkeit, sei es in der Rechtspflege, sei es in der Seelsorge oder auf anderen Gebieten. Ihr Instrumentalwert tritt (was seit dem Hellenismus keineswegs selbstverständlich ist) in den Vordergrund, ihr Gestaltwert unterstützt ihn, wird aber kaum noch um seiner selbst willen geschätzt. Selbst die Dichtung beschränkt sich – sieht man von dem spielerischen Vergil-Cento des Hosidius Geta ab – aufs praktisch Nützliche: In dem Lehrgedicht des Terentianus zur Grammatik ist der Vers auf die mnemotechnische Funktion reduziert.

In unmittelbarem Zusammenhang damit ist das Ende der lateinischen Epik zu sehen. Mit Vergils Aeneis hatte einst die Blütezeit der Gattung begonnen; von **Ovid**, **Lukan**, **Valerius Flaccus** und **Silius Italicus** waren mehr oder weniger bedeutende mythologische und historische Großdichtungen geschaffen worden. In den Epen des Statius jedoch hatte diese Tradition ein jähes Ende gefunden.

Dieses war freilich absehbar gewesen: Die Gattung war innerlich unwahr geworden, die Stoffe verbraucht (Stat. silv. 2, 7), ja „unmöglich": *omnis et antiqui vulgata est fabula saecli* (Nemes. cyneg. 47, s. a. 15–45). Immerhin ist es erstaunlich, daß wir sogar von verlorenen Epen aus der Zeit nach Statius kaum hören. Aus dem 1. und dem frühen 2. Jahrhundert besitzen wir wenigstens die eine oder andere Nachricht von Epen, Epenplänen und epenähnlichen Dichtungen: von einem Epos Domitians auf die Eroberung Jerusalems und von seiner Absicht, einen „kapitolinischen Krieg" zu dichten (ein panegyrisches Epos auf den Sieg Vespasians über die Vitellier von 69); weiter hören wir von einem „Germanenkrieg" des Statius, einer Gigantomachie des Julius Cerialis, vom Plan eines Clemens, eine Alexandreis zu dichten, von den Excellentes des Alfius Avitus.[2] Ins 3. Jahrhundert gehören allein die Res Romanae des

---

[1] M. Fuhrmann 1967, 69f.; W. Schetter 1975, 3; W. Kirsch 1988.
[2] Domitians Kapitolinischer Krieg Mart. 5,5,7 sowie Valer. Flacc. 1,15 (in der Interpretation von E. Lefèvre, Das Prooemium der Argonautica des Valerius Flaccus [Akad.

Albinus.³ Die Mitteilung der Historia Augusta nämlich über die Antoninias des älteren Gordian (HA Gord. 3,3) ist offenkundig eine Erfindung des änigmatischen Historikers: Daß ein *puerulus* ein Epos von 30 Büchern geschrieben hat, umfangreicher als alle lateinischen Epen vor ihm, umfangreicher als Ilias und Odyssee, ist einzig erdacht, um das positive Gordian-Bild um einen weiteren Glanzpunkt zu bereichern.⁴ Von weiteren lateinischen Epikern haben wir keine Kenntnis. Erst Juvencus wird um 330 die Gattung neu beleben. Damit hebt sich die Spätantike in der Geschichte des lateinischen Epos deutlich als eigenständige Periode ab.

2.2. *Voraussetzungen des spätantiken christlichen Epos*

Nemesian, der erste mit Sicherheit datierbare spätantike Dichter (seine Cynegetica 283/284), knüpft mit seinen Eklogen so bruchlos an die vergilianisch-calpurnianische Tradition der Bukolik an,⁵ daß seine Hirtengedichte in den Handschriften gemeinsam mit denen des Calpurnius Siculus (und in der Regel unter dem Namen des älteren Dichters) überliefert werden konnten. Juvencus dagegen, der erste spätlateinische Epiker, nimmt zwar die homerisch-vergilianische epische Tradition auf, bricht aber in Stoff, Thema und Aussageabsicht ausdrücklich mit der antiken Gattung: Er verzichtet auf die seit dem 5. Jahrhundert v. u. Z. möglichen Stoffbereiche der Großepik – den mythologischen wie den profan-historischen – und bringt einen neuen in die Dichtung ein: den evangelischen Bericht über das Leben Jesu.

Die griechischen Juden Philon und Theodotos und der Christ Gregorios Thaumaturgos hatten schon vor Juvencus Bibeldichtungen geschaffen, doch begründeten sie keine Tradition,⁶ d. h., Juvencus ist nicht von ihnen angeregt worden. Bemerkenswert an seinem Vorhaben ist keineswegs, daß er christliche Dichtung schafft – seit je hatte der Gesang von Psalmen, Lobgesängen und geistlichen Liedern zum christlichen Gottesdienst gehört, und schon im 3. Jahrhundert verfügte die neue Religion über eine Vielzahl poetischer Formen.⁷ Bemerkenswert und nicht leicht zu erklären ist das Entstehen einer nichtliturgischen, antikisierenden christlichen Dichtung. Deshalb

---

    d. Wiss. u. d. Lit., Abh. der geistes- u. sozialwiss. Kl. 1971, 6], Mainz 1971, 24–28); sein jüdischer Krieg Valer. Flacc. 1,12–14, s. auch Quint. 10,1,91. – Vom Epos des Stat. auf die Kriege Domitians sind 4 Hexameter im Juvenal-Kommentar des G. Valla (Venedig 1486) zu Juv. 4,94 erhalten. – Jul. Cerealis, Gigantomachie (und Bucolica) Mart. 11,52,17. Über die Alexandreis des Clemens Apul. flor. 7. – Fragmente des Alfius Avitus Prisc. GL ed. Keil 2,134. 427. 591; dazu H. Bardon 1956, 240: „Le titre de l'ouvrage nous oriente vers un recueil d'anecdotes, tirées de l'histoire romaine et relatives à des personnages célèbres. La possibilité d'un seul poème en plusieurs livres n'est pas exclue ... Ne vaut-il pas mieux admettre l'existence de plusieurs récits versifiés, écrits dans de mètres différents, et groupés sous le titre général de Excellentes? ..."; s. a. P. Steinmetz 1982, 329–333.
3 Daraus 3 Hexameter bei Prisc. GL ed. Keil 2, 304; H. Bardon 1956, 23 sieht darin wohl ein Lehrgedicht.
4 Dazu W. Kirsch 1980, 274f.
5 W. Schetter 1975.
6 K. Thraede 1962, 999; R. Herzog 1975, XV Anm. 3.
7 Eph. 5, 19; Col. 3, 16; Plin. ep. 10, 96, 7 – vgl. J. Fontaine 1981, 25–32.

bedürfen das Unternehmen des Juvencus und seine Voraussetzungen der Erklärung. Sie ist im wesentlichen in folgenden Bereichen zu suchen:

1. im Sozialen, der Veränderung der sozialen Struktur der christlichen Kirche, dem Eindringen des Christentums in die gebildeten Oberschichten;[8]

2. im Ideologischen, in der Anerkennung und Privilegierung des Christentums durch den Staat, womit einerseits in verstärktem Maße Propaganda gegen und Abgrenzung von Polytheismus und Häresien notwendig, andererseits die Entstehung einer Dichtung möglich wird, die nicht auf einen unmittelbaren Zweck abzielt;

3. in der römischen Bildungs-, genauer: Schultradition;[9]

4. im Innerliterarischen:

a) in der Entwicklung der lateinischen Literatur christlichen Interesses in den Bahnen der lateinischen Kunstprosa;[10]

b) in dem seit Nemesian zu beobachtenden Neuansatz der poetischen Produktion klassizistischen Gepräges überhaupt;[11]

5. im Ästhetisch-Poetologischen, in dem sich wandelnden Verhältnis der lateinischen Kirche zur profanen[12] und zur biblischen Literaturtradition,[13] der Entwicklung von Vorstellungen von einer christlichen Dichtung.[14]

Nur wenn man diese Faktoren in ihrer Gesamtheit berücksichtigt und den Universalitätsanspruch der christlichen Religion in Anschlag bringt, „kraft dessen sie das ganze Leben in allen seinen Funktionen mit Beschlag belegte",[15] wird man das auffällige Phänomen erklären können, daß das lateinische Christentum, nachdem es sich Generationen lang allein der Prosa bedient hatte, eine nicht liturgisch gebundene Poesie zu entwickeln beginnt.

[8] Dieser Zusammenhang ist schon stets gesehen worden, vgl. z. B. V. Zannoni 1958, 99; P. G. van der Nat 1963, 10,17; Ch. Witke 1971, 147,228; D. Kartschoke 1975, 15 bis 19; vgl. auch Kartschokes Rez. zu R. Herzog 1975 in Mlat. Jb. 14, 306f., wo er gegen die Ausklammerung außerliterarischer Einflüsse durch R. Herzog Stellung nimmt.

[9] P. G. van der Nat 1963, 11f.; D. Kartschoke 1975, 21–23; K. Thraede 1961, 111; P. G. van der Nat 1963, 16, 22ff.; A. Hudson-Williams 1966, 12; M. Fuhrmann 1967, 73; W. Schetter 1975, 12; D. Kartschoke 1975, 19–21; R. Herzog 1975, 160.

[10] Besonders betont und detailliert herausgearbeitet von R. Herzog 1975, 185–211, der anknüpft an K. Thraede 1962a und K. Thraede 1965 (s. bes. 51f.), s. a. K. Thraede 1961, 113: „... der Interpretatio pagana der biblischen Texte in Form und Sprache der christlichen Poesie liegt vielfach eine Umdeutung der biblischen Tradition in der Prosa schon vorauf ..."; K. Thraede 1962, 1010f.; P. G. van der Nat 1963, 9, 16, 20.

[11] K. Thraede 1965, 27; Ch. Witke 1971, 149, 181 („part of a renewal of Latin and Greek capacity for poetry"); R. Herzog 1975, 160; W. Schetter 1975, 11f., 15. — Klassizistisch bedeutet hier stets Anknüpfen an die augusteische Dichtung und die des 1. Jahrh., so auch W. Schetter 1975, 11.

[12] K. Thraede 1962, 1000, 1006–1014; P. G. van der Nat 1963, 8–20; D. Kartschoke 1975, 21–28; J. Fontaine 1981, 30f.; H. Hagendahl 1983.

[13] K. Thraede 1962, 1004.

[14] R. Herzog 1975, 166; D. Kartschoke 1975, 28f.; P. G. van der Nat 1976; J. Fontaine 1981, 34f.

[15] A. v. Harnack 1924, 527f.; s. a.. K. Thraede 1965, 21–27.

2.2.1. Christentum und profane Kultur

In keiner Schrift der urchristlichen Literatur wird der Bruch mit der Kultur der Antike so kompromißlos formuliert wie im ersten Brief des Paulus an die Korinther (a. 52/55)[16]: „... nicht viele Weise nach dem Fleisch, nicht viele Gewaltige, nicht viele Edle sind berufen. Sondern was töricht ist in der Welt, das hat Gott erwählt, damit er die Weisen zuschanden mache ..., und das Unedle vor der Welt und das Verachtete hat er erwählt ..." (I. Kor. 1,26–28). Der Angriff auf die sozialen Oberschichten verbindet sich mit dem auf ihre kulturellen Werte. Die Frontstellung Jesu gegen die jüdischen Schriftgelehrten wird im Rahmen der paulinischen Heidenmission ausgedehnt auf die griechischen Philosophen und Rhetoriker. In scharfem Gegensatz zur griechischen Wertschätzung der künstlerischen und sorgfältig gefeilten Darbietung philosophischer Erkenntnis schreibt der Apostel: „... mein Wort und meine Predigt geschah nicht mit überredenden Worten menschlicher Weisheit ..." (I. Kor. 2,4), ja der Inhalt der Predigt wird in direkten Gegensatz zu ihrer Form gesetzt: „Und ob ich schon ungeschickt bin in der Rede, so bin ich's doch nicht in der Erkenntnis ..." (II. Kor. 11,6–a. 56/57), wobei Erkenntnis wiederum nicht die diskursiv gewonnene Einsicht, sondern die geoffenbarte Glaubenswahrheit meint. Abstoßend hat nach Lukas (nicht vor 80) die Rede des Paulus auf die Repräsentanten der antiken Bildung gewirkt: „Etliche Philosophen aber, Epikuräer und Stoiker, stritten mit ihm. Und etliche sprachen: ‚Was will dieser Schwätzer sagen?'" (Apg. 17,18).

Für unseren Zweck belangvoll ist dies: Als das Christentum die Ziele einer Reform des Judentums hinter sich gelassen und den paulinischen Gedanken der Heidenmission sich zueigen gemacht hatte, als es auch in den antiken Poleis Gemeinschaften formte, in denen die niederen, nicht- oder unterprivilegierten Schichten die Mehrheit bildeten und das Sagen hatten, stellte es, wiewohl es keine sozialrevolutionären Ziele verfolgte, zunächst die herrschende Kultur als die Kultur der Herrschenden in Frage. Dieser Frontstellung sind sich die christlichen Rigoristen stets bewußt geblieben (Tert. de spect. 17).

Im Sprachgebrauch hat sich denn auch die Junktur „Antike und Christentum"[17] als Verbindung von Gegensätzen eingebürgert. Die neue Religion wurde lange nicht als Kind der Antike, sondern als ganz und gar anti-antik betrachtet.[18]

In den letzten Jahrzehnten hat sich die Sicht verändert, und das Hellenistische im Christentum (und damit auch in der urchristlichen Literatur) ist als synkretistisches, auch das griechische Kulturerbe umfassendes Element aufgewertet worden; bei Carl Schneider entsteht sogar der Eindruck einer recht bruchlosen Kontinuität.[19]

---

[16] In den Angaben über die neutestamentliche Literatur folge ich, wo nicht anders angegeben, W. Marxsen 1978.

[17] Eine räsonnierende und thematisch geordnete Bibliographie zur Frage bietet E. A. Judge 1979.

[18] Vgl. etwa E. Norden 1918, 2, 452: hellenistische und christliche Literatur seien einander „im Prinzip entgegengesetzt". Die Opposita sind für Norden antike Freiheit – christliche Autoritätsgebundenheit; antike Heiterkeit – christliche Weltflucht; antike Exklusivität – christliche Internationalität und Volkstümlichkeit; antike Formschönheit – christlicher Verzicht auf äußere Formvollendung (453–458; relativiert 460–465). Vgl. dagegen J. Fontaine 1982 mit dem Titel 'Christentum ist auch Antike'.

[19] C. Schneider, Geistesgeschichte des antiken Christentums, 2. Bde., München 1954.–

Betrachtet man die Quellen nüchtern, wird man die Dialektik von Kontinuität und Diskontinuität auch in der von uns verfolgten Entwicklung erkennen. Uns braucht hier nur die literarische Seite des Vorgangs zu interessieren.

So beziehungslos, wie F. Overbeck 1882 und im Anschluß an ihn E. Norden 1918 die urchristliche und die profane griechische Literatur gesehen hatten, stehen sie nicht nebeneinander. Hatte Overbeck in den apostolischen Briefen „weiter nichts als das durchaus kunstlose und zufällige Surrogat des gesprochenen" Wortes[20] gesehen, so hat die neutestamentliche Kritik inzwischen den gepflegten Stil insbesondere der jüngeren Briefe schätzen gelernt: am Hebräerbrief (zwischen 80 und 100), am I. Petrusbrief (Anfang der 90er Jahre des 1. Jahrh.) und am II. Petrusbrief (um die Mitte des 2. Jahrh.) die Vertrautheit der Autoren mit den Mitteln griechischer Rhetorik, am Jakobusbrief (um die Wende vom 1. zum 2. Jahrh.?) das gewandte Griechisch eines gebildeten Hellenisten, der sogar gelegentlich einen Hexameter einstreut (Jak. 1,17).[21]

Ist bei den neutestamentlichen Briefen zumindest eine Tendenz zur immer bewußteren sprachlich-formalen Gestaltung, zum Anschluß an die literarische Tradition erkennbar, so gilt Ähnliches auch für die jüngeren Synoptiker: Matthäus (vor 100) und Lukas (zwischen 70 und 90) besserten das Griechisch des Markusevangeliums (um 70). Vor allem aber werden die gehobene Sprache des Lukas, seine Periodenbildung und bewußte Wortwahl und insbesondere sein dem literarischen Brauch der Zeit folgender Evangelien-Prolog mit Widmung als hellenisierende Literarisierung seiner Quellentexte beurteilt.[22]

Nun läßt sich von den Texten nicht nur auf die Bildung ihrer Autoren, sondern auch auf das Literaturverständnis des von ihnen ins Auge gefaßten Publikums, ihrer Adressaten, schließen. Aus den Paulusbriefen wissen wir, daß es in den frühchristlichen Gemeinden zwar entsprechend der Gesellschaftsstruktur überwiegend Vertreter der Unterschichten, daneben jedoch schon sehr früh auch Wohlhabende gab[23] (*multi ... omnis ordinis*, wie der jüngere Plinius an Trajan berichtet, ep. 10,96,6), es gab sogar Christen in senatorischen Kreisen und in der kaiserlichen Familie. Und das alles waren zugleich Leute, die die gängige Bildung genossen hatten. Selbst für die paulinischen Briefe, die doch bewußt auf Verständlichkeit angelegt sind (I. Kor. 14, 15.19), vermutet A. v. Harnack, sie „müßten anders lauten ..., wenn seine Leser

---

Bezeichnend die Paulus-Darstellungen bei Norden, Bd. 2, 474–476 bzw. 498 und bei C. Schneider 1, 100–107.

[20] F. Overbeck 1882, 429.

[21] W. G. Kümmel 1989, 343–383; die Zitate 348 (Hb.), 362–365 (Jk.), 373 (I. Pt.), 380f. (II. Pt.). Dichterzitate im NT hatten bereits spätantike Autoren registriert, s. H. Hagendahl 1983, 85.

[22] W. G. Kümmel 1989, 108 (Stil des Lk.), 97 f. (Prolog des Lk.), 149 (Areopagrede Apg. 17). Über die urchristliche und die übrige Literatur G. Glockmann 1968, 54–65; speziell über die Bildung des Lukas, wie sie sich im Lk.-Evangelium und in der Apg. darstellt, 59 f.; über die Areopagrede 62–64.

[23] Man denke an „Gajus, mein und der ganzen Gemeinde Gastgeber" (Röm. 16, 23, vgl. auch I. Kor. 11, 17–34). Hasenclever, Christliche Proselyten der höheren Stände im 1. Jh., in: Jahrbücher f. protestant. Theologie 8, 1882 bespricht ausführlich die umstrittenen Zeugnisse über Pomponia Graecina (47–64, negativ), den Konsul Flavius Clemens und seine Gattin Domitilla (69–78, 230–259, positiv), T. Flavius Sabinus und Acilius Glabrio (259–261, 267, unsicher).

größtenteils den untersten verlorenen Schichten der Bevölkerung angehört hätten".[24]

Dennoch gehen alle Gelehrten davon aus, daß die christlichen Gemeinden bis zum Ende des 2. Jahrhunderts überwiegend aus Angehörigen der Unterschichten, aus Sklaven, Freigelassenen und Handwerkern bestanden. Und die soeben hervorgehobene zunehmende Literarisierung der neutestamentlichen Schriften ist in der Tat nur die eine Seite und betrifft lediglich bestimmte Strukturelemente und Stilzüge. Es würde das Bild verzerren, wollte man übersehen, daß die Evangelien, als literarische Gattung betrachtet, nicht nur ohne Vorläufer waren, sondern auch nicht traditionsbildend gewirkt haben,[25] daß auch zwischen den neutestamentlichen Briefen und den Briefabhandlungen griechischer und römischer Philosophen kein unmittelbarer gattungsgeschichtlicher Zusammenhang besteht. F. Overbeck hat als charakteristischen Zug der christlichen Urliteratur hervorgehoben, ihre Formen seien zwar nicht durchaus neu, doch knüpfe sie an Formen religiöser, nicht aber profaner Literatur an.[26] Den gebildeten Zeitgenossen jedenfalls, sofern sie mit ihr in Berührung kamen, sind nicht die oben hervorgehobenen Gemeinsamkeiten von neutestamentlicher oder, allgemein gesprochen, biblischer Literatur und „Hochliteratur" aufgefallen, sondern die Differenz zwischen beiden. Der Satz des Autors Peri hypsous (1. Jahrh): „Auf diese Weise hat auch der Gesetzgeber der Juden, ein außergewöhnlicher Mensch, die Macht des Göttlichen würdig gefaßt und dargestellt, als er gleich am Eingang der Gesetze schrieb: ‚Gott sprach': was? ‚Es werde Licht, und es ward. Es werde Land, und es ward'" (9,9), dieser Satz also wird ja gerade deswegen so oft zitiert, weil er ein fast singulärer Fall des Lobes der biblischen Sprache durch einen antiken Autor ist.[27] Gilt dies für die griechischen Texte, so wurden gar die lateinischen Übersetzungen der heiligen Schriften, die seit der zweiten Hälfte des 2. Jahrhunderts infolge der sozialen (ethnischen) Umstrukturierung der Gemeinden im Westen des Reiches notwendig wurden, von den Römern als besonders abstoßend empfunden. Sie sind der Spiegel der niedrigen literarischen Kultur der Gemeinden der lateinischen Welt.

[24] A. v. Harnack 1924, 560 Anm. 3. Ähnlich C. Schneider 1954, 1, 717: „Paulus und Johannes ... setzen eine sehr hohe Bildung voraus." Über Angehörige der Oberschichten in den christlichen Gemeinden erstmals ausführlich Hasenclever, sodann bes. A. v. Harnack 1924, 559–568 („Die Verbreitung unter den Vornehmen und Reichen, Gebildeten und Beamten"); C. Schneider 1, 717–736; W. Eck, Das Eindringen des Christentums in den Senatorenstand bis auf Konstantin d. Gr., Chiron 1, 1971, 381–406; J. Vogt, Der Vorwurf der sozialen Niedrigkeit des frühen Christentums, Gymnasium 82, 1975, 401–411; P. Brown, Aspects of the Christianization of the Roman Aristocracy, Journ. of Roman Studies 51, 1961, 1–11 (die Entwicklung Ende des 4./Anfang des 5. Jahrh.); G. Schoellgen, Ecclesia sordida?, Münster 1984.

[25] F. Overbeck 1882, 432, 443; W. G. Kümmel 1989, 12. Den hellenistischen Charakter des Joh. überbetont C. Schneider 1954, 1, 136–156; vorsichtig W. G. Kümmel 1989, 200–212.

[26] F. Overbeck 1882, 443. – E. Norden 1918, 2, 480–492 sieht eine sich dem antiken Geschmack nähernde Linie in der Reihe Evangelien – Apg. – neutestamentliche Briefe.

[27] Vgl. E. Norden, Das Genesiszitat in der Schrift Vom Erhabenen (Abh. der Dt. Akademie der Wiss. zu Berlin, Kl. für Sprache, Literatur und Kunst 1954), 1; ähnlich wie Ps.-Longin urteilt Numenius von Apamea, s. P. G. van der Nat 1963, 13.

Um die Mitte des 3. Jahrhunderts dann hatte sich die soziale Zusammensetzung der afrikanischen städtischen Christengemeinden erheblich gewandelt: Die lateinische Munizipalaristokratie prägte ihr Gesicht und nahm die Schlüsselstellungen ein. Cyprian repräsentiert die neue christliche Führungsschicht: Der Bischof ist Lateiner, nicht Grieche, ist ein wohlhabender, einflußreicher Herr, kein Angehöriger der Unterschichten, ist ein ehemaliger Rhetor, kein ungebildeter Mann.[28] Leuten seines Schlages (und noch mehr den lateinisch Gebildeten späterer Jahrhunderte, ja noch des 19. Jahrh.) ist die lateinische Bibel ein Problem geblieben. Am berühmtesten ist der offene Satz des Hieronymus in einem Brief an die vornehme Römerin Eustochium (ep. 22,30, geschrieben 384): *Si ... prophetam legere coepissem, sermo horrebat incultus.* ... Die Bibellektüre war „dem Gebildeten ... ein Martyrium besonderer Art ..."[29]

Kann man denn auch bei den christlichen Schriftstellern unterschiedliche Rechtfertigungsgründe für die Sprache der Schrift finden,[30] stellte W. Süß doch zusammenfassend fest, nirgends sei bei den Kirchenvätern ein Gefühl für die spezifische Schönheit der Bibelsprache spürbar[31]: Den Reiz der ständigen Parataxe haben sie, geschult in der lateinischen Periodenbildung, nicht gefühlt, und daß der parallelismus membrorum das grundlegende poetische Prinzip der Wiederholung realisiert, ist ihnen nicht deutlich geworden (um so auffälliger, daß Ps.-Longin gerade diese Züge hervorhebt).

Auch wenn wir vermuten dürfen, daß zunächst gerade solche Gebildeten Christen wurden, die aus Ungenügen an der antiken Kultur nach neuen Wegen suchten und für asketische Haltung offen waren,[32] brachten doch die bekehrten Angehörigen der Oberschichten ihre Bildung – und das heißt in der lateinischen Antike vor allem: ihre Vorstellungen von der Literatur – ein in die Gemeinden, in die Seelsorge und damit auch in die christliche Schriftstellerei. Zugleich konnte die Verteidigung des

---

[28] Die allgemeine Auffassung vom Bildungsstand der Christen zu Beginn des 2. Jahrh. beschreibt Minuc. Felix, wenn er Caecilius die Christen charakterisieren läßt als *quosdam, et hoc studiorum rudes, litterarum profanos, expertes artium etiam sordidarum* (5,4); *homines ... deploratae, inclitae ac desperatae factionis* (8,3); *quibus non est datum intellegere civilia, multo magis denegatum est disserere divina* (12,7) – an der letzten Stelle wird der Zusammenhang zwischen sozialer Stellung und Bildung besonders deutlich.

[29] W. Süß, Das Problem der lateinischen Bibelsprache, Hist. Vierteljahrschrift 27, 1932,1.– Klagen über die Sprache der Bibel Minuc. Felix 5,4; Arnob. 1,45.58f.; Lact. inst. 5,1; Sulpic. Sever. chron. 1,1; Augustin conf. 3,5; 6,4.

[30] W. Süß 12–15 führt deren fünf an: 1. Die schlichte Redeweise soll das Volk erreichen; doch soll der Gebildete hinter ihrer scheinbaren *vilitas* den tieferen Sinn entdecken; 2. die Erhabenheit des Gotteswortes würde unter rhetorischen Mitteln leiden; 3. „Die lateinischen Übersetzer haben, wie den Sinn, so auch den Stil des Originals verdorben"; 4. Neuprägungen und Bedeutungsverschiebungen finden sich auch bei anderen Schriftstellern, so bei Cic.; 5. *benedictio* ist wichtiger als *bona dictio* (Augustin. doctr. christ. 2,13).

[31] W. Süß 14.

[32] Deren Bedeutsamkeit für die Ablehnung der Dichtkunst durch die frühen Christen betonen V. Zannoni 1958, 94; P. G. van der Nat 1963, 11–15. – Chr. Mohrmann 1961 I 9, 152f. sieht einen Grund für das Fehlen christlicher Dichter im 1.–3. Jahrh. in der Feindschaft der Christen gegenüber der Nichtigkeit der zeitgenössischen Dichtung.

Christentums gegenüber der zunehmend mißtrauischen Staatsmacht, konnte das Bemühen, einflußreiche – also wohlhabende und gebildete – Persönlichkeiten für den neuen Glauben zu gewinnen (und das war noch in der zweiten Hälfte des 4. Jahrh. bitter nötig), nur von Erfolg gekrönt sein, wenn sich die christlichen Autoren der hergebrachten Gattungen und der traditionellen Literatursprache bedienten. Der Innovationsgrad der urchristlichen Literatur war, gemessen an der antiken Kunstprosa, so groß, daß sie die Kommunikation zwischen der Kirche und den außerhalb Stehenden nicht mehr sichern konnte;[33] die Texte waren für Gebildete „stilistische Monstra".[34] Wenn man bei einem Arnobius (seine Schrift Adversus nationes entstand zwischen 304 und 310) mit Sicherheit annehmen muß, er habe weder die alt- noch die neutestamentlichen Schriften je gelesen,[35] und wenn man sich den Widerwillen des jungen Augustin gegenüber dem biblischen Stil in Erinnerung ruft (conf. 3,5), so läßt sich leicht vorstellen, wie es um die Schriftlektüre bei Nichtchristen und Gegnern des Christentums bestellt war.

F. Overbeck hat zwei Stadien der patristischen Literaturentwicklung unterschieden: Im ersten ist der Gebrauch der alten Formen auf jene Schriften beschränkt, die aus der Kirche hinauswirken, also auf die apologetische Literatur; im zweiten werden sie für innerchristliche Zwecke verwendet, und erst damit sind sie für die christliche Literaturentwicklung gewonnen.[36] In der lateinischen christlichen Literatur fallen diese beiden Stadien zusammen, weil sie auf der Entwicklung des griechisch-christlichen Schrifttums aufbaut. Tertullian (um 160–230), der an ihrem Anfang steht, hat eine Fülle nicht nur apologetischer, sondern auch dogmatischer und seelsorgerischer Schriften hinterlassen, die an die christlich-griechischen, aber auch an die profan-lateinischen Literaturformen anknüpfen. Bei ihm bewegt sich die christliche Literatur nicht mehr nur in ihren eigenen Formen, sondern ist bereits „griechisch-römische Literatur christlichen Bekenntnisses und christlichen Interesses".[37] Seit dem 3. Jahrhundert ist die Zielgruppe dieser Literatur auch im Westen nicht ein heidnisches, sondern ein „wie ein heidnisches zu behandelndes christliches Publikum".[38]

Der Vorgang, in der griechischen Apologetik vorbereitet,[39] war notwendig, aber nicht gefahrlos. Das christliche Schrifttum konnte sich von der Masse der Gläubigen entfernen, weil die römische Bildung und Literatur seit je einen esoterischen Charak-

---

[33] Arnob. adv. nat. 1,58f. *ab indoctis hominibus et rudibus scripta sunt et idcirco non sunt facilis auditione credenda. ... trivialis et sordidus sermo est. ... barbarismis, soloecismis obsitae sunt.* – Lact. inst. 5,1,15 *haec inprimis causa est, cur aput sapientes et doctos et principes huius saeculi scriptura sancta fide careat, quod prophetae communi ac simplici sermone, ut ad populum, sunt locuti.* – Nicht hinreichend beachtet worden zu sein scheint mir ein Problem, das W. Süß (wie Anm. 29) 12f. aufwirft: „Weder im Altertum noch in neuerer Zeit ist ... im einzelnen der Nachweis versucht worden, daß wirklich etwa ein Italatext mit seiner in Vokabular und Formenlehre von der Schulnorm abweichenden Gestalt notwendig dem Volk leichter verständlich war als eine Schrift gleichen Inhalts von höherem Niveau. Für den Stil wie für gewisse Anschauungen gilt, daß nicht alles, was von der Bildungsnorm abweicht, darum auch volkstümlich ist."

[34] E. Norden 1918, 2, 517.

[35] Das einzige Schriftzitat (I. Kor. 3,19) bei ihm adv. nat. 1,58f.; 2,6.

[36] F. Overbeck 1882, 452.

[37] F. Overbeck 1882, 444.

[38] F. Overbeck 1882, 457.

[39] G. Glockmann 1968, 97–195 über Justin.

ter hatten. Von Anfang an wurde in der Schule nicht lebendiges Latein, sondern die lateinische Literatursprache gelehrt, wobei die Redeweise der Klassiker allen Wandlungen der gesprochenen Sprache zum Trotz die gültige Norm schriftlichen Ausdrucks blieb. Die auch seelsorgerische Gefahr dieser Entwicklung hat in gewisser Weise – wenn auch nur mit Blick auf die Philosophie – Laktanz,[40] am deutlichsten Gregor d. Gr., erkannt und zu bannen gesucht (moral. praef. 1f).

Hinzu kommt ein Zweites: Das Christentum stand vor dem Problem, daß es als Buchreligion[41] der literarischen Bildung nicht entraten konnte. Übernahmen aber die Christen die römische Bildungstradition – und sie kamen nicht auf die Idee, sie in Frage zu stellen und eine neue zu begründen –, so hatte dies die für unser Gefühl unerträgliche Konsequenz, daß die Anhänger einer monotheistischen Offenbarungsreligion Sprache und Literaturvorstellungen ihrer Kinder durch Dichtungen prägen ließen, die ganz in der Tradition einer polytheistischen Mythologie standen: *hinc prima diabolo fides aedificatur ab initiis eruditionis* (Tert. de idol. 10; s. a. Minuc. Felix 24, 1.8).[42]

Das Problem hatte sich mit Bezug auf Homer schon den griechischen Apologeten gestellt. Bereits von Justin ist es in so differenzierter Weise behandelt worden, daß die Späteren im Grundsatz wenig Neues beitragen konnten. Homer galt Justin einerseits als neutrales Bildungsgut, wurde andererseits apologetisch zur Bestätigung der christlichen Lehre vom Schicksal der Seelen nach dem Tode genutzt oder aber drittens polemisch als Quelle polytheistischer Auffassungen angegriffen.[43] Letztlich bestehen die Unterschiede zwischen den lateinischen Kirchenschriftstellern in bezug auf ihr Verhältnis zur antiken Literatur nur in der unterschiedlichen Akzentuierung dieser drei Gesichtspunkte.

Tertullian sah Gefahren für die Menschen, die in den Schulen geprägt, in den Bibliotheken weitergebildet, von den Philosophen aufgezogen würden (de test. anim. 1), wie für die Kirche, wo die Häretiker über die gleichen Gegenstände nachsännen wie die paganen Philosophen (de praescr. haeret. 7), in erster Linie nicht aus der Dichtung, sondern aus der Philosophie erwachsen.[44] Auf sie bezieht sich seine Frage:

---

[40] Lact. inst. 3, 25f. gegen Ciceros (tusc. 2,1,4) elitäre Philosophieauffassung.

[41] Zwar relativiert A. v. Harnack 1924, 289 die Auffassung des Christentums als Buchreligion, doch ist es eben keine antike Kultreligion.

[42] Dafür, mit A. Ebert 1889, 127, Chr. Mohrmann 1961, I 9,154, C. Caridi (wie Anm. 211) 18 anzunehmen, das christliche Epos sei für den Schulgebrauch geschaffen worden, gibt es keinerlei Anhaltspunkte – von einer christlichen „Weiterbildung" („enseignement chrétien supplémentaire"), die Chr. Mohrmann anzunehmen gezwungen ist, da die Schulautoren der Christen die antiken blieben, wissen wir nichts; der Unterricht an den Bischofssitzen (P. Blomenkamp, RAC 6, 1966, 537 s. v. Erziehung) ist ein katechetischer auf der Grundlage der Bibel, sein Ziel ist die Erfassung der heiligen Texte. So ist die These von Mohrmann auf Ablehnung gestoßen, s. P. G. van der Nat 1963, 24f.; Ch. Witke 1971, 227f. – Erstmals Claud. Mar. Vict. (1. Hälfte 5. Jahrh.) wird angeben, ein biblisches Epos für den Schulgebrauch zu dichten. – Zur Beibehaltung des heidnischen Schulstoffs in der christlichen Zeit P. Blomenkamp, RAC 6, 1966, 535f., s. v. Erziehung; E. A. Judge 1979, 41: „... the conversion of the classical world left its educational system essentially intact."

[43] G. Glockmann 1968, 116, 153, 175.

[44] Die Notwendigkeit einer Auseinandersetzung mit der antiken Philosophie wird erkenn-

Quid ergo Athenis et Hierosolymis? quid academiae et ecclesiae? (de praescr. haeret. 7, nach II. Kor. 6, 14—16).

Der philosophischen Spekulation wird der schlichte und daher wahre und gottesgefällige Glaube entgegengestellt (de praescr. haeret. 7; de test. anim. 1; 5; de carne Christi 5; s. a. Lact. inst. 3,25). Weniger gefährlich scheint ihm die Dichtung, über sie kann Tertullian spotten (apol. 14, 2—6). Bedenklich sind ihm die propädeutischen Studien und die Schulkulte; deshalb fragt er, ob Elementarlehrer und Professoren Christen werden können.[45] Den Einwand, man könne auf weltlichen Unterricht nicht verzichten, denn Literaturstudium sei ein unentbehrliches Hilfsmittel für das Verständnis auch der Heiligen Schrift, kann er nicht entkräften. Er stellt kein neues Bildungsprogramm auf, sondern begnügt sich mit der merkwürdigen Einschränkung, lernen dürfe man das alles, nicht aber lehren. Zu einer völligen Ablehnung der heidnischen Bildung und Literatur kann er sich nicht entschließen (idol. 10).

Das Christentum bewährte, als es in die gebildeten Oberschichten eindrang, in bezug auf die Bildungsinhalte zunächst seine Assimilationskraft; seine Exklusionskraft[46] ihr gegenüber mußte es erst anderthalb Jahrhunderte später unter Beweis stellen, als es Gefahr lief, von der profanen Bildungstradition erdrückt zu werden. Dann erst sollte Hieronymus den Satz Tertullians weiterdenken und fragen: *Quid cum evangeliis Maro?* (ep. 22,29) — davon wird später zu reden sein.[47]

Parallel zu diesem Sinneswandel der Kirche und ihrer Autoritäten in bezug auf die klassische Bildung beobachten wir die bereits mit Tertullian und Minucius Felix[48] einsetzende Entschuldigung des Einsatzes rhetorischer Mittel für die Zwecke der Christen. Minucius Felix sieht die Gefahren der Beredsamkeit weniger in ihr selbst als in den Zuhörern, die zwischen der Form der Rede und ihrem Inhalt nicht zu unterscheiden vermögen (14,4f.). Die Gegenüberstellung von Form und Inhalt, die schließlich um die Wende vom 4. zum 5. Jahrhundert helfen sollte, das Verhältnis des Christentums zur profanen Literatur zu entspannen, ermöglicht ihm ein ausgewogenes Urteil über die Rhetorik: „... man kann die schöne Form schätzen und zugleich allein die zutreffenden Elemente des Inhalts gutheißen."[49] Tertullian empfiehlt formale Spracherlernung anhand der üblichen Schullektüre unter Absehen vom Inhalt der Werke.[50]

Während nun die älteren Apologeten (doch auch späterhin jüngere Kirchenschriftsteller) in merkwürdiger Widersprüchlichkeit zwar in der Praxis sich in die Tradition

bar, wenn Minuc. Felix (19) die Gottesauffassung einer Fülle von Philosophen als im Grunde genommen christlich reklamiert, so 19,4 die des Thales: *vides philosophi principalis nobiscum penitus opinionem consonare.* Die Übersicht über die Natur- und Gotteskonzeptionen der berühmtesten Philosophen schließt er mit den Worten: *Eadem fere et ista, quae nostra sunt* (19,15).

[45] Tert. de idol. 10: *Quaerendum autem est etiam de ludimagistris sed et ceteris professoribus litterarum.* Denn diese müssen *deos nationum praedicare, genealogias, fabulas, ornamenta honorifica quaeque eorum enuntiare, tum sollemnia festaque eorundem observare ... ipsam novi discipuli stipem Minervae et honori et nomini consecrant* ... Interpretation der Stelle bei W. Krause 1958, 104—107; s. a. 109.

[46] Die Ausdrücke von A. v. Harnack 1924, 559, Anm. 1.

[47] Zum Problem H. Fuchs 1929.

[48] W. Krause 1958, 105f.

[49] P. G. van der Nat 1976, 209.

[50] W. Krause 1958, 106, 108 zu Tert. de idol. 10 und de pall. 2.

der antiken Kunstprosa stellen, theoretisch jedoch Schlichtheit des Ausdrucks empfehlen (Cypr. ad Donat. 2),[51] befürwortet am Ende des 3. Jahrhunderts Laktanz ausdrücklich aus pragmatischen Gründen die Verwendung rhetorischer Mittel. Wenn die Angehörigen der Oberschichten – er spricht von *sapientes, docti et principes huius mundi* (inst. 5, 1, 15) – bisher nicht für den wahren Glauben gewonnen werden konnten, so liege das einerseits an ihnen und ihren, modern gesprochen, Rezeptionsgewohnheiten, denn sie sähen nicht auf den Wahrheitsgehalt, sondern einzig auf die sprachliche Form (*nihil audire uel legere nisi expolitum ac disertum uolunt*, inst. 5, 1, 16f.). Andererseits hätten die Mißerfolge der Mission ihre Ursache auch bei den Christen selbst – nicht in den heiligen Schriften, denn die Propheten hätten fürs Volk, und daher schlicht geredet (5, 1, 15), wohl aber in den zwar emsigen, doch unfähigen Apologeten (*sapientia et ueritas idoneis preconibus indiget* 5, 1, 21; s. a. 1, 2, 10).

Wenn auch die Wahrheit eigentlich durch die ihr innewohnende Kraft obsiege, unabhängig von der Form, in der sie dargeboten wird (3, 1, 3), werde ihr doch durch sprachlich elegante und attraktive Darbietung nicht Abbruch getan (1, 1, 10; 5, 1, 11), sondern sie setze sich um so leichter durch (3, 1, 2; 1, 1, 10), da doch der Redeschmuck sogar der Lüge zum Siege verhelfen könne (3, 1, 2; s. a. 5, 1, 9). Kurz: Beredsamkeit ist für sich genommen weder gut noch schlecht, sondern wertfrei, ist Form für je verschiedene Inhalte; man darf und soll sie für die rechte Sache einsetzen. Dabei geht es nicht um leeres Prunken mit sprachlicher Kunst, sondern um die Sache und um das Heil der Leser (5, 1, 11), die sie williger aufnehmen, wenn sie reizvoll dargeboten wird (*ut potentius in animas influat ... luce orationis ornata*, 1, 1, 10; s. a. 3, 1, 2; *circumlinatur modo poculum caelesti melle sapientiae, ut possint ab imprudentibus amara remedia sine offensione potari*, 5, 1, 14). Diesen Ansprüchen eben würden die bisherigen christlichen Schriftsteller – Minucius Felix, Tertullian und Cyprian – nicht gerecht (5, 1, 22–28).

Damit sind die Anforderungen an eine christliche Literatur formuliert: Sie muß auch die Nichtchristen erreichen und für die heilige Wahrheit gewinnen.[52] Das wiederum kann sie nur, wenn sie der offenbaren Glaubenswahrheit jenen Schmuck hinzufügt, der trübe Augen sie erkennen macht: *blandiore sono, ornatu, fuco* sollen *sapientia* und *veritas* sich darstellen, *auditu suaue, expolite, diserte* (1, 1, 7.10).[53]

Ausgehend von wirkungsstrategischen Überlegungen, begründet Laktanz nicht nur ein neues theoretisches Verhältnis der lateinischen Christen zur Tradition römischer Kunstprosa, sondern auch ein neues theoretisch-praktisches zur profanen Versdichtung. Vor ihm hatten sich die lateinischen Apologeten in ihrer literarischen Praxis zur Dichtung nicht anders verhalten als profane Autoren: Sie ließen Anspielungen auf Dichterstellen in ihre Werke einfließen,[54] vermieden aber wörtliche Zitate.[55] Doch schon der für Laktanz vorbildliche Stilist Cicero hatte in seinen phi-

---

[51] Über den Widerspruch zwischen rhetorischer Theorie und literarischer Praxis der Christen H. Hagendahl 1983, 31,53.

[52] Über die geringe Wirkung der frühchristlichen Literatur auf die Nichtchristen W. Krause 1958, 16f., 23, 29, 256.

[53] P. G. van der Nat 1963 weist auf die Verwandtschaft des Gedankens mit Lucr. 4,1–25 hin.

[54] G. Bürner 1902; W. Krause 1958.

[55] E. Norden 1918, 88f.: Historiker geben Reden, Urkunden, Briefe um der Einheit der Form willen in den eigenen Stil umgesetzt wieder; mit gleichem Ziel werden auch fremd-

losophischen Schriften Dichtungen zitiert, und Seneca war ihm darin gefolgt. In diese Tradition stellt sich Laktanz: In seinen Institutionen führt er eine Fülle von Verszitaten wörtlich an.[56]

Die Ursache dafür ist zunächst eine stilistische: der Ciceronianismus des Laktanz. Seine Absicht ist pragmatisch: Verse wirken durch ihren Wohlklang *(suauitas)* so auf den Hörer, daß er bereit ist, auch ihren Inhalt anzunehmen (5, 1, 10).[57] Er nutzt sie daher als Schmuck, so an Stellen, die er besonders wirkungsvoll gestalten will.[58]

Hinzu tritt eine weitere poetologische Überlegung. In der Tradition des Xenophanes hatten auch christliche Autoren das Schlagwort nachgesprochen von den Lügen der Dichter (Minuc. Felix 24,8; s. a. Arnob. 1, 24), derentwegen sie schon Platon aus seinem Idealstaat verbannt hatte (Minuc. Felix 24,2) und um derentwillen sie nun vor dem Tribunal Christi zittern müssen (Tert. de spect. 30). Laktanz sieht es anders: Die Dichter bieten außer Schönheit auch Wahrheit; der *summus* oder *maximus poeta* Vergil (1, 19, 3; 2, 4, 4) ist *eruditus* (5, 10, 7), er ist (wie Ovid) *prudens* (2, 4, 4; 2, 5, 24). Poeten sind den Philosophen mindestens gleichwertige Autoritäten (1, 5, 2). Aus ihnen bezieht Laktanz Wissen über antike Philosophie und Ethik.[59]

Warum können aber heidnische Autoren Wahres aus der Sicht der Christen bieten? Hierfür nennt Laktanz drei Gründe:

— Erstens ist die Menschenseele in ihrem Wesenskern christlich, weshalb auch der Heide zu richtigen Erkenntnissen kommen kann, die als *testimonia animae naturaliter christianae* (Tert. apol. 17,6) anzusehen sind. Deshalb kann Laktanz Lebensweisheiten übernehmen,[60] dazu historisches und naturkundliches Wissen;[61] er findet

---

sprachige Wörter ausgeschlossen. 89f.: „Es ist dasselbe Prinzip der Einheitlichkeit, welches dem antiken Schriftsteller verbot, Verszitate ohne weiteres in seine Worte einzuflechten, überhaupt ohne besonderen Zweck zu viele und zu lange Stellen zu zitieren . . ." S. 89, Anm. 3: Verszitate werden ganz oder teilweise aufgelöst. — S. a. H. Hagendahl 1947, 123f., H. Hagendahl 1958, 298—309, H. Hagendahl 1983, 45f. Bei Minucius Felix ein einziges wörtliches Zitat: 19,2 (georg. 4,221; Aen. 1,743; Aen. 6,724—729); sonst nimmt er (G. Bürner 1902,9) „teils größere, teils geringere Veränderungen" vor. So verfahren auch Tert., der aber überhaupt lieber Prosaiker als Dichter zitiert (15), Cypr. (19), Novat. (26), Arnob. (36—38), Firmic. Matern. (48—50). Zur Technik der Bibelzitate E. Norden 1918, 517—520; W. Süß (wie Anm. 29) 12 (Tert.).

[56] Nach H. Hagendahl 1947, 121 zitiert Laktanz allein in den Inst. 125mal Vergil; hinzu kommen 60 Lukrez-Verse; die beiden Dichter werden gefolgt von Ovid, Lucil., Ter., Hor., Pers. u. a. Die Zitatlänge reicht von einem Halbvers bis zu einem Dutzend Verse. Bisweilen sind die Zitate gehäuft, so in Lact. inst. 5,5 über das Goldene Zeitalter. S. bes. W. Krause 1958, 179—254; s. a. J. Stevenson 1961; nicht zugänglich war mir A. Goulon, Les citations des poètes latins chez Lactance, in: Lactance et son temps, Paris 1978.

[57] E. Meßmer 1974, 7—11. Schon Seneca ep. 108,11 sah sprachpragmatische Vorzüge der Verssprache: *Eadem neglegentius audiuntur minusque percutiunt, quamdiu soluta oratione dicuntur, ubi accessere numeri et egregium sensum adstrinxere certi pedes, eadem illa sententia velut lacerto excussiore torquetur.*

[58] E. Meßmer 1974, 101—111.

[59] A. O. 79—93.

[60] A. O. 76—78, 102—104.

[61] A. O. 94—99.

bei den Dichtern auch Treffliches über die Torheit des Götterglaubens, über die Existenz eines einzigen Gottes[62] und das Bevorstehen des Goldenen Zeitalters (inst. 5, 5).
— Zweitens sind die alttestamentarischen Schriften vor denen der antiken Dichter entstanden, und diese haben Wahres aus jenen empfangen (Tert. apol. 47,2), etwa das Wissen um die Schöpfung (Lakt. inst. 2, 5, 1), um die Erschaffung des Menschen (2, 10, 12) und um die Auferstehung (7, 20, 10).[63] Freilich ist durch die mündliche Überlieferung vieles entstellt worden (7, 22, 1–6), woraus sich Differenzen zwischen Aussagen der Bibel und denen der Dichter erklären.
— Drittens sind die Wahrheiten der Dichter nicht jedem sofort sichtbar; denn die Poeten pflegen ihr unmittelbar oder mittelbar empfangenes, richtiges oder entstelltes Wissen zu verschlüsseln (5, 5, 2), spiegeln die Wirklichkeit nicht als solche wider, sondern bildhaft (1, 11, 24). Dies ist das Wesen der dichterischen Freiheit, der *poetica licentia*. Problematisch ist allerdings, daß die meisten Menschen nicht wissen, was es damit auf sich hat. Ihnen muß der Wissende den wahren, den Hintersinn der Dichtung deuten. Hierzu dient die allegorische Interpretation der Dichtung, etwa die der drei Furien als Affekte *ira, cupiditas, libido* (6, 19, 4), insbesondere die euhemeristische Methode, mit deren Hilfe Laktanz auch im Phantastischen einen historischen Wahrheitskern entdeckt.[64]

Aus diesen drei Gründen also kann Laktanz die profanen Prosaisten und Dichter ausdrücklich loben mit Worten wie *non errat Lucretius* (6, 10, 7), *Sallustius recte ... locutus est* (2, 12, 12), *Marcus Tullius ... paene divina voce depinxit* (6, 8, 7, s. a. 2, 11, 16; 3, 10, 7), *Maro non longe afuit a veritate* (1, 5, 11; vergl. dagegen 2, 44, 4), *quanto igitur Naso prudentius* (2, 5, 24), *Seneca potuit esse verus Dei cultor, si quis illi monstrasset* (6, 24, 14), und er darf Dichterzitate gleichberechtigt neben die Worte der Schrift stellen.

Seine Zitierweise mag uns gleichwohl bisweilen befremden. Auch sie hängt mit dem Schulunterricht zusammen.

Dem Elementarlehrer empfiehlt Quintilian, die Kinder ausgewählte Passagen aus der Literatur, insbesondere solche aus Dichtern, auswendig lernen zu lassen (inst. orat. 1, 1, 36). Der grammaticus übe die Interpretation von Dichtungen (1, 4, 2; s. a. 1, 9, 1). Unter den lateinischen Dichtern wiederum steht im Unterricht Vergil obenan. Seine Verse werden gelesen, erklärt, in Prosa nacherzählt (1, 8, 13),[65] auswen-

---

[62] A. O. 55–64, 47–49.
[63] A. O. 50–55, 71–76.
[64] A. O. 12.
[65] Daß die Bibelepik als „Fortsetzung der antiken rhetorischen Paraphrase" (E. R. Curtius 1967, 157 und schon H. Nestler, wie Anm. 117, 46, Anm. 102) zu erklären sei (so auch K. Thraede 1962, 991f.), hat R. Herzog 1975, LXV–LXXII und 60–68 bestritten: Die Rhetorikausbildung kennt wohl die Umsetzung von Versen in Prosa (Quint. 1, 8, 13; Augustin. conf. 1, 17, 27), die umgekehrte Übung spielt dagegen eine ganz untergeordnete Rolle, zudem handelt es sich um kurze Übungen. Umfangreiche Umsetzungen von Prosa in Dichtung gibt es erst, nachdem die Bibeldichtung entstanden ist. Die Paraphrase ihrerseits ist keine einfache Umsetzung von Prosa in Verse. — Als rhetorische Paraphrase deuten die Bibelepik M. Donnini (wie Anm. 117) und neuerlich M. Roberts 1984, J. Rollins und G. Simonetti Abbolito (beide wie Anm. 117). Über Theorie und Praxis der antiken rhetorischen Paraphrase M. Roberts 1984, 6–60.

dig gelernt und rezitiert. Die Bedeutung der memoria, des Auswendiglernens, zu betonen, wird Quintilian nicht müde (1, 1, 36; 1, 3, 1; 1, 11, 14; 11, 2, 41).[66]

Insbesondere die geistlose Wort-für-Wort-Kommentierung vergilianischer Gedichte, die Grammatiker und Rhetoriker betreiben (wir können sie in den spätantiken Vergil-Kommentaren fassen) sowie die Unterrichtspraxis, die Kinder im Aufsuchen von Tropen und Figuren aus Vergil zu üben (1, 8, 16), führte in letzter Konsequenz dazu, daß die Dichterworte lexikalisiert wurden, d. h. die aktuelle Bedeutung, die sie an Ort und Stelle besaßen, weitgehend verloren und für ganz andere Situationen verfügbar und lexikalisierbar wurden. Kurz: Die Schulpraxis führte dazu, daß die parole Vergils erstens zur langue hexametrischer Dichtung überhaupt wurde und daß zweitens Wörter, Junkturen, Wendungen, Sentenzen aus seinem Werk und denen anderer Autoren für neue Zusammenhänge verfügbar waren.[67]

So kann Laktanz Sätze eines Klassikers ins Sententiöse verallgemeinern, etwa Vergils *fortasse non canimus surdis* (ecl. 10, 8; inst. 5, 1, 13).

Wie im Sprachgebrauch der Christen viele Wörter der lateinischen Sprache spiritualisiert wurden (*patria, salus, frater*), geschieht dies auch mit neutralen Junkturen aus klassischen Werken; sie wurden ins Christliche transponiert,[68] wenn etwa die Charakteristik des Turnus *caput horum et causa malorum* (Aen. 11, 361) auf den Teufel übertragen wird (inst. 2, 8, 2), das Wirken des altbösen Feindes (5, 11, 5) mit Versen aus Schlachtenbildern Vergils (Aen. 11, 646; 2, 368) gestaltet, die Warnung der Sibylle von Cumae an Aeneas, leicht gelange man in die Unterwelt, aber schwer wieder nach oben (Aen. 6, 128f.), als Mahnung an den Menschen, auf dem Weg der Sünde umzukehren, interpretiert wird (6, 24, 10). Die Unterwelt Vergils leiht der christlichen Hölle ihre Farben.[69]

Laktanz scheut sich auch nicht, die Umschreibung Jupiters *pater omnipotens, rerum cui summa potestas* (Aen. 10, 100) auf den Christengott zu übertragen, ja er biegt sogar einen Preis Epikurs (Lucr. 6, 24–28) in einen Christi um (inst. 7, 27, 6).[70] Minucius Felix (19,2) hatte sich nicht einmal gescheut, aus Versen, in denen sich eine pantheistische bzw. dualistische Gottesauffassung Vergils ausdrückt, Zeugnisse für den christlichen Monotheismus des Dichters herzustellen durch die Kombination von Aen. 6, 724 + 726 + 1, 743 bzw. aus georg. 4, 221 + 222 + Aen. 1, 743.

Weiter gehen einige Zeitgenossen des Laktanz. Die griechischen Kirchenväter Athenagoras und Irenäus hatten im Gefolge der antiken Homerinterpretation bereits im 2. Jahrhundert eine christliche Homerexegese gewagt.[71] Am Anfang des 4.

---

[66] Vgl. Th. Klauser, RAC 1, 1950, 1030–1039 s. v. Auswendiglernen.
[67] W. Kroll 1924, 154: „Denn es wurde je länger desto schwerer, die sich vom lebenden Idiom immer weiter entfremdende Dichtersprache zu beherrschen, und es war nur durch engen Anschluß an die berühmten Muster möglich, sich von groben Fehlern fernzuhalten. Hierin machte auch das Christentum keinen Unterschied ... Die Literatur- und vor allem die Dichtersprache wird mehr und mehr zu einer Art Cento aus der Sprache der vorhergehenden Jahrhunderte ..." — Vorzüglich, da besonders detailliert, der Versuch der Klassifikation von Rezeptionstypen antiker Klassiker bei christlichen Autoren von R. Herzog 1975, 189–211 nach dem Vorgang von K. Thraede 1962, 1034–1039; s. a. H. Hagendahl 1958, 382–389, A. Hudson-Williams 1966 und E. Meßmer 1974, 26–111.
[68] Dazu W. Krause 1958, 198 und M. R. Cacioli (wie unten Anm. 211) 211.
[69] P. Courcelle 1958.
[70] Ähnlich verfährt Arnob. 1, 38 mit Lucr. 5,1–54.
[71] K. Thraede 1962, 998. Tatian lehnte die Methode ab, s. W. Krause 1958, 68, 70.

Jahrhunderts setzt sich die interpretatio christiana auch vergilianischer Werke durch, insbesondere der Unterweltbeschreibung im 6. Buch der Aeneis und des *puer* der 4. Ekloge.[72] In der von Euseb überlieferten, aus dem Lateinischen übersetzten Rede Kaiser Konstantins[73] wird c. 19–21 behauptet, Vergil habe mit dem *puer* Jesus gemeint; das sei „deutlich und dunkel zugleich in allegorischer Weise ausgesprochen ...; denn den einen, die tiefer die Bedeutung der Worte zu erforschen suchen, wird die Gottheit Christi vor Augen geführt, doch verhüllt der Dichter die Wahrheit, damit keiner von den Machthabern der Kaiserstadt ihn beschuldigen könne, als schreibe er gegen die väterlichen Gesetze und als wolle er den uralten Götterglauben der Vorfahren ausrotten; denn er wußte, glaube ich, gar wohl von der seligen und nach dem Erlöser benannten Lehre ..." (19). Hier wird jene allegorisierende Hermeneutik, die den Christen im Umgang mit der „Schrift" seit jeher vertraut war, ja die Grundlage ihres Verhältnisses zum Alten Testament bildete,[74] auf einen paganen Klassiker angewandt.

Ist nun die Klassikerrezeption keineswegs auf Vergil beschränkt und auch nicht auf die Dichter,[75] hat auch Laktanz bei aller Zitierfreude noch nicht die christliche Dichtersprache geschaffen,[76] so ist doch bei ihm und seinen Zeitgenossen eine qualitativ neue Haltung der Christen zur antiken Dichtung erkennbar.[77] Wie Minucius

---

[72] P. Courcelle 1957 hebt die Unterschiede zwischen den verschiedenen christlichen Interpretationen in der Spätantike hervor; zur christlichen Interpretation der 4. Ecl. D. Comparetti 93–96, zur allegorischen Deutung Vergils überhaupt 97–110. Zur Amalgamierung von vergilianischer Bukolik und biblischer Hirtenmetaphorik J. Fontaine 1978. Nicht zugänglich war mir C. Monteleone, L'egloga quarta da Virgilio a Costantino. Critica del testo e ideologia, Manduria 1975.

[73] Die umstrittene Autorschaft ist ein Problem, das uns nicht berührt – sicher ist, daß die Oratio Constantini aus dem Lateinischen übersetzt wurde.

[74] A. v. Harnack 1924, 295.

[75] Daß R. Herzog 1975 die Rolle der Vergil-Zitate bei Lact. überbetont, wird in quantitativer Hinsicht deutlich aus der Übersicht W. Krause 1958, 179–254, H. Hagendahl 1958, 48 und E. Meßmer 1974, 122–132 (bei den lateinischen Autoren, die Lact. zitiert, folgen nach der Häufigkeit aufeinander Cic., Verg., Lucr.; daneben zitiert Lact. auch Ov., Enn., Lucil. u. a.), qualitativ aus der „fast mystischen Verehrung" (W. Krause 1958, 122f., s. a. 183), die Laktanz den Sibyllinischen Büchern (so schon Theophilos von Antiochien, W. Krause 1958, 24), dem Hermes Trismegistos und dem Orpheus entgegenbringt, die er weit mehr schätzt als Vergil. Besonderer Achtung seitens Lact. erfreut sich auch Sen. (W. Krause 1958, 182). Die Überbetonung der Rolle Vergils durch Herzog folgt wohl u. a. auch aus der Forschungssituation, den zahlreichen Arbeiten über „Vergil bei X", s. G. Glockmann 1968, 16.

[76] Die Auswahl der Klassikerzitate bei Laktanz erfolgt ganz überwiegend mit dem Ziel, die Argumentation zu stützen, sie sind ganz selten wie bei Juvencus und Proba von der aktuellen kotextuellen Semantik befreit, behalten den Charakter der parole, werden nicht zur epischen langue.

[77] Nicht folgen kann ich R. Herzog 1975 in seiner Hauptthese: Die Dichtungen des Juvencus und der Proba seien konsequente Weiterbildungen der mit Vergil-Zitaten durchsetzten christlichen Prosa-Bibelexegese, stünden also in deren Tradition, nicht in der des antiken Epos. Als den „Wurzelpunkt der lateinischen Bibeldichtung in der Epikerimitation der christlich-lateinischen Poesie" sieht R. Herzog 1975, 206 Lact. inst. 4,10–4,21 an. Doch (1.) wird hier keineswegs ein paraphrastischer Abriß des AT und des NT gegeben, wie Herzog sagt, sondern es geht Laktanz um die Zusammenstellung der Vorausdeutungen auf Christus im AT (4,14,11: *apparet prophetas omnes denuntiare de*

Felix sieht auch Laktanz, daß der Arglose eingelullt werden kann von den Wirkungsmitteln der Dichter (5, 1, 10), doch lassen diese sich auch zum Nutzen der Religion einsetzen (5, 1, 11), auf daß sie *alit animam melioremque te reddit. Itaque si uoluptas est audire cantus et carmina, dei laudes canere et audire iucundum sit* (1, 21, 8f.). Inhalt einer Dichtung, die Christen rückhaltlos billigen können, ist der Preis Gottes.

Gleichzeitig mit der Billigung christlicher Poesie und der Annäherung der profanen Dichtung ans Christentum vollzieht sich eine solche der Bibel an die antike Literaturtradition: Die Behauptung, biblische Bücher seien im Original nach den Gesetzen der antiken Metrik verfaßt, diese Behauptung, von den Juden Philon und Josephus aufgebracht, wurde von Origenes aufgegriffen und von Euseb übernommen.[78]

So erscheinen zu der Zeit, da sich die konstantinische Wende der kaiserlichen Religionspolitik vollzog, in relativ orthodoxen,[79] dem Kaiser nahestehenden Gelehrtenkreisen Christentum und Bildung vereinbar, Rhetorik und Poesie – wenn sie nur recht gebraucht werden – nützlich. Auch hier, auf literarästhetischem Gebiet, wachsen Christentum und römische Tradition zusammen.[80] Das Christentum garantiert nicht nur politisch und ideologisch, sondern auch auf künstlerischem Gebiet den neuerlichen Aufstieg Roms zur Größe, es wird zum Fortsetzer der antiken Kulturtradition.

Diese sozial-, ideen- und literaturgeschichtlichen Zusammenhänge sind teils schon länger gesehen, teils in jüngerer Zeit aufgedeckt worden. Hinzuzufügen bliebe, daß, wie schon mehrfach angedeutet, die Männer, in deren Werken wir die dargestellte Entwicklung verfolgen können, mindestens durch die Person des Kaisers Konstantin

Christo – besonders werden also Prophetenworte, aber auch Psalmenstellen angeführt, die typologisch auf Christus verweisen sollen); an alttestamentlichen biblischen Passagen wird allein der Durchzug durch das Rote Meer, ausführlich allein die neutestamentliche Passion (4,17–21) dargestellt. Im Unterschied zu Juvencus und Proba ist die Struktur der Laktanzschrift eine argumentative, keine narrative, die Bibelstellen werden entsprechend ihrer Beweiskraft ausgewählt, die Bibel wird nicht paraphrasiert. (2.) An Vergilzitaten werden lediglich zwei eingeführt, und zwar nur eine spiritualisierte (4, 10, 7 georg. 4,36), außerdem eine negativ-apologetische (4,15, 21 Aen. 10, 764); dem stehen gegenüber eine Stelle aus Cicero (4, 18, 10 im Zusammenhang mit der Kreuzigung Christi – Cic. Verr. 5, 61, 170: *facinus indignum esse ... civem Romanum contra omnes leges in crucem esse sublatum*), ein Zitat des delphischen Orakels (4, 13,11–17) und vierzehn (!) Zitate aus den Sibyllinischen Büchern, daneben eine große Anzahl von Schriftzitaten.

[78] E. Norden 1918, 526; P. G. van der Nat 1963, 28. S. Euseb. praep. ev. 11,5,7. Hieron. Chron. praef.; In Esai. praef.; Praef. libr. Psalm.; Ep. 30,3; 53,8,3. 16f.

[79] Relativ orthodox insofern, als Euseb im Streit um den Arianismus gerade wegen seines Strebens nach Ausgleich zwischen den streitenden Parteien als Wortführer einer vermittelnden Partei von Konstantin besonders geschätzt wurde und Lakt. in der Christologie manchen Anstoß bietet.

[80] Bei Commodian neige ich der Spätdatierung zu, die seit P. Courcelle 1964, 319–337 Raum zu greifen scheint, s. Chr. Mohrmann 1961 I 9, S. 160, Anm. 9; P. G. van der Nat 1963, 37f., Anm. 31; R. Herzog 1975, XLIX Anm. 154; P. G. van der Nat 1976, 214, Anm. 2. Für die Frühdatierung M. Simonetti, Sulla cronologia di Commodiano, Aevum 27, 1953, 227–239; A. G. Amatucci 1955, 87; K. Thraede 1961; E. M. Schtaerman 1964, 18f., 134–136; K. Thraede 1965, 23; Ch. Witke 1971, 146, 148; E. M. Štaerman 1975, 171; J. Fontaine 1981, 41.

in einem unmittelbaren Zusammenhang stehen: Laktanz (Mitte 3. Jh. – nach 317) war Rhetoriklehrer am Hof von Nikomedia und kann im Osten (wie später Hilarius von Poitiers) mit dem Klassizismus der griechischen Kirchenväter bekannt geworden sein.[81] Er wird 317 in Trier *extrema senectute* (Hieron. vir. ill. 80) Erzieher des zehnjährigen Konstantin-Sohnes Crispus. Seine Diskussion der Echtheit der Sibyllinischen Bücher (inst. 4, 15, 26f.) berührt sich eng mit der konstantinischen. Zwischen Euseb (um 260/5–339/40) und Konstantin bestand ein enges Verhältnis, weil der Kaiser das Streben des Bischofs nach Einheit der Kirche, der Bischof das des Kaisers nach Einheit und Frieden des Reiches schätzte: Er unterstützt die kaiserliche Kirchenpolitik in Nikäa und wird die Festrede zum 30jährigen Regierungsjubiläum Konstantins halten.

Mit Konstantin sind auch die ersten christlichen Dichter verbunden: Optatianus Porfyrius widmet ihm seine carmina figurata. Die Laudes Domini, das älteste hexametrische Gedicht eines lateinischen Christen, klingen in einen Preis des Kaisers aus.[82] Juvencus rühmt am Ende seiner Evangeliorum libri den Kaiser und seinen Frieden als die Voraussetzungen für sein Werk (4, 806–812).

Schließlich sei eines weiteren Mannes gedacht: Seit jeher ist aufgefallen, daß die literarische Produktion der lateinischen Christen bis zu Arnobius und Laktanz sich ausschließlich der Prosa bediente und auf Afrika und Rom beschränkt war; am Anfang der christlichen Großdichtung aber steht Juvencus, der damit zugleich den Beginn der christlichen Literatur Spaniens bezeichnet. Nun findet sich als einer der engsten Vertrauten Konstantins, als ständiger religiöser Berater am Hof des Kaisers ein Mann aus Spanien, der Bischof Ossius von Corduba (um 256–358). Er war durch seine Mildtätigkeit bekannt, dürfte also wohlhabend gewesen sein und die Erziehung der Reichen genossen haben.[83] De Clercq vermutet, daß er in Trier gleichzeitig mit Laktanz als (und zwar im engeren Sinne religiöser) Erzieher des Crispus tätig war.[84]

Mit Sicherheit wäre er dann Laktanz begegnet. Nun ließe sich mit aller gebotenen Vorsicht die Hypothese aufstellen, daß der spanische Presbyter Juvencus über Ossius mit Konstantin, Laktanz und Eusebius in Verbindung gekommen und durch diese Männer oder den sie beseelenden Geist dazu angeregt worden sein könnte, die Evangelien in die lateinische Epensprache umzugießen. So wird man Amatucci recht geben, wenn er in Juvencus den Fortsetzer, vielleicht könnte man besser sagen: den Vollstrecker der literarästhetischen Tendenzen des Laktanz sieht.[85]

Als die Kirche nicht mehr verfolgt wird, sondern gleichberechtigt und bald sogar privilegiert ist, bestimmen der Staat und die Oberschichten ihr Schicksal. Sie verlangen nach größerem Glanz für das Christentum. Es entstehen kirchliche Prachtbauten[86] und die Prachtbibeln der konstantinischen Zeit, mit unzuverlässigem Text,

---

[81] Chr. Mohrmann 1961, I 8, 141–143; C. Fabricius 1967.
[82] Soweit ich sehe, ist die Übereinstimmung des Gedankenguts von Lact. inst. 4,15, 2–8 und den Laud. Dom. 109–119 noch nicht bemerkt worden; sie legt die Vermutung nahe, der Anonymus habe das Werk des Laktanz gekannt.
[83] V. C. de Clercq 1954, 59–65 zur Herkunft und Bildung.
[84] V. C. de Clercq 1954, 159 Anm. 59; Ossius am Hof Konstantins 148–217.
[85] A. G. Amatucci 1955, 117: „... in apparenza non sembra abbia fatto (Juvencus WK) opera dissimile do quella di Lattanzio. Non si potrebbe, dunque, parlare di un nuovo ideale letterario."
[86] Nach A. v. Harnack 1924, 617 Anm. 1 bezeichnet die Zeit Konstantins „auch einen Einschnitt im Kirchenbau".

doch präsentabel als Schaustücke.[87] Porfyrius dichtet seine Figurengedichte, die zwar auch christliche Symbole abbilden, jedoch nicht für die Verbreitung der Glaubenswahrheit geeignet, sondern als Kunststückchen attraktiv waren. Man sieht: Unter den neuen Bedingungen konnte eine über den praktischen Tagesgebrauch hinausgehende „Überschußliteratur" entstehen.

Bei Juvencus werden wir lesen: In die *ornamenta terrestria linguae* habe er das göttliche Wort gekleidet (4,805). Damit setzt er sich ebenso vorsichtig wie Laktanz von den früheren Generationen christlich-lateinischer Autoren ab, die — wie Tertullian — ihr Genügen an der biblischen Literatur fanden und sagen konnten: *satis nobis litterarum est, satis versuum est, satis sententiarum, satis etiam canticorum, satis vocum ...* (de spect. 29). Juvencus gehört zu denen, die es — wie Laktanz — besser machen wollen als die zwar redlich bemühten, aber doch nicht recht erfolgreichen Vorgänger. Es war nicht allzu fernliegend, das zu tun, was ein Anonymus am Ende des Jahrhunderts in einem Gedicht Ad quendam senatorem formulieren sollte:

Quia carmina semper amasti,
carmine respondens properavi scribere versus.[88]

2.2.2. Laktanz: De ave Phoenice[89]

Laktanz ist selbst als Dichter hervorgetreten. Ein Hodoeporicum, eine Schilderung seiner Reise von Afrika nach Nikomedien (Hieron. vir. ill. 68), ist uns verloren. Erhalten dagegen ist ein Gedicht von 85 elegischen Distichen auf den Vogel Phoenix, das unser besonderes Interesse verdient.[90]

---

[87] R. Schipke 1976, 186–189 mit Hinweis auf die kritischen Äußerungen von Hieron. ep. 107,12,1; 22, 32,1 (hier ist nur von kostbaren Mss. überhaupt die Rede); comm. in Job, praef.

[88] CSEL 23, 227. — Ich sehe nicht, wieso der Text des Juvencus die Frage offenließe, „für welche Bedürfnisse der Dichter schrieb (ob für eine traditionell-literarisch orientierte oder eine der poetischen Tradition fremde, gläubig disponierte Leserschaft)" (R. Herzog 1975, XLVI); richtig ist nur, daß sich Juvencus nicht dazu äußert. Aber die formgeschichtliche Methode schließt seit jeher aus der Stilisierung der Texte auf ihr Publikum; welche der von Herzog genannten Gruppen den Text verstehen konnte, unterliegt keinem Zweifel, nur ist die Opposition literarisch: gläubig falsch, es gibt zu dieser Zeit schon ein traditionell-literarisches und gläubiges Publikum.

[89] Ed. S. Brandt — G. Laubmann, CSEL 27, 1893, 135–147. — Clavis 98; Schaller — Koensgen 4600. — A. Ebert 1889, 97–101; M. Manitius 1891, 44–49; U. Moricca 1925–1934, 2, 2, 817–822; J. Fontaine 1981, 53–66. — J. Hubaux — M. Leroy, Le mythe de Phénix dans les littératures grecque et latin. Bibliothèque de la Faculté de Philosophie et Lettres de l'Université de Liège 1939; A. Rusch, RE XX, 1, 1941, 414–423 s. v. Phoinix 5; C.-M. Edsman 1949; M. Walla, Der Vogel Phoenix in der antiken Literatur und der Dichtung des Laktanz, Diss. Wien 1965 (Dissertationen der Universität 29), Wien 1969 (Kommentar zu unserem Gedicht 148–183); I. Gualandri 1974; S. Issetta, Il De ave Phoenice attribuito a Lattanzio. Civiltà classica e cristiana 1, 1980, 379–405 (Forschungsbericht); A. Wlosok 1982; M. C. Sharp 1985; Herzog/Schmidt 5 (1989), 398–401.

[90] Zweifel an der Autorschaft hat offenbar R. Herzog 1975, XXVII. Dem Laktanz wird das Werk in zwei der drei alten Handschriften zugeschrieben sowie durch Gregor von Tours, De curs. eccl. 12. Zur Autorschaft M. Walla (wie Anm. 89) 119–126, zur Abfassungszeit 131–135.

Die sorgfältige Disposition des Stoffes, so charakteristisch für die lateinische Literatur, zeichnet auch dieses Werk aus. Der Dichter schildert zunächst die Heimat des Phoenix (1–30), sodann seine Lebensweise (51–58), erzählt von Tod und Neuerstehen des Wundervogels in Phoenizien (59–114) und von seiner Heimkehr in sein Ursprungsland (115–160). Mit einer Seligpreisung des Vogels (161–170) endet des Gedicht.

Die Erzählung von Tod und Wiedergeburt des Phoenix hat Laktanz besonders hervorgehoben. Ihr ist der längste Abschnitt des Gedichtes gewidmet (die einzelnen Passagen umfassen 30, 28, 56, 45, 10 Verse), und zudem hat der Dichter sie in die Mitte des Werkes gerückt – 58 Verse gehen ihr voraus, 48 folgen ihr. Diese Raumverteilung ist planmäßig angelegt: Ihr zuliebe hat der Dichter die Beschreibung des Vogels aus dem ersten Teil, wo man sie sinnvollerweise erwarten würde, in den zweiten verlegt und recht unorganisch in die Erzählung von der Heimkehr des Phoenix eingebaut. Der Gedanke der Wiedergeburt findet sich zudem in der Seligpreisung am Schluß wieder. Darüber hinaus bietet er dem Dichter Anlaß zu immer neuen Paradoxa: Der Phoenix stirbt, um zu leben (78), stirbt einen zeugenden Tod (95), lebt, wiederhergestellt durch den Tod (32), sein Nest ist ein lebenspendendes Totenbett (90), ist Grab und Nest zugleich (77).

Vor allem aber ist die Wiedergeburtsidee der Urgrund jener Heiterkeit, die die Stimmung des Gedichtes prägt und uns auch heute noch anmutet. Die Heimat des Phoenix ist ein locus amoenus, wo ewiger Frühling herrscht (2f., 10), wo die Früchte nicht zu Boden fallen (30), eine Ebene, noch über den höchsten Bergen unserer Welt gelegen (58), die vom phaetontischen Brand, von der deukalionischen Flut verschont blieb (11–14), verschont ist von Gewittern, Stürmen, Kälte und Regen (21.24). Sie ist eine Gegenwelt des Lebens zu Vergils Reich des Todes – in ihr fehlen all die Schrecknisse, die Vergils Vorhalle des Hades beherrschen: Krankheit, Alter, Tod, Mordlust, Trauer, Not, Sorge und Hunger (15–20; Aen. 6, 274–277).[91] Das Gedicht ist durchtönt von süßem Gesang (46–50. 56), durchglänzt von der Sonne (35. 41–46) und leuchtenden Farben (123–144), geschwängert von lieblichen Düften (79–88. 113) – selbst die Asche des toten Phoenix duftet nach Weihrauch, Balsam und Myrrhen (119). Es ist eine Sehnsuchtswelt ohne Konflikte, wo Aeolus Winde und Wolken eingesperrt hat (73–76), den Vögeln, die den Phoenix geleiten, Raubgier und Angst vergangen sind, wo der Tod seinen Stachel verloren hat, weil er sich alsbald in neues Leben verkehrt. Freiwillig, in heiterem Einverständnis sucht der Phoenix die Erde auf, wo der Tod regiert, bereitet selbst sein Sterbenest (59–76), legt sich zum Sterben nieder (89f.) und gibt seinen Geist auf.

Wenn Laktanz den Vogel auch nicht ausdrücklich ein Paradigma unserer Wiedergeburt nennt, so beherrscht diese doch derart den Gedankengang und die Stimmung des Gedichtes, daß der Bezug auf uns sich aufdrängt. Intuitiv verstehen wir Heutigen ihn als christlich. Zudem hat die Wissenschaft weitere christliche Züge zu erkennen geglaubt: die viermal wiederkehrende Zwölfzahl (8. 28. 37. 38), die Charakteristik unserer Welt als Reich des Todes (64, s. a. Lakt. epit. 22, 3), den Preis geschlechtlicher Askese (163. 168), in dem das Gedicht gänzlich unvorbereitet ausklingt. Doch abgesehen vom letzten, durch seine Endstellung hervorgehobenen Gedanken, handelt es sich hier

---

[91] Doch ist an keine Bewohner als den Phoenix gedacht (31) – das Fehlen von *Morbi, Senectus, Mors, Metus, Scelus, Cupido, Ira, Furor, Luctus, Egestas, Curae, Fames* (15 bis 20) wirkt dadurch künstlich und ist nur vor dem Hintergrund der Vergil-Imitatio (s. u.) zu verstehen.

um marginale Züge.⁹² Und die Ausdehnung der Phoenixära auf tausend Jahre (59) gilt schon für Martial (5, 7, 2).⁹³

Dagegen wird das kleine Werk außer von der Wiedergeburtsidee von der Sonnensymbolik beherrscht. Die Heimat des Phoenix ist im fernsten Osten gelegen (1), an der Himmelspforte, in nächster Nähe zum Sonnenaufgang (2). Der Vogel lebt im Hain der Sonne (9). Bei der ersten Morgenröte erhebt er sich, wäscht sich und trinkt (35f.). Auf dem höchsten Baum sieht er, nach Osten gekehrt, dem Sonnenaufgang entgegen (41f.). Der Vogel erstrahlt in leuchtenden Farben, in Rot, Gold und Purpur, seine Flügel sind regenbogenfarben, sein Haupt ist rot, geziert mit einer Strahlenkrone (123–140). Die Sonne entzündet das Sterbenest des alten Phoenix (56), und der junge nährt sich vom Tau als Himmelsnektar (111f.). Wenn er flügge ist, bringt er die Asche des alten Vogels nach Heliopolis *(Solis ad urbem)* und legt sie dort auf dem Altar nieder (121f.). Sein Aussehen,⁹⁴ sein Leben, sein Sterben und seine Wiedergeburt sind geprägt durch die Sonne. Mehr noch: Er ist Priester des Sonnenhains (57), dem Phoebus zu dienen ist sein Lebenszweck, dazu hat Mutter Natur ihn erschaffen.

Unschwer ist zu erkennen, daß die Zahlensymbolik in diesen Zusammenhang gehört. Die Zwölf⁹⁵ ist eng mit dem Sonnenlauf verbunden, mit dem Rhythmus des Tages und der Nacht wie dem des Jahres. Der Phoenix verkündet Tag und Nacht die Stunden (55f.), singt also zweimal zwölfmal; monatlich einmal, also zwölfmal im Jahr, bewässert der Lebensquell die Heimat des Vogels, den Sonnenhain (28). Kein Wunder, daß sich in einem Gedicht, das so von der Sonnensymbolik bestimmt ist wie das unsere, die Zwölfzahl verselbständigt: Die Heimat des Phoenix liegt zwölf Ellen über den Gipfeln unserer Berge (8). Im Morgenrot taucht der Phoenix zwölfmal ins Wasser des Lebensquells und trinkt davon (37f.).

Die Drei ist universal heilig und als Divisor auch in der Zwölf enthalten. Der Phoenix grüßt die aufgehende Sonne mit dreimaligem Flügelschlag (53f.).

Der Auferstehungsgedanke und die Sonnensymbolik stehen nicht unverbunden nebeneinander, bringt doch die Sonne immer wieder den Tag herauf und läßt die Nacht sinken, ruft auch die Vegetation hervor und läßt sie vergehen. Sonne und Unsterblichkeit prägen die Heiterkeit des Gedichts.

Die Interpretation des Werkes kreist immer wieder um die Frage, ob es christlich oder heidnisch gemeint sei. Angesichts der religionsgeschichtlichen Situation um die Wende vom 3. zum 4. Jahrhundert scheint mir diese Frage falsch gestellt.

Ein erster Beleg für die Verehrung des Sol invictus in Italien stammt aus dem Jahr 158; nachdrückliche Belebung erfährt der Kult erst ein Jahrhundert später, seit 274

---

⁹² Die Charakterisierung unserer Welt als eine, wo der Tod herrscht (64), ist für die Logik des Gedichts unerläßlich: Wenn schon nicht recht einsehbar ist, wie der Vogel altern kann in einem Land, wo die *aegra Senectus* ihr Recht verloren hat, so kann doch gewiß nichts sterben, wo es die *Mors crudelis* (16) nicht gibt. – Als „völlig christlich" hatte M. Manitius 1891, 46 diesen Zug angesehen.

⁹³ Es läßt sich auch an einen Einfluß von Aen. 6,748–751 denken, wo es heißt, die Seelen würden nach 1000 Jahren in die Oberwelt entlassen. Zum Chiliasmus W. Bauer, RAC 2, 1954, 1073–78.

⁹⁴ Hierzu A. Rusch 416, M. Walla (beide wie Anm. 89) 53–56, 177f.

⁹⁵ Als christlich interpretiert von M. Manitius 1891, 46 unter Hinweis auf die 12 Apostel und Mt. 14, 20; 26, 35; Lk. 2, 42; Joh. 11, 9; Jak. 1,1; Apk. 12, 1; 21,12.21 sowie von M. Walla 149f.

durch Kaiser Aurelian. Für den Sol invictus Mithras finden sich vom 2. bis 4. Jahrhundert Inschriften in allen Teilen des Reiches. Auf römischen Münzen ist die Sonnenpropaganda zumal unter den Kaisern Elagabal, Aurelian, Probus und Konstantin I. verbreitet.[96]

Der Sonnenkult ist eine Mysterienreligion mit Arkandisziplin; ihre tiefsten Geheimnisse waren nur wenigen vertraut. Damit wird uns die Aussage verständlich, einzig dem Phoenix seien die Geheimnisse (*arcana* 58) des Phoebus kund – sie ist keineswegs Ausdruck christlicher Gesinnung.[97] Ebenso wie viele andere Religionen (und der Neuplatonismus) fordert auch der Sonnenkult von seinen Adepten als Garantie der Erlösung Askese, zumal geschlechtliche Enthaltsamkeit, so daß auch die Verse, in denen der Dichter unseren Vogel als Muster der Jungfräulichkeit preist (163–168), keineswegs Ausdruck christlichen Glaubens sein müssen.[98]

Auffällig ist gleichwohl die Junktur *animam commendare* (Lk. 23,46), die sich übrigens auch in den Institutionen des Laktanz findet (4, 26, 32) und in der Variante *spiritum commendare* in einer christlichen Inschrift (CIL XII 483). Da aber die Bibel zu dieser Zeit selbst unter Christen selten gelesen, wenn auch im Gottesdienst regelmäßig gehört wurde, dürfte die Wendung zwar von Bibelkenntnis zeugen, gleichwohl von den Adressaten kaum als Aufforderung zur interpretatio christiana des Ganzen begriffen worden sein.

Immerhin durchdringen sich in der Sonnen- und Phoenix-Symbolik Nichtchristliches und Christliches.

Im letzten Viertel des 3. Jahrhunderts bildete sich ein solarer Synkretismus heraus, in dem sich Magna Mater, Mithras und antike Götter mit der Sonnenverehrung verbanden, dem die Sonne als einziger Gott oder Bild des einzigen Gottes galt, eine Religiosität, zu der sich auch die verschiedensten philosophischen Richtungen verstehen konnten und die zudem in der politischen Propaganda, der der Kaiser als Emanation der Sonne galt,[99] tiefe Wurzeln schlug.[100]

Der um sich greifenden Sonnensymbolik vermochte sich auch das Christentum nicht zu entziehen. Bereits Matthäus (4, 16) hatte Jesaia 9,1 („das Volk, das in der Finsternis saß, hat ein großes Licht gesehen") auf Jesus gedeutet. Clemens von Alexandrien galt Christus als Sonne der Auferstehung, und Firmicus Maternus wird – nicht anders, als im Gewölbe von St. Peter Christos Helios dargestellt ist – Jesus von Lichtglanz umgeben sehen.[101]

---

[96] W. H. Roscher, Ausführliches Lexikon der griechischen und römischen Mythologie 4, Leipzig 1909–15, 1137–53, bes. 1143, 1146, 1149,1150f.; s. a. M. Walla (wie Anm. 89) 107–111.

[97] So hatte A. Ebert 1889, 100 Anm. 3 die Wendung interpretiert, s. aber G. Perler, RAC 1, 1950, 667–675 s. v. Arkandisziplin.

[98] H. Strathmann, RAC 1, 1950, 753–755 s. v. Askese I; G. Delling, RAC 10, 1978, 805 s. v. Geschlechtstrieb. Symbol der Reinheit wird der Phoenix erst bei den christlichen Autoren des 4. Jahrh. Zenon von Verona und Ambrosius, s. CSEL 27,146.

[99] F. Cumont, Die Mysterien des Mithra, Leipzig 1903, 138–142.

[100] Vgl. A. Rusch (wie Anm. 89) 422; C. M. Edsman 1949, 200f.; L. Koep, Die Konsekrationsmünzen Kaiser Konstantins und ihre religionspolitische Bedeutung, in: Römischer Kaiserkult, hrsg. von A. Wlosok, Darmstadt 1978 (Wege der Forschung 372), 509–527; s. a. F. Christ 1938, 68f.

[101] F. Dölger, Sol salutis (Liturgiegeschichtliche Forschungen 4/5), 2. Aufl. Münster 1925,

Den Phoenix finden wir auf christlichen wie paganen Sarkophagen als Symbol der Unsterblichkeit, auf Münzen der Kaiser von Trajan bis Mark Aurel und auf denen der konstantinischen Dynastie. Schon Clemens von Rom (1, 25), Tertullian (de resurr. 13) und dem Physiologus ist der Phoenix Sinnbild der Wiedergeburt.[102]

Wir werden dem Gehalt des Gedichtes kaum gerecht, wenn wir es als kryptochristlich bezeichnen. Vielmehr ist es als Ausdruck des Synkretismus jener Zeit zu verstehen[103]: Sonne, Phoenix, Auferstehung, Jungfräulichkeit, Zwölf und Drei sind nicht rein christlich,[104] sie sind aber auch christlich zu verstehen und zugleich Anhängern anderer Religionen symbolträchtig.

Zunächst mochte angesichts der vielen Widersprüche im krisengeschüttelten Reich ein solcher Synkretismus, der Ausgleich zwischen den Religionen, einer Sehnsucht nach Stabilität entsprechen. Die Sonnensymbolik mochte als erfolgversprechender Ansatz zum Ausgleich von Konflikten erscheinen, wie sich denn auch in der Frühzeit Konstantins Sonnenkult und Christentum wechselseitig durchdringen. Der Synkretismus des Phoenix-Gedichts, die beherrschende Rolle solarer Symbolik und die Erlösungssehnsucht, die sich in der Wiedergeburtsidee ausdrückt wie in der Heiterkeit, mit der von den letzten Dingen die Rede ist, aber auch der Klassizismus, der Stoffwahl und sprachliche Vorbilder bestimmt, sind in diesem Sinne Antworten auf die Herausforderung der Krise.

Zugleich ist das Gedicht nicht nur sublime Widerspiegelung dieser Krise, sondern es hat eine Funktion in ihr, will durch die Bearbeitung eines klassischen Stoffes und in Anlehnung an klassische Vorbilder die traditionell Gebildeten erreichen, unabhängig von ihrem Bekenntnis und ihnen ein *specimen spei resurrectionis* (Tert. de resurr. 13) emotionsgeladen vor Augen führen.

Der hohe Rang des Phoenix-Gedichts wird uns deutlich, wenn wir es mit anderen Gestaltungen der Sage vergleichen. Für Herodot (2, 73) ist der Phoenix eines der heiligen Tiere und mirabilia Ägyptens; von Selbstzeugung ist bei ihm keine Rede. Ovids Pythagoras (Met. 15, 391–407, der größere Zusammenhang 60–478) hebt den Wundervogel ausdrücklich als untypische Erscheinung hervor, als einzige Ausnahme vom allgemeinen Naturgesetz der Seelenwanderung. Für Claudian (c. m. 44), der als aemulatio mit unserem[104a] ein eigenes Phoenix-Gedicht schuf, ist der Vogel ebenso-

---

[373]; Christus als Sonne der Auferstehung 365. – Zur Verbindung von Phoenix und Christentum M. Walla (wie Anm. 89) 111–118, 126–131, 154–157, 186–188.

[102] W. Krause 1958, 61; in der späteren christlich-lateinischen Dichtung bei Commod. c. apol. 139f. sowie Eugen. c. 44.

[103] Ähnlich J. Hubaux – M. Leroy (wie Anm. 89) VIII: „A michemin entre la mythographie paienne et le sentiment chrétien, le Carmen de ave Phoenice apparait comme un document singulièrement révélateur de cette période indécise où la religion de l'empire ... allait céder la plane a de nouvelles conceptions théologiques." – Die geistige Situation der Zeit, in der sich Sonnenkult und Christentum durchdringen, wird deutlich bei H. Usener, Sol invictus, Rhein. Mus. 60, 1905, bes. 465–7, für die Spätzeit Konstantins vgl. L. Koep (wie Anm. 100).

[104] Christlich hat schon Gregor von Tours das Gedicht interpretiert (De curs. eccl. 12). Als christlich haben das Gedicht zuletzt verstanden E. Meßmer 1974, 135f. (s. a. 111), R. Herzog 1975, 166 („gelungener Versuch der christlichen Mythendeutung"), J. Fontaine 1981, 64; A. Wlosok 1982; als nicht christlich H. Hagendahl 1983, 43f.

[104a] Zweifel daran bei I. Gualandri 1974.

wenig Symbol unseres Lebens und Sterbens: Anders als wir, heißt es ausdrücklich (101–104), wird der Vogel wiedergeboren. Bei Laktanz wird die Geschichte vom Vogel Phoenix, die in der Politik und Sepulkralkunst schon vor ihm Symbolwert erlangt hatte, aus dem Bereich des Individuellen, Poetischen und Interessanten auf der Grundlage einer monotheistischen Religiosität in den des Kosmischen, Naturhaften, menschheitlich Archetypischen gerückt und gewinnt damit erheblich an Tiefe und Bedeutsamkeit.

Das Gedicht macht die Vorteile religiöser Deutung mythologischer Stoffe deutlich: Der Dichter konnte die Tradition antiker Dichtung, deren Zentrum die Mythologie bildet, bruchlos fortführen. Der Bezug auf den Mythos ermöglichte nicht nur ein freies Verfahren mit dem Stoff, weil er den Dichter, entsprechend dem antiken Verständnis, zur aemulatio mit früheren Gestaltungen aufrief, sondern forderte durch die Unterwerfung des Stoffes unter die Themen der Wiedergeburt und Askese dessen Umformung auch notwendig heraus. Das machte ein selbständiges Weiterdenken des Mythos nötig und spornte zur sorgfältigen Gestaltung des Gedichtes an. Und der Dichter konnte sich der Sprache lateinischer Poesie und ihrer Topoi bedienen, ohne sie entscheidend umzubiegen:

1. Selbstverständlich sind Bezüge auf die Phoenix-Darstellung bei Ovid zu erwarten; Gedanken und Formulierungen Ovids werden übernommen, ohne umgedeutet zu werden: Phoen. 77 *construit inde sibi seu nidum sive sepulcrum* ∼ Met. 15, 397 *unguibus et puro nidum sibi construit ore* . . . ; 405 *fertque pius cunasque suas patriumque sepulcrum*.

2. Eine besondere Form haben wir in der Übernahme epischer Bauelemente vor uns: Bei der Schilderung der Heimat des Vogels wird ein paradiesischer locus amoenus kurzerhand dadurch geschaffen, daß die vergilische Unterwelt ins Positive verkehrt, all das als fehlend genannt wird, was den Vorraum der Unterwelt schrecklich macht:

>Aen. 6, 273–281 *vestibulum ante ipsum primisque in faucibus Orci*
>*Luctus et ultrices posuere cubilia Curae,*
>*pallentesque habitant Morbi tristisque Senectus*
>*et Metus et malesuada Fames et turpis Egestas,*
>*terribiles visu formae, Laetumque Labosque;*
>*tum consanguineus Leti Sopor et mala mentis*
>*Gaudia, mortiferumque adverso in limine Bellum*
>*ferreique Eumenidum thalami et Discordia demens,*
>*vipereum crinem vittis innexa cruentis.*

>∼ Phoen. 15–20 *non huc exsangues Morbi, non aegra Senectus*
>*nec Mors crudelis nec Metus asper adest*
>*nec Scelus infandum nec opum vesana Cupido*
>*aut Ira aut ardens caedis amore Furor;*
>*Luctus acerbus abest et Egestas obsita pannis*
>*et Curae insomnes et violenta Fames.*[105]

Der Dichter bedient sich hier künstlerischer Verfahren, die in der lateinischen Dich-

---

[105] Vgl. zur Stelle auch P. Courcelle 1955, 16 Anm. 3 (Courcelle diskutiert ausführlich nur Vergilstellen bei Prosa-Autoren). Chr. Gnilka 1963, 31 Anm. 4 versteht die Substantiva richtig als Personifikationen.

tung schon längst geübt worden waren; unsere Vergilstelle war schon vorher von Petron in seinem Bürgerkriegsgedicht (254–263) genutzt worden, auch von Silius Italicus im Punischen Krieg (17, 581–587), und Claudian wird sie wieder verwenden (Rufin. 1, 29ff.). Sie ist ein charakteristisches Beispiel, aus dem das Wesen der lateinischen Epensprache erhellt, die ja nicht durch Imitation einzelner Autoren formiert wird, sondern aus einem gattungsgemäßen Reservoir von Wörtern, Junkturen, Bildern, Vergleichen und Handlungselementen schöpft, die vor dem schaffenden Autor nicht nur von einem, sondern von mehreren Dichtern benutzt worden sind, so daß sich häufig die „Quelle" nicht mit einem Namen benennen läßt.[106]

Das Besondere unserer Passage ist die Umkehrung einer Welt des Schreckens ins Idyllische.

3. Die „Aufhebung" des alten Phoenix im neuen kleidet der Dichter in Worte ähnlich denen, die Ovid Pythagoras zur Erklärung des Gedankens der Seelenwanderung in den Mund legt:

> Met. 15, 170ff. *nec manet ut fuerat nec formas servat easdem,*
> *sed tamen ipsa eadem est, animam sic semper eandem*
> *esse, sed in varias doceo migrare figuras.*
> ∼ Phoen. 169 *ipsa quidem, sed non eadem est, eademque nec ipsa est ...*

Ein spiritueller Vorgang wird veräußerlicht.

Kurz vor der Phoenix-Stelle gedenkt Ovid der Seidenraupe:

> Met. 15, 372f. *quaeque solent canis frondes intexere filis*
> *agrestes tineae ...*
> *ferali mutant cum papilione figuram.*

Diese Verse nutzt Laktanz, um ein Gleichnis für die Entwicklung des jungen Phoenix aus der Asche des alten zu bieten: Wie der Schmetterling der Seidenraupe deren Gespinst durchbricht, so der Phoenix die Schale seines Eies. Das Wörtliche beginnt sich ins Metaphorische zu wenden.

Merkwürdig berührt es uns, wenn Laktanz bei der Verdeutlichung des geschlechtslosen Zustandes des Phoenix, der sich in reiner Keuschheit selbst wiedergebiert, Ovidverse verwendet, die in den Metamorphosen das Zwitterwesen beschreiben, das aus dem Hermaphroditen und der Nymphe Salmacis entstand (Phoen. 163f. ∼ Met. 4, 373f.) – die Ovidpassage wird umgebogen.

Was uns jedoch als weiterer poetischer Vorzug erscheinen könnte, die komplexe Bedeutung des Gedichts, ist, gemessen an der historischen Aufgabe, gerade sein entscheidender Schwachpunkt. Die christliche Poesie durfte einen Weg wie diesen nicht gehen. In einer Zeit, da Christentum und Kult des Sol invictus im Streit lagen, konnte christliche Dichtung nicht über die zentralen Glaubenswahrheiten schweigen, durfte sie sich nicht in Zweideutigkeiten bewegen, die Christen wie Nichtchristen das Ihre geben konnten; ein Lebensrecht hatte sie nur, wenn sie mithalf, den neuen Glauben zu verbreiten und zu festigen. Den Weg der Allegorisierung antiker Mythen hat sie

---

[106] W. Kroll 1924, 150: „... oft wäre es dem einzelnen wohl schwer geworden anzugeben, wessen Schuldner er eigentlich ist." Ähnlich H. Hagendahl 1958, 382–389; P. G. van der Nat 1963, 23: „litterair idioom, dat in de loop der traditie gegroeid was"; R. Herzog 1975, 197: „ein zur sprachlichen Verfügbarkeit reduziertes metrisches Ausdrucksinstrumentarium".

denn auch trotz aller Bereitschaft, diese Tradition fortzuführen, nicht beschritten.[107] In dieser Hinsicht hat sie energisch mit der antiken epischen Tradition gebrochen.

2.2.3. Laudes Domini[108]

Ist das Gedicht vom Vogel Phoenix ein Beispiel religiös interessierter scrutatio eines antiken Mythos, dem gewisse dogmatische Züge abgewonnen werden (Wiedergeburt, Askese), so bezeichnen die Laudes Domini (zwischen 316 und 323, v. 143.148, in Gallien, v. 7–9, entstanden[109]) den eigentlichen Einsatz christlicher Kunstdichtung.

In diesem Gedicht, das in 148 Hexametern überliefert ist, bricht ein Christ energisch mit der stofflichen Tradition antiker Dichtung. Er erzählt: Im Haeduerland lebte ein Paar in glücklicher, gottgesegneter Ehe. Zuerst starb die Frau. Ihr trauernder Gatte ließ einen Sarkophag für sie und sich hauen, damit beide im Tode auf ewig vereint seien. Die Gattin fühlte dies. Ihre Arme waren durch Leichenbinden fest an den Leib gebunden. Als aber der Mann starb und zu ihr gebettet wurde, da ergriff die Gattin gleichsam grüßend die Hand des Verblichenen.

Diese Wundergeschichte füllt lediglich 25 der 148 Verse. Und sie wird nicht um ihrer selbst willen erzählt. Sie ist nur ein Anstoß, der den Dichter wie den Hörer stutzen macht oder doch machen soll und seine Gedanken in Bewegung setzt. Der Autor rahmt sie durch je drei Fragen und eine Aussage, die sie ins Allgemein-Bedeutsame heben.

Bereits die Eingangsverse (1–6) charakterisieren die Erzählung als ein exemplum. In drei steigernden Fragen (zwei Interrogativsätzen zu je einem Vers, einem von zwei Versen) wird die Vermessenheit menschlichen Urteilens über das Walten Gottes gezeigt (1–4): Wer wagt es, an Gottes Willen Menschenmaß anzulegen, zu glauben, rasch müsse geschehen, wofür lange Zeiträume vorgesehen sind? Es sind dies rhetorische Fragen, die in einer These aufgelöst werden: Ein Geschehnis lehre uns, daß das Weltende unmittelbar bevorsteht (5–6). Dies Geschehnis ist unser Wunder, das nun erzählt wird.

An die Erzählung knüpft sich die – wiederum steigernd (zwei Fragen von je einem Halbvers, eine von einem Vers, 32. 33) – variierte Frage nach dem Urheber des Wunders. Und wieder thesenartig wird die Antwort gegeben in einer Apostrophe: Du, Christus, hast das Wunder gewirkt.

Beide Thesen – die Urheberschaft Christi und der Sinn des Geschehens – werden zunächst weiter erläutert. So könnte das Gedicht hier enden. Die Apostrophe jedoch öffnet das Gedicht für immer neue Aussagen, die Wesen und Handeln Christi vom Weltbeginn an feiern.

---

[107] Der Versuch von E. Rapisarda, La tragedia di Oreste, Catania 1951, die anderthalb Jahrhunderte später entstandene Orestis tragoedia des Dracontius christlich zu interpretieren, ist mißlungen.

[108] Clavis 1386; Schaller-Koensgen 13691; M. Manitius 1891, 42–44; W. Brandes, Über das frühchristliche Gedicht 'Laudes Domini', Progr. Braunschweig 1887; P. van der Weijden, Laudes Domini, Amsterdam/Paris 1967; R. Peiper, Zs. f. österr. Gymnasien 14, 1890, 106–109; I. Opelt, Romano-Barbarica 3, 1978, 159–166; M. Cerretani, Il poemetto anonimo Laudes Domini, Diss. Perugia 1984; Herzog/Schmidt 5 (1989), 330 f.

[109] W. Brandes 18–21 zur Datierung; 21–25 zur Autorschaft.

Die Reihung apostrophischer Aussagen führt zugleich zu einer Steigerung des Ausdrucks ins Hymnische. Dieser Gestus, verbunden mit dem Thema des Wirkens Christi seit dem Schöpfungsakt, bringt zugleich den Kernpunkt aller Dogmatik, die Christologie, ins Gedicht ein, die sich hier noch in einer Bestimmung des Verhältnisses von Gott und Christus erschöpft: *tu Christe deus* (34); *incorrupta dei suboles rectorque regentis, /quo sine nil magnum genitor deliberat ingens* (37f.); *en quidquid caelo radiat, tua dextera finxit, /his aulam domini placuit contexere pictis* (59f.); *sed pater ille ... te misit dominum terris ...* (89, 90, s. a. 97f.). Später, bei Marius Victorinus, Hilarius von Poitiers, Ambrosius, wird das trinitarische Dogma Zentralthema christlicher Hymnendichtung sein.

Die Aussagen konzentrieren sich auf vier Abschnitte der Weltgeschichte: die Genesis (39–85), Geburt, Erdenwandeln und Himmelfahrt Christi (89–127), die Gegenwart (143–148) und das Jüngste Gericht (128–135). Auf diese Weise wird das Sein vom Anfang bis zum Ende der Zeiten als Einheit faßbar. Diese Einheit stellt sich dem Leser wesentlich dar als Einheit von Genesis und Leben Jesu, von alt- und neutestamentarischer Geschichte, die später teils getrennt (Juvencus, Heptateuchdichter), teils vereint (Proba, Sedulius) zentrale Stoffbereiche christlicher Kunstdichtung werden sollten.

Im Zusammenhang mit der Lebensgeschichte Jesu greift der Dichter implizit durch Leitwörter auf die einführende Wundererzählung und ihren Rahmen zurück (*Quis dedit affectum tumulo* 32 ~ *indicis sensum tumulis* 117; *paulatimque doces sopita resurgere membra* 35 ~ *membra iubes iterum superas consurgere in auras* 118). Er deutet die Wunderheilungen Jesu an und die Totenerweckungen und weist auf ihren Sinn: Jesus wollte den Menschen Gottes Willen übermitteln, und um sie auf den rechten Weg zu führen, heilt er die Kranken, macht Blinde sehen, ja in einer äußersten Anstrengung, die Verblendeten zu bekehren, erweckt er Tote zum Leben.

Damit werden die Thesen von der Urheberschaft Jesu für das gallische Wunder und von dessen Sinn, das Gericht anzukündigen, aufgegriffen. Das Geschehen im Haeduerland steht funktional in einer Reihe mit den Wundern Jesu, die er vollbracht hat, *ut missa deo penitus praecepta paterent* (112). Das ist zu der Zeit, da der arianische Streit in seine erste Phase (318–325) trat, eine wichtige Argumentation: Die Christologie des Dichters beschränkt sich nicht darauf, die Göttlichkeit Jesu aus seinen Wundern zu enthüllen, wie das der theologisch ungeschulte Arnobius tat und wie es Endelechius (De mortibus boum) und Sedulius in seinem Doppelwerk ein Jahrhundert später, als die katholische Christus-Lehre gesichert war, ohne Schaden zu stiften, tun werden; Wunder decken für unseren Dichter nicht das Wesen Jesu auf (vgl. Mt. 24, 24!), sondern sie waren in seinem Erdenleben lediglich Mittel zu einem höheren Zweck, sie gaben den Ungläubigen Hinweise auf die Gottgesandtheit Jesu, und so – dürfen wir ergänzen – macht auch das neuerliche Wunder die Allgegenwart des Herrn augenfällig für den, der sie in all dem Wunderbaren, das ihn tagtäglich sichtbar umgibt, nicht zu erkennen vermag.

Der erzählende Teil ist demnach nur ein exemplum, das den Dichter veranlaßt, die Laudes Domini zu singen, die Welt betrachtend ins Auge zu fassen und alles auf ihr als Geschenk Gottes zu begreifen: Jesu und seines Vaters Macht, Milde und Weisheit als Weltschöpfer (39–85),[110] aber auch das Leben des Herrn als Erlösungstat (86–135).

---

[110] So gliedert R. Peiper die Verse 39–85.

Unser Autor hat damit für die christliche Dichtung eine Konzeption entwickelt, die sich als fruchtbar erweisen sollte: Nicht das einzelne Ereignis, das Konkretum ist wichtig, sondern seine Deutung. Das Ereignis drängt den Gläubigen (und den gläubigen Dichter) zur Betrachtung Gottes, und die Betrachtung Gottes lenkt zurück auf das Verstehen des übrigen Seins. Das hat Folgen auch für die Struktur der Dichtung: Ihr erzählender Teil ist nur Ausgangspunkt, führt hinauf zu einem lyrisch-hymnischen, in dem die freie Assoziation alles Seienden möglich wird, weil alles Seiende als Gottes Schöpfung in gleicher Beziehung zu Gott und daher auch gleichrangig nebeneinander steht. Diese „ins Gebethafte gehende... Ausdeutung"[111] wird dann auch in der Exegese des Wunders (33–135) in die Form ostinater Apostrophe Jesu gekleidet. Diese Anrufung geht am Schluß unmerklich in ein allgemeines Dankgebet für alle Gnaden über (136–142).

Mit einem scharf trennenden *At nunc* (143) werden wir in die Gegenwart zurückgeführt. Sie ist nicht chronologisch in den Lauf der Zeiten eingeordnet, sondern Ausgangspunkt und Ziel des Gedichtes. Der Autor aktualisiert die panegyrische Erwähnung des Augustus am Ende der Georgica Vergils (4, 559–566) und wendet sie inhaltlich wie funktional ins Christliche. Überraschend klingt das Gedicht in einem fürbittartigen Dank aus dafür, daß Christus dem Dichter gewährt hat, unter Konstantin zu leben; es endet mit Worten, die an Horazens Preis des Augustus (c. 4, 2, 37–40) anklingen und damit den Leser das dort beschworene Goldene Zeitalter assoziieren lassen: *hoc melius fetu terris nil ante dedisti / nec dabis* (147f.).

Damit nimmt der Anonymus am Ende seines Preisgedichtes auf Gottes Güte und Weisheit die Verbindung von orthodoxer Kirche und Staatsmacht in die Dichtung hinein; Juvencus wird ihm darin folgen, und der Preis des Herrschers wird bei ihm jenen „Schimmer römisch-imperialer Repräsentation"[112] in die Bibelepik bringen, der für sie bis zu Vida charakteristisch bleiben sollte.

Zugleich wird der Aufbau des Gedichtes durchsichtig: Er lehnt sich an keine antike, sondern an eine typisch christliche Form an, die Predigt. Einleitend wird ein exemplum geboten, den Hauptteil macht dessen Ausdeutung aus, mit einer Fürbitte schließt sie.[113]

Der Dichter der Laudes Domini begründet jedoch nicht allein in Ideologie, Welt-Anschauung und -Deutung, in Gestus, Funktion und Struktur Wesenszüge christlich-lateinischer Dichtung; er leistet auch für die christliche Überformung der lateinischen Dichtersprache Beispielgebendes. Als Kind der gallischen Rhetorenschule, für deren Klassizismus die Panegyrici Latini, Angehörige der gleichen Generation wie unser Dichter, Zeugnis ablegen, führt er den Hexameter in die christliche Dichtung ein und stellt damit die Verbindung des Christentums zur lateinischen Dichtersprache gültig her.
1. Für die Nennung der irdischen Gaben Gottes: den Sternenhimmel, das Meer, die Erde mit ihren Wäldern und Weingärten können problemlos gültige Formulierungen zumal aus den Eclogen und den Georgica Vergils herübergenommen werden:

  ecl. 9,43   *insani feriant sine litora fluctus*
  Laud. Dom. 41 *planaque montanos includunt litora fluctus*
  georg. 2, 289 *vitem committere sulco* (s. a. 1, 223)
  Laud. Dom. 44 *committunt semina sulcis.*

---

[111] M. Wehrli 1963, 270.   [112] M. Wehrli 1963, 268.
[113] F. Stella 1988, 264, deutet die Laud. Dom. als Laus, d. h. als Enkomion.

Ähnlich verfährt der Dichter 70f. (~ecl. 9, 42), 75f. (ecl. 7,13; georg. 2, 328), 84 (georg. 4, 12) und 49 mit einer Lukrezstelle (1, 4).
2. Vergil versichert den Maecenas nach einer Formel Homers (Il. 2,489) in Worten des Ennius (ann. 561f. V.), die Hostius aufgegriffen hatte (FPL Büch. fr. 3), seiner Unfähigkeit, den Weinbau umfassend darzustellen. Wer sich anschickt, die Schöpfung zu preisen, hat ein weit größeres Recht, zu betonen, daß sein Vorhaben menschliches Leistungsvermögen übersteigt; die gnomische Formulierung des Unsagbarkeitstopos[114] bei Vergil kann übernommen werden:

> georg. 2, 42–44 *Non ego cuncta meis amplecti versibus opto,*
> *non, mihi si linguae centum sint oraque centum*
> *ferrea vox.*

Fast dieselbe Formulierung legt Vergil dem Aeneas in den Mund, als dieser von der Unterwelt berichten soll:

> Aen. 6, 625–627 *Non mihi si linguae centum sint oraque centum*
> *ferrea vox, omnis scelerum comprendere formas*
> *omnia poenarum percurrere nomina possim.*

Die Formulierung griff Ovid mehrfach auf (Met. 8, 533–535; trist. 1, 5, 53–56, angedeutet fast. 2, 119–121), und nun finden wir sie in unserem Gedicht:

> Laud. Dom. 86–88 *Non ⟨ego⟩, ferrato tegerer si viscera muro* (Ov. Met. 8, 532)
> *ferrea vox linguaeque forent mihi mille canenti,*
> *munera cuncta queam vestrae pietatis obire.*[115]

3. Ein auf Maecenas zielender Vergil-Vers wird auf Christus gemünzt:

> georg. 3, 42 *Te sine nil altum mens inchoat*
>> (ohne deinen Beistand, Maecenas, wage ich mich an kein großes Thema);

~ Laud. Dom. 38 *quo sine nil magnum genitor deliberat ingens.*
Es wird also eine Formulierung Vergils, die auf einen Menschen, nicht auf antike Götter zielt, sofern sich das anbietet, auf den Christengott bezogen und damit spiritualisiert. Er ist *secreta in sede locatus* (89) wie Helena (Aen. 2, 568) und *nec cuiquam visu facilis* (90) wie der Zyklop (Aen. 3, 621).
4. Weit bedeutsamer jedoch ist, daß Wörter und Junkturen, die pagane Mythologica bezeichnen, durch die Herauslösung aus dem alten Kotext entweder soweit entideologisiert oder semantisch neutralisiert (gewissermaßen lexikalisiert) worden sind, daß sie durch die Einbindung in einen neuen Kotext eine neue aktuelle, christlich ideologisierte Bedeutung erhalten können oder antike Gedanken ins Christentum einbringen – Verfahren, die später zumal im Cento Probae bedeutsam werden sollten.

Christus zeigt seine Macht – nicht anders als der vergilianische Jupiter – durch das Schleudern von Blitzen:

---

[114] Zum Unsagbarkeitstopos K. Thraede 1961, 122, der ihn als unepisch bezeichnet; so richtig das im Prinzip ist, hat er doch, wie sich zeigt, seit Homer Heimatrecht in der antiken Epik.
[115] S. auch Sil. Ital. 4, 525–527; die Vergilstellen bei Lact. mort. persec. 16, 2, mehrfach bei Hieronymus, s. H. Hagendahl 1958, 306; Paulinus von Nola c. 21, 352; Claud. Olybr. 55; Sedul. c. pasch. 1, 99; ironisiert bei Pers. 5,14; umgebogen die Stelle bei Apul. florid. 6 im Sinne von „hundert Mündungen" des Ganges.

> Aen. 4, 208 *cum fulmina torques* (Anrede an Jupiter, s. a. 11, 566)
> ~ Laud. Dom. 101 *qualis es, ingenti cum torques fulmina dextra.*

Als biblische Anregung ließe sich hier auf die Blitze verweisen, die von Gottes Thron ausgehen: Apc. 4, 5 *de throno procedebant fulgura.*

Unser Dichter zögert nicht, Epitheta heidnischer Helden und Götter auf den Christengott zu übertragen. So übernimmt der Christengott Funktionen des Totenrichters Minos:

> Aen. 6, 431 f. *nec vero hae sine sorte datae, sine iudice sedes:*
> *quaesitor Minos urnam movet* . . .
> ~ Laud. Dom. 3 *quis fine humano metitur iudicis urnam*
> *perpetui* . . .

Obgleich die Schicksalsurne keinen Platz in der christlichen Gottesvorstellung hat, wird diese Übernahme erleichtert durch biblisches Wort- und Gedankengut, das das Richteramt Gottes und seines Sohnes betont (Is. 33, 32 *Dominus enim iudex noster;* Apg. 10, 42 *constitutus est a Deo iudex vivorum ac mortuorum;* II. Tim. 4, 8 *Dominus in illa die iustus iudex*).

Ähnlich werden andere antike Bilder ins Christliche eingepaßt: Das von den Toren des Todes ist ein schon alttestamentarisches (Iob 38, 17; Ps. 9, 14); so kann unser Dichter (*reserata est ianua leti* 28) einen Aeneisvers in diese Richtung biegen (2, 661 *patet isti ianua leto,* s. schon Lucr. 5, 373). Auch der Gedanke des Lohnes für Sünde oder Frömmigkeit kann problemlos in vergilianische Worte gefaßt werden (5 ~ Aen. 2, 537).

Die Vorstellung aber, der Tote sei ein Schatten, ist nicht biblisch: Sie wird dennoch aus Ovid geholt (33 ~ Ov. Met. 11, 660 *coniugis umbram*) und antikisiert damit die christliche Todesidee.

5. Die Umbiegung antiker Gedanken fällt am deutlichsten ins Auge, wo polytheistische Wendungen in monotheistische dadurch umformuliert werden, daß der Dichter den Plural „Götter" durch den Singular „Gott" ersetzt: georg. 4, 448 *deum praecepta secuti* > Laud. Dom. 19 *post praecepta dei* (s. auch ecl. 4, 49 ~ Laud. Dom. 37).

Die Bedeutung der vierten Ekloge Vergils für die christliche Vergil-Interpretation wurde schon hervorgehoben; aus diesem Geist heraus kann dann ein Vers aus ihr umgebogen werden:

> ecl. 4, 49 *cara deum suboles, magnum Iovis incrementum*
> ~ Laud. Dom. 37 f. *incorrupta dei suboles rectorque regentis,*
> *quo sine nil magnum genitor deliberat ingens;*

als Zwischenstufe kann man ansehen

> Cir. 397 *cara Iovis suboles, magnum Iovis incrementum.*

Die Gottessohnschaft Jesu ist für diese Übernahme selbstverständliche Voraussetzung.

All diese Erscheinungen kennen wir aus der Behandlung der Klassikerzitate durch Laktanz. Hier werden sie erstmals in der christlichen Dichtung praktiziert. Den von unserem Anonymus eingeschlagenen Weg hat Juvencus als richtig erkannt und ist ihn entschlossen weitergegangen.[116]

---

[116] Den Nachweis, daß Juvencus die Laudes Domini kannte, hat M. Manitius in seiner Rezension zu Brandes, Wochenschr. f. klass. Philol. 5, 1888, 16—19 geführt, s. u. Anm. 119.

Das historische Verdienst des Galliers ist es, die Möglichkeit christlicher Dichtung realisiert zu haben, die Laktanz nur ahnend ins Auge gefaßt hatte. In einer Beziehung sollte er etwa 80 Jahre lang – bis zu Prudenz – ohne Nachfolge bleiben: Er übersetzte die Predigt, eine Gattung, die aus einer spezifisch christlichen Kommunikationssituation, dem Gottesdienst, erwachsen war, ins Poetische, während in der Folgezeit im nichtliturgischen Bereich antike Formen christianisiert wurden. War auch seine Wundererzählung nicht unbedingt christlich (sie hätte auch in einer paganen Dichtung als Prodigium stehen können), so hat es der Anonymus doch vermocht, durch Reliefgebung, durch die Herausarbeitung des Hintersinns der Vordergrundhandlung sowie durch die Einbettung ins Heilsgeschehen des Alten und des Neuen Testaments sie ins spezifisch Christliche zu transponieren. Damit hat er zugleich die Bauform der Exegese ins Dichterische gewendet. Auch darauf griffen erst spätere Dichter zurück. Diese Struktur führte kompositorisch dazu, daß die narrativen Passagen in ihrer Bedeutung abgewertet, die explikativen aufgewertet wurden; denn der Vorgang wurde als Zeichen eines nicht erzählbaren Höheren dargeboten. Eine Technik freien Assoziierens wurde möglich, weil die verschiedenen Zeichen alle auf das gleiche Bezeichnete weisen, das ihre Einheit stiftet. Zugleich wurde eine Lebensfunktion christlicher Dichtung gewonnen, wurde Glaubenspropaganda als Meditatives (auf seiten des Dichters) und als Erbauliches (auf seiten des Hörers) in die Dichtung eingebracht. In engem Zusammenhang damit konnte der Anonymus den Gestus der epischen Dichtung, das Erhabene, durch den des Hymnischen ersetzen. So hat der Gallier Grundzüge christlichen Dichtens geschaffen. Die Aufgabe aber, die Laktanz gesehen hatte: dem Gotteswort einen auch den Nichtchristen beglückenden Glanz zu verleihen, hat er nicht gelöst. Sie sollte ein Jahrzehnt später Juvencus in Angriff nehmen.

2.3. *Juvencus: Evangeliorum libri IV* [117]

Mit Gaius Vettius Aquilinus Juvencus (um 330[118]) tritt erstmals ein Spanier in die Geschichte der christlich-lateinischen Literatur ein. Er hat sich nicht – wie Porfyrius – mit der christlichen Einfärbung herkömmlicher Herrscherpanegyrik zufrieden-

---

[117] Clavis 1384; Schaller-Koensgen 7777; 14 271. Editionen: K. Marold, Leipzig 1886; J. Huemer (CSEL 24), Prag/Wien/Leipzig 1891; mit deutscher Übersetzung und Kommentar A. Knappitsch, Progr. Graz 1910–1913. Kommentare zu Buch I H. H. Kievits, Diss. Groningen 1940; zu Buch II J. de Wit. Diss. Groningen 1947. – A. Ebert 1889, 114–118; M. Manitius 1891, 55–61; W. S. Teuffel 1913, § 403, 4–6; Schanz-Hosius § 855; U. Moricca 1925–1934, 2, 831–839 (stark abhängig von M. Manitius); A. G. Amatucci 1955, 117–122; K. Thraede 1962, 1022f.; P. G. van der Nat 1963, 25f.; G. E. Duckworth 1967, 124–150; Ch. Witke 1971, 198–206; R. Herzog 1975, XLV–XLIX, 52–154 und passim; D. Kartschoke 1975, 32–84, 85–87; J. Fontaine 1981, 67–80; M. Roberts 1985. – K. Marold, Über das Evangelienbuch des Juvencus in seinem Verhältnis zum Bibeltext, Zs. f. wiss. Theol. 33, 1890, 329–341; J. T. Hatfield, A Study of Juvencus, Diss. Baltimore 1890; H. Widmann, De Gaio Vettio Aquilino Juvenco carminis evangelici poeta et Virgilii imitatore, Diss. Breslau 1905; H. Nestler, Studien über die Messiade des Juvencus, Diss. München 1910; C. Weyman 1926, 21–28,133f.; N. Hansson, Textkritisches zu Juvencus. Mit vollständigem Index verborum, Lund 1950; M. Donnini, Annotazioni sulla tecnica parafrastica negli Evangeliorum libri di Giovenco, Vichiana 1, 1972, 231–243; ders., Un aspetto della espressività di Giovenco: l'agettivazione, Vichiana 2, 1973, 54–67; I. Opelt, Die Szenerie bei

gegeben, hat nicht – den Spuren des Laktanz folgend – religiös interessierte scrutatio antiker Mythen ins Christliche gehoben, hat auch nicht – wie der Dichter der Laudes Domini – Wundergeschichten erzählt und christlich gedeutet.[119]

Vielmehr hat Juvencus im Sinne – wenn nicht gar entsprechend den Anregungen – des Laktanz die schlichte Sprache der Bibel in die *ornamenta terrestria linguae* (4, 805) gehüllt. Dafür hat er den Hauptteil der christlichen Bibel, die Evangelien, ausgewählt. Doch wäre Juvencus als Häretiker geendet, wenn er den evangelischen Bericht etwa als livianisch-annalistisches Geschichtswerk, als sallustianische Monographie, als suetonische Biographie gefaßt, jedenfalls in eine Form antiker Kunstprosa umgesetzt hätte. Denn diese Arbeit hätte notwendig als Gegenevangelium oder als Versuch der Verweltlichung des heiligen Textes begriffen werden müssen. So nahm er eine andere traditionelle Struktur auf, die dem Gegenstand angemessene Würde und sprachliche Schönheit, aber auch hinreichende Distanz zur Form der Evangelien bewirkte. Eine Großform mußte es sein. Und so lag, wenn sich denn die Prosa von selbst verbot, eine hexametrische Dichtung als praktikabler Weg nahe.

2.3.1. Prooemium und Epilogus: Reflexion über Dichtung und christliches Dichtertum[120]

Über sein Vorhaben gibt sich Juvencus in poetologischen Reflexionen Rechenschaft. Er konzentriert sie nicht, wie in der epischen Tradition üblich, im Prooemium, sondern teilt sie auf – angeregt wohl durch den Ausklang der Georgica (4, 559–562) und der

---

Juvencus. Ein Kapitel historischer Geographie, Vigiliae Christianae 29, 1975, 191–207; V. Rodríguez Hevia, Las fórmulas de transición en Juvenco, Studia Philologica Salmanticensia 5, 1980, 255–271; J. Rollins, The Parables in Juvencus' Evangeliorum libri IV. Diss. Liverpool 1984 (masch.); G. Simonetti Abbolito, Osservazioni su alcuni procedimenti compositivi della tecnica parafrastica di Giovenco, Orpheus, n. s., 6, 1985, 304–324; Ch. Ratkowitsch, Vergils Seesturm bei Juvencus und Sedulius, JbAC 29, 1986, 40–58; G. Simonetti Abbolito, I termini 'tecnici' nella parafrasi di Giovenco, Orpheus, n. s., 7, 1986, 53–84; P. Flury, Juvencus und Alcimus Avitus, Philologus 132, 1988, 286–296; Herzog/Schmidt 5 (1989), 331–336.

[118] Die Zeit des Juvencus ergibt sich aus Hieron. chron. ad ann. 329/330 *Iuvencus presbyter, natione Hispanus, evangelia heroicis versibus explicavit*. In vir. ill. 84 schreibt Hieron. nur *sub Constantino principe*, wozu man vgl. Juvenc. 4, 806–808. Über seine Familie K. F. Stroheker 1965, 58f., 69.

[119] Zum Verhältnis Porfyrius – Juvencus verweist C. Weyman 1926, 27f. auf zwei Similien: Optat. Porfyr. (ed. Kluge) c. 3, 27 ~ Juvenc. 1, 684; Optat. Porfyr. c. 8, 22 ~ Juvenc. 1, 590. Beide Gedichte des Porfyrius sind nicht datierbar, doch „möchte man ... wohl eher den Juvencus als den imitator betrachten..." H. H. Kievits (wie Anm. 117) 32 merkt zur praef. 11 den gleichen Hexameterschluß *(gloria vatum)* bei Optat. Porfyr. 7, 8 an, weist aber auch auf *gloria vatis* Mart. 10, 103, 3 hin. – Zum Verhältnis des Juvencus zu den (früheren) Laudes Domini führt M. Manitius 18 Similien an; Huemer (wie Anm. 117) hat in seinen Apparat nur das Simile Laud. Dom. 5 *meritis qui praemia reddat* ~ Juvenc. 4, 303 *meritis sua pr. reddit* aufgenommen (überzeugend trotz Verg. Aen. 2, 537 und Sil. 4, 789). Die Vertrautheit des Juvencus mit den in Mittelgallien entstandenen Laud. Dom. könnte ein weiterer Hinweis auf die Verbindung des Spaniers mit Gallien sein.

[120] Zum Prooem H. H. Kievits (wie Anm. 117) 31–35; Chr. Mohrmann 1961, I 9, 180.

Laudes Domini (143—148) in einem panegyrischen Epilog auf die Friedensmission des Augustus bzw. Konstantins – zwischen Anfang und Schluß des Werkes (praefatio; 4,802—812). Sie rahmen das Gedicht und sind damit ein einheitstiftendes Element. Der Gedankengang der sog. Praefatio[121] ist der folgende: Nichts Bleibendes gibt

K. Thraede 1962, 1022; Ch. Witke 1971, 199—203; P. G. van der Nat, Die Praefatio der Evangelienparaphrase des Juvencus, in: Romanitas et Christianitas, Amsterdam/London 1973, 249—257; F. Quadlbauer, Zur 'invocatio' des Juvencus (praef. 5—27), Grazer Beiträge 2, 1974, 189—212; R. Herzog 1975, XLV—XLIX, 68 Anm. 102; D. Kartschoke 1975, 56—59; P. Klopsch 1980, 1—36; F. Murru, Analisi semiologica e strutturale della praefatio agli Evangeliorum libri di Giovenco, W. St. 93, 1980, 133—151; J. Fontaine 1981, 72—77.

[121] R. Herzog 1975, 68 Anm. 102 betrachtet die Praefatio des Juvencus als Prooemium im herkömmlichen Sinne (über epische Prooemien G. Engel 1910), d. h. als Buch I zugehörig, nicht von ihm abzutrennen. Richtig ist, daß der Codex antiquissimus atque praestantissimus C (Anfang 8. Jahrh.), der dem recht frühen (5./6. Jahrh.) und guten Archetypus ziemlich nahe steht, keinen Einschnitt zwischen Praefatio und Buch I kennt, sondern nur einen zwischen der mit Sicherheit nichtjuvencanischen „Praefatio I" und der Praefatio des Juvencus; beachtenswert ist zudem, daß auch der sehr vertrauenerweckende Codex Av und die mit ihm verwandten Codices E H S den Text zusammenhängend bieten. Andererseits gehören zu allen anderen Handschriftenfamilien solche Codices, in denen entweder vor oder nach der Praefatio diese als *praefatio* oder *prologus* bezeichnet wird oder nach der Praefatio der Buchbeginn von Buch I gekennzeichnet ist. Im Gegensatz zu den Darlegungen Herzogs spricht also der handschriftliche Befund nicht eindeutig gegen eine Trennung von Praefatio und Buch I durch Juvenc., s. die wohl aus dem 8. Jahrh. stammende Hs. M (Vp s. VIII setzt ein mit I 615, A s. VIII/IX mit III 1), die aus dem 9. Jahrh. stammenden Hss. Al C_2P_2 RP (L setzt ein mit I 145), die aus dem 9./10. Jahrh. stammenden Hss. B Bb Ma V_2 (K_1 K_2 T trennen Praef. und Buch I offenbar nicht, sind aber relativ eng verwandt mit Bb) und die Hss. des 10. Jahrh. Ca C_3 Hl (geschlossen bieten den Text Ph, verwandt mit V_1 Mp Ma Hl; Sg Mb, verwandt mit Bb, P_3; Am, verwandt mit R B P). Allerdings wird der Befund von C durch kompositorische Beobachtungen gestützt: (1) Der erzählende Teil des juvencanischen Epos setzt mit der Geburtsgeschichte nach Lk. ein, und der Dichter mochte sich durch den historiographischen Prolog Lk. 1,1—4 berechtigt fühlen, ein episches Exordium vorzuschalten; (2) Das Epos, das im übrigen sich eng an die Vorlage anschließt, beginnt und endet nun mit relativ umfangreichen eigenen Zusätzen des Dichters. — Richtig bemerkt Herzog, daß Claudian mit seinen metrisch abgesetzten Praefationes der Entwicklung der metrischen Praefatio einen neuen Anstoß gegeben (R. Herzog, Die allegorische Dichtkunst des Prudentius, München 1966 [Zetemata 42], 119—135, dazu Chr. Gnilka, Gnomon 40, 1968, 368—370; P. L. Schmidt, Politik und Dichtung in der Panegyrik Claudians, Konstanz 1976 [Konstanzer Universitätsreden 55], 63—65) und auf die weitere Entwicklung bestimmend eingewirkt hat (Sedul., Sidon., Coripp u. a.); bekannt war sie freilich schon vor ihm (s. A. Stock, De prolaliorum usu rhetorico, Diss. Königsberg 1911, 98—105, wo allerdings Buchprolog und Rezitationsprolaliá nicht klar geschieden sind). Damit brachte er neuerlich eine griechische Tradition (T. Viljamaa, Studies in Greek and Roman Encomiastic Poetry of the Early Byzantine Period, Helsinki 1968 [Commentationes Humanarum Litterarum. Societas Scientiarum Fennicae 42, 4], 68—97; A. Cameron, Cl. Q. 64, 1970, 119) in die lateinische Literatur ein. P. L. Schmidt hat a. O. im Anschluß an Schissel (Rez. zu J. Gerstinger, Pamprepios von Panopolis, SB Wien 1928, in: Philol. Wochenschrift 49, 1929, 1073—1080) auf den rhetorischen Ursprung dieser Praxis hingewiesen, die (freilich nur in wenigen Beispielen erhaltene) diálexis zu einer meléte; der Ursprung ist

es in Natur und Geschichte, selbst das ewige Rom wird einst im Weltenbrand untergehen (1–5). Immerhin lange währt das Andenken vieler Menschen, die sich durch Heldentaten *(sublimia facta)* und Verdienst um die Gemeinschaft *(virtus)* ausgezeichnet haben (6–7). Ihr Ruhm wird noch gemehrt von den Dichtern (8): Die einen hat Homer, die anderen Vergil besungen (9–10). Nicht geringer ist der Ruhm der Dichter selbst – er ist fast ewig *(aeternae similis)* zu nennen; er währt, solange die Welt existiert (11–14).

Wenn nun Gesängen, die die Taten der Alten mit einem Lügengespinst umwoben darbieten, lang währender Ruhm beschieden ist (15–16), so wird der rechte Glaube *(certa fides)* durch ewigen Ruhm vergolten werden (17–18). Denn ich will Christi lebenspendende Taten *(vitalia gesta)* besingen, ein Gottesgeschenk ohne Trug (19–20). So brauche ich nicht zu fürchten, der Weltenbrand werde dieses Werk vernichten (21–22), ja vielleicht wird es auch mich vor dem ewigen Feuer bewahren (22–24).

also nicht im mythologischen Vergleich (R. Herzog 1966, 127; A. Cameron 1970, 278) oder im panegyrischen Prooemium, das sich verselbständigt (R. Herzog a. O. 130), zu suchen. Das Kommunikationsziel ist „die Kontaktaufnahme zwischen Rhetor und Publikum" (P. L. Schmidt a. O. 63; s. a. T. Viljamaa a. O. 71). Die funktionale und inhaltliche Differenz zwischen prolaliá und meléte, zwischen Prooemium und folgendem Gedicht wird durch das unterschiedliche Metrum betont (A. Cameron, Cl. Q. 64, 1970, 122). Keineswegs aber muß die Praef. vom eigentlichen Vortrag metrisch abgehoben sein: A. Stock a. O. 100, der die Geschichte der prolaliá leider nicht bis in die Spätantike verfolgt, führt z. B. hexametrische Praefationen des Lukan an. – O. Schissel, Philol. Wochenschr. 49, 1929, 1077 unterscheidet die prolaliá, für die das erzählende Element unerläßlich sei, von der protheoría, einer einführenden literarischen Betrachtung (s. a. T. Viljamaa a. O. 72; die Unterscheidung fehlt bei A. Stock a. O.). In diese Reihe könnte die Praefatio des Juvencus gehören; ähnlich erwähnt Suet., Luc. habe in Praefationen vor seinen Rezitationen Aussagen über sich und seine poetischen Absichten gemacht (vgl. A. Stock 100) – Lukan aber war Juvencus vertraut, möglicherweise war ihm auch mehr von ihm bekannt, als uns erhalten ist. – Schöne Beispiele der (prosaischen) prolaliá vor Claudian sind uns erhalten in den Florida des Apul. Da es sich hier um Exzerpte aus prolaliaí (also nicht um Exzerpte von Exempla und Vergleichen aus Reden des Apul., wie R. Helm in seiner Florida-Ausgabe p. XIX meint) handelt, ist ein klares Bild ihres schematischen Aufbaus nicht zu gewinnen. K. Mras, Die prolaliá bei den griechischen Schriftstellern, W. St. 64, 1949, 71–81, 71 glaubt folgende Bauschemata zu erkennen: I 1. eine Erzählung, 2. deren Anwendung auf die Lage des Sprechers; II 1. zwei Erzählungen, 2. deren Anwendung auf die Lage des Sprechers; III 1. Lage des Sprechers, 2. zwei Erzählungen, 3. Lage des Sprechers. Aus diesen Schemata geht zwar die Bedeutung der Rolle des Sprechers und der erzählenden Passagen in den Florida hervor, nicht aber die des Publikums, die von entscheidender Bedeutung ist (s. 1; 5; 9; 16; 18). – Claudian spricht in seinen Praefationes, die nun in dieser Tradition der prolaliá stehen, stets explizit (pr. 3 cons., pr. Theod., pr. Stil. 3, pr. 6 cons., pr. Ruf. 1, pr. Ruf. 2, pr. Get., pr. Rapt. 2) oder implizit (pr. Rapt. 1) von sich, häufig von seinem Publikum (pr. 3 cons., pr. Theod., pr. 6 cons., pr. Ruf. 1, pr. Get.), bisweilen von der Kommunikationssituation (pr. Theod., pr. 6 cons., pr. Ruf. 1) und fügt meist Erzählungen ein (pr. 3 cons., pr. Theod., pr. Stil. 3, pr. 6 cons., pr. Ruf. 1, pr. Ruf. 2, pr. Rapt. 2), läßt sie aber auch für sich stehen (pr. Rapt. 1) (alleinstehende Erzählungen sind auch in den Florida des Apul. überliefert, da sie aber nicht explizit auf den Sprecher, das Publikum oder die Situation bezogen sind, sind sie wohl aus einem größeren Zusammenhang herausgelöst, s. 3; 4). Im Unterschied zu Juvencus fehlen bei Claudian poetologische Reflexionen; – s. a. P. L. Schmidt a. O. 30f.

Auf denn: Der Heilige Geist als Schöpfer *(auctor)* meines Gesanges möge mir beistehen, und meine Seele *(mentem)* möge der süße Jordan mit lauterem Naß bewässern, damit ich Christus Würdiges sage (25—27).

Am Schluß des Werkes finden wir verwandte und weiterführende Gedanken (4, 802—812):

Glaube und frommer Sinn haben meiner Seele *(mens)* Kraft verliehen; hinzu kam die Gnade Christi (802—3). Beides zusammen vermochte das Gotteswort dazu, in Gestalt meiner Verse den Schmuck irdischer Rede anzunehmen (804—5). Vorbedingung dieser Dichtung waren der Friede, den mir Christus gewährte, und der irdische Friede (806), den Konstantin sichert, Herrscher über eine vereinigte Welt. Ihm steht nach Verdienst die göttliche Gnade bei. Denn einzig er lehnt es ab, den Titel, den Könige führen (pontifex maximus?) anzunehmen, damit er einst das ewige Leben gewinne durch Christus, der in Ewigkeit herrscht (807—12).

In diesem poetologischen Rahmen finden wir die antiken Exordialtopoi wieder, wie sie sich in der Epik von Homer bis in die neronisch-flavische Zeit herausgebildet hatten: Themenangabe, Anruf höherer Mächte mit Bitte um Inspiration, den Ruhmesgedanken und schließlich auch die Herrscherpanegyrik, die Lukan (1, 33—66) und in seiner Nachfolge Valerius Flaccus (1, 7—21) aus dem Prooemium der Georgica (1, 24 bis 42), einem Lehrgedicht, in den Epenprolog übernommen hatten.

Doch diese Topoi werden umgruppiert, umgedeutet und erweitert. Schon der Gedankengang der Praefatio weicht von dem epischer Exordien ab. Er erinnert am ehesten an die sallustianischen Prooemien. Wie Sallust aus allgemeinen Sätzen (darunter dem von der kurzen Dauer des Menschenlebens) die Notwendigkeit ableitet, alles für möglichst lange währenden Nachruhm zu tun, diesen am besten mittels geistiger Anstrengung — durch Geschichtemachen und mehr noch durch Geschichteschreiben — gesichert sieht und daraus die Begründung für sein Vorhaben ableitet, so geht auch Juvencus aus von einem allgemeinen Satz: Alles, was ist, ist vergänglich. Diese Aussage wird nicht relativiert, doch wird mit einem sallustischen „*Sed*" (6) ein neuer Gedanke angefügt: Immerhin ist lange währender Ruhm etwas, was Menschen nicht selten erwerben, und zwar einerseits durch herausragende Kriegstaten, andererseits durch Verdienste um die Gemeinschaft. Dritte Bedingung ihres Ruhms sind die Gesänge der Dichter, die das Vollbrachte feiernd steigern. Das führt Juvencus auf eine andere Möglichkeit langen Nachruhms: Dichtung; denn der Ruhm der Dichter währt fast ewig, bis ans Ende der Welt.

Damit ist der Spanier bei seinem eigenen Unternehmen angelangt. Mit der Verbindung der Topoi „andere — ich" und „Überbietung" stellt er den Dichtwerken der Alten sein eigenes entgegen. Sie besangen die gesta von Menschen, er will die *vitalia gesta Christi* besingen, die nicht nur als Taten des Gottessohnes, als *donum divinum*, mehr sind denn Menschenwerk, sondern zudem von ganz anderer Bedeutung als diese: Sie sind *vitalia*, lebenspendend.

Um seine Überlegenheit weiter zu begründen, fällt Juvencus hinter die Einsicht des Laktanz in das Wesen der poetica licentia zurück und greift die These „Dichter lügen" wieder auf,[122] wenn er diese Lügen auch nicht generalisiert, sondern auf die

---

[122] Dazu S. Koster 1970, 11, 13, 22 u. ö.; K. Thraede 1961, 123 Anm. 63f. — Wie sehr die *mendacia poetarum* Floskel geworden sind, ersieht man besonders aus dem Gebrauch bei Claudian Get. 14—27, Stil. 1, 46.105. Das negative Verhältnis des Ambrosius zu den *figmenta poetarum* sei cum grano salis zu nehmen, meint J. Fontaine 1976a 159 Anm. 53.

Beifügung *(veterum gestis hominum mendacia nectunt* 16*)* eines Götterapparates beschränkt.[123]

Den Alten gegenüber bietet Juvencus Wahrheit.[124] Diese wird zugleich neu bestimmt. Sie besteht nicht in der historischen Treue der Darstellung, auch nicht in philosophischer Stimmigkeit, sondern ist eine Glaubenswahrheit, die seit den Paulusbriefen für christliches Verständnis eine Wahrheit eigener Art ist, Weisheit Gottes, der Weisheit dieser Welt verschieden (I. Kor. 1, 20; 3, 19).

Damit überbietet der Dichter von vornherein alle ältere Poesie. Er begreift sein Verständnis zu seinen Vorläufern nicht als eines der aemulatio, des poetisch-stilistischen Wettbewerbs, sondern sieht allein schon durch das neue Thema seine Überlegenheit gesichert.

So stellt sich auch die Frage des Ruhmes[125] neu. Bei allem Wissen um die Vergänglichkeit des Irdischen ist Juvencus überzeugt, daß seiner Dichtung durch die Bindung ihres Stoffes an den Bereich des Göttlichen und durch den ihr eigenen Wahrheitsgehalt e w i g e r Ruhm wird, der den Weltuntergang überdauert, weil das Werk den neuerlich beschworenen Weltenbrand überstehen wird.[126] Damit ist der Ruhmesgedanke, der Gedanke ewiger Dauer von Dichtung, der uns aus Horaz (c. 3, 30) und Ovid (met. 15, 871—879) geläufig ist, vom Romgedanken gelöst und spiritualisiert.

Zudem erhält die Dichtung eine neue Funktion. Da ihr Gegenstand das Göttliche, ihr Held der Gottessohn ist, kann die Leistung des Dichters nicht darin bestehen,

---

[123] Dagegen sind für Minuc. Felix 24, 1—8 die Mythen *fabulae et errores, figmenta et mendacia*, s. a. Arnob. 1, 24. 36. 57.

[124] Dazu K. Thraede 1965, 110 Anm. 98 mit Belegen von Ovid bis Arator; D. Kartschoke 1975, 21—23. — Wahrheit ist Zentralbegriff bereits des Joh.-Evangeliums, dazu C. Schneider (wie Anm. 19) 2,143. Die Forderung nach dem Primat der Wahrheit in der Dichtung bei Ps.-Justin, Mahnrede an die Hellenen 2, s. W. Krause 1958, 67. Zum Thema vergleiche man auch die einschlägigen Bemerkungen bei den lateinischen Vätern: Tert. de spect. 29: *Si scaenicae doctrinae delectant, satis nobis litterarum est, . . . nec fabulae sed veritates. . .* Tert. de test. anim. 1: *iam igitur nihil nobis erit cum litteris et doctrina perversae felicitatis, qui in falso potius creditur quam in vero.* S. a. Arnob. 1, 58; Lact. div. inst. 5,1. Die *veritas piscatorum* den *verba philosophorum* gegenübergestellt bei Ambros. in carn. 9, 89; *perdoctus ignaros instruo verum* Commod. inst. 1, 9. — F. Quadlbauer (wie Anm. 120) 201 weist darauf hin, daß der Wahrheitsanspruch v. 26 mit *puro amne* wieder aufgenommen wird; *purus* enthält nach Quadlbauer neben der ethischen auch eine ästhetische Komponente: „technisch-ästhetische Makellosigkeit der Poesie" sowie die These, daß der „geschwollenen" epischen Dichtung nicht einfach das genus tenue gegenübersteht, sondern für Juvencus „episches (großes) Dichten und künstlerische Makellosigkeit *(purum)* vereinbar" sind (203). — Der reine Fluß ist Gegenbild zum unreinen Fluß des Großepos, den die Alexandriner ablehnen, dazu W. Wimmel 1960, 223 f.

[125] Zum Topos „Dichtung verleiht Nachruhm" („Zukunftstopos") E. R. Curtius 1967, 469 f., K. Thraede 1965, 23 Anm. 14, 35.

[126] Zum Weltenbrand Ov. met. 1, 256—258; dazu Lact. de ira dei 23, 6, Ov. habe die Oracula Sibyllina 4, 159 ff. imitiert; ins Christliche war die Lehre schon von Orig. c. Cels. 5,15 übernommen. — D. Kartschoke 1975, 57 macht auf biblische Parallelen zur Praef. aufmerksam: „Grundgedanke ist die jüdisch-christliche Anschauung vom Wort Gottes, das nicht mit der Welt vergeht, sondern ewig währt..." Zur Vorstellung „mein Gedicht hat mehr Bestand als ein vergängliches Kunstwerk" K. Thraede 1965, 135.

seinem Helden Ruhm zu verleihen; das wäre eine Blasphemie. So kehrt Juvencus den Topos um: Nicht der Dichter verleiht dem Gegenstand im Werk Dauer, sondern das Werk auf Grund seines Gegenstandes dem Dichter; er darf hoffen *(forsan* 22), daß er damit vor dem Jüngsten Gericht besteht.

Die Begriffe *sublimia facta* (6), *gesta (hominum* bzw. *Christi,* 16.24) und Wahrheit (20) hätten das Werk an die Geschichtsschreibung binden können. Ihre Stellung in der Umgebung der Leitwörter *poetae* (8), *uates* (11), *carmen* (15.19), vor allem aber die Beschwörung der Erzpoeten Homer und Vergil (9f.) führen sie in den Bereich des Poetischen hinüber.

Die homerisch-vergilische Tradition wiederum wird nicht allgemein als eine solche vorzüglicher Dichtung *(dulcedo Maronis)* bestimmt, sondern ihrerseits durch *facta* und *gesta* als eine epische charakterisiert.[127] Allerdings sind der traditionelle Stoff und die traditionelle Thematik – *res gestae regumque ducumque et tristia bella* (Hor. ars 73) aufgegeben. An die Stelle der Geschichte von Menschen, von Herrschern und Kriegshelden, sind die *vitalia gesta Christi* getreten.

Dieses Gattungsverständnis unterstreicht der Dichter, wenn er vom historiographischen Exordialtopos „Begründung der Themenwahl" (Thukyd. 1,1; Sall Cat. 4,4; Jug. 5,1, s. a. Lk. 1, 1–4), in den die traditionell epische Themenangabe wie beiläufig eingebaut ist (19), zu einem eigentlich epischen Prologgedanken überleitet, dem der Inspiration des Dichters durch eine höhere Macht.[128] Er wäre verzichtbar gewesen: Am Schluß des Werkes benennt Juvencus Frömmigkeit und Glaubensstärke als subjektive, die Gnade Christi und den weltlichen Frieden als objektive Bedingungen für sein Schaffen. Die Tradition epischer Prooemien wirkt jedoch so stark, daß er im Exordium auf die herkömmliche Bitte um Inspiration nicht verzichten zu können glaubt. Er kann sich damit naturgemäß nicht an die Musen wenden und nicht an Apoll; so ruft er den Heiligen Geist an (25f.). In diesem Zusammenhang wird das schon vorher ins Metaphorische gewendete (Vergil wird in Anlehnung an georg. 3, 15[129] – ein poetologisches Prooem – ganz exzeptionell als Minciade bezeichnet,

---

[127] K. Thraede 1962, 985 stellt Juvencus fälschlich in die Reihe des epischen Panegyrikus als Preis herrscherlicher Kriegstaten. – R. Herzogs Einwände gegen die sog. Kontinuitätstheorie (Bibeldichtung setzt als Bibelepik die römische Epik fort) verschlagen nicht: Gattungsentwicklung schließt Diskontinuität als dialektisches Seitenstück zur Kontinuität ein (Kontinuität heißt keineswegs „neuer Inhalt in alter Form"). Wiewohl sie sich energisch von der römischen Epik abstößt, ist die christliche Epik der Spätantike – im wesentlichen die Bibelepik – ohne die römischen Epen undenkbar, sondern sieht sich zunächst als (edleres) Glied dieser Kette. Später (R. Herzog 1976, 384) betrachtet denn auch H. die Dichtungen des Juvencus und der Proba als Konkurrenzprodukte (so auch K. Thraede 1965, 23; der Gedanke, christliche Dichtungen seien Konkurrenzprodukte zu nichtchristlichen, schon bei H. Jordan 1911, 476). Dagegen ist Juvencus der christlichen Dichtern häufig unterstellte Gedanke, sie wollten die paganen Dichtungen verdrängen oder ersetzen (so z. B. M. Manitius 1891, 57,125; H. Widmann (wie Anm. 117) 57; G. Krüger 1919, 5; K. Thraede 1961, 110; D. Kartschoke 1975, 33, der neben 'verdrängen' auch 'ablösen' sagt; gegen die Ersatz- und Verdrängungstheorie von Chr. Mohrmann K. Thraede 1965, 22) offenbar nicht gekommen, sonst hätte er den Ruhm der profanen Autoren nicht als *aeternae similis* bezeichnet.

[128] Zum Topos „Ablehnung der Musen" K. Thraede 1965, 39 Anm. 75.

[129] Dazu W. Wimmel 1960, 177.

Homers Gesänge fließen gar aus einem „Born" von Smyrna) Bewässerungsmotiv[130] spiritualisiert: Der süße Jordan, der Fluß der geistlichen, nicht der fleischlichen Heimat des Juvencus soll die Seele des Dichters mit lauterem Naß besprengen.[131] Die Charakterisierung des Jordan als *dulcis* greift die *dulcedo*[132] *Maronis* auf, ein Schlagwort der Poetologie, das uns schon bei Laktanz begegnet war.[133] *purus* weist uns in die gleiche Richtung.

Die Bewässerung der Seele durch den lieblichen Jordan (27) sichert die ästhetische Qualität der Verse des Dichters (4, 804). Die Reinheit des Stromes (26), der Beistand des Heiligen Geistes (25), die Gnade Christi (4, 803) sowie die Glaubensstärke des Dichters (4, 802) garantieren die Wahrheit der Aussage. Denn der Heilige Geist ist der eigentliche Schöpfer (25) eines Werkes, in dem das Gotteswort sich in schöner Menschensprache darbietet (4, 804f.).

Juvencus scheint damit den Anspruch zu erheben, ein Evangelium zu schaffen, das auf Grund seiner Inspiriertheit den kanonischen gleich zu achten wäre. Er hat das gewiß nicht sagen wollen, doch wird die theologische Gefährlichkeit des Rückgriffs auf die epische Exordialtopik[134] und ihrer Umbiegung ins Christliche deutlich.

Gleichwohl hat Juvencus mit seiner wohlponderierten Einleitungspassage, deren beide Teile (14:13 Verse) durch eine Reihe von Leitwörtern eng miteinander verklammert sind, die pagane Exordialtopik[135] ins Christliche transponiert und sie zugleich zu einer Überlegenheitstopik gemacht: Nicht die gesta von Menschen bietet der Dichter, sondern die Christi, nicht Lüge, sondern Wahrheit, nicht von den Musen ist er inspiriert, sondern vom Heiligen Geist, nicht vom Musenquell, sondern vom Jordan begeistert, er schafft nicht allein für die Zeit, sondern für die Ewigkeit,

---

[130] Zum Symbolkomplex des Wassers in der hellenistischen Dichtung W. Wimmel 1960, 222—233, hier 231f. der Hinweis darauf, daß sich anstelle des symbolischen Trinkens bisweilen der Gedanke kultischen Besprengtwerdens des Menschen findet (Prop. 3, 3, 51f.; Ov. am. 3, 9, 25f.). Zur römischen Dichtung W. Kroll 1924, 28—30. — Am Ende des 4. Jahrh. das Bewässerungsmotiv bei Claud. Laus Seren. 7—10; Paulin. Nolan. c. 15, 35—45!; 21, 351; 21, 830—858.

[131] Zur Bezeichnung des Jordan als *amnis* P. G. van der Nat 1973, 153: Die Musenquelle wird besonders im Zusammenhang mit der Epik als *flumen* bezeichnet, „ohne Zweifel um den breiten, gleichmäßig fortströmenden Fluss des epischen Gedichtes zu suggerieren". *amnis* geht seiner Meinung nach auf die Passage Verg. Aen. 6,548ff. zurück.

[132] Zu *dulcis/dulcedo* F. Quadlbauer (wie Anm. 120) 205. Zur *suavitas* und der Aufgabe der *bona delectatio* J. Fontaine 1976a, 141 und Anm. 23.

[133] Ich weise darauf hin, daß mehrere Leitgedanken und Leitwörter der Praefatio des Juvencus in den inst. des Lakt. behandelt werden: *veritas* kann nicht durch menschliche Anstrengung, sondern nur durch die Gnade Gottes erworben werden (7, 2, 3), Gott offenbart sie (1,1,6.19; 3,30,7). — Die Dichter sagen die Unwahrheit, insofern sie die Götter preisen, doch setzt sich die Gewalt der Wahrheit, daß es nur einen Gott gibt, bisweilen auch bei ihnen durch (1, 5, 2.3.11: *Maro non longe afuit a veritate*...). — *dulcedo* als ästhetisch angenehme Darbietung der Wahrheit (5,1,13.14). — *vitalis* „lebenspendend" (2, 12, 3.5; 6, 9, 15).

[134] Zur Inspiriertheit römischer Dichtung W. Kroll 1924, 24—34, zur Spätantike und zum MA H. Homeyer 1970, bes. 142. — F. Quadlbauer verweist auf biblische Schriftstellen, wo der Heilige Geist als Inspirator genannt wird: Act. 1, 16; Num. 24, 2; Reg. 10, 6; Hbr. 3, 7.

[135] P. Klopsch 1980, 20—37.

und damit visiert er express nicht nur Menschen, sondern Christus den Erlöser als Leser an – ihm (nicht dem Phoebus[136]) Würdiges will er singen. Diese Würdigkeit besteht – so müssen wir aus dem Gedankengang der Praefatio schließen – in der Wahrheit und Schönheit des Gedichts.

Zugleich bietet der Dichter nicht nur Aussagen über Gegenstand, Gattung und Funktion seines Gedichts, sondern (wenn auch nur mittelbar) poetologische Reflexionen über Sinn und Berechtigung christlicher Dichtung überhaupt. Sie liegen darin, das geoffenbarte Gotteswort und die Taten der göttlichen Personen mit Gottes Hilfe treffend und schön in Worte zu fassen; damit Gott zu dienen; die eigene Erlösung zu fördern; aber auch: Ruhm zu erlangen. Dieser letzte ist der einzige Punkt, in dem wenigstens für die Dauer der Welt die Wirkung der Dichtung auf das Publikum ins Auge gefaßt wird. Verglichen mit Laktanz, sind die Adressaten in der Poetologie – wenn auch nicht in der Poetik – des Juvencus in den Hintergrund gerückt.[137]

2.3.2. Struktur

2.3.2.1. Grundstruktur und Komposition

Juvencus ... quator evangelia hexametris versibus paene ad verbum transferens quatuor libris composuit ... schreibt Hieronymus (vir. ill. 84). Juvencus hat demnach die Gefahren des im Prooemium vorgetragenen Anspruchs, ein vom Heiligen Geist unmittelbar eingegebenes und damit den kanonischen Evangelien gleichberechtigtes[138] Evangelium zu schaffen, dadurch vermieden, daß er den Rückgriff auf diese als Inspiration verstanden hat.

Nun ist die Neugestaltung eines älteren Epos, wie sie Valerius Flaccus mit den Argonautica des Apollonios Rhodios vornahm, ein Unternehmen, das die Schöpferkraft stimuliert, aemulatio im Rahmen des gleichen Genos; die Umsetzung eines Prosawerkes in ein poetisches – des Geschichtswerkes des Livius in das silianische Epos vom Punischen Krieg – bedeutet durch den Gattungswechsel ein zugleich reizvolles wie problematisches Unterfangen. Die epische Umformung der Evangelien war in der Absicht ein zwar frommes Werk, trug jedoch zahlreiche Gefahren in sich, die in diesem Falle nicht nur (wegen des Rückgriffs auf eine der antiken Literatur fremde Gattung) künstlerischer, sondern auch theologischer, ja, weil es sich um die Urkunde einer staatstragenden Religion handelte, ideologischer Natur waren und

---

[136] P. G. van der Nat 1973, 253 weist auf das Simile 27 *ut Christo digna loquamur* ~ Verg. Aen. 6, 662 *et Phoebo digna locuti* hin und bezeichnet es als „typische Kontrastimitation: Nach Vergils Vorstellung bekommen die frommen Sänger, die des Phoebus würdige Lieder gesungen haben, die Seligkeit des Elysiums..." – Juvencus will durch sein Lied der ewigen Seligkeit teilhaftig werden. – Das Simile ist vorbereitet durch ein anderes aus „Vergil": 25/26 *Sanctificus adsit mihi carminis auctor/Spiritus* ~ Culex 12 *Phoebus erit nostri princeps et carminis auctor.* Zu Juvenc. und Cul. F. Quadlbauer 1974, 195–197.

[137] Zum Problem der Rechtfertigung christlicher Dichtung K. Thraede 1965, 21–27.

[138] Die Evangelisten hatten sich selbst nicht als inspiriert verstanden, doch hatte sich diese Auffassung ihres Schaffens seit Origenes durchgesetzt, s. H. v. Campenhausen, Die Entstehung der christlichen Bibel, Berlin 1975, 383. – Die Inspiriertheit der Hl. Schrift betont von Hippolyt, s. W. Krause 1958, 39.

damit viel weitreichender als die, die in Erfolg oder Mißerfolg der flavianischen Epiker lagen.

Gewiß trug Juvencus in den Evangeliorum libri einen weit wesentlicheren Inhalt vor als der Dichter der Laudes Domini in seiner Wundergeschichte. Die Benutzung der Evangelien als Stoffgrundlage eines Epos hatte in erster Linie theologische Gründe — den rein erzählerischen Absichten eines christlichen Epikers hätten andere Stoffe nähergelegen, etwa ein „historisches" Epos nach der Apostelgeschichte (von Arator — allerdings exegetisch überfrachtet — vorgetragen) oder die epische Ausgestaltung von Erzählungen aus dem Leben Jesu, etwa der Geburts- oder Passionsgeschichte, oder von Passagen aus dem an dankbaren Erzählstoffen so reichen Alten Testament (solche Versuche werden später das Hauptstratum der Bibelepik bilden). Doch sind die Evangelien das Herzstück der christlichen Bibel, auf das alles zielt und von dem alles ausgeht: Allein in bezug auf sie wurden für Christen die Schriften des Alten Testaments sinnträchtig, und zugleich gehen von ihm die Geschichte der Kirche, wie sie sich in den neutestamentlichen Briefen und der Apostelgeschichte darbietet, sowie die Endzeiterwartung der Apokalypse aus. Theologisch bedenklich ist das Unternehmen gleichwohl in zwiefacher Hinsicht:

Zum einen lassen sich die Evangelien nicht mit den Worten des Juvencus als Darstellung der *gesta Christi* begreifen. Sie sind weder Leben Jesu, Jesus-Biographie, in der der äußere und innere Entwicklungsgang Jesu nachgezeichnet und in den historischen Kontext eingebettet wird, noch sind sie Jünger-Memoiren voll Anekdoten und Dicta, noch eine Sammlung von Wundergeschichten.[139] Ihr Sinn liegt nicht in der Erzählung eines Menschenlebens, sondern sie sind Zeugnis von einem Heilsgeschehen,[140] tragen „das Evangelium als Glaubenszeugnis und Heilsbotschaft vor, ... verkünden das in Jesus Christus erschienene Heil".[141] Ihr „Sitz im Leben", ihre kommunikativ-situative Einbettung ist nicht der Vortrag des Geschichtenerzählers vor einer gespannten Zuhörerschar, die sich nach Abschluß der Erzählung zerstreut, sondern die Predigt[142] vor einer Gemeinde von Bekehrten und Bekehrenden bzw. vor zu Bekehrenden, die der Gemeinde gewonnen werden sollen und den Sinn ihres Lebens und Sterbens erfahren wollen. Was hier erzählt wurde, „war dieser Verkündigung untergeordnet, mußte sie bestätigen und begründen".[143] „Man konnte dabei keine biographische Darstellung des Wirkens Jesu brauchen, die keine Heilspredigt gewesen wäre, man konnte aber auch keine ausführlichen Einzelgeschichten verwenden, die, umfangreich und ausmalend, den Gang der Predigt nur gestört hätten".[144]

---

[139] W. G. Kümmel 1989, 12 f.

[140] Dies ist auch die theologische Voraussetzung für die an sich merkwürdige Vierzahl der Evangelien, deren Problemgeladenheit auch der alten Kirche bewußt war, s. O. Cullmann, Die Pluralität der Evangelien als theologisches Problem, Theol. Zeitschr. 1, 1954, 23—42.

[141] M. Dibelius 1967 (1933), 14.

[142] M. Dibelius 1967, 13 unterscheidet Missionspredigt, Kultpredigt (vor den schon Gewonnenen) und katechetische Predigt (für den Unterricht der werbenden Christen).

[143] M. Dibelius 1967, 14.

[144] M. Dibelius 1967, 22; W. G. Kümmel 1989, 13: „Die Evv. sind nicht um der Erinnerung an Jesus willen geschrieben..., das leitende Interesse ist das der Glaubensweckung und Glaubensstärkung. Worte Jesu und Tatsachen aus seinem Leben sind gesammelt..., um urchristlichen Gemeinden den Grund ihres Glaubens zu zeigen und der Mission feste Unterlagen für Predigt, Unterricht und Auseinandersetzung mit Gegnern zu geben."

Wenn Hieronymus zum anderen sagt, Juvencus habe die *quatuor evangelia* in Hexameter umgesetzt, so meint dies, er habe ein „Diatessaron" versifiziert. Das entspricht auch dem Befund. Die Harmonisierungsbasis des Juvencus ist das „erste",[145] das Matthäusevangelium; es wird vor allem nach Lukas,[146] daneben auch nach Johannes[147] und an einer Stelle nach Markus[148] ergänzt.[149]

Angesichts unserer bescheidenen Kenntnisse über die frühen Evangelienharmonien,[150] von denen in Grenzen nur die des Tatian rekonstruierbar ist, können wir nicht entscheiden, ob Juvencus die seine selbst geschaffen hat. Da man nachweisen konnte, daß er neben dem Text der Veteres Latinae auch den des griechischen Neuen Testaments benutzt hat,[151] können wir mindestens weitgehende Selbständigkeit annehmen und bewußtes Prüfen und Feilen an der Vorlage voraussetzen.[152]

O. Cullmann hat betont, die „gewaltsamen Reduktionsversuche" der Vierzahl der Evangelien auf die Einzahl (sei es durch die Schaffung eines neuen Evangeliums, das die älteren verdrängen soll, sei es durch die Erklärung e i n e s der vier Evangelien zu d e m Evangelium, sei es durch die Verschmelzung der vier Evangelien zu einem „fünften", einer Evangelienharmonie) beruhten auf einem theologischen Grundfehler: Die „Evangelien wollen ja nicht nur Historie bezeugen", sondern sind „verschiedene Glaubenszeugnisse von dem e i n e n Evangelium".[153] Dennoch hat das Werk des Juvencus im Unterschied zu dem Diatessaron Tatians zwar Bedenken, aber doch keinen grundsätzlichen Anstoß erregt; zum Teil mag das daran liegen, daß es durch seine Versform anders als das tatianische Werk nicht die Gefahr in sich trug, die kanonischen Evangelien zu verdrängen.

Immerhin empfand noch Hieronymus das Gewagte des Unternehmens,[154] und im Decretum Gelasianum rangieren die Evangeliorum libri unter den Schriften zweideu-

---

[145] Das kanonisch, nicht das historisch erste Ev.: *Primus omnium Mattheus*, Hieron. in Mt., prooem. 5.

[146] 1, 1–132 = Lk. 1, 5–80; 1, 144–223 = Lk. 2, 1–39; 1, 278–306 = Lk. 2, 40–51; 1, 307–320 = Lk. 3, 1–6; 4, 616 f. = Lk. 23, 2.

[147] 2, 99–346 = Joh. 1, 43–51; 2, 1–23; 3, 1–21; 4, 3–53; 2, 637–691 = Joh. 5, 19–46; 4, 306–402 = Joh. 11, 1–46.

[148] 2, 43–74 = Mk. 5, 1–17.

[149] Die Nachträge sind nicht lückenlos, vgl. H. Nestler (wie Anm. 117) 35: „... ließ Juvencus viele wichtige Abschnitte aus Lc und Jo weg, nämlich die Erweckung des Jünglings von Naim, eine Reihe von Krankheitsheilungen ..., die Parabel vom verlorenen Sohn usw. Ich habe mich vergeblich bemüht, Gesichtspunkte zu finden, nach welchen der Dichter diese dürftigen Ergänzungen aus anderen Evangelien vorgenommen haben mag."

[150] Das Diatessaron Tatians erwähnt Hieron. vir. ill. 29 nicht; eine Evangelienharmonie des Ammonius auf der Grundlage von Mt. erwähnt Euseb., s. K. Marold (wie Anm. 117) 329 f.

[151] H. Widmann 2–12; H. Nestler 7; 21, 29–31; N. Hansson (alle wie Anm. 117) 15. Der benutzte Text der Veteres Latinae gehört zur europäischen Hss.-Gruppe.

[152] H. Nestler (wie Anm. 117) 35 vermutet, die Harmonisierung sei eine Eigenleistung des Juvenc.: in der lateinischen Literatur sei bis zum 6. Jahrh. keine Evangelienharmonie nachweisbar, Tatian in der griechischen Kirche wenig verbreitet gewesen; K. Thraede 1961, 113 nimmt ein Diatessaron als Vorlage des Juvenc. an.

[153] O. Cullmann (wie Anm. 140) 37, 41 f.

[154] Hieron. ep. 70, 5 *nec pertimuit evangelii maiestatem sub metri legem mittere*.

tiger Autorität.[155] Gründe dafür werden im Laufe der Untersuchung deutlich werden.

Der theologischen Bedenklichkeit seines Unternehmens war sich wohl auch Juvencus bewußt. Er hat sie dadurch abzufangen gesucht, daß er sich, soweit dies die hexametrische Form zuließ, möglichst eng an die heilige Textvorlage hielt. Damit wiederum entfernte er sich weit von der traditionellen Epenstruktur, die ihm als Vorbild vorschwebte.

Was die Evangelien betrifft, so waren in den christlichen Gemeinden, der formgeschichtlichen Forschung noch heute erkennbar, nach ihrem 'Sitz im Leben' funktional und damit auch gattungsmäßig höchst verschiedene Texte selbständig umgelaufen, aus denen später – etwa seit den sechziger Jahren des ersten Jahrhunderts – die Evangelien erwachsen sind: Paradigmen,[156] Novellen,[157] Legenden,[158] daneben noch

---

[155] Decret. Gelas. 4, 5, 6 *Iuvenci nihilominus laboriosum opus non spernimus, sed miramur.* Dazu E. v. Dobschütz, Das Decretum Gelasianum, Leipzig 1912 (Texte und Unters. zur Gesch. der altchr. Literatur 3. R, 8. Bd., 3. H. = Bd. 38, 3), 282f.

[156] M. Dibelius 1967, 34–66 bezeichnet damit kurze, in sich abgeschlossene, sachlich interessierte, erbauliche Erzählstücke, die nicht um des Erzählens willen vorgetragen werden, deren Kern und Zielpunkt ein Spruch Jesu von allgemeiner Bedeutung und mit unmittelbarer Beziehung auf den Hörer ist und in denen eine Situation nur soweit angedeutet wird, als notwendig ist, um Jesu Eingreifen verständlich zu machen und die Worte Jesu deutlich hervortreten zu lassen; die Erzählung ist nicht individuell, sondern typisiert. Die Vorgänge „haben für die Darstellung des Heils nicht tragende, nur begleitende Bedeutung. ... Wenn sie in der Predigt erzählt werden, so brauchen sie nicht vollständig und im Zusammenhang berichtet zu werden, sondern nur gelegentlich, zur Illustration, als Beispiele."

[157] M. Dibelius 1967, 51, 66–100, 291f., 296f.; sie werden nicht für die Predigt geschaffen, sondern von (außer in den Erzählungen nicht faßbaren) Erzählern vorgetragen, „die Geschichten aus dem Leben Jesu breit, farbig und nicht ohne Kunst zu erzählen wußten ..." (66). „Die Novellen handeln von Jesus dem Thaumaturgen" (76). Im Unterschied zu den Paradigmen sind die Novellen länger, da breiter und mit Nebenumständen sowie profanen Motiven ausgeschmückt; Worte Jesu von allgemeiner Bedeutung treten zurück. „... Sie behandeln nicht die Frage, wie der Mensch zu Gott stehe, welcher Mensch in das Reich Gottes gelange, welches die wahre Forderung Gottes sei. Sie sind vielmehr geleitet von dem Bestreben, die Größe des Wunders sichtbar zu machen ..." (90); dennoch sind sie religiös. „Es handelt sich um Epiphaniegeschichten, in denen die göttliche Kraft des göttlichen Wundertäters sichtbarlich erscheint, die dem ungläubigen Blick freilich nur eine große Wundertat zeigt, erschlossenen Augen aber ein vertrautes heilbedeutendes Bild" (92).

[158] M. Dibelius 1967, 101–129: „... die Legende handelt vom Menschlichen, freilich von einem Menschlichen, das von Gott beständig ausgezeichnet wird. Paradigma und Novelle dagegen handeln, wenn auch in verschiedener Form, vom Mensch gewordenen Göttlichen" (102). Sie befriedigen das Bedürfnis, „von den heiligen Männern und Frauen in Jesu Umgebung", d. h. von Nebendingen und Nebenpersonen etwas zu wissen (112, 129) bzw. von Jesus selbst in Geschichten, in denen er „seine Reinheit, Weisheit und Tugend an den Tag legt" oder „sich die göttliche Behütung und Fürsorge für Jesus selbst offenbart" (116f.). „Die Paradigmen sind auf die Botschaft ausgerichtet, die Novellen auf das Wunder als solches. Die Legenden entbehren bisweilen der Konzentration, und ihr Interesse ist mannigfaltig, weil nichts, was zum Dasein des Frommen gehört, davon ausgeschlossen sein mußte."

Mythen[159] und Paränetisches.[160] Es handelt sich also in der Mehrzahl um Gattungen, deren Grundstruktur die Narration, deren Grundfunktion aber nicht das Erzählen ist.

[159] M. Dibelius 1967, 265—287; im Unterschied zu den Paradigmen und Sprüchen, die Jesus als Lehrer zeigen, zeigen ihn die Mythen als Gott. Hierher gehört der Christus-Mythos; er „erzählt die Geschichte von dem Gottessohn, der seine kosmische Mittlerstellung aufgab, in Gehorsam gegen Gottes Auftrag ein Menschenschicksal erduldete bis zum Tode am Kreuz und endlich durch Gottes Macht aus tiefster Erniedrigung zur Würde des ‚Herrn' erhoben wurde . . ." (267), aber auch einzelne mythische Erzählungen: die Berichte vom Taufwunder, der Versuchung Jesu und der Verklärung.

[160] M. Dibelius 1967, 25, 234—265: isolierte Sprüche (Weisheitsworte, Bildworte, Gleichniserzählungen, prophetische Rufe, Gebote). „Sie haben . . . ihren Sitz . . . in der katechetischen Unterweisung." Hierfür werden lose aneinandergereihte Sprüche verwendet, wie sie besonders von Mt. und Lk. eingearbeitet worden sind. Ihre Vermittler waren die Lehrer (241). „. . . sie wollen nicht aus dem Leben Jesu erzählen, sondern seine Worte zur Befolgung und Belehrung mitteilen" (245), sind „Rat, Losung, Gebot" (247). — An Grundsätzlichem ist hervorzuheben, daß sich die theologische (ntl.) Form- und (atl.) Gattungsgeschichte unter hermeneutischem Gesichtspunkt bemüht, aus den Büchern des AT und NT, die in ihrer überlieferten Gestalt gattungsmäßig heterogen und teilweise singulär sind, ursprünglich (mündlich und schriftlich) selbständig umlaufende Einheiten herauszuschälen, deren ursprüngliche kommunikative Funktion („Sitz im Leben", Gunkel) zu erkennen und bestimmten (aus den biblischen Texten induktiv gewonnenen) Gattungen zuzuweisen sowie deren Entwicklung zu verfolgen. Dagegen hat E. König, Die Poesie des Alten Testamentes, Leipzig 1907 (Wissenschaft und Bildung 11) an Werke, die der antiken Literatur inkommensurabel sind, der biblischen Literatur fremde (aus der antiken Literaturtheorie übernommene) Gattungsmaßstäbe angelegt. — In der formgeschichtlichen Forschung wiederum sind lange die Gliedgattungen in den Vordergrund, die Rahmengattungen in den Hintergrund getreten, so daß wir von den überlieferten Büchern als Ganzem nichts Eigentliches erfahren. Diese (in ihrer Entstehung und kommunikativen Strategie) zu beschreiben, nimmt sich die Redaktionsgeschichte zum Gegenstand. Für unsere Zwecke Wesentliches leisten von den Methoden der Bibelwissenschaft insbesondere die (auf der Ebene der kleinen ursprünglich selbständigen Einheiten wie auf der Ebene des Textganzen mögliche) Formanalyse sowie die (ästhetische Gesichtspunkte berücksichtigende) stilistische Analyse. Freilich muß man im Auge behalten, daß die letzten Ziele bibelwissenschaftlicher Fragestellungen exegetischer, nicht literaturwissenschaftlicher Art sind, d. h. nicht auf die künstlerische Eigenart des Textes zielen. — R. Herzog 1975 übernimmt für seinen literaturwissenschaftlichen Aufriß der Bibeldichtung den Begriff der Formgeschichte aus der Theologie, verwendet ihn aber in einem nur entfernt an den ursprünglichen erinnernden Sinn: Es geht ihm darum, das Wesen der Bibeldichtungen zu erfassen aus der „Bewegung von neutestamentlichen Formen in die ästhetisch autonome Ausdruckswelt der Antike hinein als einen einheitlichen Vorgang . . ., während dessen Ablauf die tatsächlich auftretenden Formen als Brechungen des literarischen Potentials des Christlichen an vorgefundenen Traditionen der Antike begreifbar werden", als „Dynamik der Deformierung und Anreicherung". Man sieht, daß die Bezeichnung dieser von Herzog „formgeschichtlich" genannten Methode als „redaktionsgeschichtliche" präziser wäre, vgl. W. Marxsen, Der Evangelist Markus. Studien zur Redaktionsgeschichte des Evangeliums, ²Göttingen 1959 (Forschungen zur Religion und Literatur des Alten und Neuen Testaments 67), 144 f.: Ziel der Nachfolger des Mk. (Mt., Lk.) war es, es besser zu machen: „Natürlich ist ‚besser' kein Werturteil.

Der Ependichter Juvencus griff freilich nicht mehr auf unabhängig voneinander umlaufendes Traditionsgut zurück, sondern auf abgeschlossene Sammlungen. Schon Markus hatte, indem er die Passionsgeschichte zum Zielpunkt seiner Schrift machte, vor den er die Jesus-Tradition als Vorgeschichte und die Geschichte des Täufers als die des Vorläufers stellte, zwar eine theologische Abfolge gemeint, mußte aber nichtsdestoweniger durch die Aufeinanderfolge der Perikopen beim Leser den Eindruck einer temporalen Sukzession erwecken;[161] Matthäus und Lukas haben dann auch eine solche darstellen wollen[162]: Matthäus ist auf dem Wege zur Vita,[163] und Lukas, dessen historisierende Tendenz in vielen Passagen deutlich wird, will eine Vita schreiben[164]: „Das treibende Moment dieser historisierenden Darstellung ist ... die Zeit".[165] Indem sie die Evangelien mit ihrer zunehmend narrativen Grundstruktur kanonisierte, hat die alte Kirche eine wesentliche Vorarbeit für ein Jesus-Epos geleistet.

Die Grundkonzeption des Juvencus war es, *Christi vitalia gesta* (praef. 19) zu singen. Sein Aufriß ist bewußt auf ein „Leben Jesu" in der „Welt" angelegt. Auf die Darstellung des Präexistenten als Logos, mit der Johannes sein Evangelium eröffnet, verzichtet der Dichter. Verkündigung, Geburt und Kindheit (1, 1–306) leiten das Epos ein,[166]

Es ist vielmehr ein ‚exegetisches Urteil', gemessen an den Bedürfnissen einer späteren Zeit. Die alte Sache soll neu gesagt, soll up to date gebracht werden. Die Nachfolger des Markus sind Exegeten des alten Evangeliums..." Und Ziel der Evangelienharmonien ist die Zusammenfassung von Stoffen „nach Gesichtspunkten..., die der Konzeption des ‚neuen Schriftstellers' entsprechen" — Freilich gilt für die Umsetzung der Evangelien in die Evangeliorum libri des Juvencus nicht: „Der Sitz im Leben bleibt bei den verschiedenen Redaktionen der gleiche" (K. Koch 1968,73) — Ziel ist nicht das Kerygma, sondern, wie R. Herzog es nennt, Erbauung.

[161] W. Marxsen 1959, 17—26: „Die Passionsgeschichte ... ist ... nach rückwärts gewachsen. ... Markus setzte ... ... vor die Passionsgeschichte die Überlieferung von Jesus, davor die vom Täufer. ... Das soll kein zeitliches Nacheinander, sondern ein sachliches ausdrücken. ... Doch kann der Evangelist ja nicht anders darstellen als mit Hilfe der Reihenfolge. Diese sieht aber immer nach zeitlichem Nacheinander aus."

[162] W. Marxsen 30f.: „Die bei Markus sachlich verbundenen Komplexe, die ein ‚theologisches Nacheinander' zum Ausdruck bringen wollen, bekommen nun eine zeitliche Reihenfolge ... Viel betonter als bei Matthäus spielt bei Lukas das historisierende Element eine entscheidende Rolle."

[163] W. Marxsen 62; s. a. 64: Vor der Jesuszeit liegt die des AT, nach ihr die der Mission. „Da aber nun die Jesuszeit eine Epoche zwischen zwei anderen wird, wird sie zur vita, oder mindestens vollzieht sich die Entwicklung in dieser Richtung."

[164] W. Marxsen 7; s. a. 140: „Lukas ist Historiker. Er gestaltet [in der Apg. WK] ... die erste Kirchengeschichte, die mit Jesus beginnt." S. a. M. Dibelius 1967, 262; W. G. Kümmel 1989, 109: „Noch bedeutsamer ist, daß Lukas die Geschichte Jesu mit der Geschichte seiner Zeit in eine eindeutig erkennbare Verbindung setzt ... Die Geschichte Jesu gehört nach Lukas zur Weltgeschichte."

[165] W. Marxsen 69.

[166] Die Legende von Jesu Geburt und Kindheit, wie wir sie bei Lk. lesen, war bereits aus mehreren Legenden zusammengewachsen. Dies waren die jüdische Täuferlegende 1, 5–25. 57–66; die Jungfrauen-Legende 1, 26–38 mit der Begegnung von Maria und Elisabeth 1, 39–45; die Legende von der Verkündigung der Hirten 2, 1–19; die Geschichte von Simon und Anna 2, 22–38 sowie die Geschichte vom 12jährigen Jesus

die Passion und die Erscheinung des Wiederauferstandenen (4, 403–801) stehen an seinem Ende.[167]

Die ursprüngliche Gestalt der Überlieferung, die in den Evangelien bewahrt ist, hat für das Werk des Juvencus architektonische Folgen. Das Material, das zwischen den beiden Blöcken Geburt und Passion untergebracht ist, verstand sich keineswegs als fortlaufendes Geschehen zwischen Geburt und Tod, und das nicht nur, weil es die Zeit zwischen Geburt bzw. Kindheit und Taufe ereignislos und unerwähnt verstreichen läßt. Die einzelnen Szenen stehen – sieht man von der ‚Nebenhandlung' um den Täufer ab (1, 105–112. 130–132. 307–363; 2, 361–376, 509–525; 3, 33–69) – in keinem zwingenden Zusammenhang untereinander. Die einzelnen Paradigmen, Novellen und Legenden sind in sich gerundet und abgeschlossen[168] – sie waren da, um für sich, nicht um im Kontinuum vorgetragen zu werden, und vereint formten sie sich nicht zum Ablauf, sondern zur Sammlung.[169] Indem Juvencus diese Bauform aus der Quelle in seine Dichtung übernahm (und aus Glaubensgründen mußte er sie übernehmen), begründete er zwei wesentliche und weiterwirkende Veränderungen der Binnenstruktur des Epos: 1. die Aufwertung der selbständigen Szene, die keine kausal bedingende oder bedingte oder auch charakterisierende Funktion für den Gesamtverlauf hat, sondern einzig wegen ihrer theologischen Bedeutsamkeit unverzichtbar ist, und damit 2. die parataktische Ordnung der Szenen nebeneinander. Sie sind an sich gleichrangig, da sie alle in gleicher Beziehung zum Göttlichen stehen.[170] Durch die Eigenart des Materials Sprache aber müssen sie nacheinander angeordnet werden in einer Folge, die zwar durch die Tradition vorgegeben ist, aber ohne Schaden für den narrativen Aufbau weitgehend umgestellt werden könnte, da die Szenen nicht durch die wechselseitige Beziehung untereinander eine Einheit stiften. Damit wird eine Binnenarchitektur weitergebaut, die die Metamorphosen Ovids prägt, in der neronisch-flavischen Epik beobachtet worden ist, für zahlreiche Bibelepen und für das Heiligenepos bestimmend sein sollte, das allegorische Epos

---

2, 41–52; M. Dibelius 1967, 121–124. Juvencus hat diesem Konglomerat noch die matthäische Kindheitslegende eingefügt. Die Magiergeschichte Mt. 2,1–11 und die Geschichte von der Bedrohung und Errettung des Wunderkindes (Flucht nach Ägypten, bethlehemitischer Kindermord, Rückkehr Jesu aus Ägypten) 2,12–22.

[167] Die Leidensgeschichte ist „das einzige evangelische Überlieferungsstück, das schon in früher Zeit Begebenheiten in großem Zusammenhang darstellte", M. Dibelius 1967,180; bei Mt. sind freilich schon Einzelgeschichten eingefügt, so die Judaslegende, die legendäre Szene vom Händewaschen des Pilatus, a. O. 197; die Leistung des Lk. besteht vor allem in der „Herstellung eines überschaubaren und begreiflichen geschichtlichen Zusammenhanges", a. O. 201.

[168] M. Dibelius 1967, 41–43 stellt fest, daß „... die meisten dieser Erzählungen in einem völligen Abschluß des Vorganges auslaufen. Die Handlung erreicht entweder in Wort oder Tat Jesu den nicht mehr zu überbietenden Höhepunkt ... oder klingt in feierndem Wort des Volkschores aus ... Die ursprüngliche Isolierung ist auch an der Abrundung nach rückwärts zu konstatieren. ... ohne daß etwas vorausgesetzt, aber auch ohne daß ausführlich eingeleitet wird, beginnt die Handlung ..."

[169] Vergleichsweise könnte man an die Struktur des Faust- oder des Eulenspiegelbuches denken.

[170] E. Auerbach 1958, 30 weist darauf hin, daß für den christlichen Redner die Gegenstände nicht mehr verschieden sind – sie sind alle groß.

strukturierte und der profanen Epik der Spätantike nicht fremd ist [171] – die zunehmende Verselbständigung der Einzelszenen gegenüber der Ganzheit.

Die Aushöhlung des narrativen Aufbaus, des temporalen Kontinuums wird im Jesus-Epos dadurch vorangetrieben werden, daß die zahlreichen Paradigmen zwar eine narrative Passage zum Ausgangspunkt nehmen, ihren Schwerpunkt, ihren eigentlichen Sinn jedoch nicht in der Erzählung, sondern in der Lehrunterweisung finden.

Dem drohenden Zerfall des Epos hat Juvencus mit verschiedenen Mitteln entgegenzuwirken gesucht.

Die Verbindung der ursprünglich selbständigen Erzählungen zu einem narrativen Gesamtablauf wird – wie in der Vorlage – durch ein schlichtes, doch ostinates *tum, tunc, nunc, mox, dehinc, inde, post, post inde* bzw. *cum, ubi* hergestellt, [172] durch Partizipien, aber auch durch Adverbien und Präpositionen, die eine Ortsveränderung bezeichnen und damit einen Zeitablauf implizieren (*exhinc, inde, in, per*), häufig auch nur durch *sed*.

Das Bemühen, das Ganze zusammenzuhalten, können wir auch bei der Buchkomposition beobachten. Wie schon gezeigt, verstärkt Juvencus die Klammer von Geburt und Passion durch die Aufteilung der Exordialtopoi auf Anfang und Ende des Buches.

Die (aus religiösen Gründen unverzichtbare) enge Bindung an die Quelle hat zur Folge, daß nicht nur der Stoff, sondern auch der „Handlungs-"ablauf des Epos in all seinen Elementen vorgegeben ist; selbst die vom Thema her (*Christi vitalia gesta*) bestimmte Konzentration auf gewisse Schwerpunkte und die Ergänzung des Matthäus-Evangeliums aus den anderen drei Evangelien ermöglichen nur bescheidene Eingriffe in den Gesamtaufbau, und keineswegs solche, die dem Epos einen grundsätzlich anderen Aufriß gäben als den Evangelien. Man hat deshalb die Bucheinteilung fast ausnahmslos als eine schematische betrachtet: Zwar habe die Gliederung in vier Bücher, wie schon Hieronymus gesehen hat, einen symbolischen Sinn (sie wiederholt die Vierzahl der Evangelien), [173] die Einschnitte seien aber mechanisch gesetzt worden, und zwar so, daß die Bücher etwa gleich lang wurden, je etwa 800 Verse umfas-

---

[171] Diesen Sachverhalt hat einseitig und übertrieben formuliert F. Mehmel, Virgil und Apollonius Rhodius, Hamburg 1940 (Hamburger Arbeiten zur Altertumswissenschaft 1), 105f. Mehmel hat sich nicht auf die Konstatierung des Faktums beschränkt, sondern eine entschieden negative Wertung angeschlossen. Daraus hat sich in den letzten Jahrzehnten eine kritische Durchleuchtung der Thesen Mehmels ergeben, die besonders die thematische Verklammerung der Einzelszenen bei verschiedenen Epikern herausgearbeitet hat, so z. B. für Statius W. Schetter, Untersuchungen zur epischen Kunst des Statius, Wiesbaden 1960 (Klass.-philol. Studien 10); für Silius Italicus M. v. Albrecht, Silius Italicus, Amsterdam 1964; für Claudians Gotenkrieg M. Balzert, Die Komposition des Claudianschen Gotenkrieges, Hildesheim/New York 1974 (Spudasmata 23); für Valerius Flaccus J. Adamietz, Zur Komposition der Argonautica des Valerius Flaccus, München 1976 (Zetemata 67); s. a. E. Burck 1979 passim.

[172] Vgl. dazu das Wörterverzeichnis bei N. Hansson (wie Anm. 117).

[173] Das wird in der Formulierung des Hieron. vir. ill. 84 *quatuor evangelia quatuor libris* angedeutet, s. K. Marold 330, H. Nestler 47 (beide wie Anm. 117). Allerdings ist auch der Mt.-Kommentar des Hieron. in 4 Bücher eingeteilt, also möglicherweise schon der Kommentar, der Juvenc. nach C. Weyman, Rh. Mus. 51, 1896, 327 (s. H. Nestler 31ff.) vorgelegen haben soll.

sen.[174] So richtig es nun ist, daß eine thematisch begründete Bucheinteilung, wie sie A. G. Amatucci unterstellt,[175] nur bei großer Freiheit gegenüber dem keineswegs konsequent aufgebauten Evangelientext möglich gewesen wäre, so können wir doch feststellen, daß Juvencus nicht planlos eingegriffen hat, sondern ein Prinzip der Bucheinteilung beobachtet, das die moderne Forschung bei der Analyse der Aeneis, der Metamorphosen und der kaiserzeitlichen Epen erkannte: das des Hinüberspielens der Handlung über die Buchgrenze, also das der fließenden Buchübergänge,[176] die zum Ziel haben, der Zersplitterung des Werkes durch Buchgrenzen dadurch zu steuern, daß Handlungs- und Bucheinschnitte nicht in Übereinstimmung gebracht werden. Alle Bücher sind bei Juvencus durch das Mittel der motivischen Wiederaufnahme verbunden. Buch 1 klingt in drei Heilungswundern aus – an einem Aussätzigen, an dem gichtbrüchigen Knecht des Hauptmanns von Kapernaum und an der Schwiegermutter des Petrus (731–770)–, Buch 2 beginnt mit der Heilung „vieler" (6–10 ~ Mt. 8, 16); Buch 2 schließt mit Gleichnissen Jesu (733–823), Buch 3 trägt v. 2–16 ein Gleichnis nach; Buch 3 endet mit einer Rede Jesu, der Beginn von Buch 4 schließt unmittelbar daran an (*Talia dicentem* ..., s. Aen. 4, 362, häufig bei Ovid und Statius). Doch werden die Buchgrenzen von 1 zu 2 und von 2 zu 3 nicht gänzlich überspielt, sondern bleiben spürbar durch ein Kunstmittel, das schon in den Homerischen Epen, besonders der Odyssee, verwendet wurde (Il. Ende 7/Anfang 8; [19]; Od. Ende 1; [5]; 7; [14]; 16; [17]; [18]; [19]; Anfang 2; [3]; [5]; 8; [16]; 17), das Vergil aufgriff (Aen. Ende 3, Anfang 4 [11]) und das Statius (Thebais Ende 5 bzw. 11, Anfang 6 bzw. 12) wie Valerius Flaccus (Ende 3; 5; 6; Anfang 3 und 5) vertraut war: der Buchschluß mit dem Einbruch der Nacht, der Buchbeginn mit dem Heraufdämmern des neuen Morgens (s. a. Sen. apocol. 2, 3).

Schließlich hat sich Juvencus innerhalb der einzelnen Szenen Eingriffe gestattet, darunter auch solche, die die narrative Strukturierung stützen.

Er strafft Mt. 2, 13–23 (= 1, 255–277) konsequent: Auf die Flucht der Heiligen Familie (ausgelöst durch die Rede des Engels Mt. 2,13, die in den Worten *monitis caelestibus actus* zusammengefaßt wird) folgt der Kindermord des Herodes; darauf die Rückkehr nach Nazareth; die Vorausdeutung Mt. 2,15 (275–277) wird nach Mt. 2, 23 (= 272–274) gestellt, sie unterbricht den Gang der Handlung nicht, vielmehr

---

[174] 770, 829, 774, 812 Verse, sie reichen Buch 1 bis Mt. 8,15; 2 bis 13, 26; 3 bis 22, 13; 4 bis 28, 20. K. Marold 330 vermutete einen Einfluß der Kapiteleinteilung nach einem Itala-Exemplar in der Art des Corbeiensis auf die Bucheinteilung (dann würden umfassen Buch 1 20 Kap., 2 20 Kap., 3 22 Kap., 4 14 Kap.); dagegen H. Nestler 47. Im Mt.-Kommentar des Hieron. reicht B. 1 bis 10, 42; 2 bis 16, 12; 3 bis 22, 40, 4 bis 28, 20.

[175] A. G. Amatucci 1955, 121 hält die Bucheinteilung für gut durchdacht: 1 enthielte *insinuat populis regni praeconia* (1, 446) (schließt mit den ersten vier einfachen Wundern), 2 gibt Zeichen der *Jesu concessa potestas* (schließt mit einer Parabel), in 3 „appare tutta la sua divina luce di sapienza e di potenza" (schließt mit „un solenne accenno alla sorte che attende gl'indagine che vorebbero assidersa alla divina mensa"), in 4 Jesus „e celebrato nella grandezza del sacrificio" – es schließt mit der Apostelaussendung. „La fine d'ogni libro, dunque, prepara l'animo nostro all'ascensione che la figura di Gesù compie nel seguente."

[176] Angedeutet G. Krumbholz, Der Erzählstil der Thebais des Statius, Glotta 34, 1955, 252, für Statius herausgearbeitet von W. Schetter 64–79, für Valerius Flaccus von J. Adamietz 116–120 (beide wie Anm. 171).

krönt das Prophetenwort Hos. 11,1 in Mt. 2,15 die Szene und macht an ihrem Schluß ihre heilsgeschichtliche Bedeutung klar.

Ähnlich verfährt Juvencus 3, 622–635 bei der Auffindung der Eselin: Der Vorgang wird in der Ordnung 21, 2.3.6.7. nacheinander dargestellt, die Prophetenworte, die sich in der Geschichte „erfüllt" haben (Sach. 9,9 = Mt. 21, 4–5), sind als Höhepunkte der Szene an den Schluß gerückt.

Ein drittes Beispiel bietet uns die Umsetzung von Mt. 27, 1–26 (4, 586–641): Jesus vor Pilatus und das Ende des Judas. Nach der Schilderung des anbrechenden Morgens (586f. aus *mane autem facto*) wird uns in einer ausmalenden Szene berichtet, wie Jesus *magno clamore* vor Pilatus geschleppt wird (588f.). Die Anklagen der Juden werden ebenso stimmungsmäßig verstärkt (594–596) wie die Bitte der Frau des Pilatus um Schonung für Jesus (603–605); die Forderung nach Freilassung des Barabas und Kreuzigung Jesu gerät zu einer Massenszene (606–617), die Begründung des Volkes für sein Verlangen nach Verurteilung Jesu durch die römische Staatsmacht wird nach Lk. 23, 2 nachgetragen (616f.); mit dem Händewaschen des Pilatus, der Antwort des Volkes auf die Unschuldsbeteuerung des ‚Landpflegers' und der Freigabe des Barabas klingt der Bericht aus (618–625). Erst jetzt (626–641) wird von der Reue des Judas und seinem Ende erzählt – die Blutacker-Legende hat die Pilatus-Szene nicht unterbrochen.[177]

In der Geschichte von der Samariterin erklärt Joh. 4, 7–8 die Bitte Jesu *Da mihi bibere* erst nachträglich: *Discipuli enim eius aberant...* Juvencus stellt die strenge temporale Sukzession her: Die Jünger gehen, die Samariterin kommt, Jesus bittet sie um einen Trunk (2, 248–252).

Weiterhin können Erzählabschnitte an narrativer Folgerichtigkeit gewinnen, wenn Wiederholungen gestrichen werden. So erzählt Lk. zweimal (2, 40.52) von Jesu Wachstum und zunehmender Reife – Juvencus spricht davon nur 1, 278.[178] Wohl ebenfalls aus erzähltechnischen Gründen streicht Juvencus den iterativ-durativ raffenden Sammelvers Mt. 9, 35: *Et circuibat omnes civitates et castella, docens ... et curans ...*

Der Dichter scheut sich bisweilen nicht, eine ganze Szene zu opfern: Das Heilungswunder an dem besessenen Gerasener Mk. 5, 1–20 bricht bei Juvencus 2, 74 mit der Bitte der Gerasener um Jesu Abreise (Mk. 5, 17) ab; auf die Parallelhandlung (der vom Wahnsinn Geheilte bittet Jesus, mitkommen zu dürfen, um das Wunder zu verkünden) wird verzichtet.

Kurz: Juvencus nutzt alle in den Evangelien vorgegebenen Ansätze, um die Grundstruktur des Epischen, die personalorientierte Narration, zu erhalten, und er bemüht sich, sie zu stärken.

2.3.2.2. Tradition und Neuerertum bei der Behandlung der Strukturelemente

2.3.2.2.1. Thema und Motive

Gleichwohl unterscheidet sich das Christus-Epos in vielfacher Hinsicht von der antiken Epos-Tradition, denn entscheidende Strukturelemente sind aufgegeben oder in ihrem Charakter geändert.

---

[177] Ähnlich wird der erzählerische Zusammenhang bei der Auferweckung des Lazarus durch Umstellung geschaffen: Joh. 11, 3.2.5.3.1.4. = 4, 306–320.

[178] So wird auch die Weisung an die Jünger in Mt. 10,1 gestrichen, da sie mit 10,8 identisch ist. – Mt. 11, 8 *Sed quid existis videre?* schon in 11,7 = 2, 528.

Die Ansiedlung Jesu in der „Welt" — Juvencus hebt sie bereits im Eingangsvers *Rex fuit Herodes Iudea in gente cruentus* (1,1) hervor — scheint auf ein historisches Epos abzuzielen. Gleichwohl fehlt die politische Ausrichtung, die dem römischen Epos (wenn auch in unterschiedlicher Präzision) durchgehend eignet.

Zugleich legt die zentrale Stellung Jesu den Grundriß eines Ein-Helden-Epos nahe, die gleichmäßig fortschreitende Erzählung ohne Rückblende die ab-ovo-Struktur. Doch kein historisches Epos und kein mythologisches (vielleicht mit Ausnahme der Achilleis des Statius) hat je das Leben seines Helden von seiner Geburt bis zu seinem Tod vorgetragen.

Entscheidender für den Gesamteindruck ist, daß bisher — sieht man von den Metamorphosen Ovids ab — der Begriff der gesta in der lateinischen Epik eine ganz spezifische Bedeutung hatte, nämlich die der Kriegstaten. Am besten läßt sich das am Beispiel der Bearbeitung der Argonautica des Apollonios Rhodios durch Valerius Flaccus beobachten, wo Valerius, um seine Vorstellung von einem rechten Epos zu verwirklichen, die Ruderer der griechischen Vorlage zu Kriegshelden werden läßt und gegenüber seiner Quelle eine Schlacht — die zwischen Jason und dem Aeetes-Bruder Perses — neu einfügt.[179]

Der Verzicht auf das bislang beherrschende Thema Krieg hat den Fortfall einer ganzen Reihe typischer Szenen antiker Epik zur Folge: der Schlachtszenen (sei es als Tageskämpfe oder Nyktomachien, als Land-, Fluß- oder Seeschlachten, als kurze Treffen oder Großkampftage) mit ihren traditionellen Motiven vom Helden- und Truppenkatalog über die anfeuernde Rede, den Aufmarsch der Krieger, über Massenkämpfe und die Aristien sowie den Tod in der Schlacht mit der Variation von Verwundungen und Sterben, bis zur Leichenverbrennung. Auch das Motiv des sportlichen Wettkampfes, das sich gern mit Leichenspielen verbindet (wir begegnen ihm bei Vergil, Silius und Statius), hat in einem Christus-Epos keinen Platz.

Im Zusammenhang damit wandelt sich das Welt- und Menschenbild grundsätzlich. Das Ruhmesstreben des einzelnen Helden in der Schlacht, die ausdauernde Führerschaft in Krieg und Frieden, die Idee der Ehre und des Sieges sind in dem unkriegerischen Epos nicht mehr möglich. Zur Gestaltung seelischer Konflikte gibt die Geschichte des Gottessohnes kaum Gelegenheit, und die des Zacharias, Joseph, Petrus und Judas werden nicht ausgebaut.

Andere traditionell epische Motive können nicht aufgegriffen oder müssen umgestaltet werden, weil sie an die polytheistische Religion gebunden sind. Das gilt beiläufig für die Nekromantien, hauptsächlich jedoch für die Götterhandlungen mit Götterrat und Göttererscheinung; auch für Fatum und Fortuna ist kein Platz mehr. Allgemeiner betrachtet, hat Juvencus jedoch ein Werk geschaffen, in dem die religiöse Komponente, die für das römische Epos so charakteristisch ist, nicht nur erhalten bleibt, sondern beherrschend wird: Er erzählt ja vom Erdenwandeln des Gottessohnes, einen in dieser Form zwar neuen Mythos, doch einen, der zugleich mit vollem religiösen Ernst behandelt wird.

Gewisse äußerliche Bindungen zur Tradition ergeben sich durch die Reden Gottes (1, 139—142. 276f. 362f.; 3, 333f.) oder die Reden Jesu zu Gott (4, 387—389. 490—492. 502—504) und die Engelserscheinungen und -reden als Auftreten von Gottesboten (1, 1—79. 158—180), während man sich gelegentlich der Versuchung Jesu durch

---

[179] Vgl. E. Burck 1979, 226—228.

den Teufel (1, 364—408) an die Auftritte von Unterweltgestalten erinnern lassen könnte, wie sie uns zumal in der flavischen Epik begegnen.

Entfernte motivische Ähnlichkeit könnte man zwischen Herodes und den Tyrannen der flavischen Epik sehen, zwischen Josephs Traumerscheinung eines Engels (1, 133—143), der vaticinatio des Zacharias (1, 113—129) oder der Deutung eines omen (1, 190f.) und den epischen Prodigien, Omina und Träumen. Aber auch diese Motive nutzt Juvencus nur, um mit dem Evangelientext auf kurz bevorstehende Ereignisse zu verweisen, nie baut er sie in vergilianischer Manier zu großartiger Schau auf die Zukunft der Kirche und die Verbreitung des christlichen Glaubens aus.

Selten wird episches Motivgut in den Evangelientext eingepaßt, so bei der Gestaltung des Auftritts des Engels als Götterbote (s. auch S. 107) und bei Gelegenheit der Stillung des Sturmes durch Jesus (Mt. 8, 24) nach dem Vorbild der epica tempestas, des Seesturms (2, 25—42).

Weitere Rückgriffe auf epische Strukturelemente wären durchaus denkbar gewesen. Der Dichter hätte allegorische Gestalten auftreten lassen; geographische, historische, philosophische oder theologische Exkurse einflechten, die Orte der Handlung, Bauten oder religiöse Zeremonien ekphrastisch veranschaulichen, die Todesszenen des Täufers oder Jesu manieristisch gestalten, den Einzug Jesu in Jerusalem in Teichoskopie darstellen oder einen Jüngerkatalog bieten können. Er hat es nicht getan. Die enge Bindung an die religiös bedeutsame Vorlage hinderte ihn daran ebenso wie sein Anspruch, Wahrheit zu bieten. Denn damit meint er keine mythische, poetische oder philosophische Wahrheit, auch mehr als eine historische. Was er bietet, ist eine existenzentscheidende Glaubenswahrheit. Der Begriff der Fiktionalität oder der Mimesis eines irdischen Geschehens und Seins verbietet sich für sein Werk von selbst.

Nur selten erlaubt sich Juvencus, einen epischen Vergleich einzuflechten. Mt. 5,3 berichtet von dem besessenen Gerasener *neque catenis iam quisquam poterat eum ligare*; bei Juvencus bricht der Besessene die Ketten *ut lanea fila* (2, 50). Wer den breiten Weg der Sünde wählt (Mt. 7, 13f.), den reißt es hin (1, 688—690)

> *velut impetus amnis*
> *Aut alacer sonipes ruptis effrenus habenis,*
> *Aut rectoris egens ventosa per aequora puppis.*
> (~georg. 1, 206 bzw. Aen. 6, 335)

Dagegen sind dem antiken Epos fremde Elemente aus den Evangelien in das Christus-Epos eingebaut worden: die alten Hymnen der Maria (1, 94—104) und des Zacharias (1, 113—129) sowie die Schriftzitate (aus Jesaias 1, 314—320. 413—418; 3, 634f.).

Schon durch ihren Umfang sind die Reden ein prägendes Strukturelement des antiken Epos, Reden, die Überlegungen und Gefühle ausdrücken, Absichten verdeutlichen oder zum Kampf anspornen sollen. Auch im Epos des Juvencus haben Monologe eine dominierende Rolle behalten. Gleichwohl ist ihr Charakter grundlegend verändert. Zum einen konzentrieren sie sich auf Jesus, und das hat seinen Grund darin, daß es sich zum anderen fast ausschließlich um Lehrreden handelt, sie nur selten zum Ausdruck von Gefühlen und Überlegungen dienen oder eine Handlung motivieren bzw. durch die Überzeugung eines einzelnen oder einer Menge Aktivitäten in Gang setzen sollen. Zudem haben die Äußerungen nicht die Form geschlossener philosophisch-theologischer Darlegungen, sondern sie sind Sammlungen für sich stehender aphorismenartiger Christusworte oder Gleichnisse, jedenfalls von didaktischen Äußerungen, wie sie aus der sog. Logienquelle Q bei Matthäus zu großen Reden zusammengefaßt worden sind. Die Reden bringen jenes didaktische Element in das Christus-Epos ein, das späterhin die Bibeldichtung prägen wird.

Die Christusworte setzt der Dichter in unterschiedlicher Weise in den Vers um.

Wie Widmann wohl richtig gesehen hat, verwandelt der Dichter kurze Stücke direkter Rede in indirekte, um die narrative Struktur nicht zu häufig zu stören.[180] Durch die Ordnung gleichsam dramatischer kurzer Wechselreden zu (gewöhnlich zwei) geschlossenen Redeblöcken „gewinnt er epische Ruhe"[181] – etwa Joh. 4, 47 bis 51 wird in der Ordnung 4, 47. 48. 50. 49. 50. 51 wiedergegeben (2, 330–338), es entstehen je eine Rede Jesu und des königlichen Beamten. Die beträchtliche Kürzung der Hymnen der Maria (Lk. 1, 46–55 = 1, 96–102) und des Zacharias (Lk. 1, 68–79 = 1, 117–129) wird man ebenfalls so erklären können, daß lyrische Elemente als nicht-narrative zurückgedrängt werden sollen.

Wie wir es bei Szenen gesehen haben, kann eine Rede auf einen Höhepunkt hin ausgerichtet werden, etwa Lk. 1, 13–20 = 1, 14–26, wo Lk. 1, 13 als Vers 26 an den Schluß der Rede tritt: Der Knabe, dessen Geburt dem Zacharias angekündigt wird, soll Johannes genannt werden. Die Einführung der Worte des Engels Lk. 1,11 *Apparuit autem illi angelus Domini* nimmt Juvencus 1, 16–18 in dessen Rede hinein: Der Engel gibt sich mit eigenen Worten als von Gott gesandt zu erkennen, und damit wird der Unglaube des Zacharias noch schwerwiegender.

Verschiedentlich wird eine Rede Jesu gerafft (verliert freilich damit an Eindringlichkeit) dadurch, daß die Variationen eines Gedankens gestrichen werden, so Mt. 18, 1–10 (= 3, 394–409) in den Jesusworten von Kindersinn und Ärgernis, wo Mt. 18, 4.5. als variatio von 3 gestrichen werden (9 und 20 sind ausgelassen, weil der Gedanke schon 1, 523–530 nach Mt. 5, 29–30 wiedergegeben worden war). – Schließlich wird bisweilen der logische Aufbau einer Rede durch Umstellungen gefestigt: Mt. 18,7 wird als der allgemeine Gedanke vorangestellt, den nun 18,6 spezifiziert, wobei dieser Vers zugleich die organische Verbindung zu 10 herstellt.

Dieser Tendenz, Wiederholungen zu vermeiden, fällt der parallelismus membrorum, das augenfälligste Kunstmittel semitischer Wortkunst, zum Opfer. So wird aus Joh. 5, 46f. *Si enim crederitis Moysi, crederitis forsitan et mihi: de me enim ille scripsit. Si autem illius litteris non creditis, quomodo verbis meis credetis?* zu

2, 690 *Eius enim scriptis vester si crederet error,*
Crederet et nobis, Moysi quem scripta frequentant.

Kürzungen können freilich zur Verunklärung führen: Durch die Streichung von Mt. 12, 49 wird dem Leser in 2, 729 unklar, wer mit *Hic* gemeint sei – daß es sich um

---

[180] H. Widmann (wie Anm. 117) 51. – Beispiele: Die Rede der Pharisäer Mt. 12, 2 = 2, 567f. wird zur indirekten, die Jesu Mt. 12, 3–8 = 2, 570–582 bleibt in direkter Rede stehen – wohl weil der Einwurf der Pharisäer kurz, die durch ihn veranlaßte Rede Jesu lang ist. Auch die Pharisäerworte Mt. 12, 24 = 2, 607–609 werden indirekt wiedergegeben, die Antwort Jesu 12, 25–30 = 2, 611–622 direkt. – Andererseits bleibt die direkte Rede der Pharisäer Mt. 12, 38 erhalten – eine Neigung zur variatio des Ausdrucks dürfte dabei eine Rolle spielen.

[181] H. Nestler (wie Anm. 117) 60. – Man vgl. auch Lk. 1, 28–33, wo in 29 ein Gedanke der Maria die Rede des Engels unterbricht; der Vers wird gestrichen, und so entsteht 1, 58–63 ein geschlossener Redeblock.

die Jünger handelt, erführe er erst aus dem Bibeltext. Doch Juvencus setzt nicht den Bibeltext als bekannt voraus, vielmehr erklärt er in 2, 545 f. und 3, 265 (vgl. Mt. 11, 14 bzw. 16, 14) aus dem Alten Testament, wer Elias sei. Zusätze macht er auch, wenn es gilt, einen Gedanken zu verdeutlichen: Fragen die Jünger Mt. 18,1 nur *quis ... maior est in regno caelorum*, so ergänzt Juvencus das *quis* mit der präzisierenden Frage *meritis pro qualibus* (3, 397 f.).

Auffälliger als die Einformung kleinliterarischer Erzähl- und Redetechnik in jene der herrschenden antiken Literatur sind die Konsequenzen, die sich aus der Umsetzung der lingua piscatoria des Evangelientextes in die dignitas und dulcedo der lateinischen Epensprache ergeben.

2.3.2.2.2. Sprache und Gestus

Ein Vergleich etwa der Apocolocyntosis Senecas mit der Consolatio philosophiae des Boethius lehrt, daß entscheidender als das Konstruktionsprinzip (Prosimetrum) der Gestus das Gattungsverständnis des Rezipienten bestimmt. Die Tatsache, daß bei Boethius der Gestus des Spottens durch den des Trauerns und Tröstens ersetzt ist, läßt uns vergessen, daß hier ein genetischer Zusammenhang mit der zweiten Subgattung der römischen Satire besteht.

Dagegen stellt bei aller Verschiedenheit der Strukturelemente im Falle des Christus-Epos neben der narrativen Grundstruktur und der hexametrischen Form die Wahrung des Gestus des Rühmens, des Erhabenen als dominantes Strukturelement die Verbindung der neuen Subgattung mit dem traditionellen Epos her.

Juvencus hat zielbewußt den schlichten Gestus des Evangeliums in den erhabenen des Epos umgesetzt. Wir untersuchen den Vorgang am Beispiel der Eingangspassage, der Verkündigung der Geburt des Täufers (Lk. 1, 5–25 [182] ~ Juvenc. 1, 1–51).

5 *Fuit in diebus Herodis, regis Iudaeae, sacerdos quidam nomine Zacharias, de vice Abia, et uxor illius de filiabus Aaron, et nomen eius Elisabeth.*
6 *Erant autem iusti ambo ante Deum, incedentes in omnibus mandatis et iustificationibus Domini sine querela;*
7 *et non erat illis filius, eo quod esset Elisabeth sterilis, et ambo processissent in diebus suis.*
8 *Factum est autem, cum sacerdotio fungeretur in ordine vicis suae ante Deum,*
9 *secundum consuetudinem sacerdotii, sorte exiit ut incensum poneret, ingressus in templum Domini;*
10 *et omnis multitudo populi erat orans foris hora incensi.*
11 *Apparuit autem illi angelus Domini, stans a dextris altaris incensi.*
12 *Et Zacharias turbatus est videns, et timor irruit super eum.*
13 *Ait autem ad illum angelus: Ne timeas, Zacharia, quoniam exaudita est deprecatio tua; et uxor tua Elisabeth pariet tibi filium, et vocabis nomen eius Joannem;*
14 *et erit gaudium tibi, et exsultatio, et multi in nativitate eius gaudebunt,*
15 *erit enim magnus coram Domino; et vinum et siceram non bibet, et Spiritu Sancto replebitur adhuc ex utero matris suae;*
16 *et multos filiorum Israel convertet ad Dominum Deum ipsorum.*
17 *Et ipse praecedet ante illum in spiritu et virtute Eliae, ut convertat corda patrum in filios, et incredulos ad prudentiam iustorum, parare Domino plebem perfectam.*

---

[182] Ich zitiere die Vulgata, und zwar nach der Clementina.

18 *Et dixit Zacharias ad angelum: Unde hoc sciam? ego enim sum senex, et uxor mea processit in diebus suis.*
19 *Et respondens angelus, dixit ei: Ego sum Gabriel, qui asto ante Deum; et missus sum loqui ad te, et haec tibi evangelizare.*
20 *Et ecce eris tacens, et non poteris loqui usque in diem quo haec fiant, pro eo quod non credidisti verbis meis, quae implebuntur in tempore suo.*
21 *Et erat plebs exspectans Zachariam; et mirabantur quod tardaret ipse in templo.*
22 *Egressus autem non poterat loqui ad illos, et cognoverunt quod visionem vidisset in templo. Et ipse erat innuens illis, et permansit mutus.*
23 *Et factum est, ut impleti sunt dies officii eius, abiit in domum suam.*
24 *Post hos autem dies concepit Elisabeth uxor eius, et occultabat se mensibus quinque, dicens*:
25 *Quia sic fecit mihi Dominus in diebus, quibus respexit auferre opprobrium meum inter homines.*

    Rex fuit Herodes Iudaea in gente cruentus,
    Sub quo seruator iusti templique sacerdos
    Zacharias, uicibus cui templum cura tueri
    Digesto instabat lectorum ex ordine uatum.
5 *Huius inhaerebat thalamis dignissima coniux.*
    Cura his ambobus parilis moderaminis aequi,
    Ambos adnexos legis praecepta tenebant.
    Nec fuit his suboles, iam tum uergentibus annis,
    Gratius ut donum iam desperantibus esset.
10 *Sed cum forte aditis arisque inferret odores*
    Zacharias uisus caelo descendere aperto
    Nuntius et soli iussas perferre loquellas
    (Cetera nam foribus tunc plebs adstrata rogabat)
    „*Quem tibi terribilis concussit corde pauorem*
15 *Uisus, eum laeti sermonis gratia placet.*
    Nam me demissum rerum pater unicus alto
    E caeli solio tibi nunc in uerba uenire
    Praecipit et cara tibi mox e coniuge natum
    Promittit, grandis rerum cui gloria restat,
20 *Plurima qui populis nascendo gaudia quaeret;*
    Sobrius aeternum, clausum quem Spiritus ipsis
    Uisceribus matris conplebit numine claro.
    Istius hic populi partem pleramque docendo
    Ad uerum conuertet iter, Dominumque Deumque
25 *Continuo primus noscet plebemque nouabit.*
    Nomine Iohannem hunc tu uocitare memento."
    Olli confusa respondit mente sacerdos:
    „*Aemula promissis obsistit talibus aetas,*
    Nec senibus fetus poterit contingere fessis,
30 *Quem deus auertens primaeuo in flore negauit.*"
    Haec trepidans uates, cui talia nuntius addit:
    „*Si tibi mortalis subolem promitteret ullus,*

> *Ad desperandum forsan cunctatio mentis*
> *Debuerat tardis haerens insistere uerbis.*
> 35 *Nunc ego, quem dominus, caeli terraeque repertor,*
> *Ante suos uultus uoluit parere ministrum,*
> *Auribus ingratis hominis uisuque receptus*
> *Supremi mandata Dei temnenda peregi.*
> *Quare promissis manet inreuocabile donum,*
> 40 *Sed tibi claudetur rapidae uox nuntia mentis,*
> *Donec cuncta Dei firmentur munera uobis."*
> *Haec ait et sese teneris inmiscuit auris.*
>   *Interea populus miracula longa trahebat,*
> *Quid tantum templo uellet cessare sacerdos.*
> 45 *Progressus trepide numen uidisse supernum*
> *Nutibus edocuit, miserae et dispendia uocis.*
> *Inde domum remeat conpleto ex ordine uates*
> *Officio, amissamque leuant promissa loquellam;*
> *Nec dilata dui uenerunt munera prolis.*
> 50 *Anxia sed uentris celabat gaudia coniux,*
> *Donec quinque cauam conplerent lumina lunam.*

Juvencus hat die Passage neu inszeniert. Bei Lukas erscheint der Engel Gabriel dem Zacharias, rechts neben dem Räucheraltar stehend, und redet zu dem Priester; Auftritt und Abgang sind nicht dargestellt (Lk. 1, 11–20). Juvencus hat die Passage nach dem Muster epischer Göttererscheinungen umgestaltet.[183] Zwar fehlt die bei Lk. 1,13 erwähnte Bitte an Gott, wiewohl Bitten an die Gottheit, im Epos meist in ausführlichen Reden vorgetragen, häufig Götter- oder Botenszenen einleiten. Aus der epischen Tradition hereingenommen ist jedoch das Herabschweben des Götterboten vom Himmel (11f.) und sein Entschwinden (42). Dieses Entschwinden ist zudem in deutlicher Anlehnung an entsprechende Verse Vergils formuliert.[184]

[183] Etwa Il. 14,308–469 Bitte des Priamos – Entschluß des Zeus – sein Auftrag an Hermes – Aufbruch des Hermes (er fliegt 345) – Gespräch des Hermes mit Priamos – Entschwinden (Hermes eilt hinweg 469); Od. 5,5–148 Bitte der Athene – Antwort des Zeus – Auftrag an Hermes – Aufbruch des Hermes nach Ogygia (schwebt) – Ankunft – Auftritt von Kalypso – Wechselrede Hermes/Kalypso – Hermes „geht" (148); vgl. auch Od. 1, 44–320 Athene; Il. 2, 786–807 Iris (ohne Entschwinden); Od. 10, 287–307 Hermes (ohne vorherige Bitte); Aen. 9, 1–15 Auftrag Junos an Iris – Iris erscheint dem Turnus – redet zu ihm – verschwindet (*dixit et in caelum paribus se sustulit alis* 14, vgl. 5, 657); vgl. auch die Auftritte Merkurs Aen. 1, 229–304 und 4, 206–278, der Iris Aen. 4, 693–705; 5, 606–658; Apolls vor Julus Aen. 9, 644–658, des Somnus vor Palinurus Aen. 5,779 ff.; Ov. fast. 2, 483 ff. Mars redet zu Jupiter – Jupiters Entscheidung – Romulus erscheint Julius Proculus – Rede des Romulus – entschwindet.

[184] Juvenc. 1, 42 *Haec ait et sese teneris immiscuit auris* ~ Aen. 4, 278 und 9, 658 *et procul in tenuem ex oculis evanuit auram* (Merkur bzw. Apoll); 5, 861 *ipse volans tenuis se sustulit ales ad auras* (Somnus); Ov. fast. 5, 375 *omnia finierat. Tenues secessit in auras* (Ende des Gesprächs Flora – Ovid); fast. 2, 509 *iussit, et in tenues oculis evanuit auras* (Romulus); Sil. 8, 184 *Sic fata in tenues Phoenissa evanuit auras.* – Vgl. auch Juvenc. 2, 38f.: Jesus stillt den Sturm wie Neptun Aen. 1, 249; Elias wird (2, 545f.; 3, 265–267) zum Himmel emporgetragen wie Arcas und Callisto (Ov. met. 2, 506 ff.) bzw. wie Tatius (met. 14, 501).

Die auf diese Weise stärker episierte[185] Szene wird intensiviert durch verschiedene Zusätze, die sie psychologisierend vertiefen. Zacharias und Elisabeth verzweifeln bereits (9), doch hat Gott es dazu kommen lassen, damit sie sich um so mehr über die späte Erfüllung ihres Kinderwunsches freuen (9).

Der Ausdruck des Erschreckens des Zacharias wegen der Engelserscheinung und seiner Freude über die Botschaft wird erweitert, die Gefühle werden hart gegeneinander gestellt (14/15). Vor allem bemüht sich Juvencus, die Strafe des Verstummens, die der Engel über Zacharias verhängt, verständlicher zu machen. Er verstärkt die Zweifel des Priesters, der nicht (wie bei Lk.) auf sein und seiner Frau Alter verweist (28), sondern ausdrücklich erklärt, eine solche Schwangerschaft sei nunmehr unmöglich (29), und einen Vorwurf gegen Gott anschließt, der ihnen diese Freude in ihrer Jugend verweigert habe (30). Der Engel seinerseits begründet die Strafe: Zweifel an der Aussage eines Menschen wären immerhin noch erlaubt gewesen (32–34); nun seien aber er, ein Gottgesandter, und seine Worte von einem Menschen übel aufgenommen (35–37), sei Gottes Wort verachtet worden (38). Der Zweifel des Zacharias ist damit nicht mehr menschlich verständlich, sondern ungeheuerlich; die Strafe dagegen ist milde, sie hätte – deutet der Engel an – härter ausfallen können: Das Kindesversprechen bleibt in Kraft (39), und der Verlust der Sprache wird Zacharias durch die schöne Hoffnung auf ein Kind, einen Sohn, leichter gemacht (48).

Die Sprache des biblischen Berichts wird beherrscht von Subjekt, Objekt und Prädikat. Emotionaler Intensivierung dienen bei Juvencus Attribuierung und Adverbialisierung. Sie wollen zum einen psychologisieren, dem heftigen Empfinden der Personen Ausdruck geben: *Zacharias turbatus est ... et timor irruit super eum* (Lk. 1,12) wird zu *terribilis concussit corde pavorem uisus* (Juvenc. 1,14f.); Zacharias antwortet ihm nicht nur (*dixit* Lk. 1,18), sondern *confusa respondit mente* (Juvenc. 1,28) und *trepidans* (31), und noch als er den Tempel verläßt, zittert er (45). Auch Elisabeth hält sich dann später ängstlich (50) verborgen.

Eine Reihe von Attributen dient pathetischer Wertung und steigert dadurch den Ausdruck: Herodes ist *cruentus* (Juvenc. 1,1); Zacharias dagegen ist ein *servator iusti* (2), seine Frau *dignissima* (5), dem Zacharias *cara* (18); auch der Heilige Geist (*numen clarum* 22) und selbst Gott (*pater unicus* 16; *supremus Deus* 38; *grandis rerum cui gloria restat* 19; *caeli terraeque repertor* 35) erhalten rühmende Beiworte.[186]

Die Attribuierung eröffnet zugleich die Möglichkeit einer würdevoll-hohen Wortstellung, wie sie zumal in der Verssprache das Hyperbaton bietet. Der Satz *Fuit in diebus Herodis, regis Iudaeae* (Lk. 1,5) erhält zusätzlich zu dem pathetisch wertenden Attribut *rex cruentus* durch die extreme, die Zäsur überbrückende Sperrung *Rex fuit Herodes Iudaea in gente cruentus* (Juvenc. 1,1; s. a. 14.28.50) eine hohe Spannung; diese Spannung wird aufrechterhalten durch die Anfügung eines Nebensatzes ersten *(sub quo...)* und eines zweiten Grades *(cui...)*, der wiederum mit zwei verschränk-

---

[185] Auch aus dem knappen Bericht Mt. 14,6 *saltavit filia Herodiadis* gestaltet unser Dichter eine Szene (3,55ff.): *reginae filiae virgo,/Alternos laterum celerans sinuamine motus,/ conpositas cantu iungit modulante choreas.*

[186] Ähnlich wird durch Attribuierung aus *Iohannes* (Mt. 11,2) *iustus Iohannes* (2,510), aus *mater Iesu* (Joh. 2,1) *clari mater Iesu* (2,129, s. a. 3,3), aus *nocte* (Joh. 3,2) *nocte sub obscura* (2,177), aus *caelum* (Joh. 3,13) *sidereum caelum* (2,214, nach Ov. met. 10,140); tritt ein Adverb hinzu, wird *vidit venientem* (Joh. 1,47) zu *tendentes longe respexit* (2,110).

ten Sperrungen ausklingt (*digesto instabat lectorum ex ordine uatum* 4; s. a. 12. 51). Gern wird die Sperrung mit dem Mittel des Enjambements verbunden (3/4. 11/12.14/15. 21/22.47/48), das auch für sich stehen kann (9/10. 33/34. 35/36, 45/46) oder mit Inversion kombiniert werden kann (16/19. 23/25), jedenfalls stets durch die Einbeziehung der kurzen Pausen der Zäsur und der langen am Versende die Aufnahme des Satzes weiter verlangsamt und damit die Spannung zwischen Satzbeginn und Satzende weiter erhöht.

Die energische Einschränkung des Gebrauchs von *et* (Lk. 33mal, Juvenc. 4mal) vermittelt den Eindruck, daß die Parataxe der Hypotaxe gewichen ist; tatsächlich aber ist die Zahl der Nebensätze nur von zehn (Lk. 1,7. 8. 9. 13. 17. 19. 20. 21. 23, davon ein Nebensatz zweiten Grades 20) auf vierzehn (Juvenc. 1,2. 3. 9. 10. 14. 19. 20. 30. 31. 32. 35. 41. 44. 51) gewachsen, wie ja überhaupt Hypotaxe nicht unbedingt typisch für die Epensprache ist. Gleichwohl ist durch andere Mittel der Unterordnung die Zahl der grammatisch selbständigen Sätze von 36 auf 22 reduziert worden, so daß — anders als im Evangelientext — der Eindruck einer „lateinischen" Ausdrucksweise entsteht.[187]

Chiasmus (2), Homoioteleuton (24) und Anapher (6.7), insbesondere jedoch Alliteration (3. 10. 14. 18. 23. 25) dienen dem weiteren Schmuck der Rede.

Über die Alltagsrede hinausgehoben wird die Sprache des Christusepos weiterhin durch die Wortwahl und durch Umschreibungen.

Das poetische Wort wird dem unpoetischen vorgezogen[188] (4 *uates* statt *sacerdos*, 10 *adytum* statt *templum*, 12 *nuntius* statt *angelus*[189]), das gesuchte oder gar ungewöhnliche dem üblichen (5 *inhaerere thalamis*; 8 *suboles*, 18 *natus* statt *filius*; 12 *rogare* statt *orare*; 21 *uiscera* statt *uterus*; 47 *domum remeat* statt *abiit in domum suam*).

Zur Tradition lateinischer Wortkunst gehört die Variation des Ausdrucks, sei es durch Synonyma, sei es durch Umschreibungen. Sie verleihen dem sprachlichen Kunstwerk nicht notwendig größere Eindringlichkeit als die Technik der Wiederholung in volkstümlich-künstlerischer Rede, verändern aber den Stilcharakter beträchtlich. Juvencus wählt gern den pathetischen und opulenten statt des schlichten, knappen, klaren Ausdrucks: 12 *Cetera nam foribus tunc plebs adstrata rogabat* statt

---

[187] Bei Mt. 11,3 fragt der Täufer Jesus: *Tu es, qui venturus es?* Die Reihung kurzer Kola ist der antiken Dichtersprache fremd, und so formuliert Juvenc. 2, 513f. *Tune piis animis requies, quam regia caeli / Pollicita est terris, nostro sub tempore fulgens?*

[188] *cruentus* (1) im Sinne von blutgierig bei Hor., Ov., Sen.; *thalamus* (5) im Sinne von Ehebett und Ehe Verg., Prop., Ov., Luc.; *parilis* (6) Lucr., Cic. poet., Ov.; *adytum* Lucr., Hor., Verg., Luc.; *descendere caelo* (11) Hor., Liv. *de caelo*; *loquella* (12) Plaut., Lucr., Verg.; *asterno* (12) im Sinne von hingestreckt wo liegen Ov., *aeternus* (21) im Sinne von ewig Lucr., Verg., Hor., Hyg., Tac.; *viscera* im Sinne von Mutterleib Ov., Quint.

[189] P. Flury, Zur Dichtersprache des Juvencus, in: Lemmata. Donum natalicium Guilelmo Ehlers oblatum, Monaci 1968 (masch.) hat gezeigt, daß Juvencus von den griechischen Wörtern ohne speziell christliche Bedeutung nur solche übernimmt, die bereits in der Sprache des klassischen Epos oder aber in der Tradition anderer lateinischer Gattungen ihre Heimstatt hatten (*murra, talentum, purpureus, clamis, thronus*); bisweilen ist der Ausdruck poetisch aufgewertet — etwa *lepra* durch alliterierendes *lurida*. Ungewöhnliche Wörter der Veteres Latinae werden vermieden oder umschrieben — selbst *angelus* (als *nuntius, minister, vox, custos*), *baptizare* (*lavare, abluere, purgare, mundare*), *evangelium* (*sancta praeconia*), *ecclesia* (*concilium, aedes*). An spezifisch christlichen Gräzismen hat Juvencus nur *profeta* und *daemon* in die Epensprache eingebracht.

omnis multitudo populi erat orans foris; 14 *Quem tibi terribilis concussit corde pavorem/ Visus, eum laeti sermonis gratia placet* statt *Ne timeas;* 19 *plurima qui populis nascendo gaudia quaeret* statt *et multi in nativitate eius gaudebunt;* 43 *miracula trahebat* statt *mirabatur;* 45 *numen uidisse supernum* statt *uisionem uidisset;* 49 *nec dilata diu uenerunt munera prolis* statt *post hos autem dies concepit;* 51 *donec quinque cauam complerent lumina lunam* statt *mensibus quinque*.[190]

Schließlich stellt Juvencus sich bewußt in die Tradition epischer langue, und zwar in weit höherem Maße, als die Ausgaben ahnen lassen[191]:
2 *seruator iusti ~ seruator honesti* Luc. 2,389; *templique sacerdos* Verg. Aen. 7,419; 6 *moderaminis aequi ~ moderamine certo* Ov. met. 2,67; 7 *legis praecepta tenebant:* an dieser Stelle im Vers *praecepta* häufig, darunter *matris praecepta fecisset* Verg. georg. 4,548; s. a. Aen. 9,45; *deum praecepta secuti* georg. 4,448; 8 *uergentibus annis* Luc. 2,105; 11 *caelo descendere aperto ~ caelo descendit ab alto* Aen. 8,423; 14 *concussit corde pauorem ~ corda pauor pulsans* Aen. 5,138; 18 *e coniuge natum ~ sancta de coniuge natam* Ov. met. 15,836; *cum coniuge natum* Val. Flacc. 2,551; *cara e coniuge ~ carissima/e coniunx* Aen. 8,377; Ov. met. 11,727, tr. 3,4,53; Stat. silv. 3,5,112; 20 *gaudia quaeret ~ gaudia portet* Stat. Theb. 10,555, *gaudia cepit* met. 7,513; 12,198; 22 *uisceribus matris ~ uiscera matris* met. 2,274; *numine claro ~ nomine clarum* Ov. Ibis 299; 27 *Olli* als Versanfang Aen. 1,254; 9,740; 12,788.829; 27 *confusa respondit mente sacerdos ~ confusam eripuit mentem* Aen. 2,736; 28 *aemula ... aetas ~ aemula senectus* Aen. 5,415f.; 30 *primaevo in flore ~ primaevo flore* Aen. 7,162; Sil. 1,376; 16,405; 35 *caeli terraeque repertor ~ caelum terramque* Aen. 1,113; *hominum rerumque repertor* Aen. 12,829; *uitisque repertor* Ov. am. 1,3,11; *mandata dei ~* Sil. 13, 343; 42 *Haec ait et ...* häufig seit Verg. georg. 4,415; 42 *sese teneris inmiscuit auris ~* (s. o. Anm. 184) s. a. Sil. 1,551; 43 *Interea* als Verseingang häufig seit Aen. 4,160; 47 *Inde domum remeat ~ inde domum redeunt* Ov. fast. 5,455; 48 *Nec* als Verseingang beim Eintritt eines neuen Ereignisses häufig seit Vergil: *Nec minus interea, Nec mora, Nec plura effatus.*

Wenn auch die Rezeption epischer langue bei dem Epiker Juvencus schon wegen der Länge seines Werkes weiter reicht als bei dem Dichter der Laudes Domini, so bewegt sie sich doch in den gleichen Bahnen.

1. Die Analyse der ersten 50 Verse zeigt, daß es sich bei der Masse der Similien um

---

[190] Weitere Beispiele zur variatio und Umschreibung: Der Dichter nennt Jesus im 2. Buch *vitae magister, terrarum lumen, terrarum gloria, servator, mundi regnator, mentis perspector, legis doctor, leti victor vitaeque repertor, legum completor. dicit/dixit* wird wiedergegeben z. B. mit *divino pectore promit* (2,114), *per talia dicta precatur* (2,131), *respondit* (2,134), *increpat* (2,149) und *ait* (2,256). — Der Täufer ist Mt. 11,2 *in vinculis,* Juvencus läßt ihn (2,510) seine Jünger umschreibend *caeci de carceris umbris* zu Jesus schicken. Mt. 11,5 *Caeci vident, claudi ambulant, leprosi mundantur, surdi audiunt, mortui resurgunt, pauperes evangelizantur ~*. Juvenc. 2,517 ff. *Caecorum tenebrae mutantur lumine lucis,/Debiliumque vigent firmato robore membra,* (s. Ciris 43)/ *Lurida discutitur squamoso corpore lepra,/Redditur amissae leti post funere vitae,/Ad corpus remeans animae iam libera virtus,/Pauperibusque suis non dedignata patescit/Fulgentis splendens adventus gloria nostri.*

[191] Zur Vergil-Imitation bei Juvencus J. T. Hatfield, 40—47; H. Widmann, 57—85, der nicht nur Similien nachweist, sondern auch den Einfluß Vergils auf den Stil des Juvencus; (alle wie Anm. 117) und besonders bei R. Herzog 1975, 99—154. Übrigens wird selten mehr als ein Halbvers übernommen.

„standard epic usages"[192] handelt, die ihre aktuelle Bedeutung weitgehend verloren haben, lexikalisiert sind und deshalb ohne Schwierigkeiten in einen neuen Kotext übertragen werden können.

2. Weiterhin können universale oder in der epischen Tradition beheimatete Situationen in die Worte des Erzepikers gekleidet werden (Vergil selbst hatte sich ja nicht gescheut, vergleichbare Situationen an verschiedenen Stellen mit den gleichen Worten wiederzugeben):

— Das Ende einer Rede und der darauf folgende Einsatz des Geschehens: 1,751 *dixerat: ille* ~ Aen. 2,152 *dixerat: ille*

— Ein Glücksfall ist es, wenn sich Szenen im Evangelium und bei Vergil weitgehend ähneln; so folgen die Magier dem Stern (1, 243–245) wie Anchises demjenigen, der ihn zur Flucht bewegt (Aen. 2, 692–698). Und Jesus schleppt man *Post terga revinctum* (4, 588) vor Pilatus — so wie die Trojaner Sinon finden, der die Eroberung Trojas ins Werk setzt (Aen. 2, 57).

— Oder aber ein Wort des Evangeliums löst eine vergilianisierende Ausmalung aus, so Joh. 1, 50 *vidi te sub ficu* > *Arborea quod te vidi recubantem sub umbra* (2,122) ~ Ecl. 1,1.

Aus dem locus amoenus in Vergils Georgica (2, 471 *illic saltus et lustra ferarum*) wird möglicherweise unter dem Einfluß der Einöde, in der Aeneas im Land der Zyklopen sein Leben fristet (Aen. 3, 646f. *Vitam in silvis inter deserta ferarum/lustra*), merkwürdig genug die Wüste, in die sich Jesus nach der Taufe am Jordan zurückzieht:

1,364 *Tunc petit umbrosos montes et lustra ferarum.*

3. An zwei Stellen erwähnt Vergil den Aetna, aus dem sich Flammenkugeln hinwälzen (georg. 1, 471; Aen. 3, 574). Mit Flammenkugeln, predigt der Täufer bei Juvencus, wird der, der nach ihm kommt, die Sünder reinigen:

1,341 *Flammarumque globis purgabit noxia corda.*

Die Realität ist spiritualisiert.

4. Gott und die Engel schließlich können Namen und Züge heidnischer Götter erhalten;[193] der christliche Himmel heißt wie schon bei Arnobius (4, 21), so auch bei Juvencus (3, 225) *Olympus;* hatte der Christengott schon in den Laudes Domini 101 Blitze geschleudert, so ist er bei Juvencus der Donnerer (2, 795; 4, 553. 672. 786).

5. R. Herzog 1975 hat überzeugend und differenziert dargestellt, daß Attribuierung, Adverbialisierung, Variierung und Umschreibung des Ausdrucks, Ausmalung einer Szene und epische Stilisierung unterschiedlicher Art nicht allein Auswirkungen auf den ästhetischen Charakter, sondern auch auf die theologische Bedeutung des Textes haben; sie sind notwendig zugleich Exegese, deuten den Bibeltext in eine bestimmte Richtung aus. So sagt Jesus Joh. 2,19 *solvite templum hoc,* bei Juvenc. 2,166 aber *Solvite pollutis manibus venerabile templum:* Attribuierung und Ovid-Benutzung (Ov. tr. 3, 3, 91 *venerabile templum*) führen zur Aufwertung des Tempels von Jerusalem und zur Herabsetzung der Juden, die denn auch nicht einfach *dixerunt inter se* (Joh.

---

[192] Ch. Witke 1971, 228.

[193] J. T. Hatfield, 47f.; A. Hudson-Williams 1966/67, 14. S. auch die Zusammenstellung des Gebrauchs von Epitheta Jupiters und von Bezeichnungen der Unterwelt aus paganen Dichtungen bei späteren christlich-lateinischen Dichtern H. Hagendahl 1958, 388f. K. Thraede 1962, 1010 formuliert als Voraussetzung des Gebrauchs von Olympus, Tonans usw. im christlichen Epos „die ästhetische Auffassung der mythischen Rede".

2, 20), sondern *inter se tractantes murmure caeco* (2,169) über Christus murren. — Die Ersetzung von *scandalum/scandalizare* durch lateinische Umschreibungen nutzt Juvencus zur milderen Darstellung des Verhaltens der Jünger[194]: Aus Mt. 26,31.33 *Omnes vos scandalum patiemini in me. ... Et, si omnes scandalizati fuerint in te ego* (scil. Petrus) *nunquam scandalizabor* wird

> 4, 460 *Omnes ... vos ...*
> *disperget misere deserto principe terror.*
> . . . .
> *Cunctos, si credere fas est* (!),
> *Quod tua labanter possint praecepta negare,*
> *Sed mea non umquam mutabit pectora casus.*

Und schließlich führt die ausführliche Formulierung der Frage des Täufers an Jesus (Mt. 11, 3) *an alium exspectemus?* in Verbindung mit der Nutzung einer ihrer Haltung nach völlig unchristlichen Aeneisstelle (2, 354 *una salus victis nullam sperare salutem*) zur exegetischen Umformung des Matthäusverses:

> 2, 515 *An aliam superest post haec sperare salutem?*

Die Einformung der Evangelientexte in die lateinische Epensprache hat also Eingriffe in den Sinn der christlichen Bibel zur Folge. Hieronymus hat denn auch das Verfahren des Juvencus als *transferre* (vir. ill. 84) und *explicare* (ep. 70,5) charakterisiert, wobei das erste Verb den Aspekt des Übersetzens stärker als den des Veränderns hervorhebt, das zweite den des Deutens und Erläuterns stärker als den des Um- bzw. Übersetzens. Mit schulgerecht exegetischen Zusätzen hat sich Juvencus aber sehr zurückgehalten, was um so bemerkenswerter wäre, wenn wir mit C. Weyman annehmen dürften, daß der Dichter einen allegorisierenden Evangelienkommentar benutzt hat.[195] Eine christologische Deutung des Juvencus hatte es dem Hieronymus so angetan, daß er sie in seinem Kommentar zu Mt. 2,11 *(obtulerunt ei munera, aurum, thus, et myrrham)* anführt: *Pulcherrime munerum sacramenta Iuvencus presbyter uno versiculo comprehendit: Thus, aurum, murram regique hominique Deoque/dona ferunt* (1,250).[196] Doch solche Zusätze sind selten.

2.3.2.3. Menschen- und Weltbild

Auf den ersten Blick mag es scheinen, ein Dichter, der sich so eng an seine Vorlage hält wie Juvencus, könne auch deren Welt- und Menschenbild nur reproduzieren. Für die Grundzüge trifft das gewiß zu; doch wenn A. Ebert[197] von Juvencus sagt, daß „... seine dichterische Tätigkeit nur auf die äußere Form des Verses und des Ausdrucks verwiesen..." ist, so ist darauf aufmerksam zu machen, daß J. Bernays in einem methodisch interessanten Beitrag schon 1861 am Beispiel eines anderen Werkes, der Chronik des Suplicius Severus, gezeigt hat, welche Veränderungen die Transponierung biblischer Texte in die Sprache und Struktur einer antiken Gattung für

---

[194] P. Flury (wie Anm. 189) 43.
[195] H. Nestler, 38—43 vermutet direkte oder indirekte Benutzung des Mt.-Kommentars des Origenes; s. a. C. Weyman 1926, 133f. mit zahlreichen Belegen aus spätantiken Bibelkommentaren.
[196] Viel besprochen ist die exegetische Stelle Mt. 13,9 *Qui habet aures audiendi audiat* > 2,754 *Audiat haec, aures mentis qui gestat apertas.*
[197] A. Ebert 1889, 120.

diese wie für den Ausgangstext notwendig zeitigt.[198] Und vor ihm hatte schon Hegel gesehen: „... wo ... die Bildung der Form zum wesentlichen Interesse und zur eigentlichen Aufgabe gemacht wird, da bildet sich mit dem Fortschreiten der Darstellung auch der Inhalt unmerklich und unscheinbar fort."[199]

Schon die Erweiterung der Sätze durch Attribute und adverbiale Bestimmungen setzt voraus, daß sich der Dichter lebhaft in die handelnden Personen versetzt, die sich aus ihrem Handeln und ihrer Lage ergebenden charakteristischen Eigenschaften, die Vorgänge in ihrem Innern, die Antriebe für ihr Tun, die Zusammenhänge zwischen ihren Handlungen erkennt und darstellt. All das führt zur Psychologisierung. Christus spricht *placito ore* (2, 365; s. a. 3, 399) zu den Jüngern des Johannes, Matthäus folgt Jesus freudig (2, 98). Das Verhältnis der Jünger zum Geld (Mt. 10, 9 *neque pecuniam in zonis vestris*) wird als ein inneres gestaltet: *Nec vos nummorum subigat scelerata cupido* (2, 442). Nach ihrer Seligpreisung durch Elisabeth spricht nicht einfach Maria ihren Hymnus (Lk. 1, 46), sondern das widerspruchsvolle Fühlen der von Gott Heimgesuchten wird breit ausgemalt:

> 1, 94 *Illa trahens animum per gaudia mixta pudore*
> *Subpressae uocis pauitantia dicta uolutat.*

Aufgeregt eilt Maria durch Jerusalem auf der Suche nach dem zwölfjährigen Jesus und erzählt dem Wiedergefundenen von den Ängsten, die sie um ihn ausgestanden hat (vgl. Lk. 2, 44.48):

> 1, 289 *Illum per vicos urbis perque abdita tecta*
> *Perque iteris stratas per notos perque propinquos*
> *Quaerebat genetrix.*
> ...
> *„Nate", ait, „amissum lacrimis te quaero profusis*
> *Anxia cum genitore gemens."*

Jairus, dessen Tochter verstorben ist, geht nicht schlicht zu Jesus (Mt. 9, 18); Juvencus läßt uns seine Stimmung, sein Auftreten erleben:

> 2, 373   *percussus pectora luctu*
> *Ecce sacerdotum princeps procumbit adorans.*

---

[198] J. Bernays, Über die Chronik des Sulpicius Severus, in: Ges. Abh. II, Berlin 1885, 81–200 hebt hervor „erstlich die absichtliche Nachbildung des classischen historischen Stils; und zweitens die Hervorhebung des rein geschichtlichen Bestandteils des alten Testaments, unter Zurückdrängung des prophetischen Bestandteils mit sehr spärlichen Hindeutungen typischer und dogmatischer Art, unter gänzlicher Ausschließung der neutestamentlichen Ereignisse" (130). Zum ersten führt B. aus: „Es sollte die biblische Geschichte in der Sprache der anerkannten römischen Historiker vorgetragen und demnach mußte der Leser in eine sallustische und taciteische Atmosphäre versetzt werden" (132). Hierzu trägt bei, daß Angaben paganer Historiker mit denen der Bibel „zu einer einheitlichen Erzählung ... verwoben sind; so wirken sie auf den Ton des Erzählers wie auf die Stimmung des Lesers, und tragen recht wesentlich dazu bei, dem Ganzen jene concret geschichtliche Lebendigkeit zu verleihen ..." (185). Zum zweiten: „Eine auf ‚Begebenheiten' beschränkte Auswahl und eine schlichte Erzählung wäre beim Neuen Testament unthunlich gewesen ...: um einfacher Geschichtenerzähler bleiben zu können, biegt daher Severus ehrfurchtsvoll aus nicht blos vor den Evangelien, sondern auch vor der an ‚Begebenheiten' doch so reichen Apostelgeschichte" (155).

[199] G. W. F. Hegel 1965, 425. – Den Kampf Griechentum – Christentum als einen von Form und Inhalt sieht E. Norden 1918, 2, 458. – Richtig K. Thraede 1961, 112.

Wir können gar einen Blick ins Herz Jesu tun, erfahren, was er fühlt, als er von der Gefangennahme des Täufers hört: *tristi compressit corde dolorem* (1, 410). Wir lernen auch die Motive des Herodes kennen, die ihn zum bethlehemitischen Kindermord veranlassen (Mt. 2, 16):

1, 257 *At ferus Herodes sibimet succedere credit,*
Quem callens astris quaesisset cura Magorum,

und sogar Gottes Absicht, warum er Zacharias und Elisabeth so lange den heiß ersehnten Sohn verwehrt hat: *gratius ut donum iam desperantibus esset* (1, 9). Wie bewußt der Dichter vorgeht, wird uns deutlich, wenn er andererseits das Erschrecken des Zacharias und Mariens vor dem Engel des Herrn (Lk. 1, 12.29) verschweigt.

Mit dieser Psychologisierung einher gehen Ansätze zur Spiritualisierung des Menschenbildes. Jesu Aufforderung zur Feindesliebe (Mt. 5, 38–48) interpretiert Juvencus als Aufforderung, den Leib durch liebevolle Keuschheit der Seele zu bezwingen, sonst werde der schmutzbefleckte die Seele vor dem ewigen Richter verklagen, und diese müsse dann büßen (1, 511–518). – Herodes handelt nicht nur aus eigenem Antrieb, als er den Täufer in den Kerker wirft, sondern erliegt einer Intrige des *daemon*, der Angst hat vor Johannes, weil er die Sünden vergibt (3, 37–42).

Die oben interpretierte Passage wies gegenüber der Vorlage wenige Auslassungen auf, doch sind sie charakteristisch. Der Bezug auf Elias fehlt (Lk. 1,17) und ebenso die Angabe der Stammesherkunft des Zacharias (Lk. 1, 5). Ähnlich hat Juvencus auf das Geschlechterregister Jesu verzichtet, wie Matthäus 1,1–17 und Lukas 3, 23–38 es bieten. Dafür macht man einen formalen und einen ideologischen Gesichtspunkt geltend: Die Namen sind schwer im Hexameter unterzubringen (weshalb wohl auch die Namen der Apostel Mt. 10, 2–4 fehlen), und die vornehmen Römer, die Juvencus erreichen wollte, sollten nicht durch die allzu deutliche Herauskehrung der jüdischen Abstammung Jesu verschreckt werden.[200] R. Herzog hat deshalb von der Tendenz des Juvencus zur Entjudaisierung gesprochen.[201] Juvencus nimmt sie an zahlreichen Stellen, doch nicht konsequent vor. So wird aus dem *fons Jacob* (Joh. 4, 6) ein *puteus gelido demersus in abdita fonte* (2, 246, vgl. Verg. ecl. 10, 42 *hic gelidi fontes*); für die Anrede *Rabbi* (Joh. 3, 2) steht *Sancte* (2,180); der Einwand gegen die Namengebung des neugeborenen Täufers, niemand aus der Verwandtschaft des Zacharias heiße Johannes (Lk. 2, 61), wird gestrichen.

Ein Streben nach Romanisierung[202] läßt sich beobachten, wo Erfahrungen aus dem Alltagsleben eingebracht und Rechtsvorstellungen den römischen anverwandelt werden. Dem römischen Leben dürfte der Zusatz entnommen sein über die Eltern Marias (1, 54–56), mit deren Einverständnis sie der Hochzeit harrt (vgl. Lk. 1, 27), und ebenso die heftigen Formulierungen gegen die *publicani (gens dedita lucris* 1, 571; *professi rapiunt alieno nomine praedam* 2, 349*)* und gegen die *meretrices (corporis e vitiis quaerentes sordida lucra* 3, 706*)*. Sehr konkrete und in ihrer Konkretheit wohl römischem Denken unverständliche Rechtsgrundsätze werden ins Allgemeine und damit ins Verständliche gewendet: Mt. 5, 38 *oculum pro oculo, et dentem pro dente* > 1, 549 *Laedentem semper similis vindicta sequatur*; Mt. 5, 28 *omnis, qui viderit mulierem ad concupiscendum eam, iam moechatus est in corde suo* > 1, 522 *Nec minus optati quam facti poena luenda est.*

---

[200] K. Marold 331; H. Widmann 32 f.; H. Nestler 32 (alle wie Anm. 117).
[201] R. Herzog 1975, 111–113, J. M. Poinsotte 1979.   [202] K. Thraede 1962, 1022.

Nehmen wir zum erwähnten Verzicht auf den Stammbaum Jesu hinzu den auf die Angabe der Abstammung und Herkunft des Zacharias und der Elisabeth (Lk. 1, 5), der Anna (Lk. 2, 36), des Philippus (Joh. 1, 44) und bedenken wir, daß römische Verhältnisse von den Römern nicht als besondere, sondern als anthropologische verstanden wurden, so wird deutlich, daß durch die Herauslösung des Einzelnen aus seinem Volke und seiner Heimat über die Entjudaisierung und Romanisierung hinaus eine Universalisierung des Menschenbildes erreicht, wenn nicht gar angestrebt wird. Diese Universalisierung wird durch die Psychologisierung und Spiritualisierung gestützt. Sie liegt bereits im Gegenstand der Dichtung selbst begründet; denn wie Ch. Witke richtig gesehen hat, sind die christlichen Epiker nicht vom Thema her ethnisch oder politisch eingeengt, sondern behandeln „general subjects of universal human interest".[203] Darüber hinaus wird die universale Gültigkeit des Themas durch Veränderungen im Text selbst forciert. Der *Dominus Deus Israel* (Lk. 1, 68) heißt *pontique hominumque parens* (1, 118), und Jesus ist nicht allein Israel gesandt (Lk. 1, 54). In dieselbe Richtung weist die Umformulierung von *multos filiorum Israel* (Lk. 1, 16) in *populi partem pleramque* (1, 23). Gott ist nicht mehr der Gott Israels, sondern der der Menschheit, das Volk Gottes sind nicht mehr die Juden, sondern alle, die an Gott glauben. Damit weist Juvencus tendenziell über das Altertum hinaus: Das auf den Römer ausgerichtete Menschenbild der lateinischen Epik[204] wird nicht durch ein (historisch ebenso begrenztes) antirömisches überwunden, sondern durch ein allgemein-menschliches, das bereits im Missionsauftrag Jesu (Mt. 28, 19) begründet liegt. Selbst dort, wo Daniel und David genannt werden, haben sie durch die Vereinigung des Alten und des Neuen Testaments zur christlichen Bibel das spezifisch Jüdische verloren, sind im neuen Kontext Gestalten aus der Vorgeschichte der christlichen Menschheit geworden.

Schon Minucius Felix hatte gesagt: *Nos gentes nationesque distinguimus, deo una domus est mundus hic totus* (33, 1). Es geht nicht mehr um Menschen, die einem Stamm angehören oder einem Staat, sondern um alle und den (positiven oder negativen) Bezug aller auf Gott. So impliziert die Universalität des Menschenbildes zugleich seine Theozentrizität. Der Mensch wird nicht in erster Linie als biologisches, soziales und rationales, sondern als religiös-personales Wesen gesehen.

Die Universalität und Theozentrizität schließen freilich zugleich eine gewisse Abstraktheit des Menschen- und Weltbildes ein. Nicht nur wird auf zahlreiche exakte Angaben der Evangelien häufig verzichtet – Zahlenangaben (Mk. 5,13 = 2, 67; Mt. 11, 2 = 2, 511; Mt. 12, 40 = 2, 697–9) wie Ortsnamen (Joh. 1, 43 = 2, 99; Joh. 4, 47 = 2, 332; Mt. 12, 41 = 2, 701). Vor allem sind Zeit und Ort weniger historischer und geographischer als theologischer Natur. Juvencus streicht die Angaben über die politischen Verhältnisse in Palästina zur Zeit der Rückkehr der Eltern Jesu aus Ägypten (Mt. 2, 22) ebenso wie die des Lukas (3,1–2) über die Zeit des Auftretens des Täufers. Vor allem aber geht es um Grundsätzliches: Wo das Denken und Handeln des Menschen allein in bezug auf Gott gesehen und gewertet werden, ist eine differenzierte, fein abschattierende Darstellung der Persönlichkeit nicht mehr möglich; sie handelt gottgefällig oder richtet sich gegen Gott – sie verliert an Dynamik.

Was die Natur- und Landschaftsbeschreibungen des Juvencus betrifft, so hat Ilona Opelt trotz eines verfehlten Ansatzes[205] wesentliche Züge richtig erkannt: Sie

---

[203] Ch. Witke 1971, 150.
[204] Vgl. E. Burck 1966.
[205] I. Opelt (wie Anm. 117); die 'realistische' Grundhaltung wird Juvencus nicht gerecht:

sind klischeehaft und durch literarische Präfabrikate geprägt.[206] Aber sie sind auch spiritualisiert: Der Jordan ist rein (*liquidus* 1, 311; *vitreus* 1, 354) nicht als Fluß, sondern als das Wasser, das die Sünden abwäscht; Jesus hält die Bergpredigt *praecelso rupe* (1, 452) nicht, weil er besser gehört werden will, wie Opelt meint,[207] sondern wegen der Bedeutung dessen, was er ist und lehrt. – Es geht auch nicht darum, daß da, wo Städte genannt werden, Jesus und die Jünger sich „gleichsam in einem geographischen Niemandsland"[208] bewegen. Richtiger müßte man sagen: So wie die Verbindung Jesu und der Menschen um ihn zu ihrem Volk zerrissen ist bzw. die Geschichte des jüdischen Volkes verstanden wird als die Vorgeschichte der christlichen Menschheit, all derer, die die Taufe empfangen haben, die unbeschadet ihrer ethnischen oder politischen Herkunft durch ihren Gehorsam gegenüber dem göttlichen Gebot immer wieder ihre Zugehörigkeit zum Gottesvolk erweisen müssen, so ist Palästina, ist Jerusalem aus einem geographischen zu einem theologischen Ort geworden, zu dem Land, der Stadt, von wo sich das Heil über die Menschheit ausbreitet.

2.3.3. Leistung

Juvencus erweist sich in gewissem Maße als Vollstrecker von Vorstellungen, die uns bei Laktanz begegnen: Da der schlichte Bibeltext in die *ornamenta terrestria linguae* (Juvenc. 4, 805) gehüllt ist, *luce orationis* (Lact. inst. 1,1,10) dargeboten wird, kann der (freilich christliche) Hörer mit der heiligen Sache auch die schönen Worte genießen.

Dabei vertritt Juvencus wie Laktanz, aber auch wie die gleichzeitigen nichtchristlichen gallischen Panegyriker, eine klassizistische Grundtendenz. Sie bestimmt den Rückgriff auf die Gattung Epos und äußert sich in der Behandlung der Sprache und dem vergilianisierenden Hexameter.[209]

Damit hat Juvencus auf ein in seinen Rezeptionsgewohnheiten traditionell gebundenes Publikum abgezielt; seine Adressaten bleiben die gebildeten und ästhetisch interessierten (Lact. inst. 5, 1, 16f.) Angehörigen der Oberschichten. Unter ihnen dürften seine Verse besonders wirksam gewesen sein (Lakt. inst. 5, 1, 10) und den Christen Nutzen gestiftet haben (Lact. inst. 5, 1, 11; 6, 21, 8f.).

Mit den Evangelien wurde ein gänzlich neuer Stoffbereich erschlossen. Dominante Strukturelemente des Epos wurden gleichwohl übernommen: die Narration als Grundstruktur des Epischen, der Hexameter als Epenvers. Gegenüber den Metamorphosen Ovids und den flavischen Epen wurde wieder ein großer Gegenstand für das Epos gefunden, der einem zentralen Inhalt der Ideologie entsprach und damit von erheblicher gesellschaftlicher Relevanz war. Damit war es geeignet, seine Grundfunk-

---

O. tadelt den Dichter: „der Geist epischer Kunst ist ihm weitgehend verschlossen geblieben" (191). Sie würde sich Profilierung der Personen (191) und geographische Beschreibungen mit palästinensischem (oder doch wenigstens spanischem, wenigstens konkretem) Lokalkolorit (192) wünschen. Am liebsten mäße sie diese doch an Vergil und Ovid (192). Die „Anschaulichkeit der erlebten Szene" (203) fehlt bei Juvencus.

[206] I. Opelt 199. Über das Jerusalem, in dem die Eltern den zwölfjährigen Jesus suchen: „Es ist die Allerweltsphysiognomie einer größeren Stadt..."
[207] I. Opelt 197f.
[208] I. Opelt 192.
[209] G. E. Duckworth 1967, 128f., 134.

tion zu erfüllen: die Erhebung der Hörergemeinde über das Alltägliche und Private hinaus und ihre Solidarisierung durch ihre Identifizierung mit einer Idee.

Zugleich blieben rekurrente Strukturelemente gewahrt: ein geschichtlicher Stoff, die Konzentration auf einen Helden, dessen Schicksal ab ovo erzählt wird und die Achse des Handlungsgeschehens bildet, sowie die rein quantitativ bedeutende Rolle der Rede. Vor allem hat Juvencus durch die Wahrung des Erhabenen als Grundgestus und die Übernahme der epischen langue die Verbindung des Christus-Epos mit der paganen Gattungstradition gesichert.[210] Die Tendenz zur Verselbständigung der Einzelszene hat er gestärkt.

Wiewohl sich Juvencus damit durchaus in den vorgezeichneten Bahnen antiker Epik bewegt, hat sein Neuerertum das Bild bestimmt, das die Literaturgeschichte von ihm zeichnet; es schien meist so gravierend, daß sein Verhältnis zur Tradition fast ausschließlich als Bruch empfunden wurde.

Bestimmend für diesen Eindruck sind wohl drei Strukturelemente: erstens der neue Stoff, der sich zudem in einer Struktur darbietet, die nur in geringem Maße von antiken, hauptsächlich von semitischen Literaturvorstellungen geprägt ist und den Verzicht auf die bisher dominierenden Elemente Krieg und polytheistischer Mythos einschloß; zweitens die Ausrichtung der Rede und damit (angesichts des Umfangs der Monologe) des Epos selbst aufs Didaktische; und drittens schließlich das neue Welt- und Menschenbild, das sich vom Romzentrismus zum Universalismus, von der Geschichtlichkeit im weitesten Sinne zur Abstraktheit und Spiritualität, von menschlicher Selbstbestimmung zur Gottbestimmtheit verschoben hat. All diese Neuerungen sollten das Bibelepos und in seiner Folge das hagiographische Epos dominieren.

2.4. Der Cento Probae[211]

2.4.1. Proba Petronia

Die letzten beiden Jahrzehnte des 3. und die ersten beiden des 4. Jahrhunderts schienen vielversprechende Ansätze zu einem Neubeginn und Aufschwung der lateinischen Literatur nach langem Schweigen. Dann aber fiel die literarische Produktion

---

[210] Wie die Praef. zeigt, versteht sich auch Juvencus selbst als Fortsetzer der Gattung Epos, so auch A. G. Amatucci 1955, 119; P. G. van der Nat 1963, 25; P. G. van der Nat 1973, 251; D. Kartschoke 1975, 58f. — R. Herzog 1975, XLV–XLIX sieht ein bewußtes Ausscheiden des Juvencus aus der Tradition des Epos und die ausdrückliche Begründung einer neuen Tradition im religiösen Wahrheitsanspruch gegeben — Juvencus verstehe das Vorhaben nicht als literarisches, sondern als religiöses, das Vorhaben sei nichtliterarisch begründet. Diese gattungstheoretische Konsequenz ergibt sich aus Herzogs Juxtaposition autonome antike Dichtung — heteronome (XXXVIII, XL – XLII, XLIV, bes. LVIII – LX, 1976 u. ö.) und deshalb nicht eigentlich poetische christliche Dichtung.

[211] Clavis 1480; Schaller-Koensgen 7486. Editionen: C. Schenkl (CSEL 16,1) 1888; E. A. Clark, D. F. Hatch, Chico 1981 (American Academy of Religion Texts and Translations 5); A. Ebert 1889, 125–127; M. Manitius 1891, 123–127; W. S. Teuffel 1913, § 422; Schanz-Hosius § 857; U. Moricca 1925–1934, 2,851–861; P. Courcelle 1957, 302–308; Ch. Witke 1971, 195–198; R. Herzog 1975, XLIX–LI und 3–51; D. Kartschoke 1975, 35f., 60–63; P. Klopsch 1980, 18–21; J. Fontaine 1981, 102–105. J. Aschbach, Die Anicier

des Westens im darauf folgenden Halbjahrhundert bescheiden aus. Da schreiben Fachschriftsteller wie Palladius, Historiker wie Aurelius Victor und Eutrop und selbstverständlich die unentbehrlichen Panegyriker. Von den bedeutendsten Autoren der Jahrhundertmitte – Donat (um 353 Lehrer des Hieronymus in Rom), C. Marius Victorinus und (wenn man ihn bedeutend nennen darf) Firmicus Maternus – stellen die letzteren ihre schriftstellerischen Fähigkeiten in reiferen Jahren in den Dienst der Kirche. Das Christentum zieht mehr und mehr die Intellektuellen in seinen Bann, und im Zentrum der geistigen Auseinandersetzungen der Zeit stehen die Kirchenschriftsteller: Lucifer von Cagliari (gest. 370/371) und vor allem Hilarius von Poitiers (gest. 366).

Nach wie vor konzentriert sich die Schriftstellerei ganz aufs Praktische: auf den Schulunterricht, den historischen Nachhilfeunterricht für homines novi, die Festrede, den innerkirchlichen Gebrauch in der Lehre und in der Auseinandersetzung mit dem Arianismus. Die nicht unmittelbar zweckgebundene Poesie haben weder Optatianus Porfyrius noch sein Zeitgenosse Juvencus zu dauerndem Leben erweckt. Erst drei Jahrzehnte nach der Pioniertat des Spaniers, etwa gleichzeitig mit den Hymnen des Marius Victorinus und des Hilarius von Poitiers sowie den Epigrammen des spanischen Papstes Damasus für die römischen Märtyrergräber entsteht die nächste christliche Dichtung, die wir allenfalls als epische bezeichnen können, verfaßt diesmal von einer Frau, einer Römerin, die wie Juvencus aus aristokratischer Familie stammt: Sie war Enkelin, Tochter und Mutter von Konsuln.[212] Man darf annehmen, daß sie nicht nach 322 geboren wurde, um 370 starb und den uns überlieferten Cento um 350 schrieb.[213]

und die römische Dichterin Proba, in: SB Wien, phil.-hist. Kl. 64, 1870, 369–428; F. Ermini, Il centone di Proba e la poesia centonaria latina, Roma 1909; I. Opelt, Der zürnende Christus im Cento der Proba, JbAC 7, 1964, 106–116; M. R. Cacioli, Adattamenti semantici e sintattici nel Centone virgiliano di Proba, Studi Italiani di Filologia Classica 41, 1969, 188–246; C. Cariddi, Il Centone di Proba Petronia, Napoli 1971; D. S. Wiesen, Virgil, Minucius Felix, and the Bible, Hermes 99, 1971, 70–91. E. G. Ruzina in: Antičnyj mir i archeologija 3, 1977, 46–63; A. Cataldo, Maro mutatus in melius. Espedienti compositivi nel centone virgiliano di Proba, Quaderni del Istituto di lingue e letterature classiche 1, 1980, 19–60; E. A. Clark, D. F. Hatch, Jesus as a Hero in the Virgilian Cento of Faltonia Betitia Proba, Vergilius 27, 31–39. – Allgemein über Centonen O. Delepierre, Tableau de la littérature du Centon chez les anciens et chez les modernes, 2 vols., London 1874/75; Crusius, RE III 2, 1899, 1929–1932 s. v. Cento; K. H. Schelkle, RAC II, 1954, 972f. s. v. Cento; M. Smith 1976, 259 bis 271; F. E. Consolino 1983; E. Stehlíková 1987; Herzog/Schmidt 5 (1989), 337–340.

[212] In unserem Gedicht nennt sich die Dichterin v. 12 nur Proba; wesentlich für die Bestimmung der Identität (sie wurde häufig – so noch D. S. Wiesen [wie Anm. 211] 72 und 90 und wieder D. Shanzer, The anonymous Carmen contra paganos and the Date and Identity of the Centonist Proba, Revue des Études Augustiniennes 32, 1986, 232–248 – mit ihrer Enkelin Anicia Faltonia Proba identifiziert) war die Subskription einer verlorenen Hs. s. X aus Modena, die Montfaucon überliefert hat, zusammen mit den Angaben von Isid. vir. ill. 22 sowie orig. 1, 39, 26; zu ihrer Person J. Aschbach (wie Anm. 211), C. Schenkl im Prooemium zu seiner Proba-Ausgabe, CSEL 16,1 (1888) 513f. und besonders F. Ermini (wie Anm. 211) 6–15.

[213] Ihr um 379 gestorbener Mann Clodius Celsinus Adelphius hat sie überlebt (sein Epitaph für Proba ist uns erhalten: CIL 6,1712). Die Datierung des Cento in das Jahr 362 bei C. Cariddi (wie Anm. 211) 18 setzt voraus, daß er als Resultat des Berufsver-

In die Geschichte des spätlateinischen Epos gehört Proba nicht allein wegen des Gedichts *de fabrica mundi et evangeliis*, wie Isidor (orig. 1, 39, 26) unseren Cento nennt.[214] Vielmehr hatte sie schon vorher ein panegyrisch-historisches Epos über den Krieg zwischen Kaiser Constantius II. und dem Usurpator Magnentius (350–351) geschrieben, das sie im Cento v. 1–8 und 47–49 charakterisiert[215]: *Equos atque arma virum pugnasque* (48) habe sie besungen, ein Gedicht geschrieben, das von Vertragsbruch und Mord handelte, von Bürgerkrieg und verwüsteten Städten. Allein dieses Epos ist uns verloren. Wir vermuten in ihm die Weiterführung der Traditionslinie des domitianischen „Kapitolinischen Krieges" und insbesondere des statianischen „Germanenkrieges", doch da auch diese Werke nicht auf uns gekommen sind,[216] vermögen wir uns keine genauere Vorstellung von dem älteren Werk unserer Dichterin zu machen, von seinem Umfang nicht und nicht von seiner Struktur.[217]

2.4.2. Die Centonenpoesie: Collage und hermeneutische Technik

In literaturhistorischen Werken erhalten die Centonen, besonders aber der Cento Probae, die denkbar schlechtesten Noten. F. Ermini spricht der Centonenpoesie die „luce di fantasia", den „impeto d'affetti" ab und kommt zu dem Gesamturteil: „... non ha in sè certamente molto valore d'arte".[218] Das „alberne Gedicht",[219] der „(schauerliche) Vergilcento"[220] ist „ein Attentat auf die Poesie",[221] „inert", „because the old words cannot represent the new thing".[222] Diese Urteile erledigen ähnlich dem dictum von E. R. Curtius, die Bibelepik sei ein „genre faux", mit einem Seitenhieb eine Gattung, die sich bis ins 18. Jahrhundert der größten Beliebtheit erfreute und deren Werke zu den Meisterleistungen poetischer Bemühung gerechnet wurden.[223]

---

bots Julians für christliche Professoren zu betrachten ist; das ist jedoch unwahrscheinlich. R. Herzog 1975, 3: zwischen der Mitte der 50er Jahre und 370.

[214] Der Titel ist uns nicht überliefert.

[215] Über den im Cento nur allgemein charakterisierten Stoff ist der einzige Informant der in Anm. 212 genannte verlorene Kodex. Möglicherweise soll die Thematik durch Lukan-Similien angedeutet werden: 1 *foedera pacis* ~Lucr. 5, 1142; Luc. 4, 205. 365; Sil. 2, 700. 10 *oras resolve* ~Verg. georg. 4, 452; Aen. 3, 457; Luc. 7, 609; 8, 261. Warum F. Ermini (wie Anm. 211) 56 annimmt, das ältere Werk der Proba sei ebenfalls ein Cento gewesen, sehe ich nicht. — Das Werk wird eingebunden in den Topos lubricum adolescentiae, s. Anm. 245.

[216] Dazu oben 2.1. mit Anm. — A. Olivetti, Osservazioni sui capitoli 45–53 del libro II di Zosimo e sulla loro probabile fonte, Rivista di filologia 43, 1915, 311 meint, Lukan sei das eigentliche Vorbild Probas gewesen.

[217] A: Olivetti glaubt das Gedicht in seinen Grundzügen aus Zosimos 2, 45–53 rekonstruieren zu können, wofür Probas historisches Epos die Quelle gewesen sei. Zu beweisen ist das nicht.

[218] F. Ermini 3.

[219] W. S. Teuffel 1913, § 422,3.

[220] C. Schneider (wie Anm. 19) 1, 729 Anm. 1.

[221] G. Krüger 1919, 6.

[222] Ch. Witke 1971, 198.

[223] Vgl. O. Delepierre (wie Anm. 211) 1, 13: Montaigne „regardait le Centon comme très amusant et ingénieux". Positiv die Wertung bei R. Herzog 1975, 36.

Die artistische und philologische Auseinandersetzung der Alexandriner mit der dichterischen Tradition und den sprachlichen Möglichkeiten überhaupt sowie die Methodik der Dichterinterpretation in der antiken Schule hatten die Entstehung von Spielformen der Poesie zur Folge.[224] Eine von ihnen ist der Cento.

Im griechischen Raum waren wohl schon früh Homer-Centonen entstanden. Der erste lateinische Cento, von dem wir wissen – als Grundlage für ihn kam selbstverständlich nur Vergil in Frage –, ist die „Tragödie" Medea des Hosidius Geta, die bereits Tertullian erwähnt (praescr. haeret. 39, 3f.), die also vor 200 entstanden sein muß.

Ein Regelwerk auch für diese poetische Technik ist – soweit wir sehen – erst später entstanden; formuliert hat es Ausonius in dem an Axius Paulus gerichteten Begleitbrief zu seinem Cento nuptialis, den er im Jahre 367 im Auftrag des Kaisers Valentinian als Beitrag zu einem poetischen certamen verfaßt hatte.

Der Kernpunkt ist,[225] daß ein solches kontaminierendes Werk, ein „Flickgedicht" (ein aus Flicken zusammengesetztes Kleidungsstück oder eine solche Decke heißt griechisch kéntron oder kénton), aus möglichst unveränderten[226] Bruchstücken des Werks eines klassischen Autors (in der Spätantike ist es im griechischen Raum Homer, im lateinischen Vergil) zusammengesetzt wird, und zwar dergestalt, daß sie einen neuen Sinn ergeben. Ausonius hat den Umfang der Bruchstücke genauer bestimmt: Sie können (bei beliebiger Zäsur) von einem Halbvers bis zu anderthalb Versen umfassen; zwei aufeinanderfolgende Verse in ihrer Gänze zu übernehmen ist *ineptum*, drei beisammenzulassen sind *merae nugae*.[227] V. Skalička hat den Cento als typisches Beispiel für die „Gültigkeitserklärung" einer individuellen Konkretisierung der Sprache bezeichnet, für den Übergang der parole in langue.[228] Ausonius beschäftigt sich ausführlich mit dem semantischen Verhältnis von Urbild und Cento. Er will uns überzeugen, im Cento sei, modern gesprochen, parole ganz zu langue geworden, um dann wieder parole des Centonendichters zu werden. Das übernommene Bruchstück habe seine ursprüngliche aktuelle Bedeutung restlos aufgegeben zugunsten einer neuen, so daß wir als Zwischenstufe eine vollständige Lexikalisierung (semantische Entaktualisierung, d.h. Neutralisierung) vermuten müßten.[229] Es entstünde *de inconnexis continuum, de diversis unum, . . ., de alieno nostrum*; eine semantische Brücke des Cento zum Urwerk bestehe nicht mehr, dürfe mindestens

---

[224] Zur Bedeutung des Begriffs des Spielerischen für das Verständnis von Poesie vgl. Tschiževskij in einem Diskussionsbeitrag, in: Die nicht mehr schönen Künste. Grenzphänomene des Ästhetischen, hrsg. von H. R. Jauß, München 1962 (Poetik und Hermeneutik 2), 539f.

[225] Ausonius (ed. S. Prete) 19, ep. ad Paulum; Isid. orig. 1, 39, 25.

[226] Änderungen des Vergiltextes bei Proba C. Schenkl 1888 im Apparat; F. Ermini, 104ff.; M. R. Cacioli, 193 (beide wie Anm. 211); R. Herzog 1975, 39f.

[227] Ausonius hätte mit Sicherheit solche Passagen bei Proba nicht goutiert, in denen die Verse der Vorlage nur minimal umgestellt sind, wie 377–379 = ecl. 4, 18 + 20.19 + 28.20; 290–292 = georg. 1, 129 + 131 + 130 + 132, s. dazu R. Herzog 1975, 24, 27, 30, 38, 39f. oder 137–138 = Aen. 10, 101 + 103 + 102.

[228] V. Skalička, Die Notwendigkeit einer Linguistik der Parole, in: Prager Linguistik 1, 301.

[229] Dieser Vorgang der Lexikalisierung paganer Wörter ist auch der Spätantike bewußt: Hieron. In Amos 5,8 (PL 25,288f., zitiert bei H. Hagendahl 1958, 220) betont den heidnischen Ursprung der Namen der Sternbilder, erklärt aber, man müsse sie gebrauchen, da keiner die hebräischen Bezeichnungen verstehe.

nicht bestehen, wenn der Cento gelungen sein solle. Ziel sei *pari modo sensus diversi ut congruant, adoptiva quae sunt ut cognata videantur, aliena ne interluceant.*

Damit hat Ausonius gewiß unrecht. Sicherlich führte der Unterricht einerseits dazu, daß die aktuelle Bedeutung der Dichterworte tendenziell verlorenging, so daß die Bruchstücke einem Dichter wie Lemmata mit relativ breiter Semantik Teilen eines Legespiels ähnlich zur Verfügung standen (den Vergleich gebraucht Ausonius selbst), andererseits wird die Bedeutung um so mehr eingegrenzt, je umfangreicher ein Textstück ist,[230] und zudem hielt die Praxis des Auswendiglernens den Sinn für den Zusammenhang der Sprachschnitzel doch wach. Mehr noch: So wie die Centonentechnik vom Dichter das weitgehende Absehen von der Ursprungsbedeutung verlangt, so verlangt sie in ihrer Regelhaftigkeit vom Hörer, um überhaupt gewürdigt zu werden, (anders als die Übernahme von Junkturen aus der allgemeinen poetischen langue) nicht weniger genaue Kenntnisse des Urtextes, damit die Teile wiedererkannt werden (ein Cento aus einem unbekannten Dichter wäre ein Widerspruch in sich selbst). Das Bruchstück darf also gerade nicht vollständig langue geworden sein, sondern muß als Element der parole empfunden werden. Folglich muß die ursprüngliche Bedeutung der „Stelle" dem Leser oder Hörer des Cento in den Sinn kommen – man denke etwa daran, daß bei Proba Gott dem Adam die Welt mit den Worten übergibt *imperium sine fine dedi* (143).[231]

Der Cento lebt also von der Interferenz von altem und neuem Sinn, und schon Tertullian war sich darüber klar, daß einerseits der neue Inhalt auf die Auswahl der Sprachflicken, andererseits der Sinn der übernommenen Verse auf den neuen Inhalt wirkt (*materia secundum versus, versibus secundum materiam concinnatis,* praescr. haeret. 39). Der Cento ist damit einer bildkünstlerischen Technik der Gegenwart verwandt, der Collage, für die Bilder oder Texte zerschnitten und die Fragmente zu einem neuen Ganzen kombiniert werden, eine Kunstform, die lebt von den „überraschend aufgetanen, veränderten Sinnschichten erst gestörter, dann neu errichteter Zusammenhänge", wodurch „neuartige Funktionsgefüge besonders auf der rezeptiven Seite angestrebt werden". Wie nun die Collage gerade durch die Zerstörung des alten und Konstituierung eines neuen Bildzusammenhangs den alten verfremden und einer neuen Sicht zugänglich machen will, so ist der Interferenz der Semantik von Urwerk und Cento fraglos ein „Element der Verweigerung",[232] der Parodie eigen, des Centos „structural principle is related to complex irony",[233] und die Kunstwirkung ist dort am größten, wo – wie im Epithalamium des Ausonius und da wieder besonders in dem *imminutio* betitelten Abschnitt (101–131) – dieses bewußt genutzt und ausgestellt wird. Ausonius fühlt sich denn auch bemüßigt, mit der Bitte um Vergebung auf den Auftragscharakter des Werkes hinzuweisen, das übrigens *frivolum et nullius pretii* sei, ein Werk, *quod ridere magis quam laudare possis.*

[230] M. R. Cacioli (wie 211) 195 spricht von der „bivalente capacità espressiva del vocabolo e dell'intera frase" – für Sätze gilt das natürlich in einem viel eingeschränkteren Sinn als für Wörter.

[231] Zur Spiritualisierung des imperialen Sinnes der Aeneis durch Proba R. Herzog 1975, 31–36.

[232] M. Flügge – J. Semrau, in: Bildende Kunst 28, 1980, 144f., 514.

[233] M. Smith (wie Anm. 211) 259. – Schon Vergil hat Enn. *it nigrum campis agmen* „in einer fast parodistisch zu nennenden Weise" (W. Kroll 1924, 169) auf die Ameisen übertragen.

Im Cento der Proba aber – wie schon vorher in dem des Hosidius Geta – wird die poetische Spielform völlig ernst genommen,[234] ja ernster als bei Hosidius, denn Proba stellt keinen neuen Mythos dar, sondern will den wahren Sinn vorgeblich dunkler vergilianischer Andeutungen sichtbar machen, aus dem Gesagten das Gemeinte herausfiltern (*arcana ... vatis ... cuncta referre*, v. 12),[235] in dem heidnischen Dichter den Vorboten Christi zeigen:

23 *Vergilium cecinisse loquar pia munera Christi.*

Die Centonentechnik ist nicht mehr Collage,[236] sie wird Hermeneutik. Zugleich unterscheidet sich der Cento der Proba im Hinblick auf seinen Vergilbezug grundsätzlich von aller vorhergehenden christlichen Buchdichtung; denn diese zielte eben nicht darauf ab, einen präsumtiven kryptochristlichen Sinn augusteischer und kaiserzeitlicher Dichtung zu enthüllen, sondern bediente sich deren parole nur insofern, als sie zur poetischen langue geworden war oder sich dazu machen ließ. Tatsächlich war das Sprachmaterial bisher von seiner ursprünglichen aktuellen Bedeutung befreit worden.[237]

In der modernen wissenschaftlichen Literatur haben P. Courcelle, D. S. Wiesen und besonders eindringlich R. Herzog[238] gezeigt, daß Proba dagegen die ihrerseits antikes Gedankengut[239] fortführende, wie gezeigt mit Minucius Felix beginnende

---

[234] M. Smith mag das nicht glauben und unterstellt Proba „irony (der zentrale Begriff seines Werkes) against Vergil. ... Proba's message is clear enough: repudiation of Vergil for Christ. By divine inspiration, the Christian poet will make the pagan Vergil sing the holy gifts of Christ in spite of himself. ... she ... confounds Vergil." Proba tue das gleiche wie Ausonius: „Vergil is ridiculed in the process of creating something surprisingly new" (266 f.). Abgesehen davon, daß diese Interpretation von v. 23 dem Wortlaut widerspricht, nimmt sie auch Kenntnis weder von der neuplatonischen bzw. christlichen Mytheninterpretation der Spätantike noch von der christlichen Tradition der Vergilrezeption. Es ist wohl weniger von einer Verspottung Vergils als von seiner Aufhebung (im philosophischen Sinn) zu sprechen.

[235] So wird es auch in der Rubrik unseres Werkes im Cod. palat. 1753 (s. IX/X) dargestellt: *Proba hunc centonem ... omnibus Christianis tradidit ostendens quia et alienigeni vates, vera obscuris involventes, in alia mente legem domini et adventum, passionem et ascensionem vel cetera ante adventum domini inspirate praedixerunt.* Boccaccio in seinem Proba-Kapitel in De claris mulieribus 95 (zitiert bei F. Ermini – wie Anm. 211 – 66) vorsichtig: „si lasciar pensare che Virgilio stesso fosse stato un profeta or un evangelista."

[236] So faßte wohl dennoch den Cento der auf, der das Werk für Kaiser Arcadius abschrieb: *Maro mutatus in melius*, dazu P. Klopsch 1980, 19 Anm. 22.

[237] Vollständig ist das kaum möglich, wie E. Löfstedt 1949, 148 richtig sah (und zum Zweck höherer Kritik nutzte): „... an expression, a phrase, a thought which in its original place is natural, clear and well motivated, usually becomes somewhat peculiar, a trifle hazy or less suitable in the context, when borrowed or imitated by another author..."

[238] P. Courcelle 1955, D. S. Wiesen (wie Anm. 211), R. Herzog 1975.

[239] H. Dörrie 1969, 2: „Wahrscheinlich ist der Gedanke, daß die Dichter – vor allem Homer – hinter vordergründig-einfachen Erzählungen eine tiefgründige Erlösungslehre verbergen, zunächst in der orphischen Bewegung des 6. Jh. v. Chr. gefaßt worden." S. a. D. S. Wiesen 72–77: Im 2. Jahrh. habe sich die Überzeugung entwickelt, daß „the greatest spirits of the past ... expressed not the particular wisdom characteristic of their age, ... but a generalized, undifferentiated religious-philosophical

und von Laktanz ausgebaute Tradition christlicher Exegese Vergils fortsetzt, der „as a repertory of Christian religious truth", „an intricate code, concealing profound and esoteric wisdom"[240] begriffen wird. Die Exegese der Apologeten, wie sie z. B. Laktanz inst. 1, 5, 2–3 praktiziert, und der Cento sind somit Techniken „for deciphering the code..."[241]

2.4.3. Vergilcento als christliches Epos

Die Centones fügen sich zur Gattung einzig durch die in ihnen praktizierte poetische Technik; dieses Element ist derart dominant, daß es bereits den antiken Dichtern und Lesern gattungskonstitutiv schien. Alle anderen Elemente sind sekundär und austauschbar: Der Gestus kann ernst und parodistisch sein, die Konstruktion dem Drama, Epos, Lehrgedicht oder Epithalamium folgen, die Grundstruktur narrativ, explikativ usw. sein. Da alle Werke Vergils als Steinbruch genutzt werden, sagt die Technik nichts über das Gattungsverständnis aus. Im Cento der Proba verbinden sich Züge des naturphilosophischen Lehrgedichts (entsprechend dem Beginn der Metamorphosen Ovids) mit solchen des Epos.

Poetologische Aussagen Probas enthalten ihre Prooemien zum Gesamtwerk (1–28), zum ersten Teil des Cento (29–55), zu seinem zweiten Teil (333–345), der Epilog (689–694) und eine autobiographische exclamatio (415–428).[242]

Im Unterschied zu Juvencus fühlt sich Proba bereits als Fortsetzerin einer Tradition christlicher Dichtung: *imitata beatos ... hinc canere incipiam* (20/22).[243] Die von Juvencus entwickelten Exordialgedanken beginnen sich bei ihr ins Topische[244]

wisdom of universal validity", wodurch auch die Grenze zwischen Dichtung, Philosophie und Religion schwand (74). Die Centonentechnik wird zunächst von Häretikern genutzt (89).

[240] D. S. Wiesen 71 bzw. 72: „... Minucius ... employs Virgil as a proof-text in a way similar to that which the earliest apologists, namely the apostles themselves, had drawn upon Old Testament passages in their attempt to persuade Jewish hearers to their Christian message" (dazu auch 90).

[241] D. S. Wiesen 72. – Wiesen weist darauf hin, daß sich auch Minucius 19, 2 f. schon der „Centonen-Technik" der Kontamination bedient hat; s. a. R. Herzog 1975, 33. – Über die abweichende Auffassung von M. Smith s. Anm. 234.

[242] D. Kartschoke 1975, 60–63 zeigt die Zweiteilung des Prooemiums 1–55, R. Herzog 15 hat erkannt, daß es sich bei dieser Passage um zwei Prooemien handelt, zum Gesamtwerk und zum alttestamentarischen Teil, doch setzt er die Grenzen anders: das Prooem zum AT reiche 35–55. Die invocatio 29–34 ist hier hinzuzurechnen, denn v. 29 setzt der Cento im engeren Sinne, d. h. das Zusammenflicken von Vergilpassagen ein; zudem schließt 35 mit *nam* an, setzt also einen Gedanken fort, leitet keinen neuen ein.

[243] Davon, daß Juvencus Proba bekannt war, gehen auch aus D. Kartschoke 1975, 35; R. Herzog 1975, L; R. Herzog 1976, 410 Anm. 1.

[244] Ein Topos ist keineswegs eo ipso inhaltsleer (diese Auffassung klingt immer wieder durch bei K. Thraede 1965), der Begriff will vielmehr besagen, daß ein bestimmter Gedanke, der durchaus wörtlich gemeint sein kann, in einem bestimmten Zusammenhang regelmäßig auftaucht, einer kommunikativen Konvention entsprechend. Daß, wer mit christlichen Dichtungen hervortritt, mindestens in seiner Schulzeit traditionelle Stoffe poetisch bearbeitet hat, ist von der Sache her wahrscheinlich (zu beobachten z. B. im Dracontius-Corpus), topisch ist der Hinweis darauf nur insofern, als er vorgeprägt und an eine bestimmte Stelle im Werk gebunden ist.

zu verfestigen, werden zugleich deutlicher ausgesprochen. Wir finden den Gedanken der Ablehnung weltlicher Dichtung (Juvenc. praef. 6–16) wieder – zunächst ins Persönliche gewendet und auf das eigene Frühwerk, das historische Epos vom Krieg zwischen Constantius und Magnentius, bezogen (1–8),[245] dann nochmals katalogartig verallgemeinert, indem denkbare Themen und Genera traditioneller Poesie zurückgewiesen werden: mantische Spruchdichtung,[246] Enkomiastik,[247] mythologisches[248] und historisches Epos.[249] Die schon von Juvencus kritisierte Aufgabe der Dichter, der Menschen *famam laudesque accumulare* (praef. 8) weist Proba ausdrücklich zurück (18f.), während sie – wieder wie Juvencus (praef. 17f.) – dem eigenen Dichterruhm nicht unbedingt abhold ist (337). Mit der Ablehnung der traditionellen Dichtung überhaupt[250] verbindet sich die der herkömmlichen Inspirationsquellen: ambrosischer Nektar und Musen. An ihre Stelle tritt die Bitte an Gott um Inspiration durch die trinitarischen Personen: den Heiligen Geist[251] im ersten (9–12, s. a. 25–28), Gott selbst (29f.) und Christus im zweiten Prooem (31–34, vgl. Juvenc. praef. 25f.) sowie die weitere Spiritualisierung[252] des Bewässerungs-Motivs: Dürstend hat die Dichterin das heilige L i c h t geschlürft (21, vgl. Juvenc. praef. 26f.). Deutet Juvencus schließlich nur an, daß er Christus als wahren Leser des Werkes sieht (praef. 21–24), so spricht Proba deutlich aus, sie widme das ihre Gott.[253] Diesen schon von

[245] K. Thraede 1962, 1007 zur Verbindung des Topos ‚Ablehnung der heidnischen Literatur' mit dem Bekehrungstopos ‚sündige Vergangenheit' zum Topos ‚Sünden der Jugend'; dazu auch K. Thraede 1965, 33.

[246] *non mihi saxa loqui vanus persuadeat error* interpretiert M. R. Cacioli (wie Anm. 211) 194 *saxa* = „cose senza vita"; das ist zu allgemein, gemeint sind die Orakel der Wahrsagesteine (vgl. Th. Hopfner, RE 13,1, 1926, 757–759 s. v. Lithika und Latte, RE 3A2, 1929, 2303 s. v. Steinkult) stellvertretend für sibyllinische, hermetische und andere Spruchdichtung überhaupt.

[247] Vertreten durch das Siegergedicht: *laurigeros tripodas* (16) = „vittorie conseguite in gara sportiva" M. R. Cacioli 1969, 194; *lauriger* hier wohl in einem allgemeineren Sinn, etwa „Sieges-". Das delphische Orakel (D. Kartschoke 1975, 61) ist hier nicht gemeint.

[248] *iurgantesque deos* (17); das vorher genannte Thema *inania vota* ist angesichts der breitgefächerten Semantik von *votum* (Gelübde, Gebet, Verlangen) zu allgemein, als gattungsspezifisch identifiziert zu werden.

[249] *procerum victoresque penates* (17) D. Kartschoke 1975, 61 „Penatenkult".

[250] Hierher gehört auch, wie D. Kartschoke 1975, 62 gesehen hat, die Behauptung der Überlegenheit der Bücher Mose über die antike Dichtung auf Grund ihres höheren Alters: *Musaeum* (= Moysen) *ante omnes vestrum cecinisse* (36).

[251] *aeternique tui septemplicis ora resolve/spiritus* (10f.); zu *septemplix* M. R. Cacioli, 216f.: „un singolare adattamento teologico". „La poetessa allude quindi alle sette forme o aspetti in cui lo Spirito si manifesta nel cristiano ...", nämlich als „sapienza, intelligenza, consiglio, fortezza, scienza, pietà, timor di Dio"; in diesem Zusammenhang verweist sie auf Ies. 11, 2 und Tert. adv. Marc. 4, 128.

[252] Doch merkwürdig inkonsequent: Proba sieht sich zunächst *Castalio fonte madens* (20), ehe sie vom Lichttrank (21) spricht; zu diesem M. R. Cacioli 217–219 mit Hinweisen auf Joh. 4,13; 8,12 und Mt. 4,16.

[253] *nunc, deus omnipotens, s a c r u m, precor, accipe carmen* (9). Zum Topos ‚Dichtung als Opfer' K. Thraede 1965, 28–46. – P. Klopsch 1980, 7 bemerkt dazu: „ohne daß hier der Gedanke der Heilswirksamkeit formuliert ist" (so im Unterschied dazu bei Juvencus).

Juvencus in seiner Praefatio angeschlagenen Exordialgedanken fügt Proba einen neuen, weiter in die Zukunft wirkenden hinzu: Ihre weltliche Dichtung war Sünde, eine Sünde, die sie bekennen muß (8. 47–49).[254]

Probas Prooemien entbehren des linearen Aufbaus der juvencanischen Praefatio. Das erste Prooem lebt von der steigernden Wiederholung: Ablehnung des profanen Jugendwerkes – Anruf Gottes – Ziel des Werkes – Ablehnung der Musen – Ablehnung weltlicher Dichtung überhaupt – Ablehnung weltlichen Dichterruhms – neuerlicher Anruf Gottes – neuerliche Angabe des Ziels des Werkes – Themaangabe – Hoffen auf Kraft zum Werk. Im zweiten Prooem folgt auf die invocatio die indicatio, unterbrochen allerdings durch das neuerliche Bekenntnis der Sünde weltlicher Dichtung. Das dritte Prooem ist ganz auf die indicatio des zweiten Teils beschränkt: die von den Propheten geweissagte Fleischwerdung Christi.

Für das Gattungsverständnis der Proba sind ihre Exordialmotive wenig ergiebig – das Werk wird anders als bei Juvencus (praef. 6–10) nicht als Kontrapost einer bestimmten Gattung deklariert (s. 15–17), und das *Vergilium cecinisse loquar pia munera Christi* (23) bezieht sich auf Vergils Gesamtwerk, während Juvencus durch die Zusammenstellung Homer – Vergil (praef. 9f.) sich deutlich auf den Ependichter Vergil bezogen hatte. *arcana vatis* (scil. Vergilii) sollen aufgedeckt werden (12), aber auch *quae sint, quae fuerint, quae mox ventura trahantur* (37 = georg. 4, 393); den vergilianischen Vers auf Lukrez *felix, qui potuit rerum cognoscere causas* (georg. 2, 490) bezieht Proba auf Moses (39);[255] und der alttestamentarische Teil setzt ein mit den Worten, mit denen Anchises das Wesen der Welt erklärt (56f. = Aen. 6, 724f.). Das zweite Prooem endet mit der Bitte um die Aufmerksamkeit der Zuhörer (54f.). Das alles sind Elemente der Didaxe, und zur Bautechnik des Lehrgedichts paßt auch, daß beide Teile (wie im Lehrgedicht alle einzelnen Bücher) mit Prooemien versehen werden.[256] Andererseits übernimmt Proba zwei Erzähleinsätze aus der Aeneis: den des Berichts des Aeneas an Venus (Aen. 1, 372 *ab origine pergam* = 24) und den der Erzählung vom Zug des Aeneas in die Unterwelt (Aen. 6, 267 *pandere res altas* = 51). Das Thema *pia munera Christi* (23) schwankt zwischen Erzählung des Lebens (Juvencus eindeutig *vitalia gesta*, praef. 19) und der Wunder Jesu. So bewegt sich Proba in ihren Absichtserklärungen auf dem Grat zwischen Lehrdichtung und Epos[257] und wird damit der Funktion christlicher Vertiefung in die Heilige Schrift durchaus gerecht, die nicht allein die Wiedergabe interessanter Erzählungen zur Aufgabe haben kann, sondern sich erst in deren dogmatischer Aufhellung erfüllt. In der Durchführung des Planes wird sie sich freilich ganz aufs Erzählen beschränken.

[254] Zum biographischen Kontrastierungstopos P. Klopsch 1980, 15.
[255] Es sei daran erinnert, daß Lact. inst. 7, 27, 6 den Preis des Lucr. (6, 24–28) auf Epikur auf Christus umbiegt, ähnlich auch Arnob. 1, 38 ~Lucr. 5, 1–54, s. H. Hagendahl 1958, 17–20; 69.
[256] Vgl. G. Engel 1910, 15–41.
[257] So eindeutig, wie C. Cariddi (wie Anm. 211) 84, D. Kartschoke 1975, 60 und R. Herzog 1976, 384 meinen, wird das Gedicht nicht als Bibelepos gekennzeichnet, ebensowenig wie es eindeutig ein Lehrgedicht ist, als welches es F. Ermini (wie Anm. 211) 58 betrachtet: „un'opera didattica quale ella ha in animo". Wieso Proba durch den ausgewogenen Aufbau des Werkes die Gliederung eines großen Epos nachzuvollziehen sucht (R. Herzog 1975, 14), sehe ich nicht.

2.4.4. Aufriß

Juvencus folgte dem Aufriß der jüngeren synoptischen Evangelien. Proba bildet den der zweigeteilten christlichen Bibel nach. Die Einbeziehung des Alten Testaments in die Buchdichtung, der Stoffquelle, die künftig die ergiebigste der Bibelepik sein sollte, ist die entscheidende Leistung unserer Dichterin.[258]

Zu Probas Lebzeiten waren Altes und Neues Testament schon längst zur Bibel vereinigt. Zusammengeschweißt waren sie durch den heilsgeschichtlichen Bezug: Das Alte Testament hatte dem Christen für sich genommen keine Bedeutung, war aber höchst sinnträchtig als prophetische Bezeugung Christi.[259] Man kann schon hier die Betrachtung einschieben, daß die chronologische Aufeinanderfolge von evangelischem Epos (Juvencus), biblischem Epos bzw. Lehrgedicht (Proba, Sedulius) und alttestamentarischem Epos (De Sodoma/De Iona, Heptateuchdichtung des sog. Cyprianus Gallus, Claudius Marius Victorius usw.) kein Zufall sein dürfte; sie bezeichnet den Wandel der kommunikativen Funktion der Bibelepik von der Verkündigung zur Erzählung.

Kompositorisch wird der Cento zur Einheit zusammengefaßt und in sich gegliedert durch die Prooemien und den Epilog. Das Prooemium zum Gesamtwerk (1—28) und zum ersten Teil (29—55) sowie der Epilog (689—694) rahmen das Werk; das Binnenprooem zum zweiten Teil (333—345) steht in der Mitte, es trennt die alttestamentarische Erzählung (56—318, dazu praeteritio 319—332) von der evangelischen (346—688).

Die beiden Teile des Werkes sind fast gleich lang (305 + 356 Verse).[260] Teil I erzählt

---

[258] Einen Grund, ihr mit D. Kartschoke 1957, 36 dieses Verdienst abzusprechen, kann ich nicht erkennen.

[259] H. v. Campenhausen (wie Anm. 138) 377f. stellt zusammenfassend fest, „daß das Alte und das Neue Testament im wesentlichen schon um das Jahr 200 ihre endgültige Form und Bedeutung gefunden haben. ... Die christliche Bibel ... entsteht und gilt als das Christenbuch. Die ‚Herrenschriften' bezeugen den Herrn — das Alte Testament prophetisch, das Neue Testament historisch. Christus spricht in beiden Testamenten und ist ihr eigentlicher Inhalt. Dies allein macht sie zur christlichen Bibel ..." Die Diskussion um den Kanon, die sich im Westen bis um 400 hinzieht, geht nicht um den Grundbestand der Bibel, sondern um Randbezirke (die neutestamentlichen Briefe).

[260] F. Ermini (wie Anm. 211) 59 (U. Moricca 1925—34, 2,2, 854 schließt sich ihm an) vermutet deshalb eine Lücke im ersten Teil. Hier fehlten vier Episoden, um der Episodenzahl des zweiten Teils zu entsprechen; nimmt man eine Episodenlänge von 8 bis 10 Versen an (was freilich vom Aufbau des Werkes her nicht zu rechtfertigen ist), so hätte die Verszahl des ersten Teils der des zweiten entsprochen. E. vermutet die Lücke zwischen 233 und 234, gibt aber nicht an, welche Episoden er sich hier denken könnte, und das ist auch mir unklar. — Ohne Bezug auf Ermini zu nehmen, vermutet G. Bagnell in einer persönlichen Mitteilung an M. Smith (zitiert M. Smith 1979, 263 Anm. 43) folgendes Verhältnis: „Proba's Cento is constructed to reflect the symmetry between the Old and New Testaments and the octave ratio between Christ and Adam. 694 lines long, it consists of an introduction, Part One (333 lines, 28 of them introductory), and Part Two (361 = 333 + 28 lines long). The birth of Christ falls into the exact center, but the events in his life are in many cases described in half the number of lines that the corresponding events of the OT require. ... but the most important numerological aspect of the poem is the symmetry established between the Old and New Testaments, pairing the creation of Adam with the birth of Christ, the temptation of Adam and Eve with that of Christ, the story of Cain and Abel with the Cruci-

die Schöpfungsgeschichte, den Sündenfall, die Vertreibung aus dem Paradies, den Brudermord Kains an Abel und die Sintflut; Teil II wiederholt Geburt und Passion Jesu nebst einigen wenigen dazwischenliegenden Ereignissen. Thematisch werden die Teile nur durch eine keineswegs ins Auge springende und zudem unklare Andeutung zusammengehalten: Im Prooem zum Gesamtwerk gibt die Dichterin als Thema ihres Gedichtes die *pia munera Christi* (23)[261] an – die Formulierung erinnert an des Juvencus indicatio *divinum donum* (praef. 20). Proba fügt hinzu, sie wolle den Gegenstand *ab origine* (24) verfolgen. Aus der Anlage des Wortes müssen wir schließen, daß mit der *origo* der *munera Christi* nicht die Verkündigung des Engels gemeint ist, sondern die Schöpfung sowie – nach dem Sündenfall des Menschen und den frühen Strafen des rächenden Gottes – als Kontrapost die Gnade Gottes und das Erlösungswerk Christi. Eine theologische Einheit des alt- und des neutestamentlichen Teiles schafft Proba express weder durch prophetische Bezüge noch durch typologische Interpretation alttestamentarischer Personen.[262] Die praeteritio 319–332 (*cetera facta patrum ... praetereo* 331f.) verstärkt vielmehr den Eindruck, die alttestamentliche Erzählung breche an beliebiger Stelle ab, die beiden Teile stünden in keinem geplanten Zusammenhang.

Wir werden denn auch die Veranlassung für den ersten Teil nicht allein im Theologischen suchen dürfen, sondern auch im Technischen. Wer einen Vergilcento mit biblischen Stoffen plante und zeigen wollte, Vergil habe das Heilsgeschehen vorhergeahnt und dunkel ausgesprochen, dem mußte deutlich werden, daß dies in ganz besonderem Maße für bestimmte Züge dieses Geschehens gelten konnte, und zwar nicht allein – ausgehend von der 4. Ekloge – für die Kindheit und damit die Geschichte Jesu, sondern auch – ausgehend von den Beschreibungen von loci amoeni und von der Erzählung vom Goldenen Zeitalter – für die Beschreibung des Paradieses und damit der Schöpfung.[263] Wie sich dem Centonisten die einen biblischen Stoffe für sein Vorhaben, sie in vergilischen Versen und Halbversen wiederzugeben, geradezu anboten, so mußte doch von vornherein klar sein, daß mit diesem Verfahren nicht die ganze Bibel zu wiederholen war, ja daß sich dieses Verfahren bei einigen biblischen Perikopen verbot, weil das Vorbild kein Sprachmaterial für ihre Wiedergabe bereitstellte. *paene ad verbum*, wie laut Hieronymus Juvencus, konnte Proba ihrer poetischen Technik wegen dem Evangelium nicht folgen,[264] nicht einmal, wie es Juvencus tatsächlich tat, Perikope für Perikope. Sie mußte auswählen. Dadurch verstärkte sich schon die bei Juvencus beobachtete Tendenz zum episodischen Aufbau.

Dieser Aufbau des Werkes aus einzelnen, ausgewählten biblischen Szenen ist bei Proba in erster Linie, wie gesagt, durch ihre poetische Technik bedingt. Vorgearbeitet hatte ihm die Tradition des kirchlichen Gebrauchs der Bibel, denn diese war auch, doch nie allein als Ganzes gegenwärtig gewesen, vielmehr hatten liturgische Lesung,

---

fixion, the Flood (law and justice) with the Resurrection (law and mercy), and the expulsion of Adam and Eve from Eden with the descent into Hell."

[261] F. Ermini 1909, 110: „... il dono fatto agli uomini, la redenzione".
[262] H. v. Campenhausen (wie Anm. 138) 43, 60. Einen versteckten typologischen Bezug entdeckt R. Herzog 1975, 34.
[263] Dazu R. Herzog 1975, 29.
[264] F. Ermini (wie Anm. 211) 87: „Proba segue passo passo la storia..." mit der Einschränkung „e tace non solo ciò che crede superfluo a conoscersi, ma anche ciò che la parola vergiliana ... le vieta d'esprimere".

theologische Kommentierung und (besonders seit der staatlichen Anerkennung der Kirche, mit der ein Aufblühen des Kirchenbaus einherging) bildliche Darstellung die Einzelszene als Gegenstand der scrutatio und ruminatio, auch des ästhetischen Genusses an Selbständigkeit gewinnen lassen. Die Einbettung der Szene in den Gesamtzusammenhang war nichtsdestoweniger erhalten geblieben.

Scheinbar treu folgt der alttestamentliche Teil seiner Vorlage, der Genesis: Die Schöpfungsgeschichte wird nach Gen. 1, 1–25 berichtet (56–106), die Erschaffung des Menschen im wesentlichen nach Gen. 2, 5–7 und 18–24 (107–147); es folgen die Beschreibung des Paradieses und des Paradiesbaumes (Gen. 2, 8–17 = 157–171) darauf der Sündenfall und die Vertreibung aus dem Paradies (Gen. 3, 1–24 = 172–277) und Kains Brudermord (Gen. 4, 1–16 = 278–306); darauf springt die Erzählung zur Sintflut über (Gen. 6, 1–8. 22 = 307–318) und bricht damit ab.

Am deutlichsten wird der Auswahlcharakter der Bibelumsetzung Probas beim Vergleich des neutestamentlichen Teils mit der evangelischen Vorlage. Proba folgt im wesentlichen Matthäus.[265] Nach ihm wird Jesu Kindheit berichtet (346–385 = Mt. 1–2), seine Taufe (386–424 = Mt. 3), die Versuchung Jesu (429–455 = Mt. 4, 1–11) und der Zug durch Galiläa (456–462 = Mt. 4, 12–25). Es folgt – wie bei Matthäus – die Bergpredigt (463–496 = Mt. 5–7), doch geht sie bei Proba über in die Predigt Jesu vor den Jüngern auf dem Ölberg von der Zerstörung des Tempels und der Wiederkunft des Herrn (497–504 = Mt. 24, 29–31). Die weitere Wirksamkeit Jesu in Galiläa und der Zug nach Jerusalem sind fast gänzlich übergangen – übernommen sind einzig die Geschichten vom reichen Jüngling (505–530 = Mt. 19, 16–22) und das Seewandeln Jesu (531–561 = Mt. 14, 22–33). Der evangelische Bericht wird erst bei den letzten Tagen Jesu in Jerusalem wiederaufgenommen, doch werden die Ereignisse dieser Zeit wie die Passion nur in Auswahl erzählt: der Einzug Jesu in Jerusalem (562–565 = Mt. 21, 7–9), die Reinigung des Tempels (566–574 = Mt. 21, 12–13), das Abendmahl (580–599 = Mt. 26, 17–30), sodann aus der Passionsgeschichte Jesus vor Pilatus (600–606 = Mt. 27, 1–14), die Verspottung Jesu (607–612 = Mt. 27, 27–30), Kreuzigung und Tod (613–647 = Mt. 27, 31–56 + Mk. 14, 50), die Auferstehung (648–656 = Mt. 28) und schließlich die Erscheinung des Auferstandenen (657–681 = Lk. 24, 13–49) und seine Himmelfahrt (682–688 = Lk. 24, 50–52).

Mit der Auswahl der Perikopen aus dem alttestamentarischen und dem evangelischen Bericht, mit der Einbeziehung des ersten Buches Mose, das nach Stoff und Thema für sich stehende Erzählblöcke anbot, und schließlich durch das unverbundene Nebeneinanderstehen eines alttestamentarischen und eines evangelischen Teils verstärkt sich bei Proba eine erzähltechnische Neuorientierung der Binnenstruktur, die wir schon bei Juvencus beobachtet hatten: die Aufwertung der Einzelteile und die parataktische Anordnung der Szenen.

Der Zusammenhang der Episoden, die nicht wegen ihrer erzählökonomischen Unverzichtbarkeit, sondern einerseits wegen ihrer religiösen Bedeutsamkeit aufgenommen sind, andererseits wegen ihrer Eignung für die Centonentechnik, ist ein geistiger, ist der gemeinsame Bezug zu Gott. Die Komposition wird spiritualisiert.

[265] Aus Mt. bzw. Lk. werden im Anschluß an den Auferstehungsbericht nach Mt. 28 ergänzt die Flucht der Jünger nach Jesu Tod (Mt. 14, 50 = 638–647), die Erscheinung des Wiederauferstandenen (Lk. 24, 13–49 = 657–681) und die Himmelfahrt (Lk. 24, 50–52 = 682–688), nicht (wie bei Juvenc.) die Kindheitsgeschichte. – Vgl. R. Herzog 1975, 45, das Erzählzentrum sei akribisch dargestellt bei Deformierung der übrigen Erzählelemente.

Wie bei Juvencus werden die Szenen nicht logisch, sondern allein temporal durch lexikalische und syntaktische Mittel miteinander verbunden, etwa *principio* (56), *postquam* (70), *tum* (84), *his demum exactis* (136), *interea* (278), *tum* (307). So bleibt die narrative Strukturierung des Epos erhalten, doch ist sie zur Oberflächenstruktur geworden.

Immerhin bringt Proba zudem in die Szenen „Versuchung" und „Sündenfall" ein Element der Spannung ein durch die Einführung vorbereitender Vorausdeutungen auf ein drohendes Unheil: Adam wacht nach der Erschaffung Evas furchterfüllt auf (133 = Aen. 7, 458); nicht nur verbietet Gott, vom Baum der Erkenntnis zu essen, nicht nur droht er Strafe an (Gen. 2, 15–17), sondern er weist ausdrücklich auf die von der Frau zu befürchtende Versuchung hin (153–156); die anschließende Beschreibung des irdischen Paradieses wird abgeschlossen mit einer dunklen Andeutung, daß Adams Gattin die Möglichkeit ewigen Glücks zunichte gemacht hat (171f.); den folgenden Auftritt der Schlange leitet die Dichterin ein mit den Worten *iamque dies infanda aderat* (172 = Aen. 2, 132), und auf das künftige Unheil wird beim Essen von der Frucht des verbotenen Baumes mehrfach hingewiesen (199. 200. 202. 203). Ein weiteres Mittel antiker Erzähltechnik wird also noch nicht systematisch, aber doch versuchsweise aufgegriffen und erfolgreich in die Bibelepik eingeführt.

Schon aus den Übersichten läßt sich ablesen, daß Proba einmal nur ausgewählte Szenen des mosaischen und des evangelischen Berichtes herausgreift, zum anderen diese ausgewählten Szenen alles in allem in beträchtlich kürzerer Fassung wiedergibt. Dabei begegnen wir wieder jenen Techniken der abbreviatio, die wir schon von Juvencus kennen, so dem Verzicht auf den parallelismus membrorum, von dem zumal der biblische Schöpfungsbericht lebt. Wie bei dem Spanier werden die Geschlechtsregister geopfert, und zwar nicht nur das Jesu (Mt. 1, 1–17), sondern auch das der Nachfahren Kains (Gen. 4, 17–24) und Seths (Gen. 5, 1–32). Auf diese Weise wird die Vorgeschichte des Volkes Israel zur Vorgeschichte der Menschheit – die Tendenz des Universalismus erstreckt sich auch auf das Alte Testament.

Neben dem Bemühen um einen narrativen Aufbau greift Proba auch andere Strukturelemente des antiken Epos auf: Sie gestaltet beim Seewandeln Jesu den traditionellen Seesturm (531–561), die Tageszeiten (Abend 580, Morgen 600, Mittag 607), bedient sich ekphrastischer Elemente bei der Schilderung des Wechsels der Jahreszeiten (72–81), verschiedener Tierarten (102. 106) und des Paradieses (160–169). Dagegen fehlt der epische Vergleich.

Wie im antiken Epos spielen Reden eine relativ große Rolle: Reden Gottes (139–156; 213; 224–232; 245–268; 403–412), Jesu (448–452; 469–496; 519–527; 574–577; 589–598; 611–623; 663–676), des Satans (436–445), der Schlange (183–196), Adams (233–243), des Täufers (390–394), des reichen Jünglings (512–517) und Petri (643–647).

Die Centonentechnik bringt aus sich selbst heraus jene Elemente römischer Epensprache in die Bibelwiedergabe ein, die schon Juvencus aus der literarischen Tradition eingeformt hatte: Junkturen, Formeln, Attribuierung und Adverbialisierung, ganz abgesehen von jenem Wort- und Formelgut, das schon in der christlichen Dichtung vor Proba für die christliche Dichtersprache gewonnen worden war, wie *pater omnipotens*.

Da eine ironische Distanz nicht angedeutet wird und angesichts der zentralen Absicht Probas, Vergil als frühen Christen zu erweisen, nicht aufkommen kann, bringen diese sprachlichen Elemente wie bei Juvencus den Gestus des Erhabenen in den Cento ein.

Neu sind hymnische Elemente (in der Apostrophe Jesu 377–379 und in der autobiographischen exclamatio 415–428, die sich übrigens auf die römische Tradition der Selbstdarstellung des Epikers im Epos berufen könnte, der wir erstmals in den Annalen des Ennius begegnen).

Naturgemäß finden — wie bei Juvencus — die alten Themen Mythologie und Krieg keinen Platz — sie werden nur in recusationes wachgehalten (1–8; 15–17; 47–49).

Dagegen knüpfen Genesis und Paradiesbeschreibungen wie die Sintflut gedanklich an der naturphilosophischen Eingangspassage der Metamorphosen Ovids an, mit dem Proba ja auch Grundzüge des carmen perpetuum gemein hat.

2.4.5. Szenenaufbau

Dem Aufbau der Einzelszene steht Proba grundsätzlich anders gegenüber als Juvencus. Die Sintflut etwa (Gen. 6–8) wird reduziert auf die Überschwemmung der Erde (308–312) und die Errettung eines einzigen (Noahs) (313–316): Gott vernichtet im Zorn das bebaute Land und alle Lebewesen, außer *pietate gravem ac meritis* (313 = Aen. 1, 151), *qui fuit in terris et servantissimus aequi* (314 ≈ Aen. 2, 427, wo *Teucris* statt *terris* steht, der Vers auf Ripheus bezogen ist). Nichts hören wir davon, daß Gott bedauert, den Menschen geschaffen zu haben (Gen. 6,7), nichts von Noahs Söhnen (6, 9f.), nichts von der Arche — dem Auftrag zu ihrem Bau (6, 13–17), zur Auswahl derer, die sie aufnehmen soll (6, 13–7, 4), vom Einzug in sie (7, 5–16) —, nichts von der Dauer der Sintflut (7, 24), dem Sinken des Wassers (8, 1–5), von der Aussendung des Raben und der Taube (8, 6–12), der Öffnung der Arche und der Errettung der Tiere, dem Auszug aus der Arche und dem Opfer Noahs (8, 15–22). Proba beschränkt sich also auf den Kern der Szene. Das Verfahren sagt wesentliches über den Kreis der Adressaten Probas aus: Es sind Christen, die die Bibel genau genug kennen, um aus Probas Andeutungen das Gesamt der biblischen Szenen erkennen zu können.[266] Es ist ein traditionell gebildetes, literar-ästhetisch interessiertes Publikum, das einen Vergil-Cento zu genießen vermag oder besser: Es ist der christliche, und zwar der engagiert christliche Teil dieses antiken Publikums.

Das Verfahren der abbreviatio läßt sich zunächst auch bei der Erzählung von der Ermordung Abels durch Kain erkennen (285–306 = Gen. 4, 1–16): Die Namen der *gemini fratres* (285) werden — wie alle anderen — nicht genannt, und so kann auch der Name Kain nicht gedeutet werden (Gen. 4, 1). Aber wir hören auch nichts davon, daß Abel Schafhirte, Kain Bauer war (4, 2), nichts von Gottes Wohlgefallen an Kains Opfergaben (4, 4–6), von Gottes Mahnrede an Kain (4, 6f.), von Gottes Verhör (4, 9) und Verfluchung Kains (4, 10–12); es fehlen die Selbstverfluchung Kains (4, 13f.), Kains Schutz durch Gottes Mal, die Auswanderung (4,16) und die Nachfahren Kains (4, 17–24). Gleichzeitig macht die Szene deutlich, wie Proba nicht allein mit der abbreviatio arbeitet, sondern die Centonentechnik andererseits Material für die amplificatio bot.[267] Sinnvoll schließt sich an die ungeheuerliche Tat des Brudermordes,

---

[266] F. Ermini (wie Anm. 211) 98 erkannte, daß Glaubenspropaganda unter den Nichtchristen offenbar nicht das Ziel Probas war.

[267] D. Kartschoke 1975, 80 betont richtig, beide Verfahren seien in jeder Paraphrase ver-

der bei Proba zudem nicht auf dem Acker (Gen. 4,8), sondern an geheiligter Stätte, am Opferaltar, geschieht (288f.), ein aus der antiken poetisch-philosophischen Literatur wohlvertrauter Gedanke an, der der Zeitalterfolge, der Verschlechterung der Lebensbedingungen des Menschen. Diese Passage 290–306 speist Proba im wesentlichen aus drei Vergilstellen: georg. 1, 121–154, wo erzählt wird, wie Jupiter das Goldene Zeitalter beendet, um den Erfindergeist des Menschen zu wecken; Aen. 8, 320–332, Euanders Bericht vom allmählichen Niedergang des Saturnischen Zeitalters; und georg. 2, 458–540, dem Preis des Landlebens gegenüber dem Leben in der Stadt. Aus der ersten Stelle sind georg. 1, 129. 131. 130. 132. 150. 151. 139. 140. 146. 123 zusammengefügt, aus der zweiten Aen. 8, 326. 327 – unterbrochen von georg. 2, 341 aus einer Passage aus der Frühzeit des Menschengeschlechts. Hieran schließen sich – unterbrochen von Aeneis-Fragmenten – aus der dritten Passage georg. 2, 474. 510. 507. 499 an. Alle drei Passagen, ja sogar einige der von Proba ausgewählten Verse, hatten übrigens schon Laktanz (zusammen mit Versen aus Cicero, Germanicus, Ovid und Arat) in seinen Institutionen (5, 5, 5–12) dazu gedient, das Goldene Zeitalter zu beschreiben, bzw. zum euhemeristischen Nachweis des Menschentums Saturns (inst. 1, 13, 9. 12), und Proba nutzt sie außerdem bei der Erzählung von der Einrichtung der Jahreszeiten durch Gott (71–82), der Beschreibung des irdischen Paradieses (160–169) und dem Bericht über die Bestrafung Adams (253–262).

Diese Beobachtungen könnten das von R. Herzog bei der Untersuchung der Szene vom Seewandeln Jesu herausgearbeitete Prinzip der Proba bestätigen, gedanklich verwandte Vergilstellen zusammenzufügen,[268] und sie illustrieren den Gegensatz der centonentechnischen Verfahren des Ausonius und der Proba ebenso wie die Verwandtschaft des Verfahrens der Proba mit dem des Laktanz: spielerische Umdeutung, ironische Umbiegung bei dem Burdigalenser, Deutung, Exegese bei dem Afrikaner und der Römerin.

Konsequent durchführbar ist dieses centonistisch-exegetische Prinzip jedoch im Grunde nur in ekphrastischen Passagen: der Beschreibung des Paradieses oder der außerparadiesischen rauhen Wirklichkeit, des Seewandelns Jesu, d. h. in biblischen Perikopen, die die Assoziierung vergilischer Bilder (wenn auch nur von ferne) ermöglichen, so daß diese zur Ausschmückung des im übrigen auf seinen Kern reduzierten Berichts und zu seiner Einfärbung in die antik-epische Vorstellungswelt dienen können. Dies ist aber nur selten der Fall.[269] Als Beispiel für das poetische Verfahren Probas und das des Juvencus ziehen wir den matthäischen (hier wieder ahistorisch nach der Vulgata gebotenen) Bericht vom Abendmahl heran.

Mt. 26, 17 *Prima autem die azymorum accesserunt discipuli ad Jesum dicentes: Ubi vis paremus tibi comedere pascha?* 18 *At Jesus dixit: Ite in civitatem ad quendam, et dicite ei: Magister dicit: Tempus meum prope est, apud te facio pascha cum discipulis meis.* 19 *Et fecerunt discipuli sicut constituit illis Jesus, et paraverunt pascha.* 20

---

eint; im weiteren Nachweis der Verfahren muß aber beim Leser der Eindruck entstehen, amplificatio führe zur Großdichtung, abbreviatio zur Kleindichtung. Dies ist keineswegs der Fall.

[268] R. Herzog 1975, 12, 17, 30, s. a. C. Cariddi (wie Anm. 211) 69–75.

[269] R. Herzog 1975, 44–46 beobachtet richtig den Übergang vom Bericht zum beschreibenden Bild als Kompositionsprinzip Probas. Anwendbar ist es aber nur dort, wo entsprechendes vergilisches (genauer: traditionell episches) Bildgut vorliegt – es ist also durchaus literarisch erklärbar (gegen R. Herzog 1975, 44).

Vespere autem facto, discumbebat cum duodecim discipulis suis. 21 Et edentibus illis dixit: Amen dico vobis, quia unus vestrum me traditurus est. 22 Et contristati valde, coeperunt singuli dicere: Numquid ego sum, Domine? 23 At ipse respondens, ait: Qui intingit mecum manum im paropside, hic me tradet. 24 Filius quidem hominis vadit, sicut scriptum est de illo; vae autem homini illi, per quem Filius hominis tradetur! bonum erat ei, si natus non fuisset homo ille. 25 Respondens autem Judas, qui tradidit eum, dixit: Numquid ego sum, Rabbi? Ait illi: Tu dixisti. 26 Coenantibus autem eis, accepit Jesus panem, et benedixit ac fregit, deditque discipulis suis, et ait: Accipite, et comedite: hoc est corpus meum. 27 Et accipiens calicem gratias egit: et dedit illis, dicens: Bibite ex hoc omnes. 28 Hic est enim sanguis meus novi testamenti, qui pro multis effundetur in remissionem peccatorum. 29 Dico autem vobis: non bibam amodo de hoc genimine vitis usque in diem illum, cum illud bibam vobiscum novum in regno Patris mei.

Wollen wir den Bericht auf seinen Kern zurückführen, so finden wir deren zwei: die Ankündigung des Verrats des Judas an Jesus (20–25) und die Einrichtung der Eucharistie, wobei dies der wesentlichere Teil ist angesichts der zentralen Stellung der Eucharistie im Gottesdienst und der Bedeutung der Worte der Abendmahlerzählung in der Eucharistiefeier.

Proba setzt die Szene wie folgt um:

> 580 *Devexo interea propior fit Vesper Olympo.*
> *tum victu revocant vires fusique per herbam*
> *et dapibus mensas onerant et pocula ponunt.*
> *postquam prima quies epulis mensaeque remotae*
> *ipse inter primos/genitori instaurat honores,*
> 585 *suspiciens caelum./tum facta silentia linguis.*
> *dat manibus fruges/dulcesque a fontibus undas*
> *implevitque mero pateram/ritusque sacrorum*
> *edocet immiscetque preces/ac talia fatur:*
> *‚audite, o proceres', ait, et spes discite vestras.*
> 590 *nemo ex hoc numero mihi non donatus abibit,*
> *promissisque patris/vestra, inquit, munera vobis*
> *certa manent, pueri, et palmam movet ordine nemo.*
> *et lux cum primum terris se crastina reddet,*
> *unus erit tantum/in me exitiumque meorum,*
> 595 *dum paci medium se offert/de corpore nostro.*
> *iamque dies, nisi fallor, adest./secludite curas.*
> *mecum erit iste labor, nec me sententia fallit:*
> *unum pro multis dabitur caput.'/haec ita fatus*
> *conticuit./seramque dedit per membra quietem.*

Der matthäische Zusammenhang von Abendmahl und Passamahl ist aufgegeben – sicherlich zwang die Centonentechnik dazu, doch fügt sich diese Streichung in die Universalisierungstendenz Probas. Das Abendmahl selbst wird mit Versen aus den Mahlszenen Vergils zum Festmahl – wir finden Verse aus den Speiseszenen bei Euander (580 = Aen. 8, 280), vom ersten Essen nach der Landung des Aeneas in Afrika (581 = Aen. 1, 214), vom Empfangsmahl bei Dido (582 = Aen. 1, 706; 583 = Aen. 1, 723; 587 = Aen. 1, 729); zum Abendmahl wird es einzig durch die einleitende Zeitangabe.

Bereichert wird die Speiseszene mit umgebogenen Partikeln aus anderen Bereichen: 586 entstammt im ersten Teil (= Aen. 12, 173) einer Opferhandlung, im zweiten (= georg. 2, 243) dem Rat zur Behandlung salzigen Bodens. Von Proba eingefügt ist ein Dankgebet Jesu – denn so müssen wir wohl *genitori instaurat honores* (584 = Aen. 5, 94) verstehen; bei Vergil meint es die Veranstaltung der Leichenspiele für Anchises. – Der szenische Rahmen also ist relativ breit ausgeführt, aufgebaut aus einschlägigen Vergilstellen, in die andere semantisch eingepaßt sind. Vom Inhalt der Szene aber erfahren wir fast nichts. Einigermaßen deutlich wird noch, der Tag sei nahe (596 = Aen. 5, 49 – der Jahrestag des Todes des Anchises), daß einer für viele sterben wird (598 = Aen. 5, 815, hier von Neptun Venus versprochen und auf Palinurus bezogen), was aber des Sprechers, Jesu, Sorge sei, während die anderen ruhig bleiben können (597 = Aen. 4, 115 Worte der Juno; 596 = Aen. 1, 562 Trostworte Didos an die Trojaner); morgen werde es geschehen (593 = Aen. 8, 170 aus der Rede des Euander), da nur einer sein wird (594 = Aen. 5, 814 aus dem erwähnten Versprechen Neptuns an Venus), der auf Jesu und – ganz im Gegensatz zur Bibel – der Seinen Tod (sinnt) (594 = Aen. 8, 386 von Venus in der Rede an Vulkan auf sich und die Trojaner bezogen); als Friedensmittler biete der sich an (595 = Aen. 7, 536 über Galaesus), womit Proba offenbar „Verräter" umschreibt, nämlich an Jesu Leib. Soviel also erfahren wir von Jesu Ankündigung des Verrats des Judas.

Vom Hauptpunkt der Szene, der Einsetzung der Eucharistiefeier, hören wir dagegen fast nichts, wenn man auch annehmen muß, aus den Worten Jesu an die Jünger (sie werden bald *proceres*, so 589 = Aen. 3, 103 Einleitung der Rede des Anchises, bald *pueri* genannt, so 592 = Aen. 5, 349 aus einer Rede des Aeneas), jeder von ihnen werde beschenkt von dannen ziehen (590, 591/2 = Aen. 5, 305 von der Stiftung von Ehrenpreisen für die Leichenspiele für Anchises + Aen. 5, 348/349 von der Verteilung dieser Ehrenpreise), aus diesen Worten also sei abzulesen, mit der Beschenkung, von der im Evangelium nichts steht, sei die mystische Aufnahme von Leib und Blut Jesu gemeint. Es ist wohl nicht zu hart geurteilt, wenn wir feststellen, die Umsetzung der Abendmahlszene in vergilische Verse sei mißlungen. I. Opelts Auffassung, Proba habe sich um Bibeltreue bemüht,[270] bestätigt sich bei genauerer Textanalyse nicht.

Vom Verfahren der Proba hebt sich die Einformung der Szene in die lateinische Epensprache durch Juvencus positiv ab:

> *Iamque dies paschae primo processerat ortu:*
> *Discipuli quaerunt, ubi cenam sumere paschae*
> 430 *Vellet; at ille sibi quendam sine nomine quaeri,*
> *Ultima qui domini caperet mandata, iubebat.*
> *Vespere mox primo bis sex recubantibus una*
> *Discipulis, tali divinat voce magister:*
> *„En urget tempus, Christum cum prodere morti*
> 435 *E vobis unus scelerato corde volutat."*
> *Continuo cuncti quaerunt, quis talibus ausis*
> *Insano tantum cepisset corde venenum.*
> *Ille dehinc: „Epulis mecum nunc vescitur", inquit.*
> *„Sed suboles hominis quondam praescripta subibit*

---

[270] I. Opelt (wie Anm. 211) 107.

> 440 *Supplicia ad tempus. Miserabilis ille per aevum,*
> *Qui iustum dedet; quanto felicior esset,*
> *Si nunquam terris tetigisset limina vitae!"*
> *Et Iudas graviter tum conscia pectora pressus,*
> *"Numquid", ait, "Iudam talis suspicio tangit?"*
> 445 *Respondit Dominus: "Te talia dicere cerno."*
> *Haec ubi dicta dedit, palmis sibi frangere panem,*
> *Divisumque dehinc tradit sancteque precatus*
> *Discipulos docuit, proprium sic edere corpus.*
> *Hinc calicem sumit Dominus vinoque repletum*
> 450 *Gratis sanctificat verbis potumque ministrat,*
> *Edocuitque, suum se divisisse cruorem,*
> *Atque ait: "Hic sanguis populi delicta redemit:*
> *Hoc potate meum. Nam veris credite dictis,*
> *Post haec non umquam vitis gustabo liquorem,*
> 455 *Donec regna patris melioris munere vitae*
> *In nova me rursus concedent surgere vina."*
> (4, 428–456)

Juvencus folgt Satz für Satz dem Matthäus-Evangelium; ausgefallen ist nur ein Vers ganz: Mt. 26,19, ein sachlicher Parallelismus. Auch alle anderen Kürzungen sind inhaltlich bedeutungslos: Die Jünger fragen Jesus, wo er das Passamahl essen wolle (429f.) – sie treten nicht, wie bei Mt. 26, 17, an ihn heran, und sie fragen nicht, wo sie das Mahl bereiten sollen. Jesus beauftragt sie, einen Mann aufzusuchen (430), nicht (wie in Mt. 26, 18) zu diesem Zweck zunächst in die Stadt zu gehen, und ebensowenig wird gesagt, daß Jesus das Brot nahm, bevor er es brach (26, 26, s. 446). Daß alle Worte während des Essens gesprochen werden, braucht nicht (wie Mt. 26, 20 und 26) ausdrücklich hervorgehoben zu werden (433. 446), ebensowenig wie die Tatsache, daß die Jünger *contristati valde* (26, 22) fragen, wer Jesus verraten werde. Freilich verzichtet Juvencus auch auf die Umsetzung von manchem nicht gänzlich Bedeutungslosen – etwa daß Jesus das Brot segnet (26, 26), daß er den Jüngern den Becher nicht nur mit den Worten *suum se divisisse cruorem* (451) reicht, sondern hinzufügt: *sanguis meus novi testamenti* (26, 28) und daß er erst wieder im Reich des Vaters Wein nicht allein trinken werde (454–456), sondern mit den Jüngern (26, 29). Das Wesen der Aussage wird, wie sich zeigt, von diesen kleinen Kürzungen an keiner Stelle berührt. Ihnen steht übrigens ein einziger exegetischer Zusatz gegenüber: Juvencus betont 430, Jesus habe den nicht genannt, bei dem er das Osterlamm essen wollte, es sei denn, man will die Umformung von *unus vestrum me traditurus est* (26, 21) in *prodere morti* (434) als Exegese betrachten. Damit bewegt sich Juvencus in dem selbstgesetzten Spielraum, den wir schon beschrieben haben. Dazu gehören all jene sprachlichen Verfahren, durch die die Vorlage in die lateinische Epensprache eingeformt wird, so die Umsetzung der direkten Rede in die indirekte (Mt. 26, 17 > Juvenc. 4, 429f.; 18 > 430f.; 22 > 436f.; 26 > 448; 27 > 451) und die klassizisierende Ersetzung von Fremdwörtern (abgesehen von *pascha* – 428. 429 – werden alle eliminiert: *dies Azymorum* 17 > *dies paschae* 428; *Qui intingit mecum in paropside* 23 > *Epulis mecum nunc vescitur* 438; *Rabbi* 25 wird gestrichen).

Trotz aller Bemühungen des Juvencus, nichts vom heiligen Text der Vorlage verlorengehen zu lassen, ist — und das war ja die Absicht des Dichters — der Stilcharakter des Werkes ein neuer; dem sermo piscatorius der Vorlage steht die opulente und formelhafte langue des lateinischen Epos gegenüber. Für *dixit* (26, 20) steht *tali divinat voce magister* (433), für *dico* (26, 29) *veris credite dictis* (453). Die Sprache des Abschnittes ist auch stärker von dem traditionellen epischen Formelgut des Lateinischen geprägt, als dies der (von Knappitzsch übernommene) Similienapparat Huemers deutlich macht. Für „*unus   vestrum me traditurus est*". *Et contristati valde, coeperunt singuli dicere: „Numquid ego sum, Domine"?* stehen bei Juvencus die zitierten Verse 434—437. Die Junktur *corde volutat* findet sich nun außer in Aen. 4, 533 noch Aen. 1, 50 und 6,185, bei Silius Italicus in der Gedankenverbindung *dirumque nefas sub corde volutat* (8,177); *talibus ausis* Aen. 2, 535 wird auch von Proba (252) verwendet werden; der Hexameterschluß *corde venenum* steht bereits bei Lukan 9, 750, und Juvencus selbst hat ihn leicht modifiziert schon 2, 719 verwendet. — Die Junkturen *scelerato corde volutat* und *insano . . . corde venenum* führen außer zur Einformung des Textes in die lateinische Epensprache zudem zu der schon registrierten Psychologisierung der auftretenden Personen; in diesem Sinne fragt auch Judas nicht wie die anderen: „*Numquid ego sum?*", sondern stellt die Frage schlechten Gewissens: *graviter tum conscia pectora pressus* (443). — An einer Stelle jedoch bricht die latente Spannung zwischen profaner Epensprache und Christentum auf: Juvencus bringt es nicht über sich, die Junktur *Bacchumque ministrant* (Aen. 8, 818) zu übernehmen, sondern formt sie in der Version *potumque ministrat* (450) ins Unverfängliche um; die Bedeutung des Mythems *Bacchus* ist noch nicht völlig verblaßt, *Bacchus* wird denn doch nicht als Wein, sondern als Metonym für Wein verstanden.

Alles in allem bestätigt die Analyse dieser Einzelszene aber die Beobachtung, daß Juvencus nur soweit von der Vorlage abweicht, wie es Narration, Erzählökonomie und antike epische Technik verlangen. Proba hingegen sieht, gezwungen durch die Centonentechnik, von den Einzelheiten des biblischen Szenenaufbaus ab und konzentriert sich in der Regel ganz auf den Kern der jeweiligen Szene, der dann wieder mit den Mitteln antik-epischer Technik ausgeschmückt wird. Abbreviatio und amplificatio gehen Hand in Hand. Hat Proba auch mit diesem Verfahren, wie sich zeigen wird, bei den Theologen Ärgernis erregt, so hat sie doch den Weg gewiesen, auf dem die meisten späteren Bibeldichter weitergegangen sind.

2.4.6. Ideologische (theologische) Fragwürdigkeit des Unternehmens

Der Cento Probae erfreute sich rasch großer Beliebtheit, und diese Beliebtheit hielt fast anderthalb Jahrtausende an. Bereits der Papst Damasus kannte das Werk; Kaiser Arcadius[271] ließ eine Abschrift für sich fertigen, von der die Schreiberwidmung uns erhalten ist; Proba fand Nachahmer im griechischen und lateinischen Raum.[272]

---

[271] *Romulidum ductor* (v. 1 der Schreiberwidmung) meint den (ost-)römischen Kaiser, nicht den römischen Bischof, wie M. Smith 1976, 268 glaubt.

[272] Vgl. F. Ermini (wie Anm. 211) 56—70. Zu ergänzen die Proba-Kenntnis des Quodvultdeus, nachgewiesen von P. Courcelle 1957, 303. — M. Smith 1976, 268 hat unrecht mit der Behauptung: „We possess no substantive evidence of the audience response to Christian centones."

In stärkerem Maße als das Werk des Juvencus war das der Römerin „a type of ‚salonfähig' Christian literature".[273]

Sosehr es die Vergilkenner ergötzen konnte, mußte das Gedicht doch unter ideologisch-theologischem Aspekt ein Ärgernis sein. Hatte sich Laktanz immerhin noch darauf beschränkt, hin und wieder begnadete Geistesblitze Vergils anzunehmen,[274] die entweder für sich sprachen oder deren Christlichkeit es aufzudecken gilt – *solent enim* (poetae) *praecepta per ambages dare* (inst. 5, 5, 1) –, so unterstellte Proba, Vergil habe die gesamte Geschichte von Sündenfall und Erlösung prophetisch vorgeahnt, sei also Christ vor Christus gewesen. Der mit römischen Aristokratinnen wohlvertraute, wenn auch nicht stets wohlgelittene Hieronymus hielt es deshalb für nötig, scharf (wenn auch ohne Namensnennung) gegen das Unternehmen der Römerin Stellung zu nehmen. Im Zusammenhang mit der Darlegung der Schwierigkeiten rechter Bibelexegese und der Warnung davor, in die Schrift etwas hineinzulesen, statt in ihren Sinn einzudringen, verwahrt er sich gegen die Homer- und Vergilcentonen, die behaupten, *Maronem sine Christo possimus dicere Christianum*. Und nach der Anführung von Beispielversen (Verg. ecl. 4, 6f.,[275] Aen. 1, 664 = Proba 403; Aen. 2, 650 = Proba 624) resümiert er: *puerilia sunt haec ..., docere quod ignores ...* (ep. 53, 7, 2f.). Im Anschluß an den Kirchenvater betrachten das Decretum Gelasianum (5, 4, 8) und Isidor (vir. ill. 22) unseren Cento als apokryph. Diese Urteile sind deutlich ideologische,[276] keine ästhetischen.

In Analysen des Gedichts ist immer wieder darauf hingewiesen worden, daß infolge der Centonentechnik Proba auf sämtliche Namen verzichten, die biblischen Personen durch Umschreibungen bezeichnen mußte, häufig auch entscheidende biblische Sachverhalte nur angedeutet werden konnten – aus dem Kreuz z. B. wurde ein Baum, dem die Äste abgeschlagen sind (616f.). Wir haben zudem bei der Betrachtung der drei

---

[273] P. Brown, Aspects of the Christianization of the Roman Aristocracy, Journal of Roman Studies 51, 1961, 9.

[274] Polemisch spielt er dagegen inst. 4, 15, 21 das Seewandeln Jesu gegen Verg. Aen. 10, 765 aus.

[275] Häufig von Christen zitiert, s. P. Courcelle 1957.

[276] So auch P. Courcelle 1957, 310. Die Hieronymus-Kritik bezieht I. Opelt 1964, 106 darauf, daß Christus mehr als zürnender Gott und Weltenrichter dargestellt ist denn als Erlöser. Das ist richtig, aber zu eng gesehen, wie sich zeigen wird. – Das theologische Interesse des Hieron. an den christlichen Dichtern dokumentiert auch das Zitat von Juvenc. 1, 250f. im Mt.-Kommentar des Hieron. (zu 2, 11); freilich verbindet sich die Zustimmung des Theologen Hieronymus zur Exegese des Juvencus mit der deutlichen Freude an der gelungenen Formulierung. – Im Decretum Gelasianum steht der Cento unter Kap. 5 mit dem Generalnenner *cetera, quae ab hereticis sive scismaticis conscripta vel praedicata sunt, nullatenus recipit catholica et apostolica Romana ecclesia* ...; zu 5, 4,8 E. v. Dobschütz (wie Anm. 155) 299f. – Man wird das Urteil nicht losgelöst sehen dürfen von der Tert.-Passage de praescr. haeret. 39, 3–5, wo Tertullian sich durch Marcions Praxis, Bibelstellen den eigenen Bedürfnissen entsprechend zusammenzustellen, an die Centonentechnik erinnert fühlt: *auferens proprietates singulorum quoque verborum et adiciens dispositiones non comparantium rerum*; dazu W. Krause 1958, 94 (ders. zitiert 59f. eine Stellungnahme des Irenäus adv. haeres. 1, 9, 4 gegen Homercentonen). Es gibt also keinen Grund für das Erstaunen von E. v. Dobschütz, 300: „Die Verurteilung als apokryph ist nicht recht motiviert und steht jedenfalls im Widerspruch zu der durch die große Zahl der Handschriften bezeugten Beliebtheit."

Einzelszenen beobachten können, wie die Haupt-Sachen aufs knappste behandelt werden, ja bisweilen nur von Kennern der Schrift geahnt werden können, Neben-Sachen dagegen breit ausgeführt sind. So ist die Kreuzigung nur angedeutet, die Zeichen bei Jesu Tod dagegen nehmen dreizehn Verse in Anspruch (Mt. 27,51–53 = 625–637). Vor allem wird man darauf aufmerksam machen müssen, daß Probas Auswahltechnik ganz entscheidende Passagen der Bibel zum Opfer fallen: das Verhältnis Jesu zum Täufer (Mt. 11) und das Ende des Täufers (14,1–12), Wunder Jesu (8, 1–9.34; 14, 13–21; 15; 21–38; 17, 14–20; 20, 29–34), die Predigten Jesu vom Kommen des Christus und vom Weltgericht (24; 25, 31–46), Gleichnisse und andere Lehrreden Jesu (13; 18,12–22. 23–25; 19, 1–12. 27–30; 20, 1–16; 21, 18–22; 25, 1–30), die Auseinandersetzungen mit den Pharisäern (12; 15, 1–20; 15, 39–16, 12; 21, 16f., 23–27; 22, 15–23, 39), Jesus vor dem Hohen Rat (26, 57–67), Jüngerberufungen (9, 35–10, 42; 20, 20–29), die Leidensankündigungen (16, 21–23; 17, 21f.; 20, 17–19; 26, 1–5) und die Verklärung Jesu (17, 1–13). Angesichts der kirchenpolitischen Situation der Zeit ist der Verzicht auf die Darstellung des Primats Petri (Mt. 16, 13–20) wenn auch vermutlich unbeabsichtigt, so doch immerhin auffällig.

Was den alttestamentarischen Teil angeht, so ist am bemerkenswertesten, daß Proba bei der Schöpfungsgeschichte eine von der Genesis völlig abweichende Folge der Tagewerke Gottes bietet.[277] So werden die Fische am ersten, die Vögel am dritten statt beide zusammen am fünften Tag geschaffen; die Erschaffung des Menschen nimmt den sechsten Tag für sich allein in Anspruch. Die Heiligung des siebenten Tages fehlt. Dagegen erlaubt sich Proba einen (durch Vergil bedingten) Zusatz zu Gottes Verbot, vom Baum der Erkenntnis zu essen: Er darf nicht gefällt werden (149). Der Konflikt zwischen Kain und Abel ist als rein zwischenmenschlicher dargestellt (285–289); es fehlen die Angabe der Opfergaben und auch Gottes Wohlgefallen an dem Tier- und Fettopfer Abels (Gen. 4, 5). Theologisch ganz fragwürdig wird die Centonentechnik, wenn geradezu die Glaubwürdigkeit der Bibel in Zweifel gezogen wird durch die Übernahme von Aen. 10, 792: *si qua fidem tanto est operi latura vetustas*. Ernst ist das gewiß nicht gemeint, aber man sieht doch, wohin Probas Verfahren führt. Abgesehen von der Centonentechnik, die einen solchen Mißgriff erleichterte, dürfte ihn ein soziologischer Umstand begünstigt haben: Juvencus war presbyter und ex officio dem heiligen Text verpflichtet, Proba war Laiin und mochte sich der Tragweite ihrer Unüberlegtheit nicht bewußt sein. Immerhin hat sie die Vorstellung von einer Epik, die nicht an die Darstellung mythischer oder historischer Kriege gebunden war, gefestigt.

2.5. Ergebnis

Seit dem Ausgang des 3. Jahrhunderts wirken Nichtchristen wie Christen an einem neuen Aufschwung der lateinischen Literatur, darunter der Dichtung. Wenn sie auch durch die Ideologie geschieden sind, so ist ihnen doch wegen ihrer Verwurzelung in den Oberschichten und deren städtischer Kultur sowie in den traditionellen Bildungsinhalten gemein das Anknüpfen an der literarischen Tradition der beiden Jahrhunderte vor und nach der Zeitwende, deren Größe vor allem in der sprachlichen Gestalt der Werke gesehen wird.

---

[277] Dazu R. Herzog 1975, 27–29, 31.

Um die Mitte des 4. Jahrhunderts sind wesentliche Impulse für eine Erneuerung des lateinischen Epos gegeben. Sie war erreichbar nur, wenn das Epos nicht allein als Kunstübung begriffen wurde, sondern der Erhabenheit seines Stils Stoffe und Themen von hoher gesellschaftlicher Bedeutung entsprachen. Diese mußten notwendig in enger Beziehung stehen zur christlichen Religion, die immer stärker zum Integrationszentrum des gesellschaftlichen Bewußtseins wurde, das sich zum feudalen zu entwickeln begann. Zukunftsträchtig war daher der rigorose Bruch mit den Stoffbereichen der antiken Epik, mit Mythologie und politischer Geschichte. Wie hohl der Mythos war, wird augenfällig, wenn wir am Ende des Jahrhunderts bei Claudian die Musen als Unterhaltungskünstler (Theod. 276–332) und Diana als Tierfängerin zur Versorgung des Amphitheaters (Stil. 3, 237f.) erleben.

Die Erschließung des Hauptzeugnisses der christlichen Buchreligion, der Evangelien und der Bibel insgesamt, als Stoffquelle epischer Dichtung war eine bedeutende schöpferische Leistung des Juvencus bzw. der Proba. Sie war durch die christliche Allegorese profaner Texte und durch die Entwicklung der christlichen Literatur im Rahmen der antiken Kunstprosa vorbereitet, aber nicht angelegt. Das Verdienst des Juvencus ist es, die Verbindung von Bibel und lateinischer epischer Tradition auf der Grundlage der Orthodoxie hergestellt zu haben. Er hat ein Werk geschaffen, das – nicht anders als die Institutionen des Laktanz – die Erzeugnisse der zeitgenössischen profanen Autoren weit überragt.[278]

Die Evangeliorum libri markieren eine neue Qualität insofern, als sie nicht allein in der Tradition christlicher Exegese stehen, sondern gleichzeitig in der profaner und christlicher Dichtung. Das für Juvencus charakteristische Verhältnis zur Quelle jedoch, seine enge Anlehnung an den Evangelientext, konnte nicht zukunftsträchtig sein; im Auswahlprinzip der Proba waren größere poetische Möglichkeiten verborgen. Es kam nun darauf an, die aus theologischer Sicht wesentlichen Szenen auszuwählen und sie auf ihren theologisch wesentlichen Kern zurückzuführen, denn nur dessen amplificatio konnte Bibeldichtung im Rahmen der Orthodoxie möglich machen.[279] Die Entdeckung neuer Stoffbereiche für die Großdichtung war nicht leicht, da sie nicht innerhalb spezifisch christlicher Kommunikationssituationen vor sich ging, in Gottesdienst und Katechese, aber auch nicht im Rahmen der polemischen oder apologetischen Auseinandersetzung, die die christliche Literatur der ersten drei Jahrhunderte hervorgebracht hatten.

Die Hoffnung des Laktanz auf eine Kunstliteratur, die auf Nichtchristen wirkt, haben Juvencus und Proba nicht erfüllt; die Bibelepik konnte nur von Christen, denen die Vorlage in wesentlichen Zügen vertraut war, recht verstanden werden; sie wendet sich also an ein weltanschaulich relativ geschlossenes Publikum, das jedoch in bezug auf seine Bildung und seine ästhetischen Erwartungen durchaus traditionell gestimmt war. Traditionell ist denn auch der kommunikative Rahmen der Bibelepik, die vertraute Kommunikationssituation Rezitation. Neu ist das Kommunikationsziel: die

---

[278] Ähnlich urteilt A. G. Amatucci 1955, 121. – Eine gute Würdigung des Juvenc. bei U. Moricca 1925 – 34, 2, 834. Neuerdings (so K. Thraede 1965, 25 Anm. 22) wird die innovatorische Bedeutung christlicher Dichtung abgewertet; das ist das Ergebnis der Überschätzung des Sprachlichen (Kontinuität der Topoi) und der Unterschätzung des Stofflich-Thematischen.

[279] R. Herzog 1975, 77–86. 91 verweist darauf, daß Sil. Ital. mit dem livianischen Bericht ähnlich abbreviierend und amplifizierend verfährt.

Festigung solcher Zuhörer im Glauben, denen die Bibel aus ästhetischen Gründen verschlossen war, die orthodox-christliche Formierung der christlichen Oberschichten. Die Bibelepik ist demnach Ausdruck eines neuen Kommunikationsbedürfnisses, das über die Kirche hinausgreift und beginnt, den Menschen ganz zu erfassen, und das insofern ein ästhetisches war. Doch wie Mission stets Verkündigung und Verweltlichung bedeutet, so gleitet die Bibel durch ihre Einformung in die lateinische Epensprache, durch die Einpassung epischer Strukturelemente an die biblische Vorlage (Vorausdeutung) bzw. die Anpassung evangelischer Strukturelemente an die epischen (Reden, Erscheinung himmlischer Boten, Prodigien) aus der theologischen Welt des Zeugnisses in die ästhetische des Genusses, ja des Fiktionalen hinüber. Sollte das Bibelepos seine innere Berechtigung bewahren, mußte es diesen Prozeß weitestgehend aufzuhalten suchen; denn die Vorstellung ästhetischer Distanz und künstlerischen Spiels ist verfehlt gegenüber einem Werk, das über das persönliche Heil eines Dichters entscheidet.

Die epische Umsetzung der Bibel hat also weitreichende inhaltliche Konsequenzen. Dazu gehört auch die Entwicklung eines neuen Welt- und Menschenbildes, dessen Charakteristika Spiritualisierung bzw. Psychologisierung, Universalismus und Theozentrismus sind.

Durch die Episierung des Evangeliums und der Genesis wurde deren episodischer Aufbau in die Struktur des Epos eingebracht, genauer: wurde die Bedeutung der Einzelszene und des Einzelbildes, die wir schon in der Epik der Kaiserzeit wachsen sehen, weiter gestärkt. Der Zusammenhang des Ganzen besteht im Bezug des Einzelnen zu Gott – die Komposition wird spiritualisiert. Das große Vorbild Vergil hat vor allem den Gestus, sprachliche Trümmer und einzelne Szenen geliefert. Auch den Gestus des Epos hat Proba passagenweise verschoben, indem sie ihr Gedicht für das Hymnische und für das Didaktische öffnete, wesentliche Elemente spätantiker und mittelalterlicher Epik.

Eine der bedeutendsten Leistungen des Juvencus, aber auch der Proba ist die Umgestaltung der parole der profanen Epiker bzw. der langue (des „patrimonio linguistico commune"[280]) des lateinischen Epos in eine langue christlicher Dichtung. Der Vorgang war teils unproblematisch, teils bedurfte es dazu der semantischen Neutralisierung oder Spiritualisierung pagan besetzter Wörter und Junkturen (*omnipotens*, *tonans* usw.). Wesentliche Voraussetzungen dafür bieten die lateinische Bibel und das Gottesbild der Bibel überhaupt. – Umgekehrt hat die lateinische Bibelepik (wenn auch in geringerem Maße als der Gebrauch der Bibel in der Liturgie und die Bibelzitate in der christlichen Prosaliteratur) durch Herabsetzung der Innovationsschwelle mitgeholfen, einen allmählichen Zugang zur lateinischen Bibel und eine Neubewertung ihrer Sprache vorzubereiten.

Für die Bibelepik gilt zudem in bezug auf die Bibel, was R. Kirsch über die Wirkung der Poesie überhaupt auf die Sicht der Welt äußert: „Rhythmisierung der Wortgruppen bewirkt erstens eine allgemeine Erhöhung der Affektlage (Erregungsbereitschaft); zweitens lädt sie die semantischen Gruppen über Assoziationen emotional auf, bewirkt also eine Richtung der Affekte (eine affektive Bewertung des semantischen Materials). Das geht drittens nur, weil die Rhythmisierung – gemeinsam mit anderen Verfahren – eine Konzentration auf Sätze, Syntagmen und einzelne Wörter herstellt, indem sie die Aufnahmegeschwindigkeit verlangsamt.... Die Verlangsamung

---

[280] M. R. Cacioli (wie Anm. 211) 195.

macht einerseits zeitlich möglich, daß affektbesetzte Assoziationen überhaupt gebildet werden können. Andererseits läßt sie Wortfolgen, die in gewöhnlicher Rede vielleicht nicht anders lauten würden, in einem anderen Licht sehen, auf einen besonderen dahinterliegenden Sinn untersuchen... Während also in gewöhnlicher Rede benannte Dinge und Sachverhalte normalerweise nur wiedererkannt, das heißt weitgehend automatisch aufgenommen werden, läßt das Gedicht sie... plötzlich sehen."[281]

Zur literarischen Tradition, zur Reihe[282] ist die Bibelepik im 4. Jahrhundert nicht geworden, sofern man nicht die Heptateuchdichtung des sog. Cyprianus Gallus und die Bibeldichtung, aus der uns die Fragmente De Sodoma und De Iona erhalten sind, ins 4. Jahrhundert datieren will;[283] doch bezeichnen Juvencus und Proba die Anfänge jener Entwicklung, die in der ersten Hälfte des 5. Jahrhunderts reiche Früchte tragen sollte.

2.6. Reaktion: Quid facit cum evangeliis Maro?

Die Tatsache, daß aus den Ansätzen von den Laudes Domini über Juvencus zu Proba zunächst keine christlich-epische Tradition erwächst und erst im letzten Jahrzehnt des 4. Jahrhunderts wieder christliche Großdichtungen entstehen, ist nicht die Begleiterscheinung des Niedergangs der Bildung im allgemeinen und der Literatur im besonderen. Vielmehr hatte die Vertiefung der sozialökonomischen und ideologischen Krise der Sklavenhalterordnung zu einem Aufschwung der Schulbildung geführt. Der Verfall der Gesellschaftsordnung und des sie stützenden Staates ließ die Stärkung der Zentralmacht unabweislich scheinen. Dies erforderte einen beträchtlichen Ausbau des Beamtenapparates, und die Beamten mußten geschult sein. In eine ähnliche Richtung zielten die Interessen der Kirche, die nicht allein Priester brauchte, sondern auch Denker und Literaten, die die Auseinandersetzung mit den paganen Traditionalisten und den häretischen Gegnern der Orthodoxie zu führen und die Klärung dogmatischer Fragen voranzutreiben vermochten. Die Sorge des Staates um das Schulwesen, die sich u. a. in der Anhebung der sozialen Stellung der Professoren spiegelt,[284] ist im 4. Jahrhundert also nicht Ausdruck des Aufblühens, sondern des Verfalls der Gesellschaft.

Mittelbar hatten die Schul- und Bibliothekspolitik positive Wirkungen auf die Literaturentwicklung: Sie erzeugten ein Publikum, dem bestimmte traditionelle literarische Standards selbstverständlich waren und die Beschäftigung mit Literatur

---

[281] R. Kirsch, Das Wort und seine Strahlung, Berlin 1976, 71–73.
[282] Zum Bruch der Bibeldichtung zwischen Proba und Sedulius R. Herzog 1975, 166f., 168, 170. — M. Fuhrmann 1967, 72 unterscheidet seit Diokletian zwei Stufen unterschiedlicher Intensität und Qualität der literarischen Produktion: (1) bis zur Regierung Julians (361/3), (2) das übrige 4. Jahrh.; s. a. S. Döpp 1988.
[283] Die Reihen, in die Juvenc. von den spätantiken und ma. Autoren gestellt wird (s. J. Huemer 1891, IX–XXIII, s. a. R. Herzog 1975, XIIIf. und XX Anm.), sind solche christlicher Dichtung, nicht die der Bibelepik; diese Zeugnisse tragen nicht zur rezeptionsästhetischen Bestimmung der Gattung Bibelepik bei.
[284] Vgl. M. K. Hopkins 1961, 244–247; D. Nellen 1981.

als Klassenattribut erschien. Zudem weckten sie beträchtliche literarisch-schöpferische Kräfte.[285] So führt die Krise der Gesellschaft und des Staates zu einer (freilich kurzfristigen) Blüte der Literatur, auch der Dichtung. Diese Entwicklung wird oft einseitig als heidnische Renaissance des ausgehenden 4. Jahrhunderts bezeichnet. Doch auf der Seite der Traditionalisten ragen allein die lateinischen Griechen Ammian (um 330–400) und Claudian (um 370/5–nach 404) heraus; einem Ausonius (um 310–395) und Symmachus (um 345–405), Charisius, Diomedes sowie den Panegyrikern sind die großen Gestalten des Christentums an Geistestiefe und innovatorischer Kraft weit überlegen: Ambrosius (340–397, Bischof seit 374), Hieronymus (347–419, schreibt seit 374), sein Freund und späterer Feind Rufin (345–410), der Schüler des Ausonius Paulinus von Nola (353–431), Augustin (354–430, schreibt seit 386) und Sulpicius Severus (um 363–425).

Schon Ammians Zeugnis (14,6; 28,4) läßt uns Praetextatus und Symmachus als Ausnahmeerscheinungen sehen, warnt vor einer Überschätzung der geistigen Rolle der römischen Aristokratie, deren Bibliotheken, wie Ammian schrieb, Gräbern gleich verschlossen waren. Optatus von Mileve (um 400)[286] dagegen bezeugt für die Christen: *Bibliothecae refertae sunt libris; nihil deest ecclesiae.... manus omnium codicibus plenae sunt...* (7,1). Wenn wir von den galligen Sittenschilderungen des vielfach persönlich gekränkten Ammian und von der auf die Oberschichten eingestellten optimistischen Darstellung des Optatus Abstriche machen, bleibt als Gesamteindruck, daß Pagane und Christen gleichermaßen von dem in seiner Breite bisher unbekannten Aufschwung der Bildung profitierten.

Bei aller Fruchtbarkeit der lateinischen christlichen Schriftsteller können wir zunächst kein Aufblühen der christlichen Kunstdichtung beobachten. In seiner 392/393 entstandenen leicht gezimmerten Übersicht De viris illustribus, in der Hieronymus *omnes, qui de Scripturis sanctis memoriae aliquid prodiderint*, aufzählen will mit dem Ziel, daß diejenigen, *qui putant Ecclesiam nullos philosophos et eloquentes nullos habuisse doctores*, zu zeigen, *quanti et quales viri eam fundaverint, exstruxerint et adornaverint* (prol.), in dieser Literaturgeschichte führt der Kirchenvater 135 christliche Autoren von Petrus bis zu sich selbst auf. Darunter sind lediglich vier Dichter: Juvencus (84), der Papst Damasus (103) und die uns verlorenen Aquilius Severus (111) und Latronianus (122). Das ist zurückzuführen weder darauf, daß Hieronymus bewußt die poetae aus seiner Übersicht ausschließt,[287] noch auf seine Unkenntnis, sondern spiegelt die Tatsache wider, daß die christliche lateinische Literatur bis zum Ende des 4. Jahrhunderts fast ausschließlich in Prosa abgefaßt ist.

Den wesentlichen Grund für die jahrzehntelange Pause in der Produktion christlicher Poesie ohne unmittelbaren Gebrauchswert wird man in der neuerlichen Problematisierung des Verhältnisses der Christen zur antiken Kultur- und Literaturtradition sehen dürfen, die hineingehört in die verschärften ideologischen Auseinandersetzungen, in denen diesmal nicht das orthodoxe Christentum, sondern Nichtchristen und Häretiker in der Defensive waren.

Da die antichristliche Kulturpolitik des Kaisers Julian, der gegen christliche Professoren ein Berufsverbot verhängte, wegen seiner kurzen Regierungszeit (361–363)

---

[285] Zur Problematik W. Kirsch 1980, 285 f.
[286] CSEL 26, 1893, 165.
[287] Allerdings erwähnt er Proba, die er kannte, nicht.

und angesichts der Ablehnung seiner Maßnahmen selbst durch Pagane (Amm. Marcell. 25, 4, 20) wirkungslos war, drohten dem Christentum zwei Gefahren. Die relativ geringere war die äußere: das Neuaufleben der zwar nicht mehr vom Kaiser, wohl aber von reichen Privatleuten finanziell gestützten nichtchristlichen Kulte insbesondere in Rom, wo in den 60er und 70er Jahren Inschriften auf das Erstarken der traditionellen und orientalischen Religionen hinweisen[288] und führende Aristokraten wie Symmachus[289] und besonders Nicomachus Flavianus und Praetextatus für die Konservierung des Althergebrachten wirkten. Die Zahl derer, die vom Christentum zu den alten Religionen abfallen, ist so groß, daß zwischen 381 und 396 vier Gesetze gegen Apostaten erlassen werden müssen.[290] Unverdiente Berühmtheit hat im Zusammenhang dieser Entwicklung die Auseinandersetzung um den Altar der Viktoria gewonnen; sie ist freilich gut dokumentiert, so daß sich aus den dazu verfaßten Schriftstücken die Argumente von Paganen und Christen gut ablesen lassen.

Weit gefährlicher als das Heidentum konnten dem Christentum Gleichgültigkeit und Verwischung der Grenzen zur übrigen Kultur werden. Schon immer hatte es in ihrer religiösen Haltung Laxe gegeben, Leute wie den Namenschristen Ausonius oder den Priester Lupicinus aus der Heimat des Hieronymus,[291] auch Christen, die das Flaminat übernahmen, sich an heidnischen Sühneopfern beteiligten, kirchliche Würdenträger, die es mit der neuen Religion nicht so ernst nahmen, auch Dichter, die ablieferten, was von ihnen verlangt wurde, je nachdem Traditionelles oder dezidiert Christliches.[292] Es gab auch eine Fülle von Übereinstimmungen in Brauchtum und Lehre zwischen dem Christentum, der antiken Philosophie und Ethik, den Mysterienkulten usw., die die Grenzen undeutlich machten.[293] Vom Ende des 3. Jahrhunderts an, zunehmend nach 313, drangen mit den Neubekehrten und den Opportunisten zunehmend profanes und heidnisches Gedankengut und Brauchtum in das Christentum ein.[294] P. Brown weist auf Beispiele offenen Synkretismus hin, auf Fresken, z. B. in einer Katakombe der Via Latina, mit gegenübergestellten Szenen aus der Bibel und der Mythologie.[295] Nachdem das Christentum durch seine Assimilationskraft verhindert hatte, daß es zu einer Winkelreligion wurde, mußte es nunmehr seine Exklusionskraft bewähren,[296] um nicht in der griechisch-römischen Kultur auf- und mit ihr unterzugehen. Bei der Auseinandersetzung um das literarische Erbe der Antike handelt es sich also keineswegs nur um psychologische Probleme des einen oder anderen christlichen Autors, sondern sie gehört in die Zeit, in der die pagane Opposition stärker wird, Gratian gesetzlich gegen das Heidentum einschreitet, Theodosius Eugenius

---

[288] J. Geffcken 1920, 143.
[289] Relativierend zu seiner Rolle H. Bloch 1964, J. F. Matthews, The Letters of Symmachus, in: J. W. Binns 1974. Den „Symmachuskreis" hat als Artefakt der Philologie erwiesen A. Cameron 1976.
[290] C. Th. 16,7,1 (a. 381). 2 (a. 383). 5 (a. 391). 6 (a. 395).
[291] Hieron. ep. 7, 5 (a. 375/6): *In mea enim patria rusticitatis vernacula deus venter est et de die vivitur: sanctior est ille, qui ditior est. ... Lupicinus sacerdos ... caecus caecos ducat in foveam ...*
[292] J. Geffcken 1920, 90. 93. 99. 177.   [293] J. Geffcken 1920, 241.
[294] J. Geffcken 1920, 232.
[295] P. Brown (wie Anm. 273) 9.
[296] Die Termini A. v. Harnack 1924, 559 Anm. 1.

besiegt (bezeichnenderweise war dieser Rhetor!),[297] der Staat die Spiele zurückdrängt und sich in asketischen Strömungen (neben Hieronymus wirkt im Westen Martin von Tours, um 316/17–395) eine massive Kritik an der antiken Kultur artikuliert. Daß die Auseinandersetzung um die antike Bildungstradition im Westen heftiger geführt wird als im Osten, wird man in einen direkten Zusammenhang bringen dürfen damit, daß die Stadt, die Basis der antiken Kultur, aus mannigfachen Gründen hier stärker in die Krise geraten war als dort.

Die antike Philosophie lehnte der Mailänder Bischof Ambrosius nachdrücklich ab als Speise der Häretiker: *Reliquerunt Apostolum, sequuntur Aristotelem* (expos. in ps. 118, 22, 10 über die Arianer). Das ist nicht sehr originell, ähnliches hatte schon Tertullian (de praescr. haeret. 7) vorgetragen. Neu ist das Kausalverhältnis, in das klassische Bildung überhaupt und Häresie durch Lucifer von Cagliari (moriendum esse pro dei filio 11) und Hieronymus gebracht werden: *Difficile haereticos invenies imperitos; omnes enim haeretici magistri instructi sunt scientia saeculari* (Hieron. tract. de ps. 143). Der gleiche Vorwurf klingt bei Sulpicius Severus durch, wenn er schreibt, Priscillian sei *facundus, multa lectione eruditus, disserendi ac disputandi promptissimus* gewesen (chron. 2, 46, 3).

Latronianus, einen führenden Priscillianisten, charakterisiert Hieronymus als *vir valde eruditus et metrico opere veteribus comparandus* (vir. ill. 122). Mit der profanen Bildung wird also auch die antike Dichtung verdächtig. Man sagte, die Priscillianisten sängen zu Ausschweifungen Verse aus Vergils Georgica über die Frühlingshochzeit zwischen Himmel und Erde.[298]

Das Verhältnis des Ambrosius zu den klassischen Dichtern ist noch ungebrochen; sein Exameron beschreibt G. Boissier als „la Bible illustrée par Vergile..."[299] In der Regel paraphrasiert er den Dichter, zitiert ihn aber auch wörtlich (ecl. 1, 45 in de Abr. 1, 9, 82 mit der Quellenangabe *quidam poeta*). Grundsätzlich von der Haltung des Laktanz verschieden ist die seine nicht.

Doch schon um 360 hatte sich eine neuerliche Literaturdiskussion abzuzeichnen begonnen in den unterschiedlichen Stilauffassungen des Lucifer von Cagliari und des Hilarius von Poitiers. Hilarius erhebt die Forderung nach einem dem Wort Gottes würdigen Stil: *loquentibus novis ea, quae didicimus et legimus, per sollicitudinem sermonicandi honor est reddendus auctori... vigilandum ergo et curandum est, ut nihil humile dicamus metuentes huius sententiae legem: maledictus omnis faciens opera dei neglegenter...* (tract. super ps. 13, 1). Er lehnt zwar nicht die Sprache der Bibel ab, sondern ehrt sie als hieratische,[300] aber er verlangt vom zeitgenössischen christlichen

---

[297] Vgl. H. Bloch 1971, 163–166. – Man kann wohl kaum mit P. Brown (wie Anm. 273) 11 von überflüssigen Entgleisungen der Regierung sprechen, die nur den Widerstand der Senatsaristokratie provozierte, die, als die Regierung wegen ihrer Schwäche keinen Druck mehr ausüben konnte, ohne größere Schwierigkeiten gewissermaßen gleitend zum Christentum übergegangen sei.

[298] J. Bernays, Über die Chronik des Sulpicius Severus, in: Ges. Abhandlungen II, Berlin 1885, 81–200.

[299] G. Boissier 1891, 1, 395; s. a. H. Hagendahl 1967, 386f. – Nicht zugänglich war mir M. D. Diederichs, Vergil in the Works of St. Ambrose, Washington 1931 (Patristic Studies 29).

[300] CSEL 22, 1891, 91; vgl. Chr. Mohrmann 1955, 234–236 und Chr. Mohrmann 1961 I 8.

Autor, sich in die Tradition der antiken Kunstprosa zu stellen. Lucifer von Cagliari dagegen fordert zur gleichen Zeit den Bruch mit dieser Tradition; für ihn bedingen Katholizismus und Schlichtheit einander: *nos ..., quibus ad loquendum natura sufficit, alieni ab omni scientia ethnicalium litterarum, ad omnem destruendam haeresem valeamus, quia res ipsa et veritas loquantur. tu* (K. Konstantius) *ac tui adiutores litterarum ethnicalium plenam auxistis artem; nos sumus tantum sacras scientes litteras. noster sermo est communis, contra vester politus ornatus, qui etiam dici mereatur disertus; et tamen suadere dulcis per artem quaesitus sermo vester nulli potest Christianorum nisi ei qui non sit, sed tantum dicatur ...* (moriendum 11).[301] Doch Lucifer war ein Außenseiter, den als Gegner nicht einmal der Kaiser ernst nahm. In den 70er Jahren spitzt sich das Verhältnis der Christen zur Poesie zu und ist besonders in den 80er Jahren gespannt.[302]

Ein lebhaftes und reizbares Gemüt wie Hieronymus mußte die geistigen Auseinandersetzungen der Zeit besonders klar reflektieren; sie tun sich bei ihm in mancherlei Widersprüchen kund. Schüler eines Donat und Verfechter der Askese, zudem ein eher polemischer denn konstruktiver Denker, dabei von labiler Gesundheit, hat er sich zu verschiedenen Zeiten,[303] aber auch zur gleichen Zeit in unterschiedlichem Zusammenhang zur gleichen Sache oft gegensätzlich geäußert oder verhalten.[304] Die Forschungen von H. Hagendahl haben unsere Kenntnis über die Entwicklung seines Verhältnisses zur klassischen lateinischen Literatur entscheidend gefördert und auf eine sichere Grundlage gestellt.[305]

Als Mittzwanziger (um 374) hatte Hieronymus den berühmten Traum, von dem er ein Jahrzehnt später berichtet, im Frühjahr 384, in einem asketischen Mahnbrief (ep. 22) an die vornehme Römerin Eustochium: Während seines ersten Orientaufenthaltes habe er streng asketisch gelebt, doch die Nachtwachen nicht nur mit Klagen über seine Sünden, sondern mit Cicero- und Plautuslektüre hingebracht, während ihm die Bibel ungenießbar erschien: *Si quando in memet reversus prophetam legere coepissem, sermo horrebat incultus. ...* Da habe er sich in einem Fiebertraum vor Christus als Richter gesehen, der ihm die Worte entgegenschleuderte: ‚*Ciceronianus es, non Christianus.*‘ Gerettet habe ihn einzig das Versprechen: ‚*Domine, si umquam habuero codices saeculares, si legero, te negavi*‘ (ep. 22, 30).[306] Daraus leitet er die Ver-

---

[301] CSEL 14, 1886, 306.
[302] R. A. Markus 1974, 5, 15, der diese Entwicklung sehr einseitig als Reaktion auf die Kulturpolitik Julians sieht, und R. Herzog 1975, 169–178.
[303] Zur Chronologie F. Cavallera 1922, 2, 153–165.
[304] H. Hagendahl 1958, 309: „Jerome's attitude towards the cultural legacy left by the ancients ... is inconsequent, reflecing opposite tendencies, fluctuating like the currents of the tide." 323: „Ascetism and culture were the two poles in Jerome's life."
[305] H. Hagendahl 1958, 89–328.
[306] Literatur über den Traum des Hieronymus R. Eiswirth 1955, 10ff. – Über ähnliche innere Konflikte berichtet Joh. Cassian. (Anfang 5. Jahrh.) Conl. 14, 12, CSEL 13, 1886, 414; *... speciale inpedimentum accedit per ... notitiam litterarum, in qua me ita vel instantia paedagogi vel continuae lectionis maceravit intentio, ut ... psallentique vel pro peccatorum indulgentia supplicanti aut inpudens poematum memoria suggeratur aut quasi bellantium heroum ante oculos imago versetur ... ... cotidianis fletibus non possit expelli.* Im 6. Jahrh. berichtet die Vita des Caesarius von Arles von einem Traum des Caes., der ihn veranlaßt, seine rhetorischen Studien abzubrechen, s. Caes. Arel. opera ed. Morin 2, 300.

pflichtung ab, Eustochium eindringlich vor dem *adulterium linguae* (22, 29) zu warnen, denn *simul bibere non debemus calicem Christi et calicem daemoniorum*. Und die Frage des Paulus: *Quae communicatio luci ad tenebras? Qui consensus Christo et Belial?* (II. Kor. 6, 14f.) wendet er nicht, wie einst Tertullian, auf die Philosophen an (*quid academiae et ecclesiae?* de praescr. haeret. 7, ähnlich Hieron. adv. Pelag. 1, 14), sondern auf die lateinische Literatur und Dichtung: *Quid facit cum psalterio Horatius? cum evangeliis Maro? cum apostolo Cicero?*

Genaugenommen werden in dem Brief drei Fragen aufgeworfen: die nach dem Verhältnis allgemein des Christen sowie speziell des Priesters und des Asketen (1) zum Stil der antiken Kunstprosa *(adulterium linguae)* und (2) zur klassischen Literatur *(si umquam habuero codices saeculares)* sowie (3) die nach dem Verhältnis von Bibel und profaner Literaturtradition *(Quid facit cum evangeliis Maro?)*. Wie in der Literaturgeschichte nicht selten zu beobachten, fallen auch bei Hieronymus die theoretischen Ansichten und die schriftstellerische Praxis durchaus nicht in jedem Fall zusammen.

Bereits im Jahr vor der Niederschrift des Briefes an Eustochium hatte sich Hieronymus in einem Brief an den Papst Damasus grundsätzlich zu literarischen Fragen, und zwar zu den ersten beiden Problemen, geäußert (ep. 21, 13, a. 383):

1. Wiewohl kaum ein christlicher Autor sich dem *adulterium linguae* so hingegeben hat wie Hieronymus, bringt er in der Theorie — wie schon ältere Christen — *eloquentia* und *veritas* in Gegensatz zueinander (s. a. in Amos 3 praef., a. 406): *saecularia scientia, rhetoricorum pompa verborum*, sie gelten ihm als *daemonum cibus* (ep. 21,13,4). Dabei geht es um mehr als ein rein theoretisches Erbe-Verhältnis, es geht, wie aus den Predigten erhellt, vielmehr um Wirkungsabsichten: Hieronymus will möglichst vielen predigen, *non paucis, sed universo populo*, anders als Plato, den höchstens drei verstehen können (tract. de ps. 86). Der Kirchenschriftsteller halte sich also an das apostolische Stilideal der *simplicitas piscatorum* (tract. de ps. 143; in Amos 3 praef.).[307] Im Frühjahr 384 in einem Brief an Marcella (ep. 29, 1, 3) stellt Hieronymus die Dinge anders dar: Er nimmt die Scheidung Form — Inhalt auf, die bereits Minucius Felix vorgenommen hatte (14, 4f.), die Paulinus von Nola wiederholt (ep. 16, 11) und die bei Augustin zur Grundlage der Stiltheorie wird: *si elegantiam quaerimus, Demosthenes legendus aut Tullius, si sacramenta divina, nostri codices*... Im Jahre 397 (ep. 70, 2, 5 an Magnus, orator urbis Romae) wird dieser Gedanke gleichnishaft weitergeführt: Hieronymus greift ein alttestamentarisches Gesetz auf (Deut. 21, 10–13, mit Bezug auf die Philosophie schon benutzt ep. 21, 12, 5f. a. 383 an Damasus), das vorschreibt, kriegsgefangene Frauen in Haartracht und Kleidung den israelitischen anzugleichen, ehe man sie zur Frau nimmt; so halte er es mit der *sapientia saecularis*, die er *propter eloquii venustatem et membrorum pulchritudinem* aus einer Gefangenen zur Israelitin machen will. Gegen Ende seines Lebens, a. 415, wird er lehren: *Deus possibiles dedit humani generi omnes artes*... (adv. Pelag. 1, 21).

2. *Daemonum cibus* sind auch die *carmina poetarum*. Verwerflich sind Dichter wie Philosophen und Rhetoriker, d. h. Textproduzenten, da sich *nulla*... *saturitas veritatis, nulla iustitiae refectio* in ihren Texten findet. Gefährlich werden die Texte durch das Verhalten der Rezipienten, weil diese sich ihnen *summo studio*... *ac labore* widmen, *suavitate* und *versibus dulci modulatione currentibus* hingerissen werden

---

[307] Zu den Homilien H. Hagendahl 1958, 213; zum Stil und zur Stiltheorie des Hieronymus 213f.

(ähnlich in Iob 3, 6 a. 396; tract. de ps. 82), so daß die Inhalte *animam quoque penetrant et pectoris interna devincunt* (ep. 21, 13, 4–5).[308] Hieronymus empört sich deshalb über in ihren Lektüregewohnheiten verweltlichte Priester: *At nunc etiam sacerdotes dei omissis evangeliis et prophetis videmus comedias legere, amatoria bucolicorum versuum verba cantare, tenere Vergilium* ... (ep. 21, 13, 9, s. a. ep. 53, 7, 1).[309] Dabei müßten gerade sie den Laien mit gutem Beispiel vorangehen. Denn wenn Paulus sagt: „Sehet aber zu, daß diese eure Freiheit nicht gerate zu einem Anstoß für die Schwachen! Denn wenn dich, der du das Wissen hast, jemand sähe zu Tische sitzen im Götzenhaus, wird nicht sein Gewissen, da es doch schwach ist, bestärkt, das Götzenopfer zu essen? Und so wird über dein Wissen der Schwache ins Verderben kommen..." (I. Kor. 8, 9 bis 11), so scheinen dem Hieronymus diese Worte sich auf die Klassikerlektüre zu beziehen: *Nonne tibi videtur sub aliis verbis dicere, ne legas philosophos, oratores, ... poetas?* (ep. 21, 13, 8).

Rufin wird Hieronymus später vorwerfen, er habe sich nicht an sein Verzichtgelöbnis gehalten, lese die Klassiker weiterhin, ja zitiere sie häufiger als die Bibel (und empfehle sie damit gewissermaßen zur Lektüre).[310] Richtig ist an dieser Behauptung, wie H. Hagendahl hat nachweisen können, daß Hieronymus wohl nur etwa zehn Jahre lang (374–384) tatsächlich auf Klassikerlektüre verzichtet, sie aber etwa 385 wieder aufgenommen und bis zu seinem Lebensende ständig erweitert hat.[311]

3. Die letzte Frage, die nach dem Verhältnis von Bibel und profaner Literaturtradition bei Hieronymus, läßt sich nicht ohne einen Blick auf die Beziehungen des Kirchenvaters zur Bibel und zur christlichen Literatur behandeln.

a) Trotz oder wegen seines jugendlichen Entsetzens vor dem Stil der lateinischen Bibel hat er sich im Laufe der Zeit ein positives Verhältnis zur Schrift erarbeitet und daher aus der christlichen Literatur des 3. Jahrhunderts wohlbekannte Argumente aufgegriffen:

(aa) Die klassischen Autoren sind abhängig von der Bibel (in Daniel. praef., a. 407);
(bb) die Bibel, schreibt er an Paulinus von Nola (ep. 53, 8f., a. 395) enthält alle wün-

---

[308] Ähnliche Formulierungen gegen das Gift der Philosophen und Rhetoren, das in goldenen Kelchen verborgen ist und sich darin verbergen muß, sowie über ihre Wirksamkeit (*Quis enim ab oratoribus istius mundi non seductus?*) Tract. de ps. 82, ähnlich Ambros. ep. 18, 2.

[309] Hieron. fährt fort: *et id, quod in pueris necessitatis est, crimen in se fecere voluntatis.* Das erinnert an die Argumentation des Tert. de idol. 10, Dichter dürften im Schulunterricht behandelt, aber später nicht gelesen werden. Hieronymus erteilte in Bethlehem selbst den Knaben den herkömmlichen Unterricht, die Mädchenerziehung dachte er sich rein christlich, s. H. Hagendahl 1958, 196–202.

[310] Nach den Untersuchungen von H. Hagendahl 1958, 92, 102, 184, 186, 213, 280 zitiert Hieron. profane Autoren selten in Kommentaren, exegetischen und Privatbriefen, häufiger in Briefen didaktischen und moralischen Inhalts sowie in Nachrufen; seltener in den zur Publikation bestimmten, häufiger in den nicht dafür vorgesehenen Texten, am seltensten in Predigten; er zitiert häufiger in den frühen Briefen (vor 384), dann besonders in solchen, mit denen er bei gebildeten Korrespondenzpartnern Eindruck machen will: im ersten Brief an Paulin. von Nola (ep. 58, a. 394/5) und in dem an den römischen Rhetor Magnus (ep. 70 a. 397); am konsequentesten ist seine ablehnende Haltung gegen die Alten in den 80er und 90er Jahren, danach zitiert er sie wieder häufiger, sogar im exegetischen Kommentar zum Buch Daniel.

[311] H. Hagendahl 1958, 280, zusammenfassend 320–327.

schenswerten Gegenstände und literarischen Formen; (cc) zahlreiche biblische Passagen gehorchen den Gesetzen der antiken Metrik (chron. praef., 380/1; in Iob praef.): *Iob ... prosa incipit, versu labitur, pedestri sermone finitur* (ep. 70, 8, 3); (dd) die biblischen Autoren haben schlicht geschrieben, um auf viele zu wirken (ep. 70, 10, 1); (ee) und wo all diese Argumente nicht verschlagen, ist zu bedenken, daß die schöne Sprache der Bibel durch die Unfähigkeit der lateinischen Übersetzer entstellt worden ist (ep. 70, 10, 1).

b) Hieronymus sieht sich (als Krönung) in einer langen Tradition bedeutender christlicher Literatur stehen, die er 392/3 in De viris illustribus darstellt (s. a. ep. 70, 3–5, a. 397, besonders 5 über die lateinischen Autoren einschließlich Juvencus). Das alles beeinflußt die Auffassungen des Kirchenvaters zu einem Problem, das er erst 395, in seinem zweiten Brief an Paulinus von Nola (ep. 53,7) aufwirft. Hier richtet er sich gegen die Kleriker, die sich nicht in den Sinn der prophetischen und apostolischen Schriften vertiefen, sondern diese in ihre (die antiken) Denkschemata einformen: *ad sensum suum incongrua aptant testimonia, quasi grande sit et non vitiosissimum dicendi genus depravare sententias et ad voluntatem suam scripturam trahere repugnantem* (ep. 53, 7, 1). Ein eklatantes Beispiel für die Mißgriffe christlicher Bibelexegese sind ihm die Vergilcentonen, worauf er als abschreckendes Beispiel Proba zitiert (ep. 53, 7, 3). Das ist nicht ohne Delikatesse, denn im vorhergehenden, dem ersten Brief an Paulinus war das Bedürfnis des Hieronymus, mit seiner Bildung zu protzen, doch so weit mit ihm durchgegangen, daß er des Judas Selbstmord mit Aen. 12, 603 umschrieb: *Et nodum informis leti trabe nectit ab alta* (ep. 58, 1, 3 a. 394/95), einem Vers, mit dem im Cento De ecclesia 73 dieselbe Bibelstelle wiedergegeben wird;[312] und in der Schrift In Rufinum 1, 5 bringt er Aen. 10, 875 *sic pater ille deum faciat, sic altus Apollo!* in die Fassung *sic pater ille deum* (!) *faciat, sic magnus Iesus!* – das ist ein Verfahren des Umbiegens paganer Verse ins Christliche, das uns seit Minucius Felix wohlvertraut ist und gerade Proba kennzeichnet. Wenn es ihm darauf ankommt, kann Hieronymus diese Methode sogar theoretisch rechtfertigen; denn aus der These, die Bibel sei älter als die antike Literatur, hatte er die uns aus Laktanz geläufige Behauptung abgeleitet, *ea, quae a sanctis prophetis ante saecula multa praedicata sint, tam Graecorum quam Latinorum et aliarum gentium litteris contineri* (in Daniel. praef., a. 407).

Trotz dieser widersprüchlichen Praktiken traf die Polemik des Hieronymus gegen die Centonen grundsätzlich das Richtige: Die christliche Allegorese antiker Autoren barg die Gefahr in sich, die Differenz zwischen dem Christentum und der herrschenden Ideologie der Antike zu minimalisieren. Solchen Versuchen gegenüber (sie waren in erster Linie darauf gerichtet, die Konvergenz von Philosophie und Christentum zu erweisen) war die Großkirche stets sensibel[313] und mußte es sein.

Soweit Hieronymus. Seine Konflikte sind nicht nur die persönlichen eines Asketen, sie sind von säkularer Bedeutung. Die nur wenig jüngeren Paulinus von Nola (geb. 354/5) und Augustin (geb. 354) kommen erst als Mittdreißiger in engeren Kontakt mit der Kirche und machen daher die Entwicklung des Hieronymus mit etwa anderthalb Jahrzehnten Verspätung durch, doch nicht weniger heftig.

Die „zweite Bekehrung" des Paulinus von Nola, die zum asketischen Leben, be-

---

[312] Zum Cento De ecclesia M. L. Ricci, Motivi ed espressioni bibliche nel centone virgiliano De ecclesia, Stud. Italian. di Filolog. Class. N. S. 35, 1963, 161–185.
[313] Tert. de carn. resurr. 3, s. W. Krause 1958, 95 f.

deutete für ihn nicht nur den Verzicht auf seine bisherigen Lebensgewohnheiten als Großgrundbesitzer, die Aufgabe eines Großteils seines Besitzes zugunsten der Kirche; sie schloß die Absage an die antike Kultur, d. h. insbesondere an die griechisch-römische Literaturtradition, ein.[314] Diese Konsequenz war von persönlicher Bitternis, denn sie hatte den Bruch mit seinem alten, damals in den 80ern stehenden Lehrer Ausonius zur Folge. Der hielt große Stücke auf seinen Schüler und sah in ihm einen begabten Dichter (welcher Art Dichter, können wir aus den nugae c. 1–3 sehen, zwei Billets zur Übersendung von Geschenken an Freunde, etwa Schnepfen, und einem Gedicht, dessen Kunstwert wohl vor allem darin besteht, daß viele barbarische Namen in den Hexametern untergebracht sind); zudem verdankte Paulinus ein Gutteil seiner Erfolge in der „Welt" dem Burdigalenser Professor (c. 10, 93–96; c. 11, 49f.).

Unter dem Einfluß seiner Frau, einer Begegnung mit Martin von Tours und persönlicher Erschütterungen (des Todes seines Bruders, der ihm angelastet wurde, und des Hinscheidens seines Sohnes acht Tage nach der Geburt) wandte sich Paulinus in den Jahren 389 bis 393 dem monastischen Leben zu. 390 brach er den Kontakt zu seinem Lehrer ab. Als er sich nach vier Jahren des Schweigens 393 zu einer Antwort auf ein Schreiben des Meisters (Auson. ep. 29) aufrafft (c. 10), kommt er nach 18 einleitenden Versen sogleich zur Sache: Er weist Apoll und die Musen zurück, Philosophie, Rhetorik und Dichtung (*vis sophorum callida arsque rhetorum et/figmenta vatum* 37f., s. a. 110–115). Sie verschaffen nur äußerlich Bildung, Zungengeläufigkeit (40). Weder will Gott, daß sich der Christ damit beschäftigt (29–35), noch will der Christ davon wissen (21f.). Denn jene Ideale, denen der Lehrer und Schüler früher gemeinsam angehangen haben (23–28), bringen weder Wahrheit noch Heil (41f.), die doch in Christus sind (47). Gott will Erneuerung des Geistes (60); er erfaßt den Menschen ganz (63–66. 87f.). Auf die Entgegnung des Ausonius (Auson. ep. 27) antwortet Paulin 394 noch einmal (c. 11) – diesmal weit knapper (c. 10 umfaßt 331, c. 11 nur 68 Verse), wenn auch verbindlich. Er dankt Ausonius für alles, was er für ihn getan hat (c. 11, 49f.), und versichert ihn seiner bleibenden Verbundenheit (8–19. 39–48), bekräftigt jedoch die Absage an das gemeinsame Dichtertum (30–39). Damit bricht die Verbindung zwischen den beiden Burdigalensern ab.

In Briefen, die nur wenige Jahre nach den Versepisteln an Ausonius entstanden sind (a. 395–397), bekräftigt Paulinus seine Absage an die traditionelle Bildung. Immer neu wird der Angriff des Paulus auf die Weisheit dieser Welt wiederholt, die nutzlos sei und nichts gelte vor Gott (ep. 4, 2 an Augustin; 5, 7 an Sulpicius Severus; 8, 1; 12, 4; später ep. 38, 2; 40, 6). Der Angriff gilt insbesondere der Rhetorik, ciceronischer Beredsamkeit, einer *canina facundia* (ep. 5, 6.7), die die Menschen dazu verführt, auch die Unwahrheit zu akzeptieren (ep. 12, 4); er richtet sich daneben gegen

---

[314] Zu den Briefen des Paulinus P. Fabre, Saint Paulin de Nole et l'amitié chrétienne (Bibliothèque des écoles françaises d'Athènes et de Rome 167) Paris 1949; R. P. H. Green, The Correspondence of Ausonius, L'Antiquité classique 49, 1980, 191–211. Über sein Verhältnis zur antiken Bildung P. G. Walsh, Paulinus of Nola and Virgil, Proceedings of the Virgil-Society 15, 1975/76, 7–15; W. Erdt, Christentum und heidnisch-antike Bildung bei Paulinus von Nola. Mit einem Kommentar und Übersetzung des 16. Briefes (Beiträge zur Klass. Philologie 82) Meisenheim am Glan 1976; M. Roberts, Virgil's First Eclogue and the Limits of Amicitia, Transact. and Proceedings of the Am. Philolog. Soc. 115, 1985, 271–282; W. Kirsch, Zum Verhältnis von Poetologie und Poetik bei Paulinus von Nola, Mlat. Jb. 20, 1985, 103–111.

die Philosophie (ep. 12, 4f.; 13,25), die Dichtung (ep. 7, 3 an den Augustin-Förderer Romanius und 8, 1–3 an dessen poetisch dilettierenden Sohn Licentius) und die Lügen der Dichter (ep. 13, 25). Die Absage an die Musen wird im Felix-Natalicium von 398 wiederholt und später erweitert um die recusatio epischer und dramatischer Stoffe der Antike (c. 22, 10–13. 20–25. 45–47, a. 401 an Jovius). Diese Haltung gegenüber der Rhetorik (ep. 16, 6; 38, 6), Philosophie (ep. 16, 2–11; 38,1.6) und Dichtung (ep. 16, 6; 40, 6) wird Paulinus auch in den Briefen um die Jahrhundertwende vertreten. Immerhin werden Beredsamkeit und Poesie nun auch in der Theorie gebilligt, wenn sie – gewissermaßen Beutestücke, die den Feinden entrissen worden sind (ep. 16, 11) – in den Dienst des Gotteslobes und der Verherrlichung der Werke Gottes gestellt werden (c. 22, d. i. Teil 2 von ep. 16). Paulinus erlaubt sich nun sogar einmal, einen antiken Mythos, den von Odysseus und den Sirenen, zu allegorisieren (ep. 16, 7; 23, 30 an Sulpicius).

Terenz- und Vergilverse hatte er jedoch schon in seine frühen Briefe unmittelbar nach seiner zweiten Bekehrung einfließen lassen (ep. 3, 4; 4, 2; 7, 3). Auffällig ist zudem, daß Paulinus bereits die erste Absage an die römische Literaturtradition, die Briefe an Ausonius, in Verse antiker Bauart gekleidet hatte und daß er parallel zu seiner Verurteilung der Poesie Gedichte in antikem Stil verfaßte, wenn auch mit christlichem Inhalt: einen Panegyrikus auf den Täufer (c. 6), Psalmenversionen in antikem Maß (c. 7–9) und seit 395 Jahr für Jahr Gedichte zum Todestag des heiligen Felix. Auffällig ist weiter, daß die Stoffe und Themen, die Paulinus für seine eigene Dichtung wählt, andere sind als jene, die er Jovius zur poetischen Bearbeitung empfiehlt (die Schöpfung, die zehn Gebote, die Evangelien), und das zu einer Zeit, da er selbst bereits sechs natalicia auf Felix von insgesamt etwa 1400 Hexametern verfaßt hatte.

Eine eigentliche Entwicklung der Ansichten des Paulinus über Bildung und Poesie läßt sich aus seinen Briefen nicht ablesen. Er war gewiß ein frommer Mann, auch wenn uns scheinen will, daß sich sein Glaubenseifer unter dem Einfluß der Rhetorenschule als Wortreichtum kundtut. Gewiß aber war er kein theoretischer Kopf, kein spekulativer Theologe, und das wußte er selbst: Er lehnte es beispielsweise ab, eine exegetische Anfrage Augustins zu beantworten (ep. 45, 4). Was die Haltung zur Bildungstradition betrifft, so war es ihm gegeben, die Konflikte nicht auszutragen, sondern mit ihnen zu leben.

Bei Augustin verläuft die Entwicklung weniger widersprüchlich als bei Hieronymus, doch ist der Ablauf, sind die Konsequenzen im wesentlichen die gleichen.[315] In den frühen Dialogen von Cassiciacum (386/7) finden sich Anspielungen auf und Imitationen von profanen Autoren am häufigsten, wenn sie auch nur als stilistischer Aufputz dienen. Nach seiner Taufe durch Ambrosius im Jahr 387 zitiert Augustin Vergil nur selten, doch den eigentlich gravierenden Einschnitt in seinem Verhältnis zu den Klassikern bezeichnet seine Ordination zum Presbyter a. 391. Die scharfe Frontstellung des Augustin findet ihren klarsten Ausdruck in den Confessiones (1, 16, a. 400). Ähnlich wie Hieronymus meidet Augustin weltliche Dichterworte weitestgehend in exegetischen und dogmatischen Schriften, in Predigten und in Briefen an Christen. Wenn Vergil in der civ. dei eine bedeutende Rolle spielt, so nur deshalb, weil sich die Polemik des Augustin gerade an ihm als Exponenten römischer Tradition

---

[315] Zu Augustin H. Hagendahl 1967.

und Religion, römischen Denkens entzünden kann. Nur selten finden sich christliche Umbiegungen des römischen Erzpoeten, etwa cons. evang. 1, 12, 18 *pater omnipotens rerum cui summa potestas* (Aen. 10, 100), mit Bezug auf den Christengott, civ. dei 2, 29 (*nec metas rerum nec tempora ponit, imperium sine fine dedit*, Aen. 1, 278f.) als Verheißung der *caelestis patria*. Doch nie stilisiert Augustin Vergil zum Propheten Christi. Wie Hieronymus ist auch Augustin in seinen letzten Lebensjahrzehnten weniger streng. Die Scheidung von Form und Inhalt antiker Literatur, die die Grundlage bleiben sollte des Verhältnisses der Christen zu den paganen Autoren, diese Scheidung wird durch ihn festgeschrieben: *aliter metra laudamus, aliterque sententiam* (ord. 2, 11, 34, nach 386); die Form der antiken Kunstprosa ist das silberne und goldene Geschmeide der Ägypter, das das Gottesvolk bei seiner Flucht aus Ägypten auf Gottes Geheiß mitgenommen hatte (Exod. 11, 2; 13, 35).

Es bleibt zu bedenken, daß ein Autor, der unter inneren Konflikten um die profane Literatur so gelitten hat wie Hieronymus, Paulinus oder Augustin, auch wenn er wieder zu ihr zurückkehrt, sich ihr nicht als derselbe zuwendet, keinesfalls das unreflektierte Verhältnis eines Laktanz wiederfinden kann. Die Unvereinbarkeit von Bibel und paganer Klassik bleibt ihm bewußt, in die Konvergenztheorien der konstantinischen Zeit fällt er nicht zurück.

Es kann nunmehr wohl nicht verwundern, daß in den letzten Jahrzehnten des 4. Jahrhunderts keine christlichen Epen entstehen. Belastend war für die Werke des Juvencus und der Proba, daß sie nicht am Leben der Kirche, sondern an den ästhetischen Bedürfnissen einer exklusiven und immer kleiner werdenden Oberschicht anknüpften, aus der die Archegeten christlicher Großdichtung auch selbst hervorgegangen waren. Dennoch hatten sie die Haltung der Großkirche ihrer Zeit zur antiken Kultur widergespiegelt. Es ist nach dem Dargelegten wohl ebensowenig erstaunlich, daß nach 400 von Prudenz wieder christliche Großdichtungen geschaffen werden, die für keine unmittelbar kirchlichen Kommunikationssituationen bestimmt sind, wohl aber an ihnen anknüpfen und sie literarisieren, und daß in den 20er Jahren des 5. Jahrhunderts die Bibelepik sich zur Tradition verfestigt. Die Zeiten hatten sich geändert. Seit Theodosius ist das Christentum endgültig zur herrschenden Ideologie geworden und kann sich daher ein neues Verhältnis zum kulturellen Erbe erarbeiten: Es braucht nicht – wie zu Beginn des Jahrhunderts – sich angenehm zu machen mit dem Nachweis, daß es der antiken Weltanschauung nicht gar so fernstehe, vielmehr der legitime Erbe der antiken Kultur sei, es braucht auch nicht, wie in den 70er, 80er und 90er Jahren, eine Kulturpolitik der Abgrenzung zu betreiben, um nicht in der antiken Weltanschauung aufzugehen. Nachdem die grundsätzliche Differenz zwischen Christentum und herrschender Kultur der Antike erkannt und anerkannt ist, kann die neue Religion vieles akzeptieren, was ihr nicht mehr gefährlich ist. Uns sind diese Entwicklungsstadien des Erbeverhältnisses nicht ganz fremd.

3. Das Epos im Dienste der Politik

3.1. *Claudian und seine Zeit*

Wir haben gesagt, zu einer wahren Erneuerung des Epos hätten im 4. Jahrhundert nur solche Stoffe und Themen führen können, die zur christlichen Religion, die immer stärker ins Zentrum des gesellschaftlichen Bewußtseins der Zeit rückte, in Beziehung standen, da sie die Bedingung erfüllten, von hoher gesellschaftlicher Relevanz zu sein und damit der Erhabenheit des Stils der Gattung zu entsprechen und ihrer generellen Funktion, der ideologischen und emotionalen Formierung der Oberschichten, ihres Selbst-Bewußtseins und Wertesystems zu dienen.[1] Angesichts der bedeutenden historischen Vorgänge, die am Ende des 4. Jahrhunderts den endgültigen Zusammenbruch der alten Gesellschaftsordnung signalisieren — der Einfälle fremder Völker ins Reich, der Klassenkämpfe unterschiedlicher Zuspitzung im Innern, der Auseinandersetzungen mit Nachbarstaaten wie zwischen dem Ost- und dem Westreich, der Usurpationen, der Entwicklung des Christentums zur Staatsreligion und des Untergangs der antiken Kulte, der Auseinandersetzungen zwischen Großkirche und Häretikern, des Zurücktretens der Kaiser und der wachsenden Bedeutung „barbarischer" Führerpersönlichkeiten — angesichts all dieser Tatsachen kann man entgegenhalten, es habe der Zeit nicht an bedeutenden Stoffen und Themen für erzählende Großdichtungen gemangelt; und spätantike Stoffe sind ja auch im 19. und 20. Jahrhundert in historischen Romanen gern aufgegriffen worden. Die diktatorische Herrschaftsform des Dominats bietet zudem keine hinreichende Erklärung für das Fehlen einer weit ausgreifenden Zeitdichtung, denn die Senatsaristokratie war zur Zentralgewalt in gewissem Rahmen oppositionell eingestellt und wäre durchaus in der Lage gewesen, kritische oder gar oppositionelle Autoren materiell zu stützen. Entscheidend ist, daß keine der Klassen über eine Perspektive verfügte, die die Auseinandersetzungen der Zeit in einen großen historischen, die Zukunft einbeziehenden Rahmen hätte einordnen und die geschichtliche Größe des jeweiligen Geschehens sichtbar machen können. Deshalb werden die zeitgenössischen historischen Entwicklungen relativ kurzatmig als isolierte politische Ereignisse gesehen, zudem werden einzelne Persönlichkeiten im Guten oder Bösen für sie verantwortlich gemacht, so daß die Epideiktik angemessene Kommunikationsformen anbietet (im übertragenen gestischen Sinn gilt das selbst für die Historiographie, die Biographien reiht oder doch den Einzelnen ins Zentrum stellt). Freilich macht es einen beträchtlichen Unterschied, ob die Personen, die Gegenstand dichterischer Verehrung oder Verfolgung werden, dritt- oder viertrangige Provinzialbeamte sind oder ob es sich um Gestalten handelt,

---

[1] Nach T. S. Turner 1977 besteht die soziale Funktion der mythologischen Dichtung in der Formulierung und Kommunikation höherer Werte und konzeptioneller Perspektiven.

die im Zentrum des politischen Geschehens stehen. An einen Mann geraten zu sein, der ihm angesichts der Spaltung des Reichs die (freilich konservativen) Ideale der Größe Roms als Gesamtreich und angesichts der drohenden Gefahren von innen und außen staatsmännische und militärische Klugheit und Entschlossenheit zu verkörpern schien, war das Glück Claudians. Das wird deutlich, wenn wir versuchen, uns seine politischen Gedichte allein Leuten wie den Konsuln Probinus, Olybrius und Mallius Theodorus oder dem „Kinderkaiser" Honorius gewidmet zu denken, ohne die alles beherrschende Gestalt eines Stilicho.

Das Leben Claudians können wir im wesentlichen nur aus seinen Dichtungen rekonstruieren;[2] es ist für uns überschaubar in den zehn Jahren zwischen 395 und 404. Über die Chronologie der Werke[3] und die mit ihnen verknüpften Lebensumstände des Dichters besteht in den Grundzügen Einigkeit. Die Termine des Konsulatsantritts der Persönlichkeiten, die er in den Panegyriken feiert, stehen ebenso fest wie die Tatsache, daß die Preisgedichte beim Antritt des Konsulats, also zu Jahresbeginn, rezitiert und bald darauf ediert wurden, ihre Abfassung demnach in die Zeit zwischen der Designierung des Konsuls im September (oder Oktober) und dem Ende des Vorjahres fällt. So wurden Prob. 395, 3 cons. 396, 4 cons. 398, Theod. 399, Stil. 1 und Stil. 2 Januar 400, Stil. 3 wohl Februar 400, 6 cons. 404 vorgetragen. Mit einiger Sicherheit lassen sich anhand der historischen Ereignisse, auf die sie antworten, die Entstehungszeiten der Invektiven und historischen Epen bestimmen. So ist Ruf. wohl 397 vorgetragen worden (Th. Birt: 396; Vollmer: zwischen 395 und 397; P. Fargues: Ruf. 1 396, Ruf. 2 397; A. Cameron: Ruf. 1 frühes 397, Ruf. 2 Sommer 397), Eutr. 399, Gild. 398, Get. 402. Von den uns interessierenden Werken ist allein die Datierung der mythologischen Epen unsicher. Laut V. Cremona hat Claudian Rapt. in vorrömischer (Rapt. 1) bzw. römischer Zeit geschrieben (Rapt. 2 sowie Rapt. 3) – vor 395 bis spätestens 397, laut Th. Birt 395–397 (so auch Schanz-Hosius, W. Schmid), laut P. Fargues 397, während A. Cameron zu Recht einen gewissen Zeitraum zwischen Rapt. 1 und Rapt 2/3 verstreichen läßt – danach wäre das erste Buch

[2] Ich verzichte im folgenden auf die einzelnen Nachweise. Über Claudians Leben und die Chronologie seiner Werke informieren mit knapper Zusammenfassung der Belegstellen (i.w. aus seinen Werken, daneben CIL VI 1710 = Dessau 2949 sowie die Urteile des Augustin civ. dei 5, 26 und des Oros. 7, 35) Vollmer, RE III 2, 1899, 2652-60 s. v. Claudianus; W. S. Teuffel 1913 § 439; Schanz-Hosius IV 2, 1920, §§ 1002–1018; W. Schmid, RAC III, 1957, 152–169 s. vv. Claudianus I. II.; A. Cameron, Claudian, in: J. W. Binns 1974, 134–159. Ausführliche Grundlegung der Forschung Th. Birt in der Praefatio zu Claudii Claudiani carmina, MGH AA 10, 1892, I–LXIX. Monographien: P. Fargues, Claudien. Études sur sa poésie et son temps, Paris 1933; D. Romano, Claudiano (Biblioteca di cultura moderna 49) Palermo 1958; A. Cameron 1970; J. F. Nolan, Claudian. Poet of Peace and Unity in the Later Empire, PhD Thesis Univ. of Washington 1973; S. Döpp, Zeitgeschichte in den Dichtungen Claudians (Hermes-Einzelschriften 43) Wiesbaden 1980. Über Claudians Epen E. Burck 1979, 359–378.

[3] Im weiteren werden folgende Abkürzungen verwendet: c. m.: carmina minora; Prob.: Panegyricus dictus Probino et Olybrio consulibus; 3 (4,6) cons.: Panegyricus de tertio (quarto, sexto) consulatu Honorii Augusti; Theod.: Panegyricus dictus Mallio Theodoro consuli; Stil. 1, 2, 3: De consulatu Stilichonis l. I–III; Ruf. 1, 2: In Rufinum l. I, II; Eutr. 1, 2: In Eutropium l. I, II; Gild.: De bello Gildonico; Get.: De bello Getico (Gothico, Pollentino); Rapt. 1, 2, 3: De raptu Proserpinae l. I–III; Gig.: Gigantomachia; pr. meint die praefatio zum jeweiligen Werk.

wohl 396/7, das zweite und dritte wohl 400–402 entstanden, jeweils, wie wahrscheinlich, in Zeiten, da keine politischen Gedichte drängten, während in beiden Fällen die Arbeit durch politische Ereignisse unterbrochen wurde.

Soweit die Werke. Aus den Rezitationsorten lassen sich noch die Bewegungen Claudians zwischen Rom und Mailand erschließen: Er war Anfang 395 in Rom, spätestens Anfang 396 in Mailand, erst wieder im Februar 400 in Rom, wo ihm wohl bald darauf auf dem Trajansforum eine Statue mit Ehreninschrift errichtet wird und wo er 402 und 404 wieder auftritt. Alle anderen Daten beruhen auf mehr oder weniger sicheren Spekulationen.

Mit einiger Sicherheit darf man Ägypten als die Heimat des Dichters betrachten, Alexandria als die Stadt, in der er seine Bildung empfing. Geboren sein könnte er, da wohl etwas älter als Olybrius und Probinus, um 370/375. Sicher ist, daß seine Bildung eine nicht ausschließlich griechische, sondern – wie damals in Ägypten nicht selten[4] – auch eine lateinische war und – da Prob. mit Sicherheit kein Erstlingswerk ist – daß er schon vor 395 lateinische Gedichte geschrieben hat.[5] Jedenfalls hat man sich aus der von der lebendigen Sprachentwicklung abgeschnittenen,[6] rein schulischen Beschäftigung des Ausländers mit dem Lateinischen, d. h. mit den als mustergültig anerkannten lateinischen Prosaisten und Dichtern, die bemerkenswerte „Reinheit" seiner Sprache, d. h. ihre Übereinstimmung mit den Dichtern der goldenen und silbernen Latinität, erklärt. Gewiß hat Claudian mindestens in seiner Frühzeit auch griechisch gedichtet, vielleicht aber auch später noch – eine griechische Gigantomachie könnte von ihm stammen und noch vor dem Romaufenthalt entstanden sein. – Wann und auf welche Weise Claudian nach Rom kam, muß offenbleiben; er könnte zunächst als einer der zahlreichen wandernden ägyptischen Berufsdichter durch den griechischen Raum gezogen[7] oder auch von Alexandria direkt oder über Mailand[8] nach Rom gekommen sein. Doch diese Details sind für unsere Zwecke nicht von entscheidender Bedeutung.

[4] Als Folge der umfassenden Latinisierung Ägyptens nach den diokletianischen Reformen, vgl. A. Cameron 1965, 494f. Papyrusfunde haben die Lektüre von Cic. (Cat.), Verg. (Aen.), Luc., Juv. nachgewiesen. Nonnos liest und imitiert Ov. und wohl auch Claud.

[5] Denn Vollmer, RE III 2, 1899, 2652 deutet wohl mit Recht c. m. 41, 13f. *Romanos bibimus primum te consule fontes/et Latiae accessit Graia Thalia togae* so, „daß im J. 395 im Consulat des Olybrius und Probinus die Stoffe der griechischen Muse zum erstenmale denen des römischen Bürgerlebens gewichen sind..." (so auch J. B. Hall, De raptu Proserpinae, ed. with an introduction and commentary by J. B. Hall [Cambridge Classical Texts and commentaries 11] Cambridge 1969, 102), d. h. Claudian nicht 395 erstmals ein lateinisches Gedicht verfaßt hat (so W. Schmid, RAC III, 1957, 153), sondern „zum ersten Male ein größeres römische Tagesereignisse betreffendes Werk" (ähnlich D. Romano – wie Anm. 2). Dennoch datiert Vollmer a. O. 2653 Rapt. 1–3 in die Jahre 395–397. – Nach D. Romano 30–33 ist Rapt. vollständig in Ägypten entstanden.

[6] G. Boissier 1891, 2, 275; zustimmend W. Schmid RAC 3, 1957, 156; A. Cameron (wie Anm. 2) 148: „In all probability he never spoke or read contemporary Latin before his arrival in Italy in 394."

[7] Vgl. A. Cameron 1965; als Gemeinsamkeiten dieser Wanderpoeten nennt Cameron: (1) Sie sind fast durchgehends Nichtchristen, (2) sie schreiben über Zeitthemen (Panegyriken auf Beamte und Offiziere, Invektiven, Epithalamien, Epen auf militärische Aktionen); (3) sie reisen weit durch das Reich auf der Suche nach Mäzenen; (4) sie sind ge-

3.2. Struktur und Funktion der Epideiktik Claudians[9]

3.2.1. Epideiktik zwischen topischer und narrativer Strukturierung

Preis- und Schmährede gehören nach dem Verständnis der antiken Rhetorik zusammen: Diese ist die Umkehrung jener, gemeinsam fallen sie unter das *genus demonstrativum* (ad Her. 3, 6, 10) oder – *a parte meliore* – unter die *laudatio* (Quint. 3, 4, 12). Als Gegenstände des Lobes wie des Tadels wurden die *res externae*, *res corporis* und *res animi* empfohlen (ad Her. 3, 6, 10; Quint. 3, 7, 12), doch spielten in praxi nur die ersteren und besonders die letzteren eine Rolle.[10]

Eigentlich wichtig sind die *res animi* (*animi semper vera laus* Quint. 3, 7, 15). Damit rückte ein Gegenstand ins Zentrum des Interesses, den unsere Rhetoriker nicht erwähnen, doch implizieren: die praxeis, in denen sich die Tugenden bewähren, untergliedert wiederum nach facta bello und facta pace. Für die Disposition des Stoffes standen grundsätzlich zwei Modelle zur Verfügung; ich nenne sie das topische und das topisch-narrative Modell[11]: Der Redner gehe aus entweder von bestimmten Tugenden oder Lastern (den *res animi: prudentia, iustitia, fortitudo, modestia* ad Her. 3, 6, 10; *fortitudo, iustitia, continentia* Quint. 3, 7, 15) und weise sie am Leben seines Helden unabhängig von der Chronologie nach (*in species virtutum dividere laudem ... ac singulis adsignare, quae secundum quamque earum gesta erunt.* Quint. 3, 7, 15; s. a. ad Her. 7, 13 – 8, 15). Oder er halte sich an den Lebenslauf und mache darauf aufmerksam, wann sich welche Tugend bewährte, wobei bestimmten Lebensaltern bestimmte Charaktereigenschaften zufallen (*alias aetatis gradus gestarumque rerum ordinem sequi speciosius fuit, ut in primis annis laudaretur indoles, tum disciplinae, post hoc ... factorum dictorumque contextus* Quint. 3, 7, 15; s. a. ad Her. 3, 7, 13). Einflußreich ist zumal das erste der beiden Schemata gewesen.[12] Beiden wohnen starke narrative Züge inne, wenn auch mit der Einschränkung, daß der Zusammenhang nicht eigentlich durch die temporale Sukzession kausal verknüpfter Ereignisketten hergestellt wird, sondern der logische Aufbau und der argumentativ-überredende Zweck strukturbildend wirken. Doch kann beim topischen Modell der Aufbau nach Tugenden nur einen Teil, wenn auch den wichtigsten, den des Menschenlebens erfassen; die

---

schätzte Gelehrte, viele von ihnen können Latein; (5) viele von ihnen sind in die hohe Politik verwickelt; s. a. P. L. Schmidt 1976, 32f.

[8] So A. K. Clarke, Claudian and the Augustinian Circle of Milan, Augustinum 13, 1968, 129. Diese Möglichkeit hat schon Vollmer RE III 2, 2653 ins Auge gefaßt. – P. Fargues (wie Anm. 2) 10 Anm. 3 verweist darauf, daß fünf der von Ausonius bedichteten Professoren aus dem griechischen Raum nach Bordeaux gekommen sind.

[9] P. L. Schmidt 1976, 8 schlägt folgende Termini vor: Epideiktik (Preis oder Tadel beliebiger Objekte), Panegyrik (Preis beliebiger Personen), private Panegyrik, Herrscherlob.

[10] Die Theorie des genus demonstrativum behandeln H. Lausberg, Handbuch der literarischen Rhetorik, München 1960, 129–138 (§§ 239–254) und A. Georgi, Das lateinische und das deutsche Preisgedicht in der Nachfolge des genus demonstrativum (Philologische Studien und Quellen 49) Berlin 1969, 11–29.

[11] Sie entsprechen dem ethischen bzw. historischen Typ bei A. Georgi 32–46.

[12] Das Urteil von A. Georgi 32: „... kann man den historischen Typus primär der Antike, den ethischen in erster Linie dem Mittelalter zuordnen..." trifft nicht zu.

Tugenden erweisen sich rein nur *tempore, quo ipsi vixerunt*, genauer: beim erwachsenen Manne. Doch treten weitere Zeiträume ins Blickfeld: *nam primum dividitur in tempora, quodque ante eos fuit quoque ipsi vixerunt, in iis autem, qui fato sunt functi, etiam quod insecutum* (Quint. 3, 7, 10). Wichtiger noch ist, daß vor dem reifen Mannesalter die *res externae* abzuhandeln sind: *civitas (patria), genus, divitiae, potestates, auguria, educatio* (ad Her. 3, 6, 10), so daß die Darstellung der Entwicklung bis zum Mannesalter gewissermaßen narrativ und die Würdigung des Erwachsenen topisch strukturiert dargeboten werden.

Die Gliederungsschemata und panegyrischen Topoi sind dem Zögling der Rhetorenschule – dem Redner wie seinem Publikum – wohlvertraut.

Sueton will in der Augustus-Biographie (9) dem topischen Modell folgen und weist das topisch-narrative zurück: *vitae eius velut summa partes singillatim neque per tempora sed per species exequar, quo distinctius demonstrari cognoscique possint.* Tacitus referiert ann. 13, 3 den Aufbau der laudatio funebris auf Claudius, die Seneca für Nero verfaßt hatte. Nero sprach über die *antiquitas generis, consulatus ac triumphos maiorum*, über des Claudius Pflege der *artes liberales*, seine erfolgreiche Außenpolitik und schließlich über die *providentia* und *sapientia* des Kaisers. Hieronymus grenzt sich mehrfach vom herkömmlichen Schema ab (*neque vero Marcellam ... institutis rhetorum praedicabo*, ep. 127, 1, s. a. ep. 77, 2), weil in ihm die Gefahr liegt, das Eigentliche zu verfehlen (*aliud est locis communibus laudare defunctum, aliud defuncti proprias narrare virtutes*, Vita Hilarion. prol. 1). Hin und wieder wird in den Texten auf die Topoi angespielt und mit ihnen gespielt. Bereits in neronischer Zeit sind die Gliederungspunkte *facta bello – facta pace* so festgeschrieben, daß sie in der Laus Pisonis (261 Hex.) scheinbar eingehalten, tatsächlich aber umgebogen werden, wenn der Dichter, da sein Held keine Kriegstaten vollbracht hat, dessen Verdienste als Anwalt in solche eines Kriegers umbiegt:

> *nec enim, si bella quierunt,*
> *occidit et virtus: licet exercere togatae*
> *munia militiae, licet et sine sanguinis haustu*
> *mitia legitimo sub iudice bella movere.*
>
> (26–29)

Dieser Gedanke wird weiter ausgeführt, und erst 81–208 werden Pisos „eigentliche" *facta pace* gepriesen.

Hieronymus weist ausdrücklich ein als selbstverständlich vorausgesetztes Bauschema zurück als ungeeignet für seinen Nachruf auf Nepotian angesichts der Bedeutung der Taufe für das christliche Leben des einzelnen: *praecepta sunt rhetorum ut maiores eius, qui laudandus est, et eorum altius gesta repetantur sicque ad ipsum per gradus sermo perveniat ... Ego carnis bona, quae semper et ipse contempsit, in animae laudibus non requiram nec me iactabo de genere, id est de alienis bonis ...* (ep. 60, 8 a.396). Ambrosius spiritualisiert einen der bekannten Topoi in seinem Preis der jungfräulichen Keuschheit: *In laudibus solet patria praedicari et parentes .... in coelo ... est patria castitatis* (de virginib. 1, 5, 20). – Claudian spielt ironisch mit den panegyrischen Topoi genus, facta bello, facta pace – diesmal auf Ehreninschriften von Statuen des Eunuchen Eutrop bezogen:

> *subter adulantes tituli nimiaeque leguntur*
> *vel maribus laudes: claro quod nobilis ortu*

> *(cum vivant domini!), quod maxima proelia solus*
> *impleat (et patitur miles!), quod tertius urbis*
> *conditor (hoc Byzas Constantinusque videbunt!).*
> (Eutr. 2, 79—83)

Umbiegung, Zurückweisung, Spiritualisierung, Ironisierung – diese uns bei der Analyse der Imitationstypen wohlvertrauten Usurpationsprozeduren werden auch auf die Topoi angewandt.

Häufig finden sich diese Topoi des genus demonstrativum ausdrücklich benannt in der indicatio und als Stützen der Gliederung des Panegyrikus. Schon in der Laus Messallae (211 Hex., Messalla lebte 64 v. u. Z. bis 13 u. Z.) folgt auf das Prooem die indicatio, der Dichter wolle die Taten des Messalla *castrisve forove* (39) besingen; diese werden dann 45–81, jene 82–117 abgehandelt. – Claudian setzt in Stil. 2, zugleich den Inhalt des ersten Buches zusammenfassend und den des zweiten ankündigend, ein:

> *Hactenus armatae laudes: nunc qualibus orbem*
> *moribus et quanto frenet metuendus amore*
> ....
> *mitior incipiat fidibus iam Musa remissis.*
> (Stil. 2, 1–5)

Zu Beginn des ersten Buches hatte der Dichter in einer Variation des Unfähigkeitstopos angekündigt, einiges müsse der praeteritio verfallen:

> *veteres actus primamque iuventam*
> *prosequar? ad sese mentem praesentia ducunt.*
> *narrem iustitiam? resplendet gloria Martis.*
> *armati referam vires? plus egit inermis.*
> (Stil. 1, 14–17)[13]

All diese Beispiele zeigen, daß sich die Topik der Preisrede in der lateinischen Panegyrik schon um die Zeitenwende in Praxis und Theorie verfestigt hatte; insofern besteht keine Notwendigkeit, die Abhängigkeit Claudians von Menander und anderen griechischen Rhetorikern des 3. Jahrhunderts anzunehmen,[14] wenn sie auch wahrscheinlich ist.

3.2.2. Claudians Technik der Disposition

Schon Quintilian hatte betont, die Anführung der zahlreichen Topoi der Preisrede diene nur als Hilfsmittel für die inventio, die Ausführung der Rede solle – abhängig einerseits von der Person des zu Preisenden, andererseits von den Zuhörern – sich ihrer

---

[13] Das Schema facta pace/bello klingt auch an Theod. 162f. (über Stilicho): *similem quae protulit aetas/consilio vel Marte virum?*

[14] So in Ausführung eines Gedankens seines Lehrers Th. Birt erstmals – freilich übertrieben – dargelegt von O. Kehding, De panegyricis latinis libri IV, Diss. Marburg 1899, Kap. 2: Quomodo Claudianus in panegyricis et epithalamiis componendis Menandrum rhetorem secutus sit; dann verfeinert von L. B. Struthers, The Rhetorical Structure of the Encomia of Claudius Claudianus, Harvard Studies in Classical Philology 30, 1919, 49–87; P. Fargues (wie Anm. 2) 191–218 und A. Cameron 1970, 253–260; s. aber P. L. Schmidt 1976, 22.

frei bedienen, die einen Punkte betonen, die anderen vernachlässigen (Quint. 3, 7, 16–18. 23–25).[15] Claudian erweist sich als ein Meister abwechslungsreicher Disposition des Materials.[16]

Am regel-gemäßesten ist die Laus Serenae[17] gebaut, der einzige Panegyrikus Claudians, der nicht zur Feier eines Konsulatsantritts verfaßt wurde. Auf ein Prooem, in dem die invocatio der Calliope (1–10) und eine überbietende Synkrisis (11–33) vereinigt sind, folgen der Preis der origo (34–49) und der patria Serenas (50–69), die Darstellung ihrer Geburt (70–85) und Erziehung (86–139, hier auch omina), der Nachweis ihrer Tugenden (146–159). Der Abschnitt, den man als Abhandlung der praxeis Serenas bezeichnen könnte, preist sie als ideale Gattin des idealen Gatten (160–236), und zwar werden nach einer Erzählung von Brautwahl und Heirat (160 bis 190) die Leistungen Stilichos gerühmt (190–211) und die treue Sorge Serenas für, ihr Stolz auf ihn (212–236).

Ähnlich an die Regel angelehnt ist im großen und ganzen der Aufbau von 4 cons. (Prooem 1–17, génos 18–121, génesis 121–153, anatrophé 153–427, facta bello 434 bis 487, facta pace nach topoi 488–610, Epilog 611–651) und von Stil. 1 und 2, die – in Mailand rezitiert – als Einheit zu betrachten und von Stil. 3, der in Rom vorgetragen wurde, abzusetzen sind.[18] Das Prooem (1–35) wird diesmal aus Unfähigkeitstopos (10–24) und überbietender Synkrisis (24–35) gebildet; der Topos origo wird genannt, doch angesichts der Bedeutung des Helden als unangemessen zurückgewiesen (35–39); auch die educatio bleibt im Dunkel – der Dichter verweist auf die Tugenden Stilichos, die sich schon in Kindheit und Jugend manifestieren (39–50). An die Erwähnung der wichtigsten Ereignisse des frühen Mannesalters (Stilicho als Botschafter in Persien 51–68, Heirat mit Serena 69–91) schließen sich im Hauptteil die eigentlichen facta bello an (92–385), wobei der Niederschlagung des gildonischen Aufstandes (die gar nicht Stilichos Leistung war) die ausführlichste und gewichtigste Passage vorbehalten ist (246–385). Stil. 2 ist dann ausdrücklich den facta pace gewidmet, den Tugenden, die Stilichos Handeln regieren (6–108, vor allem fides [30–99], daneben iustitia, patientia, temperies, prudentia, constantia), sowie den Lastern, die er von sich weist (109–172), Haltungen, denen das Reich den inneren und äußeren Frieden verdankt (184–217). Die Krönung des Ganzen ist Stilichos

---

[15] P. L. Schmidt 1976, 22: „Weil der spätantike Panegyriker vor einem homogen erzogenen Publikum sprach, konnte er sich darauf verlassen, daß nicht nur formale Variation goutiert, sondern auch inhaltliche Ponderierung, unter Umständen auch Streichung einzelner Elemente, als inhaltliche Aussage ... gewürdigt wurde; das panegyrische System kann so als Vorinformation des Hörers und damit als strukturelles Element der Kommunikation bestimmt werden." Falsch ist die Annahme von W. Barr, Claudian's In Rufinum – an Invective? in: Proceedings of the Liverpool Latin Seminar vol. 2, 1979, Claudian habe sich in seinen Panegyriken streng an das Schema der Rhetoriker gehalten (179, 184) und hätte das auch in seinen Invektiven getan, wenn er diese als solche verstanden hätte (186).

[16] Das gilt schon vor ihm für die Fähigsten der Pan. Lat., s. bes. das mit einem Epithalamium gekoppelte Doppelenkomium Pan. Lat. VII (IV), dazu J. Mesk, Zur Technik der Lateinischen Panegyriker, Rhein. Museum 67, 1912, 569–590.

[17] Vgl. W. E. Heuss, Claudius Claudianus. Laus Serenae (c. m. 30). Inleiding en commentaar, Diss. Utrecht 1982.

[18] A. Cameron 1970, 149; P. L. Schmidt 1976, 23: eine Ergänzung zu Stil. 1 und 2 unter stadtrömischem Aspekt.

Ernennung zum Konsul (218–476), gegen die er sich aus überkritischer Haltung zu sich selbst gesperrt hatte, der er zustimmt, weil Roma sich den Bitten der westlichen Provinzen (228–268) anschließt (270–407). Die Freude der Himmlischen beschließt das Werk (421–476).

Im zweiten, dem umfangreicheren Teil von Stil. 2 zeigt sich, daß das Panegyrikus-Schema prooímion, génos, génesis, anatrophé, práxeis, sýnkrisis, epílogos, in das Struthers und Fargues die Panegyriken Claudians pressen,[19] die Unterschiede zwischen den Werken einebnet und wenig geeignet ist, ihre je verschiedene Struktur durchsichtig zu machen.

Am ehesten werden die Dispositionspunkte in den Eingangspassagen eingehalten. So leitet Prob. eine invocatio des Sol ein (1–7), darauf wird die gens Anicia, werden die Vorfahren der beiden Konsuln gewürdigt (8–54), und in einem überbietenden synkritischen Abschnitt werden ihnen Probinus und Olybrius gegenübergestellt; doch auch hier ist Claudian frei: Das Thema origo wird in bezug auf die Mutter der beiden 194–204 wieder aufgegriffen. – Ähnlich folgen in den Panegyriken auf Honorius auf ein Prooemium (Segenswunsch 3 cons. 1–12; allgemeine Freude, daß wieder ein Kaiser Konsul ist 4 cons. 1–17; die ideale Einheit von Kaisertum und Rom ist durch das Konsulat des Honorius hergestellt 6 cons. 1–52) génos (3 cons. 10–17; 4 cons. 18–121), génesis (3 cons. 18–21, 4 cons. 121–153) und anatrophé (3 cons. 18–62, 4 cons. 153–427, 6 cons. 53–100), doch sind die Dispositionspunkte, wie schon die Verszahlen zeigen, von je unterschiedlichem Umfang; zudem sind sie von unterschiedlichem Gewicht für die Gesamtaussage und sowohl untereinander als auch mit dem Folgenden unterschiedlich verknüpft.

Soweit die Eingangspassagen. Die Hauptteile sind im Gegensatz zu ihnen vielfach sehr frei disponiert. Stil. 3 rekurriert weder auf das topische noch auf das topisch-narrative Bauschema – „Stilicho und Rom" ist der Generalnenner, auf den sich die ziemlich selbständigen Komplexe – adlocutio an Stilicho als Retter und Mehrer der Größe Roms sowie als freigebiger Konsul (51–236) und Beschaffung der Tiere für die Zirkusspiele durch Diana (237–369) – bringen lassen. 6 cons. wird durch zwei im Grunde voneinander unabhängige Erzählblöcke beherrscht, die man allenfalls den Topoi facta bello und facta pace zuordnen könnte: die Flucht Alarichs aus Italien (127–331) sowie des Honorius Zug nach und sein Aufenthalt in Rom (332–660). – In 3 cons. wiederum führt ein temporales Kontinuum von der Geburt des Honorius (10–21) über seine Kindheitsentwicklung (22–62), den Bericht vom Bürgerkrieg, den sein Vater geführt und den er angeblich mit Honorius gewonnen hat (63–104), über das Sterbelager des Theodosius (106–162) zur Apotheose des Kaisers (162–188). – In ganz anderer Weise narrativ strukturiert ist der Hauptteil von Prob. (73–265), der der Designierung und Investitur der Konsuln gewidmet ist: Roma fährt zu Theodosius (73–123) und bittet ihn um das Konsulat für die Brüder (124–163), die Bitte wird gewährt (164–173), ein Bote eilt nach Rom (174), Rom freut sich über die Er-

---

[19] L. B. Struthers (wie Anm. 14) 86; P. Fargues (wie Anm. 2) 214; s. a. T. Viljamaa, Studies in Greek Encomiastic Poetry of the Early Byzantine Period (Commentationes Humanarum Litterarum. Societas Scientiarum Fennica 42, 4) Helsinki 1968, 98–124. – Schon für die Pan. Lat. bemerkt J. Mesk (wie Anm. 16) 590: „Die von Seeck behauptete durchgehende Gleichheit der Dispositionsschemata besteht somit nicht oder nur insofern, als dieselben Bausteine zur Verwendung gelangen."

nennung (175f.),[20] die Mutter bereitet die Festkleider der Söhne (177–204); am Festtag donnert Jupiter, Tiber sieht dem Zug der neuen Konsuln zu, die Nymphen bereiten das Fest (205–265).

In bezug auf die Invektive (vituperatio) lehrt die antike Rhetorik, für sie gelte das gleiche wie für die Preisrede, nur eben in der Umkehrung, es gebe im Prinzip die gleichen Gesichtspunkte für die inventio, die gleichen Möglichkeiten der dispositio des Stoffes: *nam et turpitudo generis opprobrio multis fuit ... et animi totidem vitia quot virtutes sunt, nec minus quam in laudibus duplici ratione tractantur* (Quint. 3, 7, 19f., s. a. ad Her. 3, 6, 10 über das Enkomium mit dem dreifachen *et quae contraria sunt*). – Claudian hat sich in seinen Invektiven – wohl weil er hier weniger von einer Tradition belastet war – noch weniger die von der Theorie bereitgestellten Dispositionsschemata zueigen gemacht als in den Panegyriken. Die diversen Topoi tauchen eher beiläufig auf, werden keineswegs systematisch für die Komposition des Ganzen genutzt. Das génos fehlt in Ruf. wie in Eutr., die génesis wird in Eutr. nur wegen der sogleich erfolgten Kastration berührt (Eutr. 1, 44–54), die anatrophé Rufins durch Megaera wird in deren Rede in der Unterweltszene gestreift (Ruf. 1, 92–100), in Eutr. schon eher genüßlich ausgeführt, weil hier der Weg des Helden, die Karriere eines Lustknaben, angeblich schon im Knabenalter von einem Herrn zum anderen führte (Eutr. 1, 58–77). Das Dispositionsschema facta pace – facta bello läßt sich am ehesten für Eutr. 1, 170–234.234–284 und Ruf. 1, 178–258.259–322 anwenden. Die in den Abschnitten facta pace dargestellten Vorgänge sind zwar nach Lastern gegliedert, doch sind die Passagen denkbar kurz: Ruf. 1, 178–258 werden avaritia und iniuria Rufins exemplifiziert, Eutr. 1, 170–234 Eutrops crudelitas, avaritia, iniuria. Kurz: die herkömmlichen Dispositionsverfahren klingen an, doch wirken sie nicht strukturbildend; dies tun vielmehr große narrative Blöcke.

Ruf. folgt auf ein Prooemium (1–44) eine Unterweltszene, in der auf Allectos Ruf die Laster zusammenströmen, um auf Übles zu sinnen, und Megaera den Vorschlag unterbreitet, nicht gegen die Götter, sondern gegen die Menschen zu wüten, nämlich mittels Rufin (25–122). Dann wird Rufins Aufstieg erzählt, sein Weg von Gallien an den byzantinischen Kaiserhof, nachdem ihm Megaera die Weltherrschaft und unermeßlichen Reichtum versprochen hat (123–177). Nun können sich Habgier und Rechtsverachtung Rufins austoben (178–248), kann er die Barbaren ins Reich rufen, um es zu vernichten (306–322). Mit einer Redeszene Megaera-Justitia klingt das Buch aus (354–387). Dargestellt sind die Dinge in temporaler Sukzession, wenn auch nicht als temporales Kontinuum, sondern als Folge einzelner Kernszenen, die Rufin als Ausgeburt der Unterwelt und zu allem fähiges Ungeheuer charakterisieren können. – Ähnlich Eutr. 1.[21] Hier verfolgt Claudian den Aufstieg Eutrops vom Sklaven (44–109) und Freigelassenen (110–137) zum Mächtigen in Byzanz, wo sich seine tyrannischen Gelüste, seine Goldgier und Ungerechtigkeit erweisen (138–234), zum Heer-

---

[20] Diese Szenenfolge liebt Claud. in den Panegyriken: Theod. 116–205 eilt Justitia vom Himmel, um Mallius Theodorus zu bewegen, das Konsulat zu übernehmen; die Götter, insonderheit Urania, freuen sich (270–340). – Stil. 2 wenden sich zunächst die Provinzen an Roma (223–270), dann eilt Roma zu Stilicho, um ihn zu bitten, endlich einem Jahr seinen Namen zu geben (270–407); die Götter, besonders Sol (422–467), freuen sich. – 6 cons. überzeugt ebenfalls Roma Honorius, das Amt anzunehmen (332–493).

[21] Zur historischen Gestalt S. Mazzarino, Stilicone. La crisi imperiale dopo Teodosio (Studi pubblicati dal R. Istituto Italiano per la Storia antica 3) Roma 1942, 196–215.

führer (234–284), ja schließlich zum Konsul (284–513). – Eutr. 2[22] wird beherrscht vom Bericht über den Aufstand der Gruthungi und den Feldzug gegen sie (104–473).[23]

Rein narrativ, ohne Berücksichtigung der epideiktischen Topoi, ist Ruf. 2[24] strukturiert. Das Werk setzt ein mit dem Tod des Theodosius und der Übertragung der Herrschaft über beide Reichsteile auf Stilicho (1–6). Rufin aber stiftet Krieg, um alle in seinen Untergang hineinzuziehen: Er läßt die Barbarenvölker über das römische Reich herfallen und freut sich des von ihm bewirkten Unheils (7–99). Stilichos Versuch, die Goten durch das einträchtige Heer der Truppen des Ost- und des Westreiches zu schlagen, wird von Rufin vereitelt, das Ostheer wird unmittelbar vor der Entscheidungsschlacht gegen die Goten abgezogen, Stilicho erhält den Befehl zum Rückzug, besänftigt die empörte Armee und kehrt aus reverentia gegen Arcadius um; während die Soldaten klagen, triumphiert Rufin (100–323). Doch zu früh: Als Rufin die nach Konstantinopel heimgekehrten Soldaten begrüßen will, wird er von ihnen erschlagen, zertreten, zerstückelt (324–435). Selbst die Unterwelt, deren Sohn er doch ist, mag ihn nicht mehr aufnehmen, doch schließlich verbannt ihn Radamanth in die Abgründe des Tartarus (454–527).

[22] Zu Eutr. 2 A. Cameron 1970, 256: „... like Ruf. II is basically an epic ... almost a parody of epic". P. L. Schmidt 1976, 61f. scheinen die beiden Bücher von Eutr. im Unterschied zu denen von Ruf. gegenstandsbedingt relativ autark. „Eutr. 1 ist nicht ‚eine Art Epos', ... sondern eine biographisch angereicherte – und insofern zeitweilig natürlich chronologisch prozedierende – Invektive, die das rhetorische Schema frei adaptiert. ... Eutr. 1 ist unter funktionalem Aspekt vollständig. ... Eutr. 2 ist ... im Unterschied zu Ruf. 2 nicht eine chronologische Fortsetzung oder eine formale Ergänzung eines – literarisch – unvollständigen ersten Buches, sondern eine Rezitation, die die Unfähigkeit des Konsuls an einem konkreten Beispiel beleuchtet. ... Berichtet wird in der Form eines zeithistorischen Epos..., das Element der Invektive ist nun nicht mehr in strukturellen Details, sondern in der satirischen Zeichnung der beiden Anti-Helden Eutrop und Leo aufgehoben..." Hinzuweisen ist jedoch auf die an Ruf. 1 erinnernde Verklammerung der beiden Bücher: Eutr. 1 klingt mit einer Rede der Roma, Eutr. 2 mit einer der Aurora aus.

[23] Chr. Gnilka 1976, 104: „Claudian führt die Schilderung im zweiten, wie schon im ersten Buch chronologisch..." trifft die Sache nicht ganz.

[24] A. Cameron 1970, 256 zu Ruf. 2: „... would be more accurately described as an epic. Naturally vituperation of Rufinus and eulogy of Stilicho hold a not inconsiderable place, but arising out of the narrative, not distributed under headings." – Vergleich von Ruf. 1 und Ruf. 2 A. Cameron 1970, 79–84. – Gegen die Auffassung Camerons, Buch I und Buch II seien je selbständige Werke – Invektive bzw. historisches Epos (A. Cameron 1970, 76, 84, Anm. 1), wendet P. L. Schmidt 1976, 59f. ein (1) „die chronologisch präzise Erzählung der Ereignisse von 332–395" setze nicht mit Ruf. 2 ein, sondern bereits Ruf. 1, 301 und reiche dann bis Ruf. 2, 439; (2) „der je kontrastierende Preis Stilichos" verklammere beide Bücher von 1, 259–2, 256; (3) beide Bücher seien durch die Unterweltszenen Ruf. 1, 25–122: Ruf. 2, 454–527 verbunden. – Vor allem das letzte Argument scheint mir wichtig: Durch die Unterweltszene am Anfang von Ruf. 1 und am Ende von Ruf. 2 weist Claudian darauf hin, daß er die Werke als Einheit betrachtet wissen will. Dagegen setzt die Erzählung Ruf. 2 deutlich neu ein, nicht anknüpfend an Ruf. 1, sondern geht ab origine vor: vom Tode und Vermächtnis des Theodosius. – Schmidt nimmt mit Cameron die Rezitation der beiden Bücher in einigem Abstand an, betont aber, daß „die zwei Bücher trotz ihrer funktional motivierten Komplexität doch eine literarische Gesamtkonzeption überspannt."

In Ruf. 2 ist nicht herauslösbarer Bestandteil der Narration, was wir bei der Besprechung der übrigen Invektiven vorläufig übergangen hatten: der Preis Stilichos, des Helden Claudians. Stärker nämlich als die Ablösung des topischen Aufbaus durch den narrativen macht das panegyrische Element die Besonderheit der claudianischen Invektiven aus. In Ruf. 1 ist es einzig Stilicho, der Rufin entgegentritt; er ist für alle die einzige Hoffnung, kämpft gegen Rufin, gegen die Goten, deren Niederlage Rufin verhindert, gegen die Hunnen, die Rufin herbeiruft (259–353). In Eutr. 1 wird die Hälfte der letzten Passage, Eutrops Aufstieg zum Konsul, eingenommen von dem empörten Aufruf der Roma an Honorius und Stilicho, diese äußerste Schmach zu tilgen (391–513). – In Eutr. 2 ist die Erzählung vom Feldzug gegen die Gruthungi (104–473) gerahmt von der Erinnerung an die bösen omina bei Eutrops Konsulatsantritt, deren nur zu leicht erkennbare Bedeutung die Byzantiner im nachhinein verstehen (1–58), und von dem Bericht, wie die Byzantiner endlich zur Besinnung kommen und ihr Verlangen nach Stilicho durch Aurora in einer ausführlichen, der Rede der Roma Eutr. 1, 391–513 entsprechenden Prosopopoiie (534–602) dem Retter in der Not übermittelt wird.

3.2.3. Spezielle Möglichkeiten der Versepideiktik

Wir waren ausgegangen von den Topoi und Dispositionsschemata, wie sie von den antiken Theoretikern für das genus demonstrativum empfohlen und von den Praktikern gehandhabt wurden. Wir haben diesen Ratschlägen und Erfahrungen die Technik des Claudian gegenübergestellt und konnten ihre bemerkenswerte Variabilität beobachten. Alles in allem greift der Dichter für die Disposition des Ganzen relativ selten auf das topische Bauschema in ganzer Reinheit zurück (Laus Serenae, Stil. 1 und 2, 4 cons.), ja auch der topisch-narrative (Tugenden in der chronologischen Reihenfolge ihres Auftretens nachweisende) Aufbau wird erweitert zum rein narrativen, und zwar so, daß teils einigermaßen unverbundene, doch in sich geschlossene Erzählblöcke nebeneinandergestellt werden (3 cons., Ruf. 1, Eutr. 1, Eutr. 2, 6 cons., auch Theod.), teils gar das narrative Kontinuum im ganzen Werk durchgehalten wird (Prob., Ruf. 2). – Bisher vernachlässigt haben wir gerade das, was Claudian einen besonderen Platz in der lateinischen Literaturgeschichte sichert und ihn zum Archegeten einer lateinischen Gattung macht: die Versgestalt seiner Konsularpanegyriken.

Wohl gibt es lateinische Panegyriken in Versen schon vor Claudian: Verloren ist das Gedicht Ciceros auf sein Konsulat, sind des Lukan Laudes Neronis; erhalten sind die Laus Messallae, die Laus Pisonis und das Gedicht des Statius auf das siebente Konsulat des Domitian (a. 95, 47 Hex.). Doch erstens hat keines von ihnen traditionsbildend gewirkt, zweitens ist nur das statianische (sehr kurze) Gedicht zur Feier eines Konsulatsantritts rezitiert worden, die anderen sind privater Natur, sie laufen auf die Bitte um Unterstützung des Dichters durch den Adressaten und Gegenstand des Panegyrikus hinaus (L. Mess. 181–211, L. Pison. 211–261).

Für öffentliche Anlässe hatte sich in der Nachfolge des jüngeren Plinius der Prosa-Panegyrikus durchgesetzt: zur Feier von Siegen des Kaisers (der verlorene Panegyrikus des Paulinus von Nola auf Theodosius a. 394/5, s. Paulin. ep. 28, 6), zum Geburtstag des Kaisers (Pan. Lat. III), zum Gründungstag Roms (II) oder einer anderen Stadt (VII Trier), zur Vermählung des Caesar (VI) sowie als Dankrede (gratiarum actio) an den Kaiser für öffentliche Wohltaten (VIII) oder beim eigenen Konsulatsantritt (erwähnt die des Piso, L. Pison. 68—71; erhalten die des jüngeren Plinius Pan. Lat. I, des Mamertinus Pan. Lat. XI und des Ausonius, Auson. XX).[25] Claudian führt den im Griechischen selbstverständlichen[26] Verspanegyrikus für offizielle Anlässe in Rom ein[27] und begründet damit eine Tradition, die bezeichnet wird durch die Namen Sidonius Apollinaris, Coripp, Priscian.

Der Auctor ad Herennium hatte empfohlen, in ein Enkomium *crebras et breves amplificationes . . . per locos communis* (3, 8, 15) einzuschalten. Bei Claudian sind die Verhältnisse eher umgekehrt. Umfangreiche, weit ausholende Amplifikationen lassen den Kern historischer Faktizität wie hinter einem Rankenwerk fast verschwinden. Denn Verspanegyriken sind keineswegs einfach Panegyriken in hexametrischer Form, vielmehr impliziert die Einführung des Epenverses die Möglichkeit, eine Fülle von Strukturelementen des Epos in den Panegyrikus zu übernehmen[28]: epische Vergleiche (sie sind so zahlreich, daß es keines Beleges bedarf[29]), die Darstellung eines Kriegsrates (satirisch Eutr. 2, 323—404) und eines Feldzuges (satirisch Eutr. 2, 406—473), eine Traumszene (Ruf. 2, 324—335), Unterweltszenen (Ruf. 1, 25—122; Ruf. 2, 454—527, Aufstieg der Megaera in die Oberwelt Ruf. 1, 123—169), die Einlage von Erzählungen (Theodosius I. erzählt vom älteren Theodosius 3 cons. 51—62), von Ekphraseis in der Tradition der epischen Schildbeschreibung (Schild der Roma Prob. 83—99; Konsularroben der Anicii Prob. 177—193; Konsularrobe Stilichos Stil. 2, 341—381; Urne des Eridanus mit mythologischen Szenen 6 cons. 168—177), die ekphrastische Ausmalung von Tableaus, Bildern und Bildausschnitten, von denen gern diese aus jenen entwickelt werden (6 cons. 543—577 die Menge, die versammelt ist, um Honorius zu begrüßen, 560ff. Bildausschnitt: die bewundernden Frauen; 564ff. Ausschnitt daraus: eine Jungfrau), mythologische Szenen (3 cons 191—196; Tiber Prob. 209—265; Eridanus und die geschlagenen Goten 6 cons. 146—200), der Auftritt alle-

---

[25] Die Übersicht über die Anlässe macht deutlich, daß P. L. Schmidt 1976, 12 irrt, wenn er meint, Claudian habe eine „Ausweitung der Panegyrik über die konventionellen Anlässe hinaus" inauguriert; vielmehr ist bemerkenswert, daß uns kein Prosa-Panegyrikus zum Konsulatsantritt erhalten ist.

[26] Sie sind freilich im Griechischen nur in Fragmenten erhalten, T. Viljamaa (wie Anm. 19).

[27] Dies wenigstens ist die communis opinio. In der Literatur finde ich nicht beachtet die Tatsache, daß Paulin. Nolan. unabhängig von Claudian gleichzeitig den Panegyricus (Laus Sancti Johannis) und das Natalicium (in den z. T. öffentlich rezitierten Natalicia auf den heiligen Felix) in Versform bringt — ebenfalls ohne Vorläufer, doch mit Sicherheit ohne Einfluß der griechischen Tradition (s. u. S. 210, 213).

[28] Wie auch Elemente des hexametrischen Lehrgedichts, s. den Prinzenspiegel des Theodosius 4 cons. 214—352 und schon den theoretischen Abschnitt zur Kriegskunst Laus Mess. 82—105 sowie den geographischen Überblick über die fünf Erdzonen Laus Mess. 136—174.

[29] Vgl. dazu K. Günther, De Claudii Claudiani comparationibus, Diss. Erlangen 1894; K. Müllner, De imaginibus similitudinibusque quae in Claudiani carminibus inveniuntur, Dissertationes Vindobonenses philologicae 4, 1899, 99—203; A. Mortillaro, Elementi storici, mitologici e retorici nel De bello Gothico di Claudiano, Trapani 1935, 28—37, 47—52; P. G. Christiansen, The Use of Images by Claudius Claudianus (Studies on Classical Literature 7) The Hague/Paris 1969. — Mythologische synkriseis sind freilich auch den Pan. Lat. nicht unbekannt, so z. B. Pan. Lat. IX (IV) 15, 2; 16, 1; 18, 2.

gorischer Figuren (Roma Prob. 7–173, Eutr. 1, 371–513, Eutr. 2,534–602, Stil. 2, 223–407, 6 cons. 361–425, Aurora Eutr. 2,527–602; römische Provinzen Stil. 2, 228–268; Justitia Theod. 116–205; Pallor, Fames, Luctus, Morbi 6 cons. 320–323; Fama Stil. 2,408–420), von Musen (Urania Theod. 276–340) und Göttern (Stil. 2, 421–476; Jupiter Prob. 205–208; Mars und Bellona Eutr. 2,104–232; Neptun 3 cons. 197–200; Sol Stil. 2,467–476), die Ethopoiie und andere Reden.

Die Reden sind schon quantitativ von besonderer Bedeutung bei Claudian (41 % seiner Werke bestehen aus direkter Rede[30]), aber auch qualitativ. Sie sind beliebte Mittel der Charakteristik von Personen und Situationen. Sie sind besonders wirkungsvoll, wenn sie von Göttern oder allegorischen Figuren vorgetragen werden (Roma Prob. 136–163; Justitia Theod. 135–173; Allecto Ruf. 1,45–65; Megaera Ruf. 1,86–115) und deren Reden gar ein Werk abschließen (Rhadamanthys Ruf. 2,499–527; Roma Eutr. 1,391–513; Aurora Eutr. 2,534–602; Urania Theod. 276–340), womit sie neben andere eindrucksvolle Werkschlüsse treten (Unterweltszene Ruf. 2,454–527; Olympszene Stil. 2,421–476). Hierdurch wird die Epideiktik über die hexametrische Form und narrative Struktur hinaus dem Epos angenähert, ja in der Theorie kann Menander sogar Homer als Muster des Herrscherenkomiums empfehlen.[31]

3.2.4. Situative Einbettung und kommunikative Funktion der politischen Dichtungen Claudians

3.2.4.1. Die Adressaten der politischen Dichtungen Claudians

Bei der Untersuchung der Werke des Juvencus und der Proba mußten wir das intendierte Publikum aus den Texten erschließen. Weit eindeutiger sind die Adressaten der politischen Dichtungen Claudians zu bestimmen. Die Konsularpanegyriken sind zunächst für einen konkreten Anlaß geschaffen worden: Sie wurden gelegentlich des Konsulatsantritts zu Jahresbeginn in Rom (Prob., Stil. 3, 6 cons.) oder in Mailand (3 cons., 4 cons., Theod., Stil. 1 und 2) rezitiert. Da das Konsulat noch immer die höchste Würde war, die der römische Staat zu vergeben hatte, kamen zu dieser Feierlichkeit die Stützen der Gesellschaft zusammen, zumal wenn der Kaiser selbst oder der mächtigste Mann im Staat dem Jahr ihren Namen gaben. Für die Urbs war es zudem inzwischen eine besondere Auszeichnung geworden, wenn die Investitur der Konsuln in Rom erfolgte.[32] Bei dem Festakt waren der Kaiser zugegen, Stilicho, Senatoren, die höchsten Hofbeamten, kurz: die crème de la société.

Soweit können wir die Zuhörerschaft Claudians rekonstruieren. Außerdem spricht der Dichter selbst von ihr. Denn zu der Mehrzahl seiner Großdichtungen (3 cons., Theod., Stil. 3,6 cons., Ruf. 1, Ruf. 2, Eutr. 2?,[33] Get.; Rapt. 1, Rapt. 2) sind uns

---

[30] A. Cameron 1970, 166–169. – Zur Rolle der Reden im römischen Epos W. Kroll 1924, 219; er stellt eine Ausdehnung des Redenapparates bei den späteren römischen Epikern (im Vergleich zu Vergil) fest – in den 17 Büchern der Punica des Sil. Ital. sind 306 Reden enthalten, die 1/3 des Gesamtumfangs ausmachen. – Zur Funktion der Reden bei Claudian Fr. Mehmel (wie Kap. 2, Anm. 171) 107–109.
[31] T. Viljamaa (wie Anm. 19) 26.
[32] A. H. M. Jones 1964, 528; 532f.
[33] Es ist zweifelhaft, ob es sich bei pr. Eutr. 2 um eine Praefatio handelt oder um ein selbständiges Gedicht; als praef. wird sie betrachtet von A. Cameron 1970, 137, als selbstän-

Praefationen erhalten. Hierbei handelt es sich nicht um protheoriai, poetologische Betrachtungen, sondern um prolaliai,[34] gewissermaßen Ouvertüren zu den Rezitationen, metrisch von den folgenden Werken abgesetzte (bei Claudian stets in elegische Distichen gefaßte) kurze Gedichte, die dazu dienen sollen, das Publikum auf die Situation, den Gegenstand, den Dichter einzustimmen und für sie zu gewinnen, und zwar meist durch kurze Erklärungen[35] aus der Mythologie (pr. Theod. 11—16; pr. Ruf. 1, pr. Rapt. 1,[36] pr. Rapt. 2), der Natur (pr. 3 cons. 1—14), dem Menschenleben (pr. Rapt. 1), der römischen Geschichte (pr. Stil. 3, 1—20), dem Leben des Dichters (pr. 6 cons. 11—26), die implizit (pr. Rapt. 1) oder — so in der Regel — explizit auf die Situation des Dichters bezogen werden.[37]

Von sich spricht der Dichter in jedem Fall,[38] häufig von seinem Publikum. In den Praefationen zu den Konsularpanegyriken sind es der Kaiser (pr. 3 cons. 15—18, pr. Theod. 17—20, pr. 6 cons. 23), Stilicho (pr. Stil. 3, 12—24, pr. Ruf. 2, pr. Ruf. 1?), der Senat (pr. Theod. 1—10), der Hof (pr. 6 cons.) — eben jener Personenkreis, den wir schon von der Situation her ohnehin als Zuhörerschaft vermutet hatten: *hoc video coetu quidquid ubique micat* (pr. Theod. 20), sagt der Dichter. Der Kreis der Zuhörer repräsentiert das Reich (pr. Theod. 18f.), zumal wenn auch Männer aus der Provinz, aus Gallien anwesend sind (pr. Theod. 8). In ihrer aller Person hört der ganze orbis Romanus — genauer: seine westliche Hälfte — den Dichter: *omnibus audimur mundique per aures ibimus* (pr. Theod. 9f.). Dieses sein Publikum umfaßt Claudian mit den Kollektiva *tot proceres, tanta caterva, hoc concilium, hic coetus* (pr. Theod. 2. 1. 19. 20), wobei die Demonstrativa stets die herausragende Bedeutung der Versammlung meinen; in pr. 6 cons. heißen die Versammelten denn auch *turba verenda* und werden der Götterversammlung gleichgestellt, sind ein *conventus par coelo*, der sich am Kaiserhof *(aula alta)* versammelt (pr. 6 cons. 24—26). Dies die Zuhörer der Konsularpanegyriken. Ähnlich heißen die von Ruf. 1 *sacra caterva* (pr. Ruf. 1,16), die von Get. *chori Romani, coetus optati*. Der Ort des Vortrages von Get. ist der Tempel des palatinischen Apoll, der Ort, an dem der Dichter schon Stil. 3 vorgetragen hatte (pr. Get. 1—6), also ist das Publikum, das zusammengekommen ist, um dem Gesang auf den mächtigen Stilicho und seinen Sieg über Alarich zu lauschen und dem hauptstädtischen Dichter, dem der Senat und der Kaiser eine Ehrenstatue auf dem Forum Trajanum haben errichten

dig von Chr. Gnilka, Dichtung und Geschichte im Werk Claudians, Frühmittelalterliche Studien 10, 1976, 102; P. L. Schmidt 1976, 65.

[34] S. oben Kap. 2 Anm. 121 mit Literatur zu den Praefationen Claudians, s. außerdem A. Cameron 1970, 77, 228, 278.

[35] Ohne epische Einlage pr. Ruf. 2, pr. Eutr. 2, pr. Get.

[36] F. Minissale, Il poeta e la nave (Claud. rapt. Proserp. 1, 1—14), Helikon 15/16, 1975/76, 496—499 zeigt, wie Claud. die Schiffahrtsmetapher zur Erzählung ausweitet, die durch den Bezug auf den primus inventor navis einen mythischen Zug erhält.

[37] Zur prolalia W. Kroll in RE Suppl. 7, 1940, 1133, s. v. Rhetorik: „Sie dient dem Zweck, den Redner vor einer größeren Epideixis... beim Publikum einzuführen und Stimmung für ihn zu machen; das geschieht am besten durch eine Anekdote oder einen kurzen Mythos, von dem der Redner mit einem eleganten Salto mortale auf sein eigentliches Thema übergeht." S. a. A. Kurfeß, Zu Claudius' Claudianus Invektiven, Hermes 76, 1941, 95.

[38] Das wird besonders deutlich in pr. Rapt. 1, wo in der Schiffahrtsmetapher nicht, wie traditionell, Seefahrt = Dichtung, sondern Seefahrer = Dichter gesetzt wird, s. F. Minissale (wie Anm. 36).

lassen (pr. Get. 7–14), wohl auch das gleiche wie beim Konsulatsantritt Stilichos: eben der römische Senat.[39]

Versuchen wir uns die Zuhörerschaft genauer vorzustellen, so dürfen wir in ihr die besonders traditionalistisch Gesinnten der Oberschicht vermuten, jene, die es vorzogen, in Rom zu leben statt auf ihren Latifundien, oder denen doch der Konsulatsbeginn bzw. ein anderes politisches Ereignis zentraler Bedeutung wichtig genug war, um aus diesem Anlaß nach Rom oder Mailand zu eilen, Männer, die „die Sehnsucht nach dem Glanz der vergangenen römischen Geschichte"[40] verband. Es waren die Repräsentanten nicht nur schlechthin des römischen Reiches, seiner politischen bzw. ökonomischen Macht,[41] sondern darüber hinaus seiner Tradition und damit seiner Kultur, mit denen der Dichter zu rechnen hatte und auf deren Sorgen, Hoffnungen, Wünsche und Vorstellungswelt er sich einstellen mußte.

3.2.4.2. Funktionale Strukturierung

Als Ursache für die unterschiedliche Strukturierung der Herrscherpanegyriken Claudians vermutete O. Kehding den Wunsch des Dichters nach Variation.[42] P. L. Schmidt[43] hat eindringlich nachgewiesen, daß es die Funktion der politischen Dichtung Claudians insgesamt und die konkrete Zielsetzung jedes einzelnen politischen Gedichts ist, die die Struktur und den Einsatz der unterschiedlichen Strukturelemente bestimmen.[44]

Wir wenden uns zunächst der auffälligen Tendenz zur narrativen, nicht topischen Strukturierung zu.[45] In Prob. scheint sie zunächst durch Materialmangel bedingt; denn den beiden wohl noch nicht zwanzigjährigen Konsuln waren zwar ihre Vorfahren (génos) nachzurühmen, doch schlechterdings keine práxeis; genaugenommen war die Auszeichnung nicht einmal ihnen, sondern in ihnen der gens Anicia zuteil geworden und in ihr absichtsvoll einer christlichen Familie.[46] Der Dichter überdeckt den Stoffmangel durch Aufbietung eines mythologischen Apparates. Leeres Wortgeklingel ist es dennoch nicht, was er schreibt: Den Schwer- und Mittelpunkt des Gedichtes (73–265) bildet die Roma-Theodosius-Rom-Handlung. Hier werden nicht nur Symbole

---

[39] Besonders deutlich wird der offizielle Charakter der Rezitation von Panegyriken, Invektiven und historischen Epen, wenn wir die Praefationen zu Rapt. 1 und Rapt. 2 dagegenhalten, wo vom Dichter, nicht aber von den Adressaten die Rede ist, wo wir demnach als Zuhörer das übliche gebildete Publikum von Rezitationen vermuten dürfen.

[40] H. Steinbeiß (wie Anm. 51) 2.

[41] A. Cameron 1970, 233 verweist darauf, daß es Claud. um die Gunst der Senatsaristokratie geht nicht aus Verehrung für den Senat (was wohl so rundweg nicht abzulehnen ist, da der Senat ein Faktor in Claudians Rom-Ideologie ist), sondern wegen der riesigen Besitzungen der Aristokraten, die auch Soldaten zu stellen hatten und daher politisch poussiert werden mußten.

[42] O. Kehding (wie Anm. 14) 24. W. Barr (wie Anm. 15) 181 steht allein mit der Annahme einer unterhaltenden Funktion der Epideiktik Claudians.

[43] P. L. Schmidt 1976.

[44] P. L. Schmidt 1976, 7 spricht von „weitgehender Funktionalisierung typisch poetischer Kunstmittel und Darstellungsformen." Auch bei den Pan. Lat. hängt die Einhaltung des Schemas von der aktuellen Funktion ab.

[45] P. L. Schmidt 1976, 23, 25 f.

[46] A. Cameron 1970, 189 f.

und Leitfiguren der Größe Roms beschworen, sondern es wird ein aktuelles politisches Ziel anvisiert: das Zusammengehen von Senatsaristokratie und Zentralgewalt. Es ist politisch nicht irrelevant, daß dabei Roma den Kaiser berät und der Kaiser die Göttin seiner pietas gegen sie versichert.

Noch deutlicher wird die funktionale Bedingtheit der narrativen Strukturierung des Hauptteils von 3 cons. Claudian erzählt vom Bürgerkrieg gegen Eugenius (63–104) und fährt fort: Als Theodosius im Sterben lag, war Honorius nach Mailand geeilt (111–141), weil sein Vater ihm die Herrschaft selbst übergeben wollte. Höchst merkwürdig und unerwartet entwickelt sich das Geschehen weiter: Honorius ist eingetroffen, da fordert Theodosius alle auf, ihn, Theodosius, mit Stilicho allein zu lassen, und übergibt diesem in Anbetracht seiner bisherigen Verdienste um das Reich die Regentschaft für beide Söhne, für das gesamte Reich (152f., s. a. Stil. 1,140f., Stil. 2,50–62). Es kommt hier also nicht auf den Preis einer moralischen Qualität dessen an, dem der Panegyrikus gewidmet ist, also des Honorius, auch nicht auf einen solchen des Stilicho, sondern auf die Darstellung eines (wegen seiner Unbezeugbarkeit rechtlich fragwürdigen) Vorgangs, der Übergabe der Regentschaft über beide Reichsteile[47] durch Theodosius an Stilicho, und dieser Vorgang konnte adäquat und überzeugend nur narrativ dargestellt werden. – Die Struktur von 6 cons. ist durch zwei Erzählblöcke bestimmt. Zum einen gilt es, die Verdrängung Alarichs aus Italien als erfolgt und als Tat Stilichos darzustellen (127–331, aufgegriffen 440–490), zum anderen den inzwischen außergewöhnlichen Vorgang zu würdigen, daß der Kaiser zum Antritt des Konsulats nach Rom kommt und seine Ehrfurcht gegen den Senat (587 bis 596) und die Victoria (597–602) ausdrückt (332–639).

Beim Konsulatsantritt Stilichos mußte es dagegen Ziel des Dichters sein, den halbgermanischen Heermeister als Repräsentanten altrömischer Tugenden hinzustellen, und so lag die topische Strukturierung des Preisgedichts nahe. Die Einstreuung kurzer Erzählungen von Ereignissen, in denen sich diese Tugenden bewährten, liegt durchaus im Sinne der antiken Theorie; die breite Darstellung des gildonischen Krieges (246 bis 385) hatte dagegen zum Ziel, den Sieg über Gildo für ein Werk Stilichos auszugeben.

Am aufschlußreichsten dafür, mit welcher Rigorosität Claudian die Struktur der Funktion unterordnet, sind die Invektiven; Claudian durchbricht in ihnen das Dispositionsschema des psógos. Ruf. 2 bietet eine Geschichte des Krieges gegen die Goten, um Rufin die Verantwortung für ihren Einfall zuzuschieben wie dafür, daß sie nicht geschlagen wurden; ähnlich wird in Eutr. 2 die Geschichte des Krieges gegen die Gruthungi erzählt, um den Nachweis der Unfähigkeit Eutrops zu erbringen.

Die narrative Strukturierung leistet aber noch mehr, als historische Vorgänge in den Panegyrikus einzubringen: Die Narration eines Vorgangs, an dem zeithistorische Figuren beteiligt sind, assoziiert die Vorstellung des Berichts, der Bericht wiederum die der Authentizität. Die Möglichkeit, sich durch das Mittel der Narration als Berichterstatter und damit als Gewährsmann zu gerieren, nutzt Claudian konsequent. So konnte man Stilicho die Schuld an der Ermordung Rufins geben; Claudian aber berichtet uns, „wie es war" (Ruf. 2, 220–453), er berichtet von der Empörung, die das vereinigte römische Heer ergreift, als es unmittelbar vor der Schlacht gegen die Goten

---

[47] Die Entwicklung des Westreichs und seiner Beziehungen zum Ostreich im uns interessierenden Zeitraum am ausführlichsten bei P. Fargues (wie Anm. 2) 76–117, S. Mazzarino (wie Anm. 21) und A. Cameron 1970; s. a. E. Demougeot, De l'unité à la division de l'empire romain (395–410), Paris 1951.

durch einen Befehl aus Ostrom gehindert wird, von der besänftigenden Rede Stilichos, von der Reaktion des Ostheeres auf die Teilung der Armee, von seiner heimlichen Verschwörung, über die nichts nach außen dringt (278—291), von dem ominösen Traum des Rufin, der ihm verkündet, am folgenden Tag sollen seine Sorgen ein Ende haben, solle er über alles Volk erhöht werden (324—335), und von seinem schließlichen Ende. Rufin selbst ist demnach an seinem Tod schuld, er, der das Heer, der das Fatum herausfordert. Unschuldig ist Stilicho — das wird nirgends gesagt, aber gestaltet.

Der Eindruck der Authentizität wird noch erhöht, wenn über Äußerungen von Personen nicht berichtet wird, sondern sie durch das epische Strukturelement der Rede gewissermaßen zitiert werden, selbst zu Wort kommen.[48] So läßt Claudian Theodosius die Herrschaft über das Gesamtreich Stilicho mit eigenen Worten übertragen (3 cons. 144—162), der Eridanus (6 cons. 180—192) und Alarich (6 cons. 274—319) bezeugen selbst, daß die Goten geschlagen sind, Rufin spricht persönlich aus, daß er Mitkaiser werden will (Ruf. 2, 311—316). Darüber hinaus vermag die Prosopopoiie, die beliebteste Redeform Claudians, in eindrucksvoller Weise differenzierte Interessen propagandistisch wirksam zu vereinfachen: Wenn Roma, Africa oder andere Personifikationen reden, so sprechen ja nicht geographische Gebiete, sondern es handelt sich recht eigentlich um Kollektivreden der Bewohner, und es wird der Eindruck erweckt, die Römer, Afrikaner usw. wären zur jeweiligen Sache einer Meinung, sprächen mit einer Stimme; Widersprüche zwischen Klassen, Schichten, Ständen, Fraktionen können ignoriert werden, da sich kein Kollektiv, sondern eine Person äußert.

Mit dem Ziel, Authentizität zu suggerieren, kann auch das Tableau eingesetzt werden, so wenn der Eindruck, beinahe hätte Stilicho die Goten in Griechenland geschlagen, dadurch besonders lebhaft vermittelt wird, daß Claudian das vereinigte römische Heer in Schlachtaufstellung zeigt (Ruf. 2, 171—185), oder wenn er die Ermordung Rufins als selbstverschuldet auch dadurch hinzustellen weiß, daß er ein Gemälde entwirft, wie die Soldaten in ungeheurem Wutausbruch über den Verhaßten herfallen (Ruf. 2, 410—417).

Weit über die Prätendierung von Authentizität hinaus sind die epischen Strukturelemente auf psychagogische Wirkung hin ausgerichtet[49]: Das jeweilige Geschehen, die jeweiligen Handlungen werden durch exempla und synkriseis aus der römischen Geschichte in deren Gesamtzusammenhang eingebettet. So werden die großen, in die rhetorische Literatur eingegangenen Namen der republikanischen Geschichte, durch deren bloße Nennung eine Fülle historischer, vor allem aber ethischer Assoziationen[50] ausgelöst wird, in exempla angeführt, um die Zeitgeschichte mit ihr zu vergleichen. Diese überbietet dann die Vergangenheit, sofern es sich um Westrom, oder sie wird als entsetzlicher Abfall hingestellt, sofern es sich um Ostrom handelt.[51] Die Vergangen-

---

[48] Herausgearbeitet von P. L. Schmidt 1976, 25 und Anm. 47.

[49] Die Rolle der Psychagogie bei Nonnos herausgearbeitet von P. Krafft, Erzählung und Psychagogie in Nonnos' Dionysiaka, in: Studien zur Literatur der Spätantike (Antiquitas R. 1, Bd. 23) Bonn 1975, 91—137.

[50] Leider behandelt W. Eisenhut, Virtus Romana. Ihre Stellung im römischen Wertesystem (Studia et testimonia antiqua 13) München 1973, Claudian nicht.

[51] Die Parallelisierung Claudian—Sallust, die H. Steinbeiß, Das Geschichtsbild Claudians, Diss. Halle 1936, 5—15 vornimmt und in dem Schlagwort „Ehrfurcht vor der römischen Geschichte als Grundlage der Gegenwartskritik" (5) zusammenfaßt, ist so unzutreffend; Stilicho fällt keineswegs ab gegenüber den großen Gestalten der römischen Geschichte —

heit ist es, die bei allen zeitweiligen aktuellen Mißlichkeiten die Ewigkeit Roms garantiert.[52] Psychagogisch besonders wirkungsvoll ist die Gestalt der Roma,[53] in der sich das aristokratische römische Wertesystem symbolisch verdichtet und die Auseinandersetzung Westroms mit Ostrom sich personifiziert.

Durch Vergleiche aus der Natur wird das aktuelle Geschehen zum elementaren, durch Götterszenen und Götterreden wird es ins Universale gesteigert. Damit steht das Ethos, der Gestus der claudianischen Panegyriken und Invektiven der Laus Messallae und der Laus Pisonis weniger nahe als dem weit kürzeren Panegyrikus des Statius auf Domitian (silv. 4, 1), zu dessen Beginn der Konsulatsantritt des Kaisers in stellare Dimensionen gesteigert wird (1–4), den eine Rede des Janus an Jupiter beherrscht (11–44) und der ausklingt mit dem Bilde, wie Janus seinen Tempel schließt, die Pforten der anderen Tempel auffliegen und Jupiter Domitian lange Jugend verleiht. Man wird nicht fehlgehen, wenn man das erstaunliche Phänomen jahrhundertelangen Weiterlebens der Panegyriken auf ephemere Persönlichkeiten auf die vielfältigen Assoziationen zurückführt, die die psychagogisch eingesetzten epischen Strukturelemente in diese Dichtungen eingebracht hatten und die deren vielfältige Rezeption ermöglichten.[54]

Die Beispiele zeigen, wie seit 395 die Epideiktik Claudians in den Dienst der Politik Stilichos gestellt ist. Von wem und wovon die Dichtungen rein äußerlich handeln, es geht um ihn. Um sein Lob zu singen, biegt Claudian die rhetorischen Topoi um (4 cons. 434–487: die facta bello Stilichos sind die des Honorius), führt er neue Kompositionsmöglichkeiten ein (s. 6 cons.) und opfert er das innere Gesetz der Gattung (die Invektiven laufen stets auf einen Preis Stilichos hinaus (Ruf. 1, 259–353; Eutr. 2, 501–602). In Theod. (159–172) oder auch in 3 cons. (142–162) ist nur in wenigen Versen von Stilicho die Rede, doch diese sind der Kernpunkt des jeweiligen Gedichtes.[55] Theod. 159–172 lesen wir in der Rede der Justitia an Mallius Theodorus:

Quis vero insignem tanto sub principe curam
160 *respuat? aut quando meritis maiora patebunt*
praemia? quis demens adeo qui iungere sensus
cum Stilichone neget? similem quae protulit aetas
consilio vel Marte virum? nunc Brutus amaret
vivere sub regno, tali succumbere aulae

das gilt nur für seine Feinde. – Die Kritik Ostroms sieht Chr. Gnilka (wie Anm. 33) als Fortführung der römischen Griechenverachtung; richtiger wäre, zu sagen, Claudian nutze die traditionellen Vorurteile für seine Zwecke.

[52] Vgl. P. G. Christiansen, Claudian and Eternal Rome, L'antiquité classique 40, 1971, 670–674.

[53] U. Knoche, Ein Sinnbild römischer Selbstauffassung, in: Symbola Coloniensia J. Kroll Sexagenario oblata, Köln 1949, 161 nennt die Gestalt der Dea Roma ein Symbol „nicht bloß der kriegerischen, sondern der gesamten Tradition des Römertums mitsamt den moralischen, kulturellen und Bildungswerten..." Zwar werden ihre kriegerischen Züge besonders herausgestrichen, daneben aber auch *pudor, virtus*; sie ist *legum genetrix* (Prob. 73ff., 91f.). Nicht zugänglich war mir C. Fayer, Il culto della dea Roma. Origine e diffusione nell'Impero (Collana di Saggi e Ricerche 9) Pescara 1976.

[54] Zum Problem P. L. Schmidt 1976, 7, 29–43. Keineswegs kann man der allgemeinen Formulierung von R. Häußler 1978a, 131 zustimmen: „Was solcherart für den Tag geschrieben wird, ist dem Tag verfallen."

[55] A. Cameron 1970, 41f.; s. a. Th. Birt XXIIIf.; P. Fargues (beide wie Anm. 2) 13f.

165 *Fabricius, cuperent ipsi servire Catones.*
nonne vides, ut nostra soror Clementia tristes
obtundat gladios fratresque amplexa serenos
adsurgat Pietas, fractis ut lugeat armis
Perfidia et laceris morientes crinibus hydri
170 *lambant invalido Furiarum vincla veneno?*
exultat cum Pace Fides, iam sidera cunctae
liquimus et placidas inter discurrimus urbes.

Hier klingen in vierzehn Versen all jene Institutionen und Begriffe an, die, von vielen Generationen der römischen herrschenden Klassen durch die Jahrhunderte getragen, beim Hörer positiv befrachtet waren: der Princeps als Stütze des Reiches, das Konsulat als höchste Bürgerwürde, die republikanischen Ideale der Mäßigkeit (Fabricius) und Freiheit, die von altrömischen exempla virtutis errungen (Brutus) und verteidigt (Cato) wurden und in der neuen Regierungsform „aufgehoben" sind (163–165),[56] die Eintracht der Bürger, die Reichseinheit, in der Eintracht der kaiserlichen Brüder garantiert, der Frieden, die Blüte der Städte, die gegen die Intrigen der Perfidia durch Clementia, Pietas, Fides und Pax ihre göttliche Weihe erhalten haben. Und Träger all dieser Ideale, der Mann, der ein politisches Klima schafft, in dem das Römertum zu voller Entfaltung kommen kann, ist, so der Dichter, der an staatsmännischer Weisheit und kriegerischer Entschlossenheit unvergleichliche Stilicho. Wer wider ihn ist, denkt und handelt unrömisch.

Nachdem schon P. Fargues Claudian als Journalisten bezeichnet hatte,[57] erkannte A. Cameron in der Propagandafunktion den Schlüssel zum Verständnis der Zeitgedichte Claudians.[58] Gnilka hat dagegen mit zunehmender Heftigkeit opponiert.[59] Beide Gelehrten treffen sich darin, daß sie den Begriff Propaganda als Synonym für Demagogie betrachten; der Unterschied zwischen den Auffassungen beider reduziert sich darauf, daß Cameron Claudian jede Skrupellosigkeit zutraut, Gnilka dagegen nicht. P. L. Schmidt hat den Begriff der Propaganda aufgenommen und zugleich kommunikationsstrategisch objektiviert: Propaganda nannte er die Zielrichtung des Panegyrikus nicht auf den Herrscher, sondern auf das Publikum,[60] das nicht Komparserie,

---

[56] Vgl. L. Wickert, Der Prinzipat und die Freiheit, in: Symbola (wie Anm. 53) bes. 122.

[57] P. Fargues (wie Anm. 2) 57.

[58] A. Cameron 1970, 42–58, 78; auch bei ihm 42 der Begriff Journalist: „... there can be no doubt whatever that Claudian was acting as Stilico's official propagandist ..." 44: „All this is not mere conventional flattery ... It is nothing less than a careful and deliberate defence of Stilico's position ..."

[59] Chr. Gnilka, Götter und Dämonen in den Gedichten Claudians, A & A 18, 1973, 144–160 und in der Rezension zu A. Cameron 1970 in Gnomon 49, 1977, 26–51, wo 27 Propaganda als „modern-modischer Terminus" bezeichnet wird. – Zum Thema weiterhin: S. Döpp (wie Anm. 2); B. Moroni, Tradizione letteraria e propaganda. Osservazioni sulla poesia politica di Claudiano, Scripta philologica 3, 1982, 213–239; J. Lehner, Poesie und Politik in Claudians Panegyrikus auf das vierte Konsulat des Kaisers Honorius (Beitr. z. Klass. Philol. 163) Meisenheim a. Gl. 1984; W. Ernest, Die Laudes Honorii Augusti Claudians, Diss. Regensburg 1987 (masch.).

[60] P. L. Schmidt 1976, 9. Schon A. Cameron 1965 zeigt: Ziel der Panegyrik Claudians ist „not solely to gratify the vanity of the recipient, but to represent him as he wished to be thought of by others ..."

sondern Adressat ist.[61] Claudian ist ein eminent politischer Dichter, sein politisches Interesse und sein politischer Instinkt dokumentieren sich, wie gesagt, bereits in dem meist als nugae verstandenen Prob. Claudian war Propagandist, doch kein offiziöser Apologet, sondern ein überzeugter Parteimann. Schon die staunenerregende und für einen Griechen singuläre Beherrschung der lateinischen Dichtersprache, die ihm den Weg nach Rom und Mailand öffnete, setzte in der überdurchschnittlichen Vertiefung in die römische Dichtung und rhetorische Literatur eine frühe Affinität zum Westen voraus, und der alle Bereiche — Dichtung, Geschichtsbild, Staatsauffassung, Religiosität — prägende Traditionalismus Claudians ist offenkundig Ausdruck einer Haltung. Stilicho war ein fähiger konservativer Politiker, der dreizehn Jahre lang die Politik Westroms klug lenkte — es sei allein darauf hingewiesen, mit welchem Geschick er die Auseinandersetzung mit Gildo behandelte und sogar den jahrelang verteidigten Anspruch auf das Ostreich über Bord warf, als er offenkundig mit den Realitäten unvereinbar geworden war.[62] Seine Politik zu propagieren, bedurfte es keiner infamen Skrupellosigkeit. Wirklichkeitsfremd wäre es aber, einen unversöhnlichen Gegensatz von Gesinnungspolitiker (das ist Claudian nach Gnilka) und Realpolitiker (so Cameron) zu konstruieren; denn wenn Claudian in der Strategie wesentliche Züge seiner Überzeugung wiederfand und darstellte, so mußte er auch taktische Elemente verteidigen, die letztlich auf die reale Durchsetzung der Grundlinien dieser Politik gerichtet waren.[63]

Offenkundig befolgt Claudian, wenn er den faktizistischen Bericht vage und ungenau gestaltet, nicht einfach die narrative Strategie der Ellipse,[64] weil die Fakten den Zuhörern schon bekannt sind,[65] sondern „il savait fort bien ce qu'il devait dire et ce qu'il devait passer sous silence..."[66] — sei es, daß er Hinweise von Stilicho oder dessen Umgebung befolgte, sei es, daß er als guter „Regierungssprecher" selbst erfaßte, worauf es ankam. Das wird sich bei der Analyse von Gild. und Get. zeigen.

Zu den immer wieder diskutierten Claudian-Problemen gehört die Frage nach der Religionszugehörigkeit des Dichters: War er Christ oder Heide?

Dafür, daß Claudian mindestens äußerlich[67] Christ war, werden folgende Argumente angeführt:

---

[61] Fälschlich bezeichnet M. Balzert, Die Komposition des claudianischen Gotenkriegsgedichtes c. 26 (Spudasmata 13) Hildesheim/New York 1974, 7 Stilicho als Adressaten der Dichtung.

[62] S. a. P. G. Christiansen, Claudian and the East, Historia 19, 1970, 113—120.

[63] S. auch N. I. L'vov, Bor'ba za edinstvo rimskoj imperii i za preobladanie Rima v proizvedeniach Klavdija Klavdijana, VDI 1958, H. 3, 156—165.

[64] K. Bartoscyński 1973, 208 stellt der Strategie der Ellipse, die bei gleichem gesellschaftlichen Kontext von Sender und Empfänger vieles in der Erzählung ausläßt oder impliziert, die Strategie der Redundanz gegenüber, wo vieles ausgesprochen wird, „was sowohl für den dargestellten Sender als auch für den ins Werk eingeschriebenen Empfänger ohnehin offenkundig ist."

[65] So P. Fargues (wie Anm. 2) 39.

[66] P. Fargues 57. — Zu ergänzen ist mit P. L. Schmidt 1976 Anm. 21, S. 49: „Das historische Faktum, seine propagandistische Deutung und die panegyrisch-pathetische Darbietung gehen eine enge Verbindung ein."

[67] Vollmer RE 3, 2, 1899, 2656.

- sein Gedicht De salvatore (c.m. 32), dessen Echtheit die Anhänger der Paganismus-These bezweifeln;[68]
- die Vermutung, ein Nichtchrist hätte sich am katholischen Hof des Honorius mindestens als Sprecher der Regierung nicht halten können.[69]

Als Argumente für das Heidentum Claudians gelten:
- Augustins Äußerung, der Dichter sei *a Christi nomine alienus* (civ. dei 5, 26) gewesen, von Orosius vergröbert zu der Charakteristik *paganus pervicacissimus* (Oros. 7, 35);[70]
- Claudians Gedicht auf einen Jacobus (c.m. 50), in dem dessen Heiligenverehrung verspottet wird;[71]
- die vollständige Ignorierung des Christentums durch Claudian,[72] „die Fiktion einer noch intakten antiken Götterwelt";[73]
- der fast ausschließlich pluralische Gebrauch von *deus* bei Claudian;[74]
- die Verspottung der Prophetien des Mönchs Johannes in Eutr. 1, 312;[75]
- das Fehlen der christlichen Interpretation der Siege des Mark Aurel und des Theodosius;[76]
- die Äußerung über die Victoria (Stil. 3, 202ff.; 6 cons. 597ff.);[77]
- die Rolle der antiken Götter und Mythen in den Gedichten Claudians.[78]

---

[68] So R. Helm, Heidnisches und Christliches bei spätlateinischen Dichtern, in: Natalicium Joh. Geffcken zum 70. Geburtstag, Heidelberg 1931, 39f.; P. Fargues (wie Anm. 2) 159; gegen diese Zweifel A. Cameron 1970, 214–217; zuletzt J. Sebesta, Claudian's Credo: The De salvatore, Classical Bulletin 56, 1980, 33–37. – Als Dokument des philosophischen und religiösen Synkretismus versteht das Gedicht S. Gennaro, Lucrezio e l'apologia latina in Claudiano, Catania 1958.

[69] Vorsichtig W. Schmid RAC 3, 1957, 159f.: „ist doch wohl die überaus intime Stellung des C. am Hof für einen erklärten Nichtchristen schwer vorstellbar..." Dagegen hat R. v. Haehling 1978 nachgewiesen, daß es Nichtchristen noch bis ins 5. Jahrh. zu hohen Ehrenstellungen bringen konnten.

[70] Dazu P. L. Schmidt 1976, 12.

[71] Dazu R. Helm (wie Anm. 68) 29f.; P. Fargues (wie Anm. 2) 160–166; Chr. Gnilka, Gnomon 49, 1977, 42. A. Cameron 1970, 224f. meint, es sei nicht gegen die Heiligen, sondern gegen Jacobus gerichtet; der Text ist da eindeutiger. Vgl. auch C. Lo Cicero, I carmi christiani di Claudiano, Atti dell' Accademia di Scienze, Lettere ed Arti di Palermo 36, 1976/77, 5–51; J. Vanderspoel, Claudian, Christ and the Cult of the Saints, Class. Quarterly n. s. 36, 1986, 244–255.

[72] R. Helm 1931, 28f.; A. Cameron 1970, 199; Chr. Gnilka (wie Anm. 59) 155 weist darauf hin, daß das Christentum der Goten nie erwähnt wird.

[73] Chr. Gnilka (wie Anm. 59) 155.

[74] R. Helm 32; dagegen A. Cameron 1970, 196.

[75] P. Fargues 162.

[76] P. Fargues 163.

[77] P. Fargues 164–166, heruntergespielt von A. Cameron 1970, 237–241, der den Unterschied zwischen Altar und Statue der Victoria in der Kurie betont; gewiß konnte sich Claudian scheinbar auf diesen Unterschied berufen, doch war die Auseinandersetzung zwischen Kaiser, Staat und Ambrosius wohl in Rom noch lebhaft genug in Erinnerung, um beim Publikum assoziiert zu werden, wenn von der Victoria die Rede war. Gegen Cameron Chr. Gnilka, Gnomon 49, 1977, 39f.

[78] P. Fargues 164.

Eine Entscheidung ist schwer zu fällen.[79] Zu bedenken ist folgendes:
- Mit Recht ist immer wieder darauf hingewiesen worden, daß keineswegs ein scharfer Schnitt durch die römischen Oberschichten ging, Christen und Nichtchristen sich nicht unversöhnlich gegenüberstanden. Die gemeinsame Klassenzugehörigkeit, die gemeinsamen Interessen z. B. gegen die Volksmassen, gegen die Zentralgewalt, der Stolz auf die gemeinsame Tradition und Kultur als ideologischer Ausdruck dieser klassenmäßigen Gemeinsamkeit sind weit stärker als die religiösen Gegensätze.[80] Der Bruch eines Paulinus von Nola mit den ökonomischen Grundlagen und geistigen Voraussetzungen der Senatsaristokratie machte ja gerade wegen seiner Exzeptionalität Eindruck und ließ ihn einsam werden.
- Durch eine jahrhundertelange, zumal protestantische Tradition ist uns der Glaube als zentraler religiöser Begriff selbstverständlich geworden. Sind uns auch in diesem Sinne tiefreligiöse Geister aus dem 4. Jahrhundert zur Genüge bekannt, so dürfen wir dennoch annehmen, daß die meisten der antiken Christen infolge der Tradition, in der sie standen, auch das Christentum als Kultreligion verstanden haben, sich also durchaus nicht als laue Christen fühlten, wenn sie sich auf die Teilnahme an den Kulthandlungen beschränkten.
- Sofern Claudian nicht religiösen Dingen gegenüber schlicht indifferent war,[81] dürfte er, war er Heide, sich in einen der Mysterienkulte haben initiieren lassen (oder — wie Praetextatus — in mehrere von ihnen),[82] mit Sicherheit haben die antiken Kulte seine religiösen Bedürfnisse nicht befriedigt.[83] Mit Nachdruck ist also darauf zu verweisen, daß von der Rolle der Mythologie bei Claudian,[84] auch wenn er angeblich „die Götter und Gestalten des Mythos zu neuem Dasein"[85] erweckte, keineswegs auf seine Religionszugehörigkeit geschlossen werden darf.

[79] Sie ist so schwer, daß A. Cameron selbst 1965, 475 mit der gleichen Verve den Nachweis führt, daß Claud. kein Christ war (das bewiesen die Äußerungen von Augustin und Orosius hinlänglich), mit der er 1970, 188—227 das Christentum Claudians verteidigt (Augustin und Orosius bewiesen nichts, 191 f.).

[80] So auch U. Knoche (wie Anm. 53) 161: „... es ist in der Tat irreführend, wenn man die geistige Auseinandersetzung dieser Jahrzehnte auf den Gegensatz Christentum — Heidentum bringen will." Zur gemeinsamen Kultur der Aristokratie P. L. Schmidt 1976, 43. A. K. Clarke (wie Anm. 8), die glaubt, bei Claudian Juvencus- und Ambrosius-Kenntnis nachweisen zu können (vorsichtiger A. Cameron 1970, 218), will aus dieser Kenntnis keine Folgerungen für die Religionszugehörigkeit Claudians ziehen, s. 132 f.: „Christian and pagan Milan, as elsewhere at this periods (sic) shared a common cultural background and social life, and Claudian could have moved freely in Christian circle (sic), without being personally committed." A. Cameron 1970, 230 betont richtig, Appell an den Senat bedeute nicht Appell an Heiden.

[81] So P. Fargues 166, 171; R. Helm 38: „... der Dichter hat zwischen stoischer und epikureischer Weltanschauung, zwischen Götterglauben und Skepsis geschwankt..." 41: „Er ist kein Halbchrist..."

[82] A. Cameron 1970, 200, 216.

[83] Auch wenn er nicht Christ war, war er also keinesfalls dem „Alten Glauben" im Sinne der antiken Kulte zugetan (Vollmer, RE III, 2, 1899, 2656), war mindestens kein religiös motivierter „défenseur timide mais convaincu de la vieille religion nationale" (P. Fargues 163).

[84] Zum mythologischen Vergleich A. Mortillaro (wie Anm. 29) 28—37, 47—52.

[85] Chr. Gnilka, Gnomon 49, 1977, 41—43. Das ist auch nicht eigentlich zutreffend; P. L.

— Ruft man sich den Bestand christlicher Großdichtung im Jahre 395 in Erinnerung, so wird deutlich, wie bescheiden er ist und daß er nur einem kleinen Publikum bekannt sein konnte. Auch wenn er Christ war, dürfte Claudian angesichts seines Bildungsgangs nicht darauf verfallen sein, christliche Panegyriken, Invektiven, historische Epen, Epithalamien zu schreiben; nicht nur hieße das von ihm eine enorme innovatorische Leistung erwarten (die Paulinus von Nola ansatzweise durchaus besaß), es hätte auch bedeutet, daß er als Eiferer verstanden worden wäre, mindestens den nichtchristlichen Teil seines Publikums[86] nicht erreicht und wohl auch den christlichen verschreckt hätte. Auch ist die Alternative falsch, Claudian sei entweder Heide gewesen, weil er die antiken Mythen gar so lebhaft erzähle, oder er sei Christ, denn die Götter und Mythen seien „merely decorative", bloßer Apparat, dessen Gebrauch der Epenvers mit sich bringe.[87] So richtig auch das ist, so kommt doch ein weiterer Gesichtspunkt hinzu, und der ist im Falle Claudians der entscheidende: Die Götter und Mythen sind – wie schon für Symmachus und andere – für den Dichter nicht Religion, sondern gehören zur römischen Tradition, der allgemein kulturellen wie der spezifisch poetischen.[88] Die mythologischen Gestalten und allegorischen Personifikationen bieten durch die lange Tradition, die in ihnen aufgehoben ist, nicht nur eine „aus der literarischen Tradition vertraute Atmosphäre",[89] sondern einen Beziehungsreichtum, der ein zwar vages, aber emotional aufgeladenes Gegenwartsbild produziert.[90] Ein Traditionalist,[91] der den Preis eines Traditionalisten für Traditionalisten sang, konnte die Gegenwart bzw. die Aufgaben, die die Gegenwart stellte, nicht als Erbe und Auftrag der großen Vergangenheit gestalten ohne die bedeutungsträchtige Folie der Götter. Sie sind Bestandteil der Tradition, nicht Götter, deren Religion der Dichter anhängt,[92] sind weder Glaubenstatsachen noch bloßer Apparat. Die Rolle der

Schmidt 1976, 27, 38 hebt als Charakteristik der olympischen Götter Claudians hervor, sie seien zur Personifikation (des Krieges, der Jagd usw.) geschrumpft. Die Roma ist zudem religiös neutral, tritt bei Claudian und bei Prudenz auf. Schließlich ist Claudians Spiel mit mythologischen Figuren nicht zu vergessen (Theod. 282–332 die Musen als Unterhaltungskünstlerinnen; Stil. 3, 237–369 Diana als Organisator der Versorgung des Amphitheaters mit Tieren).

[86] Das war aber das Ziel Stilichos, S. Mazzarino (wie Anm. 21) 231; A. Cameron 1970, 193–199. Wie notwendig das war, wird aus den Auseinandersetzungen zwischen Stilicho und dem Senat in der Vorbereitungsphase des gildonischen Krieges deutlich, s. u. 175f.

[87] S. Dill 1899, 395, ähnlich A. Mortillaro (wie Anm. 29) 28; A. Cameron (wie Anm. 2) 154.

[88] Vgl. H. Steinbeiß (wie Anm. 51); W. Schmid (wie Anm. 2) 165–167.

[89] P. L. Schmidt 1976, 26.

[90] Vgl. W. Schmid RAC 3, 1957, 157: „Erhöhung und Glorifizierung der zeitgeschichtlichen Realität". J. Martin 1974, 208: „Werden die praxeis, die den Inhalt der epideiktischen Rede ausmachen, allgemein übereinstimmend als wahr angenommen, bleibt für die Rede nur noch übrig, ihnen Größe und Schönheit zu verleihen. Das ist die Aufgabe der aúxesis."

[91] D. Romano (wie Anm. 2) 142: „Il classicismo, l'amore ed il culto del passato è come la costante spirituale di Claudiano . . ."

[92] So war auch für Symmachus entscheidend nicht der Kult der Victoria, sondern die salus publica, in deren Dienst er steht – gegen diese Auffassung polemisiert ja auch noch

Mythologie bei Claudian ist gewiß Ausdruck der Überzeugung des Dichters, nur eben nicht seiner religiösen Überzeugung; vor allem charakterisiert sie sein Publikum, das mit Sicherheit Christen und Pagane umfaßte. Ihnen gegenüber wurden Glaubensfragen am besten nicht erwähnt, aber dies war ihnen gemeinsam: der Wunsch, ihre ökonomische, soziale, politische Situation zu erhalten, oder gar die Überzeugung von deren Selbstverständlichkeit, von der Notwendigkeit, das Reich und seine Größe als deren Garanten zu sichern; und die mehr oder weniger klare Erkenntnis, daß die Rom-Ideologie, die Berufung auf die große Vergangenheit eine wesentliche Stütze des status quo war, zur Rechtfertigung ihres Anspruchs dienen konnte.[93] Die Regierungspolitik beurteilten sie danach, wie weit sie ihrer Meinung nach diese ihre Ansprüche sicherte; je nachdem stützten sie Männer wie Eutrop und Stilicho oder ließen sie fallen. Die Politik Stilichos den ökonomisch oder politisch Mächtigen in ihrem Sinne zu deuten war die Aufgabe Claudians.

3.3. Die historischen Epen

3.3.1. De bello Gildonico [94]

3.3.1.1. Die Tradition des lateinischen zeithistorischen Epos

Die lateinischen zeithistorischen Epen sind uns fast spurlos verloren (s. o. 55f.). Wie der Marius des Cicero,[95] der Kapitolinische Krieg des Domitian, das Epos der Proba über den Krieg zwischen dem Kaiser Konstantius und dem Usurpator Magnentius, insonderheit aber der Germanenkrieg des Statius strukturiert waren, können wir nicht rekonstruieren. Daß sie stark panegyrische Züge trugen, dürfen wir aus der Geschichte des antiken historischen Epos schließen[96] und aus dem Gestus der erhaltenen Verse der ciceronianischen Gedichte Marius und De consulatu suo sowie des statianischen Germanenkriegsepos.[97] Wir dürfen davon ausgehen, daß ähnlich

---

Prudenz, s. U. Knoche (wie Anm. 53) 144, 161. Richtig auch P. Fargues 166: „... il ne semble pas avoir eu une ame vraiment religieuse. Son paganisme avait un caractère politique ..."

[93] Unzutreffend ist die Behauptung von A. Cameron (wie Anm. 2) 156: „All Claudian's most eloquent passages about Rome and its glorious past occur in the poems he recited in Rome ..." – S. dagegen z. B. 4. cons. 214–220, 503–515; Stil. 1, 325–332, 368–385; Stil. 2, 270–407; Ruf. 2, 49–53; Eutr. 1, 391–513; Gild. 17–133, 270–275.

[94] Dazu E. M. Olechowska, Le De bello Gildonico de Claudien et la tradition épique, Museum Helveticum 31, 1974, 46–60 und E. Burck 1979, 366–369; A. Alberte, Consideraciones en torno al carácter épico de los poemas de Claudiano De bello Gildonico y De bello Gothico, Durius 6, 1978, 29–49; S. Döpp 1980, 133–149; Claudi Claudiani De bello Gildonico. Texte ét., trad. et commenté par E. M. Olechowska (Roma aeterna 10) Leiden 1978. – Zum historischen Epos der Antike K. Ziegler 1966, R. Häußler 1976. 1978, R. Häußler 1978 a.

[95] M. Balzert (wie Anm. 61) 45 vermutet, Claudian sei von Cicero „als reinem Archegeten episch verarbeiteter Zeitgeschichte" stark beeinflußt.

[96] K. Ziegler 1956; R. Häußler 1978a, 130.

[97] Nicht recht deutlich ist mir, warum P. L. Schmidt 1976, 32 einen Einfluß der lateinischen historischen Epik auf Claudian ablehnt und ihre epischen Strukturelemente allein aus Verg., Ov., Luc. ableiten möchte mit dem Argument, Claudian sei „von seinen Lektüreerfahrungen geprägt". Die können wir ja aber nur insoweit rekonstruieren, als uns die Werke, die Claudian kannte, überliefert sind.

dem Konsularpanegyrikus und dem Epithalamium des Statius sein Germanenkrieg die Versuche des ägyptischen Dichters in der Gattung des historischen Epos geprägt hat; und gelegentlich seiner Tätigkeit im Dienste der Anicier wird man ihm wohl das Werk der begabten Vorfahrin nicht vorenthalten haben.

3.3.1.2. Der historische Hintergrund des Bellum Gildonicum[98]

Der afrikanische Fürst Gildo hatte im Jahre 375 gemeinsam mit dem älteren Theodosius, dem Vater des Kaisers, den Aufstand seines Bruders Firmus niedergeworfen; 385 (oder erst 387/388)[99] erhielt er den Rang eines comes Africae und später den für die Provinz Africa ungewöhnlichen Titel eines comes et magister utriusque militiae per Africam. Der Kaiser hatte durch diese Auszeichnung und eine Heirat versucht, den mächtigen Mann an sich zu binden. Gelungen war das nur zum Teil; denn in der Auseinandersetzung zwischen Theodosius und Eugenius entschied sich der oberste Heermeister Africas zwar nicht für diesen, aber auch nicht gegen ihn. Als Theodosius 395 gestorben, das Reich geteilt, die beiden Reichshälften verfeindet waren, hielt Gildo den Augenblick für günstig, um seinen Freiraum durch geschicktes Lavieren zwischen Rom und Konstantinopel zu erweitern. Er reduzierte die Kornlieferungen nach Rom, um dem Westreich seine Abhängigkeit von ihm zu demonstrieren und zugleich Kriegsrüstungen gegen sich in Gestalt der Anlage von Getreidemagazinen unmöglich zu machen. 397 stellte er sich unter den Schutz des Arcadius mit dem formaljuristischen Hinweis darauf, daß dieser der ältere Augustus sei, und Byzanz drohte vorsorglich, jeden, der gegen Gildo zu kämpfen wagte, zum Staatsfeind zu erklären. Die Lage war zusätzlich dadurch kompliziert, daß Stilicho in Konstantinopel zum hostis publicus erklärt worden war. Ein Krieg Stilichos, des Mannes, für den die Reichseinheit eines der wesentlichen Ziele war, gegen Gildo hätte also die offene Auflehnung gegen den Willen des einen regierenden Kaisers bedeutet, dessen Sachwalter zu sein Stilicho für sich in Anspruch nahm. Da bewies sich das politische und diplomatische Geschick Stilichos. Er belebte die staatsrechtliche Funktion des römischen Senats und ließ ihn Gildo (im Herbst 397) zum hostis publicus erklären.[100] Darauf stellte Gildo die Getreidelieferungen ganz ein; der Mangel in Rom verschärfte sich.

---

[98] Zum Folgenden J. Koch, Claudian und die Ereignisse der Jahre 395–398, Rhein. Museum 44, 1889, 610–612; O. Seeck, RE VIII, 1, 1910, 1360–1363 s. v. Gildo; S. Mazzarino (wie Anm. 21) 264–268; P. Romanelli, Storia delle province Romane dell' Africa (Studi pubblicati dall'Istituto Italiano per la storia antica 40) Roma 1959, 603–639; H. P. Kohns, Versorgungskrisen und Hungerrevolten im spätantiken Rom (Antiquitas R. 1, Bd. 6) Bonn 1961, bes. 190–207; S. J. Oost, Count Gildo and Theodosius the Great, Classical Philology 57, 1962, 27–30; H.-J. Diesner, Gildos Herrschaft und Niederlage bei Theueste (Tebessa), Klio 40, 1962, 178–186; E. Komornicka, Karriera polityczna księcia berberyskiego Gildona i jej obraz w' De bello Gildonico Klaudiusa Klaudianusa, Meander 26, 1971, 116–122; V. T. Sirotenko, Istorija meždunarodnych otnošenij v Evrope vo vtoroj polovine IV – načale VI v., Perm' 1975, 53; T. D. Barnes, An Anachronism in Claudian, Historia 27, 1978, 498f.; H. Dieter – R. Günther 1979, 359.

[99] So S. J. Oost 28.

[100] Aus Symm. ep. 4, 5 erfahren wir von einem Schreiben des Honorius an den Senat mit den Anklagegründen gegen Gildo; neben der offiziösen Propaganda Claudians ist hier die offizielle greifbar.

Der Krieg gegen Gildo war unabwendbar. Stilicho gab ihm den Anstrich einer innerafrikanischen Auseinandersetzung, eines bewaffneten Konflikts zwischen Katholiken und Donatisten, indem er Mascezel an die Spitze der Truppen stellte, einen Bruder Gildos, der am Mailänder Hof weilte und dessen Kinder der afrikanische Heermeister hatte umbringen lassen. Der Erfolg war überwältigend: Im Frühjahr 398 wurde das zahlenmäßig weit überlegene Heer Gildos zerstreut, Gildo selbst hingerichtet. Mascezel hat ihn nicht lange überlebt, er wurde in Mailand ermordet.

Für uns von besonderem Interesse ist die Haltung der römischen Aristokraten. Sie hatten 395 Honorius um Maßnahmen gegen Gildo, den Usurpator der Provinz, in der ihre reichsten Güter lagen, gebeten; sie erklärten demjenigen, der sie in Rom durch Drosselung der Kornzufuhr seit Jahren in Angst vor der Plebs hielt, den Krieg; gleichwohl waren sie nicht bereit, der Zentralgewalt Sklaven von sich als Soldaten für die Exekution der Kriegserklärung zu stellen. Hier wird einen Augenblick lang deutlich, daß es Claudian, wenn er die Rolle Roms und des Senats, die Größe der römischen Vergangenheit herausstellt, nicht allein, wohl auch nicht in erster Linie um eine romantische Verklärung der römischen Geschichte und der republikanischen Institutionen ging, schon gar nicht um eine heimliche Sympathie für die Paganen; sein Ziel war es, die ökonomisch Mächtigen und dadurch für die Durchsetzung der Politik der Zentralregierung unverzichtbaren Großgrundbesitzer für diese Politik zu gewinnen. Mit Blick auf sie und mit Blick auf das Verhältnis zum Ostreich stellte Claudian in seinem Gedicht ganz bestimmte politische Gesichtspunkte in den Vordergrund.

3.3.1.3. Komposition, Funktion, Erzähltechnik

Das Prooem des Bellum Gildonicum schlägt energisch das Thema an, rückt den Gesichtspunkt in den Vordergrund, unter dem das folgende Geschehen zu sehen ist: die Wiederherstellung der Eintracht der kaiserlichen Brüder durch den Sieg über Gildo (1–6). In den ersten Versen wird das Ereignis in doppelter Hinsicht in den Zusammenhang der römischen Geschichte gestellt. Ausdrücklich heißt es, der Sieg über Gildo sei die Erfüllung des Vermächtnisses Theodosius I. Durch Lukan-Similien wird zugleich die Größe der überwundenen Gefahr ins Bewußtsein gehoben: Ein Bürgerkrieg drohte, nicht geringer als der, der das Ende der Republik einläutete. *quod solum defuit armis* (Luc. 9, 1017) war für Caesar, wie der Bote meint, der es ihm überbringt, das Haupt des Pompeius – *quod solum defuit armis* (5) für Theodosius Gildos Bestrafung. *Concordia mundo/nostra perit* (Luc. 9, 1097f.) sagt Caesar, als er das Haupt des Pompeius in Händen hält und in geheuchelter Trauer klagt, daß er dem Besiegten nicht mehr vergeben kann, – *concordia fratrum plena redit* (415) ist umgekehrt das frohe Ergebnis des Sieges über Gildo – der Bruderkrieg ist abgewendet.[101] Dieses Ergebnis von historischer Dimension wird noch bewundernswerter durch die unfaßbare Schnelle, mit der es erreicht wurde: Weder die Natur (10f.), noch die Stärke des Gegners vermochten es zu verhindern.

Das Prooem weicht von der üblichen Exordialtopik ab. Es fehlen der Musenanruf

---

[101] Zugleich schwingt in *concordia plena* ein Ovid-Vers mit über die Eintracht von Papagei und Taube: Am. 2,6,13 *plena fuit omni concordia vita*, wohl weniger eine spielerische Umbiegung als die schon oft beobachtete Aktualisierung einer Junktur auf dem Umweg über ihre Lexikalisierung.

und genaugenommen die indicatio (auch wenn wir bedenken, daß das Werk unvollendet blieb); es nimmt vielmehr das strahlende Ergebnis vorweg. Vor diesem hebt sich die verzweifelte Lage zu Beginn der Auseinandersetzung besonders düster ab, wenn das im folgenden dargestellte Geschehen auch andererseits durch das Bewußtsein des guten Ausgangs an Licht gewinnt.

Das Epos ist in zwei große Blöcke gegliedert. Der erste umfaßt eine Szene auf dem Olymp (17–212) und drei Szenen in einer nächtlichen Zwischenwelt, wo die Toten zu den Lebenden reden (213–348); der zweite Block (349–526) umgreift eine Folge von vier Szenen: Kriegsrat (349–414), Kriegsvorbereitungen (415–423), Truppenschau (424–471) und Aufbruch in den Krieg (472–526), die letzte Szene des ersten Teils verbindet die beiden Blöcke.

Die Götterversammlung wird von zwei großen Prosopopoiien beherrscht, der der Roma (28–127) und der der Africa (134–200). Roma ist zum Olymp geeilt; ein rührendes Bild des Jammers (19–25), bricht die Halbverhungerte vor Jupiter in die Knie und klagt. Die Rede ist beherrscht vom Gegensatz zwischen glorreicher Geschichte und erbärmlicher Gegenwart. Die verheißene Größe, die frühere Ausdehnung des Reiches (46–48), die einst gesicherte Versorgung der Stadt (49–59) lassen die Rolle Romas als Bittstellerin (31) und Hungernde (34–40), von der Willkür eines Mauren Abhängige (66–75) als besonders schmählich erscheinen. *ante* (34) und *nunc* (34. 66. 113) kontrastieren.[102] Die stichwortartige, kumulierte oder vereinzelte Beschwörung von exempla der römischen Geschichte, deren jedem kaum mehr als ein Vers gewidmet ist, ruft in rascher Folge Glanzpunkte römischer Historie, die vor allem in Kriegen, in Eroberungen bestehen,[103] vor Augen; vor diesem Hintergrund erscheint die Gegenwart immer wieder in ihrer ganzen Düsternis, so daß sich die Frage stellt nach dem Sinn der Geschichte (76. 78. 84. 90). Vor dem Zerrbild scheinbarer heutiger Größe, die einzig in lästiger Ausdehnung besteht, ist alle Vergangenheit besser: Roms früheste Anfänge als kleine Gemeinde (105–122), ja sogar die gefährlichsten Momente römischer Geschichte (123–127). Der Weg in diese Verhältnisse zurück (*reducat* 123, *renovet* 124, *reddite* 126) wäre leichter zu ertragen als die gegenwärtige Lage.

Ist das Denken der Roma ganz von Geschichte durchtränkt, lebt Africa einzig der Gegenwart; ihre Rede wird beherrscht von iterativ-durativ gebrauchten präsentischen Verben. Wo sich der Blick in die Zukunft richtet (optative und jussivische Formen 142–152), ist diese einzig als verzweifelter Ausweg aus dieser Gegenwart gezeichnet: Besser wäre es für Africa, es würde überflutet (140f.) oder zur Wüste (149f.), als unter Gildo zu leben.

Dem Wortschwall der Roma und der Africa antwortet Jupiter würdig knapp (204 bis 207); Honorius soll den gemeinsamen Feind vernichten, Africa wieder Roma dienen. Mit der Verjüngung Romas durch den Hauch Jupiters endet die Götterversammlung.[104]

Auch zwei der drei folgenden Szenen des ersten Blocks sind von Reden beherrscht, der des Kaisers Theodosius (236–320) und der seines Vaters, des älteren Theodosius

---

[102] Dieser Gegensatz beherrscht auch die Menippeen Varros und die Satiren Juvenals.

[103] V. 49 ff. werden als Auswirkung der Herrschaft des *Caesar ferox* die *lapsi mores* bezeichnet, genauerhin der Frieden: *desuetaque priscis artibus in gremium pacis servile recessi*.

[104] Die anderen Götter waren einzig als weinend und klagend eingeführt worden, 129–131.

(330–347). Die beiden brechen von ihrem Himmelssitz auf, um den Völkern den Frieden zu bringen, den kaiserlichen Brüdern Jupiters Willen zu übermitteln. Nach Konstantinopel eilt Theodosius I., nach Rom der ältere Theodosius – nicht, weil Arcadius der ältere Augustus, sondern weil er der pflichtvergessene ist, der das Vermächtnis des Kaisers des Gesamtreiches, die Aufforderung zur Eintracht, verraten (*dedecus* 278) hat und daher von ihm selbst gemahnt werden muß.

Der Gott und Überbringer des politisch wichtigeren Auftrages, Theodosius I., tritt in eigener, sicht- und greifbarer Person auf (227. 229. 231).[105] Wie die Roma-Rede von dem Gegensatz Vergangenheit/Gegenwart beherrscht wurde, so die Theodosius' I. von dem Gegensatz Gildo/Stilicho. Gildo, der schon an dem jetzt vergöttlichten Kaiser Verrat geübt hatte (241–255), der nun Honorius verrät (256–261), diesem Mann, der wie alle Verräter nur dem Verrat treu bleibt (257–268), vertraut sich Arcadius an; das ist wider die natürlichen Bande der Blutsverwandtschaft, und es steht – mag es auch in Griechenland üblich sein (268f. 287) – im Widerspruch zur römischen Sitte: *Romani scelerum semper sprevere ministros* (270, gefolgt von zwei exempla virtutis 271–275). Der vituperatio Gildos (239–288) folgt die laudatio Stilichos (288–320), dem ewigen Verräter wird der stets Getreue gegenübergestellt, der noch nach des Theodosius Tod einzig in dessen Sinn zu handeln trachtet (304–308). Arcadius versichert den Vater seines Gehorsams (321f.) und stimmt in kurzen Sätzen den Hauptgedanken aus dessen Rede zu: Gildo ist *profanus* (323) und soll büßen; keiner ist Arcadius lieber als Stilicho (322f.), und Africa soll wieder Honorius zufallen (324). Hier nimmt der junge Kaiser auch das Wort auf, das ihm der Vergöttlichte in steter Wiederholung eingeprägt hatte: *frater* (324), den Gedanken der Eintracht des Reiches in Gestalt des brüderlichen Verhältnisses der beiden Kaiser (in der Rede des Theodosius steht *frater* 236. 240. 258. 261. 278. 309. 311; *germanus* 237. 256; *consanguineus* 286). Aufgenommen werden damit zugleich Themen und Wendungen des Prooems (*concordia fratrum* 4), wodurch die Theodosius-Arcadius-Szene eine Schlüsselfunktion für die Gesamtaussage erhält.

Der ältere Theodosius ist zur gleichen Zeit Honorius im Traum erschienen. Zwei Gedanken beherrschen seine Rede: die Parallelisierung der Erhebungen (*coniurat* 331) der maurischen Brüder Firmus und Gildo (*iterum* 331, *resumit* 332, *rursus* 335), aus der die Parallelität, die schicksalhafte Gleichheit der Aufgabe des älteren Theodosius und des Honorius, der Angehörigen der theodosianischen Familie folgt: die Mauren zu schlagen (*hoc generi fatale tuo* 341). Der ältere Theodosius würde am liebsten selbst noch einmal ins Feld ziehen; nun ist es an Honorius, es ihm gleichzutun:

> *una domus totiens una de gente triumphet*
> . . . .
> *servati Firmusque mihi fraterque nepoti*

In der Gestalt des westlichen Augustus können sich die beiden Welten (und damit

---

[105] Die unterschiedliche Qualität (Gott – Heros) und die politische Funktion als Ursache für die unterschiedlichen Arten des Auftritts erkannte E. M. Olechowska (wie Anm. 94) 56f.; A. Grillone, Il sogno nell'epica latina. Tecnica e poesia, Palermo 1967, 158 hatte die Absicht der variatio als Grund angenommen und vermutet, möglicherweise sei bei der Erscheinung Theodosius' I. nur nicht gesagt, daß es sich um einen Traum handelt.

die beiden Erzählblöcke) verbinden: Theodosius gehört zur Welt der Götter und Heroen, Honorius ist in seiner Rolle als Princeps aus der Menschenwelt in die der Götter emporgehoben und doch in jener verwurzelt.

Honorius läßt Stilicho rufen. Diese erste Szene des zweiten Teils steht zugleich in der Tradition epischer Traumdeutung und epischen Kriegsrates. Honorius erzählt einen Traum (256–366) – allerdings nicht den, aus dem er eben erwacht ist (der wird nur kurz angedeutet 367f.), sondern einen anderen von einem nur zu leicht identifizierbaren *saevus leo* in Libyen, einem *monstrum* (362, s. 257), das wütete und plötzlich gefangen war. Honorius setzt diesen Traum in direkte Beziehung zum jüngsten, dem Erscheinen des Großvaters; er will kämpfen – oder soll er (damals 13jährig) warten, bis er erwachsen ist? Stilicho geht auf den ominösen Traum nicht ein, deutet nicht, wie sonst üblich, wer dieser Löwe sei. Doch auf Befragen rät er. Er ist es, der die Würde des Kaisertums wahrt: Der feige (*ignavus* 381) Maure ist es nicht wert, daß der Kaiser selbst gegen ihn kämpfe, daß er von des Kaisers Hand falle. Sache des Kaisers ist es nur, die Strafexpedition anzuordnen. Deshalb legt Stilicho Honorius nahe, sie Mascezel zu übertragen, gegen den Gildo mit beispielloser Wut sich vergangen hat – ein neuer, grausamerer Atreus. Das Bild des Verwandtenmörders paßt zu dem von der Africa gezeichneten des Tyrannen.

Von den eigentlichen Kriegsvorbereitungen – dem Zusammenziehen von Truppen, der Ausrüstung der Schiffe – berichtet der Dichter nur knapp in neun (415–423), ja genaugenommen in nur zwei Versen. Hier wird der epische Truppenkatalog eingeschoben (418–423); denn da der Kaiser nicht selbst mit in die Schlacht zieht, Mascezel, der eigentliche Feldherr, aber nicht auftritt, sondern die Dinge so hingestellt werden, als sei Honorius der eigentliche Held, muß Claudian die Szene, die gewöhnlich unmittelbar vor der Schlacht steht, noch auf italischen Boden verlegen: die Truppenschau, die anspornende, den Feind herabsetzende Feldherrenrede (427–466), das omen (467–471 eine Natter wird von einem Adler vernichtet), die Kampfeslust des Heeres, die sich im Handeln (472–487) und Reden (488–504) ausdrückt.

In der Feldherrenrede wird – funktionsgerecht – ein ganz anderer Gildo gezeichnet als bisher: der verweichlichte, trunkene, altersschwache, kranke und entnervte Maure (444–450), dem sein bunt zusammengewürfeltes Heer entspricht (432–443).[106] Sodann wird den Soldaten die gegenwärtige Schmach ins Gedächtnis gerufen (451–453), die sich vor dem Bild der einstigen Größe Roms besonders düster abhebt (454–457), einer Größe, die das Heer durch die Vernichtung Gildos (er heißt wie in der Rede der Africa *tyrannus* 458, s. 162, wie in der der Roma *praedo* 466, s. 147) wiederherzustellen aufgerufen ist:

caput insuperabile rerum
aut ruet in vestris aut stabit Roma lacertis

(459f.)

Hier wird deutlich, daß die Reden im zweiten Teil eine andere Funktion haben als im ersten. Die Reden des ersten Teils übermitteln in der Technik des restricted point of view, was der Autor auch in auktorialer Erzählweise hätte berichten können. Er entscheidet sich für die erste Technik des Erzählens, weil sie die Folgen von Gildos Herrschaft zwar aus beschränkter Einsicht, doch um so eindringlicher und

---

[106] Zur Abhängigkeit von Lukan R. T. Bruère, Lucan and Claudian: The Invectives, Classical Philology 59, 1964, 246–253.

mit dem air dokumentarischer Treue vorträgt; das Gesagte wird auf diese Weise glaubwürdiger als der Bericht des allwissenden Erzählers. Die im ersten Teil redenden Personen stellen das Geschehen aus ihrer Sicht dar und charakterisieren Gildo nach Maßgabe ihrer persönlichen Erfahrung mit ihm. Für Roma steht der Hunger im Mittelpunkt, für Africa die Unterdrückung, für Theodosius I. der Gedanke der Reichseinheit, für den älteren Theodosius die Gewißheit des Sieges; für Roma ist Gildo der hoffärtige, willkürliche Barbar (*Maurus* 70. 95. 189; *barbarus* 84; *barbaricus fastus* 73; *arbitrium Mauri* 70), für Africa der Tyrann (*tyrannus* 147; *praedo* 162; die vitia nach den loci communes in tyrannos 162–198[107]), für Theodosius I. der Verräter (241–255; *proditio* 261; *proditor* 263; *perfidia* 265; *hoc genus ... vendit patriam* 266f.; *levis ingenio* 262; *monstrum* 257), für den älteren Theodosius der Angehörige des Volkes und der Familie, gegen die schon er gekämpft hat (330–336). Nach und nach wird ein Charakterbild aufgebaut, und zwar nicht vom Dichter, sondern von den experti.

Aus der Funktion der Reden erklärt sich auch die merkwürdige Dürftigkeit der Götterversammlung mit Göttern, die nichts tun als weinen und klagen (129–131), mit einem Jupiter, der die Vernichtung Gildos durch Honorius befiehlt (204–207), dessen Auftrag die Theodosii überbringen sollen (217f.), aber nicht erwähnen. Es handelt sich gar nicht um einen eigentlichen Rat der Götter; die mythologische Szene des Epos dient vielmehr dazu, ist poetische Voraussetzung dafür, allegorische Figuren reden, Abgeschiedene auf die Erde zurückkehren zu lassen. Alle entwerfen sie ein bewegendes Bild von der Lage des Reiches und von Gildo, doch setzen sie nichts ins Werk, was nicht ohne sie geschähe. Die Rede Theodosius' I. findet ihr Ziel in der Aufforderung an Arcadius: *sed tantum permitte, cadat* (scil. Gildo), *nil poscimus ultra* (314). Der ältere Theodosius fordert Honorius zum Kampf auf, doch bald erfahren wir, daß der junge Kaiser schon vorher den Wunsch hatte zu kämpfen.

Anders die Funktion der Reden im zweiten Teil: Stilichos Bild von dem Verwandtenmörder Gildo ist weniger eine Ergänzung zum locus in tyrannos als eine Begründung, warum man Mascezels sicher sein kann; sie rechtfertigt die halsbrecherische Entscheidung, einen Afrikaner gegen einen Afrikaner ins Feld zu schicken. Ebensowenig ist das überraschende Gemälde eines verweichlichten Gildo eine Korrektur oder Ergänzung zur Charakteristik des Rebellen, sondern es ist – ebenso wie die Darstellung des Feldzuges als eine Entscheidungsschlacht von historischer Größe – darauf berechnet, den Kampfesmut der Soldaten zu spornen.

Wichtig für die propagandistische Arbeit, die sich aus der oben dargestellten komplizierten staatsrechtlichen und politischen Lage ergibt, ist dies: Der Sturz Gildos wird erstens unter dem Gesichtspunkt der leidenden Urbs (Roma), der beherrschten Provinz (Africa), der Wahrung der Reichseinheit (Theodosius I.) und der Fortsetzung der theodosianischen Tradition (der ältere Theodosius) als notwendig dargestellt und zweitens als initiiert von Honorius, der schon lange darauf brennt, den Rebellen zu schlagen – er ist der Urheber und Schirmherr (*auctor* 499) des Krieges, den seine *Fortuna* (504) begünstigt. Stilicho, die Zentralfigur der politischen Dichtung Claudians, steht diesmal im Hintergrund (wir wissen warum), er ist der Treue, als den ihn Theodosius I. schildert, der nur soweit rät, als es die Ehre des Kaisertums und damit des Reiches erfordert.

[107] Hierzu P. Fargues (wie Anm. 2) 219–231 mit vorzüglichen Beobachtungen; ganz ernst genommen von O. Seeck RE VIII 1, 1910, z. B. 1361: „Auch soll er trotz seines hohen Alters die Frauen und Töchter der Untertanen mit Gewalt seiner Wollust dienstbar gemacht haben."

Wiewohl der Aufbau des Werkes also wohl durchdacht und auf die Formung eines bestimmten Bildes von der Geschichte berechnet ist, ist die eigentliche Handlung auf ein Minimum reduziert. Von den 526 Versen des Bellum Gildonicum sind 75 % wörtliche Rede, enthalten nur 84 handlungfördernde Verbalprädikate: Roma tritt auf und spricht (18. 26. 27); sie endet, die Götter weinen, Africa erscheint und redet (128. 133. 135. 139). Jupiter spricht (202. 208) und verjüngt Roma (208; die folgenden Verben malen den Vorgang durch die Bezeichnung gleichzeitiger Vorgänge), die Theodosii brechen auf (216. 223. 224), Theodosius I. kommt nach Konstantinopel, Arcadius freut sich, beide sprechen (226. 227. 229. 230. 235), der ältere Theodosius kommt nach Rom zu Honorius und spricht (326. 327. 329), er entschwindet (348); Honorius ruft Stilicho, reicht ihm die Hand, befragt ihn (350. 352. 353); Honorius endet, Stilicho antwortet (379); Honorius stellt die Truppen, die Schiffe bereit (417), er redet (424), das Heer stimmt zu (467); ein Adler vernichtet eine Natter (469. 470. 471); das Heer eilt zu den Schiffen (473. 479. 480. 481. 482. 483); es ruft (488); die Flotte sticht in See (505. 506) und landet in Sardinien (516. 517. 518. 525. 526). Damit bricht das Werk ab. Die Landung der römischen Truppen in Africa, die Schlacht, der Sieg, die einem zweiten Buch vorbehalten waren,[108] wurden nicht ausgeführt, da der eigentliche Feldherr, Mascezel, inzwischen in Ungnade gefallen und beseitigt worden war.

Das historische Geschehen selbst scheint Claudian nicht wesentlich zu sein, wichtiger sind ihm offenbar seine Deutung und emotionale Bewertung. Hierfür hat er die Methode der scheinbar objektiven Darstellung je verschiedener, scheinbar subjektiver, im Prinzip aufs gleiche hinauslaufender und deshalb den Eindruck der Objektivität verstärkender Sehweisen gefunden. Aber auch dort, wo der Dichter selbst zu erzählen beginnt und wir den distanzierten Bericht des Rhapsoden erwarten, greift er entweder zu dem für ihn außerordentlich charakteristischen Mittel der iterativ-durativen Raffung (*manipla disponit portuque rates instaurat Etruscos* 416f.), oder er bricht sogleich ab, um Bilder zu malen (die elende Roma 19–25, die elende Africa 136–138) und Tableaus (die weinenden Götter 129–133) und dem Geschehen durch Vergleiche (219–222. 474–478. 484f.) Pathos zu verleihen.

3.3.2. De bello Getico[109]

3.3.2.1. Der historische Hintergrund des Bellum Geticum[110]

Alarich, der Führer der Westgoten, war von Arcadius zum magister militum per Illyricum gemacht worden, war also besoldeter Feldherr Ostroms. Damit hielt er die wegen ihrer ökonomischen Bedeutung zwischen West- und Ostrom umstrittene Provinz Illyricum im östlichen Reichsverband und war zugleich – nicht anders als Gildo,

---

[108] Th. Birt (wie Anm. 2) und A. Cameron 1970, 133, 400f. vermuten, Teile des 2. Buches seien von Claudian in Stil. 1, 246–385 bzw. Eutr. 1, 399–411 eingefügt; die Hypothese „n'a pas de fondaments" (E. M. Olechowska – wie Anm. 94 – 48). Geht man die Verse in Stil. 1 durch, so wird man bemerken, daß hier die Gedanken von Gild. teils wiederholt (246–249, 269–313), teils ergänzt werden (249–269, 314–324, 333–350, 363–385), die Schlacht selbst nur kurz berührt wird (351–362).

[109] Kommentar: H. Schroff, Claudians Gedicht vom Gotenkrieg, hrsg. und erklärt von H. Schroff (Klassisch-philologische Studien 8) Berlin 1927; Literatur: A. Mortillaro (wie Anm. 29); E. Furxer, Die epische Technik Claudians in seinem Bellum Pollentinum sive Gothicum, Diss. Innsbruck 1956 (masch.-schr.) (unbefriedigend); V. d'Ago-

als er sich unter den Schutz von Byzanz gestellt hatte – für Stilicho unangreifbar. Doch als die Goten die Balkanhalbinsel ausgeplündert hatten, drangen sie über die Julischen Alpen nach Westen vor – wohl mehr, um nach Gallien zu ziehen, als um sich in Italien festzusetzen.[111] Am 18. November 401 erschienen sie in Italien, das erste Barbarenheer seit den Kimbern und Teutonen. Der Eindruck des Vorgangs war gewaltig, und die Ausbesserung der aurelianischen Mauer in Rom steigerte die Angst zur Panik; das wissen wir nicht nur von Claudian, sondern können es auch c. 26 des Paulinus von Nola (geschrieben vor dem 14. Januar 402) und den Predigten des Maximus von Turin entnehmen. Honorius wollte mit dem Hof nach Lyon fliehen, doch hielt ihn Stilicho aus Gründen der Staatsraison in Mailand zurück. Der Heermeister ergriff rasch Gegenmaßnahmen: Mitten im Winter überschritt er die Alpen, um mit den Vandalen und Alanen, die in Rätien und Noricum eingefallen waren und römische Truppen banden, einen Vertrag zu schließen und sie in den kaiserlichen Dienst zu übernehmen. Zudem zog er römische Truppen von der Rheingrenze ab. Mit diesem Heer wendete er sich gegen Alarich, der inzwischen durch Venetien nach Ligurien gezogen war und Mailand in Atem hielt. Er verfolgte die Goten und zwang sie, sich nach Pollentia zurückzuziehen. Hier wurden am 6. April 402, dem Ostertag, die arianischen Goten angegriffen. Die Schlacht war blutig, doch wurden die Goten nicht vernichtet. Zwar nahmen die Römer deren Wagen mit Frauen, Kindern und Kriegsbeute, aber Alarich entkam mit seinem Heer.

Ein zentraler Kritikpunkt der antistilichonischen Propaganda war, daß Stilicho Alarich (wie schon 397 auf dem Balkan) nicht schlug, sondern einen Vertrag mit den Goten schloß, der ihnen gestattete, sich nach Illyricum zurückzuziehen. Es ging ihm wohl darum, die Goten als Grenztruppen in weströmischen Diensten zu halten.[112] Was folgt, liegt jenseits unseres Interesses: Zwar zog sich Alarich nach Istrien zu-

stino, L'ambiente storico–letterario di Claudiano e il ‚De bello Gothico‘, Rivista di studi classici 6, 1958, 287–296; Chr. Gnilka (wie Anm. 59); M. Balzert (wie Anm. 61) (wichtigste Interpretation); Chr. Gnilka, Beobachtungen zum Claudiantext, in: Studien zur Literatur der Spätantike (wie Anm. 49), hier 57–68; E. Burck 1979, 369–373; S. Döpp 1980, 211–228.

[110] J. Koch (wie Anm. 98) 599–610; O. Seeck, RE I 1, 1893, 1286–1291 s. v. Alaricus 2; Th. Mommsen, Stilicho und Alarich, in: ders., Gesammelte Schriften IV, Berlin 1906; S. Mazzarino (wie Anm. 21) 268–280; P. Courcelle, Histoire littéraire des grandes invasions germaniques, 3. Aufl. Paris 1964, 31–45; N. H. Baynes, Stilicho and the Barbarian Invasion, in: ders., Byzantine Studies and other Essays, 2. Aufl. London 1960, 362–392; V. T. Sirotenko (wie Anm. 98) 48–54, 64–67; W. N. Bayless, The Visigothic Invasion in Italy in 401, The Classical Journal 72, 1976, 65–67; I. Opelt, Das Bild König Alarichs in der zeitgenössischen Dichtung, Romano – Barbarica 5, 1980, 171–183; J. B. Hall, Pollentia, Verona and the Chronology of Alaric's first Invasion of Italy, Philologus 132, 1988, 245–257.

[111] Th. Mommsen (wie Anm. 110) 525 „ein blosser Raubzug".

[112] So S. Mazzarino (wie Anm. 21) 272 – eine überzeugende Erklärung, die sonst in der Literatur keine Rolle zu spielen scheint. Nach Mazzarino ist Stilicho „un grande maestro dell'accerchiamento", der nicht an den Augenblickserfolg, sondern an die Zukunft denkt, wo die gotischen Truppen als Grenzsicherung gebraucht werden. Stilicho sieht in Alarich nie den Rebellen, sondern den römisch-barbarischen General, der mit diplomatischen und militärischen Mitteln zur Ordnung gebracht werden muß. – S. a Th. Mommsen 528 und N. I. L'vov (wie Anm. 63) 165.

rück, doch nur, um Verstärkung zu holen. Entgegen dem Abkommen überquerte er den Timavus und griff Verona an. Hier wurde er eingekesselt, doch ließ ihn Stilicho wiederum entkommen, und so zogen sich die Goten nach Illyricum zurück.[113] Die politische Situation ist eine andere als in Gild.: Der Einfall Alarichs war ein klarer Rechtsbruch; eine unmittelbare Gefahr ist abgewendet, wiewohl für den politischen Durchschnittsverstand nicht befriedigend. Stilichos Einsatz ist unbestreitbar, auch wenn er die Schlacht gegen die Goten nicht selbst geschlagen hat.

3.3.2.2. Komposition, Erzähltechnik, Funktion

Laut N. H. Baynes ist im Bellum Geticum die Schlacht bei Pollentia „described at length".[114] Gerade dies ist jedoch nicht der Fall,[115] vielmehr wird die Schlacht selbst in nur neun Versen dargestellt (589–597), oder richtiger: Der Dichter gleitet über sie hin – wir erfahren nichts, als daß ein Alanenführer gefallen ist und die Alanen geflohen wären, hätte nicht Stilicho mit einer römischen Legion eingegriffen. Auch wenn man alle epischen Elemente der Vorbereitung der Schlacht, der Verfolgung des Gegners und die Wertung des Treffens hinzunimmt, handeln nur 179 der 647 Verse (469–647) von ihr.

Ein Prooem mit den Exordialtopoi Musenanruf und Themenangabe fehlt wiederum. Das Gedicht ist klar in zwei Teile gegliedert.[116] Die Verse 1–212 enthalten eine panegyrische Würdigung der Leistungen Stilichos im Krieg gegen Alarich ohne narrativen Zusammenhang; in ihnen wird (ähnlich wie in Gild.) das glückliche Ereignis vorweggenommen. Die Verse 213–647 sind narrativ strukturiert, sie werden durch ein panegyrisches, als adlocutio an Stilicho gestaltetes Zwischenstück (430–449) nochmals zweigeteilt – die Verse 213–429 erzählen vom Einfall der Goten und den Gegenmaßnahmen Stilichos, 469–647 haben den Tag von Pollentia zum Gegenstand.

Die Hauptteile hat der Dichter (wie schon in Gild.) nicht hart nebeneinandergestellt, sondern läßt sie ineinander übergehen: In Get. gleitet der panegyrische Teil nach einem kurzen narrativen Stück über die Geschichte der gotischen Invasion (166–193) in einer Folge rhetorischer Fragen (197–217) allmählich in die Erzählung hinüber. Zudem sind die beiden Teile durch eine subtile Leitmotivtechnik eng untereinander verbunden.[117]

---

[113] V. T. Sirotenko (wie Anm. 98) 67 sieht als Ursache der Niederlage Alarichs, daß er sich in Italien nicht mit Sklaven und Kolonen verbündet hat; das dürfte außerhalb der Denkmöglichkeiten Alarichs gelegen haben und politisch nicht durchführbar gewesen sein.

[114] N. H. Baynes (wie Anm. 110) 326.

[115] P. Fargues (wie Anm. 2) 289 richtig: „il a decrit d'une manière assez vague les combats auxquels Stilichon a pris part..." Als Grund dafür, daß Claud. die Schlacht bei Pollentia nahezu übergeht, vermutet P. Fargues 111, daß nicht Stilicho, sondern der Barbar Saul die Schlacht geschlagen hat (so Oros. 7, 37).

[116] Freilich nicht im Sinne von E. Furxer (wie Anm. 109) 66, daß „sich das ‚Bellum Pollentinum' in zwei große Gruppen einteilen läßt, nämlich in den historischen Hintergrund der Ereignisse um die Schlacht bei Pollentia und die reichlich verwendete Ausschmückung, die diese Ereignisse umgibt." Aus der Durchführung dieser Idee (34–39) ist für das Verständnis des Gedichts nichts zu gewinnen. – A. Cameron 1970, 182 läßt die Erzählung v. 77 beginnen, P. L. Schmidt 1976, Anm. 26 v. 166.

[117] Schöne Beobachtungen dazu bei M. Balzert (wie Anm. 61).

Der zweite Teil wirkt wie die erzählende Illustration des ersten: Der erste nimmt die wesentlichen Gesichtspunkte vorweg, unter die die Kriegserzählung gestellt ist, und gibt Verstehenshilfen für das folgende Stück. Diese vorbereitende Funktion erfüllt der erste Teil in zweifacher Weise. Einige der Aspekte, unter denen der Gotenkrieg gesehen werden soll, werden in thematischer Gliederung dargeboten: Der Sieg über die Goten ist die Leistung einzig Stilichos (1–62); der Vermessene, und damit auch Alarich, muß notwendig untergehen (62–89); die Schonung Roms war das Kriegsziel Stilichos (90–153); der Feind war gefährlich, die Furcht vor ihm groß – entsprechend groß ist der Sieg über ihn (154–212).

Die historische, ja mythische Bedeutung des Sieges wird durch das enkomiastische Element der Synkrisis herausgearbeitet. Jeder Abschnitt des ersten Teils enthält synkritische Passagen. Tiphys, der Steuermann der Argo (wir ergänzen: nicht Jason!), hat allein die Symplegaden bezwungen (1–11) – so hat Stilicho (also: der Steuermann des römischen Staatsschiffs und nicht sein Kapitän Honorius!) allein das Reich gerettet (36–62), doch ist der Sieg über die Goten bedeutender als der Argonautenzug (11–35). – Typhoeus und die Aloiden lehnten sich gegen die Götter auf und wurden vernichtet (62–76) – (so) zieht Alarich davon (der sich in seiner Vermessenheit gegen Rom aufgelehnt hatte) (77–89). – Indem ihn Stilicho abziehen ließ – nicht nur, um den Triumph auszukosten, einen Geschlagenen zu schonen (90–94), sondern besonders, um Rom nicht zu gefährden (95–103) –, handelte er nach Maßgabe allgemein menschlicher Vorsicht (wie ein Arzt, der in der Herzgegend besonders vorsichtig operiert, 120–123), insonderheit aber nach dem Beispiel der hervorragendsten exempla virtutis: Curius Dentatus, Fabius Maximus Cunctator, Claudius Marcellus und Scipio. Nur vereinigt Stilichos Sieg ihrer aller Erfolge (142–144), ja er übertrifft sie noch (133–137), da Alarich kürzer in Italien zu weilen verstattet war als Pyrrhus bzw. Hannibal (145–153). – Gefährlicher als Pyrrhus und Hannibal war Spartacus (154–159), gefährlicher noch als dieser war Alarich (160–165).

Andere Aspekte werden vorsichtig, verdeckt gleichsam ins Unterbewußtsein des Hörers eingeprägt und durch stete Wiederholung gefestigt, wie übrigens auch die bereits genannten, in eigenen Abschnitten herausgearbeiteten Gesichtspunkte durch Leitwörter immer wieder andeutungsweise aufgenommen werden. So wird suggeriert, die Eroberung Roms sei das eigentliche Kriegsziel Alarichs gewesen. *Quid restat nisi Roma mihi?* (535) hören wir ihn sagen, und oft hat er schon davon gesprochen, denn der alte Gote fragte: *Quid mihi nescioquam proprio cum Thybride Romam semper in ore geris?* (505f.). Im *Urbs*-Prodigium (546f., s. u.) glaubt Alarich sich die Stadt versprochen. Die Goten wollten ihre Rüstung erst ablegen, wenn sie über das Forum gezogen seien (82), sie hatten ihre Mäuler aufgerissen vor Gier nach latinischer Beute (29f.), hatten sich in Gedanken schon der Schätze Roms bemächtigt (85f.), wollten römische Frauen schänden (83f.). Alarichs Frau verlangte Römerinnen zu ihrer Bedienung (628). Das gotische Heer ist enttäuscht, als es nach dem Alpenübergang sieht, wie weit es noch nach Rom ist (477f.).[118]

So die Goten. Die Römer sehen es nicht anders, fühlen sich unmittelbar bedroht. Ihre Furcht (*timor* 41. 205. 228; *formido* 44; *pavor* 201; *metus* 262; *terruit* 203; *pavidi*

---

[118] Gegen Chr. Gnilka (wie Anm. 109) 64 möchte ich 477/8 *sperataque Roma ... magni* nicht athetieren – die neuerliche Rom-Erwähnung fügt sich in die Claudiansche Leitworttechnik ein.

inertia vulgi 314) ist insofern verständlich, als sie nicht ohne Beispiel ist: Selbst Jupiter hat vor Typhoeus und den Aloiden gezittert (63f.).

Hat Claudian dem Hörer eingeprägt, die Eroberung Roms sei Alarichs Ziel gewesen, so besteht der Sieg Stilichos genaugenommen ja schon darin, daß Alarich die Stadt nicht einmal angegriffen hat. Der Sieg bei Pollentia war die Rettung Roms (598, s. a. 578). Kann Claudian auch nicht leugnen, daß Alarich mit seinem Heer entkommen ist, so ist doch sogar zur Rechtfertigung dessen der Romgedanke fruchtbar: Aus Sorge um Rom nämlich hat Stilicho die Goten laufenlassen, damit sie sich nicht etwa, in die Enge getrieben, in ihrer Todesangst doch noch auf die Stadt stürzen (95–123) — Stilicho kennt *spatiumque morandi vincendique modum* (118). Claudian will uns übrigens glauben machen, die Goten seien vernichtend geschlagen worden. Dieser Eindruck wird sogleich in den Eingangsversen erweckt, im Tiphys- (Argonauten-) Vergleich: die *superbae Symplegades* sind *nova passae iura* und *haerent soli* (9f.), *ut vinci didicere semel* (11). *superbi* sind auch die Goten (93) (wir erinnern uns, daß *debellare superbos* zur Sendung Roms gehörte), sie haben sich dreißig Jahre lang ungehindert, vom Norden kommend, durch Griechenland bewegt, nicht aufgehalten von Gebirgen und Flüssen, bis der Eridanus und die Alpen sie stehen machen (166–196). — *pulso discrimine* (13) ist Rom frei, die Geschlagenen müssen all ihre Beute zurücklassen, werden verfolgt (604–615), Rom kann sie fliehen sehen (77–89), ja *Italia detrusus* ist der Feind (79); *timor* (41) und *formido* (44) der Römer haben sich verkehrt in die *formido* (93) der Goten.

Rom wird wiedergeboren, verjüngt sich. Damit wird ein weiterer Komplex von Leitworten aufgenommen: Stilicho hat das römische Reich wiederhergestellt (*imperio sua forma redit* 37), hat die Römer dem Tod entrissen, durch seine Entschlossenheit sind sie wiedergeboren (41–43), das altersgebeugte Rom kann sich wieder aufrichten (52f.), Stilicho ruft das Heer auf: *Romanum reparate decus* (571). In einer Synkrisis wird gezeigt, daß Stilicho alle mythischen Gestalten übertrifft, die Tote aus der Unterwelt heraufholten, da er ganze Völker zum Leben erweckt hat (437–446).

Es ist immer wieder aufgefallen, daß Claudian in Get. auf einen mythologischen Apparat verzichtet hat.[119] Selbst die mythologischen Vergleiche sind im zweiten Teil selten und sind eher ekphrastischer als funktionaler, reliefgebender Art wie im ersten Teil. Das bedeutet nicht, das Geschehen vollziehe sich rein im Menschlichen, Claudian gäbe die im ersten Teil gewonnene Steigerung der Auseinandersetzung zwischen Rom und den Goten, Stilicho und Alarich in historische, ja mythische Dimensionen auf, die Steigerung zum Ringen um Preisgabe oder Bewahrung aller Errungenschaften römischer Geschichte, zur gegenwärtigen Austragungsform des Kampfes zwischen finsteren und lichten Mächten. Der Gegner ist vielmehr ein weit gefährlicherer als Gildo, denn Gildo war zwar ein Barbar, Tyrann und Usurpator, doch handelte er aus eigenem Antrieb. Im Gotenkrieg vollzieht sich dagegen das Wirken des Fatum, der Fortuna, der Nemesis — unberechenbarer Mächte. Auf die Herausarbeitung dieses Motivs hat Claudian besondere Sorgfalt verwendet. Die Römer sind *damnati fato* (43), die Goten *fatales manus* (61); *seu fata ... seu gravis ira deum* (171f.) haben sie nach

---

[119] Anders in der Darstellung des Gotenkrieges in 6 cons. 127–331 mit der ausführlichen mythologischen Szene 146–200, wo eine Naiade und Eridanus sowie die anderen Flüsse Liguriens und Venetiens auftreten und die geschlagenen Goten kommen sehen; eine Hohnrede des Eridanus auf Alarich 180–192. Hier haben die Personifikationen und die Prosopopoiie wieder die Funktion des Zeugnisses.

Griechenland gerufen; Stilicho appelliert an die Römer auszuhalten, was das Schicksal ihnen nun einmal auferlegt hat (*fatorum toleremus onus* 271), und gegenüber den rebellischen Barbaren räumt er zwar ein, die *violentia fati* (382) wende sich zeitweilig gegen die Römer, doch bedeute dies nicht, daß es aus sei mit ihnen. Alarich glaubt, *sic me fata fovent* (540), doch traut er *dubiis fatis* (557).

Vor diesem Hintergrund wird die Rolle verständlich, die die Prodigien in Get. spielen (227–266; 544–557).[120] Ihre Deutung ist der einzige Weg, den weiteren Gang des Schicksals zu erfassen. Freilich muß man die Vorzeichen erkennen und recht deuten, denn ihrer Natur nach sind sie doppeldeutig (551–554). Panische Angst wie frevelhafter Übermut[121] sind da falsche Ratgeber. Zahlreiche Prodigien hatten vor den Goten gewarnt (61f.), doch das Volk in seiner namenlosen Angst erfindet allerlei, trägt es breit und glaubt es (227–229), sieht böse Vorzeichen in allem, schwatzt über den Inhalt der Sibyllinischen Bücher, die Bedeutung des Vogelflugs, von Blitzen (230–232), von ganz natürlichen Ereignissen wie Mondfinsternissen (233–238, wissenschaftliche Erklärung der Mondfinsternis 235f.), und da das noch nicht genug ist, glaubt man – fälschlich – noch die Zeichen des Vorjahres auf das laufende Jahr beziehen zu sollen: Steinhagel, Bienenschwärme,[122] scheinbar ursachlose Brände (238–242) und einen Kometen, der sich von Nordosten nach Südwesten bewegt hat, also den Zug der Goten beschreibt (243–248). Ja man glaubt sogar, die Zeit Roms sei abgelaufen (265f.). Doch hat es auch ein wirkliches Prodigium gegeben: zwei Wölfe,[123] die den Kaiser auf dem Felde vor Mailand angegriffen hatten und erschlagen worden waren, in deren Mägen sich je eine noch sich bewegende, noch blutende Hand fand – eine rechte und eine linke (249–257). Diesem Vorzeichen gibt das Volk eine üble Deutung, sieht in ihm die Zerstörung der Stadt und des Reiches verkündet (262–266). Dabei ist die wahre Bedeutung (*scrutari si vera velis* 258) eine ganz andere: der Feind (der alte Gote warnt Alarich 502–504, er solle Italien fliehen, daß es ihm nicht geht wie dem Wolf, den der Schafhirt noch innerhalb der Hürde erschlägt!) werde im Angesicht des Kaisers erschlagen, während Rom unversehrt bleibt wie die Hände (258–261).

Auch Alarich ist ein Zeichen zuteil geworden, mehr noch: Eine Stimme hat er in einem heiligen Hain gehört, er solle nicht länger warten: überquert er die Alpen in diesem Jahr, werde er bis *ad Urbem* gelangen (546f.). Gemeint war aber mit Urbs nicht Rom, sondern ein Fluß dieses Namens in Ligurien, wo die Goten geschlagen werden (554–556).

So also steht es mit den Vorzeichen: der *malus interpres rerum metus* (262) versteht sich nicht auf Vorzeichen, und andererseits *attollunt vanos oracula fastus* (551). Den Römern wird erst durch den guten Ausgang (*docuit nunc exitus alte fatorum secreta tegi* 196f.), Alarich durch seinen Sturz (*interprete casu* 556) die Bedeutung der Prodigien klargemacht.

---

[120] Ihre gründliche Untersuchung ist das Verdienst der Arbeit von M. Balzert (wie Anm. 61) 23–55; s. a. Chr. Gnilka (wie Anm. 59) und R. Helm (wie Anm. 68) 35.

[121] Alarich ist der Hoffärtige (Vergleich mit Phaethon!) auch in 6 cons. 186–190.

[122] Ein Bienenvergleich auch in 6 cons. 259–264: Alarich sucht seine desertierenden Bundesgenossen schreiend und weinend zurückzuhalten – wie ein Imker die schwärmenden Bienen.

[123] Zum Wolfsprodigium S. Reinach, Les loups de Milan, Rev. archéologique s. IV, 23, 1914, 237–249; P. Courcelle (wie Anm. 110) 20f., 215f.; Chr. Gnilka (wie Anm. 59) 150–153; M. Balzert (wie Anm. 61) 35–55.

Römern und Goten steht Stilicho entgegen:
> *Solus erat Stilicho, qui desperantibus augur*
> *sponderet meliora manu, dubiaeque salutis*
> *dux idem vatesque fuit.* (267–269)[124]

Dieses solus-Stilicho-Motiv ist das zentrale von Get. Die Rettung Roms explizit und implizit als Leistung allein[125] Stilichos hinzustellen, ist der Dichter immer wieder bedacht: *per te ... unum* (36) erstand das Reich wieder, *tua ... dextera* (41) hat die Römer dem Tod entrissen, die Vertreibung der Goten ist ein *opus solo Stilichone peractum* (133, s. a. 164), *unus ... Stilicho* (142) vereinigt alle Tugenden des Fabius, Marcellus und Scipio in sich, er verkörpert symbolisch den Kaiser, Rom und das Reich (*inque uno princeps Latiumque et tota refulsit Roma viro* 344f.). – Dieses solus-Stilicho-Motiv klingt schon in der Argonautensynkrisis an: *solus ... Tiphys incolumen tenui damno servasse carinam fertur* (4–6). Der Vergleich Stilicho = Steuermann, der römische Staat = das sturmgetriebene Schiff[126] wird immer wieder variiert. Die Römer fühlen sich nach der Niederlage der Goten wie Seeleute nach wütendem Sturm im ruhigen Hafen (209–210); Stilicho erklärt ihnen (271–277), auch Seeleuten helfe im Sturm kein Jammern, Weinen und Beten, sondern nur Zupacken, vor allem aber (so auf dem Höhepunkt im letzten Vers des Vergleichs) *omnibus et docti iussis parere magistri* (277).[127] *magister* ist wiederum das Wort, das zu einem anderen Vergleich hinüberleitet (408–413): Die römischen Truppen eilen freudig zu Stilicho wie Rinder, die sich im Winter im Wald zerstreut hatten, zu ihrem Hirten (*magistri* 409!) – wir erinnern uns an den Wolf, der vom Hirten erschlagen wird (502–504). Die Alpen-Erzählung legt der Dichter darauf an, daß der Eindruck entsteht, Stilicho überquere allein das Gebirge, um die Barbaren zu befrieden (319–363). Dieser Eindruck wird durch den Vergleich mit dem Löwen verstärkt, den Schnee und Kälte nicht davon abhalten, Nahrung für seine Jungen zu suchen (323–329). Zur solus-Stilicho-Motivik gehören auch Stilichos Reden. Denn während die beiden anderen Reden[128] des Gedichts, die des alten Goten (488–517) und Alarichs (521–549), vor allem geeignet sind, die Vermessenheit des Gotenführers darzustellen, hält Stilicho seine Ansprachen an den kritischen Punkten des Geschehens, um die Römer aus ihrer lähmenden Furcht zu reißen (269–313), die rebellischen Barbaren zur Ordnung zu rufen (380–399) und den Kampfesmut der Soldaten vor der Schlacht von Pollentia zu reizen (560–578). – Stilicho ist es auch, der im entscheidenden Augenblick die Schlacht rettet. Als der Alanenführer fällt, die Alanen sich zur Flucht wenden wollen, greift Stilicho ein.

---

[124] Hierzu M. Balzert (wie Anm. 61) 55–63.
[125] Hierzu M. Balzert 10–18.
[126] Zum Bild vom Staatsschiff und seinem Steuermann bei Claud. M. Balzert 90 Anm. 30; s. a. I. Gualandri, Aspetti della tecnica compositiva in Claudiano (Testi e documenti per lo studio dell' antichità 23) Milano 1968, 66 f., wo auf die Verwendung des Argonautenvergleichs in Pan. Lat. III 8 verwiesen wird.
[127] 6 cons. 132–140 wird der Vergleich umgekehrt: Hier flieht Alarich wie ein geschlagenes Piratenschiff.
[128] Zu den Reden A. Mortillaro (wie Anm. 29) 37–46; E. Furxer (wie Anm. 109) 127–140. Sie spielen quantitativ eine weit geringere Rolle als in Gild., umfassen nur 133 der 647 Verse des Epos bzw. der 435 Verse des zweiten Teils, und sie sind relativ kurz (die Reden Stilichos sind 45, 20, 19 Verse lang, die des alten Goten 30, Alarichs 19 v.).

Warum kann Stilicho siegen? Offenbar hat Claudian nicht das Schicksalsverständnis der griechischen Tragödie; das Verhängnis nimmt nicht einfach seinen Lauf, vielmehr kann es der Mutige wenden – eben Stilicho. Er muß hoffen (278–282) und handeln; so stärkt er den Mut der eigenen Leute, schwächt den des Gegners (469f.) und kann das Geschick in günstigere Bahnen zwingen: *o quantum mutata tuo fortuna regressu* (435), womit die Kraft genannt ist, die hinter Stilicho steht: *Fortuna famulante* (513) schlägt er die, die kein Maß kennen (*iniquos* 512) und steht damit im Bündnis mit der rhamnusischen Nemesis, der *dea quae nimiis obstat . . . votis* (631).

Durch die einzigartige und den Gang der Ereignisse bestimmende Stellung Stilichos kann Claudian in Get. als Kompositionsprinzip den Kontrast einsetzen, anders als in Gild., wo, wie wir sahen, die Gestalt Stilichos aus Gründen politischer Opportunität im Hintergrund bleiben mußte, wo auch Gildo nicht selbst auftrat und deshalb statt des Kontrastes stimmungsmäßige Schattierung das Bild beherrschte. Stilicho, der Mutige, steht den vor Furcht zitternden Römern gegenüber; gegen den überlegsam Handelnden, der die eben noch rebellischen Barbaren in römische Dienste nimmt, doch nur in einem Maße, *qui congruus esset, nec gravis Italiae formidandusve regenti* (402f.), der die germanischen Grenzen nicht von Truppen entblößt, ohne die Germanen durch Verträge zu einem freiwilligen Frieden zu verpflichten (423–429), gegen Stilicho also steht Alarich, den der alte Gote häufig, doch stets vergebens zur Vernunft gemahnt hat (496).[129] Die *cura* um Rom veranlaßt Stilicho, die Geschlagenen laufenzulassen (96), wie die *cura* den Arzt, in Herznähe mit äußerster Vorsicht zu operieren (121), doch die *cura* um seine Familie (302) macht ihn nicht feige fliehen, sondern mutig handeln; Alarich dagegen schert sich nicht um die Seinen: *si cura tibi manet ulla tuorum* (499) mahnt ihn der alte Gote – doch vergeblich. Wie Stilicho und Alarich sich gegenüberstehen, so günstige und widrige omina, die Verwandlung von Furcht in freudige Hoffnung, von übermütiger Siegeszuversicht in Angst (469f., s. a. 72f.). Die Römer, von Alarich bedroht (44–50), werden von Stilicho befreit (50–60. 362).

3.3.3. Zum Welt- und Menschenbild

Entsprechend der funktionalen Einheit der politischen Großdichtungen Claudians (s. u. 190ff.) wäre das Welt- und Menschenbild des Dichters umfassend aus dem Œuvre des Dichters zu erschließen. Hier sollen für Gild. und Get. charakteristische Züge knapp zusammengefaßt werden.

Als Leistung des Juvencus hatten wir die Universalisierung des Menschenbildes, die Spiritualisierung des Weltbildes gewürdigt. Claudian bleibt ganz in dem um Rom und das römische Reich zentrierten Bild von der Welt und im Menschenbild des Römers verwurzelt, wenn er es auch modifiziert. Das römische Reich ist die Welt (*orbis*, Gild. 3), die Welt das römische Reich. Sie gehört den Römern; ein Teil, der sich von ihrer Herrschaft befreit, muß dem Reich wieder eingegliedert werden (*Redditus*

---

[129] Die Charakteristik Alarichs wird nicht so aufwendig gestaltet wie die Gildos, für die Roma, Africa und die beiden Theodosii aufgeboten werden. Das hat einen politischen Grund (man muß begründen, warum Gildo geschlagen werden muß, bei Alarich erübrigt sich eine solche Begründung) und einen künstlerischen (Alarich ist vom fatum gesandt und vom fatum zur Vernichtung bestimmt, das ist – künstlerisch – eine hinreichende Begründung).

imperiis Auster Gild. 1), denn Rom ist Herrscherin (*caput insuperabile rerum* Gild. 459; *urbs aequaeva polo* Get. 54), das römische Volk der natürliche Herrscher (*populus ... quem semper in armis/horribilem gentes, placidum sensere subactae* 96–98); die natürliche Ordnung der Dinge ist, daß Rom unterwirft, triumphiert, herrscht (Gild. 19. 20. 31–33. 46. 48. 249), Römerherrschaft heißt Herstellung des Rechts (Gild. 464; Get. 38–41), Abfall von Rom dagegen Raub (Gild. 66. 75f. 461f.), der Untergang Roms wäre die Verkehrung der Weltordnung (Get. 54–60). So ist konsequenterweise die Einheit des Reiches der Naturzustand. Doch bisweilen siegt die politische Realität über die Fiktion: Honorius spricht abfällig über den *orbis Eous* (Gild. 430), meint damit aber nicht die Perser, Inder usw., sondern Ostrom.

Der Mensch wird einzig in seinem Verhältnis zum römischen Staat gesehen; an seinem Nutzen, seiner Schädlichkeit für ihn wird er gemessen. Barbar ist weithin ein politischer, kein ethnischer Begriff; jedenfalls wird der Freund Roms – ob der vandalenstämmige Stilicho oder der Alanenführer in Get. – aus der Gruppe der Barbaren ausgegrenzt, der aber Leute wie Gildo selbstverständlich angehören.

Doch nur der Einzelne – Stilicho und allenfalls (in Gild.) Honorius – verkörpert die virtus Romana, wie sie auch in der Geschichte stets nur in Einzelnen, den exempla virtutis, ihre Verwirklichung fand. Die Gemeinschaft, in der der Einzelne steht, ist keine gegenwärtige, sie ist vielmehr die Gemeinschaft der großen Einzelnen in der Geschichte. Das Handeln nach Maßgabe der historischen Vorbilder verbürgt die Richtigkeit des Entschlusses. Die Geschichte verflüchtigt sich ins Zeitlose. Wie bei Juvencus können wir auch bei Claudian einen Verlust an differenzierender Charakteristik beobachten. Dem *vindex patriae* (Get. 434) stehen die Feinde Roms in gleicher Einsamkeit gegenüber (wie ja überhaupt die Heraushebung des Einzelnen z. B. durch das solus-Stilicho-Motiv die Abwertung der zitternden, führungsbedürftigen Masse zur notwendigen Folge hat). Roms Feinde sind voller Laster (*avaritia, luxus, libido* Gild. 164. 176), eine schon wegen ihres Unterfangens, sich gegen Rom aufzulehnen, *progenies vesana* (Gild. 332, Get. 647), die wegen ihrer Vermessenheit (Get. 551 *fastus*) vernichtet werden muß, Barbaren voller Hochmut (*tumida Carthago* Gild. 77; *rebellis* Gild. 339; *ignavus* Gild. 381; s. a. Get. 77–89; *insani* Get. 381; *fallax* Get. 566; *demens* Get. 627), die bestraft werden müssen.

Mit bedingt durch die propagandistische, d. h. politische Funktion der Gedichte treten hinter den Qualitäten des Römers als Soldat und Politiker, hinter seiner Aktivität im Dienste des Reiches (über Honorius Gild. 349–351; 368–376) andere Züge des altrömischen Menschenbildes zurück – die Ideale des Bauern, des pater familias, der religio, der Bildung. Die Familie wird einzig unter dynastischem Gesichtspunkt gesehen (Stilicho als Schwiegervater des Honorius Gild. 309. 552; Get. 304; Arcadius und Honorius als Brüder Gild. 236–324). Von einer Beziehung Stilichos zu den Göttern und ihrem Kult erfahren wir nichts; seine pietas (Gild. 302) besteht im Gehorsam gegen den abgeschiedenen Princeps und in seinem Dienst für die Interessen der Söhne des Kaisers (Gild. 289f. 301–308).

Hebt sich demnach das Menschenbild des Juvencus und der Proba durch seine Universalität, Spiritualisierung und Theozentrizität von dem Claudians ab, so hat es doch andere Züge mit dem claudianischen gemein: seine Abstraktheit; trotz aller Bezüge auf die Geschichte ist es ahistorisch. Das Handeln des Menschen wird nicht nach Maßgabe einer konkreten privaten oder politischen Situation festgelegt, sondern nach ewig-römischen Grundsätzen, die abstrakte moralische Prinzipien sind, nicht an Nützlichkeits- oder Angemessenheitsüberlegungen gemessen und überprüft werden. Das Menschenbild wird statuarisch.

3.4. Historisches Epos und Epideiktik

Indem Claudian erstens seine epideiktischen Werke streng funktional, und zwar auf die **konkret-aktuelle** Funktion hin strukturierte und zu diesem Zweck neben die topische und die topisch-narrative die rein narrative, unabhängig von einem Tugend-Laster-Katalog auf den Vorgang konzentrierte Strukturierbarkeit einführte, indem er zweitens die Prosa-Epideiktik durch die hexametrische ersetzte und damit die Bekörperungselemente des Epos in die Epideiktik einzubringen vermochte, indem er drittens seinen epideiktischen Werken einen relativ großen Umfang gab und viertens in die Invektive ein panegyrisches Element einfügte, erweiterte er die Möglichkeiten der epideiktischen Gattungen, verschob die Invektive in die Richtung zum Panegyrikus, die Epideiktik in die Richtung zum zeithistorischen Epos. – Indem Claudian andererseits das panegyrische, nicht narrative Element im zeithistorischen Epos stärkte (Preis Stilichos durch Theodosius Gild. 288–320; Preis Stilichos durch den Dichter Get. 1–212. 430–449) und es zugleich der Kommunikationssituation „festliche Rezitation" durch Kürzung des Umfangs anpaßte, verschob er das zeithistorische Epos strukturell in Richtung zur Panegyrik. Für die Entwicklung noch wichtiger als die Eingriffe in die Struktur des Epos ist die panegyrische Funktionalisierung der Strukturelemente des traditionellen Epos. Der geographische Exkurs[130] über Rätien ist nicht eingefügt, um der Erzählung Anschaulichkeit zu geben, sondern um die Gefährlichkeit des Unternehmens und die Kühnheit Stilichos zu illustrieren. Der epische Kriegsrat (Gild. 349–415) und selbst der Truppenkatalog (Gild. 415–423; Get. 404–422) sind eingepaßt, um Einblicke in die Klugheit und Umsicht Stilichos zu vermitteln. Das Interesse für die Geschichte, das man Claudian nachsagt, ist ein panegyrisches: Stilicho kommt den exempla virtutis gleich oder übertrifft sie.[131] Die Schlacht bei Pollentia interessiert Claudian nicht als solche, sondern nur sofern der Bericht geeignet ist, die Leistungen Stilichos herauszustreichen,[132] wie überhaupt Vorgänge nur erzählenswert sind, sofern sie der Erhöhung des Ruhmes Stilichos dienen;[133] – Claudian kennt kein einläßliches Erzählen rein für sich, sondern die Erzählung ist der Funktion des Beweisens untergeordnet (ähnlich den Geschichten um Jesus oder um einen Heiligen).

[130] Die Abhängigkeit der claudianischen Geographie von Lukan weist nach P. Fargues (wie Anm. 2) 52–54.
[131] A. Cameron 1970, 337.
[132] Leitmotiv von Get. ist keineswegs die Größe Roms (so A. Mortillaro – wie Anm. 29 – 3 und nach ihm V. d'Agostino – wie Anm. 109 – 296), sondern es sind die Leistungen Stilichos für Rom.
[133] P. Fargues (wie Anm. 2) 217: „En somme, les praxeis de Stilichon sont constamment au premier plan dans le De bello Getico. Le recit de la guerre est subordonné à l'éloge du général victorieux." A. Cameron 1970, 262: „... fusion of panegyric and epic does not manifest itself only in the inclusion of panegyric sections in an epic or narrative sections in a panegyric. It also affects what purpots to be narrative in a deeper way."

Die funktional bedingte Verschiebung[134] der Gattungen Panegyrikus, Invektive und zeithistorisches Epos rückt einige ihrer Specimina strukturell und funktional bis zur Ununterscheidbarkeit aneinander.[135] Das hat in der Sekundärliteratur zu einer Verwirrung der Begriffe geführt. Nach Schanz-Hosius[136] ist Gild. ein Epyllion, nach St. J. Oost eine Invektive.[137] Get. hat laut A. Mortillaro[138] mehr dramatischen als epischen Charakter. W. Schmid[139] faßt Panegyriken, Invektiven und zeithistorische Epen als „Zeitepen" zusammen, O. A. W. Dilke[140] bezeichnet Stil., Get. und Gild., W. Barr[141] Ruf. und Eutr. als kurze historische Epen, laut D. Romano[142] ist die panegyrische Dichtung Claudians überhaupt eine „poesia essenzialmente narrativa". Der Gedanke der Gattungsmischung liegt nahe.[143] Für Chr. Gnilka[144] ist die Scheidung der politischen Dichtung Claudians in zeithistorische Epen und panegyrische Gedichte „rein theoretischer Natur"; und selbstverständlich beweist die Entdeckung epischer Strukturelemente in Gild., wie aus unseren Ausführungen über die Struktur der Epideiktik Claudians folgt, tatsächlich nichts für die Gattungszugehörigkeit des Gedichts. Nach P. L. Schmidt[145] sind bei Claudian Epideiktik und historische Epik „ein von der Funktion her einheitliches ... neues Genus" geworden.[146]

---

[134] Nicht durch die Neigung Claudians zum Epischen, so D. Romano (wie Anm. 2) 89.

[135] D. Romano 89 undifferenziert: „poema epico era in nuce già nel Pan.-Prob. o nei panegirici per Onorio o anche nell' Invectiva in Rufinum che hanno, in fondo, un andamento prevalentemente narrativo." Treffender a. O. 105 über Eutr. 2: „un carmen epicum contenente la storia della occupazione della Frigia." Ähnlich 115 über Stil. 1: „è poesia essenzialmente narrativa." Exakter A. Cameron (wie Anm. 2) 147 mit speziellem Bezug auf Ruf. 2 und Eutr. 2.: „both closer to epic than invective", ähnlich A. Cameron 1970, 83f. über Ruf. 2 und zustimmend M. Balzert (wie Anm. 61) 89, Anm. 20.

[136] Schanz-Hosius Bd. 4, 2, 1920, 14.

[137] St. J. Oost (wie Anm. 98) 27; dagegen R. T. Bruère (wie Anm. 106) 223 richtig, daß Gild. keine Invektive ist trotz des „condemnatory character" (239) vieler Passagen — wir haben hier wieder ein Beispiel der Vermischung von Text und Subtext für die Gattungsbestimmung vor uns (s. o. 18).

[138] A. Mortillaro (wie Anm. 29) 5.   [139] W. Schmid RAC 3, 1957, 154.

[140] O. A. W. Dilke, Claudian — Poet of Declining Empire and Morals, Leeds 1969.

[141] Wie Anm. 15, 186—188.

[142] Wie Anm. 2, 115.

[143] Zum Problem s. o. 24. — A. Cameron (wie Anm. 2) 152: „Claudian's panegyrics are a new and hybrid form, children of the marriage between Greek rhetorical teaching and Silver Latin epic." Chr. Gnilka (wie Anm. 33) 97: „Hinsichtlich ihrer Zugehörigkeit zu den Gattungen der antiken Literatur lassen sich diese Schöpfungen Claudians nicht eindeutig einordnen. Sie sind erwachsen aus der Kreuzung des lateinischen Epos mit dem Panegyricus einerseits, mit der Invektive und verwandten Gattungen andererseits." A. O. 102 über Eutr.: „Ergebnis einer Gattungsmischung: es weist Merkmale ... der Invektive auf, folgt aber besonders in den erzählenden Partien sowie in der Sprache des Ganzen der epischen Tradition ..." Das Modell der Gattungsmischung bezieht auf Gild. E. M. Olechowska (wie Anm. 94) 49f.

[144] Wie Anm. 59, 153.

[145] P. L. Schmidt 1976, 21.

[146] A. Cameron 1965, 480: „Properly speaking, the epic ... should be a different thing from the panegyric. But when the subject of the epic was the campaign of a living Emperor or general, and was intended, moreover, to be recited in front of him, it was only natural that it should take on many of the aspects of the panegyric."

Was die propagandistische Funktion der Dichtungen betrifft, hat P. L. Schmidt zweifellos recht. Dennoch gibt Claudian den Werken unterschiedliche Titel — offenbar ist ihm die Scheidung zwischen Panegyrikus, Invektive und historischem Epos bewußt, und er erhält sie aufrecht.[147] Selbstverständlich treten Panegyriken auf der einen Seite, auf der anderen Seite Invektiven und historische Epen zusammen durch die Kommunikationssituation, für die sie bestimmt sind: die Feier des Konsulatsantritts bzw. nicht regelmäßig wiederkehrende Anlässe; Invektiven und Epen können rascher auf Zeitereignisse reagieren. Geschieden scheinen Epos und Invektiven vor allem gestisch: Der Gestus des Spottens, Höhnens und Schmähens paßt offenbar nicht zum Epos. Der Unterschied von Panegyrikus und Invektive auf der einen und historischem Epos auf der anderen Seite bleibt ein struktureller: Trotz der Öffnung für sachlich strukturierte Partien bleibt die Grundstruktur des Epos die Narration,[148] ja man kann sagen, daß seine propagandistische Wirkung gerade darauf beruht, daß der Gestus des objektiv berichtenden Erzählers den des argumentierenden Panegyrikers scheinbar verdeckt. Der Epideiktik bleibt trotz der Öffnung zum Narrativen die Möglichkeit der topischen und topisch-narrativen Strukturierbarkeit erhalten; sie wird um eine Darbietungsform erweitert, ohne daß die alten Dispositionsmöglichkeiten aufgegeben würden. Dem historischen Epos war seit je ein enkomiastischer Zug eigen;[149] ausgehend von Claudian nähern sich historisches Epos und Epideiktik in der Tendenz funktional und strukturell einander an, und so entsteht das, was H. Hofmann als panegyrisches Epos bezeichnet.[150]

[147] Darauf weist A. Cameron 1965, 480 und A. Cameron 1970, 260 hin.
[148] Der Sache nicht voll gerecht werden die Definitionsversuche von M. Balzert (wie Anm. 61) 7: „Als Panegyrik im eigentlichen Sinn ... kann die festliche Hervorhebung und Illustrierung eines gegenwärtigen Anlasses gelten, in dessen Zentrum gefeierte Personen stehen, die zugleich die Adressaten der huldigenden Dichtung sind." (Wie bemerkt, ist nicht Stilicho, sondern das Publikum Adressat der Panegyrik Claudians, s. P. L. Schmidt 1976, 10—12.) „Demgegenüber läßt sich das historische Epos — oder das dahin tendierende Gedicht — der bella bei aller Tendenz zur Huldigung und zur Glorifizierung hoher Personen dahingehend kennzeichnen, daß die Schilderung in sich geschlossener, zum Zusammenhang gefügter Geschehensabläufe im Zentrum steht und die Dokumentation der Ereignisse im Vordergrund zu sehen ist ..." (von einer Dokumentation kann in den historischen Epen Claudians selbstverständlich nicht die Rede sein, nicht einmal von einer Absicht der Dokumentation).
[149] Vgl. Th. Nissen 1940.
[150] H. Hofmann 1988, 133f.

4. Dichtung im Dienste des Märtyrerkults. Vorformen des hagiographischen Epos

Das erste sicher datierte Zeugnis der christlichen lateinischen Literatur ist ein Dokument der Märtyrerverehrung: der kunstlose, protokollartige Bericht über die Vernehmung und Verurteilung von Christen aus Scili durch den römischen Prokonsul Saturninus in Karthago am 17. Juli 180. Daß dieses Schriftstück zur Lesung in der Gemeinde bestimmt war,[1] erhellt vor allem aus dem Schlußsatz *Et ita omnes simul martyrio coronati sunt, et regnant cum Patre et Filio et Spiritu Sancto per omnia secula seculorum. amen* (16).[2]

Im Verlauf des 3. Jahrhunderts räumten die Gemeinden dem Gedenken an ihre Blutzeugen einen festen Platz ein. Von der zunehmenden Durchgestaltung auch der lateinischen Passionsberichte legt die um 200 entstandene, möglicherweise von Tertullian stammende Passio SS. Felicitatis et Perpetuae[3] in ihrem Umfang und ihrer eindrucksvollen literarischen Darbietung Zeugnis ab.

Zu den Passionen kam als weitere Gattung, die aus dem Märtyrerkult erwuchs, die Predigt am Gedenktag der Toten, die Darstellung und panegyrische Ausschmückung des Leidens und der Verdienste der Opfer. Bereits Kaiser Konstantin hat den Reichsbeamten zur Pflicht gemacht, die Todestage der Märtyrer feiern und die Gottesdienste an ihrem Fest durch Preisreden auf die Blutzeugen auszeichnen zu lassen.[4] Doch diese Reden sind uns nicht erhalten, wie ja auch von den zahllosen weltlichen Panegyriken nur eine kleine Auswahl erhalten geblieben ist.

Nach der konstantinischen Wende der Religionspolitik des Reiches konnte sich der Märtyrerkult rasch ausbreiten, begünstigt durch die neuen religionspolitischen Machtverhältnisse, durch die Bedürfnisse der Gläubigen und durch die Ansprüche der Kirche. Bei den Massen kam ihm zustatten, daß er im antiken Brauchtum verwurzelt war und jenen, die von theologischen Argumenten nicht erreicht wurden und im Treiben der Welt mit ihren sittlichen Gefährdungen verharrten, einen persönlichen, menschlich faßbaren und gewissermaßen garantierten Weg zur Erlösung im Jenseits ebenso bot

---

[1] Dies war in Africa im 4., in Mailand und Spanien im 5., in Gallien im 6. Jahrh. während des Gottesdienstes üblich, in Rom erst seit dem 8. Jahrh., s. H. Urner, Die außerbiblische Lesung im christlichen Gottesdienst. Ihre Vorgeschichte und ihre Geschichte bis zur Zeit Augustins, Berlin 1952, bes. 25–46; B. Gaiffier, La lecture des actes des martyrs dans la prière liturgique en occident, Analecta Bollandiana 72, 1954, 138–142.

[2] Hierzu H. Delehaye, Les passions des martyrs et les genres littéraires, Bruxelles 1921, 60–63; W. Berschin 1986, 38–46.

[3] H. Delehaye 63–72; W. Berschin 1986, 46–56.

[4] E. Lucius, Die Anfänge des Heiligenkults in der christlichen Kirche, Tübingen 1904, 314f.; P. Brown, The Cult of Saints, London 1981.

wie zur Hilfe im Diesseits – bei Krankheit, Gefahren jeder Art, Verlust der Habe usw. Denn die Gläubigen waren überzeugt, daß die Heiligen, wie wir schon im Bericht über die Scilitaner lesen, in der unmittelbaren Nähe Gottes weilen, die Bitten der Menschen hören und unterstützen, mittelbar als Fürbitter oder auch unmittelbar als Helfer beistehen. Der Kirche bot der Heiligenkult ein Mittel zur Verdrängung der vielen antiken Götter, Lokalgottheiten, Genien und Heroen durch Gleichwertiges, und, da sie diese Heilsgüter verwaltete, eine beträchtliche Macht über den einzelnen. Zudem erbrachte er in Gestalt der Opfergaben sowohl Dokumente der Wirksamkeit der Heiligen als auch Einnahmequellen zum Schmuck und damit zur massenwirksamen Ausgestaltung der Grabstätten und Gotteshäuser ebenso wie zur Armen- und Krankenfürsorge, die ihr angesichts der zunehmenden Schwäche der Städte und des Staates mehr und mehr zufiel. Die Volksfeste, die sich den kirchlichen Feiern anschlossen, ermöglichten es schließlich, den Menschen ganz zu erreichen.

Aus den verschiedenen Formen des Heiligenkults – der Verehrung der Märtyrergräber, der Liturgie der Gedenktage in den Gemeindekirchen und dem Gottesdienst in den Märtyrerkirchen – haben sich auch verschiedene poetische Gattungen entwickelt. Diese knüpften – anders als das Epos des Juvencus und der Cento der Proba, vergleichbar den poetischen Produktionen Claudians – an aktuelle, und zwar typisch christliche Kommunikationssituationen an.

4.1. Die Inschriften des Papstes Damasus I. für Märtyrergräber[5]

Die Überzeugung von der Hilfsbereitschaft der Heiligen verband sich mit der Vorstellung, daß der Gläubige am Grab des Märtyrers dem Heiligen besonders nahe sei, die Erhörung und Erfüllung seiner Bitten um so sicherer erwarten könne.[6] Daher brachte der Heiligenkult die Entwicklung des Pilgerwesens[7] mit sich. Verunsichert durch die Auswirkungen der Krise der sozialen und politischen Ordnung, gegen die sie sich der Fürbitte möglichst vieler Heiliger versichern wollten, strömten die Gläubigen zu den Märtyrergräbern, in die Kirchen, die über diesen Gräbern errichtet waren. Je größer die Zahl der Heiligengräber und -kirchen an einem Ort war, um so mehr Gläubige zog die Stadt an, um so größer waren die ökonomische Kraft und der politische Einfluß der Diözese.

[5] W. S. Teuffel 1913, § 422, 1f.; Schanz-Hosius 4, 1, § 856; J. Fontaine 1981, 111–125. Editionen: Damasii epigrammata, rec. et adn. M. Ihm, Lipsiae 1895; Epigrammata Damasiana, rec. et adn. A. Ferrua (Sussidi allo studio della antichità cristiana 2) Città del Vaticano 1942. – Monographie: E. Schäfer, Die Bedeutung der Epigramme des Papstes Damasus I. für die Geschichte der Heiligenverehrung, Rom 1932 (zugleich Ephemerides Liturgicae 1932, 137ff., 309ff.); G. Bernt 1968, 55–63; Ch. Pietri, Roma christiana. Recherches sur l'Eglise de Rome, son organisation, sa politique, son idéologie, de Miltiade à Sixte III., 2 vol., Rom 1976, I 607ff.; L. Alfonsi, Tityrus christianus. Una piccola aggiunta, Sileno 1, 1975, 79f.; A. V. Nazzaro, Sui Versus ad fratrem corripiendum di papa Damaso, Koinonia 1, 1977, 195–203; G. Scalia, Gli 'archiva' di papa Damaso e le biblioteche di papa Ilaro, Studi Medievali 18, 1977, 39–63; S. Rocca, Memoria incipitaria negli epigrammi di papa Damaso, Vetera Christianorum 17, 1980, 79–84.

[6] Zum Besuch der Märtyrergräber E. Lucius (wie Anm. 4) 282–285.

[7] Vgl. G. Bardy, Pèlerinages a Rome vers la fin du IVe siècle, Analecta Bollandiana 67, 1949, 224–235. Prud. erzählt Perist. 11, 189–194, daß den ganzen Tag am Grab des H. Hippolyt Pilger kommen und gehen.

Damasus I., Papst von 366 bis 384,[8] ein moralisch nicht unumstrittener Mann, auch persönlich ehrgeizig, ist für die Geschichte des Papsttums wichtig, da er den Primat der römischen Kirche als derjenigen, die durch das Martyrium zweier Apostel, des Petrus und des Paulus, ausgezeichnet war,[9] gegenüber dem Osten und mit Hilfe des Staates gefördert hat. Kaiser Gratian erkannte darauf, daß die Kirchen des Westens Rom untergeordnet seien. Und in der Auseinandersetzung mit dem damals noch einflußreichen Arianismus verkündete ein Edikt der Kaiser Gratian, Valentinian II. und Theodosius I. (Cod. Theod. 16, 1, 2) die religiöse Auffassung des Damasus als in der Tradition des Apostels Petrus stehend und als rechten Glauben.

Zur Stärkung der Macht Roms in der Ökumene[10] und der Position der Orthodoxie gegenüber dem Arianismus[11] hat Damasus den Märtyrerkult in Rom vor allem durch die Öffnung der Katakomben gefördert. Da der Grabkult für die Märtyrer erst Ende des 3. Jahrhunderts eingesetzt hatte,[12] war die Zahl der bekannten Märtyrergräber relativ gering – im Jahre 354 waren es etwa 34[13] –, und so suchte und fand Damasus zahlreiche neue (*quaeritur, inventus colitur* 27,11 Ihm). Wie er Gräber als Ruhestätten von Blutzeugen erkannte, bleibt sein Geheimnis.[14] Damasus verlieh ihnen den Glanz, der sie als heilige Stätten glaubhaft machte und in dem Prudentius sie am Ende des Jahrhunderts sah.[15]

Damit aber die Gräber und mit ihnen die Märtyrer heilskräftig werden konnten, bedurfte es zweier Voraussetzungen. Erstens mußte der Gläubige den Namen des Blutzeugen wissen, um ihn anrufen zu können, zweitens brauchte er einen Nachweis, daß er wirklich gerade an diesem Ort einen ganz bestimmten Heiligen anrufen konnte und daß der hier Bestattete überhaupt ein Heiliger sei. Um diese Bedürfnisse zu befriedigen, schmückte Damasus die Gräber nicht nur, sondern er versah sie mit Inschriften,[16] deren wesentliche Konstanten die Namensangabe[17] und die Sphragis des Papstes

---

[8] Vgl. E. Caspar, Geschichte des Papsttums von den Anfängen bis zur Höhe der Weltherrschaft, I. Bd.: Römische Kirche und Imperium Romanum, Tübingen 1930, 196–256; G. Haendler 1978, 111–122.

[9] E. Caspar 249 f.

[10] Vgl. E. Schäfer (wie Anm. 5).

[11] E. Lucius (wie Anm. 4) 327.

[12] P. Dörfler, Die Anfänge der Heiligenverehrung nach den römischen Inschriften und Bildwerken (Veröffentlichungen aus dem kirchenhistorischen Seminar München, 4. Reihe, Nr. 2) München 1913, 87f.

[13] G. Bardy (wie Anm. 7) 224. Die Depositio martyrum im Chronographen von 354 nennt 34, der römische Kalender aus der Zeit Bonifaz' I. (gest. 422) etwa 100 römische Märtyrer.

[14] P. Dörfler 70: „Papst Damasus ... faßt sich, wenn er von den Entdeckungen erzählt, mit solcher aphoristischer Prägnanz, daß ein Rückschluß auf die Beweismittel, denen er folgt, meist gar nicht möglich ist." Ursprünglich waren die Märtyrer wie jeder andere Verstorbene beigesetzt worden ohne Rücksicht auf eine kultische Verehrung, P. Dörfler 43–48.

[15] P. Dörfler 93–99. Über die große Zahl der Märtyrergräber Roms Prud. Perist. 2, 541–544.

[16] Die Inschrift gilt noch heute als einziger eindeutiger Hinweis auf Märtyrergräber, doch ist der Zusatz martyr spät, kommt erst Ende des 3. Jahrh. auf. Die Zahl der originalen Inschriften ist gering, später wurden Inschriften gefälscht, P. Dörfler 58–65.

[17] Soweit es sich nicht um eine unbekannte Zahl namenloser Blutzeugen handelt, s. 42; 43 Ihm.

als offizielle Beurkundung der Heiligkeit des Ortes und des hier Bestatteten[18] waren.

Die Kommunikationssituation, für die Damasus schrieb, war also weder der Gottesdienst noch die häusliche Andacht, nicht das Gemeindeleben, wohl aber das der Kirche, die kirchlich organisierte Heiligenverehrung des einzelnen am Märtyrergrab.[19] In der literarästhetischen Tradition der Antike stehend (übrigens über die Abfassung von Märtyrerinschriften hinaus poetisch und schriftstellerisch tätig, zudem Förderer des jungen Hieronymus und Anreger von dessen Bibelüberarbeitung bzw. -neuübersetzung), glaubte Damasus wohl den Gräbern über die äußere Schönheit hinaus eine besondere Würde dadurch zu verleihen, daß er die Grabinschriften in Verse, und zwar überwiegend in Hexameter, kleidete (nur ausnahmsweise handelt es sich um elegische Distichen – 32; 55 – oder Prosa – 22; 45). Etwa dreißig seiner Versinschriften sind uns erhalten, teils vollständig, teils in kümmerlichen Resten.

Da es sich nicht um Buchepigramme, sondern um wirkliche Aufschriften handelt, die auf einem Stein in der schönen Schrift des Furius Dionysius Philocalus[20] Platz finden mußten, ist der Rederaum begrenzt.[21] Der Dichter mußte sich äußerster Kürze befleißigen; zum Erzählen ist kein Raum.

In der Regel beschränkt sich Damasus auf die Bezeugung der moralischen Integrität der Märtyrer, ihrer Standhaftigkeit (14; 52) besonders gegenüber dem Kaiser (7; 8; 30; 40; 43; 46; 47) und im Glauben (7), zumal der Orthodoxie (37), des Opferwillens (13; 40), der Dulderhaltung (18; 27; 48); nur selten werden die Foltern angedeutet (27; 32; 40) und das Sterben (29; 49), nur ausnahmsweise das Leben (53).[22] Am auffälligsten ist, daß Wunder während der Passion und nach dem Tode, am Grab, an dem der Gläubige steht, gänzlich fehlen – das Wunder gehört offenbar noch nicht zur Heiligkeitskonzeption. Und nur einmal, im Falle des Felix von Nola, wird bezeugt, daß der verklärte Heilige, und zwar dem Damasus selbst, in der Not geholfen hat (61).

---

[18] *Damasus episcopus fecit* 18; 24; *credite per Damasum, possit quid gloria Christi* 8, 8; *expressit Damasus meritum: uenerare sepulcrum* 21,12 u. a. Damasus nennt sich etwa 35 mal.

[19] P. Dörfler 94: „Damasus... entfernte in keinem Falle die alten Epitaphien. Er ließ seine Inschriften vor dem Grabe oder an irgendeiner Stelle der Krypta anbringen, sie sind also niemals eigentliche Grabschriften, sondern als Lobgedichte für den Heiligen zu verstehen, als urkundliche, offizielle Beglaubigungen des Märtyrergrabes und des Heiligen selbst." S. a. 113. Zur inventio R. Aigrain, L'hagiographie. Ses sources, ses méthodes, son histoire, o. O. 1953, 187f.

[20] Tätig 354–384, vgl. Ch. Pietri, RAC 12, 1983, 550 s. v. Grabinschrift II (lateinisch).

[21] Aus ihrer ursprünglichen Bestimmung, Aufschrift zu sein und damit in der Vereinzelung den Leser zu erreichen, erklärt sich die merkwürdige Unbekümmertheit, mit der Damasus ein und denselben Vers als Versatzstück in verschiedene Epigramme montiert. Z. B. finden wir fünfmal *tempore quo gladius secuit pia viscera matris* 13, 1; 30, 1; 37, 3; 43, 1; 46, 2 – davon dreimal als erster Vers; vgl. auch *O semel atque iterum vero de nomine Felix* 7, 1 und *Corpore mente animo pariterque et nomine Felix* 61,1; *contempto principe mundi* 7, 2; 30, 2; 47, 1; s. a. 43, 4; *sanguine mutauit patriam* 46, 3 ~ 52, 1; vgl. auch 18, 5 und 48, 3f. Die Übereinstimmungen irritieren bei der Buchlektüre, dürften aber denen, die zu den einzelnen Gräbern pilgerten, kaum aufgefallen sein. Übrigens handelt es sich bei dem Verschluß *viscera matris* um ein Ovid-Simile (met. 2, 274); aufgegriffen wurde die Formulierung von Paulinus von Nola c. 15, 89. S. a *laudesque manebunt* 30, 4 ~ Verg. ecl. 5,78; Aen. 1, 609.

4.2. Die Märtyrerhymnen des Ambrosius

Der Liturgie entspringt die zweite poetische Gattung, die Ausdruck der Heiligenverehrung und Mittel ihrer Propaganda ist, die Märtyrerhymne. Ihre Entstehung gehört – wie die der damasianischen Tituli – in einen kirchenpolitischen Zusammenhang.

Im Jahre 386 kam es in Mailand zwischen Ambrosius (geb. 339, Bischof 374–397)[23] und Justina, der Mutter des damals 14jährigen Gratian-Bruders Valentinian II., zu einer Auseinandersetzung. Die Kaiserinmutter verlangte von dem Bischof, eine der neun orthodoxen Kirchen, die Basilica Portiana, den Arianern zur Verfügung zu stellen. Als Ambrosius ihr das ausschlug, versuchte sie, ihren Willen durch den Einsatz von Soldaten durchzusetzen. Da zogen die Katholiken in die Kirche und hielten sie tage- und nächtelang besetzt. Sie hatten Erfolg: Die Soldaten selbst weigerten sich, gegen die Gläubigen, die sich auf gewaltlosen Widerstand beschränkten, vorzugehen.

Ambrosius, ehemals hoher Beamter, Kirchenpolitiker mit inzwischen elfjähriger Erfahrung, muß in diesen Tagen, als er seinen Willen einzig auf Grund der Unterstützung durch die Masse der Gläubigen durchsetzen konnte (wobei, wie wir aus Augustin, conf. 9,7, wissen, ihm die Sympathie auch der übrigen Bevölkerung galt), Ambrosius also muß damals aufgegangen sein, wie wichtig es ist, möglichst breite Schichten fest an sich zu binden, und das heißt zunächst: sie zu erreichen. Er, der auch von Gebildeten wie Augustin wegen seiner Rednergabe geschätzt war (conf. 5,13f.), der auf Grund seiner Kenntnis der griechischen Kirchenväter als anspruchsvoller Exeget mit ausgeprägt allegorisierender Tendenz brilliert hatte, entwickelte massenwirksame Formen der Frömmigkeit: Er führte im Westen den antiphonischen Hymnengesang sowie in Mailand die Feier der Vigil ein und förderte den Heiligenkult (Paulin. vita Ambros. 21).[24]

Bei der Einführung des Hymnengesangs war er erfolgreich, weil er – anders als seine lateinischen Vorläufer Marius Victorinus und Hilarius von Poitiers – die Hymnen erstens nicht ausufern ließ – sie umfassen durchweg acht Strophen von vier Versen, also zusammen 32 Verse – und zweitens ein schlichtes, eingängiges Metrum wählte

---

[22] Keinesfalls kann man mit M. Manitius 1891, 122 die Verslegende aus diesen Gedichten ableiten. – Prud. Perist. 11,7–10 über Roms Märtyrergräber: *plurima litterulis signata sepulchra loquuntur/martyris aut nomen aut epigramma aliquod,/sunt et muta tamen tacitas claudentia tumbas/marmorea, quae solum significant numerum.*

[23] M. Manitius 1891, 133–146; W. S. Teuffel 1913, § 433; Schanz-Hosius 4,1, §§ 862f.; F. H. Dudden, The Life and Times of St. Ambrose, 2 vols., Oxford 1935; Ambrosius Episcopus. Atti del Congresso internazionale di studi ambrosiani nel XVI centenario della elevazione di sant' Ambrogio alla cattedra episcopale, Milano 2–7 dicembre 1974 (Studia Patristica Mediolanensia 6, 7) Milano 1976; A. S. Walpole 1922, 16–144; E. Caspar (wie Anm. 8) 267–280; J. Szövérffy 1964, 48–68; D. Norberg 1967, 115 bis 117; E. Dassmann, Ambrosius und die Märtyrer, JbAC 18, 1975, 49–68; G. Haendler 1978, 99–110; J. Fontaine 1981, 127–141; V. Buchheit, 'Militia Christi' und Triumph des Märtyrers (Ambr. hymn. 10 Bulst – Prud. per II 1–20), in: Kontinuität und Wandel 1986, 273–289.

[24] A. S. Walpole 1922; A. Bastiaensen, Paulin de Milan e le culte des martyrs chez saint Ambrose, in: Ambrosius Episcopus (wie Anm. 23) II, 143–150.

— den achtsilbigen jambischen Dimeter[25] —, das er in allen Hymnen beibehielt. Damit wurden Vers- und Strophenzahl zu einem wesentlichen und leicht faßlichen mnemotechnischen Mittel, das über die Erinnerung des Wortlautes zur Interiorisation des Inhalts führen konnte.

Die Hymnen, ursprünglich als Gegenstück zu den arianischen gedacht (Ambros. serm. in Auxent. 34; Paulin. vita Ambros. 4), hatten über diese aktuelle Funktion hinaus eine bleibende Wirksamkeit. Den solidarisierenden Effekt gemeinsamen Gesanges potenzierte Ambrosius durch das antiphonische Prinzip, d. h. die Teilung der Gemeinde in zwei Chöre, die sich im Gesang wechselseitig steigerten. Angesichts der fanatisierten Stimmung der Gläubigen, die ihr Bischof hatte glauben machen, sein Leben sei bedroht, müssen diese Gesänge die Widerstandskraft des Volkes gewaltig gesteigert haben (*Hymnorum quoque meorum carminibus deceptum populum ferunt*, Ambros. in Auxent. 34). Es waren zur Zeit ihrer Entstehung Kampflieder (s. a. Aug. conf. 9, 16, 4). Darüber hinaus konnten sie jedoch universal sowohl in der Liturgie verwendet werden als auch in der persönlichen Andacht.

Die Vigil[26] — eine nächtliche Gebetsfeier mit Psalmengesang, Lesung und Hymnodien — knüpfte an die Praktiken der Mysterienreligionen an, war im christlichen Gottesdienst verankert und wurde nun auf die Märtyrerfeste ausgedehnt. Sie nutzt die emotionale Wirkkraft nächtlicher Feiern mit künstlicher Beleuchtung der Kirchen und der Stadt, die — vor allem, wenn sie mit gemeinsamem Gesang verbunden ist — noch heute ihre Wirkung auf die Massen nicht verfehlt.

Schließlich entwickelte Ambrosius im Märtyrerkult Formen der sog. niederen, volkstümlichen Frömmigkeit weiter. Ohne Zutun des Ambrosius genossen zu seiner Zeit die Märtyrer Victor, Nabor und Felix bereits die Verehrung des Volkes. Ambrosius tat ein übriges. Er versprach dem Volk, auf eigene Kosten eine Kirche errichten zu lassen und in ihr die Gebeine von Märtyrern zu deponieren, sollte er solche entdecken. Und sogleich wurde ihm in einem Traumgesicht eine Grabstätte zweier Märtyrer geoffenbart — Gervasius und Protasius —, von denen zwar zuvor noch niemand in Mailand je gehört hatte, an deren Namen jedoch, kaum hatte der Bischof sie bekanntgegeben, sich alte Mitglieder der Mailänder Gemeinde zu erinnern glaubten. Das Grab wurde über die wunderbare Entdeckung hinaus durch die ungewöhnliche Größe der Leiber, die bewies, daß die beiden vor langer, langer Zeit gelebt haben mußten, durch Goldfäden in den Kleiderresten, die Trennung der Häupter von den Rümpfen und Blutspuren (rote Färbung des Bodens) als uralte Märtyrerruhestätte bezeugt. Wunder — die Heilung von Besessenen und eines Blinden — widerlegten die Einrede der Arianer, es handle sich bei den beiden um ganz gewöhnliche Sterbliche.

Wichtig für unseren Zusammenhang ist nun, daß Ambrosius die Hymnen antiarianisch nicht nur, wie Hilarius, zur Propagierung des orthodox-trinitarischen Dogmas (*Quid enim potentius quam confessio trinitatis* ... in Auxent. 34), sondern auch zum Preis orthodoxer Heiliger nutzte.[27] Die Verehrung gilt teils den Märtyrern der Mai-

---

[25] J. Fontaine 1981 weist darauf hin, daß der jambische Dimeter vor Ambrosius selten ist und nie „volkstümlich" war (138); es sei Ambrosius nicht um Zugeständnisse an die Armen im Geiste gegangen, doch habe er alle Christen unabhängig von ihrem Bildungsstand erreichen wollen (131).

[26] E. Lucius (wie Anm. 4) 311—313.

[27] Hymnen auf Märtyrer erwähnt dann Prud. Perist. 2, 516 als selbstverständliche Einrichtung, s. a. 12, 60.

länder Gemeinde, den seit langem verehrten Victor, Nabor und Felix *(Victor, Nabor Felix pii)*[28] sowie den neu „aufgefundenen" Gervasius und Protasius *(Grates tibi, Iesu, novas)*,[29] teils den Heiligen einer fremden Gemeinde, der römischen: Agnes *(Agnes beatae virginis)*, den Aposteln Petrus und Paulus *(Apostolorum passio)* und dem Laurentius *(Apostolorum supparem)* sowie – falls der Hymnus *Aeterna Christi munera* von Ambrosius stammt – den Märtyrern überhaupt.

Von den damasianischen Epigrammen unterscheiden sich die ambrosianischen Hymnen zunächst durch den Gestus, der durch die Verschiedenheit der Kommunikationssituation und -aufgabe bestimmt ist. Vor den Märtyrergräbern befand sich der pilgernde Gläubige wenn auch nicht allein, so doch für sich, in stiller, jedenfalls ruhiger Zwiesprache mit einem Text, den er las oder der ihm vorgelesen wurde, und er hoffte auf gerade seine Erlösung oder auf ein Wunder gerade an sich. Beim Hymnengesang ist der Christ Glied einer versammelten Gemeinde, befindet sich in einem hallenden Kirchenraum, und das antiphonische Chorsingen beflügelt einen jeden, durch lauten Gesang die Wucht des Chores, dem er angehört, zu steigern (*certatim omnes student fidem fateri*, in Auxent. 34). Der Gestus des Hymnischen ist bei Ambrosius daher nicht literarisch-rhetorischer Natur, sondern noch ganz ursprünglich.

Zugleich nutzt der Bischof den Hymnus, um der Gemeinde bestimmte orthodoxe Glaubenswahrheiten einzuprägen: So belehrt der Hymnus *Aeterna Christi munera* über die Stellung der Märtyrer in der Kirche, im Himmel und zu den Sterblichen, über ihre Mittlerrolle. Gegenüber der informativen und dokumentarischen Funktion der Tituli des Damasus ist integraler Bestandteil der ambrosianischen Hymnen eine didaktische Funktion. Dadurch aber, daß die Lehre nicht vorgetragen, sondern den Gläubigen selbst in den Mund gelegt wird, wird die Didaxe zum Bekenntnis und steigert dadurch den Gestus des Hymnischen.

Für unsere spezielle Fragestellung von besonderem Interesse ist der Umstand, daß die 32 Verse der Hymnen einen weit größeren Rederaum bieten als die damasianischen Inschriften. Wie Ambrosius diesen Raum füllt, wird von dem konkreten Anlaß bestimmt, für den die Hymne geschaffen wird. Wir vernachlässigen hier diejenigen zu den Stundengebeten und für den allgemeinen Festkalender der Kirche und wenden uns allein den Märtyrerhymnen zu.

Der Hymnus *Aeterna Christi munera* („in natali beatorum martyrum') preist die Märtyrer überhaupt. Ihre Stellung in der Kirche, im Himmel und im Heilsgeschehen wird bestimmt, und in einem abschließenden Gebet werden Christus und in ihm die Märtyrer um ihren Beistand gebeten. Da der Hymnus keinen besonderen Heiligen, sondern die Gemeinschaft der Blutzeugen preist, wird kein besonderes Martyrium erzählt. Und doch verzichtet der Dichter nicht auf eine iterativ raffende Passage:

Traduntur igni martyres
et bestiarum dentibus,
armata saevit ungulis
tortoris insani manus.

[28] Zu ihrem Kult Ambros. in Luc. VII 178; ep. 22, 2; Paulin. Vita Ambros. 14; sie dienten zu Mailand in der kaiserlichen Armee, starben am 8. oder am 8. und 12. Mai 304 in Lodi, ihre Leichname wurden am 14. Mai nach Mailand zurückgebracht.

[29] Zu ihrer Auffindung Ambros. ep. 22 an seine Schwester Marcellina, Augustin. serm. 286, 4 und conf. 9, 7, 16; s. a. R. Aigrain (wie Anm. 19) 187 f. Vgl. auch E. Dassmann, Ambrosius und die Märtyrer, JbAC 18, 1975, 49–68.

*Nudata pendent viscera,
sanguis sacratus funditur,
sed permanent immobiles
vitae perennis gratia.*

(13—20)

Eindrucksvoll werden hier die stereotypen Szenen der Passionslegenden,[30] die Greuelszenen der Folter, die Unerschütterlichkeit der Märtyrer, die hilflose Wut des Richters und der Folterknechte in acht Versen zusammengefaßt.

Nur angedeutet wird das Martyrium im Hymnus *Apostolorum passio* (‚*in festo Petri et Pauli apostolorum*'). Wichtiger nämlich als das Ende der Apostel, wichtiger selbst als der Preis dieser Märtyrer sind andere Thesen, Thesen kirchenpolitischer Art: angesichts des Primats Petri und der Rolle des Paulus als Kirchenlehrer das Verhältnis der Apostel zueinander und ihre Bedeutung für die Stellung Roms in der Christenheit, die begründet ist durch das heilbringende Sterben der beiden in der Stadt und bezeugt wird durch das Herbeiströmen der Menschen aus aller Welt, ja selbst der Engel am Peter-Pauls-Tag.

Der Hymnus *Victor, Nabor, Felix pii* (‚*in natali Victoris Naboris Felicis martyrum Mediolanensium*') ist dem Gedanken der Verbundenheit der drei an sich aus Mauretanien stammenden und in Lodi gestorbenen Märtyrer-Soldaten mit Mailand gewidmet. Diese Verbundenheit ist durch ihr Sterben und durch die Translation ihrer Leiber nach Mailand hergestellt worden. Wegen der zentralen Stellung dieses Themas wird die Passion selbst relativ kurz und nur in Andeutungen abgetan (17 bis 28).

Die übrigen drei wohl ambrosianischen Märtyrerhymnen sind narrativ strukturiert.

Zwei von ihnen, der Agnes- und der Laurentius-Hymnus, sind für die Liturgie am *dies natalis*, dem Todestag der Heiligen als ihrem Geburtstag zum ewigen Leben, geschrieben, der Protasius- und Gervasius-Hymnus für das Fest der *inventio*, der „Wiederauffindung" ihrer Gebeine durch Ambrosius.

Die Feier des Agnes- und des Laurentius-Tages hatte über die kultische hinaus keine weitere theologische oder kirchenpolitische Bedeutung. Ambrosius kann die Hymnen daher ganz der Legende widmen.

Der Agnes-Hymnus (*Agnes beatae virginis*) beginnt — wie die drei übrigen — mit einer allgemeinen Strophe, in diesem Falle dem Preis des *dies natalis*. Von Vers 5 bis 32 wiederholt der Dichter die wesentlichen Tatsachen des Martyriums des Kindes: Noch sehr jung, übertraf sie doch an Standhaftigkeit Männer und Greise. Die ängstlichen Eltern sperrten sie ein, doch befreite sie sich. Freudig eilt sie zum Martyrium, um Christus, ihrem Gatten, ihr Blut als Mitgift darzubringen. Sie soll dem Götzen opfern, doch mit kühnen Worten lehnt sie das ab, verlangt nach dem Martyrium. Bei ihrem Tode geschieht ein Wunder — um ihre Keuschheit zu wahren, wird sie in ein Kleid (ihre Haare, wie wir wissen) gehüllt. So fällt sie, keusch bis in den Tod.

Ähnlich berichtet der Laurentius-Hymnus (*Apostolorum supparem*) die Passion

---

[30] Vgl. E. Lucius (wie Anm. 4) 77—105; H. Delehaye, Die hagiographischen Legenden, Kempten/München 1907, bes. 107—124; H. Günter, Die christliche Legende des Abendlandes (Religionswissenschaftliche Bibliothek 2) Heidelberg 1910; H. Delehaye (wie Anm. 2), bes. 236—315; R. Aigrain (wie Anm. 19) 142—148.

des Heiligen: Xystus (Sixtus) erlitt das Martyrium; Laurentius sollte ihm drei Tage später darin folgen; ohne Trauer sah er den Bischof sterben, sah er doch hier seinen eigenen Tod vorgebildet; als er aufgefordert wird, den römischen Kirchenschatz herauszugeben, verspricht er, das zu tun; er holt die Schar der Armen zusammen, weist auf sie und erklärt, dies sei der Schatz der Kirche; der Staatsbeamte ist voll Wut und läßt das Feuer richten, es brennt so hoch, daß es den Henker verletzt; der Märtyrer aber auf dem Rost ruft: „Dreht mich um, und laßt es euch schmecken, wenn ich gar bin."

Wir finden in diesen beiden Hymnen außer den bekannten Motiven Standhaftigkeit und Verlangen nach dem Martyrium, Weigerung, den Forderungen der Staatsdiener nachzukommen, und Folter sowie Tötung zwei wesentliche Handlungselemente der epischen Märtyrerlegende: die Rede des Märtyrers (im Agnes-Hymnus immerhin 6 von 32 Versen umfassend) und das Wunder beim Tod, schließlich auch jene merkwürdige Art Witz, die uns geschmacklos, bestenfalls als Galgenhumor erscheint, in der Legende aber die alles Menschenmaß übersteigende Standhaftigkeit des Märtyrers und seine Überlegenheit über den heidnischen Gegner, den Sieg des christlichen Blutzeugen dokumentieren soll.

Ein weiteres Element der Legende, das schon bei Paulinus von Nola zum bestimmenden werden sollte, begegnet uns im Gervasius- und Protasius-Hymnus *Grates tibi, Iesu, novas*. Nach einem Dank an Christus wird die *inventio* erzählt, und zwar, wie Ambrosius nur andeutet, auf Grund eines Traumes (*Caelo refulgens gratia/artus revelavit sacros*). Beherrscht wird der Hymnus von den Wundern, die die Heiligen nach ihrer Auffindung bewirken. Sie dominieren, weil durch die Heilung eines Besessenen und eines Blinden (breit ausgeführt 17—24, da von den Arianern bestritten) die Märtyrer ihre Heiligkeit erst bewiesen haben, bewiesen für diejenigen, die über die Zeugenschaft des Ambrosius hinaus noch eines Beweises bedurften. Gegenwärtige Wundertätigkeit ist zudem das, was die Gläubigen von einem Heiligen erwarten und wodurch die Kirche die Massen an sich zu binden sucht.

Die Hymnen des Ambrosius lehren, wie Stoff, Thema und Strukturierung von der Funktion der Hymnen bestimmt werden. Alle Märtyrerhymnen sind für die speziellen Liturgien an den Gedenktagen geschaffen. Allgemeiner Preis der Märtyrer, spezielle Bedeutung einzelner für die Kirche bzw. für die Gemeinde, Leiden, Wunder nach dem Tode — was davon ausgeführt wird, hängt davon ab, welcher Festtag begangen wird, und davon, was Ambrosius den Gläubigen aus diesem Anlaß einprägen will.

4.3. *Die Heiligendichtungen des Paulinus von Nola*[31]

Paulinus von Nola kam mit dem Märtyrerkult in engere Berührung, als er — ein junger Mann um die dreißig, väterlicher- und mütterlicherseits Abkömmling unglaublich reicher aquitanischer Senatorenfamilien, seit 378 selbst Senator, zudem Protegé

---

[31] Zu seinem Verhältnis zur klassischen Bildung s. oben 147—149, Literatur Kap. 2, Anm. 314. — Edition: Sancti Pontii Meropii Paulini Nolani opera, Pars I: Epistulae; Pars II: Carmina, ex rec. G. de Hartel (CSEL 29/30) Pragae/Vindobonae/Lipsiae 1894. — Bibliographie Clavis 202, 203, 1469, 1473. — M. Manitius 1891, 261—297; W. S. Teuffel 1913, § 437; Schanz-Hosius 4, 1, §§ 876—885; H. Leclercq, Dictionnaire d'archéologie chré-

des Ausonius[32] – in Kampanien als consularis wirkte. Hier wurde in Nola der confessor Felix heiliggehalten. Schon damals gehörte auch Paulinus zu seinen Verehrern (c. 21, 365–413).

In Nola konnte Paulinus das Epigramm des Damasus auf Felix (61 Ihm) lesen, das der Papst dem Heiligen für die Errettung vor Feinden und übler Nachrede geweiht hatte. Persönlich bekannt wurde er mit dem anderen Archegeten von Heiligendichtung, mit Ambrosius, doch wissen wir nicht, wann er dem Mailänder Bischof begegnete – möglicherweise auf der Rückreise von Kampanien nach Aquitanien.[33]

Die Eltern des Paulinus waren Christen;[34] er selbst ließ sich wohl 389 taufen.[35] 389 bis 394 lebte er auf seinen Gütern in Spanien. Hier beginnt 393[36] sein asketisches Leben, zu dieser Zeit, wie im Westen noch lange, eine Form privater Frömmigkeitsübung aristokratischer Kreise auf ihren Gütern.[37]

tienne et de liturgie 12, 2, 1936, 1422–1456 s. v. Nole; R. Helm, RE 18, 2, 1949, 2331–2343 s. v. Paulinus 9; A. G. Amatucci 1955, 195–200; N. K. Chadwick 1955, 63–88; Ch. Witke 1971, 3–101; J. Fontaine 1981, 143–176. – P. Fabre, Essai sur la chronologie de l'œuvre de S. Paulin de Nole (Publications de la faculté des lettres de l'université de Strasbourg fasc. 109) Paris 1949; P. Fabre (wie Kap. 2, Anm. 143); Ch. Pietri, Saint Paulin de Nole, Namur 1964; W. H. C. Frend, Paulinus of Nola and the Last Century of the Western Empire, Journal of Roman Studies 60, 1969, 1–11; G. Strunk 1970, 26–31; R. P. H. Green, The Poetry of Paulinus of Nola. A Study of his Latinity (Collection Latomus 120) Bruxelles 1971; S. Costanza, La poetica di Paolino da Nola, in: Studi in onore di Q. Cataudella, Catania 1972, III 593–613; J. Fontaine, Les symbolismes de la cithare dans la poésie de Paulin de Nole, in: J. Fontaine 1980, 393 bis 413; S. Costanza, I generi letterari nell'opera poetica di Paolino di Nola, Augustinianum 14, 1974, 637–650; W. H. C. Frend, The Two Worlds of Paulinus of Nola, in: J. W. Binns 1974, 100–133; H. Junod-Ammerbauer, Le poète chrétien selon Paulin de Nole. L'adaption des thèmes classiques dans les Natalicia, Revue des Études Augustiniennes 21, 1975, 13–54; S. Costanza, I rapporti tra Ambrogio e Paolino da Nola, in: Ambrosius Episcopus (wie Anm. 23) II 220–232; R. Herzog, Probleme der heidnisch-christlichen Gattungskontinuität am Beispiel des Paulinus von Nola, in: Christianisme et formes littéraires 373–423; J. T. Lienhard, Paulinus of Nola and Early Western Monasticism. With a Study of his Chronology and his Works (Theophaneia 28) Bonn 1977; H. Junod-Ammerbauer, Les constructions de Nole et l'esthétique de Saint Paulin, Revue des Études Augustiniennes 24, 1978, 22–57; K. Kohlwes, Christliche Dichtung und stilistische Form bei Paulinus von Nola (Habelts Dissertationsdrucke, Klass. Philologie 29) Bonn 1979; Atti del convegno XXXI cinquantenario della morte di S. Paolino di Nola (431–1981), Roma 1983.

[32] P. Fabre (wie Kap. 2, Anm. 143) 16–26.

[33] P. Fabre 30; Paulin spricht davon ep. 3, 4, doch stammt der Brief erst aus dem Jahr 396.

[34] P. Fabre 16f.; s. ep. 12, 12.

[35] P. Fabre 31.

[36] P. Fabre 35.

[37] F. Graus, Volk, Herrscher und Heiliger im Reich der Merowinger. Studien zur Hagiographie der Merowingerzeit, Praha 1965, 111f.: „Während im ‚tonangebenden' ägyptischen Mönchstum sozial niedere Schichten eine bedeutende Rolle spielten, scheint sich in Gallien, zumindest in der ersten Epoche, eine gehobene Schicht des Klosterwesens angenommen zu haben. Jedenfalls spielen in allen erhaltenen Quellen gerade Repräsentanten sozial höher gestellter Schichten im gallischen Mönchstum eine maßgebende Rolle. Das dürfte der Tatsache entsprechen, da in den Wirren dieser Zeit gerade diese

Wohl in dieses Jahr[38] fällt die Entstehung der Laus Sancti Johannis,[39] eines 330 Hexameter umfassenden Gedichts auf den Täufer, der nach christlichem Verständnis durch die Bluttaufe in die Kirche einverleibt worden war,[40] als Märtyrer[41] und Vorbild christlicher Askese[42] galt.

Seine Würdigung in einer Laus, einem Panegyrikus, lag nahe.[43] Seit Konstantin die öffentliche Feier der Märtyrer angeordnet hatte, waren ihre Verdienste in Predigten gewürdigt worden. Neben den Hymnen und der Lesung war die Predigt fester Bestandteil des Gottesdienstes am Vormittag des Hauptfeiertages.[44] Prediger und Gläubige standen in der Tradition antiker Bildung, und so griffen die Priester für die Festpredigt auf bewährte rhetorische Formen zurück. Da es keinen jüngst Verstorbenen zu bestatten, sondern einen vor längerer Zeit Dahingegangenen zu würdigen galt, bot sich nach den Regeln der Rhetorik nicht die consolatio, sondern der Panegyrikus an, und das um so mehr, als die Kirche in den Märtyrern die Helden ihres blutigen Kampfes sah, die wie Christus über die Mächte der Finsternis triumphiert hatten. Damit war ihr Fest kein Trauer-, sondern ein Freudentag.[45] Beispiele von Panegyriken auf Heilige sind uns aus der Frühzeit nicht erhalten, wohl aber solche griechischer Väter der Generation vor Paulinus, der Basilius, Gregor von Nazianz und Gregor von Nyssa sowie von Paulins Altersgenossen Johannes Chrysostomos. Der Panegyrikus ist mithin für Paulinus bereits die – oder doch eine – selbstverständliche Form der Märtyrerpredigt. So ist es kein Wunder, wenn er seine erste Heiligendichtung, die auf den Täufer, als Laus bezeichnet.

Selbstverständlich waren dem Schüler des Ausonius, der gallischen Rhetorenschulen, die so viele Panegyriker hervorgebracht hatten, ihm, der selbst einen (verlorenen) Panegyrikus auf Kaiser Theodosius I. verfaßt hatte (ep. 28,6), die Regeln der Enkomiastik vertraut. Für seinen Johannes-Panegyrikus kündigt er die Punkte *exortus, uita, mors* an (c. 6,16). Den Rückgriff eines Christen auf die traditionellen panegyrischen Topoi wird er sieben Jahre später in einem Brief an Sulpicius Severus rechtfertigen: Er glaubt die Würdigung der Melania mit dem Preis ihres Geschlechts beginnen zu dürfen, weil die Rhetoren hier einen Topos aus dem Evangelium usur-

---

Teile der Bevölkerung die Unsicherheit am stärksten empfanden und von ihren Folgen stark betroffen wurden. Die Weltflucht als Lösungsmöglichkeit entspricht ja entweder einer Tradition (die in Gallien jedoch nicht vorhanden war) oder dem Verfallsgefühl einer verhältnismäßig kultivierten Schicht."

[38] P. Fabre 36.

[39] Interpretationen R. P. H. Green (wie Anm. 31) 21f.; Ch. Witke 1971, 75–79; P. Flury, Das sechste Gedicht des Paulinus von Nola, Vig. Chr. 27, 1973, 129–145; D. Kartschoke 1975, 36f.; 63f.; R. Herzog 1975, 212–223.

[40] E. Lucius (wie Anm. 4) 142.

[41] Vgl. Prud. Perist. 5, 375f. *parique missum carcere/baptista Johannes vocat.*

[42] Hieron. ep. 22, 36 über das monastische Leben: *Huius vitae... princeps Johannes baptista fuit.* Darauf weist auch Prud. Cath. 7, 61–70.

[43] Paulin schickt sich nicht etwa an, als erster den Panegyrikus für das Christentum zu erobern (so R. Herzog 1975, 221).

[44] E. Lucius zum Gottesdienst 307–318, zur Predigt 315–318; s. a. J. A. Junghans, Liturgie der christlichen Frühzeit bis auf Gregor den Großen, Freiburg (Schweiz) 1967, 163–174.

[45] H. Delehaye (wie Anm. 2) 183–197.

piert hätten, beginne doch Lukas die Geschichte des Täufers mit dem Preis von dessen Eltern und deren Stamm. *Quamobrem non uidebimur aliena potius quam nostra uti regula terrenam quoque nobilitatem in supradicta dei famula praedicantes* ... (ep. 29,7).

Abweichend von den griechischen Vätern, bedient sich Paulinus (wie anderthalb Jahre später Claudian in seinem ersten Konsularpanegyrikus) der Versform. Der Grund dafür ist, daß der Dichter Thema und Stoff zur aemulatio mit Juvencus nutzt.[46]

Das Gedicht wird durch ein Prooem eröffnet (1–26), das in gut panegyrischer Manier die Größe und Schwierigkeit des Gegenstandes (9f.) betont und ihm die schwachen Kräfte des Dichters gegenüberstellt. Warum wagt sich Paulin an das Unternehmen? Einerseits bittet er die Trinität um Beistand (Anruf 1–3, Prädikation unter dem Gesichtspunkt der Redegabe 4–6, Bitte um Beistand mit Bewässerungstopik 7f.), andererseits wird die Kühnheit des Poeten durch verschiedene Gründe gerechtfertigt: Auch bescheidenes Lob ist gottgefällig (11–13), das Unternehmen ist begrenzt, beschränkt sich auf die Umsetzung vorliegender Prosaquellen in Verse (14–19), und das exemplum David lehrt, wie Gott denen hilft, die ihn loben, womit die anfängliche Bitte um Inspiration wieder aufgegriffen wird.

Aus der Tradition des Panegyrikus stammen gewisse ekphrastische Ausmalungen (sie sind allerdings kurz: 40f. 96–100. 113–115), vor allem aber die umfangreichen Zusätze in der Form von exclamationes (194f. 199–204 über das Verhältnis von Sünde, Strafe, Sühne und Vergebung; 236–254 über Sünde und Askese) und adlocutiones (Apostrophe der ungläubigen Juden 163–172) wie invocationes (Gottes 276–302, des Johannes 303–330), die das Gedicht pathetisieren.

Schließlich folgt auch der Aufbau den Vorstellungen der Panegyriker. Das wird besonders deutlich, wenn Paulin, der im übrigen sich eng an den Evangelientext anlehnt, den Satz Lk. 1, 80 über Heranwachsen, Reife und Wüstenleben des Johannes mit Zusätzen nach Mt. 3, 4, aber auch eigenen Ergänzungen breit ausführt (205–235), offenbar um nach den Topoi patrís (kurz angedeutet 27), génos (27–35) und génesis (breit ausgeführt 36–204) auch die Topoi paideía, anatrophé und epitedeúmata zur Geltung zu bringen, bevor er die práxeis des Johannes darstellt (255–302, im engeren Sinne 268–275).

Regelgerecht klingt der Panegyrikus aus in einem gebetartigen Epilog (303–330) mit einer Synkrisis, die Paulinus aus dem Herrenwort Mt. 11, 11 gewinnt (322–330).

Wir hatten schon bei Claudian beobachten können, daß dem topisch-narrativen Bauschema ein stark narrativer Zug eignet. Das gilt auch für den Johannes-Panegyrikus. Es gilt um so mehr, als Paulinus zur Behandlung von génos und génesis auf eine erzählende Quelle zurückgreift (die evangelische Legende von der Geburt des Täufers) und deren Umsetzung 178 von 330 Versen widmet. Wohl um diesen Teil nicht weiter anschwellen zu lassen, hat der Dichter auf die Paraphrase der Hymnen der Maria (Lk. 1, 46–55) und des Zacharias (Lk. 1, 68–79) verzichtet. Dieser Verzicht dient zudem der narrativen Straffung des Textes, in deren Dienst Paulinus Mittel aufgreift und ausbaut, die bereits Juvencus erprobt hatte: die Zusammenfassung von Dialogen zu Reden (43–83 ~ Lk. 1, 13–20; 116–131 ~ Lk. 1, 28–38) und die iterativ-durative Raffung einläßlicher Erzählung (270–275 ~ Lk. 3, 7–18).

---

[46] Einzelnachweise bei P. Flury (wie Anm. 39).

Ebenfalls bei Claudian hatten wir gesehen, daß die Versform Elemente des Epos in den Panegyrikus einbringt. Bei Paulin wird die Narration, die dem Panegyrikus ja keineswegs fremd ist, ins Epische transponiert vor allem durch zusätzliche Motivierungen menschlicher Handlungen (Maria besucht Elisabeth, veranlaßt durch ihr noch ungeborenes Kind 139–144; Johannes freut sich im Mutterleib, weil er die Zukunft bereits voraussieht 144–147) und die Psychologisierung des Geschehens (Zacharias zweifelt, ob er die Auszeichnung durch Gott verdient 86–93; die Schamhaftigkeit Marias wird 113–115, die Bescheidenheit Elisabeths 155–158 vor Augen geführt).

Der Aufbau nach dem Schema des Panegyrikus und der Einbau nicht-narrativer panegyrischer Strukturelemente stören andererseits den narrativen Aufbau wie die epische Stimmung, und so entsteht der Eindruck unschlüssigen Schwankens zwischen Enkomium und Epos.

Gegenüber Juvencus, der den Evangelien Perikope für Perikope folgte, und Proba, die ausgewählte Szenen der Bibel auf einen Kern reduzierte und diesen episch amplifizierte, hätte das Unternehmen des Paulinus einen entscheidenden Fortschritt bedeuten können: Ansatzweise faßt er die Täuferszenen, die in den Evangelien verstreut sind, in einer geschlossenen Handlung zusammen. So geht er von Lk. 1, 5–80 zu Lk. 3, 2–17 über. Freilich hat er trotz der anfänglichen Ankündigung (*exortus, uita, mors*) Jesu Taufe (Mt. 3, 13–17), die Verhaftung des Johannes (Lk. 3,19f.), die Fragen des Täufers an Jesus (Mt. 11, 1–6), Jesu Zeugnis über den Täufer (Mt. 11, 7–19) und auch die Legende von seinem Ende (Mt. 14, 1–12) nicht erzählt. Möglicherweise hat ihn – von dem man glaubte, er sei in persönliche Schuld verstrickt, habe seinen Bruder ermordet – das Thema von Sünde und Gnade besonders gefesselt, möglicherweise hat er deshalb mit der Täufer-Tätigkeit des Johannes abgebrochen. Man könnte auch glauben, daß der Mönch Paulin den Täufer nicht als Märtyrer, sondern als Asketen darstellen wollte (219–235). Gleichwohl gewinnt man angesichts der summarischen Behandlung des Wirkens am Jordan (286–275 ~ Lk. 3, 3–18) den Eindruck, der Dichter habe die Lust an seinem Stoff verloren, das Unternehmen habe tatsächlich seine Kräfte überstiegen (299–302).

Zum Märtyrer-Panegyrikus ist das Johannes-Enkomium also nicht geworden. Ein Heiligenlob ist es dennoch. Wie die Märtyrer in den Legenden aus ihrer realen historischen und geographischen Umwelt gelöst sind, so Johannes aus der seinen. Auf die Angabe der Zeit seiner Geburt (Lk. 1,5) und seines Wirkens (Lk. 3,1f.) verzichtet der Dichter ebenso wie auf alles, was auf palästinensische Szenerie verweist (die Ortsangaben Lk. 1, 26.39), auf jüdisches Brauchtum (Beschneidung Lk. 1, 59), auf die jüdische Abstammung des Täufers (Lk. 1, 5) und Josephs (Lk. 1, 27). Auch der Bezug auf David und Jakob (Lk. 1, 32) wird gestrichen. Der Zug zum Universalismus des Menschenbildes, den wir bereits bei Juvencus beobachteten, ist bei Paulinus verstärkt worden.

In Paulins Konzept einer Heiligkeit, die sich vor allem im Wunder offenbart, fügen sich ohnehin die übernatürliche Spätschwangerschaft Elisabeths, die Empfängnis einer Jungfrau wie Verstummen und neues Reden des Zacharias. Darüber hinaus bietet der Dichter zusätzliche Wunder: Maria wird zum Besuch bei Elisabeth durch das noch ungeborene Jesuskind veranlaßt (139–144), und Johannes, Prophet schon vor seiner Geburt, erkennt im Mutterleib Elisabeths den Fleischgewordenen im Mutterleib der Maria (144–147).

Als Paulin den Johannes-Panegyrikus schrieb, war er noch nicht Priester. Er konnte das Gedicht also nicht vor einer Gemeinde vortragen, sondern nur in seiner monastischen Gemeinschaft.

Dasselbe gilt mindestens für das erste Gedicht auf Felix,[47] c. 12 (a. 395), das Paulin noch in Spanien verfaßt hat; denn mag er für sein Teil auch schon dort jährlich den 14. Januar als Festtag des heiligen Felix begangen haben (c. 13, 22), so kannte doch die spanische Kirche diesen Feiertag mit Sicherheit nicht. Das Gedicht ist denn auch ein persönliches Gebet zu Felix mit der Bitte um glückliche Rückkehr zum Felix-Heiligtum von Nola (15–31) und dem Gelübde, den Rest seines Lebens dort zu verbringen.

Wie das c. 12, so prägt die invocatio auch das Gebet c. 13 (a. 396). Mit c. 12 hat es zudem die sehr persönliche Haltung gemein. Es sagt vor allem Dank für den bisherigen Beistand des Heiligen (7–23) und erneuert das Gelübde, bis zum Ende in Nola zu bleiben (35f.). So kann man vermuten, daß dieses Werk, das erste in Nola entstandene, wie c. 6 und c. 12 für die private Andacht bestimmt war.[48]

Im folgenden Gedicht (c. 14, a. 397) hören wir von einem weiteren Gelübde Paulins, dem, jährlich für den Felixtag ein Gedicht zu schreiben (c. 14, 118f., s. a. c.15,1; 16, 12–24; 18, 1–5). Paulin war inzwischen Presbyter und spielte als Haupt der Nolaner Mönchsgemeinschaft und auf Grund seiner sozialen Herkunft vermutlich eine hervorragende Rolle auch in der Gemeinde der Stadt. So wird er ohne Schwierigkeiten erreicht haben, daß ihm die Predigt am Festtag übertragen wurde.[49] Wieder bot sich dafür die Form des Panegyrikus an, genauerhin, da der Todestag eines Märtyrers als sein Geburtstag (*dies natalis*, *natalis*) zum ewigen Leben gedeutet wurde,[50] das natalicium.

Diese enkomiastische Subgattung – vordem am Fürsten- und Göttergeburtstag verwendet[51] – unterscheidet sich vom üblichen Panegyrikus einzig dadurch, daß der Inhalt des Prooems feststeht, nämlich der Topos kairós, Preis des glücklichen Tages.[52]

---

[47] Zu den natalicia P. Fabre (wie Kap. 2, Anm. 143) 339–386; R. P. H. Green (wie Anm. 31) 29–34; J. Fontaine 1981, 169–176.

[48] Zur gattungsmäßigen Sonderstellung von c. 12, 13 und 14 auch P. Fabre, Saint Paulin 341 und 343 sowie R. P. H. Green 26–28.

[49] Ein Publikum wird vorausgesetzt c. 16, 17; 18, 8. 92. 211–217; Rezitation im Gottesdienst vermutet auch J. Fontaine (wie Anm. 31) 124 und Anm. 9. 57. Lesung außerhalb der Liturgie nimmt an H. Urner (wie Anm. 1) 40 unter Hinweis auf die „ungeheure Länge einzelner Gedichte auf den heiligen Felix" und auf Grund der Tatsache, daß die Lesung der Märtyrerakten damals in Italien nicht üblich war. Gerade aus der letzten Feststellung folgt, daß die Geschichte des gefeierten Märtyrers dann in der Predigt berührt werden mußte, während das in Liturgien, in denen die Lesung der Akten einen festen Platz hatte, nicht notwendig war. Meines Erachtens waren die zur Rezitation bestimmten natalicia als Predigten im Rahmen des Vormittagsgottesdienstes des Hauptfeiertages gedacht, d. h. nicht für die außerbiblische Lesung bestimmt. Die Predigt aber konnte sehr lang sein – Augustin ist gelegentlich überrascht, daß er schon zwei Stunden lang predigt.

[50] Vgl. A. Stuiber RAC 9, 1976, 229–233 s. v. Geburtstag; schon Tertull. cor. 3, 3 empfiehlt die Feier des Todestages als Geburtstag, s. Stuiber 224. Bei Paulin s. etwa c. 14, 2–4; 26, 14–16.

[51] W. Schmidt, RE 7, 1, 1910, 1139.1142.

[52] W. Schmidt, RE 7, 1, 1910, s. v. Genéthlios heméra über die Regeln der Reden zum Ge-

Wie schon beim Johannes-Lob, bedient sich Paulin der Versform. Dazu mögen ihn mehrere Gründe veranlaßt haben.⁵³ Zum einen lagen metrische natalicia (genethliaca) des Statius vor, zweitens hatte Paulin bereits den Gebeten c. 12 und 13 von 395 und 396 Gedichtform gegeben, drittens hatte er mit dem Johannes-Lob schon einen metrischen Panegyrikus verfaßt, und viertens sah er – wie vor ihm Damasus im Falle der Inschriften – in der Versform gewiß die würdigste Darbietungsweise.⁵⁴

Das Thema der natalicia stand fest: der Preis des Felix. Da jedoch Jahr für Jahr am 14. Januar ein solcher Panegyrikus vorgetragen sein wollte, drängte sich die Frage nach dem Stoff auf. Denn während Claudian Stilichos Taten mit seinen Gedichten begleitete, lag das Leben des Felix abgeschlossen vor Paulin. Sollte er Jahr für Jahr variierend dasselbe vortragen? Paulin war sich des Problems offenbar von Anfang an bewußt. Er entschloß sich zunächst, die unterschiedlichen Topoi eines biographischen Panegyrikus auf verschiedene – genauer gesagt: auf drei – Jahre aufzuteilen, im ersten bis zur Lebensmitte, im zweiten bis zum Tod des Heiligen voranzuschreiten und im dritten den schon von Quintilian (3, 7, 10) vorgesehenen Topos „Ereignisse (unmittelbar) nach dem Tod" abzuhandeln. Das weitere würde sich finden. Und es fand sich. In dem dritten dieser Gedichte, jenem, das die geplante Disposition abrundet, erklärt Paulin die Wunder, die Felix wirkt, zu dessen facta, dem Hauptstück jeglicher Panegyrik. Da nun immer neue Wunder geschehen, würde ihm der Stoff nie ausgehen:

> *longa igitur mihi materies; quantumque erit aevi,*
> *tantum erit et uerbi super hoc, cui dicere gesta*
> *Felicis pateat, si copia tanta sit oris,*
> *quanta operum meritique manet.*
> (c. 18, 82–85).

Über diesen Gedanken ist der Dichter so glücklich, daß er ihn im folgenden Jahr wiederholt:

> *et tamen illius mihi deprecor alitis instar*
> *donetur uariare modis et pacta quotannis*
> *carmina mutatis uno licet ore loquellis*
> *promere, diuersas quia semper gratia diues*
> *materias miris domini uirtutibus addit,*
> *quas deus in caro Christus Felice frequentat,*
> *clara salutiferis edens miracula signis.*
> (c. 23, 38–44)

---

burtstag 1139–1142; s. a. F. Marx, Virgils vierte Ekloge, Neue Jahrbücher für das klassische Altertum, Geschichte und deutsche Literatur 1, 1898, 107–126; J. Mesk, Zur Technik der lateinischen Panegyriker, Rhein. Museum 67, 1912, 574f.; E. Bickel 1961, 302; F. Cairns, Generic Composition in Greek and Roman Poetry, Edinburgh 1972, 112f.

⁵³ Gewiß konnten die Epitaphien des Damasus einen Dichter auf den Gedanken bringen, ganze Heiligenlegenden in Versen zu schreiben, doch sehe ich nicht, wie sich aus jenen diese entwickelt hätten, wie neben anderen G. Strunk (wie Anm. 31) 13 meint.

⁵⁴ Wir kennen nur eine einzige Prosapredigt des Paulinus: De gazophylacio, überliefert als ep. 34.

Daß Paulin zunächst tatsächlich einen regelrechten Panegyrikus (wenn auch einen in Fortsetzungen) schreiben wollte, macht er im Eingang von c. 16 und 18 deutlich, wo er, wie noch heute in einer Fernsehserie, den Inhalt des bzw. der vorhergegangenen Teile resümiert:

> *iam prior hoc primos uobis liber edidit actus*
> *martyris, unde domum uel qui genus et quibus altus*
> *in studiis, quo deinde gradu per sancta uocatus*
> *munia maluerit Christo servire perenni*
> *quam patrias errare uias per deuia mundi;*
> ...
> *diximus et taetro toleratas carcere poenas ...*
>   (c. 16, 17—23)
> *praeteritis cecini patriam genus acta libellis...*
>   (c. 18, 70).

In c. 15,[55] dem ersten der drei zusammengehörigen natalicia, bringt Paulin gemäß der Regel, wenn auch in unterschiedlicher Ausführlichkeit, die Topoi patrís (Heimat, 51—73), génos (Familie, 74—101), paideía (Kindheit, 102—105), epitedeúmata (Lebensführung, 104—108) ins Gedicht, zudem die práxeis (Taten, 109—361), d. h. seine Lebensgeschichte während der (unklar welcher) Christenverfolgung.

Die Taten werden dargestellt als facta bello. Das erreicht Paulin durch eine ostinate militärische Metaphorik. Nachdem der Bischof Maximus aus der Stadt geflohen ist, konzentrieren sich die Angriffe der Verfolger auf Felix:

> *tunc petitur, sua cum draco liuidus excitat arma,*
> *proruere id cupiens, quo surgimus et cadit ipse.*
>   (c. 15,130f.)
> *hunc* (i. e. Felicem) *omnes uincere certant*
> *et quasi praecelsam obsessis in moenibus arcem*
> *facta mole petunt, cuius munimine uicto*
> *cetera iam facili cadat urbs prostrata ruina.*
>   (134—137)
>   *unus*
> *fortior innumeris, pietate armatus inermi*
> *armatos ferro, sed inermes pectora Christo*
> *prosternit superante fide...* (146—149)

So ist Felix unbesiegbar:

> *alacer saeuos perstat quasi murus in hostes*
>   (171).

Die Feinde der Christen sind ihrerseits vergleichbar den militärischen Feinden der Juden: Pharao und Goliath (c. 16, 139—146).

Das Ende der Verfolgung bedeutet entsprechend Einkehr des Friedens (c. 16, 38—51), Felixens Taten in dieser Zeit sind facta pace. Paulinus nutzt diesen Abschnitt,

---

[55] Zu c. 15 Ch. Witke 1971, 79—83; er sieht die Beziehung zum Panegyrikus nicht, die im Prinzip, wenn auch nicht im einzelnen, schon P. Fabre (wie Kap. 2, Anm. 143) 364 richtig betont hatte; zu c. 15/16 S. Prete in: Atti (wie Anm. 31) 149—159.

um die res animi darzustellen, näherhin den Sieg des Heiligen über die ambitio (als Maximus stirbt und das Volk Felix zum Bischof will, tritt er hinter einem Quirinus zurück, weil dieser der [sieben Tage!] dienstältere Presbyter war, c. 16, 229—244) und über die avaritia (Felix verzichtet darauf, seinen Besitz, der während der Christenverfolgung eingezogen worden war, zurückzuverlangen, er lebt als colonus von drei iugera Land, wo er allerdings so viel produziert, daß er noch den Armen geben kann, c. 16, 254—296).

Das folgende natalicium,[56] das dritte der Reihe, enthält die Geschehnisse unmittelbar nach dem Tod des Heiligen, erzählt zunächst von der Trauer des Volkes (c. 18, 102—108) und dem Begräbnis (108—153).

Zugleich setzt in c. 18 die Erzählung von facta des Felix nach seinem Tode ein. Berichteten c. 15 und 16 von den Wundern, die an ihm geschahen, so wird nun von denen erzählt, die er selbst an anderen wirkt. In c. 18 (a. 400) bringt Felix gestohlene Ochsen ihrem Besitzer zurück, heilt die Augen des Ärmsten, die der sich fast blind geweint hatte (c. 18, 211—468). Im folgenden Jahr (c. 23, a. 401) berichtet er von der Heilung eines Besessenen (82—105), vor allem aber von der des Bruders Theridius (106—266).

So hätte Paulin Jahr für Jahr fortfahren können. Bereits damit hatte er die schematische Gliederung des Panegyrikus überwunden — eingehalten hatte er sie nur in der Trias c. 15; 16; 18, in c. 23 dagegen neben dem Preis des Tages nur die praxeis des Felix abgehandelt.

c. 26 ist der erste Durchbruch zu einer funktional orientierten Strukturierung des paulinischen natalicium. So feiert c. 26 (a. 402)[57] die Abwendung der Kriegsgefahr von Nola und dient — in seiner Tendenz vergleichbar dem claudianischen Gotenkriegsgedicht, das die Angst vor der Gotengefahr durch die Stärkung des Vertrauens in Stilicho zu bannen sucht — dem Nachweis, daß Gott seit je die schützt, die auf ihn vertrauen, und mögen sie auch ohne Waffen sein. Das Gedicht ist daher voll von exempla aus dem Alten Testament und arbeitet die Gleichrangigkeit des Felix mit alttestamentarischen Nothelfern heraus.

c. 27 (a. 403) wurde in Gegenwart von Nicetas, Bischof des fernen illyrischen Remesiana, vorgetragen und preist daher den Tag nicht nur als Felixfest, sondern auch als Tag des hochwillkommenen Besuchs. Zudem führt Paulin dem Gast seine Neubauten vor, wodurch eine überdimensionale Ekphrasis (360—595) die Dichtung beherrscht. Auch c. 28 (a. 404) beschreibt das neugestaltete Heiligtum, und so wird auch in ihm die Ekphrasis zum dominierenden Strukturelement (1—59. 167—325).

c. 21 (a. 407) gibt das einheitliche Metrum auf — es beginnt in Hexametern, fährt in Jamben fort, geht in elegische Distichen über und endet in Hexametern. In Nola sind erlesene Gäste erschienen, Melania mit ihrem aristokratisch-asketischen Gefolge, und so sieht sich Paulin veranlaßt, vor den Römern alle Register seiner poetischen Fähigkeiten zu ziehen. Dies ist für ihn zugleich eine Gelegenheit, sein persönliches Verhältnis zu Felix darzustellen (365—459) und noch einmal die Felixbauten zu rühmen (460—487. 643—671).

Die topisch-narrative (c. 15; 16) Strukturierung und die Dominanz narrativer Strukturen (in den Wundergeschichten von c. 18; 23; 28; 19; 20) sind demnach für Paulin

---

[56] Zu c. 18 Ch. Witke 1971, 83—89.
[57] Zu c. 26 R. Herzog (wie Anm. 31) 400—410.

eine Möglichkeit der Strukturierung eines Panegyrikus. Anders als Claudian (und Prudenz) tendiert Paulin nicht zur Narration. Claudian wollte in seinen Panegyriken die Zuhörer ein politisches Ereignis in einer bestimmten Weise sehen machen, deshalb erzählt er dieses Ereignis oder seine Version des Geschehens. Für Prudenz wird sich die Allmacht Gottes kundtun in der Standhaftigkeit des Märtyrers und in den Wundern, die die Folter der Heiden zuschanden machen, deshalb erzählt er das Martyrium. Paulins Sicht ist eine andere. Zunächst allerdings will er nachweisen, daß der confessor Felix den Blutzeugen gleich ist an Rang, daß er, als er vor dem Martyrium floh, in Gottes Auftrag handelte, auch, daß er aus eigenem Willen nicht Bischof wurde, deshalb erzählt er in den ersten Nolaner natalicia das Leben des Felix, das ausgezeichnet ist durch die Wunder Gottes an ihm.[58] Wesentlicher ist es für ihn, die Zuhörer von den Geschehnissen und von dem, was sie sehen, immer wieder zur Betrachtung Gottes zu führen. Dafür kann eine Erzählung, insonderheit die eines Wunders, der Ausgangspunkt sein, doch kann eine erbauliche Betrachtung sich auch an alle anderen Gegenstände knüpfen, kann von allen panegyrischen Topoi ihren Ausgang nehmen.

Neben dem Topos praxeis wiederholt sich in den Gedichten in immer neuer Variation der Exordialtopos „Preis des Tages", ein Gedanke, der schon c. 13 und 14 – noch keine regelrechten natalicia – prägte bzw. eröffnete und vom Jahre 398 an den Eingang fast jedes Felixgedichtes bildet (c. 15, 1–25; c. 16, 5–16; 18, 8–24; 23, 1–81; 26, 1–79; 27, 1–199; 28, 1–6; 21, 1–4).

Ein anderer panegyrischer Topos, die Synkrisis, dient eher der variatio des Aufbaus. Wirklich funktional wird er in c. 14 verwendet, wo die Gleichrangigkeit von blutigem und unblutigem Martyrium, von martyr und confessor herausgearbeitet wird (5–12. 21–35), eher ornamental, den Gestus des Rühmens stützend, in c. 26, wo 281–306 und 354–394, wo die Ranggleichheit des Felix mit den Heiligen des Alten und Neuen Testaments behauptet wird, oder in c. 27, 43–106, einem Vergleich des Felixtages mit dem Geburtstag Jesu, Ostern und Pfingsten.

Das epische Strukturelement der Rede findet sich in den narrativen Passagen, im ganzen aber seltener als in der gleichzeitigen Dichtung des Claudian und Prudenz (etwa c. 15, 309–328 Rede des Maximus; c. 16, 105–119 Kollektivrede der Verfolger; c. 18, 254–312 und 448–461 Reden des Bauern; c. 23, 201–254 Rede des Theridius zu Felix). Epische Vergleiche sind selten (etwa aus der Natur c. 23, 9–20, aus dem militärischen Bereich c. 15, 135–137. 171; alttestamentarische c. 15, 61–63. 354–361; 26, 35–54).

Rhetorische, zumal panegyrische Strukturelemente verwendet Paulin dagegen in großer Zahl. Wie bei den griechischen christlichen Panegyrikern sind Ekphraseis häufig.[59] Paulin malt ein Bild der Schönheit des Tages (c. 18, 131–153), des am Felixtag zusammenströmenden Volkes (c. 14, 49–81), des festlich geschmückten Nola (c. 14, 98–103), der Opfergaben (c. 18, 30–45); des einst ärmlichen Felixgrabes und der gegenwärtigen Kirchen (c. 18, 168–180), vor allem aber der von Paulin errichteten, mit Bildern geschmückten Neubauten des Felixheiligtums (c. 27, 360–595; 28, 1–59. 167–325; 21, 460–487. 643–671).

---

[58] Rechtfertigung des fehlenden Martyriums c. 12, 5.9; 14, 4–43, bes. 4f.10.11f.21; 16, 24f.; 18, 151 und nochmals (vor Melania) 21, 148. 156–158; Anrede des Felix als *martyr* durch einen Bauern 18, 451, Paulin selbst bezeichnet ihn als *martyr* 26, 56. 61. 66.

[59] H. Delehaye (wie Anm. 2) 213–221.

Seine zahlreichen exempla bezieht der Dichter vor allem aus dem Alten Testament — Beispiele für die Fähigkeit Gottes, reden zu machen, wen er will (c. 15, 35—42), der wunderbaren Ernährung durch Gott (c. 15, 223f.), der Hilfe Gottes in der Not (c. 26, 235—245), der Sieghaftigkeit des Gottvertrauens im Krieg (c. 26, 80—194), der Ohnmächtigkeit von virtus, die des Beistandes Gottes enträt (c. 16, 139—146).

adlocutiones der Anwesenden (der pueri und der fratres, lobzusingen c. 14, 108—112; 18, 8—24, der fratres mit der Bitte um Gehör c. 18, 62—69, der Gemeinde, Zeugnis abzulegen für die Wunderkraft des Felix c. 26, 324—329), vor allem aber adlocutiones an personifizierte Abstrakta und Konkreta (der terra, Blumen zu spenden c. 14, 113—115, des Felixtages c. 16, 5—16; 27, 1—42) oder des *hostis amarus* (c. 23, 75—78) sind geeignet, den Gestus des Rühmens zu stärken, mehr noch die invocationes (Gottes c. 15, 34—42; Gottes und Christi c. 23, 20—45; Christi c. 15, 50f.; 18, 25—28; des Felix c. 14, 116—135; 15, 1—25; 26, 233—275. 413—429) und exclamationes (c. 15, 138—163 über die Verworfenheit der Christenverfolger; 16, 129—148 über die Weisheit Gottes, den Schutz der Schwachen und das Wesen der virtus; c. 23, 332—335 über den Unfall des Theridius).

Die Beispiele machen zugleich deutlich, daß die ekphraseis, synkriseis, invocationes, adlocutiones und exclamationes bei Paulin eine neue Funktion erhalten: Sie haben die Tendenz, in erbauliche Betrachtung überzugehen. So enthält die adlocutio der Hörer c. 23, 99—101 Gedanken zum Wunder überhaupt, 266—308 Betrachtungen zum speziellen Lampenwunder. Derlei erbauliche Passagen finden sich in großer Zahl und in zunehmendem Maße: c. 18, 10—24 über die Berechtigung des Gesangs, c. 27, 107—147 über den Sinn von Festen, c. 28, 167—179 über das Verhältnis von alt und neu, c. 19, 1—377 über den Grund für die Verschiedenheit der Heiligen.

Die dominierende Rolle der erbaulichen Betrachtung verändert nicht nur die Architektur der natalicia, befrachtet nicht nur die einzelnen Topoi oder Strukturelemente des herkömmlichen Panegyrikus; sie ist geeignet, den Gestus der Panegyrik grundsätzlich zu wandeln. Denn die Betrachtungen reißen nicht — wie die traditionellen invocationes, exclamationes usw. — die Versammelten in eine gemeinsame Hochstimmung empor, sondern sie machen, daß sich der einzelne in sich versenkt, sich nach innen wendet, um über das Wesen Gottes nachzusinnen.[60]

In dieselbe Richtung zum Wandel des Gestus weist ein anderes dominantes Strukturelement der paulinischen Panegyrik. Bereits der Johannes-Panegyrikus hatte uns gelehrt, welche Bedeutung das Wunder[61] für die Heiligkeitskonzeption des Paulinus hat. In den Wundern, die an Felix geschehen, erweist sich, daß der Heilige unter dem besonderen Schutz Gottes steht: Ein Engel befreit ihn aus dem Gefängnis (c. 15, 238—265), und Gott verbirgt ihn vor den Augen der Verfolger (c. 16, 61—83. 95—102), ernährt und tränkt ihn (c. 16, 161—214). In den Wundern, die Gott Felix wirken läßt, erweist sich die Größe und Macht des Heiligen (c. 26, 303—305), die Liebe Gottes zu ihm und zu den Menschen. Im Wunder offenbart sich Gott den Menschen, lehrt sie, daß sie in der Hand Gottes sind (c. 23, 332f.), und will sie im Glauben stärken (c. 20, 442—444; 23, 101—105; 26, 58—275). Insofern sind die Wunder über ihre Bedeutung für den einzelnen,

---

[60] Nach P. Fabre (wie Kap. 2, Anm. 143) vermitteln die natalicia überhaupt „un enseignement religieux, dogmatique ou moral" (357), Paulins Ziel ist „édifier et instruire" (374), „dans son intention, le principal n'est pas le récit lui-même..., mais la pensée qu'il illustre, qu'il confirme ou qu'il rend sensible" (374).

[61] Über die Wundergeschichten P. Fabre 369—372.

an dem sie geschehen, hinaus auf Grund ihrer heilsgeschichtlichen Implikationen von hoher persönlicher Relevanz.

Gleichwohl sind Paulins Wundergeschichten nicht geeignet, den erhabenen Gestus des Epos in seine natalicia zu tragen, ihn auf den panegyrischen Gestus des Rühmens abzustimmen. Denn anders als später Prudenz erzählt Paulin keine pathetischen Wunder, die den Heiligen ungeheure Qualen ertragen lassen, ihn zum Helden, zum Triumphator über die Mächte der Welt und des universalen Bösen erheben. Anders als später Prudenz stellt Paulin seinen Hörern kein Heldenideal vor Augen, sondern er versichert sie der Hilfe Gottes und seines Heiligen im Alltag.

Schlicht alltäglicher Natur sind denn auch die Wunder, die Gott an Felix tut. Die Christenfeinde, denen der Presbyter durchaus vertraut ist, vermögen ihn in der Menge der Gläubigen nicht zu erkennen, obwohl er zu ihnen redet (c. 16, 61–83). Als sich der Flüchtige in einer Ruine verbirgt, läßt Gott Efeu wachsen und Spinnen ihre Netze weben, so daß die Verfolger ratlos wieder abziehen (c. 16, 95–102). Als er sich in einer Zisterne verborgen hält, trägt ihm eine Frau täglich Essen zu, ohne davon zu wissen (c. 16, 161–191), und ein Spezialwölkchen tränkt ihn in einer Zeit größter Dürre (c. 16, 196–214).

Auch die Wunder, die Felix tut, ereignen sich (sieht man vielleicht von den Dämonenaustreibungen c. 23, 82–105; 26, 307–353 ab) in den Niederungen des Alltäglichen. Bald versprechen sie dem Hörer Hilfe, bald drohen sie Strafe an.[62] Der Bruder Theridius rennt sich nachts einen eisernen Haken ins Auge und findet nach einem Gebet zu Felix den Mut, ihn herauszuziehen, was ihm auch gelingt; das Auge bleibt unverletzt, ja es strahlt besonders hell (c. 23, 106–266). Einem armen Bauern werden seine zwei Ochsen gestohlen; nach seinem inständigen Gebet zum Heiligen finden sie sich wieder bei ihm ein (c. 18, 211–468). Ein Feuer wird gelöscht (c. 26, 395–412). Ein Schwein, das dem Heiligen bestimmt war, war so fett, daß es nicht laufen konnte; als die Bauern es durch drei kleinere ersetzen, läuft es von selbst nach Nola – kein anderer als Felix kann es so sicher geleitet haben (c. 20, 301–387).[63] Der Dieb eines Kreuzes will nach Rom fliehen, doch ist er außerstande, sich aus dem Bannkreis von Nola zu entfernen, und wird gefaßt (19, 378–603). Ein Bauer hatte dem Heiligen ein Schwein gelobt, gibt Felix dann aber nur die Innereien; da vermag das Pferd den Wagen nicht heimzuziehen, und erst, als der Bauer den Rest des Schweins abgeliefert hat, kann es bis nach Hause laufen (c. 20, 63–300). Viele dieser Geschichten sind von einem schwejkschen Zuschnitt, und nicht nur wir, sondern auch die Nolaner (c. 18, 462–465), der heilige Felix (c. 18, 315–318), ja Gott selbst (c. 16, 121–123 nach Ps. 2,4) müssen darüber lachen.

Das Ziel des Paulinus ist klar: Er will den Bauern,[64] die ja noch bis weit ins 5. Jahrhundert der alten Religion anhingen und erst durch Martin von Tours als Gegenstand der Mission entdeckt worden waren, Felix als Nothelfer derer empfehlen, die gern und reichlich opfern (wobei das Opfer wiederum die Voraussetzung für die Über-

---

[62] Hierzu W. Kirsch, Die natalicia des Paulinus von Nola als Mittel ideologischer Beeinflussung, Klio 65, 1983, 331–336.

[63] Zu c. 20 Ch. Witke 1971, 89–96; S. Prete, Augustinianum 21, 1981, 169–177.

[64] Ihnen wird Felix selbst als *colonus* vorgestellt (c. 16, 287–296), Bauern bringen mehrfach Vieh als Opfer, etwa 18, 198–205; sie sind Analphabeten (c. 27, 548) und stehen unter heidnischem Einfluß (c. 27, 549 f.).

nahme der sozialen Aufgaben des Staates durch die Kirche war).[65] Um dieses für die Antike völlig neue Publikum zu erreichen, läßt er einerseits die Kirche mit Bildern schmücken (c. 27, 541–595), erzählt er andererseits Geschichten aus dem Leben seiner Zuhörer.

Damit wird noch nicht im Epos, wohl aber im Panegyrikus ein bislang dominantes Strukturelement, der Gestus des Erhabenen, des Rühmens aufgegeben[66] und durch den des familiär-traulichen Erzählens ersetzt.[67]

Paulinus von Nola hat kein hagiographisches Epos geschaffen. Zwar hat er für das Märtyrer-Enkomium (wie Claudian für den Konsularpanegyrikus) den Hexameter gewonnen, zwar hat er narrativen Elementen in Gestalt der vita des Heiligen und der Wundererzählungen einen festen Platz im Verspanegyrikus gesichert, doch verselbständigen sich andere, nicht-narrative panegyrische Elemente wie Synkrisis, Ekphrasis, invocatio und nehmen beträchtlichen Umfang an. Alle Strukturelemente werden zudem mit erbaulichen Betrachtungen befrachtet, so daß sich die Funktion des hagiographischen Panegyrikus, den Heiligen zu preisen, verschiebt. Den Hörer zum Bewußtsein der Allmacht und Allgegenwart Gottes zu führen wird das eigentliche Ziel der Dichtungen. Damit aber wird die Narration der Explikation untergeordnet.

Die Allgegenwart Gottes wird sichtbar im Wunder, und zwar in immer neuen Mirakeln. Sie bilden eine Einheit weder durch die Gemeinsamkeit der handelnden Personen, des Ortes, der Zeit oder der Handlung, noch sind sie kausal untereinander verbunden. Was sie eint, ist einzig die Urheberschaft des Heiligen. Indem Paulin fast jährlich neue Wunder nachträgt, stärkt er die Tendenz der spätantiken Epik zur parataktischen Ordnung isolierter Bilder, nimmt er eine epische Architektur vorweg, die den ersten hagiographischen Epen, den Martinsepen des Paulinus von Périgueux und des Venantius Fortunatus, durch ihre Quellen, insbesondere die Martinsschriften des Sulpicius Severus, vorgegeben war. Die Kompositionstechnik wird additiv im allerwörtlichsten Sinn.

Schließlich hat Paulinus, weil er nicht nur den aristokratischen, sondern auch den bäuerlichen Teil seines Publikums erreichen wollte, partiell auf den erhabenen Gestus des Rühmens verzichtet. Eine Epik vorbereitet zu haben, die ohne dieses bisher unverzichtbare Strukturelement auskommt, darin scheint mir eine der bedeutendsten Leistungen des Paulinus zu liegen.

4.4. *Die Märtyrergedichte des Prudentius: Peristephanon liber*[68]

Prudentius war nach allem, was wir wissen, kein Geistlicher, weder Priester noch Bischof. Anders als die Tituli des römischen Bischofs Damasus, die Hymnen des Bischofs von Mailand Ambrosius und die Natalicia des nolanischen Presbyters, Mönchs

---

[65] Daß die Opfertiere für die Armen bestimmt sind, betont Paulin c. 20 mehrfach: 20, 20. 293. 319 f. 393.
[66] Die Aeneis-Reminiszenzen in der Geschichte von den beiden Ochsen „contribute quite a bit to the dignity of the narration", meint Ch. Witke 1971, 87; richtig ist vielmehr, daß sie eine komische Wirkung haben.
[67] Die merkwürdige Mischung von epischer und familiärer Ausdrucksweise ist schon P. Fabre (wie Kap. 2, Anm. 143) 370 aufgefallen.
[68] Die Literatur zu Prudentius Kap. 6, Anm. 1. Speziell zu Perist. A. Puech (wie Kap. 6,

und späteren Bischofs Paulinus erwachsen seine Märtyrergedichte daher nicht unmittelbar aus dem Gottesdienst oder anderen Situationen organisierter kirchlicher Frömmigkeit oder sind doch nur zum Teil für sie bestimmt.

Die Gedichte des Peristephanon sind einzig durch ihre Funktion verbunden: Sie dienen der Festigung und Förderung des Heiligenkults. Im übrigen sind sie gattungsmäßig in doppelter Hinsicht verschieden: nach ihrer differenzierten formgeschichtlichen Herkunft wie nach ihrer situativen Einbettung, ihrem „Sitz im Leben".

Die Gedichte sind durchgehend Märtyrern gewidmet; auch die Apostel Petrus und Paulus werden in ihrer Eigenschaft als Blutzeugen gefeiert (Perist. 12).

Prudentius selbst bezeichnet seine Gedichte teils als *hymnus* (1; 2; 3; 4; 6; 7), teils als *passio* (5; 9; 12; 13; 14).[69] Eine strukturelle Differenzierung scheinen die beiden Begriffe nicht zu intendieren. Sie verweisen auf die zwei wesentlichen Gattungstraditionen, in denen die Gedichte stehen: die der epischen Passionen[70] und die des Märtyrerhymnus. Diesen zitieren unmittelbar zwei Gedichte, Perist. 2 und 5, die mit dem jambischen Dimeter und Strophen von vier Versen zwei wesentliche Charakteristika des ambrosianischen Hymnus aufgreifen.[71] Im weiteren Sinne sind die meisten Gedichte des Peristephanon mit der ambrosianischen Hymnik insofern verbunden, als in ihnen mindestens lyrische Versmaße verwendet werden und sie zudem in der Regel strophisch gebaut sind (Perist. 1–7; 9; 10; 12). Auf eine Gattungsbezeichnung verzichten Perist. 8 *(De loco, in quo martyres passi sunt, nunc baptisterium est Calaguri)* und 11 *(Ad Valerianum episcopum de passione Hippoliti beatissimi martyris)*. Nur in ihnen verwendet Prudentius das hexametrisch-pentametrische Distichon, doch verweist es nicht auf die Tradition der Elegie, sondern auf jene des Epigramms einerseits, andererseits der Versepistel.

Perist. 8 gibt sich denn auch als Titulus[72] in der Tradition der damasianischen Inschriften zu erkennen – durch die Länge sowohl (18 Verse[73]) wie durch den Inhalt

Anm. 1) 102–148; M. Manitius 1891, 85–96; F. Ermini, Peristephànon. Studi Prudenziani, Roma 1914; M. Pellegrino, Structure et inspiration des ‚Peristephanon' de Prudence, Bulletin de la Faculté des Lettres de Strasbourg 39, 1960/61, 437–450; N. P. Cunningham, Nature and Purpose of the Peristephanon of Prudentius, Sacris erudiri 14, 1963, 40–45; J. Szövérffy 1964, 78–94; D. Norberg 1967, 117f.; Ch. Witke 1971, 127–141; W. v. Kennel, Die Rolle des Sprechers in den Märtyrerhymnen des Prudentius, Diss. Konstanz 1975; J. Fontaine 1981, 177–194; R. Henke, Studien zum Romanushymnus des Prudentius (Europäische Hochschulschriften 27) Bern 1983; wichtig vor allem W. Ludwig, Die christliche Dichtung des Prudentius und die Transformation der klassischen Gattungen, in: Christianisme et formes littéraires, bes. 321–338.

[69] Sehr wahrscheinlich nicht von Prudenz selbst stammt die Bezeichnung von Perist. 10 als *Dicta Sancti Romani martyris contra gentiles*.

[70] H. Delehaye (wie Anm. 2) 236–315; R. Aigrain (wie Anm. 19) 140–148.

[71] Perist. 2 ist ein Hymnus auf Laurentius, also den Heiligen, den Ambrosius in *Apostolorum supparem* besungen hatte.

[72] Vgl. auch W. Ludwig (wie Anm. 68) 331f.; W. Schetter, Hermes 110, 1982, 110–117.

[73] Damit ist die Inschrift beträchtlich länger als die Inschriften des Damasus an Märtyrergräbern, auch als die Tituli, die Paulinus für die Kirchen von Nola und Fundi geschrieben hat (ep. 32, 10–17: für Nola 9 Iss. von 2 Versen, je zwei von 3 und 4, je eine von 6, 8, 10, 14 Versen, für Fundi je eine von 10 und 12 Versen), doch beträchtlich kürzer als die längsten Iss., die Paulinus für die Kirche des Sulpicius Severus in Primuliacum gedichtet hat (ep. 32, 3–8; zwei zu 12 Versen, je eine zu 5, 6, 7, 8, 18, 26, 28 Versen).

(Preis des Ortes, Geschichte des Ortes, Eignung des Ortes für die Erlösung, Gleichsetzung von Märtyrern und Getauften, von Martyrium und Taufe).

Perist. 11 stellt sich über die Versform hinaus in die Tradition der poetischen Epistel[74] durch die Anreden des Adressaten (1–2. 127. 179. 233ff.), den Bezug auf seine Bitte um Mitteilung der Namen römischer Märtyrer und der Inschriften auf ihren Gräbern (3f.) sowie die Aufforderung an ihn, den 13. August als Tag des H. Hippolyt zu begehen (231ff.). Für die Briefform charakteristisch ist zweitens die Einbeziehung des Verfassers, der eine Bitte des Adressaten zu erfüllen sich anschickt (3f.) und seinen Besuch in Rom (5–16) sowie am Grab des Hippolytus (17–19, s. a. 170–176.189–230) zum Ausgangspunkt für die Erzählung der Passion macht, der gegen Ende sein persönliches Verhältnis zu dem Heiligen, seine Dankbarkeit für dessen Wohltaten ausdrückt (177–181) und in einer Schlußwendung sich und den Empfänger des Briefes durch den Ausdruck der Hoffnung auf die Erlösung beider (243–246) in enge Beziehung rückt.

Wie in Perist. 11 tritt auch in 9 und 12 die Persönlichkeit des Dichters in den Vordergrund. Perist. 9 erzählt in einem Prolog, eine Reise nach Rom habe den Dichter über Forocorneliae geführt. Dort sei er am Grab des H. Cassian niedergekniet und habe seine Sünden überdacht. Beim Gebet sei sein Blick auf ein Bild mit der Darstellung der Passion des Märtyrers gefallen (1–17). Die Passion selbst wird nicht vom Dichter erzählt, sondern dem Wärter der Grabeskirche in den Mund gelegt (18–98). Der Wärter endet mit der Versicherung des Beistandes Cassians für Prudenz – er (!) erfüllt deine Bitten (97f.). Der Dichter schließt, an den Prolog anknüpfend: Ich gehorchte, vergoß Tränen, küßte den Altar, ließ Cassian meine Bitten wissen. Und ich wurde erhört, kam nach Rom, wo mir alles gut geriet, kehrte heim und verkünde nun das Lob Cassians (99–106).

Wie uns die szenische Rahmung der Passion Cassians am ehesten an die itinera des Lucilius und Horaz erinnert,[75] so gemahnt uns auch Perist. 12 zwar nicht im Gestus, wohl aber in der Szenerie an eine Tradition der römischen Satire: die Schilderung des bunten Treibens in Rom.[76] Prudenz sieht eines Tages noch mehr Menschen als sonst und in freudiger Erregung in den Straßen Roms. Er fragt nach dem Grund dafür (1f.). Wie in Perist. 9 belehrt ihn ein Kundiger, diesmal ein Römer: Dies sei der Peter-Pauls-Tag. In jeweils wenigen Versen gibt er Auskunft über die Bedeutung des Tages (3–10), die beiden Martyrien (11–20. 21–28), über die beiden Heiligtümer, die Peterskirche

---

[74] Vgl. auch W. Ludwig (wie Anm. 68) 332f.

[75] Nach W. Ludwig 332 stellt Prud. hier der horazischen Reise die christliche Pilgerreise entgegen.

[76] Die Beziehung zu den Straßenszenen der Satire (etwa in Hor. sat. 2, 6) drängt sich mir eher auf als der Bezug zum Mimus, den W. Ludwig 333 sieht. Mag sich ein solcher Bezug auch über die Satire herstellen lassen, so kann ich in Perist. 12 doch keineswegs eine christliche Komödie sehen; hier (wie in der Betrachtung von Perist. 10 als christliche Tragödie 336) wird Ludwig zum Opfer einer im Ansatz richtigen, doch übertriebenen Kontrastierung der Werke des Prud. gegen die antiken Gattungen. – J. Ruysschaert, Prudence l'Espagnol – poète des deux basiliques Romaines de S. Pierre et de S. Paul, Rivista di archeologia cristiana 42, 1966, 267–286 sieht richtig die gebildete Aristokratie Spaniens als Adressaten dieses und des Hippolyt-Hymnus an. Da inzwischen die spanische Herkunft des Damasus bestritten wird, ist gleichwohl eine von R.s Voraussetzungen – die Absicht, Werke des Spaniers Damasus zu preisen – fraglich.

(31–44) und die Paulsbasilika (45–54) sowie über ihre Bedeutung für Rom (55f.). Mit einer Aufforderung an den Dichter, mitzugehen und an beiden Gottesdiensten teilzunehmen (59–64), später aber das Fest auch in seiner Heimat zu feiern (65f.), schließt das Gedicht.

Im Vergleich zu Perist. 11, 9 und 12 stärker zurückgenommen ist das dichterische Ich in Perist. 2, der Geschichte des H. Laurentius, eines römischen Märtyrers, und in Perist. 10, der Passion des Antiocheners Romanus. Hier ist der persönliche Bezug bereits ins Topische verdünnt. In den Prologen zu beiden Gedichten finden sich Variationen des Unfähigkeitstopos – breit ausgeführt und mit der Bitte um Inspiration durch den Heiligen Geist bzw. Christus verbunden in der Romanus-Passio (Perist. 10, 4. 13–15. 21–25), lediglich angedeutet im Laurentiusgedicht (Perist. 2, 33–36). Beide Werke enden zudem mit der persönlichen Bitte um Verwendung des Heiligen bei Christus für den Dichter. Während dieser aber in Perist. 10,1136f. nur durch ein Verb in der ersten Person Singular ins Gedicht gebracht ist, wird er in Perist. 2 ausdrücklich als *poeta* (574) bezeichnet und mit seinem Namen *Prudentius* (582) genannt. Andererseits war 537–560 kollektiv von „uns" Spaniern die Rede.

In der unbestimmten Weise, in der Perist. 3, 208–210; 4, 193–200; 6, 160–162 sowie in 14,126.130–133 ein poetisches Ich ins Spiel kommt, kann es den Dichter, aber auch einen beliebigen Vortragenden bezeichnen, ja in Perist. 14 wechseln erste Person Singular (130) und Plural (126. 131) merkwürdig oszillierend. In den ersten drei der genannten Gedichte, durchgehend Hymnen auf spanische Märtyrer, wird der Bezug auf eine einzelne Person zudem durch den Preis der Stadt, die durch die Gebeine des Heiligen ausgezeichnet ist (3, 1–20; 4, 1–76; 6, 1–12), und durch die Aufforderung an eine Gruppe zu gemeinsamer Verehrung des Heiligen (3, 201–207; 4, 193–200; 6, 148–156) von einem Gemeinschaftsbezug in den Hintergrund gedrängt.

Ganz fehlt die erste Person Singular in Perist. 1, einem Preis ebenfalls spanischer Märtyrer; hier sind wie in 3; 4 und 6 der Preis des Landes (1–30), die Aufforderung an die Bewohner zum Glauben (94–96) und der Aufruf zu gemeinsamem Jubel (118–120, *nobis* 120) eingeschrieben.

Ähnlich sieht sich der Dichter in Perist. 5 als Glied einer Gemeinschaft (erste Person Plural 548. 556. 557. 562), für die er den Heiligen Vinzenz um Beistand bittet (525–576), doch ist der Preis der Stadt im Exordium durch den des Tages ersetzt (1–12), da der Märtyrer zwar aus Spanien stammt, nicht aber in seiner Heimat gestorben ist.

In Perist. 13, einem Hymnus auf den karthagischen Bischof Cyprian, der in Spanien gleiche Verehrung genoß wie in Africa (1–15), sowie in Perist. 7, einem Hymnus auf den illyrischen Märtyrer Quirinus (hier Preis von Siscia 1–15), fehlt jeder Bezug auf den Dichter oder eine Gemeinschaft von Gläubigen, wobei allerdings anzumerken ist, daß Perist. 7 einen unfertigen Eindruck macht, denn das Gedicht endet mit dem Tod des Märtyrers im Wasser – das Schicksal seines Leichnams fehlt ebenso wie ein Epilog mit dem Flehen um Fürbitte.[77]

Aus der Rolle der Person des Dichters auf der einen, der einer anwesend gedachten Gemeinschaft oder Gemeinde auf der anderen Seite folgt für den Sitz der Märtyrer-

---

[77] Allerdings fehlen auch andere sonst fast obligate Elemente: der Prozeß, die Folter; an einer Stelle wird die Rede nur angedeutet, nicht, wie das möglich gewesen wäre, ausgeführt (41–50).

gedichte im Leben, daß die Epistel Perist. 11, das iter Perist. 9 und die „Satire" Perist. 12, aber auch die epischen Passionen 2 und 10 mit Sicherheit für die private Andacht konzipiert waren, der Titulus Perist. 8 für die kirchlich organisierte Frömmigkeit, die epischen Passionen Perist. 1, 3, 4, 6 und wohl auch 13 für die außerbiblische Lesung im Gottesdienst.[78] Gestützt wird diese Annahme durch die Tatsache, daß in den Gedichten der zweiten Gruppe durchgehend spanische oder (im Falle Cyprians) von der spanischen Kirche verehrte Märtyrer gefeiert werden. Daraus ließe sich weiterhin folgern, daß Perist. 7 für die gottesdienstliche Lesung in Siscia bestimmt gewesen sei – das Gedicht wäre dann früh, vor der Rückkehr des Prudenz nach Spanien, also noch während seiner Tätigkeit als Beamter entstanden.

Die Gedichte auf spanische Märtyrer waren offenbar für den Gottesdienst, die auf Nichtspanier für die Privatandacht konzipiert,[79] weil diese Heiligen in Spanien unbekannt waren oder im Festkalender der spanischen Kirchen noch keinen Platz hatten (wie Perist. 2, 541–544; 9, 99–100; 11, 231ff. und 12, 65f. ausdrücklich gesagt wird). Daraus können wir schließen, daß wohl auch Perist. 14 auf die Römerin Agnes und Perist. 5 auf den aus Spanien gebürtigen, nicht aber in Spanien gestorbenen und begrabenen (und daher wohl auch in keiner spanischen Kirche verehrten) Vinzenz zu jenen Passionen gehören, die der privaten Andacht dienen sollten. Das würde zugleich bedeuten, daß die Gedichte, die für die gottesdienstliche außerbiblische Lesung bestimmt waren, zwischen 106 und 216 Verse lang wären, während die private Sphäre durchaus Raum bot für die überdimensionalen Gedichte Perist. 5 (576 Verse), 2 (584 Verse) und 10 (1140 Verse).

Mit der unterschiedlichen situativen Einbettung zielen die beiden Gruppen zugleich auf ein je verschiedenes Publikum ab – auf die nach ihren Bildungsvoraussetzungen heterogenen Gemeinden die einen, die anderen auf die asketischen und damit wohl zugleich aristokratischen, bildungtragenden Kreise Spaniens.[80]

Was ihre Funktion betrifft, so sollten die Gedichte teils die spanischen Gemeinden in der Verehrung ihrer Märtyrer bestärken, teils aufgeschlossene Christen in Führungs- oder doch einflußreicher Position für die Verehrung nicht-spanischer, zumal römischer (2; 11; 12) oder italischer (9), in einem Fall auch eines griechischen Märtyrers (10) gewinnen.[81]

Da die Erwähltheit, Kraft und Verehrungswürdigkeit des Märtyrers in seinem Martyrium begründet sind, steht dieses in der Regel (Ausnahmen sind der Titulus Perist. 8,

---

[78] M. Manitius 1891, 85 vermutet, Perist. sei „wohl auch weniger zum Lesen als zum Vortrage an den Todestagen der Märtyrer bestimmt". Doch lassen sich so allgemeine Aussagen nicht treffen.

[79] Nach R. Argenio, Due corone di Prudenzio: S. Quirino e S. Cassiano, Rivista di Studi Classici 18, 1970, 59 waren die Reliquien des H. Quirinus 378 bei der Barbareninvasion in Pannonien nach Rom in eine Kirche an der Via Appia übertragen worden. Gleichwohl rechnet Prud. den Heiligen nicht unter die römischen.

[80] Nur an die letzte Gruppe denkt J. Fontaine 1981, 181.

[81] Man wird die Tendenz von Perist. 12 kaum mit P. Künzle, Bemerkungen zum Lob auf Sankt Peter und Sankt Paul von Prudentius (Peristeph. XII), Rivista di storia della chiesa in Italia 11, 1957, 311f. als polemisch (gegen die Christen gerichtet, die einem römischen Brauch nicht folgen) ansehen dürfen. Zur Zeit des Prud. begannen die Festkalender der westlichen Gemeinden erst allmählich zu einem Kalender der katholischen Kirche zusammenzuwachsen. Dafür ist Prud. ein Zeuge.

die Schilderung des Peter-Pauls-Tags Perist. 12 sowie Perist. 4, in dem 18 Märtyrer gefeiert werden) im Mittelpunkt der Gedichte.[82] Seine Darstellung folgt der der sog. epischen Passionen, in denen die Handlung (Verhaftung – Befragung – Tortur – Hinrichtung) ebenso schematisch abläuft, wie das Personal (der opferwillige, standhafte Märtyrer – der zunehmend hilflose und daher immer hemmungsloser wütende Richter – die bei aller Anstrengung erfolglosen Folterknechte und Henker) und bestimmte Strukturelemente schematisiert sind[83]: Reden der Märtyrer, in denen sich ihre geistige und moralische Überlegenheit erweist (Reizreden 1, 58–68; 2, 401–404; 3, 66–95; 5, 54 bis 92. 146–172. 186–200; 10, 123–390. 560–570. 801–810. 1006–1100; Bekenntnisreden 2, 185–312; 10, 459–545. 585–660. 928–960; 11, 29–34; Drohreden 5, 186–200; 9, 69–82), Wunder während der Folter oder der Hinrichtung, die die Wirkung der Tortur oder den Tod verhindern und zugleich beweisen, daß der Heilige in Gottes Schutz steht (5, 117–128. 265–325; 6, 100–120; 7, 26–85; 10, 856–865. 926–960 und 1006–1100) sowie Wunder beim Tod (1, 85–92; 6, 121–129) wie unmittelbar nach dem Tod (3, 161–185; 5, 397–420. 485–504; 6, 136–144).

Gegenwärtige oder in jüngster Vergangenheit geschehene Wunder werden nicht erzählt, wenngleich wiederholt auf die Kraft der Heiligen (1, 13–22) und die Wunderwirksamkeit des Grabes (1, 97–114) verwiesen wird.

Abweichungen vom Schema sind selten, etwa wenn in Perist. 13 vor die Passion Cyprians die Geschichte seiner Berufung gestellt wird (16–34), in Perist. 9 die Schüler des Stenographielehrers Cassian die Rolle der Folterknechte übernehmen (44–84) oder Perist. 10 in die Passion des Romanus die eines ungenannten Kindes eingelegt wird (661–795. 826–845), was gleichzeitig die Möglichkeit bietet, nach dem Vorbild des Makkabäerbuches eine in ihrer Leidenskraft unerschütterliche und unerbittliche Mutter einzuführen (722–790. 833–840).

Der Größe ihrer Konstruktion nach nähern sich die prudentianischen Märtyrergedichte den claudianischen Epen und paulinischen Natalicia; jedenfalls handelt es sich (bis auf den Titulus Perist. 8) um Großformen. Sie sind zudem (abgesehen von Perist. 4; 8; 12) narrativ strukturiert, ja anders als die Natalicia des Bischofs von Nola bieten sie in der Gestalt der Passionen eine in sich geschlossene Handlung, die das Ganze der Gedichte dominiert.[84] Anders als seine Vorlagen – soweit solche zu erkennen sind –, bedient sich Prudenz der Versform, allerdings nicht des epischen Hexameters. Mit der Tradition des antiken Epos sind die Märtyrergedichte des Spaniers durch den Gestus des Erhabenen verbunden. Das mag zunächst bei Erzählungen von Verhören, Foltern und Hinrichtungen befremden, handelt es sich doch hier um gänzlich „unepische" Handlungselemente. Doch sind die Themen von erheblicher Relevanz sowohl für die Kirche, der die Passionen den opferreichen Weg zu ihrem Sieg symbolisieren, wie für den einzelnen Gläubigen, dem gerade das Leiden der Blutzeugen Hilfe und Erlösung verheißt. Zudem gerät der an sich unheldische Tod von der Hand des Henkers

---

[82] Nicht nur Perist. 13 und 14 verwenden, wie W. Ludwig (wie Anm. 68) 333f. sagt, lyrische Maße stichisch für die Erzählung von Passionen.

[83] Zum Schematismus der Strukturelemente E. Lucius (wie Anm. 4) 90–101.

[84] Ihre Dominanz ist zu betonen gegen J. Fontaine, Le mélange des genres dans la poésie de Prudence, in: Forma futuri, Torino 1975 (jetzt J. Fontaine 1980, 1–23), der den Gedanken der Gattungsmischung so stark forciert, daß es Gattungsmerkmale nicht mehr zu geben scheint; J. Fontaine 1981, 192 zufolge sind die Gedichte zugleich Drama, Epos und Lyrik.

durch die ungeheure Bosheit des Richters, die übermenschliche Leidensbereitschaft und -fähigkeit des Märtyrers und die unerhörten Qualen bei Folter und Hinrichtung zur Aristie im Sinne des Epos, wird der Märtyrer zum Herós, der in Kampf und Tod für Christus und die Kirche zeugt. Die harte Gegenüberstellung von Stimmungskontrasten – Schrecken der Folter und Wunder der Rettung, Wut des Richters und ruhige Überlegenheit des Märtyrers – ermöglicht zugleich den Rückgriff auf die psychagogischen Wirkungsmittel der neronisch-flavischen Epik. Die Reden (soweit sie Reizreden sind), die epischen Vergleiche,[85] Ekphraseis[86] und (seltenen) Kataloge[87] sind gleichfalls (wenn auch nicht dominante) Strukturelemente des Epos, deren sich Prudenz bedienen kann.

Die solidarisierende Funktion ist dem antiken Epos und dem Märtyrerhymnus gemein, bei diesem in Gestalt des Bekenntnisses zur Wahrung des gemeinsamen Glaubens und des gemeinsamen Vertrauens auf den Heiligen. Eindeutiger gemahnt die Versform, die Wahl lyrischer Versmaße in strophischer Gliederung, an die Herkunft der Mehrzahl der prudentianischen Märtyrergedichte aus dem ambrosianischen Märtyrerhymnus. Beiden eignet zudem ein stark didaktischer Zug. An sich schon ist jede Märtyrergeschichte eine Art apologetischer Schrift gegen den Paganismus, indem sie die Sieghaftigkeit des Christentums dokumentiert. Darüber hinaus findet die Didaxe ihren Platz zum einen in den Reden der Märtyrer (2, 185–312 über die Wertlosigkeit des Goldes, den Wert der Menschen und der Krankheit ; 6, 22–27 über die Verdienstlichkeit des Kerkers), zum anderen in Äußerungen des Dichters (über die Mittlerrolle des Märtyrers 1, 18. 22. 115–117 ; 4,189–192, über das Wesen des Todes 5, 357–364, über die Macht Gottes 5, 473–484 und über die Kraft der Wahrheit 10, 9 f.).

Freilich verhindern der Umfang der Erzählungen und die Verschiedenheit der Kommunikationssituationen, für die die Werke bestimmt sind (nicht der gemeinschaftliche Gesang der Gemeindechöre, sondern der Vortrag vor der Gemeinde bzw. die private Lektüre), daß der Gestus des Hymnischen aus den ambrosianischen Gesängen übernommen wird. Er wird ersetzt durch den verwandten Gestus des Erhabenen.

Weitere Strukturelemente, vor allem die Gestaltung der Prologe, scheinen aus der Panegyrik zu stammen: der Preis der Märtyrer,[88] der Städte, die durch sie gehoben werden,[89] der Preis des Tages.[90] Allein: wir begegnen ihnen bereits in den Exordien der ambrosianischen Hymnen.[91] Unmittelbar aus der Tradition der Preisrede stammen dagegen exemplum[92] und Synkrisis.[93]

[85] Vergleiche aus der Natur (Tierwelt) 5, 19 f. 381 f.; 10, 26–30; alttestamentliche Vergleiche 2, 361–368. 377–384; 3, 51–55; 6, 86 f.109 f.; 10, 828–830; neutestamentlich 2, 369–372; ekklesiologisch 2,373–376 (man beachte die Reihung alttestamentarischer – neutestamentarischer – ekklesiologischer – alttestamentarischer Vergleich 2, 361–384).

[86] 9, 9–16 Bild der Passion Cassians; 11, 135–170 Grab des Hippolyt; 12, 32–44 Quelle und Bach, der zu einer der Basiliken führt; 12, 49–54 Pauluskirche; 14, 94–111 Agnes sieht vom Himmel das All und die Welt mit ihren Begierden.

[87] Katalog der Städte und Heiligen mit Überbietung 4, 17–64; der Märtyrer 4, 145–168; Tugendkatalog 3, 11–20.

[88] 1, 1–3. 22–30; 5, 9–12; 7, 1–15; 13, 1–6.

[89] 1, 4–7; 2, 1–20; 3, 1–10; 4, 1–76; 5, 505–512; 6, 1–6; 7, 1–115.

[90] 5, 1–8.118–120.

[91] Preis des Märtyrers: *Apostolorum supparem;* Preis der Stadt: *Victor, Nabor, Felix pii/ Mediolani martyres;* Preis des Tages: *Agnes beatae virginis/natalis est; Apostolorum passio/ diem sacravit saeculi.*

Die Strukturelemente des Hymnus und des Panegyrikus werden gleichwohl durch die quantitative Dominanz der narrativen Strukturierung und die qualitative Dominanz der Großform sowie des Gestus des Erhabenen in die Struktur des Epos eingebunden. Die Stoffgrundlage der Märtyrergedichte, die epische Leidens- und Wundergeschichte ist das vierte dominierende Element. Es wird die metrischen Passionen, wenn sie sich von der äußeren Limitierung befreien, zu einer neuen Subgattung des Epos werden lassen.

Die wesentlichen Vorleistungen des Prudenz für die Entstehung des hagiographischen Epos bestehen in folgendem: Erstens hat der Dichter die Versform endgültig für die epische Passion gewonnen, und zweitens hat er sie literarisiert dadurch, daß er sie entweder für den (nächst der Predigt) variabelsten Teil des Gottesdienstes, die außerbiblische Lesung, geschaffen oder für die liturgisch in keiner Weise gebundene und begrenzte Privatandacht, also die häusliche oder klösterliche Lektüre, gedichtet hat.

[92] Alttestamentarische exempla virtutis 7, 66—70; 10, 746—778; neutestamentarische 7, 61—65; 10, 16—20. 737—740. 947—955.

[93] Synkrisis mit altrömischen exempla virtutis 2, 13—16; mit alttestamentarischen 5, 525—545; 6, 112—120; mit der Kraft der Heiligen und der Bedeutung der Städte, in denen sie ihr Grab gefunden haben, untereinander 4, 17—64.

5. Noch einmal: Mythos als Vergewisserung der Gegenwart

Neben seinen großen politischen Gedichten, von denen eines, De bello Gildonico, unvollendet blieb (und das aus tagespolitischen Gründen), hat Claudian auch zwei mythologische Dichtungen hinterlassen, beides Fragmente: eine lateinische[1] Gigantomachie von nur 128 Hexametern und drei Bücher De raptu Proserpinae. Mit dem Raub der Proserpina schafft Claudian – wohl wesentlich beeinflußt durch den seit 300 zu beobachtenden Aufschwung der hexametrischen Poesie im griechischen Raum – drei Jahrhunderte nach Valerius Flaccus und Statius erstmals wieder ein lateinisches mythologisches Epos.

5.1. Claudians lateinische Gigantomachie[2]

Als Claudian die Gigantomachie in Angriff nahm, wandte er sich keinem übermäßig dankbaren Gegenstand zu. Zum einen war der Stoff schon oft behandelt worden,[3] zum anderen mußte sich die dichterische Kunst im wesentlichen in der variierenden Gestaltung von Zweikämpfen beweisen und erschöpfen.

So, wie es uns erhalten ist, ist das Gedicht bemerkenswert klar gegliedert, ein Vorzug, den wir immer wieder an Claudian rühmen konnten. Ein Prooem fehlt gänzlich, ohne die traditionelle indicatio, ohne den Musenanruf, auch ohne die von Claudian in den politischen Gedichten beliebte Exordialtopik der Vorwegnahme des glücklichen

---

[1] Auch die Fragmente einer griechischen Gigantomachie (17 und 77 Hexameter) stammen sehr wahrscheinlich von Claudian, hierzu D. Romano (wie Kap. 3, Anm. 2) 14–18; A. Cameron 1970, 14.

[2] Zum Stoff M. Mayer, Die Giganten und Titanen in der antiken Sage und Kunst, Berlin 1887; W. Speyer, RAC 10, 1978, 1247–1276 s. v. Gigant. – R. Hildebrandt, Eine römische Gigantomachie, Philologus 66, 1907, 562–589 behandelt Ps.-Vergil Aetna 41–73; X. González Senmartí, La Gigantomaquia griega de Claudiano, in: Unidad y pluralidad en el mundo antiguo, Actas del VI Congreso español de estudios clásicos, Madrid 1983, II 91–97. Im allgemeinen wird angenommen, daß Gig. unvollendet blieb wohl wegen des Todes des Dichters; in vorrömische (ägyptische) Zeit, d. h. vor 395, wird Gig. m. W. nur von V. Cremona, La composizione del 'De raptu Proserpinae' di Claudio Claudiano, Aevum 22, 1948, 231–256 gesetzt und im Anschluß an ihn von D. Romano (wie Kap. 3, Anm. 2) 28 Anm. 50; s. a. D. Romano in: Studi ... in onore di A. Traglia, Roma 1979, 925–936.

[3] Vgl. W. Speyer, RAC 10, 1978, 1249: Schon für Xenophanes ist die Gigantomachie ein beliebtes Vortragsthema bei Symposien, 1252f.: Im Hellenismus ist sie ein besonders beliebter Epenstoff (s. a. K. Ziegler 1966, 46–49); lateinische Gigantomachien von Ovid (?), Julius Cerialis.

Ausgangs setzt die Erzählung ein. Der erste Teil (1–59) ist der Vorgeschichte des Kampfes der Giganten gegen die olympischen Götter gewidmet, der zweite Teil (60–128) der Schlacht selbst. Sowohl in der Rede der Terra (30–35) als auch in der folgenden Erzählung vom Zornesmut der Giganten (36–41) wird durch Andeutung der zu erwartenden Kämpfe der zweite Teil vorbereitet.

Der erste Teil ist selbst wiederum zweigeteilt: in eine Terra-Giganten-Handlung (1–41) und eine Götter-Handlung (42–59). Mutter Erde gebiert die Giganten (1–5). Unter Donnern wachsen sie in Phlegra empor und reizen die Götter zum Kampf (6–8). Die Sterne erbleichen, die Gestirne ändern ihren Lauf (9–12). Die Erde stachelt ihre Söhne zum Kampf (12–35), so daß die Hoffärtigen (*animi inanes* 36) schon glauben, die Götter besiegt zu haben. – Iris ruft die Götter zusammen (42–52), Jupiter fordert sie auf, die Kinder der Erde zu vernichten (52–59).

Die beiden Teile des ersten Teils sind sorgfältig aufeinander abgestimmt: Im ersten hält die Mutter der Giganten, die Erde, eine Rede an ihre Söhne (14–35), im zweiten redet Jupiter, der Vater der Götter, zu den Olympiern (53–59). Die beiden Reden haben Entsprechungen inhaltlicher Art und bis in die Formulierungen: *o pubes domitura deos* (14) redet die Erde die Giganten an; *O nunquam peritura cohors* (53) Jupiter die Götter. Terra verspricht den Giganten die Herrschaft über die Welt: *quodcumque videtis/pugnando dabitur; praestat victoria mundum* (14f.). Jupiter bestätigt den Göttern die Ewigkeit ihres Herrschaftsanspruchs: *o debita semper/caelo progenies* (53f.).

Der zweite Teil wird von der variierenden Darstellung der Zweikämpfe[4] beherrscht (75–128). Variiert werden alle logisch erforderlichen Gesichtspunkte einer Monomachie: die Angreifer, ihr Motiv, die Art, der Gegenstand des Angriffs, die Waffen, die Zahl der Kämpfe, die der einzelne zu bestehen hat, und die Todesarten. Ausgeführt sind nur die Kämpfe zweier Götter (Mars 75–91, Minerva 91–113), die des dritten (Apoll 114–128) sind nicht zu Ende gebracht. Da Mars und Minerva je gegen mehrere Giganten kämpfen (75–84: Mars greift Pelorus an, 85–91 Mimas greift Mars an, 94–101 Minerva greift Pallas an, 104–108 zunächst greift Echion, 108–113 sodann Palleneus Minerva an), wird wohl auch Phoebus nicht nur Porphyrion zum Gegner gehabt haben.[5]

Die Kämpfe des Mars, der Minerva und des Apoll waren uns schon im ersten Teil angekündigt worden (38f. 41. 39 und 34f. mit der Nennung des Porphyrion); wir werden vermuten dürfen, daß auch die dort vorweggenommenen Duelle mit Venus und Diana (40), des Enceladus mit Neptun (33) für die Ausführung geplant waren und als Höhepunkt das des Typhoeus gegen Jupiter (30–32).[6] Die Kämpfe sind untereinander nicht verbunden (nur zweimal – 85. 104 – heißt es, ein Gigant wolle seinen Bruder rächen, doch da die Giganten alle Söhne derselben Mutter sind, ist das kein

---

[4] In der Gigantomachie im pseudovergilianischen Aetna-Gedicht fehlen dagegen Einzelkämpfe; ob dies, wie R. Hildebrandt (wie Anm. 2) 577 vermutet, daraus folgt, daß sich der Verfasser die Gigantomachie als Zusammenstoß römischer Legionen mit nordischen Barbaren dachte, oder aus der für ein Beköperungselement eines Lehrgedichts unerläßlichen Kürze, muß dahingestellt bleiben.

[5] Einige Gigantennamen und einige Paarungen der kämpfenden Götter und Giganten kennt nur Claudian, s. M. Mayer (wie Anm. 2) 156–260.

[6] Das wären Kämpfe von 7 Göttern. Fr. Mehmel (wie Kap. 2, Anm. 171) 121 vermutet (ohne Begründung), Claudian habe die Darstellung der Kämpfe von 12 Göttern geplant.

tragfähiges Motiv). Ein Grund für gerade die Reihenfolge der Kämpfe, die Claudian bietet, ist nicht erkennbar.

Die Monomachien sind bemerkenswert kurz; sie werden in der Regel in vier bis acht Versen abgetan, nur die des Porphyrion gegen Apoll hätte über 14 Hexameter ausgefüllt. Auch wenn wir unterstellen, daß einige der folgenden Begegnungen länger geworden wären, wird uns das Ausmaß des nicht Ausgeführten[7] erkennbar; auf weit über 200 Verse dürfte das Werk nicht angelegt gewesen sein. Vergleichen wir die Zweikampfreihe des zweiten Teils mit den Monomachien in anderen lateinischen Epen – der Thebais des Statius (2,538–686), der Psychomachie des Prudentius und dem Waltharius (640–1400) – so fällt uns die Kurzatmigkeit der claudianischen Variationen auf. Nehmen wir das Fehlen des Prooems hinzu und die Hast, mit der der Dichter unter Verzicht auf die möglichen Ekphraseis und die psychologischen Ausmalungen die Angabe der Ursachen für das Entstehen und die Geburt der Giganten sowie die Gegenmaßnahmen der Götter auf die Nennung der für eine Exposition unerläßlichsten Abläufe beschränkt, so fügen sich das Erhaltene und das erkennbar Verlorene keineswegs zur Anlage eines Epos. Man möchte in Gig. am ehesten eine Anfängerarbeit sehen,[8] ein Werk der *Graia Thalia*, die mit Prob. durch die *Latia toga* (c. m. 14,14) verdrängt wurde.

Interessant ist uns das Werk dennoch mit Rücksicht auf Claudians Tendenz der Behandlung eines Mythos. Dieser hier spielt auch in anderen seiner Dichtungen eine Rolle. Bedingt durch die Sage, der Gigant Enceladus liege unter dem Aetna begraben, wird der Giganten in dem auf Sizilien spielenden Rapt. mehrfach gedacht: Der Aetna ist das Denkmal von Jupiters Sieg über die Giganten, das Grab, in dem Enceladus stöhnt (Rapt. 1, 153–159, s. a. 2, 156–162; 3, 123, c. m. 17, 32); am Aetna liegt ein heiliger Hain mit den Trophäen der Gigantomachie (Rapt. 3, 333–356). Daneben wird noch zweimal der Gigantenkampf als frevelhafte Auflehnung gegen die Götter erwähnt: Proserpina klagt über das Schicksal, das ihr zuteil wird, wiewohl sie schuldlos ist, sich nicht mit den Giganten gegen Jupiter erhob (Rapt. 2, 255–257), und Ceres vermutet im ersten Schrecken, der Raub ihrer Tochter sei eine neue Untat der *acies vesana Gigantum* (Rapt. 3, 179–201). Damit klingt ein Motiv an, das seit der Zeit des Hellenismus ins Politische gewendet worden war[9]: die Giganten als Typoi der Aufrührer wider die Herrscher. Genauerhin waren sie das Urbild der nordischen Barbaren in ihrem Kampf gegen die pergamenischen Könige. In pr. 6 cons. 13–20 erzählt Clau-

---

[7] Hieron. Is. 8, 27 zitiert anderthalb Verse aus der Gigantomachie eines lateinischen Dichters – ob Claudians? Dagegen Th. Birt (wie Kap. 3, Anm. 2) 346 und LIX.

[8] V. Cremona (wie Anm. 2) 244: „orbene la Gigantomachia, non c'è dubbio, per la sua fattura e per la sua tecnica eminentemente descrittiva, è opera della prima giovinezza di Claudiano, è un virgulto nato nella quietà operosa degli studi d'Alessandria, al lume dei modelli ellenistici..." Auch D. Romano 28 datiert Gig. (gegen Th. Birt – beide wie Kap. 3, Anm. 2 – LIX, der das Werk kurz vor dem Tod des Dichters ansetzt) in die ägyptische Zeit, auch wegen „la tecnica imperfetta", aber vor allem weil er (unbeweisbar) die mythologische Dichtung Claudians als frühes Durchgangsstadium seines Schaffens betrachtet. – Die Abhängigkeit von Gig. 106 f. von Prud. Apoth. 111 f., die A. Cameron 1970, 469–473 supponiert, ist angesichts des nach wie vor ungeklärten Verhältnisses der großen Zeitgenossen zueinander für eine Datierung von Gig. in das Jahr 404 nicht tragfähig genug.

[9] W. Speyer, RAC 10, 1254 f.; s. a. 1272; W. Schindler 1987, 37 f., 106, 127, 148–158.

dian von einem Traum[10]: Er habe sich vor Jupiter, umgeben von den olympischen Göttern, gesehen und zu deren Wohlgefallen ihren Sieg über die Giganten besungen. Es folgt die Auflösung des Traums (21–26): Wahr sei er gewesen, denn nun trage er, Claudian, tatsächlich vor dem Princeps und dem Hof ein Gedicht vor.[11] Der Kaiser also ist Jupiter, der Hof den Göttern gleich. Doch welcher Stoff entspricht der Gigantomachie? Der Dichter sagt es uns nicht, doch handelt ein Großteil des Panegyrikus selbst von einem Krieg: dem Sieg über Alarich (6 cons. 127–331). Und in der Tat nimmt Claudian in der uns vertrauten Technik das Motiv des Gigantenkampfes im Text wieder auf. Zunächst ganz beiläufig: Rom, so sagt er, sei die dem Kaiser einzig würdige Stadt, erfüllt wie es sei von herrlichen Bauten, unter ihnen der Kaiserpalast und in dessen Nähe zahlreiche Tempel schutzspendender Götter (39–44), so der des Jupiter mit den Giganten, die drunten am kapitolinischen Berg bestraft zu sehen sind (Majestätsverbrecher wurden den Tarpeischen Fels hinuntergestürzt):

> *iuvat infra tecta Tonantis*
> *cernere Tarpeia pendentes rupe Gigantas.*
> (44f.)

Beide Gesichtspunkte werden später wieder aufgegriffen. Alarich wird von Eridanus ausdrücklich den Giganten gleichgestellt, Rom dem Olymp: *tune Giganteis urbem temptare deorum/adgressus furiis?* (185f.). – Schon längst waren Typhoeus und die Aloiden zu den Giganten gerechnet worden. Ihr Angriff auf Jupiter bzw. Mars war in Get. (62–76) der Auflehnung der Goten gegen Rom gleichgesetzt worden: Diese achteten Rom gering (Get. 647), wie Alarich gigantengleich den Olymp mißachtet hatte (Get. 511). Claudian liebt diesen Vergleich: Der sterbende Theodosius erinnert Stilicho daran, wie sie gemeinsam gegen Goten und Sarmaten gekämpft haben; nun kann er ruhig sterben, denn mögen sich selbst Enceladus, Typhoeus und Tityus erheben, sie werden von Stilichos Hand fallen (3 cons. 142–162). Claudian, der neue Orpheus, besingt vor Serena, der neuen Juno, den Sieg Jupiters (also, ergänzen wir, Stilichos) über die Giganten (c. m. 40). Wenn schon nicht dem Jupiter, so sind die Personen, denen Claudians Panegyrik gewidmet ist (Honorius 4 cons. 534; Stilicho Ruf. 1, 287f. überbietend; Florentinus pr. Rapt. 2, 41), doch dem Herkules gleich, dem anderen Sieger über die Giganten.

Wir können nun mit einigem Recht vermuten, daß Claudian in seiner Gigantomachie nicht (wie später Dracontius in seiner Orestis tragoedia) den Mythos rein für sich, als eine Geschichte vortragen wollte, sondern (ähnlich Vergil und in gewisser Weise Valerius und Statius) ihm eine zeitbezogene Wendung zu geben beabsichtigte. Dieses Vorhaben läßt sich auch dem Text selbst entnehmen. Selbstverständlich sind die Giganten als vermessene, wilde, törichte und rohe Götterfeinde gezeichnet, sie sind geschaffen von Terra aus Neid auf die Götter und als Rächer der Titanen (1f. 27), als Feinde (5) der Götter, die von ihnen sogleich nach ihrer Geburt angegriffen werden (7). In ihrer törichten Selbstgefälligkeit nehmen die Giganten in Gedanken den noch nicht errungenen Sieg vorweg (36f.), sehen sich schon den Göttern, selbst der keuschen Minerva, Gewalt antun (36–41). Doch den Göttern ist die Herrschaft nicht zu rauben (53f.). Soweit bewegen wir uns im Reich des reinen Mythos. Auf die Menschen be-

---

[10] Vgl. A. Grillone (wie Kap. 3, Anm. 105) 159f.
[11] Der Traum hat keinen biographischen Wert, er sagt keineswegs aus, Claudian habe damals an seiner Gig. geschrieben.

zogen wird dieser an zwei Stellen. Zunächst in einem epischen Vergleich des Gedichts. Die Götter eilen herbei, um den Olymp zu verteidigen, wie Bürger, deren Stadt angegriffen wird (49f.). Und Mars stürmt mit den thrakischen Pferden gegen die Giganten an, den Rössern, mit denen er sonst die sarmatischen Gelonen und die Geten in Furcht hält — womit eben jene Völkerschaften genannt sind, an deren grausame Bekriegung Theodosius Stilicho erinnert, bevor er auf die Giganten zu sprechen kommt (3 cons. 142—162). Damit wendet sich der Blick von der Gigantomachie zurück auf andere Werke Claudians. Die Charakteristik der Goten in Get. erinnert immer wieder an die der Giganten in Gig. Auch die Goten genießen vorzeitig den noch nicht errungenen Sieg (Get. 29f. 82. 85), wollen römische Frauen schänden (83f.). Ihre Charakteristik als *progenies vesana* (Get. 647) erinnert an die Junktur *acies vesana Gigantum* (Rapt. 3, 196).

Angesichts der langen Tradition der Gleichsetzung von nördlichen Barbarenvölkern und Giganten, von Herrschern und Jupiter oder Herkules, angesichts der panegyrischen, politischen Richtung von Claudians Dichtung, angesichts schließlich der zu seinen Zeiten ständig lebendigen Barbarengefahr liegt die Vermutung nahe, daß auch seine lateinische Gigantomachie hinauslief auf eine Deutung, und zwar eine optimistische Deutung der Gegenwart aus dem Mythos, als durch den Mythos berechtigte Hoffnung auf einen Sieg der Römer (nicht notwendig eines bestimmten Herrschers) über die aktuelle Bedrohung.[12] Ein Zögling der ägyptischen Rhetorenschule, der darauf aus war, im Westen des Reiches sein Glück als Dichter im Dienst von Politikern zu machen, mußte sich, vertraut mit den Traditionen hellenistischer Panegyrik, der politischen Brauchbarkeit des Gigantomachiethemas sehr wohl bewußt sein.

Die verworrene Gegenwart und die undurchschaubaren Aufgaben, die sie stellte, konnte er als Erbe und zu bewältigenden Auftrag der großen Vergangenheit gestalten nur hinter der bedeutungsträchtigen und zugleich die scharfen Konturen der Realität retuschierenden Projektion des Mythos.

5.2. *Claudians De raptu Proserpinae*[13]

Anders als die Gigantomachie ist Claudians De raptu Proserpinae ein ehrgeiziges Unternehmen. Es hat ihn, wie wir der Tatsache entnehmen dürfen, daß nicht nur für Buch 1, sondern auch für Buch 2 eine Praefatio erhalten ist, die Bücher 2 und 3 also

---

[12] A. Cameron 1970, 14f. lehnt für Gig. „higher motives" Claudians ab und betrachtet das Werk als Gelegenheit für „a catalogue of bizarre battles ... a splendid opportunity to describe hideous monsters in their death-throes, the uprooting of whole mountains and rivers, and sundry other congenial suspensions of the laws of nature", s. a. 211.

[13] Zum Stoff R. Förster, Der Raub und die Rückkehr der Persephone in ihrer Bedeutung für die Mythologie, Litteratur- und Kunstgeschichte, Stuttgart 1874; A. Zimmermann, De Proserpinae raptu et reditu fabulas varias inter se comparavit A. Zimmermann, Progr. Lingen 1882; H. Anton, Der Raub der Proserpina. Literarische Traditionen eines erotischen Sinnbildes und mythischen Symbols, Diss. Heidelberg 1967; zu den Quellen L. Cerrato, De Claudii Claudiani fontibus in poemate De raptu Proserpinae, Rivista di filologia 9, 1881, 273—393; E. Bernert, Die Quellen Claudians in De raptu Proserpinae, Philologus 93, 1938, 352—376; Text und textkritischer Kommentar: De raptu Proserpinae, ed. with an introduction and commentary by J. B. Hall (Cambridge

separat, zu einem späteren Zeitpunkt rezitiert worden sind, mehrere Jahre lang beschäftigt. Der Dichter hat das Werk als relativ umfangreiches Epos angelegt; er behandelt den Stoff vom Raub und der Rückkehr der Proserpina (soviel wir wissen) erstmals in der Antike in einem selbständigen Werk, er stellte sich dabei den Schwierigkeiten der kompositionellen Bewältigung einer mehrsträngigen Handlung und (wie in Gig.) deren poetischer variatio, und schließlich strebte er wiederum danach, einen Mythos nicht rein um seiner selbst willen zu erzählen, sondern ihn für die Sinngebung der Gegenwart zu nutzen. Auf die Kühnheit des Unternehmens weist der Dichter voller Selbstbewußtsein selbst hin. Er baut die Schiffahrtsmetapher, die einst die recusatio des Großepos rechtfertigte, zum Überbietungstopos aus,[14] vergleicht sich dem Seefahrer, der sich als erster von der Küste löst und sich auf die hohe See hinauswagt (pr. Rapt. 1). Und er vergleicht sich mit Orpheus, durch dessen Schweigen die Nymphen in Trauer versetzt werden, die Natur verroht, dessen Gesang, durch die Taten des Herkules wieder geweckt, Thrakien zum locus amoenus verwandeln wird.[15]

5.2.1. Das Prooemium und das Werk – Tendenz, Ankündigung und Ausführung

Das Werk wird durch ein relativ langes, 31 Hexameter umfassendes zweigeteiltes (1–19; 20–31) Prooemium eingeleitet, das zwar wie üblich Themenangabe und Bitte um Inspiration enthält, jedoch in bemerkenswert selbständiger Variation, die die Aufmerksamkeit des Hörers sogleich fesselt. Es setzt ganz nach vergilisch-, lukanisch-, statianisch-, valerianischer Manier mit der indicatio ein (Raub und Hochzeit der Proserpina 1–3), doch wird diese nach dreieinhalb Versen abgebrochen, der Dichter vermag sie nicht fortzusetzen, denn der *furor* (5) poeticus reißt ihn hin. Dieser (wie bei Valerius apollinische) enthusiasmós läßt ihn das Erscheinen der Gottheit[16] im Demeter-, Kore-, Iacchus-Heiligtum von Eleusis (7–11) sehen und die Gestalten des Ceres-Proserpina-Mythos als solche der eleusinischen Mysterien: Triptolemos (12–14), Sohn des Königs Keleos, dem Ceres das Getreide verlieh, weil er ihr den Weg zu Proserpina gewiesen hatte, nun Richter der Unterwelt; die dreigestaltige Hekate (15–16), die einst Ceres auf der Suche nach ihrer Tochter begleitet hatte und nun deren Dienerin und Türhüterin der Unterwelt ist; Iacchus (16–19), der Bacchus, dem Gott der Fruchtbarkeit, gleichgesetzt wird. Sie, die Wissenden aus der Unterwelt, ruft der Dichter anstatt der Musen. Sie sollen ihn einweihen in die Geheimnisse ihres Weltteils

---

Classical Texts and Commentaries 11) Cambridge 1969; Schulkommentar zu einzelnen Passagen aus Buch 1 und 2: Claudius Claudianus, De raptu Proserpinae, eingeleitet und erklärt von F. F. Schwarz, Litterae Latinae 29, 1974/75, fol. II/III, 9–27; Kommentar zu Buch 1: E. Potz, Claudian. Kommentar zu De raptu Proserpinae Buch I (Dissertationen der Karl-Franzens-Universität Graz 65) Graz 1984; Interpretation E. Burck 1979, 373–377.

[14] F. Minissale (wie Kap. 3, Anm. 36) 496.
[15] Der Bezug auf Orpheus ist angesichts der Tatsache, daß eine der Quellen Claudians wohl ein orphisches Gedicht ist (E. Bernert – wie Anm. 13 – 361–374), angesichts von Claudians Stellung zur Orphik (E. Bernert 375f.) und der Rolle der Orphik im Neuplatonismus der Zeit Claudians (Chr. Gnilka – wie Kap. 3, Anm. 109 – 176; D. Romano – wie Kap. 3, Anm. 2 – 32) kein zufälliger.
[16] *dei* (9) ist unklar – es kann Iacchus gemeint sein, aber auch Ceres, s. J. B. Hall (wie Anm. 13) 192.

(20—26). Damit nimmt Claudian im zweiten Teil des Prooems die indicatio wieder auf. Er will singen von Plutos Verliebtheit (*qua lampade Ditem flexit Amor* 26f.), vom Raub der Proserpina (*quo ducta ferox Proserpina raptu possedit dotale Chaos* 27f.), von der Suche der Ceres (*quantasque per oras sollicito genetrix erraverit anxia cursu* 28f.) und von der Einführung des Getreidebaus (*unde datae populis fruges et glande relicta cesserit inventis Dodonia quercus aristis* 30f.). Diese indicatio ist von Interesse nicht nur im Hinblick darauf, daß unser Epos Fragment geblieben ist, das abbricht, als Ceres die Suche der Proserpina beginnt, nicht allein deshalb also, weil wir uns dank der Vorausdeutungen eine ungefähre Vorstellung vom Geplanten machen können (s. dazu auch 3, 50—54).[17] Wichtiger ist, daß Claudian ein Handlungselement, die Einführung des Getreides durch Ceres, die in den attisch-orphischen Texten gleichsam beiläufig gelegentlich des Aufenthaltes der verkleideten Ceres in Eleusis geschieht und gleichrangig neben der Einsetzung der eleusinischen Mysterien steht, bedeutungsträchtig als letztes Glied an das Ende der indicatio setzt und die Gewichtigkeit dieses Themas noch zusätzlich dadurch betont, daß er ihm zwei volle Verse widmet. Damit deutet der Dichter die Tendenz an, unter der der Stoff behandelt werden sollte.

Daß wir damit die indicatio nicht überinterpretieren, wird uns an einer weiteren bedeutungsträchtigen Stelle des Epos zur Gewißheit. Mehrfach führt uns der Dichter auf den Olymp. 1, 117—121 berichtet Merkur Jupiter von der Empörung Plutos; Jupiter hört, überlegt, entscheidet sich. 1, 214—228 teilt er Venus seinen Entschluß mit und beauftragt sie, Proserpina zu täuschen und Pluto verliebt zu machen. 3, 1—66 erleben wir eine Götterversammlung. 3, 250—329 ist Ceres empört auf den Olymp geeilt, klagt den Göttern ihr Leid und fleht sie an, ihr den Räuber zu nennen: Doch die Götter schweigen. Am Ende des Werkes (wohl am Schluß des 4. Buches) hätte auf die zeitweilige Rückkunft der Proserpina aus der Unterwelt, die glückliche Wiedervereinigung mit ihrer Mutter die freudige Rückkehr der Ceres auf den Olymp folgen müssen. — Die Götterversammlung 3, 1—66 steht in mehrfacher Hinsicht an ausgezeichneter Stelle: Sie bildet den Anfang eines Buches, rückt durch die Spitzenstellung im dritten Buch eines Werkes von vier Büchern in die Mitte des Epos und ist als dritte von fünf die mittlere der Olympszenen. Weiterhin wird sie durch eine lange (47 Hexameter umfassende) Rede Jupiters hervorgehoben (in der ersten und vierten Olympszene fehlen die wörtlichen Reden ganz, die Rede Jupiters an Venus in der zweiten Olympszene umfaßt nur 13 Hexameter). An einer derart kompositorisch herausgehobenen Stelle hat Claudian die Sinngebung des Mythos plaziert, die Interpretation des Geschehens, dem Proserpina (1, 250—272), Diana und Minerva (1, 205—246) verständnislos gegenüberstehen, das für Ceres eine Umkehrung der göttlichen Weltordnung bedeutet (2, 180—192). Jupiter also erklärt das Unerklärliche. Er habe das saturnische Zeitalter beendet (*incultis ne sponte seges grandesceret arvis* 3, 24), damit die Not den Menschen erfindungsreicher mache (19—32); doch nun bitte ihn Natur, das Los des Menschengeschlechts zu erleichtern (33—45), sie klage, Jupiter sei ein Tyrann,

> *qui campos horrere situ dumisque repleri*
> *rura velim, nullis exornem fructibus annum.*
>
> (37f.)

---

[17] Die Elemente des Handlungsverlaufs von der Stelle an, wo Claudian abbricht, bei A. Zimmermann 30ff.; da er jedoch die Versionen unterschiedslos kontaminiert, ist aus seiner Arbeit ohne Hinzuziehung von R. Förster und E. Bernert (alle wie Anm. 13) kein Bild über den wahrscheinlichen Fortgang der Handlung bei Claudian zu gewinnen.

Nun solle Ceres den Menschen das Getreide bringen,
   atque ideo[18] *Cererem* . . .
   . . . .
   per mare, per terras avido discurrere luctu
   decretum, natae donec laetata repertas
   indicio tribuat fruges, currusque feratur
   nubibus ignotas populis sparsurus aristas . . .
                                                (48—53)
Deshalb solle kein Gott es wagen, den Räuber der Proserpina Ceres preiszugeben:
   hoc sanctum; mansura fluant hoc ordine fata.
                                                (65)

Damit trägt das göttliche Geschehen sein Interesse nicht in sich selbst, es bietet auch keine Aitiologie eines Naturvorganges, sondern erhält seinen Platz in der Geschichte des Menschengeschlechts, empfängt seinen Sinn aus ihr. Zudem gestaltet der Dichter nicht irgendeinen Mythos. Er erzählt den Mythos von Ceres und Proserpina auch nicht als allgemeinen Fruchtbarkeitsmythos, sondern als Mythos des Getreideanbaus. Damit aber griff er einen Stoff mit einer politischen Dimension auf, denn die geordnete Getreideversorgung Roms war im 4. Jahrhundert als eine „erstrangige politische Aufgabe proklamiert" worden, in der sich die Interessen der Regierung und der von Hungerrevolten immer wieder bedrohten Aristokratie verbanden.[19] Lag im Mythos der Gigantenschlacht, des Sieges der olympischen Götter über ihre rohen Feinde eine optimistische Deutung der Auseinandersetzung zwischen Römern und andrängenden nördlichen Barbaren verborgen, so bietet der Mythos vom Raub der Proserpina einen optimistischen Ausblick auf ein weiteres wichtiges Problem der Spätantike: das der Ernährung; Ceres' Geschenk des Getreides an die Menschen war die Verheißung gesicherter Getreideversorgung in Gegenwart und Zukunft.[20]

[18] Birt *adeo*, s. aber J. B. Hall (wie Anm. 13) 229.
[19] H. P. Kohns (wie Kap. 3, Anm. 98) 21. Weil er hier erfolgreich gewesen war, hatte sich der praefectus urbi Florentinus (395/7) besonderes Ansehen erworben (H. P. Kohns 194—207). Ihm ist das 2. und 3. Buch des Epos gewidmet. Zur Person des Florentinus in pr. Rapt. 2 Th. Birt (wie Kap. 3, Anm. 2) XV—XVIII. Gegen die These von Fabbri (sie stammt von Wedekind und wurde von Jeep übernommen, s. J. B. Hall – wie Anm. 13 – 95—97), Florentinus sei als Ehrenname des Stilicho zu verstehen (für den Sieg über Radagaisus bei Fiesole in der Nähe von Florenz), V. Cremona (wie Anm. 2) 233, 236, 239, 245, 249 und J. B. Hall 93—105, der erkannte, daß das Werk Florentinus gewidmet ist nicht als dem Mann, der die Getreideversorgung Roms gesichert hat, sondern als dem, der Claudian zur Wiederaufnahme der Arbeit an dem Epos gebracht hat.
[20] Zu eng gesehen Th. Birt (wie Kap. 3, Anm. 2) XIVff. der Bezug auf Florentinus. Richtig ist, wenn F. F. Schwarz (wie Anm. 13) 13 formuliert, „daß sich Claudian nie im esoterischen Raum einer Mythologie um ihrer selbst willen tummelte, daß seine Opera stets den Bezug zur historischen Situation aufrecht erhielten und somit bedeutungsgeladen waren." Wie oben gezeigt (173—174), vermag ich aber Schwarz nicht darin zuzustimmen, „daß es sich dabei um ein heidnisch intendiertes Werk dreht, ein protreptisches Epos mit dem verschlüsselten Aufruf zur Selbstbesinnung und heilsamen Rückkehr zum althergebrachten Götterglauben. Denn die an der Oberwelt und die im Innern der Erde agierenden Unsterblichen sind es, die Segen spenden und vor den neuzeitlichen ‚galiläischen Umtrieben' (Julian) geschützt werden müssen" (s. a. S. 17).

Nun ist aufgefallen,[21] daß im Gegensatz zu den Formulierungen der indicatio und der Jupiterrede zu Beginn des 3. Buches in 1, 187–190 das Getreide bereits als erfunden vorausgesetzt und Ceres nicht als das Korn verleihende, sondern allgemein als Fruchtbarkeit spendende bzw. versagende Göttin aufgefaßt wird; die Saaten sprießen in den Spuren des Wagens der Ceres auf, als sie zu Cybele nach Phrygien fährt:

sulcatam fecundat humum, flavescit aristis
orbita; surgentes condunt vestigia culmum,[22]
vestit iter comitata seges.

Ceres spricht hier den Fruchtbarkeitssegen für Sizilien (1, 194–200), wie sie später den Unfruchtbarkeitsfluch über die Insel verhängt (3, 439f.). Wohl zu Recht hat Bernert hierin eine Auswirkung der Tatsache gesehen, daß Claudian zwei Quellen zusammengearbeitet hat, die den Mythos in den beiden wesentlichsten Fassungen, der sizilisch-alexandrinischen und der attisch-orphischen,[23] erzählten.

Noch in einem weiteren Punkt fallen Ankündigung und Ausführung im Epos auseinander. Claudian wollte erzählen, *qua lampade Ditem flexit Amor* (26f.), doch Amor tritt nicht auf,[24] und der Auftrag Jupiters, auch die Unterwelt die Liebe fühlen zu lassen (1, 225–228), wird von Venus nicht ausgeführt.[25] Warum Pluto darüber, daß er noch immer ohne Weib und Kind lebt, plötzlich derart in Zorn gerät, daß er auf Krieg gegen die Olympier sinnt und den Kampf schon vorbereitet (1, 32–47), woher er weiß, daß Proserpina auf Sizilien verborgen ist (*germani*, d. h. Jupiters, *monitu* 1, 279, bricht er auf) und warum er gerade sie sich zur Gattin erwählt, bleibt unklar, zumal den Gott der Unterwelt Liebe zur Tochter der Ceres erst während der Entführung ergreift: nach Proserpinas Flehrede zu Jupiter und Ceres (2, 250–272) *vincitur et primi suspiria sensit amoris* (274). Wir stoßen hier nicht nur auf Ungeschick bei der Kontamination von Sagenversionen, auf ungelöste Spannungen zwischen Ankündigung und Ausführung, sondern auf generelle Mängel in der Motivierung von Vorgängen und Handlungen. Wir finden sie auch anderswo bei Claudian: Warum Ceres aufbricht,

---

Das ist zugleich zu eng und zu weit gesehen: Zu eng (und zur übrigen Dichtung Claudians nicht passend) ist die Interpretation von Rapt. als Kampfschrift, zu weit die Interpretation als Darstellung eines (austauschbaren) Mythos (am Rande sei daran erinnert, daß der epische Vergleich aktueller Vorgänge und Personen mit Mythologica in den politischen Gedichten ebenfalls Aktualisierung des Mythos, Vergewisserung der Gegenwart im Mythos bedeutet). Nicht sicher bin ich, ob nicht auch Rapt. 1, 64f. die Aufforderung der Lachesis an Pluto *neu foedera fratrum* (hier Pluto-Jupiter) *civili converte tuba* politisch zu verstehen ist in bezug auf Arcadius-Honorius (s. o. 178 über das *frater*-Motiv Gild. 236–324). – Nicht politisch, sondern als rein artistisches Produkt verstehen Rapt. D. Romano (wie Kap. 3, Anm. 2) 31; A. Cameron 1970, 211ff.; vorsichtig Vollmer RE III, 2, 1899, 2653; W. Schmid, RAC 3, 1957, 155.

[21] E. Bernert (wie Anm. 13) 352–358.
[22] Zur Lesart *culmi* J. B. Hall (wie Anm. 13) 205.
[23] Dazu R. Förster 39–49, 65–98; E. Bernert (beide wie Anm. 13) 376. Gegen diese Annahme A. Cameron 1970, 310; er sieht als Quelle an Ov. met. 5, 341–550, fast. 4, 419–616. Die Unterschiede von Ov. und Claud. übersichtlich bei A. H. Eaton, The Influence of Ovid on Claudian (Patristic Studies 69) Washington 1943, 107.
[24] Keineswegs ist Eros das treibende Prinzip, wie R. Förster (wie Anm. 13) meint. S. auch unten Anm. 36.
[25] E. Bernert 355; s. a. R. Förster 94f. (beide wie Anm. 13).

um Cybele einen Besuch abzustatten (1, 179–200), wo sie doch derart besorgt ist um ihre Tochter, verrät uns der Dichter ebensowenig wie den Grund dafür, daß Minerva und Diana mit Venus zu Proserpina nach Sizilien gehen.

Als alles erklärendes Motiv der Handlung dient (wie in Get., doch nicht zum Leitmotiv ausgebaut) das Schicksal. *iam pridem* ist Proserpina: Pluto versprochen, *sic Atropos urget, sic cecinit longaeva Themis* (1, 218f., s. aber 1, 118–121); Proserpina geht, von Venus verführt, aus ihrem Haus hinaus ins Freie, *sic Parcae iussere* (2, 6); der Aetna ist *conscia fati* (2, 7); Diana fragt voll Mitleid mit Proserpina: *quae te fortuna supernis abstulit...?* (2, 239f.); Ceres soll den Menschen den Segen des Getreides bringen, *mansura fluant hoc ordine fata* (3, 65) bestimmt Jupiter (s. a. 3, 107f., 301f.). Da auch die Götter dem Schicksal unterworfen sind (*sic numina fatis volvimur* 3, 410f. klagt Ceres), bedarf es im Grunde keiner weiteren Begründung des Geschehens (freilich werden dadurch die Götter zugleich, da sie das Geschehen nicht bestimmen, zum mythologischen Apparat denaturiert).

Es ist nach alldem fraglich, ob Claudian, hätte er das Werk abgeschlossen, es einer Überarbeitung unterzogen haben würde.[26] Für rezitations- und publikationsreif gehalten hat er ja offenbar ebenso das zumal in den Anfangspassagen in der Motivierung nachlässig gearbeitete Buch 1 wie die Bücher 2 und 3.[27] Und blicken wir unter dem hier gewonnenen Gesichtspunkt auf andere Gedichte Claudians zurück, so wird uns deutlich, daß nicht ein besonderer Anlaß, sondern mähliche Akkumulation von Unzufriedenheit wie zur Auflehnung Plutos, so auch zu der der Erde gegen die Olympier geführt hatte. Gildo lehnt sich gegen Westrom auf, Alarich marschiert in Italien ein – warum sie das tun, bleibt im dunkeln; bei dem einen ist sein Handeln Ausfluß seiner Natur, bei dem anderen kommt zu seiner Hoffart das fatum hinzu, spezifische Gründe erfahren wir nicht. Nicht anders bleiben die Motive für das antirömische Verhalten Rufins im vagen (Megaera hat ihn aufgezogen, um ihn gegen die Menschheit einzusetzen), bleiben die Ursachen für Eutrops Aufstieg unklar. Zusammenfassend wird man sagen können, Claudian fehle das Interesse an einer sorgfältigen Motivierung, sofern sie nicht für die Aussage seiner Werke wichtig ist. Wichtig ist sie ihm besonders für die Handlungen Stilichos, doch auch bei ihm werden die Gründe des Handelns aus der politischen Realität ins typisiert Charakterliche verlagert.

5.2.2. Komposition und Erzähltechnik

Den Unzulänglichkeiten der Motivierung von Handlungen und Vorgängen steht eine sorgfältige Disposition des Werkes gegenüber. Buch 1 stellt die Voraussetzungen für den Raub dar und führt bis zum Vorabend (im wörtlichen Sinne) des Raubes; Buch 2 erzählt den Raub selbst bis zur Vermählung von Pluto und Proserpina; Buch 3 bietet die Entdeckung des Raubes durch Ceres, ihre Beschwerde bei den Göttern und ihren Aufbruch zur Suche; für ein 4. Buch dürften die Suche selbst, die Wiederkehr der Proserpina und die Gabe des Getreides geplant gewesen sein.

Sodann ist auf die Führung und Verflechtung der Handlungsstränge zu verweisen, die jeweils von einzelnen Personen dominiert werden. Ceres-Handlung, Proserpina-

---

[26] So E. Bernert 352.
[27] P. Fargues (wie Kap. 3, Anm. 2) 282 weist u. a. darauf hin, daß die Parzen einerseits die Dienerinnen Proserpinas sind, sie ihnen andererseits gehorchen muß.

Handlung und Pluto-Handlung bestimmen die Schritte des Epos; hinzu tritt gewissermaßen koordinierend, jeweils Bestandteil einer der drei Handlungen, die Jupiter-Handlung. Diese Handlungsstränge müssen zu Punkten geführt werden, wo sie einander ablösen bzw. einander gedanklich oder real durchdringen. Die Ablösung und Verknüpfung der Handlungsstränge geben insbesondere dem ersten, aber auch dem zweiten Buch eine klare Binnengliederung. Buch 1 umfaßt vier Erzählblöcke: Die Ceres-Handlung (Aufbruch der Ceres nach Phrygien 122—213) und die Proserpina-Handlung (Besuch der Göttinnen Venus, Minerva und Diana bei Proserpina 229—275) werden umklammert von der Pluto-Handlung (Forderung des Pluto nach einem Weib 32—121, Aufbruch des Pluto zum Raub der Proserpina am folgenden Tage 276—288). Bemerkenswert ist, wie die verschiedenen Handlungsstränge miteinander verwoben sind. Zunächst wird die Pluto- mit der Jupiter-Handlung verknüpft: Pluto lehnt sich gegen die Olympier auf 32—75; er übermittelt Jupiter durch Merkur seine Forderungen 76—116; Jupiter faßt einen nicht mitgeteilten Entschluß. Damit bricht die Handlung abrupt ab. Der folgende Block hat keine Verbindung zum vorhergehenden und eine nur lose zum folgenden, er schafft die Voraussetzungen für das weitere Geschehen. Wiewohl Ceres als bei Proserpina weilend zu denken ist, ist die Ceres-Handlung doch nicht eigentlich mit der Proserpina-Handlung verbunden, da Proserpina hier noch passiver ist als im übrigen Epos — wir hören von Ceres' Liebe zu ihrer Tochter (122—129), von den Werbungen des Mars und des Apoll um sie (130—142), dann bricht Ceres nach Phrygien auf (179—213). — Nun wird die Jupiter-Handlung an eben der Stelle wieder aufgenommen, wo sie im Vers 121 liegengelassen worden war. Jupiter sieht die Begrüßung der Ceres durch Cybele und teilt Venus seinen geheimen Beschluß mit: Sie soll Proserpina täuschen und Pluto verliebt machen. Damit ist die Jupiter-Handlung (und gedanklich die Pluto-Handlung) mit der Proserpina-Handlung verknüpft. Venus und ihre Begleiterinnen eilen zu Proserpina (229—275). — Am Ende wird ansatzweise die Pluto-Handlung mit der Proserpina-Handlung verbunden: Pluto bereitet sich auf den Raub vor (276—288).

Auf diesem Prinzip der Erzählblöcke und der Handlungsverknüpfung scheint zunächst (s. aber unten) auch die Disposition des zweiten Buches zu beruhen. Die Proserpina-Handlung (Auszug und Blumenlese der Ceres-Tochter und ihrer Begleiterinnen 1—150) wird durchkreuzt von der Pluto-Handlung (Anabasis Plutos 151—203), und mit dem Raub der Proserpina durch Pluto werden Proserpina- und Pluto-Handlung zusammengeführt (204—372). Damit sind zwei Handlungsstränge endgültig vereinigt worden.

Da die Proserpina-Handlung erst am Ende des Epos wieder aufgenommen werden kann, steht für das dritte und weite Teile des nicht ausgeführten vierten Buches einzig die Ceres-Handlung zur Verfügung. Nun erweist sich, welche Vorteile das Führen, Abschneiden, Verknüpfen der verschiedenen Handlungsfäden für die Gliederung des ersten Buches hatte. Bleibt nur noch ein Strang übrig, lösen die Blöcke nicht einander ab, so zerflattert das Werk. Zunächst kann im 3. Buch die Jupiter-Handlung noch in Verbindung zur Ceres-Handlung gesetzt werden (Götterversammlung 1—66), dann beherrscht Ceres die Szene. Sie ist voll Unruhe in Phrygien (67—136), eilt nach Sizilien (137—145), erfährt dort vom Raub (146—259), eilt auf den Olymp (260—329) und zurück zum Aetna (330—403) und bricht schließlich zur Suche nach ihrer Tochter auf (404—448).

Der Eindruck des Zerflatterns verstärkt sich, weil nunmehr ein Bindemittel entfällt, das Claudian im ersten und zweiten Buch systematisch eingesetzt hatte, das der Vorausdeutung auf den Raub der Proserpina. Erstmals klagt der Dichter 1, 138 *heu caeca futuris!*, als Ceres ihre Tochter aus Furcht vor einem Entführungsplan auf Sizilien verbirgt; *praesaga mali* (192) weint Ceres, als sie den Fruchtbarkeitssegen über Sizilien spricht, und auch Proserpina fließen die Tränen, als sie in den Mantel, der als Geschenk für ihre Mutter gedacht ist, den Sitz Plutos hineinwebt (266–268); selbst der epische Vergleich wird für das Kunstmittel der Vorausdeutung genutzt: Venus, Minerva und Diana kommen vom Olymp, ihre Bahn ist wie die eines — seiner Natur nach Übles bedeutenden (1, 232–236)[28] — Kometen. Im zweiten Buch häufen sich die Vorzeichen: Dreimal quietscht die Tür ihres Hauses, dreimal ächzt der Aetna, als Proserpina, von Venus verführt, ihr Haus verläßt (2, 6–8); Venus genießt schon im voraus ihren Triumph über die Unterwelt (11–14); Proserpina eilt zwischen den Göttinnen *nunc gloria matris, mox dolor* (36f.), sie trägt ein Kleid mit einem Bild, auf dem Sol und Luna, die Lichtgötter von Ober- und Unterwelt (s. 2, 298), von Tethys gewiegt und gesäugt werden (41–54); selbst die Blumen, die die Göttinnen pflücken, deuten auf Leid: Venus pflückt Anemonen, die einst aufgeblüht waren, wo der von ihr geliebte Adonis durch den Eber getötet wurde (*doloris carpit signa sui* 122f.), Hyazinthen werden gepflückt, in deren Blätterstreifen man den Klagelaut AI AI des Apoll um den geliebten Jüngling sah (*flebilibus ... maerens ... figuris* 131); Proserpina flicht einen Kranz, *seseque ignara coronat, augurium fatale tori* (140f.). Ceres hat (im 3. Buch) Proserpina betreffend böse Vorahnungen und Träume (3, 67–79. 124–132). Doch als Ceres auf Sizilien vom Raub ihrer Tochter erfahren hat, kann das Mittel der Vorausdeutung auf die Rückkehr Proserpinas nicht mehr eingesetzt werden, denn die Verzweiflung der Ceres muß tief sein, darf nicht durch Hoffnungsschimmer aufgehellt werden, damit ihre Freude um so größer ist. Damit entfällt aber eine Möglichkeit, die Abschnitte der Ceres-Handlung untereinander zu verbinden, auf ein Ziel hin zu lenken. So muß man sich das nicht Ausgeführte als immer neue *variatio* des Suchens gestaltet denken wie die Gigantomachie als immer neue variatio von Zweikämpfen. Man fragt sich, ob es wirklich ein äußerer Grund war, der Claudian das Werk abbrechen ließ, oder ob er in dem Epos vom Raub der Proserpina wie zuvor in der Gigantomachie an einem Punkt angelangt war, wo das Werk an Interesse für ihn verlor, weil sich die Aufgabe in der variierenden psychologischen Abschattierung von Szenen erschöpfen mußte.[29]

Das Gegeneinanderstellen von Erzählblöcken — wir hatten es schon bei der Epideiktik Claudians beobachtet — ist demnach ein wichtiges Gliederungsverfahren des Dichters, die Verwendung von Leitmotiven (in Get. insonderheit des solus-Stilicho-Motivs,[30] in Rapt. des Motivs der Vorausdeutung) ist ein wesentliches Verknüpfungsprinzip. Dennoch ist der Eindruck entstanden und beherrscht als communis opinio Spezialliteratur wie Handbücher, Claudians Erzählstil beruhe auf dem „Prinzip der isolierten Bilder", wo die „Einzelheiten nicht Element einer fortlaufenden Handlung, sondern isolierte bildartige Situationen sind", ja „die geistige Beziehung zwischen

---

[28] Zur üblen Bedeutung von Kometen schon Get. 243–248; vgl. auch Isid. etym. 3, 71, 16. — Unsicher bin ich, ob Claudian *comites* 1, 231 und 2, 10 der klanglichen Verwandtschaft mit *cometes* wegen aufnimmt; etymologisch wird *cometes* in der Antike von *coma* abgeleitet.

[29] So schon P. Fargues (wie Kap. 3, Anm. 2) 17f.

[30] M. Balzert (wie Kap. 3, Anm. 61) 4: Leitfäden in der Worttextur.

den äußerlich selbständigen, isolierten Bildern"³¹ fehle. Richtig ist, daß tatsächlich epische Bauelemente wie der geographische Exkurs über Sizilien und der naturwissenschaftliche Exkurs über Erdbeben und Eruptionen (1, 142–178), der Katalog der sizilischen Flüsse (2, 57–61) und der Bäume bei Henna (2, 107–111), die Sitz- und Stehordnung der Götter (3, 8–17) entbehrlich sind, ihre Funktion für die Ökonomie des Ganzen oder der Teile nicht einsehbar ist; richtig ist auch, daß, wie wir schon bei Gild. und Get. gesehen haben, die Verse mit handlungfördernden Verben in der Minderzahl sind³² und Claudian bestrebt ist, die Handlung möglichst schnell durch Bild, Rede, Vergleich ins Relief zu treiben, d. h. weniger die Handlung selbst wichtig ist als ihre Deutung. Dennoch sind die reliefgebenden Elemente keineswegs isoliert, sondern emotional aufeinander bezogen.

Wir hatten bei der Analyse des Aufbaus von Rapt. 2 festgestellt, es scheine wie Buch 1 nach dem Prinzip der Erzählblöcke gegliedert zu sein. Dieses Kompositionsprinzip ist durch ein anderes überlagert, das zugleich gliedernde und verknüpfende Funktion hat und das man als Bauprinzip der Stimmungsblöcke bezeichnen könnte. Auf den ruhig-heiteren Teil des Mädchenausflugs und der Anthologie (2, 1–150) folgen der stürmische Einbruch Plutos und die Entführung Proserpinas mit Erdbeben, Jammern und Klagen (151–272), dann wieder wird Pluto erweicht von Proserpinas Flehen, spricht ihr Trost zu. Proserpina und Pluto ziehen, freudig begrüßt von den Schatten, in die Unterwelt ein, die sich zum locus amoenus verwandelt, und die Hochzeit wird begangen (273–372). Heiterkeit-Schrecken-Heiterkeit – stärker als die Gliederung in Proserpina-Handlung, Pluto-Handlung, Pluto-Proserpina-Handlung empfindet der Leser sie als gliedernde Einheiten, mußte vor allem der Hörer sie empfinden.

Auf die emotionale Färbung der Teile sind die Einzelszenen und -bilder bezogen; sie dienen dazu, die jeweilige Grundstimmung zu erzeugen. So baute die Schmückung der Gegend um Henna (2, 71–117) wesentlich die amoene Stimmung des ersten Teiles auf und ebenso der Bildausschnitt, in dem wir Minerva den Speer ins Gras legen und Blumen in ihren Helm pflücken sehen (114–147). Die Ekphrasis des Haines

---

[31] So der Archeget der Theorie der isolierten Bilder, F. Mehmel (wie Kap. 2, Anm. 171) 106, 114, 105. Wegen der Mehmel-Kritik der letzten zwei Jahrzehnte ist daran zu erinnern, daß 1. Mehmel eine Fülle feiner Beobachtungen zur spätantiken Dichtung bietet und er 2. die von mir im Text zitierten und in der Literatur immer wieder auftauchenden Sätze zwischenein relativiert. Er beobachtet richtig die Reduktion der gewissermaßen nacherzählbaren Handlung auf ein Mindestmaß, „auf kurze Stücke, wenige Sätze, die von einem Bild zum anderen überleiten" (106), eine „Uninteressiertheit und Gleichgültigkeit gegenüber der Handlung..." (107), die Konzentration auf die Beschreibung des äußeren bzw. des inneren Zustandes von Personen, die Anführung ihrer Reden (106), wobei aber „dieses Reden ... niemals den Charakter und die Wirkung einer Handlung hat..." (107). Freilich gehen diese treffenden Beobachtungen mit negativen Wertungen Hand in Hand. – Nachwirkungen der Mehmelschen Thesen in der Claudian-Literatur vgl. W. Schmid, RAC 3, 1957, 157; D. Romano (wie Kap. 3, Anm. 2) 18; I. Gualandri (wie Kap. 3, Anm. 126) 9; Chr. Gnilka (wie Kap. 3, Anm. 59) 146, 153; J. B. Hall (wie Anm. 13) 110; A. Cameron 1970, 263, besonders vergröbert 265: „So long as he had a framework on which to hang his speeches and descriptions, that was enough."

[32] Anhand von Rapt. 2 zusammengestellt von F. Mehmel 107 Anm. 3.

vom Aetna,³³ in dem die Trophäen der Gigantenschlacht hängen (3, 332–336), ist durchaus planvoll an einer Stelle eingeschoben, wo Ceres, von den Olympiern im Stich gelassen, voll innerer Auflehnung gegen Jupiter ist, sich innerlich mit den Giganten verbunden fühlt und ihren Protest gegen Jupiter dadurch entlädt, daß sie zwei Zypressen gerade dieses heiligen Haines ausreißt, um sie als Fackeln zu gebrauchen.

Freilich ist es Claudian in keinem anderen Buch von Rapt. wie im zweiten gelungen, derart zu großartiger Vereinfachung zu gelangen, daß die Stimmungsblöcke kontrastierend gegeneinander stehen.³⁴ Das ist ein weiterer Grund für den Eindruck des Zerflatterns des dritten Buches, wo zwar auch solche emotionalen Blöcke gebildet werden, aber in einem Verhältnis des Abschattierens zueinander stehen. Im Grunde gilt das schon für die beiden „heiteren" Blöcke in Rapt. 2, die einander nur im Vergleich zum sie trennenden Mittelblock des Schreckens ähneln — im übrigen sind Mädchenausflug und Anthologie durch die ostinaten Vorausdeutungen auf eine bedrohte und durch ihre Bedrohung unheimliche Heiterkeit gestimmt, während der Einzug Plutos und Proserpinas in die Unterwelt und die Hochzeit gelöste Heiterkeit ausstrahlen, die uns vergessen macht, daß die Gesetze der Unterwelt hier nur zeitweilig suspendiert sind. Ein schönes Beispiel für dieses Prinzip der Variation, aber eben nicht der Kontrastierung von Stimmungen begegnet uns in der Rede der Ceres auf dem Olymp, die deutlich durch dazwischengeschobene erzählende Verse (291–295. 311) in Anklage (270–291), Flehen (295–311) und Empörung (312–329) gegliedert ist; die Stimmungen stehen hier nebeneinander, durchdringen sich nicht, sondern lösen einander ab.

Alles in allem beobachteten wir, wie schon bei Gild. und Get., daß Claudians Sache nicht die distanzierte Erzählung ist, sondern die Psychagogie, nicht der Bericht von Vorgängen, sondern die Vermittlung von Stimmungen, die diese Vorgänge erzeugen, nicht die rationale, sondern die emotionale Seite des Handelns. Jupiters Plan ist davon getragen: Die Götter sollen den Räuber Proserpinas nicht verraten, damit Ceres so tief in Verzweiflung stürzt, daß sie vor Freude über die Wiederfindung ihrer Tochter den Menschen das Getreide schenkt.

Der Eindruck der Isoliertheit von Szenen und Bildern und des Kontrastes als Bauprinzip mag dadurch entstehen, daß dort, wo die Emotionen in den Vordergrund treten, diese notwendig wechseln müssen und Claudian am liebsten von stimmungsmäßigem Höhepunkt zu Höhepunkt schreitet³⁵ — der Weg Stilichos durch die ragenden, schneebedeckten Alpen, die Übernachtung bei den verständnislos staunenden Hirten prägen sich dem Leser ebenso ein wie die riesigen Landschaftstableaus, die in altdorferscher Manier aus der Vogelperspektive ganze Länder einfangen (Get. 472–478; Rapt. 2, 175–178; 3, 444–448)³⁶ — und diese Höhepunkte notwendig als

---

[33] Nach Luc. 3, 399–452, s. A. K. Clarke, Claudian's Methods of Borrowing in 'De raptu Proserpinae', Proceedings of the Cambridge Philological Society 181, 1950/51, 4–7.

[34] Kontrastwirkung bezeichnet Chr. Gnilka 1973, 154 (wie Kap. 3, Anm. 59) und (wie Kap. 3, Anm. 33) 111 Anm. 29 als Bauprinzip Claudians.

[35] P. Krafft (wie Kap. 3, Anm. 49) 109 über Nonnos: „... statt episch sich entwickelnder Erzählung eine Reihe von starken Bildern ... aus der Erzählung ist nicht Aufzählung, sondern Pathosschilderung geworden."

[36] So wird auch der Erzähleinsatz von Rapt. 1 erklärlich: Claudian braucht am Anfang ein eindrucksvolles Bild — das ist ihm wichtiger als die Motivierung von Plutos plötz-

Vereinzelung erscheinen. Wie unverzichtbar die Elemente sind, wie falsch die These von den isolierten Bildern und Szenen ist, wird uns deutlich, wenn wir die Kompositionstechnik Claudians mit der (freilich durch die Bibel vermittelten) des Juvencus und der Proba[37] vergleichen: Können bei diesen viele Szenen ohne Schaden für den Ablauf und die Gesamtaussage weggelassen, ersetzt, umgestellt werden, ist das bei Claudian bis auf wenige Ausnahmen keineswegs der Fall. Zweifellos tendiert die narrative Literatur der Spätantike (auch die Historiographie und Hagiographie) zur Zerschlagung von Vorgängen, zur Isolierung; man wird aber auch feststellen können, daß Claudian dort, wo er diesen Weg bis zur letzten Konsequenz hätte weitergehen müssen (bei der Darstellung der Einzelkämpfe in Gig. und der Suche nach Ceres in Rapt.), das Unternehmen abbricht.[38]

5.3. Leistung

Claudian nimmt unter den lateinischen Epikern des 4. Jahrhunderts in mehrfacher Hinsicht eine Sonderstellung ein.

Juvencus, Proba und Paulinus von Nola entstammen der provinzialen bzw. stadtrömischen Senatsaristokratie, Prudentius dem Munizipaladel – Claudian ist ein mittelloser Grieche.

Für die Lateiner ist ihre Dichtung ein Kind der Muße. Juvencus und Proba haben, soviel wir sehen, nur gelegentlich gedichtet, Paulinus zur Erhöhung festlicher Augenblicke, Prudentius nach seinem Ausscheiden aus dem Staatsdienst. Claudian repräsentiert noch einmal den traditionellen Typ römischer Dichter von Livius Adronicus bis Statius, dem Dichtung Lebensinhalt ist, Lebensunterhalt und soziale Stellung sichert.

Juvencus ist Kleriker, Paulinus Mönch, Proba dürfte ein frühes Beispiel jener aristokratischen Asketinnen Roms sein, die uns später in dem Kreis um Damasus, Hieronymus und Rufinus greifbar werden. Prudentius stand dem hohen Klerus Spaniens nahe und hegte asketische Neigungen. Claudian trat in keine erkennbare Beziehung zur Kirche und zur monastischen Bewegung, er war mit der ihrer Religionszugehörigkeit nach zwar im wesentlichen christlichen, aber durchaus weltlichen politischen Führung in Mailand verbunden.

Propagandistische Absichten verfolgen alle Epiker. Juvencus will die Botschaft des Evangeliums dem literarästhetischen Geschmack der spätantiken Bildungsschicht anpassen und akzeptabel machen; Proba will zeigen, daß die neue Botschaft im Grunde bereits von dem größten Dichter Roms verkündet worden war; Paulinus propagiert das asketische Ideal und – wie Prudentius – die Heiligenverehrung; Claudians historische Epik rechtfertigt die Politik Stilichos und stellt die staatsmännischen Fähigkeiten seines Patrons heraus. Der ideologische Gehalt der mythologischen Epik Clau-

---

lichem Verlangen nach einem Weib durch den Pfeilschuß Amors, der dem Bild etwas Verspieltes gegeben hätte.

[37] Vgl. Kap. 2, Anm. 269 über das Bild als Kompositionsprinzip Probas.

[38] Ein Beispiel, an dem die erzählerischen Potenzen Claudians und seine Ökonomie der Darstellung deutlich werden, ist die doppelte Erzählung des Raubes der Proserpina einmal aus der Sicht des allwissenden Erzählers (Rapt. 1, 229–275 und 2, 1–246) und aus dem eingeschränkten Blickwinkel der Elektra (Rapt. 3, 196–259).

dians ist schwerer faßbar. Er bleibt im Allgemeinen, darin vergleichbar den Epen des Valerius Flaccus, Silius Italicus und Statius. Im Vergleich mit diesen wird er zugleich deutlicher. Der Dichter, der sein Werk wenige Jahre vor der Einnahme Roms durch Alarich schreibt, gibt sich nicht dem Pessimismus der flavischen Epiker hin, die – wie Silius – die ruhmvolle altrömische Vergangenheit der Gegenwart als Aufruf entgegenstellen oder – wie Valerius und Statius, aber auch Silius – uns die schrecklichen Folgen tyrannischer Herrschaft vor Augen führen. Claudian heißt seine Hörer hoffen, und zwar nicht auf ein seliges Jenseits, sondern auf die Lösbarkeit der Probleme dieser Welt in ihr selbst.[39]

Die Hörer aller Epiker verbinden ihre Bildung, ihr ästhetischer Geschmack. Verschieden sind sie in ihrer Weltanschauung. Juvencus, Proba, Paulinus und Prudentius wenden sich an Christen, Claudians Publikum ist weltanschaulich gewiß nicht indifferent, aber doch heterogen, geeint nur in seiner Beziehung zur literarischen Tradition.

Verschieden sind die Situationen, in denen Dichter und Publikum aufeinandertreffen. Die Werke des Juvencus und der Proba dürften vor allem bei persönlicher Andacht gelesen, die des Prudentius teils privat gelesen, teils vor der Gemeinde im Gottesdienst vorgetragen worden sein; auch der Johannes-Panegyrikus und die ersten Natalicia des Paulinus waren für die Privatandacht bestimmt, während die späteren Verspredigten ihren Platz in der Liturgie des Felixtages hatten. Einen Festtag, jedoch den einer weltanschaulich bunten Gruppe, der ökonomisch und politisch Mächtigen, sollten auch die Konsularpanegyriken Claudians verschönen. Seine Mythologica dagegen, insbesondere Rapt., sind für die herkömmliche öffentliche Rezitation bestimmt.

Traditionelle gesellschaftliche Stellung, traditionelle weltanschauliche und ästhetische Haltung, traditionelle Adressaten und traditionelle Kommunikationssituationen bestimmen den traditionellen, nämlich mythologischen Stoff, die traditionelle Struktur von Rapt. Freilich besingt Claudian keine Waffentaten – der Entschluß Plutos zum Krieg gegen Jupiter, seine Kriegsvorbereitungen (1, 32–47) werden nach dem Zusammenströmen der Truppen (37–41) durch das Eingreifen der Parzen abgebrochen. Damit entfallen typisch epische Handlungselemente wie Katalog der Kämpfer, Großkampftag, Verwundung, Tod und Totenfeier. Insofern steht Rapt. dem Epyllion in der Tat näher als dem Epos,[40] wie denn Claudian auch in der Sprachbehandlung alexandrinisch-neoterische Neigungen verrät. Gleichwohl kann der Dichter andere Strukturelemente des antiken Epos bruchlos übernehmen: die Exordialtopik mit indicatio (1, 1–14. 26–31) und Anruf der inspirierenden Mächte (1, 20–26), den Nachtrag einer Vorgeschichte (1, 130–142), die Götterhandlung (sie ist, da Ceres und Proserpina Göttinnen sind, von einer irdischen Handlung schwer abzuheben, doch

---

[39] Künstlerisch realisiert wird dieser Optimismus vordergründig durch den guten Ausgang der Mythen: den Sieg der Götter über die Giganten bzw. die Wiederkehr Proserpinas und die Spende des Getreides. In Rapt. kommt hinzu, daß die Gestalten nicht in der Schwarz-Weiß-Technik der Flavier und der politischen Epik Claudians angelegt, sondern abschattiert sind. Jupiter und Venus wollen, wenn sie Ceres und Proserpina hintergehen, letztlich Gutes für die Menschheit, Pluto wandelt sich vom Aufrührer zum charmanten Liebhaber, selbst die Unterwelt ist aufgeheitert.

[40] So E. Burck 1979, 375.

Vergewisserung der Gegenwart

in den Olympszenen 1, 117–121. 214–228; 3,1–66. 260–329 und den Unterweltszenen 1, 32–166. 276–288; 2, 151–203 deutlich greifbar), die Unterweltbeschreibung (1, 84–88; 2, 306–372), Beschreibung von Kulthandlungen (1, 201–212), Gebäuden (1, 238–245), Landschaften (3, 332–336), Kleidungsstücken (1, 248–270; 2, 21–23. 41–54), den geographischen und naturwissenschaftlichen Exkurs (1, 142–178 Sizilien und Erdbeben), Kataloge (sizilische Quellen und Flüsse 2, 57–61, Bäume Siziliens 2, 107–111, Blumen von Henna 2, 123–136, Sitz- und Stehordnung der Götter 3, 8–17), den Tagesanbruch am Buchbeginn (2, 1–3) sowie epische Vergleiche und Reden in großer Zahl.

So ermöglichen die außerliterarischen Bedingungen noch einmal ein Werk, das die Reihe des antiken Epos bruchlos fortführt.

6. Frühe Errungenschaft: Das polysemantische orthodox-christliche Epos

6.1. Aurelius Prudentius Clemens – Leben, Werk, Poetologie[1]

Prudentius ist einer der eindrucksvollsten Neuerer christlicher Poesie. Bisher hatten sich die christlichen Autoren allein in den Dichtungen, die für spezifisch christliche Kommunikationssituationen geschaffen worden waren – in den Tituli für Heiligengräber und Mosaiken sowie in den liturgischen Hymnen – von der Last der römischen Literaturtradition befreien können. Gedichte dieser Art, und zwar Epigramme für Mosaiken in Kirchen mit Darstellung biblischer Sezenen, hat Prudenz in seinem Dittochaeon geschaffen. In die literarische, nicht-liturgische Dichtung hatten die christlichen Poeten zwar neue Stoffe eingeführt – die Bibel, die Heiligenlegende –, hatten sich jedoch nicht von der paganen Gattungskontinuität gelöst. Das gilt sowohl für das Epos des Juvencus als auch für den epischen Cento der Proba, vor allem aber für Paulinus von Nola, der im Johannes-Panegyrikus, in den Felix-Natalicia, in den poetischen Episteln an Ausonius, dem Epithalamium für den Sohn des Bischofs Memorius, dem Propemptikon für den Bischof Nicetas von Remesiana, der Consolatio für die Eltern des Knaben Celsus antike Formen für den christlichen Gebrauch adaptierte.

Prudentius ist diesen Weg allein in der Psychomachia, einem Gedicht in der Tradition des Heldenepos, gegangen. Im übrigen hat er das Verfahren seiner christlichen Vorgänger gewissermaßen umgekehrt, indem er nicht traditionelle Formen christianisierte, sondern aus spezifisch christlichen Kommunikationssituationen, -bedürfnissen

---

[1] Editionen: J. Bergman, Aurelii Prudentii carmina, CSEL 61, Wien/Leipzig 1926; M. Lavarenne. Prudentius, Psychomachie. Texte, traduction, commentaire, avec une introduction historique, Paris 1933; M. Lavarenne, Prudentius, Psychomachie et Contra Symmachum (Collection Budé) Paris 1948; M. P. Cunningham, Prudentius (Corpus Christianorum 126), Turnholt 1966. – Monographie: A. Puech, Prudence. Etude sur la poésie chrétienne au IVe siècle, Paris 1888. Gesamtwürdigung: A. Ebert 1889, 251–293; M. Manitius 1891, 61–99; Ch. Boissier 1891, 123–177; W. S. Teuffel 1913, § 436; Schanz-Hosius IV 1, 1914, §§ 864–875; U. Moricca 1925–34, 2, 877–965; A. G. Amatucci 1955, 203–220; A. Kurfeß, RE VL (XXIII, 1), 1957, 1039–1071 s. v. Prudentius; V. Edden, Prudentius, in: J. W. Binns 1974, 160–182; J. Fontaine 1981, 143–227. Biographie und Chronologie der Werke: J. Bergman, Aurelius Prudentius Clemens – der größte christliche Dichter des Altertums (Acta et commentationes Universitatis Dorpatensis B II. 1) Dorpat 1921; J. Bergman in der praefatio zu seiner Ausgabe CSEL 61, 1926, V–XIX. M. P. Cunningham, Contexts of Prudentius' Poems, Classical Philology 71, 1976, 56–65. Poetologie: I. Rodriguez-Herrera, Poeta christianus. Prudentius' Auffassung von Wesen und Aufgabe des christlichen Dichters, Diss. München 1936; Chr. Mohrmann 1961, I 9, 158; K. Thraede 1965; Ch. Witke 1971, 102–144; J.-L. Charlet, La poésie de Prudence dans l'esthétique de son temps, Bulletin Budé 1986, 4, 368–386.

und -absichten erwachsene Gattungen literarisierte (den liturgischen Hymnus im Cathemerinon, den liturgischen Hymnus sowie die Märtyrerlegende im Peristephanon) bzw. poetisierte (in Contra Symmachum die Apologie mit ihrem antipaganen und prochristlichen Teil, in der Apotheosis die antihäretische Streitschrift, in der Hamartigenia die dogmatische Lehrschrift). Literarisiert wurden die liturgischen Formen zum einen dadurch, daß Prudenz die Kürze, die die Liturgie forderte, aufgab und Themen und Motive der Hymnik breit ausspann, zum anderen durch die Einführung einer Vielfalt von Metra, die zum Teil kompliziert waren und an den Vortragenden wie den Hörer höchste Anforderungen stellten, sich damit zugleich für den liturgischen Gebrauch verboten. Poetisiert wurden die ursprünglich prosaischen christlichen Formen dadurch, daß Prudenz erstens die Tradition des hexametrischen Lehrgedichts aufgriff (und nur insofern und in bezug auf das Epos kann man bei ihm von einer Christianisierung traditioneller Gattungen sprechen), und zweitens, indem er Kontroversen behandelte, die gewissermaßen erledigt, jedenfalls nicht brennend aktuell waren (in die Auseinandersetzung mit Priscillianisten, Donatisten, Pelagianern usw. mischte er sich nicht ein).

So hat Prudentius eine wirkliche Kontrafaktur, eine genuin christliche Alternative zum Gattungssystem antiker Dichtung geschaffen.

Leider sind wir über den bedeutendsten Innovator der spätantiken lateinischen Dichtung und – nächst Ambrosius – poetisch befähigtsten christlichen Dichter des 4. Jahrhunderts nur ungenügend unterrichtet. Prudentius hat eine Sammlung seiner christlichen Dichtungen sehr wahrscheinlich selbst herausgegeben.[2] Die Praefatio zu dieser Edition ist – abgesehen von Kombinationen, die durch andere Werke nahegelegt werden – unsere einzige Quelle für seine Biographie; die Zeitgenossen erwähnen Prudentius nicht, und die Kenntnisse des Gennadius (vir. ill. 13, um 480–500) scheinen auf die Angaben des Dichters selbst zurückzugehen.[3]

Geboren wurde Prudentius unter dem Konsul Salia (Praef. 24), d. h. im Jahre 348, im nordöstlichen Spanien. Er dürfte dem Munizipaladel entstammen und ist wohl von Geburt Christ gewesen.[4] Nach dem Besuch von Elementar- und Rhetorenschule (8f.) wird er in der Öffentlichkeit wirksam als Advokat (13–15) und Provinzstatthalter (16–18) und gelangt schließlich – wahrscheinlich unter dem Spanier Theodosius oder auch erst unter dessen Sohn Honorius[5] – in den Dienst am Hofe (19–21),[6] ist also auch außerhalb Spaniens tätig gewesen (u. a. hat er sich in Rom aufgehalten[7]).

---

[2] K. Thraede 1965, 75–77, bes. Anm. 186 stellt allerdings die Existenz einer von Prud. veranstalteten Gesamtausgabe in Frage; selbst eine auch nur annähernd ursprüngliche Anordnung der Gedichte sei nicht greifbar. Der Epil. sei eine ursprüngliche Praefatio, die Praef. ursprünglich ein Schlußgedicht. Auch M. Brožek, De Prudentii praefatione carminibus praefixa, in: Forschungen zur römischen Literatur. Festschrift zum 60. Geburtstag von K. Büchner, Wiesbaden 1970, 31–36 vermutet, die Sammlung stamme nicht von Prud., sondern sei später aus den einzelnen Werken nach der in der Praef. angedeuteten Reihenfolge angeordnet worden.

[3] A. Puech 56; J. Bergman 1921, 44 (beide wie Anm. 1).

[4] So A. Puech 45.

[5] Für Honorius M. Brožek, Ad Prudentii praefationem interpretandam, Eos 57, 1967/68, 149–156.

[6] Wo er Statthalter war (Spanien? Pannonien?) und welches Amt er bei Hofe bekleidete, ist umstritten, s. J. Bergman 1921, 39; K. F. Stroheker 1965a, 67 Anm. 3.

[7] Der Romaufenthalt ist durch Vergleich der Angaben des Dichters und moderner

Später zog er sich aus dem öffentlichen Leben zurück und widmete sich nach 392 (denn Hieronymus erwähnt ihn de vir. ill. nicht[8]) der christlichen Dichtung. Er ist weder Geistlicher,[9] noch ist er Berufsdichter, sondern ein Mann, der im öffentlichen Leben gestanden hat und — wie Rutilius Namatianus — die Muße des Lebensabends der Dichtung widmet. Mit Sicherheit sind die uns überlieferten Gedichte nicht seine ersten Werke; er muß, als er sie schrieb, schon in der Poesie geübt gewesen sein. Doch zusammengefaßt hat er nur sein christliches Spätwerk, und zwar als 57jähriger (1—3), also a. 404/405.

Seine Werke charakterisiert er in der Praefatio [10] (37—42):

> *hymnis continuet* (scil. anima) *dies,*
>   *nec nox ulla vacet quin Dominum cantat;*
> *pugnet contra hereses, catholicam discutiat fidem,*
>   *conculcet sacra gentium,*
> *labem, Roma, tuis inferat idolis,*
>   *carmen martyribus devoveat, laudet apostolos.*

Er umschreibt damit den Liber Cathemerinon (Cath.), eine (nicht für den liturgischen, sondern für den häuslichen Gebrauch bestimmte) Sammlung von Hymnen für die Tageszeiten sowie für besondere Gelegenheiten, den Liber Apotheosis (Apoth.), ein antihäretisches Lehrgedicht über die Christologie, die Hamartigenia (Ham.), ein weiteres Lehrgedicht über den Ursprung der Sünde, zwei Bücher Contra Symmachum (c. Symm.), eine apologetische Dichtung zur Auseinandersetzung mit dem Paganismus und dem Verhältnis von Christentum und Rom, und den Peristephanon liber (Perist.), eine Sammlung von Märtyrergedichten. Außerhalb der Sammlung steht das Dittochaeon, eine Sammlung von Tituli für Kirchenbilder.

Umstritten ist die Frage, ob Prudentius in der Praefatio auch die Psychomachia (Psych.) erwähnt habe.[11] Die Entscheidung hat Konsequenzen für die Rekonstruk-

Grabungsergebnisse gesichert, so W. N. Schuhmacher, Prudentius an der Via Tiburtina, referiert von W.-D. Lange, Mlat. Jb. 3, 1966, 259.

[8] Bewußtes Verschweigen des Prud. durch Hieron. vermutet W. Ludwig, Die christliche Dichtung des Prudentius und die Transformation der klassischen Gattungen, in: Christianisme et formes littéraires 357f.

[9] Um so bemerkenswerter ist seine Kenntnis der Bibel (dazu F. X. Schuster, Studien zu Prudentius, Diss. Würzburg 1909) und der exegetischen Techniken (vgl. R. Herzog, Die allegorische Dichtkunst des Prudentius [Zetemata 42] München 1966); dennoch ist Prud. theologisch unbedeutend, s. K. Thraede 1965, 8 Anm. 5 und S. 15.

[10] Hierzu M. Brożek (wie Anm. 5); M. Brożek (wie Anm. 2); Ch. Witke 1971, 106—113. Nicht zugänglich war mir E. Rapisarda, La Praefatio di Prudenzio, Nuovo Didaskaleion 2, 1948, 51—61.

[11] Üblicherweise deutet man Praef. 39 *pugnet contra hereses, catholicam discutiat fidem* auf Ham., Apoth. und Psych., obwohl das Thema von Psych. weder durch den ersten Halbvers, noch durch den zweiten, noch durch den ganzen Vers angedeutet wird, bestenfalls durch *pugnet*. A. Ebert 1889, 253 deutet Praef. 41 *labem, Roma, tuis inferat idolis* auf Psych. („wie es scheint"), doch wird allgemein angenommen, dieser Vers bezeichne mit Praef. 40 zusammen c. Symm. — Laut M. Brożek (wie Anm. 5) 155 meinen Praef. 39—40 die Psych. — Daß die Psych. in der Praef. nicht erwähnt sei, meinen J. Bergman, CSEL 61, 1926, XIII („Ps igitur et D post a. 405 edita videntur."), J. Fontaine 1975, 757. Vorsichtig Schanz-Hosius 4, 1, 1914, 236; J. Bergman 1921 (wie Anm. 1) 47 (eher ablehnend 49); A. Puech (wie Anm. 1) positiv.

tion der Biographie des Dichters und für die Beurteilung seiner künstlerischen Absichten. Erwähnt Prudenz die Psych. nicht,[12] so dürften wir davon ausgehen, daß das Werk nach der Praef. entstanden ist, wir besäßen ein Zeugnis für den Lebensweg des Dichters nach 405 und wären berechtigt, auch weitere Werke des Corpus in diese Zeit zu datieren; ist aber die Psych. in der Praef. erwähnt, so ist die Praef. sein letztes überliefertes Werk (es sei denn, Ditt. wäre danach entstanden), und wir verlören Prudenz 405 aus den Augen.

Wesentlicher ist die Beantwortung der Frage für die Beurteilung des Gesamtwerkes und der literarästhetischen Absichten des Dichters. Bereits I. Rodriguez-Herrera hatte gemeint, daß die einzelnen Bücher des Gesamtwerkes durch ein Netz von Vor- und Rückverweisungen aufeinander bezogen seien, z. B. folge auf „kriegerische Trompetenstöße und Blitzen von Waffen" in Ham. 915ff. die Psychomachia, und c. Symm. sei dem Heidentum (*veterum cultura deorum*) als Feind des Glaubens (*fides*) gewidmet.[13] Diesen Ansatz hat W. Ludwig ausgebaut und die These aufgestellt, Prudenz habe das geplante Corpus (mit Ausnahme von Ditt.) als eine künstlerische Einheit konzipiert, zudem inhaltlich als Darstellung der christlichen Lehre und ihrer Realisierung im christlichen Leben, somit als „den in seiner Art einzigen Versuch eines christlichen Dichters..., der von vielen seiner Zeitgenossen immer noch bewunderten und in der Schule immer wieder traktierten heidnischen Dichtung ein großes ‚Supergedicht' entgegenzusetzen, das unter anderem zeigen sollte, daß die heidnischen Dichtungsgattungen verwandelt und als christliche Gattungen wiedergeboren werden können". Das hieße: „... die Gedichte sind, wenigstens zum größten Teil, bereits in Hinsicht auf einander verfaßt, einem absichtsreichen Schema gemäß zusammengestellt... worden".[14]

Im Zentrum des Supergedichts stünde, eingeschlossen von je 19 Gedichten, von vier Büchern didaktischer Epen und den beiden lyrischen Büchern (Cath. und Perist.) sowie einem Prolog und einem Epilog die Psychomachia als Gegenstück zur vornehmsten antiken Gattung, das – anders als die Evangeliorum libri des Juvencus – ein wesentliches Strukturelement antiker Epik wahrt, die „Erzählung großer Kämpfe zwischen Kriegern von heroischer Statur".[15] – Wie dem auch sei[16] – die Tatsache,

[12] So J. Bergman 1921 (wie Anm. 1) 49f.
[13] I. Rodriguez-Herrera (wie Anm. 1) 15f.
[14] W. Ludwig (wie Anm. 8) 303–305, 310, 316, 340, 348; zum Problem der Praefatio 314–316, 341–343. Nach seiner Auffassung beziehen sich Praef. 37–38 auf Cath., 42 auf Perist., 39 auf Apoth. und Ham., 40–41 auf c. Symm. und 39–41 gleichzeitig implizit auf Psych. (316). In der Diskussion fand es J. Fontaine „tres gênant", daß gerade die Psych., also das Zentrum des Supergedichts, nicht ausdrücklich erwähnt ist.
[15] W. Ludwig 309, 308.
[16] Die Ausführungen W. Ludwigs beeindrucken vor allem in ihren Beobachtungen zur Gesamtanordnung des Œuvre des Prud., vermögen aber in der Rigorosität der Durchführung des Kerngedankens (Bezug der Praefationen aufeinander, so daß sie zusammen einen „allegorischen Lehrgang" bilden, Gattungscharakter der Gedichte von Perist., Zahlenkomposition, Parallelisierung mit dem zeitgenössischen Kirchenbau) nicht zu überzeugen. A. Cameron fragte in der Diskussion, ob es sich nicht nur um „an elegant, logical, and particularly happy method that he hit upon for arranging what material he had" (367) handle. Die entscheidende Frage stellte J. Fontaine, wieweit nämlich sich in den Gedichten, die ja nicht statisch, sondern in der Zeit wahrzunehmen sind, sich „reflète un itinéraire intérieur réel" (366). W. Ludwig hat sich die Antwort darauf für später vorbehalten.

daß die Psychomachia sehr bald unabhängig vom Gesamtwerk umlief (sie ist wohl schon in der Antike auch illustriert worden)[17] und für sich wirksam geworden ist, berechtigt uns zur gesonderten Behandlung des Werkes.

Ungeklärt ist schließlich das Verhältnis des Prudenz zur christlichen Dichtungstradition (Juvencus) und zu seinem Zeitgenossen Claudian. Grundsätzlich ist es wahrscheinlich, daß Prudenz das Werk seines Landsmanns und Vorgängers in der christlichen Epik, das auch einem Hieronymus vertraut war, nicht unbekannt geblieben ist, doch sind die Hinweise dürftig.[18] Kannte Prudentius die Werke seiner Vorgänger auf dem Gebiet christlicher Poesie nicht, so müßte man die Umformung der christlichen Dichtersprache ins Christliche in seinem Werk als selbständige Leistung unseres Dichters betrachten (sieht man von den Vor-Leistungen der christlichen Prosaiker ab); das Ergebnis dieser Bemühungen wäre mit dem des Juvencus identisch — bis hin zur Überformung von Mythologemen wie *Tartarus* (Psych. 80), *Avernus* (92), *Furia* (96) und zur Charakterisierung der *Patientia* als *diva* (169).[19] — Erstaunlich wäre es und müßte unsere Vorstellungen von der Wirksamkeit Claudians erheblich herabstimmen, wenn Prudenz die Werke des offiziösen Dichters seiner — von ihm geschätzten (c. Symm. 2, 711. 743 *noster Stilicho*) — Regierung nicht gekannt hätte;[20] greifbar ist Claudiankenntnis bei unserem Dichter jedoch nur in c. Symm. 2, wo sich Get. — Similien finden.[21] Ob Claudian seinerseits von Prudenz Kenntnis genommen hat, ist bisher nicht entschieden.[22] — All diese Fragen, die hier nicht weiter verfolgt werden können, sind keine philologischen Haarspaltereien, vielmehr würde ihre gültige Klärung helfen, die literaturhistorische Stellung des Prudentius (Hat er sich seine poetische Sprache selbst geformt? Sind seine Praefationen zu den Einzelwerken denen Claudians nachgeahmt?) zu erfassen und sein Selbstverständnis zu deuten (Sieht er sich am Anfang christlicher

---

[17] J. Bergman 1921 (wie Anm. 1) 50. Zudem betont auch W. Ludwig 315 und 360, daß die Abschreiber (und Gennadius) den Sinn der Anordnung nicht erkannt haben (nur in der Handschriftengruppe Ab ist die von Prudenz in der Praef. angegebene Reihenfolge bewahrt, s. J. Bergman 1921, 54, s. a. J. Bergman, CSEL 61, 1926, XII).

[18] Von den wenigen Stellen, die J. Bergman, CSEL 61, 1926 in seinem Similiennachweis anführt, scheinen mir nur c. Symm. 2, 737 ~Iuvenc. 3, 107 und allenfalls Cath. 7, 36 ~ Iuvenc. 1, 356 erwägenswert. Laut M. Manitius 1891, 59, Anm. 3 benutzt Prud. Iuvenc.; M. Manitius, Zu Iuvencus und Prudentius, Rhein. Museum 45, 1890, 485—491 trägt zur Sache nichts bei. Iuvenc.-Kenntnis des Prud. bestreiten K. Thraede 1965, 26f. und P. Klopsch 1980, 4, Anm. 3. Zur Kenntnis des Paulin.: J. L. Charlet, Prudence lecteur de Paulin de Nole, Revue des études Augustiniennes 21, 1975, 55—62; S. Costanza, Le concezioni poetiche di Prudenzio e il carme 18 di Paolino di Nola, Siculorum Gymnasium 29, 1976, 123—149.

[19] Dazu F. X. Schuster (wie Anm. 9) 88f.

[20] Mit der Bezeichnung Stilichos als *parens* des Honorius (c. Symm. 2, 711) nimmt Prud. ein — nach Claud. zu urteilen — wichtiges Schlagwort der Propaganda Stilichos auf. — Die übertriebenen Vorstellungen von der Claud.-Imitation durch Prud. bei O. Hoefer, De Prudentii poetae Psychomachia et carminum chronologia, Diss. Marburg 1895 hat C. Weyman 1926, 64—71 durch den Nachweis der Vergil-Imitate energisch zurückgeschnitten.

[21] Vgl. Th. Birt (wie Kap. 3, Anm. 2) LVII.

[22] A. Cameron 1970, 469—473 („Gig. 106—7 echo lines 11—12 of Prudentius' Apotheosis") ist nicht überzeugend. Auch V. Cremona (wie Kap. 5, Anm. 2) 240 sieht die Claud.-Benutzung durch Prud. nachweisbar nur in c. Symm. 2.

Großdichtung oder als Glied einer Tradition? Wählt er für sein Epos bewußt einen anderen Stoff als Juvencus? Sind seine Dichtungen als Antwort auf die Claudians gedacht?[23]).

Jedenfalls haben wir bei Prudenz mit einem ausgeprägten poetologischen Bewußtsein zu rechnen; ihm wie allen christlichen Dichtern des 4. Jahrhunderts zu unterstellen, sie hätten kein Programm, setzt die Einschränkung des Dichterischen auf die poetische Technik voraus[24] und damit die Unterschätzung des Stofflich-Thematischen. Wer wie Prudentius eine solche Vielfalt von Gegenständen – Gebet, Hagiographie, Apologie, christologische, ekklesiologische, ethische Dogmatik – in einer derartigen Fülle von Gattungen mit einer beeindruckenden Variabilität des Metrums vorstellt, der hatte ein Programm; und dieses Programm wird man formulieren dürfen als Gewinnung der Inhalte[25] und Situationen christlichen Lebens in Gemeinde und Familie, der christlichen Haltungen zur Natur und Geschichte für die Poesie, Erschließung der traditionellen Poesie für den Ausdruck dieser christlichen Bedürfnisse und Lebenstatsachen und Schaffung von poetischen Kontrast- (d. h. nicht notwendig Konkurrenz-) produkten zur paganen Dichtung.[26]

Voraussetzung für dieses Programm ist eine im Grundsatz positive Haltung zur antiken Dichtung, die u. a. bedingt ist durch die konservative, auf Rom zentrierte politische Haltung des Prudentius und seiner Adressaten.[27] Freilich finden sich auch bei ihm die traditionellen Vorwürfe gegen die rhetorische Schulung. Von ihr heißt es bereits in der Praefatio zum Gesamtwerk, sie habe den Dichter gelehrt, *falsa loqui* (Praef. 9);[28] in Ham. (399–405) werden unter den Lastern Eloquium und Facundia in der Gemeinschaft mit Ambitio, Fraus, Sapientia genannt; mit bildender Kunst und Götterkult ist die Dichtung eine verderbliche Einheit eingegangen, sie bilden eine *fallendi trina potestas* (c. Symm. 2, 48). Dennoch wird die antike Wortkunst nicht eo ipso verworfen. Vielmehr spricht Prudenz seine Bewunderung für die Beredsamkeit des Symmachus an prominenter Stelle aus (c. Symm. 1, Schluß, v. 632ff., hier 634f. *cui cedat et ipse Tullius*, s. a. pr. c. Symm. 2, 56–58), er will die Werke des römischen

---

[23] So Th. Birt LXXVIII und übertreibend D. Romano (beide wie Kap. 3, Anm. 2) 144 („in funzione anticlaudianea").

[24] So ausdrücklich K. Thraede 1965, 15, s. a. 25: Die Unterstellung eines Programms bedeute Verkennung der topischen Funktion des Satzes „Lüge der Dichter". Hier äußert sich wieder die Tendenz Thraedes, Topos als sinnentleerte Formel zu betrachten. Doch die Topoi sagen aus, „what Prudentius wanted his audience to think about his body of poetry." (Ch. Witke 1971, 105).

[25] Bemerkenswert ist, daß die Bibel als Ganzes aus dem Bereich der zu poetisierenden Gegenstände ausgeklammert bleibt, Prud. scheint sie schon als hieratischen Text aufzufassen, von dem nur Passagen – und zwar exegetisch aufgearbeitet – in die Dichtung Einzug halten.

[26] W. Ludwig (wie Anm. 8) 353; s. a. Apoth. 147–154 und 376–411 mit Nennung der heiligen Sprachen Hebräisch, Griechisch und Latein (379f.).

[27] Die Adressaten sind „much the same public" wie das des Claud., s. A. Cameron in der Diskussion zu W. Ludwig (wie Anm. 8) 371. Die Dichtung ist für die private Devotion der klassisch gebildeten Christen gedacht (W. Ludwig 317), keinesfalls „für das Volk", wie A. Kurfeß RE 45 (23, 1), 1957, 1067 meint. Zur konservativen Rom-Ideologie des Prud. I. Rodriguez-Herrera (wie Anm. 1) 108–110; M. Fuhrmann, Die Romidee in der Spätantike, HZ 207, 1968, 556.

[28] M. Brožek (wie Anm. 5) 151 verweist auf Aug. conf. 3, 3 und 4, 2.

Senators keineswegs vernichten (*inlaesus maneat liber excellensque volumen/obtineat partam dicendi fulmine famam* 648f.), ebensowenig wie die römischen Tempel und Statuen (Perist. 2, 437–484). Doch wie Tempel und Statuen erst dann, wenn sie nicht mehr Kultzwecken dienen, *pura* und *innoxia* (Perist. 2, 482f.) sind und eine Zierde der Stadt (c. Symm. 2, 499–505), so hätte es Symmachus, diesem *decus Romani eloquii* (c. Symm. 1, 633), wahren Ruhm gebracht, hätte er seine Kunst nicht für *sordida monstra* eingesetzt (c. Symm. 1, 635):

> *os dignum aeterno tinctum quod fulgeat auro*
> *si mallet laudare Deum!*
> (c. Symm. 1, 635f., s. a. Perist. 13, 16ff.).[29]

Insofern übertrifft die Dichtung des Prudentius die der *veterum tuba* und *lyra* (Cath. 3, 81–85); denn in den Dienst der richtigen Sache stellt er seine Kunst, eine *Camena docta* (Cath. 3, 26–30). *cantu pio* (Cath. 2, 50) will er Christus besingen, seine Seele ruft er auf: *saltem voce Deum concelebret, si meritis nequit* (Praef. 36). Mit dem Beistand Christi (pr. c. Symm. 61–66; Perist. 10, 22) und der Heiligen (Perist. 10, 1–15)[30] soll seine Dichtung dem Lobpreis Gottes als des Schöpfers dienen (Praef. 37–42) und damit der Erlösung vor allem des Dichters selbst (Perist. 6, 160–162; 10, 1136–1140; Epil. 29–32; vgl. schon Juvencus. praef. 22–24),[31] aber auch seiner Mitmenschen (sie ist ein *utile*, s. Praef. 6. 28; Epil. 21f. 27. 32). Sie ist zudem Lebensinhalt, ja einziger Lebensinhalt des Dichters, insofern leben Gott preisen heißt,[32] und daher auch Genuß der eigenen Sprachbeherrschung (Epil. 34).[33] Die neuen Funktionen erhält die Dichtung nicht, indem ein neuer Inhalt in eine alte Form gegossen wurde, vielmehr ist Prudentius einer der schöpferischsten Neuerer auch auf dem Gebiet der Form – der Metrik, der Dichtersprache[34] und der literarischen Gattungen.

6.2. Die Psychomachia[35]

6.2.1. Komposition und Erzähltechnik

Die Psychomachia des Prudentius ist das erste Epos der antiken Literatur, in dem nur allegorische Figuren, Personifikationen abstrakter Begriffe auftreten.

Wie die meisten Großdichtungen des Claudian und alle hexametrischen Dichtungen

---

[29] K. Thraede 1965, 65–68.
[30] Daneben Aufruf an die eigene *anima* Praef. 35, die eigene *mens* Cath. 9, 83–85.
[31] Hierzu I. Rodriguez-Herrera (wie Anm. 1) 68 und 71–77.
[32] Ch. Witke 1971, 113.
[33] Dazu K. Thraede 1965, 75.
[34] Hierzu M. Manitius, Rheinisches Museum 45, 1890, 485.
[35] H. J. Thomson, The Psychomachia of Prudentius, Classical Review 44, 1930, 109–112; L. Contogni, Sovrapposizione di visioni e di allegorie nella Psychomachia di Prudenzio. Rendiconti della R. accademia dei Lincei, Classe di scienze morali, storiche e filologiche, Ser. 6, vol. 12, 441–461; H. R. Jauß, Form und Auffassung der Allegorie in der Tradition der Psychomachia (von Prudentius zum ersten Romanz de la Rose), in: Medium aevum vivum, Festschrift für W. Bulst, Heidelberg 1960, 179–206; M. Smith 1976; J. L. Charlet, L'apport de la poésie latine chrétienne à la mutation de l'épopée antique: Prudence précurseur de l'épopée médiévale, Bulletin Budé 1980, 2, 207–217; C. Magazzu 1975; Chr. Gnilka 1979; K. R. Haworth 1980; S. G. Nugent 1985.

des Prudenz wird auch die Psychomachia von einer metrisch abgesetzten (68 jambische Tetrameter umfassenden) Praefatio eingeleitet. Wie die claudianischen Praefationen durch die Erzählung antiker Mythen, die auf gegenwärtige Situationen bezogen werden, beherrscht sind, so die prudentianischen durch biblische Geschichten, die typologisch gedeutet werden.[36] Anders jedoch als bei Claudian spielen bei Prudenz das Publikum und die Kommunikationssituation, in der sich Dichter und Publikum begegnen, keine Rolle; kaum (pr. c. Symm. 2, 44–66, daneben pr. Apoth.) spricht der Dichter von sich selbst. Im Vordergrund der Praefationen steht der Gegenstand der Gedichte. Wenn die claudianischen Praefationen die prudentianischen angeregt haben, so sind sie bei Prudenz ihrer kommunikativen Funktion verlustig gegangen, was sich daraus erklären ließe, daß die Werke des Spaniers zur häuslichen Lektüre bestimmt waren.

Auffällig an der Praefatio zur Psychomachie[37] ist, daß der Dichter ähnlich wie Claudian im ersten Teil seines Gotenkriegsgedichtes die Interpretation des Epos selbst vorwegnimmt, und zwar durch die typologische Exegese der Erzählung von Abraham, der mit seinen 318 Knechten Lot aus der Macht der heidnischen Könige befreit, den Melchisedek speist und dem anschließend durch die drei Engel ein Sohn von Sara verheißen wird (Gen. 14f.). Dies bedeutet: Wir müssen mit Christi (der 318 Knechte) Hilfe und den Waffen des Glaubens den Leib aus der Gefangenschaft der Lüste befreien. Dann wird Christus (Melchisedek) uns himmlische Speise reichen, er (die drei Engel) wird in das Zelt des Herzens eintreten; der Heilige Geist wird die bisher kinderlose Seele (Sara, 64) befruchten, und die Tugend (Sara, 12) wird Gott wohlgefällige Nachkommenschaft gebären.

In dieser Praefatio wird bereits die Klammertechnik praktiziert, die Prudenz als wichtigstes verbindendes Kompositionsprinzip in der Psychomachia einsetzt. Die biblische Erzählung (15–49) ist von zwei exegetischen Partien eingeschlossen (1–14; 50–68). Die erste leitet von der bekanntesten Abraham-Erzählung, dem Opfer Isaaks als Ausdruck des Gottvertrauens, des Glaubens, der Hingabebereitschaft an Gott (1–8) in einer kurzen ausdeutenden Passage (9–14), in der energisch das Kampfmotiv angeschlagen wird (*pugnare* 9, *strage multa* 13, *bellicosus spiritus* 13, *vicerit* 14), zur Erzählung von Lots Befreiung über; diese wird in einem abschließenden Teil nochmals durch das Kampfmotiv (*in armis* 52, *liberandam* 55, *victoribus* 61) und die Gegenüberstellung von *fides* (52)/*pudicitia* (62) und *corpus* (53)/*libido* (54) typologisch auf „uns" und „unsere" Psychomachie bezogen.

In doppelter Hinsicht ist das Geschehen des Epos umklammert: formal durch ein (in der Tradition des Prooemiums, genauerhin der invocatio stehendes) Anfangs- (1–20) und ein Schlußgebet (888–915) zu Christus.[38] Die Gebete sind vom Dichter aufeinander bezogen: *dissere, rex noster, quo..., quod...quaeve...* 5–10; *tu nos... voluisti agnoscere...* 891f. Inhaltlich bieten sie sich als vorbereitende (in der Tradition der indicatio stehende) und abschließende Zusammenfassung des Geschehens selbst dar. Verstärkt wird der Anfangsteil der Klammer dadurch, daß Praefatio und Prooemium funktional deckungsgleich sind. Die beiden Gebete sind ganz vom Ge-

---

[36] Die grundsätzlichen Unterschiede der claudianischen Mythendeutung und der prudentianischen Typologie bei R. Herzog (wie Anm. 9) 119–135.

[37] M. Smith 1976, 206–233 (Einfluß von Ambros. de Abr. 222–233); R. Hanna III, The Sources and the Art of Prudentius' Psychomachia, Cl. Philol. 72, 1977, 109f.

[38] Das Gebet ist ein beliebter Werkschluß bei Prud., s. Ham. 931ff., Perist. 2, 573–584; 5, 545–576; pr. c. Symm. 1, 80–89; s. a. J. Bergman 1921 (wie Anm. 1) 99–101.

danken der Psychomachie getragen, des Kampfes der in der Seelenhaftigkeit des Menschen ruhenden Tugenden und der aus der Leiblichkeit des Menschen resultierenden Laster, eines Kampfes, der in uns tobt, insofern der Mensch Leib und Seele ist. In diesem Kampf steht uns Christus bei.

Auch das Kampfgeschehen ist von einer Klammer umschlossen: Es wird von Fides eröffnet (21–39) und von Fides gemeinsam mit Concordia beendet (665–727). Mit einer weiteren Klammer schließt der Fides-Gedanke die das Kampfgeschehen rahmenden Teile Praefatio (mit den Eröffnungsworten *Senex fidelis* pr. 1) und Versammlung der siegreichen Tugenden (726–722) zusammen.

All diese Klammern[39] hat der Dichter wohl deshalb so bewußt gesetzt, weil er sich bewußt war, daß die Elemente des Werkes eine Tendenz zur Verselbständigung besitzen. Sehen wir von den Einleitungs- und Schlußpartien ab, so „zerfällt" das Werk in zwei Teile: Kampf und Sieg der Tugenden (21–822) und Bau des Tempels der Sapientia (804–887) (die Rede der Fides verbindet in 804–822 beide Teile).[40] Da der Tempel errichtet wird, indem und nachdem die Tugenden siegen, sie aber nicht kämpfen, um den Bau zu ermöglichen, die beiden Teile zwar kausal, aber nicht final miteinander verbunden sind, entsteht der Eindruck, sie seien additiv nebeneinandergestellt; der Leser erwartet nach dem Sieg der Tugenden keinen Fortgang der Handlung, jedenfalls nicht d i e s e n.

Der erste Teil wiederum gliedert sich in zwei Teile: die Schlacht (21–725) und die Siegesfeier (726–822). Das Kampfgeschehen „zerfällt" in sieben[41] Kämpfe der Tugenden und Laster, in denen nach dem Modell epischer Großkampftage die Angreifer, ihr Aussehen, das Gefolge der Kämpfenden, die Reden, die Waffen, die Kampfmethoden und die Todesarten variiert werden.[42] Im übrigen sind die sieben Kampfszenen bemerkenswert schematisch aufgebaut in progressio/aggressio, Beschreibung der Kämpferinnen, Sieg über das Laster und seine Tötung, Siegesrede der Tugend sowie Siegesjubel und Geschenkverteilung.[43]

Im ersten Kampf besiegt Fides die Veterum Cultura Deorum (21–39), im zweiten Pudicitia die Sodomita Libido (40–108), im dritten Patientia die Ira (109–177), im vierten Mens Humilis (und Spes) die Superbia (178–309), im fünften Sobrietas die Luxuria (310–453) und im sechsten Ratio (und Operatio) die Avaritia (454–628).

---

[39] M. Smith 1976, 120–126 betrachtet die Symmetrie als Kompositionsprinzip des Prud., wohl unter dem Eindruck der Klammertechnik.

[40] I. Rodriguez-Herrera (wie Anm. 1) 86 gliedert 1–639 Sieg des Glaubens, 640 – Schluß Sieg der Eintracht, wodurch – wie häufig in Psych.-Interpretationen – der Tempelbau unterbewertet ist. – W. Ludwig (wie Anm. 8) 308 gliedert 1. Teil: Sieg der Tugenden (1–725), 2. Teil: hymnischer Preis des Friedens, Aufforderung, den Tempel zu bauen (726–822), 3. Teil: Beschreibung des Tempels (823–887).

[41] Zur Sieben H. Meyer–R. Suntrup, Zum Lexikon der Zahlenbedeutungen im Mittelalter. Einführung in die Methode und Probeartikel: Die Zahl 7, Frühmittelalterliche Studien 11, 1977, 1–73; hier zu den Reihen der Tugenden und Sünden 23f. ohne die des Prud., der nicht zu den exzerpierten Autoren gehört, aber offenbar mit seiner Heptade nicht weitergewirkt hat.

[42] Die strukturelle Ähnlichkeit der (nicht vollendeten) Gig. des Claud. ist selbstverständlich nicht im Sinne einer Abhängigkeit der Psych. von Gig. zu verstehen, wie das O. Hoefer (wie Anm. 20) meinte, s. C. Weyman 1926, 65 und 70.

[43] Dazu Chr. Schwen, Vergil bei Prudentius, Diss. Leipzig 1937, 33 mit Auflistung der einschlägigen Verse.

Damit ist ein scheinbares Ende des Kampfes erreicht; die siegreichen Tugenden ziehen ins Lager (629–664), doch fällt Discordia cognomento Heresis, die sich unerkannt unter die Tugenden gemischt hatte, Concordia heimtückisch an, wird aber von Fides in diesem siebenten Kampf getötet (665–725).

Dem Leser stellen sich die Kämpfe als ein Nacheinander von Einzelkämpfen dar, wiewohl der Dichter bisweilen den Blick von den jeweils im Vordergrund miteinander Kämpfenden auf ein Schlachtfeld lenkt.

Einige der Tugenden und Laster haben Kampfgenossen bei sich: Fides tausend Märtyrer (36–39): Mens Humilis die Pietas, Justitia, Honestas, Sobrietas, Ieiunia, Pudor und Simplicitas (239–246); Luxuria ist *multo stipata satellite* (405), ihre *legio* (406) wird später genauer bezeichnet, es sind Iocus, Petulantia, Amor, Pompa, Venustas, Discordia, Voluptas (432–449); als Begleiterinnen der Avaritia werden

Cura, Famis, Metus, Anxietas, Periuria, Pallor,
Corruptela, Dolus, Commenta, Insomnia, Sordes
(464f.),

dazu Civilis Discordia, Amor Habendi (478 f.) genannt; einige Kampfgefährten der Laster (keines bestimmten Lasters), die Curae, fliehen nach dem Sieg der Tugenden: Metus, Labor, Vis, Scelus und Fraus (629–631). Doch diese Begleiter der Kämpfenden werden in der Regel (mit Ausnahme derer der Avaritia) erst am Ende der Kämpfe genannt, und sie werden in die Schlacht selbst nicht miteinbezogen. Mehrfach ist von einer Kampfgemeinschaft der Tugenden die Rede: Patientia steht den anderen Tugenden bei, denn *vidua est, quam non Patientia firmat* (177); Sobrietas sagt von sich: *pando viam cunctis Virtutibus* (403f.). Auch spricht der Dichter von der Wirkung der Laster auf die Schar der Tugenden (sie schwanken, als Avaritia sich als Frugi verkleidet 568–572). Einmal wird eine als parallel zur vorherigen zu denkende Handlung erwähnt (Fraus hat Fallgruben ausgehoben 257–266). Mehrfach wird von den Reihen der Kämpfenden, einem Kampfgetümmel gesprochen (Patientia geht, Luxuria reitet durch die Reihen der Kämpfenden 162–179, Luxuria wirft Blumen auf die Kämpfenden 328–343, Sobrietas redet zu ihnen 352–406, Operatio fordert die Tugenden auf, die Waffen niederzulegen 606–628). Sogar Menschen sind auf dem Schlachtfeld zu finden (die Priester, die Avaritia verletzt 480–508, die Bedürftigen, an die Operatio den Besitz von Avaritia verteilt 588–603).

Trotz alledem stellt sich das Bild der Schlacht, des Nebeneinanders der Kämpfe nicht ein, vermögen die genannten Textstellen den Eindruck eines Nacheinanders der Einzelhandlungen nicht zu überdecken. Auch der Dichter selbst macht sich nicht frei von diesem Eindruck: Er charakterisiert Mens Humilis als *egens alii auxilii* (199f.), wiewohl vierzig Verse später ihr Gefolge genannt wird (239–246).

Die Ursache dafür ist zunächst darin zu sehen, daß zum einen von der wechselseitigen Hilfe der Tugenden zwar gesprochen, sie aber nicht gezeigt wird (abgesehen vom Eingreifen der Spes in das Ringen der Mens Humilis, der Operatio in das der Ratio und der Fides in das der Concordia), daß die Kampfgefährten der Tugenden und Laster genannt werden, zu ihren Herrinnen gehören, aber nicht kämpfen können, weil sie keine spezifischen Gegner haben. Die zweite Ursache für die Vereinzelung der Bilder ist, daß die Reihenfolge des Auftritts der Kämpfenden (abgesehen vom Eröffnungs- und Endkampf und der Verbindung des Angriffs der Avaritia mit dem Tod der Luxuria dadurch, daß Avaritia den Besitz des toten Lasters aufsammelt 454–463) sowenig wie der Beginn der Schlacht[44] motiviert ist. Zum dritten wird der Eindruck der Isolierung gefördert durch die exegetische Befrachtung der Kämpfe, die die Aufmerksamkeit des Lesers vom Eindringen in den Zusammenhang der Bilder hin zur Vertiefung in das Einzelbild lenkt.

Hier ist nun in der Tat das Prinzip der äußerlich selbständigen, isolierten Bilder (F. Mehmel)[45] durchgeführt, und es ist – anders als bei Juvencus – nicht von der Quelle vorgegeben, sondern bedingt durch die Konstruktion selbst und die neuartige Technik der Sinngebung, die sich darauf konzentriert, das Einzelbild ins Relief zu treiben und darüber den narrativen oder emotionalen Zusammenhang zwischen den Bildern vernachlässigt – was die erzählerische Motivierung anlangt, könnten die meisten von ihnen umgestellt, ausgelassen, durch andere ersetzt werden. Indem sie aber alle zusammen in ihrer symbolischen Siebenzahl die Voraussetzung für das krönende Bild des Tempelbaues bilden – und zwar nicht insofern, als der Baugrund tatsächlich erobert oder gesichert wird, sondern nur insofern, als ohne den Sieg der Tugenden über die Laster der Tempel der Sapientia nicht gedacht werden kann –, wird in der Psychomachia erstmals über die Handlung hinaus die Komposition spiritualisiert. Das Prinzip der Steigerung – äußerlich durch die progressive Zunahme der Länge der Einzelkämpfe betont,[46] inhaltlich durch zunehmenden Motivreichtum und die wachsende Gefährlichkeit der Laster für die Tugenden[47] – ist nicht so sinnfällig, daß es einheitstiftend wirken würde.

Die Klammertechnik, die Response von Anfang und Ende einer als zusammengehörig gedachten Einheit von Einzelbildern, ist das einzige äußere kompositorische Mittel, das die Einheit der Konstruktion über ihre gedankliche Kontinuität hinaus für den Leser markiert.

6.2.2. Literarische und ideengeschichtliche Voraussetzungen der Psychomachia

Die Ausnahmestellung der Psychomachia im Zusammenhang der antiken Epik hat die Philologie nach den Quellen[48] des Prudenz suchen lassen. Man hat hingewiesen auf den Epheser-Brief, auf Tertullian de spect. 29, wo das Ringen zwischen impudicitia und castitas, perfidia und fides, saevitia und modestia als christlicher Agon-Ersatz empfohlen wird. Bei Cyprian de mortalitate 4 ist von unserem täglichen Kampf gegen die Laster die Rede (s. a. Commod. instr. 2, 22, 3–13), von denen zwölf aufgezählt werden, ohne daß ihnen entgegenstehende Tugenden genannt würden. Ambrosius de Cain et Abel 1,4f. spricht von einem Laster und einer Tugend – Voluptas und Vir-

---

[44] Auch darin ähneln sich die Psych. und Claudians mythologische Dichtungen. M. Smith 1976, 160 stellt richtig fest, daß sowohl der Sündenfall der Seele, der Zustand der Seele vor der Taufe, als auch die Bewaffnung der Seele durch Christus als Ausgangspunkte und Veranlassungen der Schlacht zu denken wären, der Dichter aber auf diese Motivierungsmöglichkeiten verzichtet hat.

[45] F. Mehmel (wie Kap. 2, Anm. 171) über die Psych. 121–125.

[46] Chr. Schwen (wie Anm. 43) 35f. (Kampf I 19, II 69, III 68, IV 132, V 154, VI 211 Verse); Chr. Gnilka 1963, 38.

[47] Chr. Gnilka 1963, 38.

[48] Zu den Quellen der Psych. A. L. Hench, Sources of Prudentius' Psychomachia, Classical Philology 19, 1924, 78–80; C. Weyman 1926, 70f.; H. W. Bloomfield, A Source of Prudentius' Psychomachia, Speculum 18, 1943, 87–90; R. Hanna III (wie Anm. 37).

tus – *contentionibus replentes animae domum;* am Ende des Ringens lädt Virtus zum Festmahl der Sapientia ein. Befriedigende Erklärungen für die Idee der Psychomachia des Prudenz haben diese – durchgehend kurzen – Textstellen nicht gegeben. Zum einen hätten sie nur den ersten Teil des Epos, nicht aber den Tempelbau und die Abraham-Praefatio anregen können, zum anderen hören wir von einem Kampf der Tugenden und Laster auch bei dem gewiß nicht von den Kirchenvätern abhängigen Claudian: *Certamen sublime diu, sed moribus impar/virtutum scelerumque fuit . . .* (Ruf. 1, 297f., s. a. Theod. 97f. und Stil. 2, 6–99, 100–172).[49] Es wird deutlich, daß die Konzeption des Prudenz die Frucht einer langen literarischen (nicht allein christlichen) Tradition ist, und so ist es nützlicher, nach den ideengeschichtlichen Voraussetzungen der Psychomachia zu fragen als nach ihren literarischen Quellen.

Hier ist zunächst an die Rolle der Personifikationen abstrakter ethischer Begriffe[50] in Kult, Literatur und bildender Kunst der Römer zu denken. Sie haben im Laufe ihrer langen Geschichte in der Antike eine Anschaulichkeit und Realität gewonnen, die wir uns nicht mehr vorstellen können: nicht nur ein je charakteristisches Aussehen, das weit hinausgeht über die Schmückung einer Gestalt mit „Attributen", sondern auch praktische Wirkamkeit.

Der Fides soll schon König Numa einen Tempel errichtet haben, der Libertas wurde 238 v. u. Z. ein Tempel geweiht. In der Propaganda der Kaiserzeit spielen die Göttinnen, die Namen abstrakter Begriffe tragen, eine große Rolle.

Die dämonische Kraft, die ihnen bei Homer eignet (man denke an die Eris), ist ihnen nicht abhanden gekommen; trotz ihres häufigen Gebrauchs bei den Dichtern sind sie nicht zur Leblosigkeit rhetorischer Figuren verblaßt.

In der Nachfolge Homers haben sie im lateinischen Epos einen festen Platz erhalten: Bei Ennius löst Discordia den Punischen Krieg aus, seit Vergil (Aen. 6, 273ff.) bevölkern sie in großen Gruppen die Unterwelt; bei Silius Italicus treten sie (15, 96ff. Begleiter der Virtus und Voluptas) mit Gefolge auf.

Freilich ist bei aller Traditionalität der Personifikationen ethischer Abstrakta zu beachten, daß sie bei Prudenz nicht nur christianisiert, sondern damit zugleich spiritualisiert werden – Fides ist nicht mehr die Treue, die den Klienten an den Patron, den Bürger an die Heimatstadt, den Soldaten an die Offizier bindet, sondern der Glaube als Grundlage des Christseins; Concordia garantiert nicht mehr das Verhältnis von Patriziern und Plebejern, ist nicht Erhalterin des Staates wie des Weltalls (Luc. 4, 188–191), sondern die Einheit der Kirche im Glauben; Pax ist kein politischer Frieden, sondern ein Frieden der Seele wie der christlichen Ökumene.

Die Christianisierung der Vorstellung realisiert sich als Kontamination römischer und paulinischer Ideen: Bei Silius Italicus (15, 18ff.) werben Virtus und Voluptas um Scipio, doch sind sie wie alle Personifikationen im antiken Epos (auch in Prud. Ham.

---

[49] An der Stil.-Stelle werden einige Tugenden und Laster, z. B. Luxuries 135–137, genauer ins Bild gerückt. Zur Beschreibung allegorischer Figuren bei Claud. P. Fargues (wie Kap. 3, Anm. 2) 296 f., Aufzählung 258–260.

[50] R. Engelhardt, De personificationibus, quae in poesi atque arte Romanorum inveniuntur, Diss. Göttingen 1881; L. Deubner, Personifikationen abstrakter Begriffe, in: W. H. Roscher, Ausführliches Lexikon der griechischen und römischen Mythologie 3, 2, 1902–1909, 2068–2169; H. Lausberg (wie Kap. 3, Anm. 10) §§ 826–829 (fictio personae); E. Wüst, RE 2, 17 (= IX A 1), 1961, 672–683, s. v. Unterwelt, s. a. E. M. Schtaerman 1964, 240, 289, 389f.; E. Štaerman 1975, 48.

517—520) als äußere Mächte gedacht, die nicht unmittelbar miteinander ringen, sondern gegnerische Parteien unterstützen.[51] Im Galater-Brief (5, 17—24) ist dagegen vom Streit des Fleisches und seiner „Werke" wider den Geist mit seinen „Früchten" die Rede als einem inneren Kampf. Damit hat Paulus dem conflictus-Motiv in bezug auf die Seelenkräfte zum entscheidenden Durchbruch verholfen.

Die schon bei Juvencus, Proba und Claudian beobachtete Abstraktheit des Menschenbildes wird auf diese Weise weitergetrieben; sie besteht nicht allein in der Herauslösung des Menschen aus Geschichte und Ethnos, sondern in seiner Aufspaltung in Gut und Böse, wobei das Böse das Gute angreift, beim Gläubigen jedoch das Gute siegt. Die weiter oben genannten Tertullian-, Cyprian- und Ambrosius-Stellen (s. a. Lact. ira 19, 1) gehen letztlich auf Paulus zurück; die Rezeption der paulinischen Auffassung durch die Römer war freilich durch die Tradition der fictio personae erleichtert worden.[52]

Noch in einem weiteren Punkt treffen römische und paulinische Anschauungen zusammen. Nicht ganz selten sind in der lateinischen Literatur Personifikationen als in Häusern wohnend gedacht: Die ennianische Discordia und der Furor Vergils sind in der Domus Belli zu Hause, bei Ovid hat Invidia, bei Ovid und Statius hat Somnus ein Haus.[53] Auch in einigen Regionen des Himmelstempels wohnen Personifikationen.[54] Da nun die Personifikationen als außerhalb des Menschen befindlich gedacht sind, liegen auch ihre Häuser nicht in ihm.

Daneben hat die Antike den Vergleich des inneren Menschen mit einem Tempel, die Metapher vom templum mentis, hervorgebracht.[55] In der christlichen Tradition nennt Paulus die Gläubigen einen Tempel Gottes, in dem der Geist Gottes wohnt (I. Kor. 3, 16; s. a. 3, 17; 6, 19 und II. Kor. 6, 16); diese Metapher wird Eph. 2, 19—22 zum Bild ausgebaut: Die Apostel und Propheten sind der Grund, Christus der Eckstein, auf denen die Gläubigen zur Behausung Gottes aufgebaut werden (s. a. I. Pt. 2, 5). In der Apokalypse wird der Gläubige zur Säule im Tempel Gottes, auf die der Name des Neuen Jerusalem geschrieben wird (Apok. 3, 12). Das Bild vom Gläubigen selbst und seinen Gliedern als Tempel Gottes finden wir dann bei Tertullian und Cyprian, das von seinem Geist, seiner Seele, seiner Brust, seinem Herzen (aber auch der

---

[51] M. Fuhrmann 1968a, 64f.

[52] Bei Prud. ist ein Konflikt der psychischen Kräfte im Innern des Menschen nicht selten: Cath. 4,19—33; 7, 7—25; vor allem c. Symm. 2, 146—160 (*vincenda voluptas* 146; R. Herzog [wie Anm. 9] 44: in der Psych. wird, „was sich hier als psychisch bedingte Störung zeigt, als Krieg gegen die Laster dargestellt."); von einem bewaffneten Angriff des Fleisches auf die Seele ist die Rede pr. Ham. 56. Ham. 393—636 nimmt in gewisser Weise die Psych. vorweg: Der Teufel (*praedo potens* 390) greift mit seinen Dienern das Innere (*per membra* 392) des Menschen an: *illic numerosa cohors sub principe tali / militat horrendis animas circumsidet armis, / Ira, Superstitio, Maeror, Discordia, Luctus ...* (393—395), auch zahlreiche weitere „Satelliten" werden genannt (395—408), sowohl Personifikationen wie heidnische Völkerstämme in Palästina (409—423), es folgen Beispiele von Menschen, die Lastern verfallen sind (433—444), und Typologien (445—516). Zu Ham. als Voraussetzung der Psych. R. Herzog 1966, 93.

[53] R. Engelhardt (wie Anm. 50) 29.

[54] H. Nissen, Das Templum. Antiquarische Untersuchungen, Berlin 1869, 184f.; vom Tempel des Himmels spricht auch das AT, s. H. Flasche, Similitudo templi. Zur Geschichte einer Metapher, Dt Vjs 23, 1949, 90.

[55] H. Flasche; zur römischen Literatur 83—87.

Kirche!) als Tempel Gottes bei Laktanz und vor allem bei Augustin. Prudenz steht, wie sich zeigt, auch hier in einer nichtchristlichen, vor allem aber in einer christlichen Tradition, wenn er das Bild vom Bau des Seelentempels malt; und die Vorstellung, dieser Tempel ruhe auf den Säulen des Glaubens, und in seinem Innersten, das nicht von Gold und Elfenbein, sondern von Glauben und Keuschheit strahlt, sei die Weisheit Gottes verborgen, ist in den Schriften des Laktanz und des Ambrosius angelegt.[56]

Wie bei der Imagination des inneren Konfliktes als Kampf von Personifikationen psychischer Eigenschaften und bei der Vorstellung des inneren Menschen als Tempel fließen auch bei der Allegorese von Texten besonderer Autorität antike und urchristliche Ideen zusammen.[57] In Fulgentius ist uns die Tradition der allegorischen Vergil-Exegese greifbar: „Der Weg des Aeneas symbolisiert dort den Weg des Menschen zur perfectio, der über die Überwindung von Unwissenheit, Hochmut, Lust, Habsucht, Freßgier, Trunksucht, Neid, Faulheit, Gottlosigkeit und wilder Wut zum Sieg der virtus und sapientia führt."[58] Diese Interpretation des klassischen Epos öffnete den Bezug seines Geschehens auf uns; sie legte zugleich eine allegorische Deutung der Kampfszenen in ihm nahe.

Dem Christentum war die christologische Ausdeutung des Alten Testaments von Anfang an selbstverständlich: Das Christusgeschehen „erfüllte" „die Schrift". Wiederum Paulus war es, der diese Entwicklung vorangetrieben hat: „Die Schrift selbst hat den gegenwärtigen Zeitpunkt ‚vorausgesehen', auf ihn gleichsam gewartet und ist weniger um früherer Generationen als um der lebenden Christen willen geschrieben. Bis dahin blieb ihr letztes Geheimnis verborgen..." Freilich: „... was sie erblickt, sind nicht Einzelheiten der Geschichte Jesu, sondern das kommende Heil..."[59] Auch diese Betrachtungsweise fördert die Enthistorisierung der Geschichte ebenso wie die Abstraktheit und Universalität des Menschenbildes.

Diese Ansätze sowie die typologische Beziehung Adams (Rom. 5, 14; I. Kor. 15, 22. 45–49; s. a. Gal. 4, 21–31) sowie des Felsens, aus dem Moses den Quell schlug (Exod. 17, 6) auf Christus und die Beziehung der Juden auf „uns" (I. Kor. 10, 5–10) wurden von den altchristlichen Exegeten zur Methode der durchgehenden typologischen Interpretation der Schrift weiterentwickelt: Personen und Geschehnisse des Alten Testaments (und zwar in allen ihren einzelnen Bestimmungen) wurden einerseits auf

---

[56] Zum NT und zu den Kirchenvätern (nicht aber zu Prud.) H. Flasche 88–93; zu Laktanz H. Koch, Der ‚Tempel Gottes' bei Laktantius, Philologus 76, 1920, 235–238; Prud. selbst hat die Metapher von der Seele als Tempel außer in Psych. noch in Cath. 4, 16f., 25–27; c. Symm. 2, 842 sowie Perist. 10, 341–360 (mit Fides als Tempelwächterin) verwendet. In c. Symm. 2, 244–255 fordert Gott den Menschen auf, ihm keinen Tempel von Marmor, sondern ein templum mentis zu errichten, dessen Fundament fides, dessen Wände pietas, dessen Dach iustitia bilden und der innen von pudicitia und pudor geschmückt ist.

[57] Zum Problem Chr. Meier, Überlegungen zum gegenwärtigen Stand der Allegorie-Forschung. Mit besonderer Berücksichtigung der Mischformen, Frühmittelalterliche Studien 10, 1976, 1–69. – Weit ausgreifend H. R. Jauß, Entwicklung und Strukturwandel der allegorischen Dichtung, in: Grundriß der romanischen Literaturen des Mittelalters 6, 1, Heidelberg 1968, 146–244.

[58] W. Ludwig (wie Anm. 8) 309.

[59] Vgl. H. v. Campenhausen (wie Kap. 2, Anm. 138) 29–37, die Zitate 36f.; s. a. R. Herzog (wie Anm. 9) 1–8.

das Christusgeschehen, andererseits auf „uns" bezogen und drittens als Personifikationen ethischer Eigenschaften (Judith als Pudicitia, Hiob als Patientia usw.) gedeutet. Damit konnten zugleich alttestamentarische Kampfgeschehnisse in die paulinische Seelen-conflictus-Vorstellung eingebunden werden. So „bedeutet" die Schrift mehr, als sie sagt. Sie ist ein Bedeutendes, das auf ein Bedeutetes hinweist: auf das christologische Heilsgeschehen, auf die Kirche, auf ein Universales und auf „uns". Der Litteralsinn wird zum Vordergründigen, das uns Aufforderung ist, die hinter ihm verhüllte Wahrheit zu erkennen, der Exeget ist aufgefordert, den „mehrfachen Schriftsinn" zu ergründen. Der uns irritierende Zug, daß bei ein und demselben Autor, in ein und demselben Text (z. B. in der Praefatio zur Psychomachia) in unmittelbarer Nachbarschaft die gleiche Gestalt in verschiedener Bedeutung typologisiert wird (Sara „ist" die kinderlose Seele ebenso wie die Tugend) oder verschiedene Gestalten in gleicher Bedeutung (die 318 Knechte „sind" Christus ebenso, wie Melchisedek und die drei Engel Christus „sind"), dürfte die antiken Leser kaum befremdet haben, da sie gewohnt waren, einen Gott zugleich als einen anderen zu sehen und sie dennoch zu unterscheiden (Apollon „ist" Helios, Sol, in gewisser Weise auch Mithras usw.).

6.2.3. Bedeutungsebenen

Bei der Exegese des mehrfachen Schriftsinnes werden einem Text Bedeutungen als die eigentlichen unterlegt, die von seinem Verfasser nicht gemeint waren. Die allegorisierende Methode hat Prudenz in den Stand gesetzt, eine Dichtung zu schaffen, in die ganz bewußt verschiedene Bedeutungsebenen eingeschrieben waren.[60] Damit hat unser Dichter die zumal von Juvencus als Garantie der Orthodoxie intendierte Eindeutigkeit des Textes durch die poetische Nutzung als orthodox anerkannter exegetischer Verfahren im Rahmen der Orthodoxie überwunden und eine Dichtung geschaffen, in der sich verschiedene Bedeutungsebenen überlagern und wechselseitig durchdringen.

Prudentius wollte ein Epos schaffen; das deutet er an mit dem Titel, der an die zahlreichen antiken Machien (z. B. die Gigantomachien) erinnert, und mit dem ersten Vers seines Gedichts

Christe, graves hominum semper miserate labores (1),
der auf Aen. 6, 56
Phoebe, gravis Troiae semper miserate labores

mit wünschenswerter Deutlichkeit hinweist und das Werk damit zum Kontrapost des klassischen lateinischen Epos deklariert. So steht denn überhaupt die Psychomachia von allen Werken des Prudenz Vergil und speziell der Aeneis am nächsten.[61]

Strukturell hat sie freilich mit dem Vorbild keine Verwandtschaft; doch indem Prudenz ein wesentliches Handlungselement des Großepos herausgreift, den Großkampftag, den Kampf auf Leben und Tod, und solche Kampfszenen im ersten Teil reiht, bewegt er sich nicht außerhalb der Strukturierungsmöglichkeiten des antiken Epos

---

[60] Das hat die Forschung erst in den letzten 50 Jahren erkannt, zumal L. Contogni (wie Anm. 35) (noch ohne rechtes Verständnis, s. 460: „un insieme confuso, impreciso, spesso esteticamente incoerente"), H. R. Jauß (wie Anm. 35) bes. 188ff. und Chr. Gnilka 1963; R. Herzog (wie Anm. 9) 103—113.
[61] Chr. Schwen (wie Anm. 43) 123.

überhaupt, sondern kann sich an das kompositorische Schema der Gigantomachien (s. o. 221ff.) anlehnen.[62] Deren Schematik entspricht die der Psychomachia auch insofern, als von vornherein feststeht, daß die positiv bewerteten Figuren (der Gott, die Tugend) regelmäßig siegen, die negativ gezeichneten (der Gigant, das Laster) unterliegen. — Für die Darstellung der Kämpfe (nur für sie, nicht für die Siegesfeier und schon gar nicht für den Tempelbau) boten die Aeneis und die übrige epische Tradition der Römer reichlich Material.[63]

Chr. Schwen hat im einzelnen nachgewiesen,[64] wie sich Prudenz im Auftreten der Figuren, in ihren Reden, ihrem Kampf und Tod, dem Triumph der Sieger, d. h. im Bereich der Motive, aber auch im epischen Formelgut an Vergil anschließt, wenn auch nicht im Aufbau ganzer Szenen; vielmehr ist „die Psychomachie ... ein gleichsam aus vielen, oft nach Vergil geformten Einzelquadern zusammengefügter Bau..."[65] Allerdings ergibt sich aus dem Wesen der dargestellten ethischen Qualitäten, daß der Dichter sich bisweilen von Vergil lösen muß; das gilt für das waffenlose Auftreten der Fides (22—25), die passive Abwehr der Patientia (128—131), die Fallgrube der Fraus (257—266). Die Kombination der vergilischen bzw. allgemein epischen Motive erfolgt — wie bei Claudian[66] — nicht nach Gesichtspunkten realistischer Wahrscheinlichkeit, sondern nach dem Prinzip emotionaler Steigerung durch die Häufung pathetischer Bilder. Das zeigen die Kampf-, mehr aber noch die Sterbeszenen.[67]

Die Wundbeschreibungen und Tötungsszenen haben wegen der Grausamkeit, die der christliche Dichter in ihnen akkumuliert, immer wieder Befremden ausgelöst:

---

[62] Das hat O. Hoefer (wie Anm. 20) fälschlich dazu veranlaßt, in Claudians Gig. das Vorbild der Psych. zu sehen, vgl. C. Weyman 1926, 70. H. J. Thomson (wie Anm. 35) 111 hat darauf aufmerksam gemacht, daß zudem die Laster wie die Giganten *terrigenae phalangae* (Psych. 816) genannt werden, da sie zum erdgeborenen Leib gehören (904ff.).

[63] Einer der zentralen Gedanken von M. Smith 1976 ist die These, die Psych. sei „anti-Vergilian" (XI), biete „anti-Vergilian ironies" (27, s. a. 5), „a battle between literatures" (23), ja sogar eine „anti-pagan literary satire" (164); der Gedanke ausgeführt 234—300, bes. 271—282, auf die Zweikämpfe bezogen 282—296. Die These nimmt keinerlei Rücksicht auf die Stellung des Prud. zur römischen Tradition, besonders zur künstlerischen, speziell zur literarischen (s. o. 243f.) und beruht auf einem fundamentalen Mißverständnis des Kontraposts, der die prinzipielle Anerkennung des nachgeahmten Werkes einschließt.

[64] Chr. Schwen (wie Anm. 43) 4—36 und 123.

[65] Chr. Schwen 36.

[66] F. Mehmel (wie Kap. 2, Anm. 171) 127 führt als Beispiel an: „... werden beim See die zwei aus der Literatur bekannten stimmungsvollen Ansichten einfach nebeneinander gestellt: das Wasser erscheint grün wegen der Bäume am Ufer, die sich in ihm spiegeln, und das Wasser ist kristallklar und durchsichtig."

[67] Zu den Verwundungen in der epischen Literatur W. Kroll 1924, 304—307; zu den Sterbeszenen H. Blümner 1919; zu den prudentianischen Sterbeszenen Chr. Schwen (wie Anm. 43) 7,11; zur Tötung der Veterum Cultura Deorum durch Fides 7: „... preßt sie entweder das feindliche Antlitz auf die Erde oder drückt ihr die Augen aus, ebenso kann sie nicht mit dem Fuße die Augen austreten und zugleich die Kehle eindrücken. Meines Erachtens liegt Prudentius nichts an tatsächlicher Möglichkeit, sondern die Überwindung soll möglichst eindrucksvoll geschildert werden; dazu reiht er unbekümmert ein wirkungsvolles Motiv ans andere und läßt Unwirksames, wenn auch real Notwendiges fort." Zur Reihung pathetischer Bilder als Bauprinzip M. Fuhrmann 1968a, 25.

Vielfältige Todesarten (Zertreten und Ausdrücken der Augen, Zerquetschen oder Durchschneiden der Kehle, Brechen von Gliedern, Durchbohren der Brust, Erdrükken durch ein Pferd, Überrollen durch einen Kampfwagen) und minutiöse Schilderung des Sterbens (ein Stein zerschmettert das Gesicht, die Lippen werden gegen den Gaumen gepreßt, die ausgeschlagenen Zähne, die Zunge, Blut füllen die Kehle) begegnen uns in jeder Kampfszene: So ist die Psychomachia wie Perist. voll von ekelhaften und grausigen Szenen und Details. Damit steht Prudenz in der Tradition nachvergilianischer Epik und der senecaischen Dramen.[68] Dient das Grauen dort der Erzeugung von Stimmungskontrasten (Ovid), der Erhöhung der Dulderleistung des stoischen Helden (Seneca), der Demaskierung Caesars (Lukan), der Entlarvung von Gewalt, Krieg und Macht in ihrer dämonischen Furchtbarkeit (Statius, Silius Italicus),[69] so findet es bei Prudenz, wie Gnilka erkannt hat,[70] seine Rechtfertigung in der Durchführung des Prinzips der Talion, der Vergeltung, wo dem Schuldigen entweder das zugefügt wird, was er dem Opfer getan hat (eigentliche Talion), oder er mit talionsähnlichen Strafen gerichtet wird: Der Rächer bedient sich desselben Werkzeugs wie der Verbrecher (die durch allerlei Brandattribute – 43–46. 50. 52 – gekennzeichnete brennende Lust Libido wird im Jenseits durch das Feuer bestraft, 94f.; Ira begeht Selbstmord mit einem Geschoß, das sie gegen Patientia gerichtet hatte, 151–154; Superbia will Humilitas niederreiten und wird von ihrem Roß erdrückt, 270–273), oder die Strafe richtet sich gegen den schuldigen Körperteil (gegen den Mund der Luxuria, 421–424; gegen die gierig schlingende Kehle der Avaritia, 589–595; gegen die lästernde Zunge der Discordia Heresis, 718), oder die Vergeltung ist ein Abbild des Vergehens (Ira tötet sich, statt Patientia zu töten, 151–154; in die Fallgrube, von Fraus den Tugenden gegraben, fällt ein Laster, 257–269; Luxuria schlingt im Tode ein letztes Mahl, ihren zerschmetterten Mund, 427–431; Discordia, statt zu zerreißen, wird zerrissen; 719–725). „Das ius talionis... rechtfertigt das grausige Detail und erklärt zugleich, warum die Beschreibung nicht selten die Grenzen realistischer Wahrscheinlichkeit überschreitet. Die ‚erbauliche Wirkung' entspringt nicht dem Dargestellten als solchem, sondern dem Erkennen der Beziehung, in der sich die Idee der göttlichen Gerechtigkeit vergegenständlicht."[71]

Es ist nicht zu übersehen, daß mit der Spiritualisierung des heroischen Epos dem Dichter wie dem Leser unter dem Vorwand, die göttliche Gerechtigkeit wirken zu sehen, von geistlichen Bedenken uneingeschränktes ästhetisches Vergnügen an der variatio von Schreckensszenen geboten wird.[72] Daß Kampf und Tod eine eigene Be-

---

[68] Vgl. M. Fuhrmann 1968a. Zum Verhältnis des Prud. zu Luc. und Sen. (allerdings im wesentlichen auf Perist. bezogen) S. G. Sixt, Des Prudentius Abhängigkeit von Seneca und Lucan, Philologus 51, 1892, 501–506. Gegen die beliebte Erklärung der grausigen Szenen bei Luc., Sen. und Prud. durch den spanischen Volkscharakter M. Fuhrmann 1968a, 31 Anm. 24.
[69] M. Fuhrmann 1968a, 50f., 59.
[70] Chr. Gnilka 1963, 51–81.
[71] H. R. Jauß 1968, 159f. – Hier ist nachzutragen, daß die zeitgenössische Rechtspraxis und die christlichen Apokalypsen weitere ideengeschichtliche Voraussetzungen der Psych. sind, vgl. Chr. Gnilka 1963, 76.
[72] Über das Grausige als Selbstzweck bei Luc., das ästhetische Behagen an der Erfindungsgabe des Dichters und die Gefahr des Abstumpfens durch die Reihung epischer Kampfszenen M. Fuhrmann 1968a, 50f., 60 (dazu in der Diskussion 535).

deutungsebene darstellen, zeigt sich dort, wo sich das Kampfmotiv verselbständigt und auf nichts deutet als auf sich selbst: So ziehen im siegreichen Tugendheer Fußvolk und Berittene ins Lager (646–649), ohne daß die verschiedenen Truppenteile eine eigene „tiefere" Bedeutung hätten.

Möglich wurden diese Kampfbilder, weil Prudenz anders als im Psychomachie-Abschnitt der Hamartigenia nicht eine Fülle von Lastern gegen den Einzelgegner Animus (Ham. 527) anrennen läßt, sondern die Laster und Animus gewissermaßen untergeordnete Tugenden als Gegner paart.[73] Deren Kampf, so sagt der Dichter im Eingangs- (5–20) und Schlußgebet (888–915), tobt in „uns", im einzelnen Menschen[74] (*intus* 7; *fervent bella horrida, fervent ossibus inclusa* 902f.), der durch seine Doppelnatur, Fleisch und Seele zu sein (*non simplex natura hominis* 904),[75] Laster und Tugenden in sich vereint, Sündhaftigkeit, aber auch die Möglichkeit der Erlösung, wenn die *mens armata* die Laster (*culpas*) *nostri de pectoris antro* (5f.) vertreibt. Der Kampf tobt also in jedem Menschen, er ist das Schlachtfeld; die *morbi* (8), die *furiae inter praecordia mixtae* (10) greifen seine Seele (*anima* 8) unablässig an; die Tugenden können sich wehren, zumal Christus sie anführt (11–17). Doch wenn die Leiblichkeit des Menschen auch die Basis der Laster ist (*cor vitiorum stercore sordet* 890), so ist der Leib doch nicht eo ipso sündhaft, vielmehr ist er ein *corpus obsessum* (14), bedrängt von den Lastern, die von den seelengeborenen Tugenden aus ihm vertrieben werden können, so wie Askese (und asketische Züge finden sich bei Prudenz in Fülle) Abtötung des Fleisches noch vor dem Tod bedeutet. Der von den Lastern gereinigte Leib wird vom Schlachtfeld zum Lager der siegreichen Tugenden, zum Tempel der Sapientia (*ubi peccatum regnaverat, aurea templi atria* 912f.). Wir erleben in der Psychomachia demnach keinen Kampf in der Seele, sondern in des Menschen Zwienatur, keinen Kampf um die (passive) Seele, sondern einen Kampf der Seele (*anima luctans* 892) gegen den Körper (*viscera limo effigiata premunt animam* 904f.) und um ihn.[76] Die Kampfschilderung ist das vordergründige Bedeutende, der Kampf der Tugenden und Laster als psychischer Kampf im Einzelmenschen die erste Schicht des Bedeuteten.

Neben dem Eingangs- und dem Schlußgebet zu Christus deutet, wie wir sahen, auch die Praefatio der Psychomachia das Geschehen. Wenn nach ihr der Kampf Abrahams und der 318 Knechte um die Befreiung Lots aus der Gewalt der heidnischen Könige die Rettung des Leibes aus der Gefangenschaft der Lüste durch Christus und den Glauben präfiguriert, so weist die Praefatio ausdrücklich darauf hin, daß das Geschehen des Epos kein rein psychisches ist, wie die Gebete nahelegen, sondern zugleich ein biblisches und damit – insofern die Geschichte der Juden des Alten Testaments die Vorgeschichte der christlichen Menschheit ist – ein welthistorisches.[77]

---

[73] Zum Vergleich Ham. – Psych. R. Herzog (wie Anm. 9) 93–103.
[74] Vgl. Chr. Gnilka 1963, 19–26.
[75] Zur Auffassung des Prud. über die Seele und das Verhältnis Leib–Seele Chr. Gnilka 1963, 1–8.
[76] Zur Übersetzung des Titels: Kampf um die Seele C. Weyman 1926, 71; I. Rodriguez – Herrera (wie Anm. 1) 15; Kampf in der Seele O. Hoefer (wie Anm. 20); M. Smith 1976, 143–149; Kampf der Seele Chr. Gnilka 1963, 19–26; zum Körper als Schlachtfeld, Zeltlager, Stadt Chr. Gnilka 1963, 15–17.
[77] M. Smith 1976, 168: „Prudentius' Christian moral outlook naturally perceives similarities between psychological and historical experience; both the soul and mankind

So verstanden sind die Tugenden und Laster nicht allein als innere Kräfte des Einzelmenschen gefaßt, sondern im Rahmen des Sündenstandes der Menschheit allzeitige Mächte, die (wie im antiken Epos) ein Eigenleben führen, sich zwar im einzelnen entfalten, aber auch außer ihm existieren; so ist das Schlachtfeld nicht nur der sinnlich konkrete Mensch in seiner Einheit von Leib und Seele, sondern zugleich die Welt. Die biblische Bedeutungsebene wird im Epos immer wieder bewußt gemacht: Libido hat ihren Zunamen von Sodom (42), sie war einst schon von Judith besiegt worden, als diese Holofernes erschlug (60—65); Hiob begleitet Patientia in ihren Kampf (163—171); Goliath ist die Verkörperung der Superbia (291—299); Achar und Judas sind Beispiele für die Sieghaftigkeit der Avaritia (529—544); die Löschung des Durstes des Volkes Israel in der Wüste durch das Wasser, das Moses aus dem Stein schlug, und die Stillung des Hungers durch das Manna sind Beispiele der Sobrietas (371—376). Diese biblische Sicht gibt sich an einigen Stellen deutlich zu erkennen als welthistorische (die Tugenden stammen aus Juda, 383—385; Superbia betrachtet die Menschheit als seit Adams Sündenfall ihr verfallen, 224—227), als universale (Luxuria kommt *occiduis de mundi finibus*, 310) und als anthropologische (der Mensch gehört von Geburt an der Superbia, 216—219; Avaritia hat bisher alle Menschen bezwungen, 513—523).

In der biblischen Vorgeschichte der Christenheit ist die Geschichte der Menschheit seit der Erlösungstat Christi schon vorgezeichnet: *sub umbra legis* (66f.) verweist der Sieg Judiths über die Libido auf die Nach-Christus-Zeit. Diese Zeit nach Christus ist zwar ein Teil der Weltgeschichte, doch ist sie durch Christus dem Heil nähergerückt (nach der Jungfrauengeburt Marias hat Libido jedes Recht an Pudicitia verloren, 88; Sobrietas hält Luxuria das Kreuzeszeichen entgegen, da wenden deren Pferde und gehen durch, 408—414), sie ist die Zeit der Kirche, die sich aus der biblischen Zeit entwickelt (die Priester sind Nachkommen des *genus Levite*, 502), und das Schlachtfeld „ist" nicht nur der Mensch, nicht nur die Welt, sondern auch die Kirche in ihr, Libido greift *famulos famulasve dei* (56) an, Avaritia wirkt auf die Priester (497—500), die Ratio schützt, so daß sie nur Hautverletzungen davontragen (501—508). Im ersten und im letzten Kampf tritt der ekklesiologische Gesichtspunkt eindeutig in den Vordergrund: Die Auseinandersetzung zwischen Fides und Veterum Cultura Deorum leitet zwar zur Zeit des Prudentius noch immer die Entsühnung des Einzelnen ein, ist vor allem aber als erste Auseinandersetzung der Kirche zu verstehen; der Kampf von Concordia, der *maxima virtus* (689), und Fides, der *regina virtutum* (716), gegen Discordia cognomento Heresis erfaßt zwar auch die einzelnen Christen der Zeit um 400, die Arius und Photinus als Wölfe im Schafspelz erkennen müssen (788—795), vor allem aber tobt er in der Kirche.

Man hat kritisch vermerkt, daß die Laster in den Kämpfen getötet werden, wo doch die Auseinandersetzung der Tugenden mit ihnen eine fortdauernde sei und so die Gefechte sinnvoller mit der Flucht der Gegner der Virtutes enden müßten.[78] Prudentius aber hat in die Psychomachia eine weitere Bedeutungsebene eingeschrieben: die eines geschichtseschatologischen Endkampfes.[79] Libido wird, nachdem sie

collectively exist in a turmoil of imperfection; both desire God and struggle to progress towards God."

[78] Chr. Gnilka 1963, 34.

[79] Merkwürdigerweise heißt es von den Curae Metus, Labor, Vis, Scelus, Fraus, daß sie fliehen (629—631).

von Pudicitia erschlagen worden ist, *semper prostrata* (54) liegen und nie wieder Christen versuchen (96). Spes fliegt nach dem Sieg von Mens Humilis über Superbia zum Himmel (305–309). Pudicitia wäscht das Schwert, mit dem sie Libido getötet hat, im Jordan rein und legt es im katholischen Tempel am Altar der Taufe nieder (98–108) – hier verbindet sich das Christus-Geschehen mit dem ekklesiologischen und dem eschatologischen.

Die verschiedenen Bedeutungsebenen durchdringen einander in der Darstellung des Kampfgeschehens und lassen damit die Personifikationen abstrakter Begriffe zu echten Allegorien werden.[80] Besonders bewundernswert ist diese Vieldeutigkeit im Bild des Tempels angelegt, den die Tugenden nach ihrem Endsieg über die Laster errichten.[81] Auf das Himmlische Jerusalem der Apokalypse (Apok. 21) zurückgehend, ist das Bild im Grunde ein eschatologisches. Neben der eschatologischen werden jedoch vom Dichter die anderen Bedeutungsebenen des Epos nicht vernachlässigt, sondern in verschiedenen Formulierungen ausdrücklich zur Assoziation angeboten. Spiritus umgibt mit den Namen der zwölf Apostel das Allerheiligste von Mens und ruft ausgewählte Sensus ins Innerste der Seele (840f.); die vier Seiten des Tempels deuten auf die vier Lebensalter des Menschen (842–850) – so ist der Tempel nicht nur das Himmlische Jerusalem, sondern zugleich ein templum mentis, errichtet in dem Menschen, der alle Laster überwunden hat und in dessen Herzen Sapientia, d. h. Christus, thront.[82] Die Namen der zwölf Apostel über den Toren (838f.) rufen den ekklesiologischen Aspekt ins Gedächtnis, die Identifizierung des Szepters der Sapientia mit dem Stab Aarons (884–887) den biblischen, der ohnehin durch das im Hintergrund durchschimmernde Bild vom Tempel, den Salomon nach dem Sieg über seine Feinde errichtet hat (804–810),[83] neben dem psychologischen und eschatologischen bewußtgehalten worden war.

Nicht zutreffend ist also die Interpretation der Psychomachia als Kampf der christlichen Tugenden und heidnischen Laster, als Kampf von Christentum und Heidentum im Menschen.[84] Die Psychomachie ist vielmehr eine Schlacht, die seit dem Sündenfall in der Welt und in jedem einzelnen Menschen, seit Christus in der Kirche tobt und vom Einzelnen durch Glauben, Orthodoxie und Askese, von der Menschheit in der Endzeit gewonnen werden kann. Polyinterpretabilität bedeutet auch in der Psychomachia des Prudenz wie in der Kunst überhaupt nicht Verzicht auf die Wahrheit, sondern das Aufzeigen einer mehrfachen Wahrheit, deren jede für sich und die zusammengenommen nichtsdestoweniger wahr sind und die der Leser sich in ihrem ganzen Reichtum nach und nach erschließen kann.[85]

---

[80] H. R. Jauß (wie Anm. 35) 197; s. a. Chr. Meier (wie Anm. 57) 61: „Die Personifikation selbst sagt mit ihrem Namen bereits, was sie ist. Die allegorische Bedeutung wird erst durch die Beziehung der Personifikation(en) innerhalb ihres Kontextes, insbesondere durch Handlungen und Situationen von bestimmter Verweisabsicht des Autors, konstituiert, deren allegorischer Sinn also auf einer zweiten Ebene liegt."
[81] Zum Tempelbau Chr. Gnilka 1963, 83–133 (Kommentar zum Text 93–124); M. Smith 1976, 49, 201–204, 296–300.
[82] Die Gleichsetzung von Sapientia und Christus ausdrücklich in Ham. 164f. formuliert, s. a. M. Smith 1976, 194.
[83] M. Smith 1976, 132–139.
[84] So A. Ebert 1889, 281; Schanz[2] 4, 2, 1914, 246 und noch M. Smith 1976, XI und 109.
[85] Alanus ab Insulis wird sich den Anticlaudian vorstellen als für Leser verschiedener

Hieronymus hat dargelegt, Jerusalem bedeute die sichtbare Stadt, doch außer ihr auch die Einzelseele, die Kirche und das Himmlische Jerusalem.[86] Hier wird deutlich, wie die exegetische Tradition der Großkirche die Psychomachia des Prudenz geistig ermöglicht hat, ermöglicht als vieldeutiges oder vielfach deutbares und dennoch orthodoxes Epos, das der christlichen Dichtung über die edle Formung des biblischen Geschehens, über die Liturgie, über die Lehrunterweisung und die Erhebung am Leben vorbildlicher Christen hinaus den Bereich des Menschen in seiner ganzen Weite eröffnete und zugleich die exegetischen Methoden poetisierte, poetisierte nicht in dem Sinn, daß sie Exegese in Verse kleidete, sondern dahingehend, daß sie die „Gleichzeitigkeit des allegorischen Schriftverständnisses"[87] anschaulich machte, die reiche Mannigfaltigkeit der Beziehungen und der Bedeutungen des Seienden in einem sinnlichen, doch oszillierenden Bild zusammenschaute und damit das Religiöse ins Künstlerische transponierte.

6.2.4. Leistung

Mit ihren 915 Versen übertrifft die Psychomachia den Umfang der historischen Epen Claudians um etwa ein Drittel (Gild. – allerdings unvollendet – 526 Verse, Get. 647 Verse) und erreicht etwa zwei Drittel des präsumtiven Umfangs von Claudians mythologischem Epos (unvollendet 1108 Verse = 288 + 372 + 448 Verse), entspricht freilich nur dem Umfang etwa eines Buches des juvencanischen Bibelepos (770, 829, 773, 812 Verse) und ungefähr der Länge eines Natalicium des Paulinus oder eines der längeren Märtyrergedichte des Prudenz. Relativ gesprochen, vor dem Hintergrund der Dichtung des 4. Jahrh. wird man sie unter die Großdichtungen rechnen können.

Aus der komplexen anthropologischen, weltgeschichtlichen, ekklesiologischen und eschatologischen, d. h. überindividuellen und überhistorischen Bedeutung des Seelenkampfes folgt, daß eine Vorgeschichte der Schlacht der Seele, in ihr und um sie nicht eigentlich erzählt werden kann. Der in-medias-res-Aufbau ist mithin ebenfalls Ausdruck der Spiritualisierung der Komposition, ist kein erzählerischer Kunstgriff, der den Leser spannen soll und zu diesem Zweck sich des Mittels der Rückblende bedienen muß.

Spiritualisiert ist außerdem der Typ des Mehr-Helden-Epos, weil nicht differenzierte oder typisierte menschliche Helden, sondern abstrakte Tugenden und Laster miteinander ringen.

Die Allzeitigkeit und Allbedeutsamkeit des Geschehens macht zugleich seine hohe Relevanz aus, die Größe des Gegenstandes, die den Gestus des Erhabenen rechtfertigt, ja erfordert. Der allwissende Erzähler vermag den Seelenkampf darzustellen, weil er durch eine höhere Macht, durch Christus, initiiert ist.

Insbesondere durch das Thema Schlacht, durch die Motive Bewaffnung der Kämpfer, des Angreifers, Reizrede, Angriff, Kampf, Verwundung, Sterben, Tod und Triumphrede des Siegers ist die Psychomachia mit der Tradition antiker, zumal neronisch-flavischer Epik verbunden. Anders als bei Claudians Proserpina-Epos stellen

---

Reife und intellektueller Kraft bestimmt, die sich je verschiedene Wahrheitsebenen erschließen, s. Chr. Meier (wie Anm. 57) 20.

[86] Chr. Gnilka 1963, 126.
[87] R. Herzog (wie Anm. 9) 125.

sich deshalb trotz der (gemessen an der gesamtantiken Epik) Kürze des Gedichts keine Assoziationen zum alexandrinischen Epyllion ein, wie es zumal in der ausgehenden Republik und der augusteischen Zeit in Rom gepflegt worden war.

Soweit begegnen wir in der Psychomachie wesentlichen Strukturelementen des antiken Epos wieder. Andererseits wird uns zwar ein archetypisches mythisches Geschehen, jedoch kein nach antikem Verständnis mythologisches vor Augen geführt. Die so wesentliche epische Götterhandlung mit all ihren Elementen kann es in diesem christlichen Epos nicht geben. Dieser Zug ist nicht neu, er gilt für alle christliche Epik des 4. Jahrhunderts, für Proba, Paulinus, letztlich auch für Juvencus. Die entscheidende Veränderung erfährt die traditionelle Struktur des Epos dadurch, daß ein an sich relativ altes Strukturelement, der Auftritt personifizierter abstrakter ethischer Begriffe, von Tugenden und Lastern, zum absolut dominanten aufrückt, daß die Handlung ausschließlich von solchen Allegorien getragen wird, Menschen nur beiläufig und dann als Typen auftreten. Diese Innovation bedingt zugleich ein neues Handlungselement: den Tempelbau als Krönung des Sieges in der Schlacht.

Trotz der Beibehaltung zahlreicher wesentlicher Strukturelemente des antiken Epos erweist sich damit Prudenz auch auf dem Gebiet dieser Gattung als der überragende Neuerer in der Poesie des 4. Jahrhunderts, ja der spätantiken Poesie überhaupt.

7. Schluß

Blicken wir auf die epische Produktion des vierten und des beginnenden fünften Jahrhunderts zurück, fällt uns vor allem ihr Experimentalcharakter ins Auge. Gemeinsam ist unseren Dichtern der Ausgangspunkt (die lateinische Epik Vergils und der Dichter des ersten Jahrhunderts), nicht das Ergebnis ihrer Bemühungen.

Vor allem außerliterarische Gesichtspunkte veranlassen die Dichter, die etwa zweieinhalb Jahrhunderte lang unterbrochene Tradition des Epos wieder aufzugreifen, und bestimmen die Richtung, in die sie sich von dieser Tradition abstoßen.

Voraussetzung des Rückgriffs auf das Großepos ist die soziologische Stellung der Produzenten und der Adressaten der Dichtungen, ihre Zugehörigkeit zum traditionalistisch gestimmten Teil der Oberschicht der ausgehenden Sklavereigesellschaft. Juvencus, Proba und Paulinus von Nola entstammen der Senatsaristokratie, Prudentius sehr wahrscheinlich dem Munizipaladel, Claudian schreibt für die exponierten Vertreter dieser Klassen und die heterogene Hofgesellschaft. Vermittelt durch das konservative Bildungssystem, repräsentierten die Epen der Klassik und Nachklassik für sie alle höchste künstlerische Werte. In ihrem Kreis vermochte das Epos seine charakteristische affirmative und gruppenbildende Kraft zu entfalten, der Formierung der Oberschicht, ihres Selbstbewußtseins und Wertesystems zu dienen.

Garanten des Gattungsverständnisses sind die personal orientierte Narration als Grundstruktur der Dichtungen, die (freilich nur relative) Größe der Konstruktion, der ausdrückliche Bezug auf die voraufgehende epische Produktion, die in ihren wesentlichen Konstituenten unangetastete langue lateinischer Epik, der Gebrauch des Hexameters (den einzig Prudentius in seinen Märtyrergedichten als Epenvers in Frage stellt), das Pathos der epischen Dichtung. Dieses Pathos wird gesteigert durch die Bedeutung bzw. unterstellte Bedeutung der dargestellten Gegenstände, durch Strukturelemente des Epos (Fiktion der Inspiration durch eine Gottheit), durch die sich immer weiter von der Alltagssprache entfernende Diktion, die dem Text einen zunehmend hermetischen Charakter verleiht, und durch die Dehnung oder Kumulierung von Bauelementen des traditionellen Epos (zumal von Vergleichen, Reden, Beschreibungen), die ihre emotive Wirkung vor allem aus der Konzentration des Dichters auf menschliche Grenzsituationen beziehen.

Die mythologische Epik Claudians steht den Epen der spätrepublikanischen und augusteischen Zeit am nächsten. Diese Nähe zumal zur Epylliendichtung ist nicht allein durch den Stoff bedingt, sondern auch durch die Identität der Kommunikationssituation (Rezitation vor einem ästhetisch interessierten Publikum), in der sie vorgetragen wurde, und durch die beherrschende Rolle der Gestaltfunktion, die freilich ergänzt wird durch eine mit hoher Wahrscheinlichkeit vom Dichter intendierte geschichtsdeutende Aussage, die er dem Mythos abgewinnt. Ganz wesentlich darin begründet liegt der höhere Rang des Epos De raptu Proserpinae gegenüber dem letzten mythologischen Epos der Antike, der Orestis tragoedia des Dracontius (2. Hälfte des 5. Jahrh.), in der der Mythos denaturiert ist zur Geschichte, die um ihrer selbst willen erzählt wird. – Gewisse Entwicklungstendenzen des nachaugusteischen Epos werden von Claudian weitergeführt: Pathossteigerung führt zur Stärkung der Rolle der eindrucksvollen und bedeutungsträchtigen Einzelszene; dennoch werden die Bilder nicht isoliert und damit austauschbar, sondern sie sind zu Stimmungsblöcken zusammengefaßt, die, wenn sie kontrastierend gegeneinander gestellt werden, sich gegeneinander abgrenzen und strukturbildend wirken.

Unterschieden von der traditionellen Kommunikationssituation, in der das mythologische Epos Claudians vorgetragen wurde, ist diejenige, für die er seine historischen Epen bestimmte: die feierliche Rezitation vor einem politisch und/oder ökonomisch einflußreichen Publikum; sie ähnelt derjenigen, für die seine Panegyrik geschaffen wurde. Die Funktion des Epos wird vor diesem Publikum eine propagandistisch-beweisende und somit mit der Epideiktik identisch. Damit, weiterhin wegen der Durchsetzung des Hexameters in der Epideiktik und durch die Erweiterung der traditionellen (topischen und topisch-narrativen) Strukturierungsmöglichkeiten dieser Gattung um die narrative werden die Epideiktik und historische Epik einander auch strukturell angenähert.

Die Dichtungen Claudians wenden sich an ein Publikum, das religiös neutral ist bzw. sich religiös neutral verhält. Qualitativ von ihm unterschieden sind, wenn nicht die Adressaten, so doch das Publikum der christlichen Epen: Es ist dezidiert christlich, Bibelkenntnis wird von ihm als selbstverständlich vorausgesetzt. Tendenziell bedeutet das zugleich den Übergang zur eingeschränkten Öffentlichkeit der Rezeption der Werke und in letzter Instanz zur privaten Lektüre. Damit nehmen das Publikum und die situative Einbettung der christlichen Großdichtungen die der lateinischen Kunstdichtung des Mittelalters vorweg. Andererseits ist das Publikum des Juvencus, der Proba und des Prudentius von seiner sozialen Stellung und seinen Bildungsvoraussetzungen her und dadurch auch in seinen ästhetischen Wertvorstellungen mit dem claudianischen identisch. Daher stellt sich die christliche Kunstdichtung in die spätantike Tradition des Klassizismus; das gilt auch für die Epik, die sich teils als Kontrastimitation Vergils (Juvencus, Prudentius), teils als Vergilexegese (Proba) gibt und zugleich die langue antiker Epik in eine christliche Dichtersprache umformt.

Paulinus hat ein nach seiner sozialen Stellung, in seiner konkreten religiösen Haltung differenziertes und damit auch in seinen Bildungsvoraussetzungen und ästhetischen Vorstellungen heterogenes Publikum in der spezifisch christlichen Kommunikationssituation Gottesdienst (Predigt) vor sich; für seine poetische Produktion vermag er daraus nur wenig Gewinn zu ziehen. Zwar nimmt er im Vortrag treuherzig-gewinnender oder bedrohlicher Wundergeschichten Rücksicht auf die neuen Zuhörerschichten, die Bauernschaft, verzichtet er hier auf den Gestus des Erhabenen, bleibt aber im übrigen den traditionellen literarästhetischen Normen verhaftet.

Eine Perspektive konnte die christliche Epik nur als orthodoxe haben. Juvencus und Proba suchen die Orthodoxie der neuen Dichtung mit dem Ersatz der Stoffgrundlagen der antiken Epik durch das Neue Testament bzw. die Bibel zu garantieren – Juvencus, indem er dem Text möglichst getreu folgt, Proba, indem sie die biblischen Szenen abbreviiert und mit Hilfe von Material aus den Dichtungen Vergils amplifiziert. Die Praxis des Juvencus wird später vom Heptateuchdichter auf das Alte Testament ausgedehnt, doch war ihr im übrigen kein Erfolg beschieden. Alle spätere Bibelepik (sie wird in der ersten Hälfte des 5. Jahrh. in Sedulius, Claudius Marius Victorius zur Tradition, die im 6. Jahrh. Avitus und Arator fortsetzen) bedient sich der Auswahltechnik der Proba, sichert jedoch die Orthodoxie dadurch, daß sie sich erstens eine eigene langue schafft und zweitens bei der Reduktion der Szenen auf ihren Kern und bei dessen amplificatio sich zunehmend von theologischen Gesichtspunkten leiten läßt, die die Bibelexegese erarbeitet hat.

Den Evangelien und der Genesis gemein ist, daß sie aus Gliedgattungen zusammengefügt sind. Durch den Rückgriff auf diese biblischen Bücher als Stoffgrundlage wird die Tendenz zur Verselbständigung der Einzelszene in den spätlateinischen Epen ebenso gefördert wie durch die additive Reihung von Mirakeln in den Natalicia des Paulinus. In der Psychomachia des Prudentius wird sie aus inneren Gründen gefestigt durch die semantische Befrachtung der Einzelszene, die die Aufmerksamkeit des Lesers auf die kleineren Einheiten konzentriert.

Wenn die Psychomachia auch in der Spätantike und im frühen Mittelalter nicht traditionsbildend gewirkt hat, stellt sie doch eine entscheidende Errungenschaft dar, und das erstens, weil sie den Gegenstand christlicher Großdichtung von der Fixierung auf die Bibel löst und für das Menschliche überhaupt öffnet, und zweitens, weil sie Orthodoxie weder durch Ein-Deutigkeit zu garantieren sucht, noch bereit ist, sie ins unverbindlich Ästhetische zu verdünnen, sondern die exegetischen Techniken in poetische umgestaltet und auf diese Weise eine Einheit von Orthodoxie und Polyinterpretabilität stiftet.

Im Hinblick auf Stoff, Thematik, weltanschaulichen Gehalt, Sprache und Struktur hat die Epik des 4. Jahrhunderts noch keine neue Tradition gestiftet, aber zahlreiche Ansätze zur Traditionsbildung, zur Entstehung neuer epischer Subgattungen geliefert, hat sie die wesentlichsten Vor-Leistungen erbracht, die die weitere Entwicklung des Epos der Spätantike und des Mittelalters bestimmen sollten. Die Widersprüchlichkeit der sozialökonomischen, ideologischen und kulturellen Übergangsepoche, in der diese Dichtungen entstehen, spiegelt sich in der Vielfalt immer neuer Ansätze, Rückgriffe und Rückschläge im Entwicklungsprozeß des Epos.

Abkürzungsverzeichnis

A & A	Antike und Abendland
AT	Altes Testament
B.	Bischof
CSEL	Corpus Scriptorum Ecclesiasticorum Latinorum
DLZ	Deutsche Literaturzeitung
DtVjs	Deutsche Vierteljahrsschrift für Literaturwissenschaft und Geistesgeschichte
EAZ	Ethnographisch-Archäologische Zeitschrift
HZ	Historische Zeitschrift
JbAC	Jahrbuch für Antike und Christentum
Kg.	König
K.	Kaiser
LexMA	Lexikon des Mittelalters, München/Zürich 1977 ff.
MA	Mittelalter
ma.	mittelalterlich
MEW	Karl Marx/Friedrich Engels, Werke, Bd. 1–39, Berlin 1956–1968
MGH AA	Monumenta Germaniae Historica – Auctores Antiquissimi
Mlat. Jb.	Mittellateinisches Jahrbuch
NT	Neues Testament
P.	Papst
RAC	Reallexikon für Antike und Christentum
RE	Paulys Realencyclopädie der classischen Altertumswissenschaft
RUB	Reclams Universal-Bibliothek
SB Berlin	Sitzungsberichte der Akademie der Wissenschaften der DDR
TAPhA	Transactions and Proceedings of the American Philological Association
ThLL	Thesaurus Linguae Latinae
VDI	Vestnik drevnej istorii
Vig. Chr.	Vigiliae Christianae
WB	Weimarer Beiträge
WdF	Wege der Forschung
W. St.	Wiener Studien
WZ	Wissenschaftliche Zeitschrift – gesellschafts- und sprachwissenschaftliche Reihe
ZfG	Zeitschrift für Geschichtswissenschaft
Zs.	Zeitschrift

Literaturverzeichnis

Adamietz, J. 1976: Zur Komposition der Argonautica des Valerius Flaccus (Zetemata 67) München.
Albrecht, M. v. 1964: Silius Italicus. Freiheit und Gebundenheit römischer Epik, Amsterdam.
Alföldy, G. 1984: Römische Sozialgeschichte (Wissenschaftliche Paperbacks Sozial- und Wirtschaftsgeschichte 8) 3. Aufl., Wiesbaden.
Alonso-Schökel, L. 1960: Genera literaria, Verbum Domini 38, 3—15.
Altaner, B. 1958: Patrologie. Leben, Schriften und Lehre der Kirchenväter, 5. Aufl., Freiburg.
Amatucci, A. G. 1955: Storia della letteratura latina cristiana, 2. Aufl., Torino.
Andreev, M. 1967: Zur Frage des Übergangs von der Sklaverei zum Feudalismus und zur Entstehung frühester feudaler Verhältnisse, Klio 49, 305—312.
Ästhetik heute 1978: Berlin.
Atti 1981: Atti del convegno internazionale 'Letterature classiche e narratologia', Perugia.
Auerbach, E. 1958: Literatursprache und Publikum in der lateinischen Spätantike und im Mittelalter, Bern.
Averincev, S. S. 1976: Sud'by evropejskoj kul'turnoj tradicii v èpochu perechoda ot antičnosti k srednevekov'ju, in: Iz istorii kul'tury srednich vekov i vozroždenija, Moskva, 17—64.
Axelson, B. 1941: Das Prioritätsproblem Tertullian — Minucius Felix (Skrifter utgivna av Vetenskaps — Societeten i Lund 27) Lund.
Bardenhewer, O. 1913—32: Geschichte der altkirchlichen Literatur, 5 Bde., 2. Aufl., Freiburg i. Br.
Bardon, H. 1956: La littérature latine inconnue, tome II: L'époche impériale, Paris.
Bardy, G. 1932: L'église et l'enseignement pendant les trois premiers siècles, Revue des sciences religieuses 12, 1—28.
— 1934, 1935: L'église et l'enseignement au IVe siècle, Revue des sciences religieuses 14, 525—549; 15, 1—27.
Bartoczyński, K. 1973: Das Problem der literarischen Kommunikation in narrativen Werken, Sprache im technischen Zeitalter 45—48, 202—224.
Behrens, I. 1940: Die Lehre von der Einteilung der Dichtkunst vornehmlich vom 16. bis 19. Jahrhundert. Studien zur Geschichte der poetischen Gattungen (Beihefte zur Zeitschrift für Romanische Philologie 92) Halle.
Beloch, J. 1900: Der Verfall der antiken Kultur, HZ 84, 1—38.
Benko, St. 1980: Virgil's Fourth Eclogue in Christian Interpretation, in: Aufstieg und Niedergang der römischen Welt II 31, 1, Berlin/New York, 646—705.
Berardino, A. di 1981: Poesia e innografia nel Tardo Antico, in: La cultura in Italia fra Tardo Antico e Alto Medioevo, atti del convegno tenuto a Roma 1979, Roma, 493—511.
Bernt, G. 1968: Das lateinische Epigramm im Übergang von der Spätantike zum frühen Mittelalter (Münchener Beiträge zur Mediävistik und Renaissanceforschung 2) München.

Berschin, W. 1986: Biographie und Epochenstil im lateinischen Mittelalter, Bd. I (Quellen und Untersuchungen zur lateinischen Philologie des Mittelalters 8) Stuttgart.
Bickel, E. 1961: Lehrbuch der Geschichte der römischen Literatur, 2. Aufl., Heidelberg.
Binns, J. W. 1974: Latin Literature in the Fourth Century, ed. by J. W. Binns, London/Boston.
Bloch, H. 1964: The Pagan Revival in the West at the End of the Fourth Century, in: A. Momigliano 1964, 193—218.
Blümner, H. 1919: Die Schilderung des Sterbens in der römischen Dichtung, Neue Jahrbücher für das klassische Altertum, Geschichte und deutsche Literatur 22 (43), 244—272.
Boissier, G. 1891: La fin du paganisme. Étude sur les dernières luttes religieuses en occident au quatrième siècle, Paris.
Braun-Irgang, C. 1988: Untersuchungen zum Verhältnis von spätantiker und mittellateinischer Bibelepik, in: Festschrift für Paul Klopsch (Göppinger Arbeiten zur Germanistik 492) Göppingen, 1—45.
Brown, P. 1971: The World of Late Antiquity. From Marcus Aurelius to Muhammad, London.
Brunhölzl, F. 1975: Geschichte der lateinischen Literatur des Mittelalters, Bd. I: Von Cassiodor bis zum Ausklang der karolingischen Erneuerung, München.
Büchner, K. 1961: Überlieferungsgeschichte der lateinischen Literatur des Altertums, in: Geschichte der Textüberlieferung der antiken und mittelalterlichen Literatur, Bd. I, Zürich, 309—422.
Burck, E. 1966: Das Menschenbild im römischen Epos, in: ders., Vom Menschenbild in der römischen Literatur, Heidelberg.
— 1979: Das römische Epos, hrsg. von E. Burck (Grundriß der Literaturgeschichte nach Gattungen) Darmstadt.
Callmer, Ch. 1985: Die ältesten christlichen Bibliotheken in Rom, Eranos 83, 1985, 48—60.
Cameron, A. 1965: Wandering Poets. A Literary Movement in Byzantine Egypt, Historia 14, 470—509.
— 1970: Claudian. Poetry and Propaganda at the Court of Honorius, Oxford.
— 1970a: Pap. Ant. III. 115 and the Iambic Prologue in Late Greek Poetry, The Classical Quarterly 64, 119—129.
— 1976: Paganism and Literature in Late Fourth Century Rome, in: Christianisme et formes littéraires 1—30, Diskussion 31—40.
Cavallera, F. 1922: Saint Jérôme, sa vie et son œuvre, I 1, 2 (Spicilegium Lovaniense 1—2) Paris.
Cesareo, E. 1929: Il carme natalizio nella poesia latina, Palermo.
Chadwick, N. K. 1955: Poetry and Letters in Early Christian Gaul, London.
Charlet, J.-L. 1988: Aesthetic Trends in Late Latin Poetry (325—410), Philologus 132, 74—85.
Chausserie-Laprée, J.-P. 1969: L'expression narrative chez les historiens latins. Histoire d'un style, Paris.
Christ, F. 1938: Die römische Weltherrschaft in der antiken Dichtung (Tübinger Beiträge zur Altertumswissenschaft 31) Stuttgart/Berlin.
Christianisme et formes littéraires: Christianisme et formes littéraires de l'antiquité tardive en occident (Fondation Hardt — Entretiens sur l'antiquité classique 23) Genéve 1976.
Clavis: Clavis Patrum Latinorum, 2. Aufl. (Sacris eruditi 3) Steenbrugis 1961.
Clerq, V. C. de 1954: Ossius of Cordova. A Contribution to the History of the Constantinian Period (Studies in Christian Antiquity 13) Washington.
Cochrane, Ch. N. 1957: Christianity and Classical Culture. A Study of Thought and Action from Augustus to Augustine, New York.
Colombo, S. 1910: La poesia cristiana antica, I: La poesia latina.
Consolino, F. E. 1983: Da Osidio Geta ad Ausonio e Proba. Le molte possibilità del Centone, Atene e Roma n. s. 28, 133—151.

Costanza, S. 1985: Da Giovenco a Sedulio. I proemi degli Evangeliorum libri e del Carmen Paschale, Civiltà classica e cristiana 6, 253—286.
Courcelle, P. 1955: Les pères de l'église devant les enfers Virgiliens, Archives d'histoire doctrinale et littérature du Moyen Age 30, 5—74.
— 1957: Les exégèses chrétiens de la quatrième églogue, Revue des études anciennes, Annales de la Faculté des lettres de Bordeaux 59, 294—319.
— 1976: Les lecteurs de l'Éneide devant les grandes invasions germaniques, Romanobarbarica 1, 25—56.
— et J. Courcelle 1984: Lecteurs paiens et lecteurs chrétiens de l'Éneide, Paris.
Curtius, E. R. 1967: Europäische Literatur und lateinisches Mittelalter, 6. Aufl., Bern/ München.
Daut, W. 1971: Die ‚halben Christen' unter den Konvertiten und Gebildeten des 4. und 5. Jahrhunderts, Zs. für Missionswissenschaft und Religionswissenschaft 55, 171—188.
Delasanta, R. 1967: The Epic Voice, The Hague/Paris.
Dialog und Kontroverse mit Georg Lukács 1975: Dialog und Kontroverse mit Georg Lukács. Der Methodenstreit deutscher sozialistischer Schriftsteller (RUB 643) Leipzig.
Dibelius, M. 1967: Die Formgeschichte des Evangeliums, unveränderter Nachdruck der 5. Aufl. 1966, mit einem Nachtrag von G. Iber, hrsg. von G. Bornkamm, Berlin.
Diesner, H.-J. 1971: Kirche und Staat im ausgehenden vierten Jahrhundert: Ambrosius von Mailand, in: R. Klein (Hrsg.), Das frühe Christentum im römischen Staat (WdF 267) Darmstadt, 415—454.
— 1977: Isidor von Sevilla und das westgotische Spanien (Abhandlungen der Sächsischen Akademie der Wissenschaften zu Leipzig, phil.-hist. Klasse 67,3) Berlin.
Dieter, H. — Günther, R. 1979: Römische Geschichte bis 476, Berlin.
Dill, S. 1899: Roman Society in the Last Century of the Western Empire, New York 1958 (Nachdruck der 2., durchgesehenen Aufl. 1899).
Döpp, S. 1988: Die Blütezeit lateinischer Literatur in der Spätantike (350—430 n. Chr.). Charakteristika einer Epoche, Philologus 132, 19—52.
Dörrie, H. 1969: Spätantike Symbolik und Allegorese, Frühmittelalterliche Studien 3, 1—12.
Duckworth, C. E. 1967: Five Centuries of Latin Hexameter Poetry. Silver Age and Late Empire, TAPhA 98, 77—150.
Duval, Y.-M. 1976: Formes profanes et formes bibliques dans les oraisons funèbres de Saint Ambroise, in: Christianisme et formes littéraires 235—291, Diskussion 292—301.
— 1987: La poésie latine au IVe siècle de notre ére, Bulletin Budé 1987, 2, 165—192.
Ebenbauer, A. 1978: Carmen historicum. Untersuchungen zur historischen Dichtung im karolingischen Europa, Bd. I, Teil A: Historische Dichtung unter Karl dem Großen, Teil B: Historische Epen im karolingischen Europa (Philologica Germanica 4) Wien.
Ebert, A. 1889: Allgemeine Geschichte der Literatur des Mittelalters im Abendlande bis zum Beginn des XI. Jahrhunderts, Bd. I, 2., verbesserte und vermehrte Aufl., Leipzig.
Edsman, C.-M. 1949: Ignis divinus. Le feu comme moyen de rejeunissement et d'immortalité: Contes, légendes, mythes et rites (Lund Skrifter utgivna av Vetenskaps — Societeten Lund 34) Lund.
Effe, B. 1977: Dichtung und Lehre. Untersuchungen zur Typologie des antiken Lehrgedichts (Zetemata 69) München.
Effenberger, A. 1986: Frühchristliche Kunst und Kultur. Von den Anfängen bis zum 7. Jahrhundert, Leipzig.
Eiswirth, R. 1955: Hieronymus' Stellung zu Literatur und Kunst (Klassisch-philologische Studien 16) Wiesbaden.
Engel, G. 1910: De antiquorum epicorum didacticorum historicorum prooemiis, Diss. Marburg.
Erzählforschung 1982: E. Lämmert (Hrsg.), Erzählforschung, Stuttgart.

Etienne, R. 1986: Ausone ou les ambitions d'un notable Aquitain, Bordeaux.
Fabian, B. 1968: Das Lehrgedicht als Problem der Poetik, in: Poetik und Hermeneutik 3, München, 67—89.
Fabricius, C. 1967: Der sprachliche Klassizismus der griechischen Kirchenväter — ein philologisches und geistesgeschichtliches Problem, JbAC 10, 187—199.
Fisher, G. J. 1981: Studies in Fourth and Fifth Century Latin Literature with particular Reference to Ausonius, Diss. Southampton.
Flemming, W. 1955: Epik und Dramatik. Versuch ihrer Wesensdeutung (Dalp-Taschenbücher 311) München.
Fontaine, J. 1968: Aspects et problèmes de la prose d'art latine au IIIe siècle. La genèse des styles latins chrétiens (Lezioni ‚Augusto Rostagni' a cura dell'Istituto di Filologia classica dell'università di Torino 6) Torino.
— 1970: Littérature latine chrétienne (Que sais je? 1379) Paris.
— 1972: Antike und christliche Werte in der Geistigkeit der Großgrundbesitzer des ausgehenden 4. Jahrhunderts im westlichen Römerreich, in: Askese und Mönchtum in der alten Kirche, hrsg. von K. S. Frank (WdF 409) Darmstadt 1975, 281—324 (das französische Original jetzt J. Fontaine 1980, 241—265).
— 1975: Le mélange des genres dans la poésie de Prudence, in: Forma futuri. Studi in onore del Cardinale Michele Pellegrino, Torino, 755—777 (jetzt J. Fontaine 1980, 1—23).
— 1975a: Hagiographie et politique de Sulpice Sévère à Venance Fortunat, in: Revue d'histoire de l'église de France 62, no. 168, 113—140.
— 1976: Unité et diversité du mélange des genres et des tons chez quelques écrivains latins de la fin du IVe siècle: Ausone, Ambroise, Ammien, in: Christianisme et formes littéraires 425—472, Diskussion 473—482 (jetzt J. Fontaine 1980, 25—82).
— 1976a: Prose et poésie: l'interférence des genres et des styles dans la création littéraire d'Ambroise de Milan, in: Ambrosius Episcopus I, Milano, 125—170 (jetzt J. Fontaine 1980, 84—130).
— 1978: La conversion du christianisme à la culture antique: la lecture chrétienne de l'univers bucolique de Virgile, Bulletin Budé 1978, 1, 50—75 (jetzt J. Fontaine 1980, 214—239).
— 1980: Études sur la poésie latine tardive d'Ausone à Prudence. Recueil de travaux, Paris.
— 1980a: Le culte des martyrs militaires et son expression poétique au IVe siècle — l'idéal évangélique de la non-violence dans le christianisme théodosien, Augustinianum 20, 141—171.
— 1981: Naissance de la poésie dans l'occident chrétien. Esquisse d'une histoire de la poésie latine chrétienne du IIIe au VIe siècle (Études Augustiniennes) Paris.
— 1982: Christentum ist auch Antike. Einige Überlegungen zu Bildung und Literatur in der lateinischen Spätantike, JbAC 25, 5—21.
— 1986: Le baroque romain antique — un courant esthétique persistant à travers la littérature latine, in: Questionnement du baroque, ed. A. Vermeylen, Louvain-la-neuve, 14—38.
— 1988: Comment doit-on appliquer la notion de genre littéraire à la littérature latine chrétienne du IVe siècle? Philologus 132, 53—73.
Fredouille, J.-Cl. 1972: Tertullien et la conversion de la culture antique, Paris.
Fridlender, G. 1962: K. Marks i F. Engel's i voprosy literatury, Moskva.
Fubini, M. 1971: Entstehung und Geschichte der literarischen Gattungen, übersetzt und mit einem Nachwort versehen von U. Vogt (Konzepte der Sprach- und Literaturwissenschaft 7) Tübingen.
Fuchs, H. 1929: Die frühe christliche Kirche und die antike Bildung, Die Antike 5, 107—119; zitiert nach: Das antike Christentum im römischen Staat (WdF 267), Darmstadt 1977, 33—46.
Fuhrmann, M. 1967: Die lateinische Literatur der Spätantike. Ein literarhistorischer Beitrag zum Kontinuitätsproblem, A & A 13, 56—79.

Fuhrmann, M. 1968: Die Funktion ekelhafter und grausiger Motive in der lateinischen Dichtung, in: Poetik und Hermeneutik 3, München, 23—66.
— 1973: Einführung in die antike Dichtungstheorie, Darmstadt.
Funktion der Literatur 1975: Funktion der Literatur. Aspekte — Probleme — Aufgaben, Berlin.
Gagé, J. 1971: Les classes sociales dans l'Empire romain, 2. Aufl., Paris.
Gebhardt, P. 1980: Literaturkritik und literarische Wertung, hrsg. von P. Gebhardt (WdF 334) Darmstadt.
Geffcken, J. 1920: Der Ausgang des griechisch-römischen Heidentums (Religionswissenschaftliche Bibliothek 6) Heidelberg.
Gesellschaft — Literatur — Lesen 1976: Gesellschaft — Literatur — Lesen. Literaturrezeption in theoretischer Sicht, von M. Naumann u. a., 3. Aufl., Berlin/Weimar.
Glockmann, G. 1968: Homer in der frühchristlichen Literatur bis Justinus (Texte und Untersuchungen zur Geschichte der altchristlichen Literatur 105) Berlin.
Glover, T. R. 1901: Life and Letters in the Fourth Century, Cambridge.
Głowinski, M. 1976: Literarische Gattung und Probleme der historischen Poetik, in: Positionen polnischer Literaturwissenschaft der Gegenwart. Methodenfragen der Literaturgeschichtsschreibung, hrsg. von E. Dieckmann und M. Janion, Berlin, 175—201, Anmerkungen 269—277.
Gnilka, Chr. 1963: Studien zur Psychomachie des Prudentius (Klassisch-philologische Studien 27) Wiesbaden.
— 1979: Interpretation frühchristlicher Literatur, dargestellt am Beispiel des Prudentius, in: Impulse für die lateinische Lektüre, Frankfurt/M., 138—180.
— 1980: Usus iustus, Archiv für Begriffsgeschichte 24, 34—76.
— 1984: Der Begriff des ‚rechten Gebrauchs' (ΧΡΗΣΙΣ. Die Methode der Kirchenväter im Umgang mit der antiken Kultur 1) Basel/Stuttgart.
Goethes Werke: Hamburger Ausgabe, Hamburg 1962.
Goppelt, L. 1939: Typos. Die typologische Deutung des Alten Testaments im Neuen, Gütersloh.
Grincer, P. A. 1971: Épos drevnego mira, in: Tipologija 1971, 134—205.
Gualandri, I. 1974: Un papiro milanese, Lattanzio, Claudiano e il mito della Fenice, Rendiconti della classe di Scienze morali, storiche e filologiche dell'Accademia dei Lincei 29, 293—311.
Günther, R. 1965: Revolution und Evolution im Weströmischen Reich, ZfG Sonderheft, 19—34.
— 1973: Zur Stellung der christlichen Ideologen im Übergangsprozeß von der antiken Sklavenhaltergesellschaft zum Feudalismus, Antičnaja drevnost' i Srednie veka 10, 84—87.
— 1975a: Die Volksbewegungen in der Spätantike und ihre Bedeutung für den gesellschaftlichen Fortschritt im Feudalismus, in: J. Herrmann — I. Sellnow 1975, 167—173.
— 1975b: Von der antiken zur frühfeudalen christlichen Kirche, WZ Leipzig 24, 69—78.
— 1976: Zur Problematik der sozialen und politischen Revolution in der Übergangsepoche von der antiken Sklavenhaltergesellschaft zum Feudalismus, in: Evolution und Revolution in der Weltgeschichte — Ernst Engelberg zum 65. Geburtstag, Berlin 29—37.
— 1977: Der Niedergang der Kultur der herrschenden Klasse Roms in der Spätantike. Neue geistige Strömungen in den Provinzen, Das Altertum 23, 239—244.
— 1978: Die Epoche der sozialen und politischen Revolution beim Übergang von der antiken Sklavereigesellschaft zum Feudalismus, Klio 60, 235—246.
Haehling, R. v. 1978: Die Religionszugehörigkeit der hohen Amtsträger des römischen Reiches (Antiquitas R. 3, Bd. 23) Bonn.
Haendler, G. 1978: Von Tertullian bis zu Ambrosius. Die Kirche im Abendlande vom Ende des 2. bis zum Ende des 4. Jahrhunderts (Kirchengeschichte in Einzeldarstellungen I 3) Berlin.

Hagendahl, H. 1947: Methods of Citation in Post-Classical Latin Prose, Eranos 45, 114—128.
— 1958: Latin Fathers and the Classics. A Study on the Apologists, Jerome, and other Christian Writers (Acta Universitatis Gothoburgensis 64,1 = Studia Graeca et Latina Gothoburgensia 6) Göteborg.
— 1967: Augustine and the Latin Classics, 2 vols. (Studia Graeca et Latina Gothoburgensia 20, 1.2) Göteborg.
— 1983: Von Tertullian zu Cassiodor. Die profane literarische Tradition in dem lateinischen christlichen Schrifttum (Acta Universitatis Gothoburgensis 44) Göteborg.
Halbach, K. H. 1954: Epik des Mittelalters, in: Deutsche Philologie im Aufriß II, Berlin/Bielefeld, 455—710.
Harnack, A. v. 1924: Die Mission und Ausbreitung des Christentums in den ersten drei Jahrhunderten, 2 Bde., 4. Aufl., Leipzig.
Hartung, W. 1974: Sprachliche Kommunikation und Gesellschaft, von einem Autorenkollektiv unter der Leitung von W. Hartung (Sprache und Gesellschaft 1) Berlin.
Häußler, R. 1976, 1978: Studien zum historischen Epos der Antike, I: Von Homer zu Vergil, II: Geschichtliche Epik nach Vergil, Heidelberg.
— 1978: Strukturfragen historischer Epik in der Antike, A & A 24, 125—145.
Haworth, K. R. 1980: Deified Virtues, Demonic Vices and Descriptive Allegory in Prudentius' Psychomachia, Amsterdam.
Hegel, G. W. F. 1965: Ästhetik, Berlin/Weimar.
Held, W. 1974: Die Vertiefung der allgemeinen Krise im Westen des römischen Reiches. Studien über die sozialökonomischen Verhältnisse am Ende des 3. und in der ersten Hälfte des 4. Jahrhunderts (Schriften zur Geschichte und Kultur der Antike 10) Berlin.
Hempfer, K. W. 1973: Gattungstheorie. Information und Synthese (Information und Synthese 1 = Uni-Taschenbücher 133) München.
Herrmann, J. 1972: Der Prozeß der revolutionären Umwälzung zum Feudalismus und die Herausbildung des deutschen Volkes, in: E. Müller-Mertens (Hrsg.), Feudalismus. Entstehung und Wesen (Studienbibliothek DDR-Geschichtswissenschaft 4) Berlin 1985, 209—228.
Herrmann, J. — Sellnow, I. 1975: Die Rolle der Volksmassen in der Geschichte der vorkapitalistischen Gesellschaftsformationen (Veröffentlichungen des Zentralinstituts für Alte Geschichte und Archäologie der Akademie der Wissenschaften der DDR 7) Berlin.
Herzog, R. 1975: Die Bibelepik der lateinischen Spätantike. Formgeschichte einer erbaulichen Gattung, Bd. 1 (Theorie und Geschichte der Literatur und der Schönen Künste 37) München.
— 1976: Probleme der heidnisch-christlichen Gattungskontinuität am Beispiel des Paulinus von Nola, in: Christianisme et formes littéraires 373—411, Diskussion 412—423.
— 1979: Exegese — Erbauung — Delectatio. Beiträge zu einer christlichen Poetik der Spätantike, in: Formen und Funktionen der Allegorese, Symposium Wolfenbüttel 1978, hrsg. von W. Haug (Germanistische Symposien-Berichtsbände 3) Stuttgart.
Hofmann, H. 1988: Überlegungen zu einer Theorie der nichtchristlichen Epik der lateinischen Spätantike, Philologus 132, 101—159.
Hopkins, M. K. 1961: Social Mobility in the Late Roman Empire. The Evidence of Ausonius, The Classical Quarterly 55, 239—249.
Hovingh, P. F. 1957: Christelijk-latijnse didactische poezie, in: Het antieke leerdicht, Amsterdam 80—104.
Hudson-Williams, A. 1966: Virgil and the Christian Latin Poets, Proceedings of the Virgil Society 6, 1966/67, 11—21.
Ihwe, J. 1971: On the Foundation of a General Theory of Narrative Structure, Poetics 3, 5—14.

Immisch, O. 1904: Die innere Entwicklung des griechischen Epos. Ein Baustein zu einer historischen Poetik, Leipzig.
Ingarden, R. 1960: Das literarische Kunstwerk, 2., verbesserte und erweiterte Aufl., mit einem Anhang: Von den Funktionen der Sprache im Theaterschauspiel, Tübingen.
Isenberg, H. 1976: Einige Grundbegriffe für eine linguistische Texttheorie, in: Probleme der Textgrammatik (Studia grammatica 11) Berlin, 47—145.
Jakobson, R. 1971: Selected Writings II, The Hague/Paris.
Jauß, H. R. 1968: Die klassische und die christliche Rechtfertigung des Häßlichen in der mittelalterlichen Literatur, in: Poetik und Hermeneutik 3, 143—168.
— 1970: Littérature médiévale et théorie des genres, Poétique 1, 79—101.
Jones, A. H. M. 1964: The Later Roman Empire 284—602. A Social, Economic and Administrative Survey, Oxford.
— 1964b: The Social Background of the Struggle between Paganism and Christianity, in: A. Momigliano 1964, 17—37.
Jordan, H. 1911: Geschichte der altchristlichen Literatur, Leipzig.
Judge, E. A. 1979: ‚Antike und Christentum': Towards a Definition of the Field. A Bibliographical Survey, in: Aufstieg und Niedergang der römischen Welt II 23, 1, Berlin/New York, 3—58.
Kagan, M. 1975: Vorlesungen zur marxistisch-leninistischen Ästhetik, Berlin.
Kartschoke, D. 1975: Bibeldichtung. Studien zur Geschichte der epischen Bibelparaphrase von Juvencus bis Otfrid von Weißenburg, München.
Kirsch, W. 1978: Altes und Neues im lateinischen Epos des 4.—6. Jahrhunderts, Klio 60, 389—396.
— 1979: Strukturwandel im lateinischen Epos des 4.—6. Jahrhunderts, Philologus 123, 38—53.
— 1980: Cura vatum. Staat und Literatur in der lateinischen Spätantike, Philologus 124, 274—289.
— 1982: Probleme der Gattungsentwicklung am Beispiel des Epos, Philologus 126, 265—288.
— 1988: Die Umstrukturierung des lateinischen Literatursystems im Zeichen der Krise des 3. Jahrhunderts, Philologus 132, 2—18.
Klingner, F. 1943: Vom Geistesleben im Rom des ausgehenden Altertums, in: ders., Römische Geisteswelt. Essays über Schrifttum und geistiges Leben im alten Rom (Sammlung Dieterich 29) Leipzig, 338—394.
Klopsch, P. 1980: Einführung in die Dichtungslehren des lateinischen Mittelalters, Darmstadt.
Koch, K. 1968: Was ist Formgeschichte? Neue Wege der Bibelexegese, 2., durchgängig überarbeitete Aufl., Berlin.
Kontinuität und Wandel 1986: Kontinuität und Wandel. Lateinische Poesie von Naevius bis Baudelaire. Franco Munari zum 65. Geburtstag, Hildesheim.
Košelenko, G. A. 1964: Iz istorii stanovlenija ėstetičeskich vozzrenija rannego christianstva, VDI 1964, H. 3, 38—53.
Koster, S. 1970: Antike Epostheorien (Palingenesia 5) Wiesbaden.
— 1980: Die Invektive in der griechischen und römischen Literatur (Beiträge zur Klassischen Philologie 99) Meisenheim a. Gl.
Krause, W. 1958: Die Stellung der frühchristlichen Autoren zur heidnischen Literatur, Wien.
Krauss, W. 1968: Die literarischen Gattungen, in: ders.: Essays zur französischen Literatur, Berlin/Weimar, 5—43.
Krenzlin, N. 1979: Das Werk „rein für sich". Zur Geschichte des Verhältnisses von Phänomenologie, Ästhetik und Literaturwissenschaft, Berlin.
Krise 1988: Krise — Krisenbewußtsein — Krisenbewältigung. Ideologie und geistige Kultur

im Imperium Romanum während des 3. Jahrhunderts. Konferenzvorträge (Wissenschaftliche Beiträge der Martin-Luther-Universität Halle — Wittenberg 1986/62) Halle.
Kroll, W. 1924: Studien zum Verständnis der römischen Literatur, Stuttgart.
Krüger, G. 1919: Die Bibeldichtung zum Ausgang des Altertums, Gießen.
Kulturgeschichte Rom 1978: Kulturgeschichte der Antike, Bd. 2: Rom, von einem Autorenkollektiv unter der Leitung von R. Müller (Veröffentlichungen des Zentralinstituts für Alte Geschichte und Archäologie der Akademie der Wissenschaften der DDR 6,2) Berlin.
Kümmel, W. G. 1989: Einleitung in das Neue Testament, Berlin.
Labirolle, P. de 1924: Histoire de la littérature latine chrétienne, 2. Aufl., Paris.
Laistner, M. L. W. 1967: Christianity and Pagan Culture in the Later Roman Empire. Together with an English Translation of John Chrysostom's Adress to Vainglory and the Right Way for Parents to bring up their Children, Ithaca/New York.
Lämmert, E. 1955: Bauformen des Erzählens, Stuttgart.
Leistner, D. B. 1975: Autor — Erzähltext — Leser. Sprachhandlungstheoretische Überlegungen zur Sprachverwendung in Erzähltexten. Sprachspiel-grammatische Versuche zum poetischen Sprachspiel Autor — Erzähltext — Leser (Erlanger Studien 5) Erlangen.
L'épopée gréco-latine 1981: L'épopée gréco-latine et ses prolongements européens, Colloque éd. par R. Chévalier, Paris.
Lerchner, G. — Werner, H.-G. 1978: Probleme der semantischen Analyse eines poetischen Textes, WB 21, H. 10, 100—136.
Literarische Widerspiegelung 1981: Literarische Widerspiegelung. Geschichte und theoretische Dimensionen eines Problems, hrsg. von D. Schlenstedt, Berlin/Weimar.
Löfstedt, E. 1949: Reminiscence and Imitation. Some Problems in Latin Literature, Eranos 47, 148—164.
Magazzu, C. 1975: L'utilizzazione allegorica di Virgilio nella Psychomachia di Prudenzio, Bolletino di Studi Latini 5, 13—23.
Majorov, G. G. 1978: Formirovanie srednevekovoj filosofii. Latinskaja patristika, Moskva.
Manitius, M. 1891: Geschichte der christlich-lateinischen Poesie bis zur Mitte des 8. Jahrhunderts, Stuttgart.
Markus, R. A. 1974: Paganism, Christianity and the Latin Classics in the Fourth Century, in: J. W. Binns 1974, 1—21.
Marrou, H.-I. 1957: Geschichte der Erziehung im Klassischen Altertum, Freiburg/München.
Martin, J. 1974: Antike Rhetorik. Technik und Methodik (Handbuch der Altertumswissenschaft 3, 2) München.
Marx, K., Grundrisse: Grundrisse der Kritik der Politischen Ökonomie (Rohentwurf) 1857—1858, Anhang 1850—1859, Berlin 1974.
Marxsen, W. 1978: Einleitung in das Neue Testament, 4. Aufl., Gütersloh.
McClure, J. 1981: The Biblical Epic and its Audience in Late Antiquity, in: Papers of the Liverpool Latin Seminar 3 (ARCA Classical and Medieval Texts, Papers and Monographs 7) Liverpool, 305—321.
Meßmer, E. 1974: Laktanz und die Dichtung, Diss. München.
Mohrmann, Chr. 1955: Problèmes stylistiques dans la littérature Latine chrétienne, Vig. Chr. 9, 222—246.
— 1961 I 8: Quelques observations sur l'originalité de la littérature Latine chrétienne, in: dies.: Études sur le latin des chrétiens I, 2. Aufl., Roma, 139—150.
— 1961 I 9: La langue et le style de la poésie latine chrétienne, in: dies.: Études sur le latin des chrétiens I, 2. Aufl., Roma, 151—168.
— 1961 III 7: Saint Augustin prédicateur, in: dies., Études sur le latin des chrétiens I, 2. Aufl., Roma, 391—402.
Momigliano, A. 1964: A. Momigliano (Hrsg.), The Conflict between Paganism and Christianity in the Fourth Century, 2. Aufl., Oxford.

Momigliano, A. 1964a: Christianity and the Decline of the Roman Empire, in: A. Momigliano 1964, 1—16.
Moricca, U. 1925—34: Storia della letteratura latina cristiana, I—III, Torino.
Mukařovský, J. 1974: Studien zur strukturalistischen Ästhetik und Poetik, mit einem Nachwort: Die strukturalistische Ästhetik und Poetik Jan Mukařovskýs, München.
Müller, R. 1978: Die Klassische Philologie als Literaturwissenschaft — Probleme und Aufgaben, WZ Rostock 17, 511—516.
Nat, P. G. van der 1963: Divinus vere poeta. Enige beschouwingen over ontstaan en karakter der christelijke latijnse poesie, Leiden.
— 1976: Zu den Voraussetzungen der christlichen lateinischen Literatur. Die Zeugnisse von Minucius Felix und Laktanz, in: Christianisme et formes littéraires 191—225, Diskussion 226—234.
Naumann, M. 1975: Probleme des geschichtlichen Funktionswandels der Literatur, in: Funktion der Literatur 1975, 19—39.
Nellen, D. 1981: Viri litterati. Gebildetes Beamtentum und spätrömisches Reich im Westen zwischen 284 und 395 nach Christus (Bochumer historische Studien, Alte Geschichte 2) 2. Aufl., Bochum.
Neumann, W. 1976: W. Neumann (Hrsg.), Theoretische Probleme der Sprachwissenschaft (Reihe Sprache und Gesellschaft 9) Berlin.
Nissen, Th. 1940: Historisches Epos und Panegyrikos in der Spätantike, Hermes 75, 298—325.
Norberg, D. 1967: Les débuts de l'hymnologie en l'honneur des saints, Arctos n. s. 5, 115—125.
Norden, E. 1918: Die antike Kunstprosa vom 6. Jahrhundert v. Chr. bis in die Zeit der Renaissance, 2. Aufl., Leipzig/Berlin.
Nugent, S. G. 1985: Allegory and Poetics. The Structure and Imagery of Prudentius' Psychomachia (Studien zur Klassischen Philologie 14) Frankfurt/M./Bern/New York/Nancy.
Overbeck, F. 1882: Über die Anfänge der patristischen Literatur, HZ 48, 417—472.
Overbeck, M. 1973: Untersuchungen zum afrikanischen Senatsadel in der Spätantike (Frankfurter althistorische Studien 7) Kallmütz.
Petsch, R. 1942: Wesen und Formen der Erzählkunst, 2. Aufl. (DtVjs, Buchreihe 20) Halle.
Poetik und Hermeneutik 3: Die nicht mehr schönen Künste. Grenzphänomene des Ästhetischen, hrsg. von H. R. Jauß, München 1968.
Pöhlmann, E. 1973: Charakteristika des römischen Lehrgedichts, in: Aufstieg und Niedergang der römischen Welt I 3, Berlin/New York.
Poinsotte, J. 1979: Juvencus et Israel. La représentation des Juifs dans le premier poème latin chrétien, Paris.
Prager Linguistik 1/2: Grundlagen der Sprachkultur. Beiträge der Prager Linguistik zur Sprachtheorie und Sprachpflege (Reihe Sprache und Gesellschaft 8, 1.2.) Berlin 1976/1982.
Raby, F. J. E. 1966: A History of Christian-Latin Poetry from the Beginnings to the Close of the Middle Ages, 2. Aufl., Oxford.
— 1967: A History of Secular Latin Poetry in the Middle Ages, 2. Aufl., Oxford.
Reiff, A. 1959: interpretatio — imitatio — aemulatio. Begriff und Vorstellung literarischer Abhängigkeit bei den Römern, Diss. Köln.
Riftin, B. L. 1974: Tipologija i vzaimosvjazy srednevekovych literatur (vmesto vvedenija), in: Tipologija 1974, 9—116.
Roberts, M. 1985: Biblical Epic and Rhetorical Paraphrase in Late Antiquity (ARCA Classical and Medieval Texts, Papers and Monographs 16) Liverpool.
— 1988: The Treatment of Narrative in Late Antique Literature. Ammianus Marcellinus (16.10), Rutilius Namatianus and Paulinus of Pella, Philologus 132, 181—195.

Romanitas — Christianitas 1982: Romanitas — Christianitas. Untersuchungen zur Geschichte und Literatur der römischen Kaiserzeit. Johannes Straub zum 70. Geburtstag am 18. Oktober 1982 gewidmet, Berlin/New York.

Romano, D. 1979: Letteratura e storia nell'età tardoromana (Grecolatina, saggi 1) Palermo.

Ros, A. 1972: Zur Theorie literarischen Erzählens, mit einer Interpretation der ‚cuentos' von Juan Rulfo, Frankfurt/M.

Salvatorelli, L. 1936: Storia della letteratura latina cristiana dalle origine alla metà del VI secolo, Milano.

Schaller — Könsgen: Initia carminum latinorum saeculo undecimo antiquiorum. Bibliographisches Repertorium für die lateinische Dichtung der Antike und des frühen Mittelalters, bearbeitet von D. Schaller und E. Könsgen unter Mitarbeit von J. Tagliabue, Göttingen 1977.

Schanz — Hosius: Geschichte der römischen Literatur bis zum Gesetzeswerk des Kaisers Justinian (Handbuch der Klassischen Altertumswissenschaft 8) 3. Teil, 3. Aufl. 1922, 4. Teil, 2. Aufl. 1914, München.

Schetter, W. 1978: Das römische Epos (Athenaion Studientexte 4) Wiesbaden.

Schindler, W. 1987: Mythos und Wirklichkeit in der Antike, Leipzig.

Schlenstedt, D. 1975: Funktion der Literatur — Relationen ihrer Bestimmung, in: Funktion der Literatur 1975, 40—61.

Schlicher, J. J. 1931: The Historical Tenses and their Function in Latin, Classical Philology 26, 46—59.

Schmidt, P. L. 1976: Politik und Dichtung in der Panegyrik Claudians (Konstanzer Universitätsreden 55) Konstanz.

Schneider, C. 1954: Geistesgeschichte des antiken Christentums, 2 Bde., München.

Schtajerman, E. M. 1964: Die Krise der Sklavenhalterordnung im Westen des Römischen Reiches, Berlin.

Seeck, O. 1909: Geschichte des Untergangs der antiken Welt, Berlin.

Sharp, M. C. 1985: A Historical and Literary Commentary on the Phoenix Poem ascribed to Lactantius, Diss. Oxford University, 2 vols.

Skalička, V. 1948: Die Notwendigkeit einer Linguistik der Parole, in: Prager Linguistik 1, 296—309.

Smith, M. 1976: Prudentius' Psychomachia, a Reexamination, Princeton.

Smolak, K. 1978/79: Die Bibel als Dichtung, Litterae Latinae 33, 17—32.

Speyer, W. 1981: Büchervernichtung und Zensur des Geistes bei Heiden, Juden und Christen (Bibliothek des Buchwesens 7) Stuttgart.

Stehlíková, E. 1987: Centones Christiani as a Means of Reception, Listy filologické 110, 11—15.

Stella, F. 1988: Fra retorica e innografia. Sul genere letterario delle Laudes Dei di Draconzio, Philologus 132, 258—274.

Štaerman, E. M. 1975: Krizis antičnoj kul'tury, Moskva.

— 1978: Die ideologische Vorbereitung des Zusammenbruchs der Produktionsweise der Sklavereigesellschaft, Klio 60, 225—233.

Stempel, W.-D. 1968: Pour une description des genres littéraires, in: Actele celui de-al XIIIea congres international de linguistică si filologie romanică, Bukarest 1968, Bukarest 1970/1971, II 565—570.

Stockmeier, P. 1967: Glaube und Paideia. Zur Begegnung von Christentum und Antike, Theologische Quartalsschrift 147, 432—452.

Stroheker, K. F. 1965: Spanische Senatoren der spätrömischen und westgotischen Zeit, in: ders., Germanentum und Spätantike, Zürich/Stuttgart, 54—87.

— 1965b: Die Senatoren bei Gregor von Tours, in: ders., Germanentum und Spätantike, Zürich/Stuttgart, 192—206.

– 1965c: Um die Grenze zwischen Antike und abendländischem Mittelalter, in: ders., Germanentum und Spätantike, Zürich/Stuttgart, 275–308.

– 1965d: Der politische Zerfall des römischen Westens (455–476), in: ders., Germanentum und Spätantike, Zürich/Stuttgart 88–100.

Strunk, G. 1970: Kunst und Glaube in der lateinischen Heiligenlegende (Medium Aevum – Philologische Studien 12) München.

Süß, W. 1932: Das Problem der lateinischen Bibelsprache, Historische Vierteljahrsschrift 27, 1–39.

Sychowski, S. v. 1894: Hieronymus als Litterarhistoriker. Eine quellenkritische Untersuchung der Schrift des H. Hieronymus „De viris illustribus" (Kirchengeschichtliche Studien 2,2) Münster.

Szövérffy, J. 1964: Die Annalen der lateinischen Hymnendichtung. Ein Handbuch. I: Die lateinischen Hymnen bis zum Ende des 11. Jahrhunderts, Berlin.

Testard, M. 1981: Chrétiens latins des premièrs siècles. La littérature et la vie, Paris.

Teuffel, W. S. 1913: Geschichte der römischen Literatur, Bd. III, 6. Aufl., Leipzig/Berlin.

Thraede, K. 1962: Epos, RAC 5, 983–1042.

– 1961 bzw. 1962a: Untersuchungen zum Ursprung und zur Geschichte der christlichen Poesie, I JbAC 4, 1961, 108–127; II JbAC 5, 1962, 125–157.

– 1965: Studien zu Sprache und Stil des Prudentius (Hypomnemata 13) Göttingen.

Tipologija 1971: Tipologija i vzaimosvjazi literatur drevnego mira, Moskva.

– 1974: Tipologija i vzaimosvjazi srednevekovych literatur Vostoka i Zapada, Moskva.

Turner, T. S. 1977: Narrative Structure and Mythopoesis. A Critique and Reformulation of Structuralistic Concepts of Myth, Narrative, and Poetics, Arethusa 10, 103–165.

Tynjanow, J. 1975: Der Affe und die Glocke. Erzählungen – Drama – Essays, Berlin.

Viëtor, K. 1931: Probleme der literarischen Gattungsgeschichte, DtVjs 9, 425–447.

Vogt, J. 1975: Der Vorwurf der sozialen Niedrigkeit des frühen Christentums, Gymnasium 82, 401–411.

Walpole, A. S. 1922: Early Latin Hymns, Cambridge.

Wehrli, M. 1963: Sacra poesis. Bibelepik als europäische Tradition, in: Die Wissenschaft von deutscher Sprache und Dichtung – Methoden, Probleme, Aufgaben (Festschrift für Friedrich Maurer zum 65. Geburtstag) Stuttgart, 262–283.

Weinrich, W. 1964: Tempus. Besprochene und erzählte Welt (Sprache und Literatur 16) Stuttgart.

Weyman, C. 1926: Beiträge zur Geschichte der christlich-lateinischen Poesie, München.

Wimmel, W. 1960: Kallimachos in Rom. Die Nachfolge seines apologetischen Dichtens in der Augusteerzeit (Hermes-Einzelschriften 16) Wiesbaden.

Witke, Ch. 1971: Numen litterarum. The Old and the New in Latin Poetry from Constantine to Gregory the Great (Mittellateinische Studien und Texte 5) Leiden/Köln.

Wlosok, A. 1982: Die Anfänge christlicher Poesie in lateinischer Sprache – Laktanzens Gedicht über den Vogel Phoenix, in: Dialog Schule – Wissenschaft, Klassische Sprachen und Literaturen 16, München, 129–167.

– 1983: Originalität, Kreativität und Epigonentum in der spätrömischen Literatur, in: Actes du VIIe congrès de la F.I.E.C., vol. II, Budapest, 251–265.

Zannoni, V. 1958: Quid poeticae popularis ratio, quid optimorum scriptorum imitatio aetate SS. Patrum ad Latinam christianorum poesim contulerint, Latinitas 6, 93–106.

Ziegler, K. 1966: Das hellenistische Epos. Ein vergessenes Kapitel griechischer Dichtung, 2. Aufl. mit einem Anhang: Ennius als hellenistischer Epiker, Leipzig.

Nachtrag:

Herzog/Schmidt 5 (1989): Restauration und Erneuerung. Die lateinische Literatur von 284 bis 374 n. Chr., hrsg. von R. Herzog, München 1989 = Handbuch der lateinischen Literatur der Antike, hrsg. von R. Herzog und P. L. Schmidt, Bd. 5 = Handbuch der Altertumswissenschaft VIII, 5.

Register

1. Namen

Accius 13
Alanus ab Insulis 257
Alarich 158, 164, 166, 167, 181—188, 224, 230, 236
Albinus 56
Alexander Severus 41
Alfius Avitus 23, 55
Ambrosius 9, 24, 25, 30, 31, 32, 33, 35, 44, 45, 54, 75, 80, 88, 89, 141, 143, 146, 149, 155, 171, 172, 197—201, 202, 213, 214, 219, 239, 245, 248, 250, 251
Ammianus Marcellinus 32, 36, 37, 45, 141, 142
Ammonius 94
Apollonios v. Rhodos 92, 102
Apuleius 40, 82, 87
Aquilius Severus 141
Arat 20, 131
Arator 38, 40, 89, 93, 262
Arcadius, K. 122, 135, 160, 175, 178, 180, 181, 229
Aristoteles 11, 12, 13, 14
Arnobius 62, 66, 68, 71, 80, 89, 111
Athenagoras 68
Auctor ad Herennium 162
Augustinus 30, 32, 33, 35, 44, 45, 62, 141, 145, 147, 148, 149f., 171, 172, 197, 199, 206, 251
Augustus 81, 86
Aurelian 75
Aurelius Victor 36, 118
Ausonius 9, 24, 31, 32, 33, 34, 43, 44, 45, 52, 53, 120, 121, 131, 141, 142, 148, 149, 154, 162, 202, 203, 238
Avitus 40, 262
Axius Paulus 120

Basilius 203
Beda 23
Benedikt v. Nursia 46

Boethius 32, 46, 105
Braulio v. Saragossa 46

Caesar 176
Caesarius v. Arles 46, 144
Calpurnius Siculus 56
Cassian 144
Cassiodor 40, 46
Cassius Dio 55
Catull 23
Charisius 141
Choirilos v. Samos 11, 26
Cicero 30, 65, 66, 69, 70, 131, 144, 145, 148, 153, 161, 174, 243
Claudian 9, 23, 26, 33, 34, 37, 45, 50, 76, 78, 82, 86, 87, 88, 91, 99, 138, 141, 152—192, 193, 204, 205, 207, 209, 210, 213, 218, 221—237, 242, 243, 244, 245, 246, 248, 249, 250, 253, 258, 260, 261
Claudius, K. 155
Claudius Marcellus 184
Clemens (plant eine ‚Alexandreis') 55
Clemens v. Alexandrien 75
Clemens v. Rom 76
Columban 41
Commodian 8, 30, 70, 76, 89
Commodus 41
Corippus 9, 162
Crispus 71
Curius Dentatus 184
Cyprian 33, 34, 35, 41, 55, 61, 65, 66, 216, 217, 218, 248, 250

Damasus I. 43, 118, 135, 141, 145, 194—196, 197, 199, 202, 207, 213, 214, 215, 235
Dante 13, 25
Dares Phrygius 35
Demosthenes 145
Dexippos 55
Dictys Cretensis 35
Diokletian 42, 140, 153

Diomedes   12, 13, 141
Domitian   55, 119, 161, 168, 174
Donat   33, 37, 118, 144
Dracontius   9, 13, 23, 25, 79, 123, 224, 261

Elagabal   75
Endelechius   80
Ennius   23, 69, 82, 130, 249, 250
Epikur   68
Ermoldus Nigellus   23
Eugenius, K.   142, 166, 175
Eugenius v. Toledo   23, 47, 76
Eusebius   69, 70, 71, 94
Eustochium   33, 61, 144, 145
Eutrop (Historiker)   36, 118
Eutrop (Eunuch)   155, 159, 160, 161, 166, 174, 230

Fabius Maximus Cunctator   184, 187
Firmicus Maternus   43, 66, 75, 118
Firmus   175, 178
Flavian   31, 32
Florentinus   224, 228
Fronto   40
Fructuosus v. Braga   47
Fulgentius   251

Gallienus   41
Gellius   40
Gennadius   239, 242
Germanicus   131
Gildas   41
Gildo   157, 166, 170, 173, 175—181, 182, 185, 188, 189, 230
Gordian I.   56
Gorgias   12
Gratian, K.   142, 195, 197
Gregor d. Gr.   40, 46, 50, 63
Gregor v. Nazianz   203
Gregor v. Nyssa   203
Gregor v. Tours   40, 46
Gregorios Thaumaturgos   56

Hannibal   184
Herodian   55
Herodot   76
Hieronymus   32, 33, 35, 44, 45, 64, 82, 94, 99, 112, 118, 127, 136, 141, 142, 143, 144—147, 150, 155, 196, 235, 240, 242, 258
Hilarius v. Poitiers   30, 43, 44, 71, 80, 118, 143, 197, 198

Hippolyt   92
Homer   11, 13, 14, 23, 56, 63, 82, 88, 90, 91, 100, 107, 120, 125, 136, 163, 249
Honorius, K.   152, 158, 159, 161, 162, 166, 168, 171, 175, 176, 177, 178, 179, 180, 181, 182, 184, 189, 224, 229, 239, 242
Horaz   11, 13, 14, 66, 81, 89, 145, 215
Hosidius Geta   120, 122
Hostius   82

Irenäus   68, 136
Isidor v. Sevilla   13, 40, 46, 119, 136

Johannes (Apostel)   60
Johannes Chrysostomos   203
Josephus   70
Jovius   149
Julian, K.   43, 119, 140, 141, 144, 228
Julian v. Toledo   47
Julius Cerialis   55, 221
Julius Valerius   35
Justin   63
Justina   197
Juvenal   13, 153
Juvencus   10, 26, 32, 34, 43, 55, 56, 57, 69, 70, 71, 72, 80, 81, 83, 84—117, 118, 129, 130, 131, 133—135, 137—140, 141, 147, 150, 163, 172, 188, 189, 194, 204, 205, 235, 236, 238, 241, 242, 243, 244, 248, 250, 252, 258, 259, 260, 261, 262

Kallimachos   13, 26
Konstantin I.   32, 42, 43, 69, 70, 71, 75, 76, 81, 86, 88, 193, 203
Konstantius II.   119, 124, 144, 174

Laktanz   36, 43, 55, 63, 65, 66, 67, 68, 69, 70, 71, 72—79, 82, 83, 84, 85, 88, 89, 91, 92, 116, 123, 131, 136, 138, 143, 147, 150, 250, 251
Latronianus   141, 143
Leo   160
Licentius   149
Livius   92
Livius Andronicus   23, 235
Lucifer v. Cagliari   44, 118, 143, 144
Lucilius   13, 66, 69, 215
Lukan   8, 10, 12, 22, 26, 28, 55, 87, 88, 135, 153, 161, 174, 176, 179, 226, 234, 254
Lukas   58, 59, 97, 107, 108, 115
Lukrez   20, 66, 69, 82, 125
Lupicinus   142

Register

277

Macrobius 45
Maecenas 82
Magnentius 119, 124, 174
Magnus 145, 146
Mallius Theodorus 152, 159, 168
Mamertinus 162
Marcella 145
Marcellina 199
Marcellus 187
Marcion 136
Marius Victorinus 3, 43, 44, 80, 118, 197
Marius Victorius 45, 63, 126, 262
Mark Aurel 76, 171
Markus 59, 97
Martial 28
Martianus Capella 37
Martin v. Bracara 46
Martin v. Tours 31, 143, 148, 212
Mascezel 176, 179, 180, 181
Matthäus 59, 97, 99, 104, 128, 131, 132, 134
Maximus v. Turin 182
Melania 203, 209
Menander Rhetor 156, 163
Minucius Felix 35, 40, 41, 55, 61, 64, 65, 68, 69f., 115, 122, 123, 145, 147

Naevius 23
Nemesian 35, 42, 56, 57
Nero 155
Nicetas v. Remesiana 209, 238
Nicomachus Flavianus 142
Nikander 20
Nonnos 153, 167
Novatian 41, 55, 66

Odoaker 46
Olybrius 152, 153, 158
Optatus v. Mileve 141
Origenes 70, 92
Orosius 172
Ossius v. Corduba 71
Ovid 9, 10, 14, 20, 23, 25, 26, 55, 66, 69, 76, 77, 78, 83, 89, 98, 100, 102, 107, 111, 116, 123, 130, 131, 153, 174, 176, 196, 221, 229, 250, 254

Palladius 118
Papinian 55
Patricius 41
Paula 33
Paulinus v. Nola 31, 32, 33, 44, 45, 82, 91, 141, 145, 146, 147—149, 150, 161, 162, 172, 182, 196, 201—213, 214, 218, 235, 236, 238, 258, 259, 260, 261, 262
Paulinus v. Pella 9, 32, 45
Paulinus v. Périgueux 9, 45, 213
Paulus 58, 59, 60, 145, 146, 148, 249, 250
Persius 13, 66, 82
Petron 78
Philon 56, 70
Photinus 256
Platon 13, 66
Plautus 13, 144
Plinius d. J. 161, 162
Plotin 55
Pompeius 176
Porfyrius 32, 34, 43, 53, 71, 72, 84, 85, 118
Praetextatus 31, 141, 142, 172
Priscian 162
Priscillian 32, 33, 45, 143
Proba 10, 32, 43, 69, 70, 80, 82, 90, 117—137, 137—140, 141, 147, 150, 163, 174, 189, 193, 205, 235, 236, 238, 250, 259, 260, 261, 262
Probinus 152, 153, 158
Probus 75
Prudentius 32, 34, 45, 50, 54, 84, 150, 173, 174, 194, 195, 197, 198, 210, 211, 213—220, 223, 235, 236, 238—259, 260, 261, 262
Ps.-Longin 11, 60, 61
Pyrrhus 184

Quintilian 28, 156f., 207
Quodvultdeus 135

Radagaisus 228
Romanius 149
Rufinus, Tyrannius 45, 141, 146, 235
Rufinus, Flavius 159, 160, 161, 166, 167, 230
Rutilius Namatianus 32, 45, 240

Sallust 85, 88, 167
Salvian 45
Saturninus 193
Saul 183
Scipio 184, 187, 249
Sedulius 45, 80, 82, 126, 140, 262
Seneca 28, 66, 69, 105, 155, 254
Serena 157, 224
Servius 33, 37
Sidonius Apollinaris 32, 33, 45, 50, 162

Silius Italicus 55, 78, 82, 92, 99, 102, 135, 138, 163, 236, 254
Spartacus 184
Statius 9, 10, 55, 99, 100, 102, 119, 161, 168, 174, 175, 207, 221, 223, 224, 226, 235, 236, 250, 254
Stilicho 33, 157, 159, 160, 161, 162, 164, 165, 166, 167, 168, 169, 170, 173, 174, 175, 176, 178, 179, 180, 181, 182, 183, 184, 185, 186, 187, 188, 189, 192, 207, 209, 224, 225, 228, 230, 232, 234, 235, 242
Sueton 85, 87, 155
Sulpicius Severus 31, 45, 112f., 141, 143, 148, 149, 203, 213
Symmachus 31, 32, 33, 45, 52, 141, 142, 173, 243, 244

Tacitus 155
Taio v. Saragossa 47
Tatian 68, 94
Terentianus 55
Terenz 13, 66, 149
Tertullian 40, 41, 62, 63, 64, 65, 66, 72, 76, 89, 120, 121, 136, 143, 145, 146, 193, 248, 250
Theodosius (Vater des K.) 175, 177, 178, 180, 181, 188
Theodosius I. 31, 43, 44, 142, 150, 158, 160, 161, 162, 165, 166, 167, 171, 175, 176, 177, 178, 180, 181, 188, 195, 203, 224, 225, 239
Theodotos 56
Theophilos v. Antiochien 69
Trajan 76

Ulpian 55

Valentinian 120, 195, 197
Valerius v. Bierzo 47
Valerius Flaccus 9, 55, 88, 92, 99, 100, 102, 221, 224, 226, 236
Venantius Fortunatus 9, 40, 213
Vergil 9, 10, 13, 14, 51, 55, 56, 64, 66, 67, 68, 69, 70, 73, 77, 78, 81, 82, 83, 88, 90, 92, 100, 102, 103, 107, 111, 112, 116, 120, 122, 123, 125, 127, 129, 130, 131, 132, 133, 135, 136, 137, 139, 140, 143, 145, 146, 149, 150, 153, 163, 174, 213, 224, 226, 242, 249, 250, 251, 252, 253, 260, 261
Vida, G. 81

Xenophanes 66, 221

Zenon v. Verona 75
Zosimos 119

2. Ausgewählte Sachbegriffe

abbreviatio 129, 130, 131, 135, 138
Adressaten der Dichtung 92, 116, 130, 161, 163—165, 170, 192, 212f., 215, 243, 260, 261
  s. a. Publikum
‚Alexanderroman' 25f., 35
‚Aetna' 222
Allegorese 25, 35, 67, 69, 78, 147, 149, 197, 251, 252
  s. a. Exegese, Homerexegese, Vergilexegese
Allegorische Figuren 73, 77, 158, 159, 161, 162, 163, 165, 166, 167, 168, 173, 174, 177, 178, 179, 180, 181, 185, 211, 243, 244—259
Allwissenheit des Erzählers 21, 180, 235, 258
amplificatio 130, 131, 135, 138, 162
‚Apollonius von Tyrus' 35
Arianismus 44, 45, 70, 118, 143, 195, 197, 198, 201, 256
Askese 73, 75, 77, 143, 144, 145, 147, 203, 205, 209, 235, 255, 257
Assoziieren, freies 84
Autonomie/Heteronomie der Literatur 52f.

‚Bellum Saxonicum' 23
Bibel 70, 93, 97, 113, 115, 126, 127f., 137, 138, 139, 144, 146, 150, 211, 238, 240, 243, 245, 251, 262
  -dichtung 9, 69, 96, 104, 135, 138, 140
  -sprache 58—61, 85, 143
  -übersetzungen, lateinische 40, 41, 60, 61, 62
  Neutestamentliche Schriften 58—60
  Evangelien 60, 85, 91, 92—97, 98
Bild (als Kompositionsprinzip) 131, 167, 181, 215, 235, 253
  s. a. „Isolierte Bilder"
Bildung, Schulen, Unterricht 32, 37, 40, 41, 44, 45, 46, 51, 57, 59, 61, 62, 63, 64, 67, 68, 118, 120, 121, 137, 138,

Register 279

140—150, 173, 203, 236, 239, 241, 243, 260, 261
 Christentum und — 40, 58—72, 140—150, 243
Buchübergänge 100

Cento 29, 119—132, 137
Collage 121
Corpus, literarisches 38, 51, 52

‚Decretum Gelasianum‘ 94f., 136
Dichtersprache 68, 77f., 81—83, 108—112, 129, 170, 242, 244, 261
 s. a. Epos, langue des
‚Dicta Catonis‘ 30

‚Ecclesia, De‘ 147
Epideiktik 151, 154—174, 203, 261
 Strukturierung 154—161, 165—168
 Vers- 161—163, 203, 213
 s. a. Invektive, natalicium, Panegyrik
Epochenstil 8
EPOS
 ab-ovo-Prinzip 14, 18, 21, 22, 23, 102, 117
 allegorisches 23, 29, 38, 50, 98, 244—259
 Bekörperungselemente 18, 23
 Bibel- 9, 10, 23, 29, 38, 50, 54, 67, 81, 93, 98, 117, 119, 125, 126, 129, 138, 139, 140, 262
 didaktisches Element 104, 113
 Ein-Helden-E. 22, 23, 102, 117
 Ekphrasis im 129, 131, 185, 210, 219, 233, 260
 E. und Epideiktik 190—192
 Grundfunktion des 2, 99, 116f., 151
 Grundstruktur des 15, 16, 20, 99, 100f., 104, 105, 116, 129
 s. a. Narration
 hagiographisches 23, 25, 29, 38, 45, 98, 117, 213
 Handlungselemente des 12
 historisches 23, 25, 99, 102, 119, 124, 151, 152, 160, 165, 173, 174, 175, 218
 in-medias-res-Prinzip 14, 18, 21, 22, 23, 258
 komisches 20, 23, 26
 langue des 12, 14, 21, 22, 23, 109, 110—112, 117, 120—122, 129, 133, 134, 135, 139, 176, 253, 260, 261, 262
 s. a. Dichtersprache
 Mehr-Helden-E. 22, 23, 258

 mythologisches 152, 221—237
 normative Bestimmungen 13f., 23
 panegyrisches 25, 38, 119
 Prooemium im E. 12, 183, 226ff., 245
 Stoffbereiche 12, 14, 23, 24, 26, 56, 90, 102, 116, 117, 138, 238
 Szenentypen des 22
 Strukturelemente des 12, 21f., 23, 24, 25, 129, 139, 162, 260
 Themen des 12, 14, 90, 102, 138
 -theorie, antike 11—14
 Tier- 23
 Umfang, Rederaum 12, 13, 14, 21, 23, 25, 26, 260
 Vergleich im E. 103, 172, 185, 210, 219, 225, 229, 232, 233, 236, 260
 Vers des 12, 14, 22, 23, 24, 81, 94, 105, 116, 162, 260
 s. a. Erhabenheit, Gestus, Götterhandlung, Krieg als Stoff, Mythologische Stoffe, Narration, Reden
Epyllion 236, 259
Erhabenheit 12f., 21, 22, 23, 24, 26, 84, 85, 105, 108—111, 117, 130, 139, 151, 258, 260, 261
 s. a. Gestus
Erzählblöcke 158, 159, 161, 166, 177, 179, 231, 232, 233
Exegese 43, 84, 136, 197, 251, 252, 258, 262
exempla virtutis 177, 178, 184, 189, 204, 209, 211, 219, 220, 250
Exordialtopik 88—92, 99, 123—125, 210, 219, 221, 226, 236, 245

Fatum 185, 186, 188
Form — Inhalt 65, 150
Formgeschichte 10, 21, 96
Fortschritt, künstlerischer 49—51, 54
Freiheit, dichterische 67, 88
 s. a. Lügen der Dichter, Wahrheit

Gattung 19, 20, 22, 24
 -sbewußtsein (-verständnis, -vorstellungen) 11, 12, 22, 25, 38, 90, 125
 -sensemble 24
 -sentwicklung 8f., 22—26
 Glied- 24, 96
 historische 19
 -skreuzung 24, 25, 191, 218
 Quellen- 25
 Rahmen- 24, 96
 theoretische 19

Gebet 245, 255
Gebrauchswert/Gestaltwert 15, 29, 36, 53, 55
Gestus 80, 81, 84, 123, 192, 215, 218
  s. a. Erhabenheit, Hymnisches, Panegyrik, Sekundäre Schreibweisen
Götterhandlung 12, 22, 26, 89, 102, 107, 168, 173, 177, 178, 180, 181, 185, 231, 236, 259
Großgrundbesitzeraristokratie/Senatsadel 31, 33, 42, 46, 60, 143, 148, 165, 201, 202, 209, 213, 228, 235
  s. a. Oberschichten

Heiligenverehrung 171, 193—220
'Heptateuchdichtung' (des sog. Cyprianus Gallus) 10, 45, 80, 126, 140, 262
Hermes Trismegistos 69
Homerexegese 68
Hymnisches 80, 81, 130, 139, 199, 219
  s. a. Gestus
Hymnus, Hymnen 30, 43, 45, 54, 80, 103, 104, 197—201, 204, 213, 214, 216, 219, 220, 238, 239, 240

Inspiration 21, 90, 91, 124
Intelligenz 33, 34
Invektive 152, 159, 160, 161, 165, 166, 168, 173
'Iona, De' 126, 140
"Isolierte Bilder" 98, 99, 117, 127 f., 131, 139, 213, 232, 234, 247 f., 261, 262
  s. a. Bild als Kompositionsprinzip

Klammertechnik 245 f.
Klassizismus (in der Spätantike) 35, 42, 43, 51, 57, 66, 71, 76, 81, 116, 173, 261
Kommunikationssituation 19, 20, 21, 36, 37, 54, 87, 138, 150, 193, 194, 196, 197, 199, 206, 214, 216 f., 219, 236, 238, 243, 245, 260, 261
  s. a. Sitz im Leben
Krieg als Stoff des Epos 130, 137, 241, 244—259
Krise der antiken Gesellschaft 34, 39, 40, 41, 43, 45, 55, 76, 140, 141, 194

'Laudes Domini' 43, 71, 79—84, 85, 86, 93, 110, 111, 140
'Laus Messallae' 156, 161, 162, 168
'Laus Pisonis' 155, 161, 162, 168
Lehrgedicht 9, 13, 14, 15, 20, 25, 56, 123, 125, 126, 162, 239, 240

Leitmotiv-/-worttechnik 183, 184, 185, 232
Lesung, gottesdienstliche 193
Lügen der Dichter 66, (69), 88, 91, 149, 243
  s. a. Wahrheit

Massenbewußtsein 33—37, 39
Menschenbild 102, 112—116, 135, 205, 250, 251
  s. a. Welt- und Menschenbild
Munizipaladel 32 f., 34, 35, 41, 42, 44, 61, 235
  s. a. Oberschichten
Mythologische Stoffe 77, 85, 102, 130, 138, 149, 162, 260

Narration 15, 16, 18, 20, 21, 24, 98, 129, 135, 161, 199—201, 204, 205, 209, 210, 213, 218, 220, 235, 260
  s. a. Epos, Grundstruktur des
natalicium 25, 149, 162, 206—211, 213, 218, 238
  s. a. Epideiktik

Oberschichten 41, 57, 58, 60, 61, 62, 64, 65, 71, 116, 137, 141, 142, 150, 151, 164, 165, 172, 176, 202, 215, 235, 236, 260
  s. a. Großgrundbesitzeraristokratie, Munizipaladel
'Panegyrici Latini' 43, 45, 81, 116, 118, 141, 157, 158, 161, 162, 165
Panegyrik/Panegyricus 25, 26, 38, 53, 84, 86, 88, 90, 149, 152, 153, 154—174, 183, 193, 203—213, 220, 225, 238
  Gestus der/des 168, 210, 211, 212, 213, 220
Paraphrase 67, 130
passio 193, 200 f., 214, 216, 218, 220
'Passio SS. Felicitatis et Perpetuae' 193
Periodisierung (der Geschichte, der Literaturgeschichte) 27—47
Personalstil 25
'Physiologus' 76
Phoenix 72—79
Pilgerwesen 194—196
praefatio 86 f., 163 f., 165, 225 f., 239, 241, 245, 246, 252, 255
Predigt 84, 193, 206, 207, 236, 261
Produktionsbedingungen, literarische 27 f.
Propaganda 169, 170, 175, 180, 189, 192, 235, 242, 249, 261
Psychagogie 167, 168, 219, 234, 253, 260

Publikum, literarisches/Rezipienten 32, 34, 35, 38, 50, 59, 72, 87, 116, 130, 135, 138, 139, 140, 145, 150, 155, 157, 163, 164, 165, 169, 173, 174, 192, 206, 213, 217, 236, 243, 245, 261
s. a. Adressaten

Reden (im Epos, in der Märtyrerlegende, im Panegyrikus) 102, 103—105, 129, 163, 167, 178, 179f., 181, 187, 201, 204, 210, 222, 227, 233, 234, 237, 246, 253, 260

Satire 215
Scili, Märtyrerbericht von 40, 41, 193, 194
Sekundäre Schreibweisen 18f., 24, (80)
s. a. Gestus
Sibyllinische Bücher 69
Sitz im Leben 19, 20, 25, 26, 93, 96, 97, 214, 215f.
s. a. Kommunikationssituation
‚Sodoma, De' 126, 140
Sonnenkult, -symbolik 74—77, 78
Spanien 40, 46, 71, 84
Spätantike Literatur, Grundzüge 7f., 27 bis 47
Stiltheorie, christliche 140—150

Stimmungsblöcke 233, 234, 261
Synkrisis 184, 185, 187, 204, 210, 211, 219, 220
System, literarisches 29, 36, 37

Text — Subtext 18, 191
Tituli 38, 194—196, 197, 199, 202, 207, 213, 214, 217, 238, 240
Typus, Typologie 9, 245, 250, 251

Universalismus 129, 132, 168, 188, 189
Unterschichten 30, 58, 59, 60, 61, 212

Vergilexegese 68
Verszitate (in Prosaschriften) 66f., 67, 70
Vorausdeutung 129, 232

Wahrheit 65, 69, 89, 92, 103, 117, 145, 148
s. a. Lügen der Dichter
‚Watharius' 223
Welt- und Menschenbild 102, 112—116, 117, 139, 188—190
s. a. Menschenbild
Wunder 201, 205, 207, 209, 211, 212, 213, 218

Zeitausdrücke 16—18, 99, 129

Bakchylides

Lieder und Fragmente

Griechisch und Deutsch von Herwig Maehler

161 Seiten — 8 Tafeln — Leinen — 16,7 cm × 24 cm
DDR 19,70 M; Ausland 19,70 DM
Bestell-Nr. 751 331 3
Bestellwort: Bakchylides 2066/20

(Schriften und Quellen der Alten Welt)

In diesem Band werden die Zusammenhänge zwischen dem Bestehen der aristokratischen Bildungsgesellschaft und der dem Niedergang vorausgehenden höchsten Blüte der Chorlyrik deutlich. Der Herausgeber bringt dem Leser durch eine anschauliche Einführung die Welt des Bakchylides nahe, zeigt die Eigenart des Dichters, der unbekümmert um politische und soziale Umschichtungen für eine Gesellschaft dichtet, deren Tage gezählt waren, und gibt durch eine gekonnte, mit viel Einfühlungsvermögen geschriebene Übersetzung der Chorlieder auch dem interessierten Laien einen Einblick in das Werk des Bakchylides, das diesen zu seiner Zeit rasch zu großer Berühmtheit gelangen ließ.

Interessenten wenden sich bitte an eine Buchhandlung.

Der Prediger

Hebräisch und Deutsch von Rudi Kroeber

VII, 163 Seiten — 16,7 cm × 24 cm — Leinen
DDR 31,50 M; Ausland 31,50 DM
Bestell-Nr. 751 133 4
Bestellwort: Prediger 2066/13

(Schriften und Quellen der Alten Welt)

Mit der zweisprachigen kommentierten Ausgabe dieses alttestamentlichen Buches aus dem 3. Jahrhundert v. u. Z. wird der Öffentlichkeit eines der wertvollsten Werke der Weisheitsliteratur des Alten Orients neu zugänglich gemacht. Die kluge Skepsis und tiefe Menschlichkeit im echten altjüdischen Glauben und Denken des unbekannten Verfassers, der sich Qoheleth nannte, haben durch die Jahrtausende hindurch, weit über die Bereiche von Synagoge und Kirche hinaus, ihre Wirkung auf denkende Menschen ausgeübt.
Das Buch enthält eine historisch-literarische Einleitung, den hebräischen Text, eine neue Übertragung ins Deutsche und eine Einführung in das Buch Qoheleth.

Interessenten wenden sich bitte an eine Buchhandlung.